JN411660

2014년 법무부 민법 개정시안 해설

－민법총칙 · 물권편－

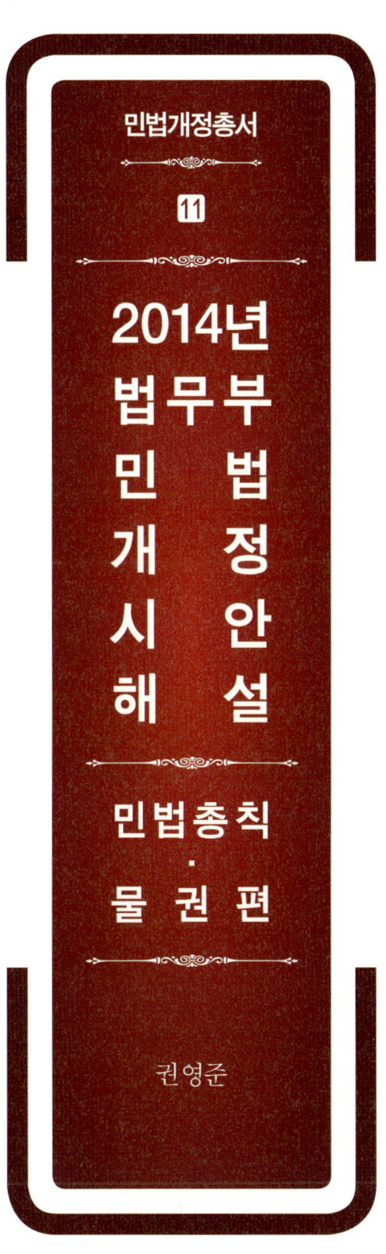
민법개정총서
11
2014년
법무부
민법
개정
시안
해설
민법총칙
·
물권편
권영준

법무부

발간사

법무부는 국민의 일상생활에 직접 적용되는 기본법인 민법에 변화된 사회 · 경제적 상황과 국제적 추세를 반영하기 위하여 2009년 2월부터 2014년 2월까지 민법개정위원회를 운영하여 심도 있는 논의를 진행하였습니다.

성년후견제도의 도입, 보증제도 개선 및 여행계약의 신설 등 그간의 민법 개정은 민법개정위원회의 활발한 논의가 있었기 때문에 가능하였다고 생각합니다.

이번에 법무부에서 출간하는 「2014년 법무부 민법 개정시안 해설(민법총칙 · 물권편)」은 법무부 민법개정위원회가 5년간 논의한 총칙편과 물권편 개정시안에 대한 상세한 해설을 담고 있습니다. 해설서에는 개정시안의 내용, 관련 판례, 해외 입법례 등이 서술되어 있어 개정시안에 대한 국민들의 이해를 돕고, 학계의 연구에 중요한 참고자료가 될 것이라고 생각합니다.

바쁘신 와중에도 해설서를 집필해 주신 권영준 교수님과 책자 발간에 애쓴 이진수 법무심의관, 조민우 검사, 서동주 법무관, 김훈주 전문위원에게 감사의 말씀을 전합니다.

이번 해설서 발간이 국민의 삶의 질을 향상시킬 수 있는 민법 개정 논의의 새로운 계기가 되기를 기대하면서 앞으로도 민사법 발전을 위한 국민 여러분들의 많은 관심과 지원을 부탁드립니다.

법무부 법무실장 이용구

머리말

이 책은 법무부 민법개정위원회가 2009년 2월부터 2014년 2월까지 5년간의 작업 끝에 완성한 민법 개정시안 중 총칙편과 물권편 분야 조항들을 해설한 것이다. 민법 개정시안은 총칙편, 물권편, 채권편 등 재산법 분야 전반에 관한 개정작업의 결과물을 담고 있는데, 그 중 성년후견제도에 관한 부분은 2011년 3월 7일에 공포되어 2013년 7월 1일부터 시행되고 있고, 보증계약과 여행계약에 관한 부분은 2015년 2월 3일 공포되어 2016년 2월 4일부터 시행되고 있다. 유치권과 법인에 관한 부분은 정부 민법 개정안으로 국회에 제출되었으나 국회 임기 만료로 폐기되었다. 이 책의 해설 대상은 민법 개정시안의 총칙편과 물권편 조항들 중 2015년 5월 1일 기준으로 이미 법률로 시행 중인 부분(성년후견제도 부분)을 제외한 나머지 조항들이다. 정부 민법 개정안으로 국회에 제출되었으나 국회 임기 만료로 폐기된 부분(유치권과 법인 부분)도 편의상 민법 개정시안의 범주에 포함시켜 해설하였다.

민법 개정시안은 5년 간 다수의 민법 전문가들이 방대한 시간과 노력을 투입하여 작업한 결과물이다. 비록 민법 개정시안이 실제 법률 개정으로 이어지지는 않았으나 현재 대한민국에 가장 바람직한 민법이 무엇인가에 대한 치열한 고민이 담겨 있다는 점에서 학계와 법조계에 우리 민법을 객관적으로 바라보는 유용한 관점을 제공할 뿐만 아니라 향후 다시 진행될 수도 있을 민법 개정 작업에 요긴한 참고 가치를 가진다. 그러므로 민법 개정시안의 내용과 배경을 공유하는 것은 중요한 의미를 지닌다. 법무부가 이러한 해설서를 펴내기로 한 것도 민법 개정시안이 가지는 의미를 충분히 공감하였기 때문일 것이다.

필자는 2009년과 2010년에는 제1 분과위원회의 분과위원으로(다만 그 중 1년은 연구년으로 해외에 체류하였다), 2011년부터 2014년까지는 실무위원회의 실무위원으로 민법 개정작업에 참여하였고, 법무부의 의뢰에 따라 이 해설서를 집필하게 되었다. 필자는 2015년 5월에 민법총칙과 물권편 개정안에 대한 집필을 완료하였으나 법무부 내부 사정으로 출간이 미루어지다가 2017년 10월에 법무부가 출간을 결정함에 따라 이 책이 빛을 보게 되었다.

필자는 5년 동안 열렸던 민법개정위원회 회의 자료들을 주된 소재로 삼아 그 논의 내용과 결과를 정리하는 역할을 수행한 것에 불과하므로, 엄밀히 말하면 이 해설서는 민법개정작업에 관여하였던 모든 분들의 지성과 노력의 결과물을 요약한 책이라고 표현하는 편이 더욱 정확할 것이다.

개인적으로 생각하면, 민법개정작업에 관여하였던 기간은 우리나라 민법에 대해 더 큰 애정을 가지게 되는 소중한 시간이었다. 또한 법무부 민법개정위원회 위원장 서민 교수님을 비롯하여 그 작업에 관여하였던 학자들과 실무가들을 통해 많은 것을 배울 수 있는 기회이기도 하였다. 특히 실무위원장 윤진수 교수님의 해박함과 통찰력을 곁에서 지켜보며 배울 수 있었던 것은 필자에게 큰 복이었다. 또한 법무부 관계자들, 특히 구상엽, 서정민, 진동균, 이응철 검사님 등 민법개정 담당 검사님들이 실무적으로 많은 지원을 하여 주셨다. 그리고 이 책이 출간될 수 있도록 각별히 배려하여 주신 이용구 법무부 법무실장님과 이진수 법무심의관님께도 지면을 빌려 감사드린다.

이 해설서 작성에 필요한 자료를 정리하고 이에 기초하여 초안을 집필하는 과정에서 서울 법대 박사과정(민법)의 박설아 변호사와 양진섭 사무관이, 해설서 작성을 마무리하는 과정에서 서울 법대 박사과정(민법)의 이소은 변호사가 큰 도움을 주었다. 그 분들에게 감사드린다.

2017. 12.

서울대 법학전문대학원 교수 권 영 준

일러두기

◦ 이 책의 『관련 입법례』에 나오는 법령의 내용은 다음 문헌들을 인용하였다(각 문헌 뒤의 괄호는 약어임).

◦ 2004년 개정안 ⇒ 법무부 민법개정자료발간팀 編, 2004년 법무부 민법개정안 총칙 · 물권편(2012)(이 책 본문에서는 "법무부, 2004년 개정안"으로 약칭).

◦ 독일민법 ⇒ 양창수 역, 독일민법전, 박영사, 2008년(이 책 본문에서는 "양창수, 독일민법전"으로 약칭).

◦ 일본민법 ⇒ 권철 역, 일본민법전, 법무부, 2011년(이 책 본문에서는 "권철, 일본민법전"으로 약칭).

◦ 일본 채권법개정 기본방침 ⇒ 법무부, 일본채권법개정의 기본방침, 2009년(이 책 본문에서는 "법무부, 기본방침"으로 약칭).

◦ 대만민법 ⇒ 김성수 역, 대만민법전, 법무부, 2012년(이 책 본문에서는 "김성수, 대만민법전"으로 약칭).

◦ 유럽계약법원칙 ⇒ 올 란도 · 후 빌 편, 김재형 역, 유럽계약법원칙 – 제1 · 2부, 박영사, 2013년(이 책 본문에서는 "김재형, PECL"로 약칭).

◦ 공통참조기준초안 ⇒ Christian von Bar 외 10인 편저, 안태용 역, 유럽민사법의 공통기준안 – 총칙 · 계약편 –, 법무부, 2012년(이 책 본문에서는 "안태용, DCFR"로 약칭).

※ 위에 열거한 것 외의 외국법 번역문은 민법개정위원회 회의자료를 인용하되 필요한 경우에 수정, 보완하여 실었다. 일본의 경우 민법개정위원회에서 주로 참고된 것은 일본 채권법개정 기본방침이었으므로 이를 관련 입법례로 소개하였으나, 민법개정위원회 활동 종료 후 일본 개정 민법이 2017년 6월 2일에 공포(대부분의 규정은 2020년 4월 1일에 시행)되었으므로 향후 참고의 편의를 위해 그 내용을 각주 형태로 소개하였다.

차례

발간사 5
머리말 7
일러두기 9

2014년 법무부 민법 개정시안의 배경 ········ 15

제1장 | 인격권 27
Ⅰ. 개관 ········ 27
Ⅱ. 조문별 해설 ········ 29

제2장 | 법인 37
Ⅰ. 개관 ········ 37
Ⅱ. 조문별 해설 ········ 41

제3장 | 법률행위 199
Ⅰ. 개관 ········ 199
Ⅱ. 조문별 해설 ········ 201

제4장 | 시효 239
Ⅰ. 개관 ········ 239
Ⅱ. 조문별 해설 ········ 242

제5장 | 점유권 379
Ⅰ. 개관 ········ 379
Ⅱ. 조문별 해설 ········ 381

제6장 | 소유권 411
Ⅰ. 개관 ········ 411
Ⅱ. 조문별 해설 ········ 413

제7장 | 지상권
473

Ⅰ. 개관 ········ 473
Ⅱ. 조문별 해설 ········ 475

제8장 | 지역권
499

Ⅰ. 개관 ········ 499
Ⅱ. 조문별 해설 ········ 501

제9장 | 전세권
513

Ⅰ. 개관 ········ 513
Ⅱ. 조문별 해설 ········ 515

제10장 | 유치권
545

Ⅰ. 개관 ········ 545
Ⅱ. 조문별 해설 ········ 548

제11장 | 질권
579

Ⅰ. 개관 ········ 579
Ⅱ. 조문별 해설 ········ 581

제12장 | 저당권
607

Ⅰ. 개관 ········ 607
Ⅱ. 조문별 해설 ········ 609

전체회의 확정안 조문 대비표 (민총/물권편)
697

인격권 ········ 697
법인 ········ 698
법률행위 ········ 715
시효 ········ 718
점유제도 ········ 728
점유자와 회복자의 관계 ········ 730
상린관계 ········ 732
선의취득 및 물권변동 ········ 734
공유 ········ 735
합유 · 총유 ········ 736
지상권 ········ 737
지역권 ········ 740
전세권 ········ 742
유치권 ········ 746
질권 ········ 752
저당권 ········ 754

민법개정총서 11

2014년 법무부 민법 개정시안 해설

—민법총칙 · 물권편—

민법개정총서 11

2014년 법무부 민법 개정시안 해설

-민법총칙 · 물권편-

2014년 법무부 민법 개정시안의 배경 15
제 1장 인격권 27
제 2장 법인 37
제 3장 법률행위 199
제 4장 시효 239
제 5장 점유권 379
제 6장 소유권 411
제 7장 지상권 473
제 8장 지역권 499
제 9장 전세권 513
제10장 유치권 545
제11장 질권 579
제12장 저당권 607
전체회의 확정안 조문 대비표 (민총/물권편) 697

2014년 법무부 민법 개정시안의 배경

우리 민법의 제정 작업은 해방 직후부터 시작되었다. 1948년 9월 15일 정부는 「법전편찬위원회직제」(대통령령 4호)를 공포하였다. 이 직제에 따라 구성된 법전편찬위원회의 민법분과위원회가 민법안 기초작업을 담당하였다. 1950년에 발발한 한국전쟁의 아수라장 속에서도 민법 제정을 위한 기초 작업은 계속되었다. 그 결과 법전편찬위원회는 민법전 공식초안을 완성하였고, 1953년 9월 30일 이를 정부에 이송하였다. 정부는 법제실의 내부 검토를 거쳐 1954년 9월 30일 국무회의에서 민법안 정부안을 확정한 뒤 1954년 10월 26일 이를 국회에 제출하였다. 국회는 1954년 10월 28일 그 안을 법제사법위원회에 회부하였고, 그 이후 1957년 12월 17일에 이르기까지 이를 심의하였다. 국회를 통과한 민법은 1958년 2월 22일 법률 제471호로 공포되어 1960년 1월 1일부터 시행되었다.

주지하다시피 그 후 한국 사회는 지금에 이르기까지 격변의 시간을 거쳤다. 사회가 변화하면 그 사회를 규율하는 법률도 변화할 필요성이 있다. 물론 사회와 법의 변화 사이에 일정한 시간차가 생기는 것은 불가피하다. 만약 법률이 사회의 변화에 실시간으로 연동하여 변화한다면 법적 안정성은 지나치게 희생되기 때문이다. 이러한 시간

차로 인하여 발생하는 간극은 해석론으로 어느 정도 메울 수 있고, 또 일정한 범위 내에서는 해석론이 일정한 역할을 수행하는 것이 바람직하기도 하다. 그러나 그 간극이 지나치게 벌어지면 더 이상 해석론으로 해결하기 어려운 문제 상황들이 생기기 시작한다. 또한 비록 법률의 해석론으로 그 간극이나 공백을 메울 수는 있을지라도, 법률이 현실 속에서 생명력을 강하게 유지하려면 무리한 해석론에 자신의 운명을 맡기기보다는 변화하는 사회에 걸맞게 스스로를 변모시킬 필요도 있다. 민법도 이 점에서 예외일 수 없다.

지난 55년을 돌이켜 보면 민법 중 친족편과 상속편은 상대적으로 빈번하게 개정되어 왔다. 친족편과 상속편, 즉 가족법 분야가 빈번하게 개정된 데에는 나름대로 이유가 있다. 민법 제정 당시의 가족법은 가부장제와 종법제의 영향에서 완전히 자유롭지 못하였다. 이는 핵가족화 현상이나 남녀평등의식의 신장 등 새로운 사회현상이나 의식과는 간극이 있는 것이었다. 이러한 간극은 단순히 이론적 논의 대상에 그치는 것이 아니라 현실 사회 속에서도 관심과 우려의 대상이었다. 이러한 배경에서 국회나 정부, 사회단체 등은 지속적으로 가족법을 개정하려는 노력을 기울여 왔다. 이러한 사회적 동력의 토대 위에 가족법은 변모를 거듭하였다. 2013년 7월 1일부터는 성년후견제도 도입을 내용으로 하는 개정 민법이 시행되었는데, 이 역시 가족법과 밀접한 관련성을 가진다. 반면 민법 중 총칙편, 물권편, 채권편 등 이른바 재산법 분야는 거의 개정되지 않았다. 1984년 민법 개정을 통하여 특별실종 규정을 정비하거나 구분지상권, 전세권의 우선변제권을 도입한 정도가 특기할 만한 변경이었다. 이처럼 재산법 분야의 개정이 드물었던 것은 재산법 분야가 가족법 분야에 비해 시대적인 이념이나 헌법 정신과의 대립이 적어 개정의 필요성이 상대적으로 적었고, 사회 현실의 변화에 따라 발생한 재산법 분야 개정 수요를 특별법이 잘 흡수하여 왔기 때문이다. 가족법 분야보다는 재산법 분야가 사회의 이목, 더 나아가 법률개정의 동력이 될 수 있는 여러 기관이나 단체들의 정치적 관심에서 한 걸음 떨어져 있었던 것도 개정이 그다지 빈번하게 이루어지지 않았던 하나의 요인이다.

민법 중 재산법 분야에 관한 전면적인 개정 시도가 없었던 것은 아니다. 법무부는 1999년 2월에 법조계와 학계의 전문가 12명으로 민법개정특별분과위원회를 구성하여 5년 4개월간의 작업을 거친 끝에 2004년 6월에 민법 재산편 개정안을 마련하였고, 같은 해 10월 21일 이를 국회에 제출하였다. 그러나 위 개정안은 국회의원들의 무관심 속에서 제대로 심의도 받지 못한 채 국회의 임기만료로 폐기되고 말았다. 수십 년을 기다려 수년에 걸쳐 수행했던 방대한 작업의 결말치고는 허탈한 것이었다. 이처럼 전면적인 개정시도가 무위에 그치면서 민법 재산편은 여전히 제정 당시의 모습을 그대로 지니게 되었다.

그런데 현행 민법이 기초되던 1950년대와 그 민법이 적용되는 2010년대의 우리 사회 사이에는 큰 격차가 있다. 그만큼 민법과 사회 사이의 간극이 클 수 있다는 점을 시사한다. 이러한 간극을 메우기 위해 여러 분야에서 특별법이 제정되긴 하였지만, 특별법은 문자 그대로 특수한 분야를 규율하는 규범에 불과하므로 이를 통해 사회의 변화를 포괄적으로 반영하는 데에는 한계가 있다. 따라서 현대 사회의 모습에 걸맞은 민법의 현대화가 필요하게 되었다. 또한 지난 수십 년간 외국 여러 나라들의 민법이 개정되거나 새로 제정되었고, 국제적인 모델법들도 다수 성안되면서 이를 통해 관찰되는 세계적인 흐름을 우리 민법에 반영할 요청도 생겨났다. 따라서 국제적 흐름에 걸맞은 민법의 국제화가 필요하게 되었다.

민법의 현대화와 국제화란 무엇인가?

우선 민법의 현대화는 변화되어 가는 현대사회의 모습을 민법전 내에 적시에 반영해야 함을 의미한다. 이는 단지 사회의 변화에 따라 형성, 변천되어 온 판례 법리를 검토하여 민법전에 선별적으로 받아들인다는 소극적인 차원에 그치는 것이 아니라 변화해 가는 사회를 규율하는 데에 적합한 규범적인 틀을 선제적으로 창출한다는 적극적 차원의 문제이기도 하다.

또한 민법의 국제화는 세계적으로 형성, 발전되는 민사 법리의 변화를 제대로 이해하고, 그 중 일반적인 합리성을 지니면서 우리 고유의 실정에도 적합한 요소들을 적극적으로 수용하여야 한다는 의미를 가진다. 지난 수십 년을 돌아보면 1980년에는 네덜란드, 2001년에는 러시아와 리투아니아, 바레인, 2002년에는 독일, 2003년에는 브라질과 미국 루이지애나, 2004년에는 모로코, 2007년에는 중국(물권법)이 각각 민법을 개정하거나 제정하였다. 일본의 경우 법무성 소속 법제심의회 민법(채권관계) 부회가 2009년 3월 31일에 『채권법 개정의 기본방침』을, 2013년 2월 26일 『민법(채권관계)의 개정에 관한 중간시안』을, 2014년 8월 26일 『민법(채권관계)의 개정에 관한 요강시안』을, 2015년 2월 10일에

『민법(채권관계)의 개정에 관한 요강안』을 각각 마련하였고,[1] 이에 기초하여 법무성이 2015년 3월 31일 『민법 중 일부를 개정한 법률안』을 국회에 제출하였으며,[2] 이에 기한 개정 민법이 2017년 6월 2일에 공포되었다(대부분의 규정은 2020년 4월 1일부터 시행). 유럽에서는 유럽계약법원칙Principles of European Contract Law(PECL), 공통참조기준초안Draft Common Frame of Reference(DCFR), 유럽공통매매법Common European Sales Law(CESL) 등의 예에서 볼 수 있듯이 유럽사법통합의 움직임이 지속적으로 진행되어 왔다. 유엔 국제상거래법위원회UN Commission on International Trade Law에서는 「국제물품매매계약에 관한 유엔협약United Nations Convention on Contracts for the International Sale of Goods(CISG)」이 1980년도에 성안되어 우리나라를 비롯하여 수많은 나라들의 국내법 체계에 편입되기도 하였다. 국제사법통일협회UNDROIT의 국제상사계약원칙Principles of International Commercial Contract 역시 이러한 흐름에서 빼놓을 수 없다. 이와 같은 국제적인 변화의 소용돌이 속에서 우리 민법은 더 이상 1950년대에 만들어진 규범적 틀에 안주하기가 어렵게 되었다.

이러한 배경에서 법무부는 민법 재산편의 조속한 개정 필요성을 다시 절감하고, 2009년 2월 4일 법무부 민법개정위원회를 출범시켰다. 이번 법무부 민법개정작업에는 지난 2004년 민법 개정안을 마련할 때보다 훨씬 많은 학자들과 실무가들이 참여하였다. 2009년 1기 민법개정위원회에서는 37명, 2010년 2기 민법개정위원회와 2011년 3기 민법개정위원회에서는 43명, 2012년 4기 민법개정위원회에서는 33명의 전문가들이 민법개정위원으로 활동하였다. 물론 이들 중 일부는 2년 이상 민법개정위원으로 활동하였으므로 민법개정작업에 참여한 전문가들의 숫자는 위 숫자를 모두 합한 것에는 미치지 못하겠지만, 이를 감안하더라도 민법개정작업에 투입된 인적 역량의 규모는 2004년 민법 개정안에 비해 매우 크다고 평가할 수 있다. 이는 한편으로는 우리 민법학계와 실무계의 역량과 규모가 그만큼 커졌다는 것을 의미하기도 하고, 다른 한편으로는 이번 민법 개정작업이 가지는 중요성을 시사하기도 한다. 또한 이는 2004년 민법 개정안을 둘러싼 학계의 찬반 논의를 고려하여 법무부가 의도적으로 폭넓은 학계 인사들을 참여시킨 결과이기도 하다.

---

1) http://www.moj.go.jp/shingi1/shingikai_saiken.html 참조.

2) http://www.moj.go.jp/MINJI/minji07_00175.html 참조.

민법개정위원회는 매년 여러 개 분과위원회를 구성하고 각 분과위원회별로 담당분야를 배정하였다.[3] 각 분과위원회는 담당분야에 대한 검토와 논의를 거쳐 담당분야별로 개정시안을 마련하였다. 한편 2기 민법개정위원회부터는 각 분과위원회의 개정시안을 총괄적으로 분석, 검토하기 위해 실무위원회가 설치되었다. 분과위원회와 실무위원회를 거친 개정시안은 각 분과위원장들로 구성된 위원장단 회의의 심의를 거쳐 모든 민법개정위원들이 참여하는 전체회의에 상정된 뒤 표결을 통해 민법개정위원회의 최종 개정시안으로 확정되었다. 요약하면 민법개정위원회는 『분과위원회 ⇒ 실무위원회 ⇒ 위원장단 회의 ⇒ 전체회의』의 순서로 논의를 진행하여 개정시안을 확정한 것이다.

본래 법무부 민법개정위원회는 2009년 2월부터 2013년 2월까지 4년에 걸쳐 민법개정시안을 완성하고자 하였으나, 당초보다 다소 작업이 지연되어 2014년 2월까지 그 활동을 계속하였다. 2014년 2월이 되어서야 민법 개정시안 전체가 완성되었으므로 이 책에서는 이를 "2014년 민법 개정시안"이라고 부르고자 한다.[4] 한편 법무부는 이러한 전면 개정작업의 성과물을 한꺼번에 국회에 보내기보다는 이를 나누어 적절한 시기에 국회에 보내는 전략을 선택하였다. 이는 2004년 민법 개정안 전체가 국회에 제출되었다가 국회의 무관심 속에서 제대로 심의도 되지 못한 채 임기만료로 폐기된 전례를 고려하여 국회의 심의 부담을 줄이기 위해서이다. 원론적으로 말하자면, 이처럼 개정안을 인위적으로 나누어서 국회에 제출하는 것은 바람직하지 않다. 개정안의 각 영역과 개별 조문들은 서로 고도의 유기성을 가지고 연결되어 있기 때문이다. 그러므로 국회의 무관심이나 심의 부담으로 인한 폐기를 우려하여 개정시안 중 국회의원들의 관심을 끌 만한 부분들만 골라 선별적으로 국회에 제출하는 현재의 상황은 정상적이라고는 할 수 없다. 그러나 국회의 현실은 법무부로 하여금 그러한 전략을 선택할 수밖에 없도록 한 듯하다.

---

3) 2009년부터 2011년까지는 각 6개, 2012년 이후에는 4개의 분과위원회가 설치되었다. 분과위원회의 현황에 대해서는 법무부 민법개정위원회 웹사이트(http://minbub.or.kr) 참조.

4) 참고로 2013. 7. 1.에는 그때까지 작업된 개정시안의 조문을 담은 『법무부 민법개정자료발간팀, 2013년 법무부 민법개정시안조문편(법무부, 2013)』이 발간되고, 2013. 8. 1.에는 개정 관련 회의자료 일부를 담은 『법무부 민법개정자료발간팀, 2013년 법무부 민법개정시안 총칙편, 물권편, 채권편(上)(下)(법무부, 2013)』가 각각 발간되었다. 위 각 자료집에서는 민법개정시안을 "2013년 법무부 민법개정시안"이라고 부르고 있으나, 이는 책의 출간연도가 2013년이기 때문이다. 그 뒤에도 민법 개정작업이 지속되어 2014년에 최종 개정시안이 완성되었으므로 이 해설서에서는 이를 "2014년 민법 개정시안"이라고 부르고자 한다.

그 동안의 성과물 중 성년후견제도에 관한 부분은 장애인단체 등의 적극적인 관심으로 인하여 국회의원들의 시선을 붙잡는 데에 성공하였고 결국 국회를 통과하여 2013년 7월 1일부터 시행되고 있다. 반면 법인과 시효제도에 관한 부분은 2011년 6월 22일 제18대 국회에 제출되었으나,[5] 제18대 국회의 임기만료로 폐기되었다. 제19대 국회가 열린 후 정부는 2013년 7월 17일 유치권에 관한 개정안,[6] 2014년 3월 25일 보증계약과 여행계약에 관한 개정안[7]을 제출하였고, 2014년 10월 24일 법인에 관한 개정안을 다시 제출하였다.[8] 그 중 유치권과 법인에 관한 각 개정안은 법제사법위원회에서 본격적인 심의가 진행되지 않은 채 머물러 있다. 다행스럽게 보증계약과 여행계약에 관한 민법 개정안은 소비자 보호라는 측면에서 관심을 모은 가운데 국회를 통과하여 2015년 2월 3일 공포되었고, 2016년 2월 4일부터 시행되고 있다.

법무부 민법개정위원회의 활동이 종료된 지 벌써 거의 4년이 흘렀다. 그 사이에 제19대 국회의 임기가 만료되고 제20대 국회의 임기가 시작되었다. 적어도 현재 상황에 비추어 보면 민법(재산편)의 전면 개정이 이루어질 가능성은 그리 높지 않다. 그러나 법무부 민법개정위원회의 공식적인 결과물인 민법 개정시안은 5년간 수많은 전문가들이 참여하여 만들어 낸 것으로서 학술적으로나 실무적으로 큰 가치를 가지고 있다. 우리 민법의 체계와 내용을 샅샅이 분석함으로써 민법 해석론의 도약에 도움을 줄 수 있고, 향후 민법 개정 논의에도 중요한 참고자료로 역할을 수행할 수 있다. 그러므로 이러한 민법 개정시안 자체가 가지는 큰 가치가 사장되어서는 곤란하다. 이 시점에서 개정시안 각 조항의 배경과 논의 경과 및 내용을 일목요연하게 정리하는 작업은 의미 있는 일이다. 이 책은 이러한 고려 하에 출간된 것으로서, 민법개정위원회에서 확정된 민법 개정시안 중 총칙편과 물권편 부분 각 조항들에 대한 해설을 담고 있다. 민법 개정시안 중 채권편 부분에 대한 해설서 작업도 조만간 완료하여 출간할 예정이다.

이 책은 인격권, 법인, 법률행위, 시효, 점유권, 소유권, 지상권, 지역권, 전세권, 유치권, 질권, 저당권 등 모두 12개 장으로 구성되어 있다. 이는 개정시안의 조문 순서에 따른

5) 의안번호 1231.
6) 의안번호 6019.
7) 의안번호 9869.
8) 의안번호 12119.

것이다. 각 장의 도입부에서는 'Ⅰ. 개관'이라는 표제 하에 각 장의 핵심적인 개정 내용을 개관하고 필요한 경우에는 그 배경을 간단하게 소개하였다. 각 장의 'Ⅱ. 조문별 해설'에서는 대체로 개정 배경, 관련 입법례, 관련 판례, 논의 경과, 개정시안의 내용, 참고사항의 순서로 서술하되 굳이 서술할 필요가 없는 항목은 생략하였다. 가령 단순한 표현 수정에 그친 조항에 대해서는 별도의 목차를 두지 않고 변경된 내용만 간략하게 서술하였다. 관련 입법례와 관련 판례는 독자의 참조 편의를 위해 필자가 임의로 추가한 것으로서 꼭 그것이 실제 논의과정에서 참조되었음을 의미하는 것은 아니다. 이 책의 끝에는 법무부 민법개정위원회에서 확정된 민법 개정시안 중 총칙편과 물권편의 신구조문 대비표를 첨부하였다.

법무부 민법개정위원회 위원명단

* 위원회 운영 당시 직책을 기준으로 하였다.

〈2009년 제1기 민법개정위원회〉

	직위	성명	소속 · 직책	연구 주제
1	전체위원장	서 민	충남대 명예교수	분과안 검토
2	부위원장	이상태	건국대 교수	
3	1분과위원장	지원림	고려대 교수	계약 · 법률행위
4	1분과위원	최흥섭	인하대 교수	
5	〃	이준형	중앙대 교수	
6	〃	서희석	부산대 교수	
7	〃	이병준	한국외국어대 교수	
8	〃	권영준	서울대 교수	
9	〃	정경영	성균관대 교수	
10	〃	유해용	사법연수원 교수	
11	2분과위원장	하경효	고려대 교수	행위능력
12	2분과위원	명순구	고려대 교수	
13	〃	박동진	연세대 교수	
14	〃	백승흠	청주대 교수	
15	〃	김형석	서울대 교수	
16	〃	민유숙	서울서부지법 부장판사	
17	3분과위원장	김대정	중앙대 교수	법인
18	3분과위원	윤철홍	숭실대 교수	
19	〃	남효순	서울대 교수	
20	〃	김규완	고려대 교수	
21	〃	송호영	한양대 교수	
22	〃	윤용섭	법무법인 율촌 변호사	
23	4분과위원장	송덕수	이화여대 교수	시효
24	4분과위원	임건면	성균관대 교수	
25	〃	김제완	고려대 교수	
26	〃	김성수	경찰대 교수	
27	〃	나 현	이화여대 교수	
28	〃	이광수	변호사	
29	5분과위원장	윤진수	서울대 교수	담보권
30	〃	이상영	동국대 교수	
31	〃	박영복	한국외국어대 교수	
32	〃	김재형	서울대 교수	
33	〃	최수정	서강대 교수	
34	〃	김상수	서강대 교수	
35	〃	정준영	대법원 재판연구관	
36	6분과위원장	정종휴	전남대 교수	체계 · 장기과제
37	6분과위원	정태윤	이화여대 교수	

〈2010년 제2기 민법개정위원회〉

	직위	성명	소속 · 직책	연구 주제
1	전체위원장	서 민	충남대 명예교수	분과안 검토
2	부위원장	하경효	고려대 교수	
3	실무위원장	윤진수	서울대 교수	분과안 검토
4	실무위원	이태종	서울고법 부장판사	
5	실무위원	윤용섭	법무법인 율촌 변호사	
6	실무위원	김형석	서울대 교수	
7	1분과위원장	지원림	고려대 교수	채권목적 · 계약총론
8	1분과위원	최홍섭	인하대 교수	
9	〃	이준형	한양대 교수	
10	〃	이병준	한국외국어대 교수	
11	〃	권영준	서울대 교수	
12	〃	김종호	수원지법 부장판사	
13	〃	한주한	법무법인 세종 변호사	
14	2분과위원장	송덕수	이화여대 교수	채무불이행 · 담보책임 · 해제
15	2분과위원	김동훈	국민대 교수	
16	〃	오종근	이화여대 교수	
17	〃	정진명	단국대 교수	
18	〃	강승준	수원지법 부장판사	
19	〃	전원열	김 · 장법률사무소 변호사	
20	3분과위원장	김대정	중앙대 교수	채권양도 · 채무인수 · 채권소멸
21	3분과위원	윤철홍	숭실대 교수	
22	〃	정병호	서울대 교수	
23		송호영	한양대 교수	
24	〃	여미숙	사법연수원 교수	
25	〃	한현주	법무법인 화우 변호사	
26	4분과위원장	백태승	연세대 교수	계약각론 · 신종계약 · 사무관리
27	4분과위원	최봉경	서울대 교수	
28	〃	박수곤	경희대 교수	
29	〃	서희석	부산대 교수	
30	〃	김학준	인천지법 부장판사	
31	〃	이동신	법무법인 태평양 변호사	
32	5분과위원장	남효순	서울대 교수	변칙담보 · 연대채무 · 책임재산
33	〃	김상수	서강대 교수	
34	〃	김재형	서울대 교수	
35	〃	최수정	서강대 교수	
36	〃	김승표	서울동부지법 부장판사	
37	〃	김충섭	법무법인 충정 변호사	
38	6분과위원장	엄동섭	서강대 교수	불법행위
39	6분과위원	김천수	성균관대 교수	
40	〃	김상중	고려대 교수	
41	〃	이창현	서강대 교수	
42	〃	설범식	서울동부지법 부장판사	
43	〃	김용호	법무법인 로고스 변호사	

〈2011년 제3기 민법개정위원회〉

	직위	성명	소속 · 직책	연구 주제
1	전체위원장	서 민	충남대 명예교수	분과안 검토
2	부위원장 겸 실무위원장	윤진수	서울대 교수	분과안 검토
3	실무위원	이태종	서울고법 부장판사	
4	실무위원	윤용섭	법무법인 율촌 변호사	
5	실무위원	권영준	서울대 교수	
6	1분과위원장	지원림	고려대 교수	물권변동
7	1분과위원	홍성재	공주대 교수	
8	〃	이진기	숙명여대 교수	
9	〃	이선희	성균관대 교수	
10	〃	이동진	서울대 교수	
11	〃	윤승은	사법연수원 교수	
12	〃	박 철	법무법인 바른 변호사	
13	2분과위원장	윤철홍	숭실대 교수	소유권 · 점유권
14	2분과위원	제철웅	한양대 교수	
15	〃	정병호	서울시립대 교수	
16		전경운	경희대 교수	
17	〃	이승한	의정부지법 부장판사	
18	〃	고원석	법무법인 광장 변호사	
19	3분과위원장	남효순	서울대 교수	용익물권
20	3분과위원	김제완	고려대 교수	
21	〃	최수정	서강대 교수	
22	〃	이은희	충북대 교수	
23	〃	서경환	인천지법 부장판사	
24	〃	김득환	법무법인 태평양 변호사	
25	4분과위원장	송덕수	이화여대 교수	채무불이행 · 담보책임 · 해제
26	4분과위원	김동훈	국민대 교수	
27	〃	오종근	이화여대 교수	
28	〃	정진명	단국대 교수	
29	〃	김재형	서울대 교수	
30	〃	강승준	서울중앙지법 부장판사	
31	〃	문용호	법무법인 세종 변호사	
32	5분과위원장	백태승	연세대 교수	신종계약 · 부당이득
33	5분과위원	이연갑	연세대 교수	
34	〃	박수곤	경희대 교수	
35	〃	서희석	부산대 교수	
36	〃	김학준	인천지법 부장판사	
37	〃	최건호	김 · 장법률사무소 변호사	
38	6분과위원장	엄동섭	서강대 교수	불법행위
39	6분과위원	김천수	성균관대 교수	
40	〃	김상중	고려대 교수	
41	〃	이창현	서강대 교수	
42	〃	연운희	수원지법 부장판사	
43	〃	안태용	법무법인 율촌 변호사	

〈2012~2013년 제4기 민법개정위원회〉

	직위	성명	소속 · 직책	연구 주제
1	전체위원장	서 민	충남대 명예교수	분과안 검토
2	부위원장	윤용석	부산대 교수	
3	분과위원장	엄동섭	서강대 교수	
4	분과위원장	윤철홍	숭실대 교수	
5	실무위원장	윤진수	서울대 교수	분과안 검토
6	실무위원	이태종	서울고법 부장판사	
7	실무위원	윤용섭	법무법인 율촌 변호사	
8	실무위원	권영준	서울대 교수	
9	1분과위원장	지원림	고려대 교수	인격권, 징벌적 손해배상 등 장기과제
10	1분과위원	서을오	이화여대 교수	
11	〃	김기창	고려대 교수	
12	〃	김상중	고려대 교수	
13	〃	김우수	인천지법 부장판사	
14	〃	박철	법무법인 바른 변호사	
15	2분과위원장	남효순	서울대 교수	합유, 총유
16	2분과위원	제철웅	한양대 교수	
17	〃	최수정	서강대 교수	
18	〃	정병호	서울시립대 교수	
19	〃	서경환	인천지법 부장판사	
20	〃	전병하	법무법인 태평양 변호사	
21	3분과위원장	송덕수	이화여대 교수	담보책임, 채권자취소권 등
22	3분과위원	김동훈	국민대 교수	
23	〃	박동진	연세대 교수	
24	〃	정진명	단국대 교수	
25	〃	김재형	서울대 교수	
26	〃	강승준	서울중앙지법 부장판사	
27	〃	안태용	법무법인 바른 변호사	
28	4분과위원장	백태승	연세대 교수	채권자대위권 · 부당이득
29	4분과위원	이연갑	연세대 교수	
30	〃	박수곤	경희대 교수	
31	〃	서희석	부산대 교수	
32	〃	장준현	수원지법 부장판사	
33	〃	임성훈	김 · 장법률사무소 변호사	

제1장
인격권

I. 개관

헌법 제10조 전문前文은 "모든 국민은 인간으로서의 존엄과 가치를 가지며, 행복을 추구할 권리를 가진다."라고 규정한다. 이는 법질서 전체가 추구하여야 할 최종 목표이기도 하다. 이러한 목표에 비추어 보면, 사람의 인격적 속성도 사법私法상 중요한 보호대상이다. 인격권은 오늘날 이론적으로나 실무적으로 중요한 법적 문제로 이해되고 있다. 특히 과학기술의 발달과 인터넷의 일상화로 인하여 사생활의 침해나 명예훼손 등 인격권 침해사례가 늘어나고 있고, 이에 비례하여 인격권에 관한 법적 분쟁도 급증하고 있어, 민법에 명문 규정을 둠으로써 이를 규율할 필요가 생겼다.

민법은 제751조와 제764조에서 명예훼손에 관하여 규정하는 등 인격적 법익의 보호 가능성을 내비친다. 또한 민법 제750조는 보호법익의 종류를 한정하지 않고 불법행위로 인한 손해배상에 관하여 포괄적으로 규정함으로써 인격권 침해에 대응할 길도 열어 놓고 있다. 그러나 민법은 인격권 보호에 대한 일반 규정을 두고 있지는 않다. 특별법

중에서는 『언론중재 및 피해구제 등에 관한 법률』 제5조에서 언론 등에 의한 인격권 침해금지에 관하여 규정하고 있기는 하다. 하지만 이는 언론보도로 인한 인격권 침해에 국한된 규정일 뿐 인격권 전반에 대한 규정은 아니다. 그러므로 인격권에 대한 법적 규율은 대체로 판례와 학설의 몫으로 여겨져 왔다. 하지만 인격권의 중요성을 감안하면 민법에도 인격권에 관한 명문 규정을 두는 것이 바람직하다. 이러한 배경 아래 2004년 민법개정안 제1조의2에서는 인격권 보호에 관한 명문 규정을 마련하기도 하였다. 그 이후에 인격권과 관련된 판례와 학설이 축적되고, 인격권에 관한 사회적 관심이 높아지면서 이러한 필요성은 더욱 커졌다.

이번 개정시안을 작성하는 과정에서도 인격권에 관한 명문 규정 신설에 관한 논의가 이루어졌고, 그 결과 개정시안 제3조의2로 인격권에 관한 근거조항을 신설하기로 하였다. 다만 개정시안에서는 인격권을 둘러싼 다양하고 복잡한 법적 쟁점들을 구체적으로 규율하는 방식은 피하고, 사람이 인격권의 주체가 된다는 추상적이고 포괄적인 내용을 하나의 조항에서 규정하였을 뿐이다. 그 점에서 이번 민법 개정시안의 인격권 관련 규정은 선언적인 차원에 그치고 있다. 세부적인 내용의 확정은 지금처럼 판례와 학설의 몫으로 남겨져 있다.

Ⅱ. 조문별 해설

제3조의2 (인격권)

현행	개정시안
〈신 설〉	제3조의2(인격권) 사람은 생명, 자유, 신체, 건강, 명예, 사생활의 비밀과 자유, 성명, 초상, 개인정보, 그 밖의 인격적 이익에 대한 권리를 가진다.

1. 개정 배경

인격권은 사법私法상 법률관계에서 중요한 문제로 대두되고 있지만, 사법私法의 기본법인 민법은 인격권에 대한 일반 조항을 두지 않고 있다. 헌법 제10조에서 보장하는 인간의 존엄과 가치, 헌법 제17조에서 규정하는 사생활의 비밀과 자유에서 인격권 보호의 이념을 도출할 수는 있지만, 이러한 헌법 조항들이 바로 사인 간의 법률관계에 직접 적용되는 것도 아니다(간접적용설). 민법개정위원회는 이러한 배경 아래 인격권에 관한 민법 차원의 규율을 모색하였고, 그 결과 개정시안 제3조의2를 신설하게 되었다.

2. 관련 입법례

◆ 2004년 개정안

제1조의2(인간의 존엄과 자율) ① 사람은 인간으로서의 존엄과 가치를 바탕으로 자신의 자유로운 의사에 좇아 법률관계를 형성한다.

② 사람의 인격권은 보호된다.

※ 第750조의2(인격권의 경우의 특칙)를 신설하여 인격권 침해에 대한 구제 방법을 규율하는 것이 좋겠다는 논의도 있었으나, 개정대상에서 제외되었다.

◆ 언론중재 및 피해구제 등에 관한 법률

제5조(언론등에 의한 피해구제의 원칙) ① 언론, 인터넷뉴스서비스 및 인터넷 멀티미디어 방송(이하 "언론등"이라 한다)은 타인의 생명, 자유, 신체, 건강, 명예, 사생활의 비밀과 자유, 초상肖像, 성명, 음성, 대화, 저작물 및 사적私的 문서, 그 밖의 인격적 가치 등에 관한 권리(이하 "인격권"이라 한다)를 침해하여서는 아니 되며, 언론등이 타인의 인격권을 침해한 경우에는 이 법에서 정한 절차에 따라 그 피해를 신속하게 구제하여야 한다.
(이하 생략)

◆ 개인정보보호법

제1조(목적) 이 법은 개인정보의 수집 · 유출 · 오용 · 남용으로부터 사생활의 비밀 등을 보호함으로써 국민의 권리와 이익을 증진하고, 나아가 개인의 존엄과 가치를 구현하기 위하여 개인정보 처리에 관한 사항을 규정함을 목적으로 한다.

제2조(정의) 이 법에서 사용하는 용어의 뜻은 다음과 같다.

1. "개인정보"란 살아 있는 개인에 관한 정보로서 성명, 주민등록번호 및 영상 등을 통하여 개인을 알아볼 수 있는 정보(해당 정보만으로는 특정 개인을 알아볼 수 없더라도 다른 정보와 쉽게 결합하여 알아볼 수 있는 것을 포함한다)를 말한다.
   (이하 생략)

◆ 독일민법[1)]

제12조(성명권) 타인이 이름을 사용할 권리를 가지는 사람에 대하여 그 권리를 다투는 때 또는 타인이 권한 없이 동일한 이름을 사용함으로써 권리자의 이익이 침해되는 때에는, 권리자는 그 타인에 대하여 방해의 배제를 청구할 수 있다. 앞으로도 방해할 우려가 있는 때에는 그는 부작위를 소구할 수 있다.

◆ 스위스민법

제28조 ① 인격권이 위법하게 침해된 자는 법원에 그 침해를 야기한 자들로부터의 보호를 구할 수 있다.

② 자신들의 권리가 침해되는 자들의 동의 또는 그 권리를 뛰어넘는 사적 또는 공적인 이익 또는 법률에 의하여 정당화되지 않는 한 침해는 위법하다.
(이하 생략)

第31조 ① 인격권은 출생의 완성시점에 시작하여 사망으로 소멸한다.
② 출생 이전의 태아는 그가 살아서 출생한다는 것을 조건으로 권리능력을 가진다.

※ 참고로 스위스민법 제28조a 내지 l에서는 인격권 침해와 구제에 관한 세부적인 내용을, 제29조 내지 제30조a에서는 성명권에 관한 내용을, 제31조는 인격권의 취득과 소멸에 관한 내용을 각각 담고 있다.

◆ 일본민법[2]

제723조(명예훼손에 있어서 원상회복) 타인의 명예를 훼손한 자에 대해서는 법원은 피해자의 청구에 의하여 손해배상에 갈음하거나 손해배상과 함께 명예를 회복하는 데에 적당한 처분을 명할 수 있다.

3. 관련 판례

◆ 대법원 1980. 1. 15. 선고 79다1883 판결[3]

…피고 법인이 원고를 징계 파면한 행위는 사립학교법 제61조 소정의 징계방법의 종류와 양정에 관하여 사회통념상 요구되는 그 선택의 내재적 한계를 일탈한 위법이 있어, 이는 이른바 징계권 남용으로서 불법행위가 되고, 또 출근한 원고에게 근무를 못하게 하면서 급료를 지급하지 아니한 채 차별적 대우를 한 소위는 원고의 인격권 침해로서 불법행위가 된다…

1) 양창수, 독일민법전, 5면.
2) 권철, 일본민법전, 307면.
3) 인격권에 관하여 처음 언급한 대법원 판결로 생각된다.

◆ **대법원 1996. 4. 12. 선고 93다40614, 40621 판결**

원심이, 인격권은 그 성질상 일단 침해된 후의 구제수단(금전배상이나 명예회복 처분 등) 만으로는 그 피해의 완전한 회복이 어렵고 손해전보의 실효성을 기대하기 어려우므로, 인격권 침해에 대하여는 사전(예방적) 구제수단으로 침해행위 정지·방지 등의 금지청구권도 인정된다고 전제한 다음, 우리나라 우유업계 전체가 이른바 '광고전쟁'의 소용돌이에 휘말리게 된 경위와 그 동안의 피고의 광고행태에 비추어 보면, 피고가 원고를 비방하는 광고를 재현할 위험은 아직도 존재하므로 원고는 피고가 자행할 위법한 광고로부터 그 명예·신용 등을 보전하기 위하여 피고에게 그러한 광고의 중지를 요구할 권리가 있다고 판단하였음은 옳고, 거기에 소론과 같은 법리오해의 위법이 있다고 할 수 없다.

4. 논의 경과

분과위안	실무위안	위원장단안	개정시안
제3조의2(인격권) 사람은 생명·자유·신체·건강·명예·사생활의 비밀과 자유·성명·초상·개인정보 그 밖의 인격에 대한 권리를 가진다.	제3조의2(인격권) 사람은 생명·자유·신체·건강·명예·사생활의 비밀과 자유·성명·초상·개인정보, 그 밖의 인격적 이익에 대한 권리를 가진다.	제3조의2(인격권) 사람은 생명·자유·신체·건강·명예·사생활의 비밀과 자유·성명·초상·개인정보, 그 밖의 인격적 이익에 대한 권리를 가진다.	제3조의2(인격권) 사람은 생명, 자유, 신체, 건강, 명예, 사생활의 비밀과 자유, 성명, 초상, 개인정보, 그 밖의 인격적 이익에 대한 권리를 가진다.

인격권에 관한 개정시안 작성 과정에서는 주로 분과위원회를 중심으로 다음과 같은 쟁점들에 대한 논의가 있었다. 일단 분과위원회에서 입장이 정리된 이후의 논의 단계에서는 약간의 자구 수정 외에는 실체적인 내용의 변화가 없었다.

가. 인격권에 관한 조항 신설 여부

인격권에 관한 조항 신설 여부에 대해서는 민법개정위원회 내부에서 상반되는 입장이 존재하였다. 이미 개별 법령이나 판례를 통하여 인격권에 관한 구체적인 규율이 이루어지는 상황에서 민법에 선언적인 조항을 신설하는 것은 별다른 의미가 없다거나, 인격권에 관한 조문화가 오히려 현재 판례를 통하여 융통성 있게 인정되는 인격권의 보호범위를 줄이는 결과를 가져올 수 있다는 점을 이유로 굳이 인격권에 관한 조항을 신설할 필요가 없다는 의견도 있었다. 그러나 전반적으로는 인격권이 사법 질서에서 가지는 중요성에 비추어 민법에서도 이에 관한 근거 조항을 두는 것이 바람직하다는 의견이 우세하였다. 이러한 논의 끝에 개정시안에 인격권에 관한 조항을 신설하기로 하였다.

나. 인격권 조항의 구체성 정도

인격권에 관하여 얼마나 상세한 조항들을 둘 것인가도 중요한 쟁점 중 하나였다. 인격권에 관하여 포괄적이고 추상적인 조항만 두자는 입장과 좀 더 구체적이고 상세한 조항들을 두자는 입장이 있었다. 전자의 입장에서는 이미 판례와 학설이 인격권 보호법리를 구체화해 나가고 있으므로 민법에는 인격권의 근거 조항을 신설하는 것으로 충분하고, 오히려 너무 세세한 규정들을 두는 것은 자유로운 법리의 발전에 장애가 될 수 있다고 보았다. 후자의 입장에서는 인격권에 관한 포괄적이고 추상적인 조항을 두는 것만으로는 개정의 실익이 적기 때문에 개정시안에는 좀 더 적극적이고 실체적인 내용을 담아야 하고, 또 그렇게 해야 실무에 필요한 구체적인 가이드라인을 제시할 수 있다고 보았다. 이와 관련하여 인격권 침해로 인한 손해배상과 중지 또는 예방청구, 명예훼손, 사망자의 인격권 보호, 성명 · 초상 등의 상업적 이용(이른바 퍼블리시티권의 문제), 인격권 침해와 징벌적 손해배상 등 다양한 쟁점들에 대한 조항 신설 가능성에 관하여 논의하였다. 이러한 논의 끝에 전자의 입장에 따라 하나의 포괄적인 조항만 두기로 하였다.

다. 인격권 조항의 위치

인격권 조항의 위치는 인격권에 관하여 얼마나 상세한 조항들을 둘 것인가 하는 점과 맞물려 논의되었다. 논의 과정에서는 인격권 관련 조항들을 ① 총칙편에 두는 방안, ② 채권 각칙(불법행위)에 두는 방안, ③ 5개편으로 구성된 현행 민법에 제6편 '인격권'을 신설하여 그 곳에 두는 방안이 각각 제시되었다. 채권 각칙(불법행위)에 두는 방안에 대해서는 인격권이 꼭 불법행위법에만 국한된 문제가 아니므로 위치가 적당하지 않다는 반론이 있었다. 제6편을 신설하는 방안에 대해서는 인격권만 규율하기 위해 판덱텐 고유의 5편 체재에 새로운 편을 추가하는 것은 다소 부담스럽고, 또 그렇게 할 만큼 인격권에 대한 세부적인 규율이 필요하지도 않다는 반론이 있었다. 인격권에 대해서 하나의 포괄적이고 추상적인 조항을 두기로 하면서 자연스럽게 그 조항의 위치도 총칙편에 두는 것이 좋겠다는 쪽으로 의견이 모아졌다.

총칙편 내에서의 위치에 관하여는 이를 제1장 통칙에서 제2조의2로 두어야 한다는 의견도 있었으나, 개정시안에서는 제3조의2에 인격권 조항을 두기로 하였다. 제3조는 "사람은 생존한 동안 권리와 의무의 주체가 된다."라고 규정함으로써 사람의 권리에 대해 최초로 언급하고 있어, 제3조의2에 사람에게 인정되는 본질적 권리인 인격권에 관한 조항을 두는 것이 자연스럽다고 보았기 때문이다.

5. 개정시안의 내용

개정시안 제3조의2는 사람이 인격권을 가진다는 점을 선언하는 한편, 인격권의 내용을 구성하는 대표적인 인격적 이익들을 예시한다. 분과위원회에서는 인격권을 "인격에 대한 권리"로 표현함으로써 인격권의 객체를 인격으로 보았지만, 인격권의 객체는 인격 그 자체라기보다는 인격과 관련된 법적 보호가치 있는 이익이므로 인격권을 "인격적 이익에 대한 권리"로 정의하기로 하였다. 참고로『언론중재 및 피해구제 등에 관한 법률』제5조는 인격권을 "타인의 생명, 자유, 신체, 건강, 명예, 사생활의 비밀과 자유, 초상肖像, 성명, 음성, 대화, 저작물 및 사적私的 문서, 그 밖의 인격적 가치 등에 관한 권리"라고 정의하여 "인격적 가치"라는 표현을 사용한다.

사람이 인격권을 가진다는 점에 대해서는 판례와 학설상 다툼이 없다. 2004년 개정안 제1조의2제2항에서도 "사람의 인격권은 보호된다."라는 조항을 두었는데, 이번 개정시안 제3조의2도 사람이 인격권을 가진다는 점을 선언하였다. 여기에서의 "사람"은 자연인을 의미한다. 예시된 인격적 이익 중 생명, 자유, 신체, 건강, 개인정보 등은 모두 자연인을 염두에 둔 인격적 이익이다. 그러나 개정시안 제3조의2가 법인의 인격권 보호를 부정한 것으로 이해되어서는 안 된다. 법인의 인격권 문제는 해석론에 맡겨져 있을 뿐이다.

한편 개정시안 제3조의2는 인격권을 "생명, 자유, 신체, 건강, 명예, 사생활의 비밀과 자유, 성명, 초상, 개인정보, 그 밖의 인격적 이익에 대한 권리"라고 정의함으로써 어떤 인격적 이익이 인격권으로 보호될 수 있는지를 예시한다. 이러한 예시는 인격권의 내용을 좀 더 구체적으로 보여준다는 적극적인 의미와 인격권을 정면으로 정의해야 하는 어려움을 극복한다는 소극적인 의미를 모두 가진다.

개정시안 제3조의2에서 눈에 띄는 인격적 이익은 "개인정보"에 대한 이익이다. 이는 『언론중재 및 피해구제 등에 관한 법률』에서는 언급하지 않는 인격적 이익이다. 개인정보보호법 제2조 제1호에 따르면 개인정보는 "살아 있는 개인에 관한 정보로서 성명, 주민등록번호 및 영상 등을 통하여 개인을 알아볼 수 있는 정보(해당 정보만으로는 특정 개인을 알아볼 수 없더라도 다른 정보와 쉽게 결합하여 알아볼 수 있는 것을 포함한다)"를 말한다. 우리나라 헌법재판소와 법원은 개인정보에 대한 권리를 개별적 인격권의 일종인 개인정보자기결정권으로 파악하여 왔다.[4] 최근 개인정보의 수집과 활용이 크게 늘어나면서 개인정보를 둘러싼 분쟁도 많아지고 있다. 개정시안은 개인정보가 가지는 인격권적 측면의 중요성을 포착하여 이를 반영한 것이다.

개정시안 제3조의2에 열거된 인격적 이익은 앞서 언급하였듯이 예시적인 것이다. 마지막에 "그 밖의 인격적 이익"을 언급하며 조항을 끝낸 것도 인격적 이익의 종류와 내용이 열려 있음을 표현하기 위한 것이다. 그러므로 여기에 예시되지 않은 인격적

4) 헌재결 2005. 5. 26. 99헌마513등; 헌재결 2005. 7. 21. 2003헌마282; 대판 2014. 7. 24, 2012다49933 등.

이익도 보호될 가능성이 열려 있다. 가령 분과위원회에서는 "음성 · 대화"를 인격적 이익의 예시에 포함시킬 것인가에 대한 논의를 한 끝에 이를 포함시키지 않기로 하였다. 그러나 이는 "음성 · 대화"가 인격권의 보호대상에서 제외되기 때문이 아니라 사생활의 비밀과 자유 또는 그 밖의 인격적 이익에 포함될 수 있기 때문이었다.[5] 그 외에 쾌적하고 건강한 생활을 영위할 인격적 이익,[6] 종교에 관한 인격적 이익,[7] 평등한 취급을 받을 인격적 이익[8] 등 개정시안에 열거되지 않은 인격적 이익들도 모두 이 조항의 보호대상이 될 수 있다.

개정시안 제3조의2는 인격권의 민법 내에서의 지위를 상징적으로나마 격상시키는 의미를 가진다. 그러나 인격권의 보호범위를 정함에 있어서는 표현의 자유와 같은 가치와의 관계를 신중하게 고려해야 한다. 인격권에 관한 개정시안 제3조의2의 신설이 이러한 이익형량의 필요성까지도 축소시키는 것이 아님에 유의해야 한다.

---

5) 대판 1998. 9. 4, 96다11327 참조.
6) 대판 2008. 12. 24, 2008다41499.
7) 대판(전) 2010. 4. 22, 2008다38288.
8) 대판 2011. 1. 27, 2009다19864.

제2장
법인

I. 개관

현행 민법 중 법인에 관한 조항은 제31조부터 제97조까지(제52조의2, 제60조의2 포함) 모두 69개이다. 민법의 총칙편 조항이 모두 186개(위 가지조항 포함)임을 고려하면 법인 관련 조항들의 숫자는 민법 총칙편 전체 조항 숫자의 1/3을 훌쩍 넘을 정도로 큰 비중을 차지한다. 그런데 이번 개정시안에서는 법인에 대한 내용이 대폭 변경되었다. 이러한 변경의 폭과 법인 관련 조항들의 양적 비중을 생각하면, 법인 분야의 민법 개정은 이번 민법 개정작업에서 적지 않은 의미를 지닌다. 법인에 관한 개정시안의 주요 내용은 다음과 같다.

○ 법인설립에 관한 입법주의를 허가주의에서 인가주의로 전환

현행 민법 제32조는 비영리법인의 설립에 관하여 허가주의를 취하고 있다. 한편 판례는 이 조항에 따른 허가 여부는 주무관청의 자유재량에 달려 있다고 해석한다.[1] 이렇게 이해되는 허가주의는 헌법상 결사의 자유로 인정되는 법인 설립 여부를 주무관청의 자유재량에 의존시킴으로써 법인 설립의 자유를 과도하게 제한할 우려가 있다. 개정

시안에서는 법인 설립의 자유를 넓히기 위해 인가주의를 채택하였다(제32조). 이에 따르면 주무관청은 법률이 정한 요건을 갖추어 인가를 신청한 법인에게는 법인설립 인가를 해 줄 의무를 부담한다. 이처럼 개정시안에서 법인설립에 관한 입법주의가 허가주의에서 인가주의로 전환되면서 허가주의를 전제로 규정된 민법 조항들도 모두 개정대상이 되었다(제38조, 제42조, 제46조, 제49조, 제53조, 제77조, 제80조).

○ 법인 아닌 사단과 재단에 관한 규정 신설

민법은 법인 아닌 사단의 사원이 집합체로서 물건을 소유할 때에는 총유로 한다는 규정(제275조) 이외에는 비법인사단이나 비법인재단에 관한 규정을 별도로 두지 않았다.

그런데 비법인사단과 비법인재단의 숫자는 상당히 많고 이와 관련된 분쟁도 현실적으로 빈번하게 일어난다. 이에 대응하여 민사소송법 제52조는 대표자 또는 관리자가 있는 비법인사단과 비법인재단의 당사자능력을 인정한다. 또한 부동산등기법 제26조는 대표자나 관리인이 있는 비법인사단과 비법인재단의 등기능력을 인정한다. 반면 현행 민법은 비법인사단과 비법인재단의 실체법적 문제를 어떻게 규율할 것인지에 대해 사실상 침묵하고 있다. 판례와 학설은 사단법인이나 재단법인에 관한 민법 규정 중 법인격을 전제로 하는 것을 제외한 나머지 규정들을 비법인사단이나 비법인재단에도 유추적용할 수 있다는 입장을 취함으로써 이러한 규율의 공백을 메워 왔다.

개정시안에서는 이러한 점을 고려하여 비법인사단과 비법인재단에 대해서도 원칙적으로 법인에 관한 장章의 규정을 준용하기로 하였다(제39조의2). 아울러 영리 목적의 비법인사단에 대해서는 사단의 재산으로 채무를 완제할 수 없을 때 또는 사단의 재산에 대한 강제집행이 주효하지 못한 때에는 각 사원이 연대하여 그 채무를 변제할 책임을 지도록 하여 채권자를 보호하고자 하였다(제39조의3).

○ 재단법인 설립을 위한 출연재산 귀속시기 규정

재단법인 설립을 위한 출연재산이 법인에 귀속되는 시기가 출연 시점인지, 아니면

1) 대판 1996. 9. 10, 95누18437.

등기 등 물권변동요건을 갖춘 시점인지에 대해서는 그 동안 학설상 논란이 있었다. 한편 판례는 출연재산이 법인에 귀속되는 시기는 출연 시점이지만 제3자에게는 이에 대해 등기 등 공시방법을 갖추어야 대항할 수 있다고 보고 있었다. 개정시안에서는 등기, 인도 등 물권변동요건을 갖춘 때에 비로소 법인에 출연재산이 귀속된다는 점을 명문화하였다(제48조 제1항).

○ 비영리법인의 합병 · 분할 제도 도입

상법은 영리법인인 회사의 합병과 분할에 대해 상세한 규정을 두고 있다. 또한 농업협동조합법이나 중소기업협동조합법, 사회복지사업법 등 특수한 유형의 비영리법인의 합병과 분할에 대해 규정하는 특별법들도 있다. 개정시안에서는 그 외의 일반적인 비영리법인에 대하여도 합병과 분할을 허용할 현실적 필요가 있다는 점에 주목하여 이에 관한 규정들을 신설하였다(제96조의2 내지 제96조의12). 그 요지는 다음과 같다.

- 법인의 합병 · 분할의 근거 규정 신설(제96조의2)

  사단법인과 재단법인의 합병과 분할을 가능하게 하는 근거 규정을 신설하였다.

- 법인의 합병 · 분할의 절차에 관한 규정 신설(제96조의3 내지 제96조의6)

  법인의 합병을 위해서 합병계약서를, 분할을 위해서 분할계획서를 작성하도록 하였다. 합병 · 분할의 승인에 관해서 사단법인은 총사원 4분의 3 이상의 찬성이 필요한 것으로 하고, 재단법인은 이사 정수의 4분의 3 이상의 찬성이 필요한 것으로 하되, 정관으로 정수에 관하여 달리 정할 수 있도록 하였다. 사원총회나 이사회의 합병 · 분할결의가 있은 후 주무관청의 인가를 받도록 하였다.

- 채권자보호(제96조의7)

  법인의 합병에 중대한 이해관계를 가지는 채권자를 보호하기 위해 일정한 공고기간 동안 채권자가 합병에 이의를 제출할 기회를 보장하고, 실제로 채권자가 이의를 제출한 때에는 채무변제나 상당한 담보제공 등 채권자보호에 필요한 조치를 취하도록 하였다.

－합병 · 분할의 등기 및 그 효과(제96조의8 내지 제96조의10)

합병 · 분할의 등기 및 그 효과에 대해 규정하였다. 합병의 경우는 채권자보호를 위한 공고질차(제96조의7)가 종료된 날부터 3주일 안에, 분할의 경우에는 분할인가를 받은 날부터 3주일 안에 합병등기 또는 분할등기를 하여야 한다(제96조의8). 합병 · 분할의 등기를 함으로써 합병 · 분할의 효력이 발생한다(제96조의9). 합병 · 분할의 효과는 다음과 같다. 합병의 경우 합병으로 존속하는 법인(흡수합병) 또는 합병으로 신설된 법인(신설합병)은 합병으로 소멸된 법인의 권리 · 의무를 승계한다(제96조의10제1항). 분할의 경우 분할로 인하여 신설된 법인(소멸분할) 또는 존속하는 법인(존속분할)은 분할계획서에 정한 바에 따라 분할하는 법인의 권리와 의무를 승계하고, 분할 전 법인채무를 연대하여 변제할 책임을 부담한다(제96조의10제2항).

－합병 · 분할무효의 소 및 판결확정의 효과(제96조의11에서 제96조의15까지)

합병 · 분할에 대해서 이의가 있는 이해관계인은 이를 소로써만 다툴 수 있도록 하였다(제96조의11). 합병 · 분할 무효판결은 제3자에 대하여도 효력이 미치는 것으로 규정하였다(제96조의15제1항).

참고로 법무부 민법개정위원회에서 확정된 법인 개정시안은 2010. 12. 3. 입법예고된 뒤 시효에 관한 개정시안과 함께 18대 국회에 먼저 제출되었으나, 제대로 심의되지 않은 채 제18대 국회의 임기만료로 폐기되었다. 2004년 개정안과 비슷한 운명에 처한 것이다. 그에 따라 법무부는 2014년 10월 24일 법인에 관한 개정안을 다시 제출하였다.[2] 이 개정안은 종전에 제출되었던 개정안 중 비법인사단 · 비법인재단에 관한 규정과 비영리법인의 합병 · 분할 규정을 제외하는 등 내용을 간소화한 안이다. 이는 실체적인 내용에 대한 입장 전환이라기보다는 국회의 심의 편의를 고려한 입장 전환으로 생각된다. 아래에서 해설하는 대상은 민법개정위원회에서 성안하여 국회에 최초로 제출되었던 개정시안임을 유의한다.

2) 의안번호 12119.

제32조(비영리법인의 설립과 인가)

현행	개정시안
제32조(비영리법인의 설립과 허가) 학술, 종교, 자선, 기예, 사교 기타 영리아닌 사업을 목적으로 하는 사단 또는 재단은 주무관청의 허가를 얻어 이를 법인으로 할 수 있다.	제32조(비영리법인의 설립과 인가) ① 영리를 목적으로 하지 않는 사단법인을 설립하려는 자는 다음 각 호의 요건을 갖추어 주무관청에 인가를 신청하여야 한다. 1. 5인 이상의 사원이 있을 것 2. 제40조에 따라 작성된 정관이 있을 것 3. 다른 법인과 동일한 명칭이 아닐 것 4. 그 밖에 법인 설립에 관련된 규정을 준수하였을 것 ② 재단법인을 설립하려는 자는 다음 각 호의 요건을 갖추어 주무관청에 인가를 신청하여야 한다. 1. 제43조에 따라 작성된 정관이 있을 것 2. 재단법인의 목적 달성에 필요한 최소한의 재산을 출연할 것 3. 제1항 제3호 및 제4호의 요건을 갖출 것 ③ 주무관청은 법인을 설립하고자 하는 자가 제1항 또는 제2항의 요건을 갖추어 인가를 신청하는 때에는 법인의 정관에서 정한 사항이 선량한 풍속 그 밖의 사회질서에 반하지 않으면 인가하여야 한다.

1. 개정 배경

가. 현행법의 내용

민법의 규율대상이 되는 법인은 비영리법인, 즉 영리 아닌 사업을 목적으로 하는 사단법인 또는 재단법인이다. 사단법인은 일정한 목적을 위한 인적 결합에 권리능력이 부여된 것이고, 재단법인은 일정한 목적에 바쳐진 재산에 권리능력이 부여된 것이다.

법인 설립에 관한 입법주의로는 법인의 실체를 갖추기만 하면 당연히 법인격을 인정하는 자유설립주의, 법률로 정한 요건을 갖추면 법인격을 취득하는 준칙주의, 법률로 정한 요건을 갖추어 주무관청의 인가를 받으면 법인격을 취득하는 인가주의, 법률로 정한 요건을 갖추어 주무관청의 허가를 받으면 법인격을 취득하는 허가주의 등이 있다. 우리 민법은 비영리법인의 설립에 관하여 주무관청의 허가를 받아야 법인으로 인정하는 것으로 규정함으로써 허가주의를 취하고 있다.

나. 현행법의 문제점

현행 민법 제32조에는 다음과 같은 문제점이 있다.

첫째, 현행 민법 제32조는 마치 영리재단법인도 존재할 수 있는 것처럼 잘못 읽힐 수 있다. 법인의 영리성은 이익분배 여부에 따라 판단한다. 재단법인에는 이익을 분배할 구성원이 없으므로 재단법인은 본질상 비영리법인일 수밖에 없다. 그런데 민법 제32조는 "학술, 종교, 자선, … 기타 영리 아닌 사업을 목적으로 하는 사단 또는 재단"이라고 규정하고 있다. 읽기에 따라서는 재단법인도 영리재단법인과 비영리재단법인의 두 가지 형태로 존재한다는 오해를 불러일으킬 수 있도록 표현되어 있다.

둘째, 현행 민법 제32조가 취한 허가주의는 법인 설립의 자유를 필요 이상으로 제약할 수 있다. 특히 판례는 동조의 허가 여부를 주무관청의 자유재량행위에 속하는 것으로 보고 있어,[3] 이러한 우려를 높이고 있다. 이러한 점 때문에 우리 민법상 법인설립의 허가주의는 국가가 법인설립을 제한하였던 구시대의 유물로서 헌법상 보장되고 있는 결사의 자유를 침해한다는 비판이 제기되고 있다. 게다가 상법상 회사는 일정한 요건을 갖추어 등기소에 등기함으로써 법인격을 취득하는데, 영리 목적으로 활동하고 그 경제활동의 범위가 넓으며, 향후 발생하게 될 권리 · 법률관계도 다양할 것이 틀림없는 회사의 설립에 대하여는 준칙주의를 취하여 법인격을 쉽게 부여하면서 이러한 점이 오히려 적은 비영리법인에 대하여는 허가주의를 취하여 법인격의 부여를 까다롭게 하는 것은 균형을 잃어 부당하다는 비판도 제기된다. 비교법적으로 보더라도 비영리사단법인의 설립에 관하여 허가주의를 따르는 입법례는 찾기 어렵다.

개정시안에서는 이러한 현행법의 문제점을 염두에 두고, 재단법인에 대해서는 별도의 항을 신설하여 사단과 별도로 규율하고, 법인 설립의 자유를 신장하기 위해 허가주의를 인가주의로 전환하였다.

2. 관련 입법례

◆ 2004년 개정안

제32조(비영리법인의 설립과 인가) 학술, 종교, 자선, 기예, 사교 그밖의 영리 아닌 사업을 목적으로 하는 사단 또는 재단은 주무관청의 인가를 얻어 이를 법인으로 할 수 있다.

◆ 독일민법[4)]

제21조(비영리사단) 영리사업을 목적으로 하지 아니하는 사단은 관할 구법원의 사단등기부에 등기함으로써 권리능력을 취득한다.

제56조(최소사원수) 등기는, 사원의 수가 7인 이상인 경우에만 행하여진다.

제80조(권리능력 있는 재단의 성립) ① 권리능력 있는 재단의 성립에는, 설립행위, 그리고 재단이 주소를 두는 주의 관할 관청의 승인(Anerkennung)을 요한다.
② 설립행위가 제81조 제1항의 요건을 충족하고, 재단의 목적이 계속해서 항구적으로 실현

3) 대판 1996. 9. 10, 95누18437.

될 수 있다고 보여지며, 또 그 목적이 공공복리를 위태롭게 하지 아니하는 경우에는, 재단은 권리능력 있는 것으로 승인된다.
③ 종교재단에 관한 주법의 규정은 영향을 받지 아니한다. 이는 주법에 의하여 종교재단과 동시되는 재단에 대하여도 준용된다.

제81조(설립행위) ① 생전처분에 의한 설립행위는 서면방식을 요한다. 그것은 설립자가 미리 정하여진 목적을 실현하기 위하여 재산을 헌납한다는 그의 구속력 있는 의사표시를 포함하여야 한다. 설립행위에 의하여 재단은 다음의 사항에 관한 정함을 포함하는 정관이 정하여져야 한다.

1. 재단의 이름,
2. 재단의 주소,
3. 재단의 목적,
4. 재단의 재산,
5. 재단의 이사회의 구성

설립행위가 제3문의 요건을 충족하지 아니하고 또 설립자가 사망한 경우에 대하여는 제83조 제2문 내지 제4문이 준용된다.
② 설립자는 재단이 권리능력 있는 것으로 승인되기까지는 철회할 권리를 가진다. 관할 관청에 승인을 신청한 경우에는, 철회의 의사는 이에 대하여만 표시되어야 한다. 설립자의 상속인은, 설립자가 관할 관청에 승인신청을 한 때 또는 설립행위가 공정증서로 작성된 경우에 증서작성에 있어서 또는 그 후에 그 공증인에게 승인신청을 위임한 때에는, 철회를 할 수 없다.

◆ 프랑스 비영리사단계약에 관한 1901년 7월 1일법

제2조 비영리사단은 허가나 사전적 신고 없이도 성립할 수 있다. 그러나 권리능력은 제5조의 규정에 부합하는 경우에만 향유할 수 있다.

◆ 일본민법[5)]

제33조(법인의 성립 등) ① 법인은 이 법률과 그 밖의 법률의 규정에 의하지 아니하면 성립하지 아니한다.
② 학술, 기예, 자선, 제사, 종교 기타 공익을 목적으로 하는 법인, 영리사업을 할 것을 목적으로 하는 법인 그 밖의 법인의 설립, 조직, 운영 및 관리에 관하여는 이 법률과 그 밖의

법률의 정하는 바에 의한다.

※ 일본 「일반사단법인 및 일반재단법인에 관한 법률」[6]에 따르면 비영리법인의 설립에는 허가 또는 인가가 필요하지 않다.

3. 관련 판례

◆ **대법원 1995. 12. 12. 선고 94누12302 판결**

구 주택건설촉진법(1994. 1. 7. 법률 제4723호로 개정되기 전의 것) 제44조 및 같은법시행령(1994. 7. 30. 대통령령 제14349호로 개정되기 전의 것) 제42조의 규정에 따라 설립인가를 신청한 주택조합의 사업내용이 같은 법 등 관계 법령의 규정에 위배되거나 사회질서를 해칠 우려가 있음이 명백한 때에는 인가를 거부할 수 있다고 보아야 하고 그 경우에 법규에 명문의 근거가 없더라도 거부처분을 할 수 있다.

◆ **대법원 1996. 9. 10. 선고 95누18437 판결**

민법은 제32조에서 "학술, 종교, 자선, 기예, 사교 기타 영리 아닌 사업을 목적으로 하는 사단 또는 재단은 주무관청의 허가를 얻어 이를 법인으로 할 수 있다."고 규정하여 비영리법인의 설립에 관하여 허가주의를 채용하고 있으며, 현행 법령상 비영리법인의 설립허가에 관한 구체적인 기준이 정하여져 있지 아니하므로, 비영리법인의 설립허가를 할 것인지

4) 양창수, 독일민법전, 5, 7, 23, 31면.

5) 권철, 일본민법전, 21면.

6) 일본에서는 법인에 대한 비영리법인 내지 공익법인에 대한 규율체제를 대대적으로 바꾸기 위한 일환으로 세 개의 법률이 2006년 5월 26일에 성립하여 6월 2일에 공포되었고, 2008년 12월 1일부터 시행되고 있다. 세 법률이란 「일반사단법인 및 일반재단법인에 관한 법률」(이하 "일반법인법"이라 한다), 「공익사단법인 및 공익재단법인의 인정 등에 관한 법률」 및 「일반사단법인 및 일반재단법인에 관한 법률 및 공익사단법인 및 공익재단법인의 인정 등에 관한 법률의 시행에 따르는 관계법률의 정비 등에 관한 법률」을 말한다. 그 중 일반법인법에서는 잉여금의 분배를 목적으로 하지 않는 사단·재단에 대하여, 법인격의 취득과 공익성의 판단을 분리하여 사업의 공익성 유무에 관계없이 준칙주의에 의하여 간편하게 법인격을 취득할 수 있도록 하는 한편, 비영리법인에 대한 여러 조항들을 두고 있다. 이 법이 시행되면서 일본민법에서는 비영리법인에 관한 제38조부터 제84조가 삭제되었다.

여부는 주무관청의 정책적 판단에 따른 재량에 맡겨져 있다. 따라서 주무관청의 법인설립 불허가처분에 사실의 기초를 결여하였다든지 또는 사회관념상 현저하게 타당성을 잃었다는 등의 사유가 있지 아니하고, 주무관청이 그와 같은 결론에 이르게 된 판단과정에 일응의 합리성이 있음을 부정할 수 없는 경우에는, 다른 특별한 사정이 없는 한 그 불허가처분에 재량권을 일탈·남용한 위법이 있다고 할 수 없다.

4. 논의 경과

분과위안	실무위안	위원장단안	개정시안
제32조 (비영리법인의 설립과 인가) ① 영리를 목적으로 하지 않는 사단법인을 설립하고자 하는 자는 다음 각 호의 요건을 갖추어 주무관청에 인가를 신청하여야 한다. 1. 5인 이상의 사원이 있을 것 2. 제40조에 따라 작성된 정관이 있을 것 <u>3. 1,000만원 이상의 재산을 보유할 것</u> 4. 다른 법인과 동일한 명칭이 아닐 것	제32조 (비영리법인의 설립과 인가) ① 영리를 목적으로 하지 않는 사단법인을 설립하고자 하는 자는 다음 각 호의 요건을 갖추어 주무관청에 인가를 신청하여야 한다. 1. 5인 이상의 사원이 있을 것 2. 제40조에 따라 작성된 정관이 있을 것 <u>* 분과위안 제3호 삭제</u> 3. 다른 법인과 동일한 명칭이 아닐 것 4. 기타 법인 설립에	제32조 (비영리법인의 설립과 인가) ① 영리를 목적으로 하지 않는 사단법인을 설립하고자 하는 자는 다음 각 호의 요건을 갖추어 주무관청에 인가를 신청하여야 한다. 1. 5인 이상의 사원이 있을 것 2. 제40조에 따라 작성된 정관이 있을 것 * 분과위안 제3호 삭제 3. 다른 법인과 동일한 명칭이 아닐 것 4. 기타 법인 설립에	제32조 (비영리법인의 설립과 인가) ① 영리를 목적으로 하지 않는 사단법인을 설립하고자 하는 자는 다음 각 호의 요건을 갖추어 주무관청에 인가를 신청하여야 한다. 1. 5인 이상의 사원이 있을 것 2. 제40조에 따라 작성된 정관이 있을 것 * 분과위안 제3호 삭제 3. 다른 법인과 동일한 명칭이 아닐 것 4. 기타 법인 설립에

분과위안	실무위안	위원장단안	개정시안
5. 기타 법인 설립에 관련된 규정을 준수하였을 것 ② 재단법인을 설립하고자 하는 자는 다음 각 호의 요건을 갖추어 주무관청에 인가를 신청하여야 한다. 1. 제43조에 따라 작성된 정관이 있을 것 2. 1억원 이상의 재산을 출연할 것 3. 제1항 제4호 및 제5호의 요건을 갖출 것 ③ 주무관청은 법인을 설립하고자 하는 자가 제1항 또는 제2항의 요건을 갖추어 인가를 신청한 때에는 법인의 정관으로 정한 목적이 선량한 풍속 기타 사회질서에 반하지 않으면 인가하여야 한다.	관련된 규정을 준수하였을 것 ② 재단법인을 설립하고자 하는 자는 다음 각 호의 요건을 갖추어 주무관청에 인가를 신청하여야 한다. 1. 제43조에 따라 작성된 정관이 있을 것 2. 재단법인의 목적 달성에 필요한 재산을 출연할 것 3. 제1항 제3호 및 제4호의 요건을 갖출 것 ③ 주무관청은 법인을 설립하고자 하는 자가 제1항 또는 제2항의 요건을 갖추어 인가를 신청한 때에는 인가하여야 한다. 다만, 법인의 정관으로 정한 목적이 공익을 해하거나, 법인이 공익을 해치는 행위를 할 우려가 있다고 볼 상당한 이유가 있는 때에는 인가하지 아니할 수 있다.	관련된 규정을 준수하였을 것 ② 재단법인을 설립하고자 하는 자는 다음 각 호의 요건을 갖추어 주무관청에 인가를 신청하여야 한다. 1. 제43조에 따라 작성된 정관이 있을 것 2. 재단법인의 목적 달성에 필요한 최소한의 재산을 출연할 것 3. 제1항 제3호 및 제4호의 요건을 갖출 것 ③ 주무관청은 법인을 설립하고자 하는 자가 제1항 또는 제2항의 요건을 갖추어 인가를 신청한 때에는 법인의 정관으로 정한 사항이 선량한 풍속 기타 사회질서에 반하지 않으면 인가하여야 한다.	관련된 규정을 준수하였을 것 ② 재단법인을 설립하고자 하는 자는 다음 각 호의 요건을 갖추어 주무관청에 인가를 신청하여야 한다. 1. 제43조에 따라 작성된 정관이 있을 것 2. 재단법인의 목적 달성에 필요한 최소한의 재산을 출연할 것 3. 제1항 제3호 및 제4호의 요건을 갖출 것 ③ 주무관청은 법인을 설립하고자 하는 자가 제1항 또는 제2항의 요건을 갖추어 인가를 신청한 때에는 법인의 정관으로 정한 사항이 선량한 풍속 기타 사회질서에 반하지 않으면 인가하여야 한다.

가. 재산 보유 요건에 관한 논의

분과위원회의 안에서는 법인 설립을 위하여 필요한 재산 규모를 민법에 규정하고자 하였다. 구체적인 재산 규모에 대하여서는 ① 재단법인의 경우, 보유 재산의 이자로 목적 사업의 수행이 가능한 최소 금액의 규모를 고려하여 최소한 1억 원 이상의 재산을 보유할 것을 요구하였고, ② 사단법인의 경우 최소한 1,000만 원 이상의 재산을 보유할 것을 요구하기로 하였다. 법인이 보유해야 할 최소 재산의 구체적 액수를 민법에 특정하고자 한 것은 재산 보유 요건에 관한 주무관청의 자의적 판단을 막기 위해서이다. 분과위원회 안에서는 재단법인뿐만 아니라 사단법인의 설립에도 재산 보유 요건을 요구한 점이 특기할 만하다.

그런데 이러한 분과위원회 안에 대하여 실무위원회와 위원장단 회의에서 반대 의견이 제시되었다. 그 이유는 다음과 같다. 첫째, 사단법인의 설립요건으로 재산 보유를 요구하는 것은 이론상 문제가 있을 뿐만 아니라 이러한 요구가 사단법인 설립 자유의 제한으로 이어질 수 있다. 둘째, 재단법인의 설립요건으로 재산 보유를 요구하는 것은 불가피하지만, 그 구체적인 재산 보유 액수까지 민법에서 규정하는 것은 민법이 가지는 일반법으로서의 성격에 맞지 않다.

결국 사단법인에 대해서는 재산 보유 요건을 삭제하고, 재단법인에 대해서는 최소 출연금액을 명시하지 않은 채 "재단법인의 목적달성에 필요한 최소한의 재산을 출연할 것"을 요구하기로 하였다.

나. 동일 명칭 사용금지 요건에 대한 논의

개정시안 제32조 제1항 제3호는 사단법인 설립요건으로 "다른 법인과 동일한 명칭이 아닐 것"을 요구하고, 제2항 제3호는 이를 재단법인 설립에도 준용한다. 이는 하나의 법인 명칭은 하나의 법인에만 사용되어야 한다는 법인 명칭의 단일성을 유지하기 위한 것이다. 그런데 상법 제21조 제1항은 "동일한 영업에는 단일상호를 사용하여야 한다." 라고 규정함으로써 동일한 영업 범위 내에서만 상호의 단일성을 요구한다. 즉 영업이 다르면 상호가 같아도 괜찮다는 것을 의미한다. 이와 관련하여 민법에서 상법보다 더 포괄적으로 법인 명칭의 사용을 제한하는 것이 아닌가 하는 문제 제기가 있었다.

이에 대해서는 상사회사의 경우에는 상법이나 부정경쟁방지법에 의하여 동일 또는 유사 상호에 대한 별도의 규제가 이루어지는 반면, 민법상 법인의 경우에는 그러한 별도의 규율이 이루어지고 있지 않으므로 거래의 안전을 보호하기 위해 민법 자체에서 제1항 제3호와 같은 규정을 두는 것이 바람직하다는 점이 지적되었다. 논의 결과 개정시안대로 제3호를 두기로 하였다.

5. 개정시안의 내용

가. 허가주의에서 인가주의로(제1항)

민법은 비영리법인의 설립과 관련하여 허가주의 방식을 채택하고 있다. 판례는 이러한 허가 여부는 주무관청의 자유재량행위에 속하는 것이므로 특별한 사정이 없는 한 주무관청의 법인설립불허가처분의 취소는 허용되지 않는다는 입장을 취한다.[7] 그런데 이러한 입장은 법인 설립의 자유를 과도하게 제한한다. 또한 준칙주의를 취하는 영리법인과 비교할 때 균형이 맞지 않다. 비교법적으로 보아도 법인 설립을 가급적 쉽게 하려는 것이 세계적인 입법 추세이다. 따라서 개정시안에서는 민법상 비영리법인 설립에 관한 허가주의를 폐지하기로 하였다.

한편 허가주의의 대안으로서 인가주의 또는 준칙주의가 논의되어 왔다. 이는 법인에 대한 국가의 감독을 얼마만큼 인정할 것인가 하는 문제와 관련이 있다. 법인 설립의 자유를 최대한 보장하려면 준칙주의를, 이에 대한 국가의 최소한의 관여를 확보하려면 인가주의를 채택하는 것이 좋다. 참고로 독일이나 일본은 비영리법인의 설립에 관하여 준칙주의를 택하고 있다. 하지만 논의 과정에서는 허가주의에서 갑자기 준칙주의로 전환하는 것이 너무 파격적인 변화가 아닌가 하는 우려가 있었다. 또한 그

---

7) 대판 1991. 12. 27, 90누8916; 대판 1996. 9. 10, 95누18437 등 참조.

과정에서 부실법인 또는 비정상적인 법인이 난립하는 부작용이 일어날 수도 있다는 우려도 있었다. 따라서 개정시안에서는 2004년 민법 개정안의 태도에 따라 인가주의를 택하였다. 인가주의로의 전환을 통해 헌법상 기본권인 결사의 자유를 실질적으로 보장함과 동시에 법인 설립의 활성화를 통한 학술 진흥 및 기부 문화 확산에 이바지할 것으로 기대된다.

인가주의에 따르면 주무관청은 법률이 정한 요건을 갖추어 인가를 신청한 법인에게는 자유재량 없이 인가를 해 줄 의무를 부담한다. 다만 이러한 인가의무가 무제한 인정되는 것은 아니다. 개정시안에서는 주무관청은 "법인의 정관에서 정한 사항이 선량한 풍속 그 밖의 사회질서에 반하지 않으면 인가하여야" 한다고 규정함으로써 정관 내용이 공서양속에 반하면 다른 법률 요건을 갖추었더라도 인가를 하지 않을 수 있음을 규정한다.

나. 사단법인과 재단법인의 설립요건 구별(제1항과 제2항)

현행 민법 제32조는 비영리법인의 설립과 관련하여 재단법인과 사단법인을 가리지 않고 일률적으로 허가주의를 적용한다.

외국의 경우 재단법인이든 사단법인이든 동일한 입법주의를 취하는 방식(예를 들어 법인의 설립에 있어 자유설립주의를 취하는 스위스, 준칙주의를 취하는 일본 등)과, 재단법인과 사단법인을 구별하여 각각 다른 입법주의를 취하는 방식(사단법인에는 준칙주의를, 재단법인에는 인가주의를 취하는 독일의 경우 등)이 있다. 이는 입법정책의 문제이다. 개정시안에서는 사단법인과 재단법인의 설립방식을 구분하지 않는 현행법의 체제를 유지하여 양자에 대하여 동일하게 인가주의를 적용하되 그 인가요건에는 차이를 두는 절충적인 방식을 택하였다.

다. 인가요건의 구체화(제1항과 제2항)

법인설립에 관한 입법주의를 허가주의에서 인가주의로 전환할 경우, 법률에 인가에 관한 구체적인 요건이 정해져 있지 않으면 주무관청의 자의적인 판단이 개입할 여지가 있다. 개정시안에서는 이러한 점을 고려하여 아래와 같이 법인설립의 인가요건을 구체화하였다.

(1) 사단법인의 경우 영리를 목적으로 하지 않을 것

영리를 목적으로 하는 사단법인은 상사회사설립의 조건에 좇아 법인이 될 수 있고, 그 법인에 대해서는 상사회사에 관한 규정이 준용된다(민법 제39조). 그러므로 민법에서 규율하는 사단법인은 비영리법인일 것을 요구한다. 재단법인의 경우 이익을 분배할 구성원이 없어 성질상 비영리법인일 수밖에 없으므로 이러한 요건을 별도로 둘 필요가 없다.

(2) 사단법인의 최소 사원수를 규정

현행 민법은 사단법인의 설립을 위한 최소 인원수에 관한 규정을 두고 있지 않다. 그러나 사단법인은 사람들의 모임이므로 사단법인이 원활하게 운영되려면 최소한의 사원이 필요하다. 실무상으로도 사단법인 설립허가 시 일정 숫자 이상의 최소 사원수를 요구하고 있다.

개정시안에서는 이 점을 고려하여 사단법인의 최소 사원수를 규정하기로 하였다. 최소 사원수를 2인처럼 극단적으로 낮추는 것도 이론적으로는 가능하다. 하지만 그렇게 하면 사단의 의사결정에 사실상 만장일치를 요구하는 결과가 된다. 또한 민법 제42조 제1항은 사단법인 정관은 총사원 3분의 2 이상의 동의가 있어야 변경할 수 있도록 규정하고 있고, 제70조 제2항은 총사원의 5분의 1 이상의 청구가 있으면 임시총회를 소집할 수 있도록 규정하고 있는데, 사원수가 2인 밖에 없다면 이러한 규정들의 취지가 무색해진다. 따라서 개정시안은 특히 민법 제70조 제2항의 정족수를 고려하여 최소 사원수를 5인 이상으로 규정하였다.

이와 관련하여 사단법인 인가 후 사원의 탈퇴나 사망 등으로 사원이 5인 미만으로 줄어든 경우에 사단법인이 어떻게 되는가 하는 문제가 발생한다. 개정시안은 이 점에 대하여 명문의 규정을 두지 않고 있으므로 이 문제는 해석으로 해결해야 한다. 다만 사단법인 설립 당시 최소 사원수 요건을 충족하여 인가를 받았다면 그 이후에 인원 변동이 있었다는 이유로 사단법인의 인가가 취소되어야 한다고 보기는 어려울 것으로 생각된다.

참고로 『공익법인의 설립·운영에 관한 법률』 제5조 제1항은 5명 이상 15명 이하의 이사와 2명의 감사를 두되, 주무관청의 승인을 받아 그 수를 증감할 수 있도록 하고 있다.

(3) 정관의 작성

현행 민법은 제40조와 제43조에서 사단법인과 재단법인설립자의 정관 작성 의무를 규정하고 있다. 그러므로 정관 작성은 법인 설립의 필수조건이다. 개정시안 제32조에서 정관 작성을 법인 설립의 요건으로 규정한 것은 이러한 점에서 당연하다.

(4) 재단법인의 목적 달성에 필요한 최소한의 재산 출연

재단법인은 그 본질상 일정한 목적에 바쳐진 재산에 권리능력이 부여된 것이므로 법인 설립에 있어 일정한 출연재산을 필요로 한다. 실무에서는 거의 모든 행정관청에서 사단법인이나 재단법인을 막론하고 비영리법인 설립 시 "재정적 기초가 확립되어 있거나 확립될 수 있을 것"이라는 재정능력을 그 허가처분의 심사기준으로 삼고 있다. 그러나 사단법인의 설립에 일정 정도의 재산 보유를 요구하는 것은 사단법인 설립의 자유를 위축시킬 우려도 있다. 따라서 개정시안에서는 재단법인에 대하여만 보유재산에 관하여 "목적 달성에 필요한 최소한의 재산을 출연할 것"이라는 요건만을 두어 주무관청이 과도한 재산출연을 요구하는 것을 막도록 하였다. 어느 정도가 목적 달성에 필요한 최소한의 재산출연인가는 해석의 문제로 맡겨져 있다.

(5) 다른 법인과 동일한 명칭의 사용 금지

법인 설립 시 다른 법인의 명칭과 동일한 명칭을 사용하는 것은 그 다른 법인의 명칭에 따른 이익에 편승함으로써 다른 법인의 이익은 물론 거래의 안전을 해칠 우려가 있으므로 대부분의 행정관청에서는 비영리법인의 허가심사요건으로 동일한 명칭 사용 금지에 대한 규정을 두고 있다.

개정시안에서는 이러한 점을 고려하여 "다른 법인과 동일한 명칭이 아닐 것"을 법인 설립요건으로 규정하였다. 다른 법인의 명칭과 완전히 동일하지는 않지만 유사한 경우에는 어떻게 할 것인가는 해석의 문제로 맡겨져 있다.

라. 인가의무(제3항)

주무관청은 법인을 설립하고자 하는 자가 제1항 또는 제2항의 요건을 갖추어 인가를 신청한 때에는 법인의 정관으로 정한 사항이 선량한 풍속 기타 사회질서에 반하지 않으면 인가하여야 한다. 행정관청의 자의적인 판단에 의한 인가거부처분을 제한하고 행정관청의 인가여부의 결정이 엄격한 기속행위임을 명확히 하여 법인 설립에 있어 인가주의의 취지를 명확히 한 것이다. 정관 내용이 공서양속에 반하면 인가를 거절할 수 있다. 이는 설립인가를 신청한 주택조합의 사업내용이 같은 법 등 관계 법령의 규정에 위배되거나 사회질서를 해칠 우려가 있음이 명백한 때에는 인가를 거부할 수 있다고 보아야 한다는 판례의 취지를 반영한 것이다.[8]

마. 기타

현행 민법 제32조는 "학술, 종교, 자선, … 기타 영리 아닌 사업을 목적으로 하는 사단 또는 재단"이라고 규정하는데, 이는 읽기에 따라서는 재단법인도 사단법인처럼 영리법인과 비영리법인으로 나눌 수 있다고 이해될 수도 있다. 그러나 영리법인은 구성원에게 이익을 분배하는 법원인데 재단법인은 구성원이 없으므로 이익분배가 불가능하다. 따라서 영리재단법인은 개념상 존재할 수 없다. 개정시안에서는 이러한 점을 고려하여 표현을 수정하였다.

6. 참고사항

민법상 법인설립에 관한 입법주의가 인가주의로 바뀌면 이에 따라 『공익법인의 설립·운영에 관한 법률』의 관련 규정(예컨대, 설립허가기준에 관한 제4조나 설립허가의 취소에 관한 제16조, 설립허가 취소시 청문에 관한 제16조의2 등)의 개정도 검토되어야 한다. 그 밖에 사립학교법, 도서관법, 사회복지사업법 등 법인설립허가 관련 법률들에 대한 개정도 검토되어야 한다.

---

8) 대판 1995. 12. 12, 94누12302.

第33條(법인의 성립시기)

현행	개정시안
第33條(법인설립의 등기) 법인은 그 주된 사무소의 소재지에서 설립등기를 함으로써 성립한다.	第33條(법인의 성립시기) 법인은 그 주된 사무소의 소재지에서 설립등기를 함으로써 성립한다.

현행 민법 제33조에 따르면 비영리법인인 사단법인이나 재단법인은 법인등기부에 설립등기를 함으로써 성립한다. 이러한 법문法文의 내용은 법인의 성립시기에 초점이 맞추어진 것이므로, 개정시안 제33조는 표제를 “법인설립의 등기”에서 “법인의 성립시기”로 수정하였다.

第38조(법인 설립인가의 취소)

현행	개정시안
제38조(법인의 설립허가의 취소) 법인이 목적 이외의 사업을 하거나 설립허가의 조건에 위반하거나 기타 공익을 해하는 행위를 한 때에는 주무관청은 그 허가를 취소할 수 있다.	제38조(법인 설립인가의 취소) 주무관청은 법인이 목적 외의 사업을 하거나 법령을 위반하여 공익을 해치는 행위를 한 때에는 법인설립의 인가를 취소할 수 있다.

1. 개정 배경

개정시안이 허가주의 대신 인가주의를 채택함에 따라 허가주의를 전제로 한 민법 제38조를 개정할 필요가 생겼다. 또한 민법 제38조의 허가취소사유 중 "기타 공익을 해치는 행위를 한 때"가 매우 추상적이고 포괄적이어서 주무관청의 자의적 판단이 개입할 여지가 있으므로 이를 가능한 한 구체화할 필요성이 있다.

2. 관련 입법례

◆ 2004년 개정안

제38조(법인의 설립인가의 취소) 법인이 목적이외의 사업을 하거나 법령에 위반하여 공익을 해하는 행위를 한 때에는 주무관청은 그 인가를 취소할 수 있다.

◆ 독일민법[9]

제43조(권리능력의 박탈) ① 사단이 법률에 반하는 사원총회결의 또는 법률에 반하는 이사회의 행태에 의하여 공공복리를 위태롭게 하는 경우에는, 그 권리능력이 박탈될 수 있다.
② 영리사업을 정관상 목적으로 하지 아니하는 사단이 그러한 목적을 추구하는 경우에는 권리능력이 박탈될 수 있다.
③ (삭 제)

④ 권리능력이 허가에 의하여 취득되는 사단[10]이 정관에 정하여진 목적 이외의 목적을 추구하는 때에는 권리능력이 박탈될 수 있다.

◆ 일본 일반법인법

第261조(해산명령) ① 법원은 다음에 언급한 경우에 있어, 공익을 확보하기 위하여 일반사단법인등의 존립을 허용할 수 없다고 인정하는 경우에는, 법무장관 또는 사원, 평의원, 채권자 그 밖의 이해관계인의 신청에 따라 일반사단법인등의 해산을 명할 수 있다.

1. 일반사단법인등의 설립이 불법 목적에 근거하는 경우
2. 일반사단법인등이 정당한 이유 없이 그 성립일로부터 1년 이내에 사업을 개시하지 않거나 또는 계속해서 1년 이상 그 사업을 휴지한 경우
3. 업무집행이사(대표이사, 대표이사 이외의 이사로서 이사회의 결의에 따라 일반사단법인등의 업무를 집행할 이사로 선정된 경우 및 해당 일반사단법인등의 업무를 집행하는 그 밖의 이사를 말한다)가 법령 또는 정관에서 정한 일반사단법인등의 권한을 일탈하거나 남용하는 행위 또는 형사법령에 위배되는 행위를 하여 법무장관으로부터 서면에 의한 경고를 받았음에도 불구하고 계속적으로 또는 반복하여 해당행위를 한 경우

② ~ ④ (생략)

3. 관련 판례

◆ 대법원 1982. 10. 26. 선고 81누363 판결

비영리 법인이 설립된 이후에 있어서의 그 법인에 대한 설립허가의 취소는 민법 제38조에 해당하는 경우에 한하여 가능하다. 민법 제38조에서 말하는 비영리 법인이 공익을 해하는 행위를 한 때라 함은 법인의 기관이 공익을 침해하는 행위를 하거나 그 사원총회가 그러한 결의를 한 경우를 의미한다.

9) 양창수, 독일민법전, 13면.

10) 독일민법 제22조(영리사단) 영리사업을 목적으로 하는 사단은 연방법률에 특별한 규정이 없는 경우에는 공적인 허가를 얻음으로써 권리능력을 취득한다. 허가는 사단이 주소를 가지는 주의 권한에 속한다.

4. 개정시안의 내용

가. 허가를 인가로 변경

개정시안이 법인설립에 관한 입법주의를 허가주의에서 인가주의로 전환함에 따라 표제와 본문의 "허가"를 "인가"로 변경하였다.

나. 설립허가조건의 위반 부분 삭제

주무관청의 인가는 사인私人의 법률행위를 보충하여 그 법률적 효력을 완성시켜 주는 행정청의 기속행위로서 조건을 붙일 수 없는 것이 원칙이다. 개정시안에서는 이러한 점을 고려하여 기존의 설립허가취소요건의 하나였던 설립허가조건 위반 부분을 삭제하였다.

다. 인가취소사유 엄격화

현행 민법은 법인설립허가의 취소사유의 하나로 "기타 공익을 해하는 행위를 한 때"를 들고 있는데, 공익이라는 개념은 추상적이고 포괄적인 개념으로서 주무관청의 자의적 판단에 따라 달리 해석될 위험이 있다. 따라서 개정시안에서는 "법령을 위반하여 공익을 해치는 행위를 한 때"라고 하여 법령위반이 수반되는 공익 저해로 인가취소의 요건을 제한함으로써 그 요건을 보다 엄격하게 설정하였다.

제39조의2(법인 아닌 사단과 재단) : 신설

현행	개정시안
〈신 설〉	제39조의2(법인 아닌 사단과 재단) 법인 아닌 사단과 재단에 대하여는 주무관청의 인가 또는 등기를 전제로 한 규정 및 제97조에 따른 벌칙을 제외하고는 이 장(章)의 규정을 준용한다.

1. 개정 배경

현행 민법은 자연인과 법인에게 권리능력을 인정한다(제3조, 제34조). 한편 법인은 설립절차를 밟고 주무관청의 허가를 받아 그 주된 사무소의 소재지에서 설립등기를 함으로써 권리능력을 취득한다. 그런데 사단이나 재단으로서의 실체를 갖추었음에도 주무관청의 허가를 받지 못하거나, 행정관청의 감독이나 간섭을 원하지 않는 등의 이유로 설립등기를 하지 않는 단체들도 있다. 이러한 단체들은 법인으로서의 권리능력을 가지지는 못하지만 실체적으로는 사단이나 재단과 유사한 속성을 지니고 있다. 이들을 강학상 법인 아닌 사단(비법인사단) 또는 법인 아닌 재단(비법인재단)이라고 한다. 현실적으로 비법인사단과 비법인재단의 숫자는 적지 않고, 이들을 둘러싼 분쟁도 빈번하다. 종중, 교회, 마을공동체 등 비법인사단과 비법인재단은 우리 사회에 일상적으로 존재하는 실체를 가지고 있음에도 이에 대한 규율을 관습법이나 판례 등에 의존함으로써 그 재산의 귀속과 처분 등을 둘러싼 분쟁의 해결에 어려움을 겪고 있다.

그런데 현행 민법은 제275조를 제외하고는 비법인사단과 비법인재단에 대한 규정을 두지 않고 있다. 제275조는 비법인사단의 사원이 집합체로서 물건을 소유할 때에는 총유로 한다는 규정인데, 이는 비법인사단과 비법인재단의 설립과 운영 등에 대한 포괄적인 규정이 아니다.

민법 이외의 법률 중 민사소송법 제52조, 행정심판법 제10조, 헌법재판소심판규칙 제6조에서 비법인사단과 비법인재단에 당사자능력을 부여하고 있고, 부동산등기법

제26조에서 비법인사단과 비법인재단에 등기능력을 부여하고 있다. 또한 학설상으로는 민법 규정 중 법인격을 전제로 하는 것이 아닌 규정들은 비법인사단과 비법인재단에 유추적용할 수 있다고 보고 있다.

개정시안에서는 비법인사단과 비법인재단의 중요성을 고려하여 이들에 대해서도 일정한 범위 내에서 법인 관련 규정들을 준용할 수 있는 근거 조항을 마련하기로 하였다.

2. 관련 입법례

◆ **2004년 개정안**

제39조의2(법인 아닌 사단과 재단) 법인 아닌 사단과 재단에 대하여는 그 성질에 반하지 아니하는 한 본장의 규정을 준용한다.

◆ **독일민법**[11]

제54조(권리능력 없는 사단) 권리능력이 없는 사단에 대하여는 조합에 관한 규정이 적용된다. 사단의 이름으로 제3자에 대하여 행하여진 법률행위에 대하여 행위자는 개인적으로 책임진다; 다수가 행위한 때에는 이들은 연대채무자로써 책임진다.

◆ **프랑스 1901년법**

제2조 비영리사단법인은 허가나 사전적 신고 없이 자유로이 성립할 수 있다. 다만, 법적 능력은 제5조의 규정에 부합하는 경우에만 향유할 수 있다.

◆ **프랑스민법**

※ 제1871조 이하에서는 법인격 없는 영리단체에 대하여 규정하고 있다. 동 단체는 사원간의 합의에 의하여 등기를 하지 않기로 약정한 경우로서 법인격이 인정되지 않는다.[12]

11) 양창수, 독일민법전, 19면. 독일학계의 주류적인 입장과 판례는 독일민법 제54조의 규정에도 불구하고 권리능력 없는 사단에 대해서도 조합법이 아니라 사단법이 적용되어야 한다는 것이다. 그 이유는 권리능력 없는 사단과

3. 관련 판례

◆ **대법원 1994. 12. 13. 선고 93다43545 판결**

종래부터 존재하여 오던 사찰의 재산을 기초로 구 불교재산관리법(1987.11.28. 법률 제3974호 전통사찰보존법 시행으로 폐지)에 따라 불교단체등록을 한 사찰은 권리능력 없는 재단으로서의 성격을 가지고 있다고 볼 것이므로, 비록 그 신도들이 그 사찰의 재산을 조성하는 데 공헌을 하였다 할지라도 그 사찰의 재산은 신도와 승려의 총유에 속하는 것이 아니라 권리능력 없는 사찰 자체에 속한다.

◆ **대법원 1999. 4. 23. 선고 99다4504 판결**

어떤 단체가 고유의 목적을 가지고 사단적 성격을 가지는 규약을 만들어 이에 근거하여 의사결정기관 및 집행기관인 대표자를 두는 등의 조직을 갖추고 있고, 기관의 의결이나 업무집행방법이 다수결의 원칙에 의하여 행하여지며, 구성원의 가입, 탈퇴 등으로 인한 변경에 관계없이 단체 그 자체가 존속되고, 그 조직에 의하여 대표의 방법, 총회나 이사회 등의 운영, 자본의 구성, 재산의 관리 기타 단체로서의 주요사항이 확정되어 있는 경우에는 비법인사단으로서의 실체를 가진다고 할 것이다.

◆ **대법원 2006. 4. 20. 선고 2004다37775 전원합의체 판결**

우리 민법이 사단법인에 있어서 구성원의 탈퇴나 해산은 인정하지만 사단법인의 구성원들이 2개의 법인으로 나뉘어 각각 독립한 법인으로 존속하면서 종전 사단법인에게 귀속되었던 재산을 소유하는 방식의 사단법인의 분열은 인정하지 아니한다. 그 법리는 법인 아닌 사단에 대하여도 동일하게 적용되며, 법인 아닌 사단의 구성원들의 집단적 탈퇴로써 사단이 2개로 분열되고 분열되기 전 사단의 재산이 분열된 각 사단들의 구성원들에게 각각 총유적으로 귀속되는 결과를 초래하는 형태의 법인 아닌 사단의 분열은 허용되지 않는다.

권리능력 있는 사단 사이에는 등기의 유무를 제외하고는 사단을 구성하는 요소에 있어서 본질적인 차이가 없다고 보기 때문이라고 한다.

12) 2009년도 법무부 연구용역 과제보고서, "최근 외국 법인법제의 입법동향"(책임연구원 : 김진우), 71면 참조. 각 사원은 자신의 명의로 계약을 체결하고 단독으로 제3자에 대하여 의무를 부담한다. 모든 유형의 법인격 없는 영리단체는 '사실상 성립된 영리단체(sociétés créées de fait)'라고 하며 이들에 대하여는 민법전 제1873조에 의하여 법인격 없는 영리단체에 관한 민법전 제1871조 이하의 규정이 준용된다.

교회가 법인 아닌 사단으로서 존재하는 이상, 그 법률관계를 둘러싼 분쟁을 소송적인 방법으로 해결함에 있어서는 법인 아닌 사단에 관한 민법의 일반 이론에 따라 교회의 실체를 파악하고 교회의 재산 귀속에 대하여 판단하여야 하고, 이에 따라 법인 아닌 사단의 재산관계와 그 재산에 대한 구성원의 권리 및 구성원 탈퇴, 특히 집단적인 탈퇴의 효과 등에 관한 법리는 교회에 대하여도 동일하게 적용되어야 한다. 따라서 교인들은 교회 재산을 총유의 형태로 소유하면서 사용 · 수익할 것인데, 일부 교인들이 교회를 탈퇴하여 그 교회 교인으로서의 지위를 상실하게 되면 탈퇴가 개별적인 것이든 집단적인 것이든 이와 더불어 종전 교회의 총유 재산의 관리처분에 관한 의결에 참가할 수 있는 지위나 그 재산에 대한 사용 · 수익권을 상실하고, 종전 교회는 잔존 교인들을 구성원으로 하여 실체의 동일성을 유지하면서 존속하며 종전 교회의 재산은 그 교회에 소속된 잔존 교인들의 총유로 귀속됨이 원칙이다. 그리고 교단에 소속되어 있던 지교회의 교인들의 일부가 소속 교단을 탈퇴하기로 결의한 다음 종전 교회를 나가 별도의 교회를 설립하여 별도의 대표자를 선정하고 나아가 다른 교단에 가입한 경우, 그 교회는 종전 교회에서 집단적으로 이탈한 교인들에 의하여 새로이 법인 아닌 사단의 요건을 갖추어 설립된 신설 교회라 할 것이어서, 그 교회 소속 교인들은 더 이상 종전 교회의 재산에 대한 권리를 보유할 수 없게 된다.

4. 논의 경과

분과위안	실무위안	위원장단안	개정시안
제39조의2 (법인 아닌 사단과 재단) ① 법인 아닌 사단과 재단에 대하여는 주무관청의 인가 또는 등기를 전제로 한 규정을 제외하고는 본장의 규정을 준용한다. ② 영리를 목적으로	제39조의2 (법인 아닌 사단과 재단) ① 법인 아닌 사단과 재단에 대하여는 주무관청의 인가 또는 등기를 전제로 한 규정을 제외하고는 본장의 규정을 준용한다. ② 영리를 목적으로	제39조의2 (법인 아닌 사단과 재단) ① 법인 아닌 사단과 재단에 대하여는 주무관청의 인가 또는 등기를 전제로 한 규정을 제외하고는 본장의 규정을 준용한다. ② 영리를 목적으로	제39조의2(법인 아닌 사단과 재단) 법인 아닌 사단과 재단에 대하여는 주무관청의 인가 또는 등기를 전제로 한 규정 및 제97조에 따른 벌칙을 제외하고는 이 장(章)의 규정을 준용한다.

분과위안	실무위안	위원장단안	개정시안
하는 법인 아닌 사단의 재산으로 사단의 채무를 완제할 수 없는 때에는 각 사원은 연대하여 변제할 책임이 있다.	하는 법인 아닌 사단의 사원이 총유하는 재산으로 법인 아닌 사단의 사원이 집합체로서 부담하는 채무를 완제할 수 없는 때에는 각 사원은 연대하여 변제할 책임이 있다. ③ 법인 아닌 사단의 사원이 총유하는 재산(또는 제2항의 재산)에 대한 강제집행이 주효하지 못한 때에도 제2항과 같다. ④ 제3항의 규정은 사원이 법인 아닌 사단에 변제의 자력이 있으며 집행이 용이한 것을 증명한 때에는 적용하지 아니한다.	하는 법인 아닌 사단의 재산으로 사단의 채무를 완제할 수 없는 때에는 각 사원은 연대하여 변제할 책임이 있다. ③ 제2항의 재산에 대한 강제집행이 주효하지 못한 때에도 각 사원은 연대하여 변제할 책임이 있다. ④ 제3항의 규정은 사원이 법인 아닌 사단에 변제의 자력이 있으며 집행이 용이한 것을 증명한 때에는 적용하지 아니한다.	

가. 준용 범위

개정작업과정에서 초기 제안된 개정시안 제39조의2는 2004년 개정안과 마찬가지로 "법인 아닌 사단과 재단에 대하여는 그 성질에 반하지 아니하는 한 본장의 규정을 준용한다."라는 내용을 담고 있었다. 그러나 "성질에 반하지 않는 한"이라는 기준이 불명확하다는 지적이 있었다. 이에 따라 개정시안에서는 준용 범위를 명확하게 하였다.

나. 영리 목적 비법인사단 사원의 연대책임

분과위원회부터 위원장단 회의에 이르기까지 영리를 목적으로 하는 비법인사단의 재산이 불충분하거나 이에 대한 강제집행이 여의치 않은 때에 그 비법인사단의 사원들에게 연대책임을 부담시키는 논의가 진행되어 위원장단 안에는 위 조항들이 개정시안 제39조의2제2항 내지 제4항으로 포함되어 있었다. 그러나 전체회의에서는 이 내용을 개정시안 제39조의3으로 분리하여 별도로 규정하기로 하였다. 그 내용에 대한 상세한 설명은 개정시안 제39조의3 해설 부분을 참고하기 바란다.

다. 총유 규정과의 관계

개정시안에 따르면 비법인사단도 실질적으로 사단법인과 다름없는 취급을 받게 되므로, 비법인사단과 사단법인의 차이를 염두에 둔 총유 규정은 삭제되어야 한다는 논의도 있었다. 그러나 이러한 주장은 받아들여지지 않았다. 이 논의에 대해서는 이 책의 제6장 소유권 부분에서 별도로 설명한다.

5. 개정시안의 내용

비법인사단과 비법인재단에 대해서도 원칙적으로 법인에 관한 장章의 규정을 준용하기로 하였다. 다만 그 성질상 법인에 대하여만 인정되는 규정인 주무관청의 인가나 등기에 관한 규정과 제97조에 따른 벌칙은 준용대상에서 제외하였다. 이번 개정시안은 2004년 민법개정안의 입장과 기본적으로 같은 취지이지만, 준용대상 규정을 구체적으로 특정하였다는 차이가 있다.

이러한 규정은 새로운 법리를 도입한 것이라기보다는 기존 통설 · 판례의 입장을 명문화한 것이다. 다만 개정시안의 태도가 비법인사단과 비법인재단에도 권리능력을 인정한다는 취지인지는 분명하지 않다. 민법 제34조는 "법인은 법률의 규정에 좇아 정관으로 정한 목적의 범위 내에서 권리와 의무의 주체가 된다."라고 규정하고 있다.

한편 개정시안에서는 이 규정도 준용대상에 포함시킨다. 그러므로 논리적으로는 이 규정이 준용됨에 따라 법인 아닌 사단과 재단에도 제한적이나마 권리능력이 인정된다고 볼 여지도 있다. 부동산등기법에서 등기능력을, 민사소송법에서 당사자능력을 인정하는 것까지 함께 고려하면 더욱 더 그렇게 볼 가능성이 커진다.

그러나 비법인사단과 비법인재단은 이미 그 개념 자체가 법인격이 없음을 전제로 한 것이다. 실제로 개정시안에서도 법인격을 전제로 한 규정들은 준용대상에서 제외하고 있다. 아울러 향후 소유권 부분에서 설명하듯이 개정시안에서는 비법인사단의 소유형태를 총유로 하는 제275조를 그대로 유지하고 있어 사단법인과는 그 소유형태를 다르게 보고 있다. 또한 개정시안 제39조의3에서는 영리를 목적으로 하는 비법인사단의 사원이 개인 재산으로 그 사단의 채무에 대한 책임을 져야 하는 경우도 상정하고 있는데, 이는 일반적인 법인의 경우와 뚜렷하게 구별되는 점이다.

그러므로 민법 제34조를 준용조항에 포함시켰다는 이유만으로 개정시안이 비법인사단이나 비법인재단의 권리능력을 정면으로 인정하였다고 보기는 어렵다. 비법인사단이나 비법인재단의 성질에 반하지 않는 범위 내에서 권리능력이 있는 것처럼 취급한다는 정도로 이해하면 충분할 것이다.

第39조의3(영리를 목적으로 하는 법인 아닌 사단의 사원의 책임) : 신설

현행	개정시안
〈신 설〉	第39조의3(영리를 목적으로 하는 법인 아닌 사단의 사원의 책임) ① 영리를 목적으로 하는 법인 아닌 사단의 재산으로 사단의 채무를 완제(完濟)할 수 없는 때에는 각 사원은 연대하여 변제할 책임이 있다. ② 영리를 목적으로 하는 법인 아닌 사단의 재산에 대한 강제집행이 주효(奏效)하지 못한 때에도 각 사원은 연대하여 변제할 책임이 있다. ③ 제2항은 사원이 법인 아닌 사단에 변제의 자력(資力)이 있으며 집행이 용이한 것을 증명한 때에는 적용하지 아니한다.

1. 개정 배경

법인 아닌 사단(이하 "비법인사단"이라고 한다)은 영리를 목적으로 하는 것과 그렇지 않은 것으로 나눌 수 있다. 그 중 영리 목적의 비법인사단은 본래 상법상 회사로 설립되어 관련 규제와 감독의 대상이 되어야 할 단체이다. 또한 상법상 합명회사는 일정한 경우 회사 사원에 대해 연대책임을 지운다(제212조). 이러한 상법상 회사와의 균형을 고려하면 회사설립을 하지 않음으로써 각종 규제와 감독은 피하면서, 영리 사업으로 인하여 이익 분배를 받는 사원이 개인재산으로는 아무런 책임을 지지 않는 것은 타당하지 않다. 그러므로 한편으로는 영리 목적 비법인사단은 상사회사로 설립할 것을 촉진하고, 다른 한편으로는 일정한 경우 영리 목적 비법인사단의 사원에게 채무변제의 책임을 지움으로써 합명회사의 경우와 마찬가지로 채권자의 이해관계를 보호하기 위해 본조를 신설하게 되었다.

2. 관련 입법례

◆ 2004년 개정안

개정 논의가 없었다.

◆ 상법

第212조(사원의 책임) ① 회사의 재산으로 회사의 채무를 완제할 수 없는 때에는 각 사원은 연대하여 변제할 책임이 있다.

② 회사재산에 대한 강제집행이 주효하지 못한 때에도 전항과 같다.

③ 전항의 규정은 사원이 회사에 변제의 자력이 있으며 집행이 용이한 것을 증명한 때에는 적용하지 아니한다.

※ 합명회사에 관한 조항임. 이 조항은 합자조합(제86조의8제1항)에도 준용됨.

◆ 독일민법[13]

第54조(권리능력 없는 사단) 권리능력이 없는 사단에 대하여는 조합에 관한 규정이 적용된다. 사단의 이름으로 제3자에 대하여 행하여진 법률행위에 대하여 행위자는 개인적으로 책임진다; 다수가 행위한 때에는 이들은 연대채무자로써 책임진다.

◆ 프랑스민법

第1872-1조 ① 각 사원은 자신의 명의로 계약을 체결하고 단독으로 제3자에 대하여 의무를 부담한다.

② 단 이러한 법인격 없는 단체의 참여자들이 사원의 자격으로 행위하였고 제3자가 이러한 사정을 안 경우에는, 동 단체가 상사단체일 경우에는 제3자에 대하여 사원들이 연대책임을 진다.[14]

---

13) 양창수, 독일민법전, 19면.

14) 2009년도 법무부 연구용역 과제보고서, "최근 외국 법인법제의 입법동향"(책임연구원 : 김진우), 71면 참조.

3. 관련 판례

◆ **대법원 2011. 3. 24. 선고 2010다99453 판결**

상법 제212조 제2항은 "회사재산에 대한 강제집행이 주효하지 못한 때에도 전항과 같다."고 규정하고 있다. 위 제2항은 회사 채권자가 제1항에서 규정한 '회사의 재산으로 회사의 채무를 완제할 수 없는 때'를 증명하는 것이 현실적으로 용이하지 않다는 점을 고려하여, 회사 재산에 대한 강제집행이 주효하지 못한 때에 해당한다는 객관적 사실을 증명하는 것만으로도 각 사원에게 직접 변제책임을 물을 수 있도록 함으로써 회사 채권자를 보다 폭넓게 보호하려는 데 그 취지가 있다. 위와 같은 법 규정의 취지 및 문언적 의미 등을 종합하여 보면, 상법 제212조 제2항에서 정한 '강제집행이 주효하지 못한 때'란 회사 채권자가 회사 재산에 대하여 강제집행을 하였음에도 결국 채권의 만족을 얻지 못한 경우를 뜻한다.

◆ **대법원 2012. 4. 12. 선고 2010다27847 판결**

상법 제212조 제1항에서 정한 "회사의 재산으로 회사의 채무를 완제할 수 없는 때"란 회사의 부채 총액이 회사의 자산 총액을 초과하는 상태, 즉 채무초과 상태를 의미하는데, 이는 회사가 실제 부담하는 채무 총액과 실제 가치로 평가한 자산 총액을 기준으로 판단하여야 하고, 대차대조표 등 재무제표에 기재된 명목상 부채 및 자산 총액을 기준으로 판단할 것은 아니며, 나아가 회사의 신용 · 노력 · 기능(기술) · 장래 수입 등은 원칙적으로 회사의 자산 총액을 산정하면서 고려할 대상이 아니다.

4. 논의 경과

논의 초기에는 영리를 목적으로 하는 비법인사단 사원의 책임에 관하여 "영리를 목적으로 하는 법인 아닌 사단의 재산으로 사단의 채무를 완제할 수 없는 때에는 각 사원은 연대하여 변제할 책임이 있다"라는 내용을 비법인사단과 재단에 관한 제39조의2에 제2항으로 포함시켰다. 그런데 이후 상법 제212조 제2항 및 제3항의 내용을 민법에도 추가할 필요가 있다는 견해를 반영하여 개정시안과 같은 내용이 제39조의2 제2항 내지

제4항으로 규정되었다가, 관련 내용을 별개의 조(제39조의3)로 독립하여 규정하는 것으로 최종 확정되었다.

5. 개정시안의 내용

가. 사원의 연대책임(제1항)

영리를 목적으로 하는 비법인사단의 경우 그 사단의 재산으로 채무를 완제할 수 없을 때에는 각 사원은 연대하여 그 채무를 변제할 책임이 있다. 이는 합명회사 사원에게 회사채권자에 대한 직접 · 연대무한책임을 지우는 상법 제212조 제1항을 참작한 것이다. 본래 비법인사단의 채무는 비법인사단의 재산만으로 책임을 지고, 비법인사단 사원의 개인재산으로 책임을 지지는 않는다고 해석한다. 그러나 영리를 목적으로 하는 비법인사단은 원래 상사회사로 설립되어야 할 단체이다. 이 조항은 준칙주의에 따라 쉽게 상사회사가 될 수 있음에도 불구하고 이를 회피하면서 영리를 추구하고자 하는 사단에 대해 사원의 연대책임을 물음으로써 사단법인의 형태가 변질되거나 악용되는 것을 막고자 하는 취지이다. 결국 영리 목적 비법인사단의 채무에 대해서는 그 구성원을 주식회사의 주주만큼 보호하지는 않고, 합명회사의 사원 정도로 보호하겠다는 것이다.

논의 초기 단계에서는 영리 목적 비법인사단에 대해서는 법인 규정이 아니라 조합 규정을 준용하자는 의견도 제시되었으나, 비법인사단과 조합은 서로 다른 성격을 가지는 단체인데 조합 규정을 준용하는 것은 어색하다는 지적이 있어 위와 같이 그 내용을 풀어서 쓴 것이다. 여기에서 "채무를 완제할 수 없을 때"는 사단의 부채 총액이 회사의 자산 총액을 초과하는 상태, 즉 채무초과 상태를 의미한다.[15]

---

[15] 대판 2012. 4. 12, 2010다27847.

나. 강제집행이 효과가 없을 경우 사원의 책임(제2항 및 제3항)

법인등기 등을 통해 재산보유현황이 외부에 공시되지 않는 비법인사단의 경우에는 사단의 채권자가 위 제1항에서 규정된 "사단의 채무를 완제할 수 없는 때"를 증명하는 것이 사실상 불가능할 때가 많을 것이다. 따라서 제1항만 규정할 경우에는 현실적으로 비법인사단의 사원이 개인 책임을 질 가능성이 거의 없다는 점을 악용하여 비법인사단의 설립 및 운영을 통해 상법의 적용을 회피할 우려가 있다. 이에 제2항에서는 사단의 재산에 대한 강제집행이 주효하지 못한 때에도 각 사원은 연대하여 변제할 책임이 있는 것으로 정함으로써 사단채권자가 보다 쉽게 사원책임을 물을 수 있도록 하였다. 이때 사원은 사단채권자에 대하여 사단에 변제의 자력이 있으며 집행이 용이하다는 것을 증명함으로써 책임을 면할 수 있도록 하였다. 사원에게 관련 증명책임의 부담을 안긴 것이다. 이는 상법 제212조 제2항 및 제3항의 내용을 반영한 것이다. 여기에서 '강제집행이 주효하지 못한 때'란 회사 채권자가 회사 재산에 대하여 강제집행을 하였음에도 결국 채권의 만족을 얻지 못한 경우를 뜻한다.[16]

16) 대판 2011. 3. 24, 2010다99453.

제40조(사단법인의 정관)

현행	개정시안
제40조(사단법인의 정관) 사단법인의 설립자는 다음 각호의 사항을 기재한 정관을 작성하여 기명날인하여야 한다. 1. 목적 2. 명칭 3. 사무소의 소재지 4. 자산에 관한 규정 5. 이사의 임면에 관한 규정 6. 사원자격의 득실에 관한 규정 7. 존립시기나 해산사유를 정하는 때에는 그 시기 또는 사유	제40조(사단법인의 정관) 사단법인의 설립자는 다음 각 호의 사항을 기재한 정관을 작성하여 서명 또는 기명날인하여야 한다. 1. 목적 2. 명칭 3. 사무소의 소재지 4. 자산에 관한 규정 5. 이사의 임면(任免)에 관한 규정 6. 사원자격의 득실(得失)에 관한 규정 7. 존립시기나 해산사유를 정한 경우에는 그 시기 또는 사유

1. 개정 배경

민법 제40조는 사단법인 설립자에게 정관에 기명날인하도록 요구할 뿐 서명을 허용하지 않는다. 그러나 최근에는 기명날인 대신 서명이 활용되는 경우도 많다. 상법 제179조, 제287조의3, 제289조 등에서도 정관의 기재사항에 대하여 규정하고 있는데, 1995년 개정 시 국내·외 상거래 관행의 추세를 반영하여 기명날인과 서명을 선택적으로 사용할 수 있도록 개선하였다. 그 이외에도 민사소송법 제274조, 제321조 제3항이나 가족관계의 등록 등에 관한 법률 제25조, 제28조, 제31조, 제32조, 제49조, 부동산등기법 제12조 제2항 등 많은 법률에서 기명날인과 서명을 함께 허용하고 있다. 민법에서도 이와 같은 추세를 반영하여 기명날인 외에 서명을 허용할 필요가 있다.

2. 관련 입법례

◆ 2004년 개정안

개정논의가 없었다.

◆ 독일민법[17]

제25조(기본규약) 권리능력 있는 사단의 기본규약은 이하의 규정에 의하지 아니하는 한 사단정관에 의하여 정하여진다.

제57조(정관의 최소요건) ① 정관은 목적, 명칭 및 사단의 주소를 포함하여야 하고, 사단이 등기될 것을 명시하여야 한다.

② 명칭은 같은 곳 또는 같은 기초지방자치체에 존재하는 등기된 사단의 명칭과 명확하게 구별되어야 한다.

제58조(정관의 필요적 기재사항) 정관은 다음 각호의 사항을 포함하여야 한다:

1. 사원의 가입과 탈퇴,
2. 사원의 출자의 요부 및 종류,
3. 이사회의 구성,
4. 사원총회의 소집의 요건과 방식 및 결의록의 작성.

◆ 일본 일반법인법

제10조(정관의 작성) ① 일반사단법인을 설립하려면 그 사원이 되려고 하는 자(이하"설립시 사원"이라 한다)가 공동으로 정관을 작성하여 그 전원이 이에 서명 또는 기명날인하여야 한다.

② 전항의 정관은 전자적 기록(전자적 방식, 자기적 방식 기타 사람의 지각으로 인식할 수 없는 방식으로 만들어지는 기록이며, 컴퓨터에 의한 정보 처리용으로 제공되는 것으로서 법무성령으로 정한 것을 말한다. 이하 같다)으로 작성할 수 있다. 이 경우 해당 전자적 기록에 기록된 정보에 대해서는 법무성령으로 정하는 서명 또는 기명날인에 대신하는 조치를 취해야 한다.

제11조(정관의 기재 또는 기록사항) 일반사단법인의 정관에는 다음에 언급한 사항을 기재하거나 기록하여야 한다.

1. 목적
2. 명칭
3. 주된 사무소의 소재지
4. 설립시 사원의 성명 또는 명칭 및 주소
5. 사원의 자격의 취득상실에 관한 규정
6. 공고방법
7. 사업연도

② 사원에게 잉여금 또는 잔여재산의 분배를 받을 권리를 주는 취지의 정관의 정함은 효력이 없다.

제12조 전조 제1항 각호에 게재한 사항 외 일반사단법인 정관에는 이 법률의 규정에 의한 정관의 규정이 없으면 그 효력을 발생하지 않는 사항 및 기타 사항에서 이 법률의 규정에 위반하지 않는 것을 기재하거나 기록할 수 있다.

3. 개정시안의 내용

정관에 대해 사단법인 설립자가 기명날인 이외에도 서명을 할 수 있도록 허용하였다. 참고로 법인에 관한 다른 규정 중 “기명날인”을 요구하고 있는 제43조(재단법인의 정관), 제76조(총회의 의사록)의 “기명날인”도 “서명 또는 기명날인”으로 변경하였다. 그 이외의 내용은 동일하나 제5호의 “임면”과 제6호의 “득실”의 의미를 분명하게 하기 위해 괄호 안에 한자를 병기하였고, 제7호의 “정하는 때”를 “정한 경우”로 하여 표현을 변경하였다.

17) 양창수, 독일민법전, 7면.

제42조(사단법인의 정관의 변경)

현행	개정시안
제42조(사단법인의 정관의 변경) ① 사단법인의 정관은 총사원 3분의 2 이상의 동의가 있는 때에 한하여 이를 변경할 수 있다. 그러나 정수에 관하여 정관에 다른 규정이 있는 때에는 그 규정에 의한다. ② 정관의 변경은 주무관청의 허가를 얻지 아니하면 그 효력이 없다.	제42조(사단법인의 정관의 변경) ① 사단법인의 정관은 총사원 3분의 2 이상의 동의가 있어야 변경할 수 있다. 다만, 정수(定數)에 관하여 정관에 다른 규정이 있는 때에는 그 규정에 따른다. ② 정관의 변경은 주무관청의 인가를 받아야 효력이 생긴다.

1. 개정 배경

개정시안 제32조에서는 법인설립에 관하여 허가주의를 인가주의로 변경하였다. 그러므로 정관 변경에 관한 주무관청의 허가 역시 인가로 바꿀 필요가 있다.

2. 관련 입법례

◆ **2004년 개정안**

제42조(사단법인의 정관의 변경) ① (현행과 같음)

② 정관의 변경은 주무관청의 인가를 얻지 아니하면 그 효력이 없다.

◆ **독일민법**[18)]

제33조(정관변경) ① 정관의 변경을 포함하는 결의에는 출석사원의 4분의 3이상의 찬성을 요한다. 사단의 목적의 변경에는 사원 전원의 동의를 요한다; 출석하지 아니한 사원은 동의를 서면으로 행하여야 한다.

② 사단의 권리능력이 허가에 의하여 취득되는 경우[19)]에는, 각각의 정관변경에 대하여

공적인 인가가, 허가가 연방참의원에 의하여 행하여지는 때에는 연방참의원의 인가가 요구된다.

제40조(임의규정) 제27조 제1항, 제3항, 제28조 제1항, 제32조, 제33조, 제38조는 정관에 다른 정함이 있는 때에는 그 한도에서 적용되지 아니한다.

제71조(정관변경) ① 정관의 변경이 유효하게 행하여지면 사단등기부에의 등기를 요한다. 이사회는 변경의 등기를 신청하여야 한다. 신청에는 변경을 포함하는 결의의 원본과 등본을 첨부하여야 한다.
② (생략)

◆ **일본 일반법인법**

제146조(정관의 변경) 일반사단법인은 그 성립 후, 사원 총회의 결의에 따라 정관을 변경할 수 있다.

3. 관련 판례

◆ **대법원 1996. 5. 16. 선고 95누4810 전원합의체 판결**

민법 제45조는 제1항에서 재단법인의 정관은 그 변경방법을 정관에 정한 때에 한하여 변경할 수 있다. 제2항에서 재단법인의 목적달성 또는 그 재산의 보전을 위하여 적당한 때에는 전 항의 규정에 불구하고 명칭 또는 사무소의 소재지를 변경할 수 있다. 제3항에서 제42조 제2항(정관의 변경은 주무관청의 허가를 얻지 아니하면 그 효력이 없다)의 규정은 전 2항의 경우에 준용한다고 규정하고, 같은 법 제46조는 재단법인의 목적을 달성할 수 없는 때에는 설립자나 이사는 주무관청의 허가를 얻어 설립의 취지를 참작하여 그 목적 기타 정관의

18) 양창수, 독일민법전, 9, 11, 13, 25면.

19) 독일민법 제22조 영리사업을 목적으로 하는 사단은 연방법률에 특별한 규정이 없는 경우에는 공적인 허가를 얻음으로써 권리능력을 취득한다. 허가는 사단이 주소를 가지는 주의 권한에 속한다.

규정을 변경할 수 있다고 규정하고 있는바, 여기서 말하는 재단법인의 정관변경 "허가"는 법률상의 표현이 허가로 되어 있기는 하나, 그 성질에 있어 법률행위의 효력을 보충해 주는 것이지 일반적 금지를 해제하는 것이 아니므로, 그 법적 성격은 인가라고 보아야 할 것이다.

4. 개정시안의 내용

제2항의 "허가"를 "인가"로 바꾸었다. 참고로 대법원 판례는 이미 민법 제45조와 제46조의 재단법인 정관변경허가의 법적 성격을 인가로 파악하여 왔고,[20] 이러한 해석론은 사단법인 정관변경허가에 관한 민법 제42조에도 적용될 수 있다. 결국 개정시안 이전에도 이미 정관변경허가는 인가의 실질을 가진다고 파악하여 온 것이다.

그 이외에도 법률 이해의 편의를 돕기 위하여 어법에 맞고 이해하기 쉬운 용어로 표현을 일부 수정하였다.

20) 대판(전) 1996. 5. 16, 95누4810.

第43條(재단법인의 정관)

현행	개정시안
第43條(재단법인의 정관) 재단법인의 설립자는 일정한 재산을 출연하고 제40조 제1호 내지 제5호의 사항을 기재한 정관을 작성하여 기명날인하여야 한다.	第43條(재단법인의 정관) 재단법인의 설립자는 제40조 제1호부터 제5호까지의 사항을 기재한 정관을 작성하여 서명 또는 기명날인하여야 한다.

개정시안 제43조는 제40조와 마찬가지로 정관에 대한 기명날인 이외에 서명을 허용하였다. 한편 현행 민법 제43조는 재단법인 설립자가 일정한 재산을 출연하여야 한다고 규정한다. 그런데 개정시안 제32조 제2항에서는 재단법인 설립인가요건에 관하여 규정하면서 그 중 제2호에서 재산출연의무에 대해서 규정하고 있다. 따라서 개정시안 제43조에서는 중복을 피하기 위하여 제43조 중 "일정한 재산을 출연하고" 부분을 삭제하였다.

제46조(재단법인의 목적 등의 변경)

현행	개정시안
제46조(재단법인의 목적 기타의 변경) 재단법인의 목적을 달성할 수 없는 때에는 설립자나 이사는 주무관청의 허가를 얻어 설립의 취지를 참작하여 그 목적 기타 정관의 규정을 변경할 수 있다.	제46조(재단법인의 목적 등의 변경) 재단법인의 설립자나 이사는 재단법인의 목적을 달성할 수 없는 때에는 주무관청의 인가를 받아 설립의 취지를 참작하여 그 목적이나 정관의 다른 규정을 변경할 수 있다.

개정시안 제32조에서는 법인설립에 관한 허가주의를 인가주의로 변경하였다. 그러므로 재단법인의 정관 변경에 관한 주무관청의 허가 역시 인가로 바꿀 필요가 있다. 참고로 대법원 판례는 이미 재단법인 정관변경허가의 법적 성격을 인가로 파악하여 왔다.[21] 그 이외에 표제와 본문의 표현을 좀 더 자연스럽게 수정하였다.

21) 대판(전) 1996. 5. 16, 95누4810.

제48조(출연재산의 귀속시기)

현행	개정시안
제48조(출연재산의 귀속시기) ① 생전처분으로 재단법인을 설립하는 때에는 출연재산은 법인이 성립된 때로부터 법인의 재산이 된다. ② 유언으로 재단법인을 설립하는 때에는 출연재산은 유언의 효력이 발생한 때로부터 법인에 귀속한 것으로 본다.	제48조(출연재산의 귀속시기) ① 재단법인을 설립하기 위하여 출연한 재산의 권리변동에 등기, 인도 그 밖의 요건이 필요한 경우에는 그 요건을 갖춘 때에 법인의 재산이 된다. ② 설립자의 사망 후에 재단법인이 성립하는 경우에는 출연에 관하여는 그의 사망 전에 재단법인이 성립한 것으로 본다. ③ 제2항의 경우에 출연재산은 제1항의 요건을 갖추면 설립자가 사망한 때부터 법인에 귀속한 것으로 본다. 재단법인이 성립한 후 설립자가 사망한 경우에도 또한 같다.

1. 개정 배경

현행 민법 제48조는 재단법인 설립 시 출연재산이 재단법인에 귀속하는 시기에 관하여 규정한다. 제1항은 생전처분에 의한 설립, 제2항은 유언에 의한 설립의 경우를 각각 다룬다.

유언에 의한 설립의 경우를 다루는 제2항은 출연재산이 유언의 효력이 발생하는 때, 즉 설립자의 사망 시에 법인에 귀속되는 것으로 간주된다고 규정한다. 이에 관하여는 그 동안 해석상 큰 논란이 없었다. 그러나 생전처분에 의한 설립의 경우를 다루는 제1항에 대해서는, 법인이 성립하기만 하면 출연재산이 바로 법인에 귀속되는지, 아니면 그 출연재산에 관하여 등기나 인도 등 물권변동요건을 갖추어야 비로소 법인에 귀속되는지에 대해서는 해석상 치열한 논란이 있었다.

참고로 현행 민법 제48조는 의용민법 제42조에서 유래한 것이다. 그런데 물권변동에 관하여 의사주의를 취한 의용민법과 달리 우리 민법은 물권변동에 관하여 형식주의를 취하고 있는데도 이러한 차이를 고려하지 않은 채 의용민법 제42조를 그대로 현행 민법에 가져옴으로써 위와 같은 문제가 발생한 것이었다. 결국 이 문제는 생전처분에 의한 출연재산의 귀속시기에 관한 민법 제48조 제1항과 공시방법을 갖추어야 물권변동의 효력이 발생한다는 민법 제186조 및 제188조를 어떻게 조화롭게 해석할 것인가의 문제이기도 하다.

이에 대하여 학설은 ① 민법 제48조는 민법 제187조에서 규정하는 "기타 법률의 규정"에 해당하므로 민법 제186조나 제188조에도 불구하고 등기나 인도 없이 출연재산은 법인 성립 시에 법인에 귀속한다는 견해,[22] ② 재단법인의 설립행위로 인한 물권의 이전은 법률행위에 의한 물권변동이므로 민법 제186조나 제188조에 따라 등기나 인도가 있어야 출연재산이 법인에 귀속한다는 견해[23] 등으로 나누어져 있다. 한편 판례는 등기나 인도 없이도 출연재산은 법인 성립 시에 법인에 귀속한다는 입장을 취하다가,[24] 그 이후에 태도를 변경하여 출연자와 법인의 관계에서는 민법 제187조가 적용되어 등기나 인도 없이도 법인에 출연재산이 귀속되지만, 제3자에 대한 관계에서는 민법 제186조가 적용되어 등기나 인도가 있어야 비로소 제3자에게 그 물권변동으로 대항할 수 있다는 절충적인 입장을 취하여 왔다.[25] 그러나 이러한 판례는 소유권의 상대적 귀속 내지 분열을 용인하는 셈이 되어 법률관계를 복잡하게 만드는 단점이 있다.

개정시안은 이러한 해석상 논란을 불식하기 위해 마련되었다. 개정시안에 따르면 법인설립으로 인한 재산권 이전에 대하여는 그 법인설립이 생전처분에 의한 것이건 유언에 의한 것이건 법률행위에 의한 물권변동의 일반 원칙이 적용된다.

---

22) 이 견해는 법인이 성립하였지만 등기나 인도가 이루어지지 않았다는 이유로 출연재산의 법인 귀속을 부정하면 재산이 없는 재단법인의 상태가 발생하게 되어 재단법인의 본질에 반한다는 점 등을 논거로 든다.

23) 이 견해는 물권변동에 관하여 형식주의로 전환한 현행 민법 입법자의 의도를 최대한 존중하여야 한다는 점, 제187조는 법률의 규정에 의한 물권변동에 대한 규정인데 법인설립행위는 법률행위에 의한 물권변동이므로 제187조가 적용되기 어렵다는 점, 법인 성립 후 등기나 인도 이전에도 법인은 등기청구권이나 인도청구권이라는 채권을 가지므로 재산이 없는 재단법인의 상태는 발생하지 않는다는 점 등을 논거로 든다.

24) 대판 1960. 7. 21, 4292민상773; 대판 1973. 2. 28, 72다2344, 2345.

25) 대판(전) 1979. 12. 11, 78다481, 482; 대판 1993. 9. 14, 93다8054.

2. 관련 입법례

◆ 2004년 개정안

제48조(출연재산의 귀속시기) ① (현행과 같음)

② (현행과 같음)

③ 제1항 및 제2항의 경우에 그 권리변동에 등기, 인도 등이 필요한 출연재산은 이를 갖추어야 법인의 재산이 된다.

④ 제1항 및 제2항의 경우에 설립자의 사망 후에 재단법인이 성립된 때에는 설립자의 출연에 관하여는 그의 사망 전에 재단법인이 성립한 것으로 본다.

◆ 독일민법[26)]

제82조(설립자의 이전의무) 재단이 권리능력 있는 것으로 승인되면, 설립자는 설립행위에서 약속한 재산을 재단에 이전할 의무를 진다. 양도계약만으로 이전되는 권리는, 설립행위로부터 설립자의 다른 의사가 인정되지 아니하는 한, 승인과 동시에 재단에 이전된다.

제84조(설립자 사망 후의 승인) 재단이 설립자의 사망 후에 비로소 승인된 때에는, 재단은 설립자의 출연에 관하여는 그 사망 전에 이미 성립한 것으로 본다.

◆ 의용민법

제42조 ① 생전처분으로 출연행위를 하는 때에는 기부재산은 법인설립의 허가가 있는 때로부터 법인의 재산이 된다.

② 유언으로 출연행위를 하는 때에는 기부재산은 유언의 효력이 발생한 때로부터 법인에 귀속한 것으로 본다.

◆ 일본 일반법인법

제157조(재산의 출연이행) ① 설립자(제152조 제2항의 경우에 있어서는 유언집행자. 이하 이 조항, 제161조 제2항, 제166조 내지 제168조, 제200조 제2항, 제319조 제3항 및 제7장이 있어서도 같다)는 제155조의 공증인의 인증 후 지체 없이 제153조 제1항 제5호에서 규정한 출연에 관한 금전의 금액을 납입하거나 같은 호에서 규정한 출연에 관한 금전 이외의 재산의 전부를 급부하여야 한다. 다만 설립자가 정한 때(설립자가 2인 이상인 때에는 그 전원의 동의가 있는 때)에는 등기, 등록 기타 권리의 설정 또는 이전을 제3자에게 대항하기 위하여

필요한 행위는 일반재단법인의 성립 후에 행하는 것을 막지 않는다.
② 전항의 규정에 따른 납입은 설립자가 정한 은행 등의 납입취급장소에서 하여야 한다.

第158조(증여 또는 유증에 관한 규정의 준용) ① 생전처분으로 재산을 출연하는 때에는 그 성질에 반하지 않는 한 민법의 증여에 관한 규정을 준용한다.
② 유언으로 재산을 출연하는 때에는 그 성질에 반하지 않는 한 민법의 유증에 관한 규정을 준용한다.

第164조(재산의 귀속시기) ① 생전처분으로 재산을 출연했을 때에는 해당 재산은 일반재단법인의 성립시부터 해당 일반재단법인에 귀속한다.
② 유언으로 재산을 출연했을 때에는 해당 재산은 유언이 효력을 발생한 때부터 일반재단법인에 귀속한 것으로 본다.

第165조(재산출연의 무효와 취소의 제한) 설립자(제152조 제2항의 경우에 있어서는 그 상속인)는 일반재단법인의 성립 후에는 착오를 이유로 재산의 출연무효를 주장하거나 사기 또는 강박을 이유로 하는 재산출연을 취소할 수 없다.

3. 관련 판례

◆ **대법원 1979. 12. 11. 선고 78다481, 482 전원합의체 판결**

민법 제48조는 재단법인 성립에 있어서 재산출연자와 법인과의 간의 관계에 있어서의 출연재산의 귀속에 관한 규정이고 동 규정은 그 기능에 있어서 출연재산의 귀속에 관해서 출연자와 법인과의 관계를 상대적으로 결정함에 있어서 그의 기준이 되는 것에 불과하여 출연재산은 출연자와 법인과의 관계에 있어서 그 출연행위에 터잡아 법인이 성립되면 그로써 출연재산은 민법의 위 조항에 의하여 법인 설립시에 법인에게 귀속되어 법인의

26) 양창수, 독일민법전, 33면.

재산이 되는 것이라고 할 것이고, 출연재산이 부동산인 경우에 있어서도 위 양 당사자간의 관계에 있어서는 위 요건(법인의 성립)외에 등기를 필요로 하는 것이 아니라 함이 상당하다 할 것이다 (출연행위는 재단법인의 성립요소임으로 출연재산의 귀속에 관해서 법인의 성립 외에 출연행위를 따로 요건으로 둘 필요는 없는 것이라고 할 것이다).

원래 법적인 관념 따라서 물권변동에 관한 관념은 모든 다른 분야에 있어서의 그것과 마찬가지로 이를 실체화해서 고정적인 것으로 받아들이지 않으면 안 될 이론상 또는 사실상의 이유나 필요가 반드시 있는 것이 아니므로 민법의 위 조항을 위와 같은 취지로 받아들이는 것이 이론상으로나 사실상으로나 무리라고 하여야 할 이유가 있다고 할 수 없으며 또 동 조항을 위와 같은 취지로 받아들이는 것이 동 조항의 문언상 허용할 수 없다고 하여야 할 이유가 있다고도 할 수 없을 뿐만 아니라, 위 조항의 기능을 위와 같이 상대적인 것으로 받아들이는 것은 일반적으로 출연자의 의사에 합치되는 동시에 거래의 안전에 기여하는 결과가 되는 것이라고도 할 수 있고 아울러 법인으로 하여금 성립 후 출연재산에 대하여 제3자에 대한 관계에 있어서 권리확보의 필요한 조치를 속히 취하도록 유도하므로서 법인의 재산 충실의 결과를 기대할 수 있게 되어 현실적으로도 출연자와 법인 그리고 제3자의 이해관계가 적절히 조화될 것이 기대할 수 있게 되는 것이라고 할 수 있다(원래 공시제도는 그 기능이 개개의 재산을 중심으로 하고 인정되고 있는 것이고 재산의 주체를 중심으로 하고 인정되고 있는 것이 아니므로 법인의 성립은 그로써 그의 재산의 공시를 결과케 하는 것이 아니며, 또 법인의 권리확보에 대한 해태의 결과를 제3자의 불이익으로 돌려야 할 합리적인 이유도 없는 것이다).

그러므로 제3자에 대한 관계에 있어서는 출연행위가 법률행위임으로 출연재산의 법인에의 귀속에는 부동산의 권리에 관해서는 법인 성립 외에 등기를 필요로 하는 것이라고 함이 상당하다 할 것이다.

◆ 대법원 1993. 9. 14. 선고 93다8054 판결

민법 제48조는 재단법인 성립에 있어서 재산출연자와 법인과의 관계에 있어서의 출연재산의 귀속에 관한 규정이고, 이 규정은 그 기능에 있어서 출연재산의 귀속에 관하여 출연자와 법인과의 관계를 상대적으로 결정함에 있어서의 기준이 되는 것에 불과하여, 출연재산은 출연자와 법인과의 관계에 있어서 그 출연행위에 터잡아 법인이 성립되면 그로써 출연재산은 민법의 위 조항에 의하여 법인성립시에 법인에게 귀속되어 법인의 재산이 되는 것이고, 출연재산이 부동산인 경우에 있어서도 위 양당사자간의 관계에 있어서는 위 요건(법인의 성립) 외에 등기를 필요로 하는 것이 아니나, 제3자에 대한 관계에 있어서는 출연행위가 법률행위이므로 출연재산의 법인에의 귀속에는 부동산의 권리에 관해서는 법인 성립 외에 등기를 필요로 한다.

4. 논의 경과

분과위안	실무위안	위원장단안	개정시안
제48조 (출연재산의 귀속시기) ① 재단법인을 설립하기 위하여 출연한 재산의 권리변동에 등기, 인도 그 밖의 요건이 필요한 경우에는 그 요건을 갖춘 때에 법인의 재산이 된다. ② 설립자의 사망 후에 재단법인이 성립하는 경우에는 출연재산은 출연자가 사망한 때부터 법인에 귀속한 것으로 본다. ③ 설립자의 사망 후에 재단법인이 성립하는 경우에는 출연에 관하여는 그의 사망 전에 재단법인이 성립한 것으로 본다.	제48조 (출연재산의 귀속시기) ① 재단법인을 설립하기 위하여 출연한 재산의 권리변동에 등기, 인도 그 밖의 요건이 필요한 경우에는 그 요건을 갖춘 때에 법인의 재산이 된다. ② 설립자의 사망 후에 재단법인이 성립하는 경우에는 제1항의 요건을 갖추면 출연재산은 출연자가 사망한 때부터 법인에 귀속한 것으로 본다. ③ 〈삭제〉	제48조 (출연재산의 귀속시기) ① 재단법인을 설립하기 위하여 출연한 재산의 권리변동에 등기, 인도 그 밖의 요건이 필요한 경우에는 그 요건을 갖춘 때에 법인의 재산이 된다. ② 설립자의 사망 후에 재단법인이 성립하는 경우에는 출연에 관하여는 그의 사망 전에 재단법인이 성립한 것으로 본다. ③ 제2항의 경우에 출연재산은 제1항의 요건을 갖추면 설립자가 사망한 때부터 법인에 귀속한 것으로 본다. 재단법인이 성립한 후 설립자가 사망한 경우에도 이와 같다.	제48조 (출연재산의 귀속시기) ① 재단법인을 설립하기 위하여 출연한 재산의 권리변동에 등기, 인도 그 밖의 요건이 필요한 경우에는 그 요건을 갖춘 때에 법인의 재산이 된다. ② 설립자의 사망 후에 재단법인이 성립하는 경우에는 출연에 관하여는 그의 사망 전에 재단법인이 성립한 것으로 본다. ③ 제2항의 경우에 출연재산은 제1항의 요건을 갖추면 설립자가 사망한 때부터 법인에 귀속한 것으로 본다. 재단법인이 성립한 후 설립자가 사망한 경우에도 또한 같다.

5. 개정시안의 내용

가. 일반적인 물권변동의 원칙 수용(제1항)

개정시안 제48조 제1항은 일반적인 재단법인 설립행위에 관한 출연재산의 귀속시기를 등기, 인도 등 물권변동요건을 갖춘 때로 정한다. 이는 민법 제186조와 제188조의 원칙이 재단법인 설립에도 적용된다는 점을 명문으로 선언함으로써 이 문제를 둘러싼 법적 불명확성을 제거하기 위한 것이다.

따라서 재단법인 성립 후 물권변동요건 구비 시까지 재단법인은 출연재산에 대한 이전청구권만 재산으로 보유할 뿐 그 출연재산에 대한 소유권 자체는 재산으로 보유하지 못한다. 또한 재산출연행위와 재단법인 설립행위가 있었으나 그 재산에 관하여 등기 또는 인도 등 물권변동요건이 갖추어지지 않은 동안 그 재산을 매수하고 물권변동요건을 먼저 갖춘 제3자가 있는 경우에 법인은 제3자에게 자신이 그 재산의 소유자임을 주장하지 못한다. 이때 제3자가 선의인지 여부는 불문한다. 다만 제3자의 매수행위가 그 재산을 매도한 자의 배임행위에 적극 가담한 것이어서 민법 제103조의 공서양속에 반하는 행위라면 무효가 될 것이다.

개정시안 제48조 제1항은 재단법인 설립이 생전처분에 의한 것이건 유언에 의한 것이건 가리지 않고 일반적으로 적용된다.

나. 설립자의 사망 후 재단법인이 성립하는 경우(제2, 3항)

개정시안 제48조 제2항은 "설립자의 사망 후에 재단법인이 성립하는 경우"에는 출연행위에 관한 한 설립자의 사망 이전에 이미 재단법인이 성립하는 것으로 간주한다. 또한 개정시안 제48조 제3항은 등기, 인도 등 권리변동요건을 갖추면 설립자가 사망한 때부터 출연재산이 법인에 귀속된 것으로 간주한다.

설립자가 출연재산을 법인에 귀속시키기 전에 사망하면 본래 그의 출연재산은 자동적으로 상속인에게 귀속되고, 그 재산이 나중에 등기, 인도 등의 요건을 갖추어 재단법인에 이전되어야 비로소 설립자의 취지에 따라 재단법인의 재산이 된다. 그런데 개정시안 제48조 제2항과 제3항의 취지는 이 경우 설립자 ⇒ 설립자의 상속인 ⇒ 재단법인의 순서로 재산이 귀속되는 것은 설립자의 통상적인 의사와 부합하지 않을 뿐만 아니라 법률관계를 복잡하게 만들기 때문에 설립자로부터 재단법인으로 바로 출연재산이 귀속하는 것과 같은 법률관계를 만들고자 하는 것이다.

이러한 법률관계를 의제하기 위해서는 우선 설립자의 생존 중에 재단법인이 성립된다는 점이 전제되어야 한다. 개정시안 제48조 제2항은 실제로는 설립자 생존 중에 재단법인이 성립되어 있지 않았다고 하더라도 설립자의 사망 전에 재단법인이 성립한 것으로 본다고 하여 바로 이 점을 규정한 것이다. 이를 통해 민법 제47조에서 재단법인 설립에 관하여 증여와 유증에 관한 규정을 준용하는 데 따르는 이론상의 문제점 즉, 증여는 계약이므로 증여 당시 권리능력이 필요하다는 문제점과, 유증의 경우에도 그 효력이 발생하는 유언자의 사망 시에 이익을 받을 자의 권리능력이 필요하다는 문제점을 해결한다.

한편 설립자가 출연행위를 하고 법인이 성립되어 있다고 하여 바로 설립자로부터 법인에게 출연재산이 이전되는 것은 아니다. 개정시안 제48조 제1항은 등기, 인도 등 권리변동요건을 갖추어야 비로소 출연재산이 법인에게 이전된다고 규정한다. 그러므로 설립자가 이러한 요건을 갖추지 못한 상태에서 사망하였고 그 이후 비로소 권리변동요건이 갖추어진 경우에는 원래 그 요건을 갖춘 때로부터 법인에 재산이 귀속되어야 마땅하다. 그런데 개정시안 제48조 제3항은 이때에도 설립자 사망 시점으로 그 권리변동의 시점을 앞당김으로써 상속인이 중간에 개입할 여지를 차단하고 있다.

결론적으로 말하자면, 설립자의 출연행위는 있었지만 재단법인이 미처 성립하지 않았거나 재단법인이 성립하였더라도 아직 권리변동요건을 갖추지 못하여 재단법인에 출연재산이 귀속되지 않은 상태에서 설립자가 사망한 경우에도 그 이후 재단법인의 성립과 권리변동요건이 모두 갖추어지면 설립자 사망 시점에 출연재산이 바로 재단법인으로 귀속된 것으로 간주된다. 따라서 출연재산은 설립자의 상속인에게 귀속되지 않고, 설립자의 사망 후 재단법인에 실제로 재산이 귀속될 때까지 출연재산으로부터 발생하는 과실 역시 상속인에게 귀속되지 않는다. 이를 통해 법률관계가 간소화된다.

제49조(법인의 등기사항)

현행	개정시안
제49조(법인의 등기사항) ① 법인설립의 허가가 있는 때에는 3주간내에 주된 사무소소재지에서 설립등기를 하여야 한다. ② 전항의 등기사항은 다음과 같다. 1. 목적 2. 명칭 3. 사무소 4. 설립허가의 연월일 5. 존립시기나 해산이유를 정한 때에는 그 시기 또는 사유 6. 자산의 총액 7. 출자의 방법을 정한 때에는 그 방법 8. 이사의 성명, 주소 9. 이사의 대표권을 제한한 때에는 그 제한	제49조(법인의 등기사항) ① 법인설립이 인가된 때에는 3주일 안에 주된 사무소 소재지에서 설립등기를 하여야 한다. ② 제1항에 따른 등기사항은 다음 각 호와 같다. 1. 목적 2. 명칭 3. 사무소의 소재지 4. 설립인가의 연월일 5. 존립시기나 해산사유를 정한 경우에는 그 시기 또는 사유 6. 자산의 총액 7. 출자의 방법을 정한 경우에는 그 방법 8. 이사의 성명, 주소 및 주민등록번호. 다만, 법인을 대표할 이사를 정한 경우에는 그 밖의 이사의 주소는 제외한다. 9. 이사의 대표권을 제한한 경우에는 그 제한 10. 감사를 둔 경우에는 그 성명 및 주민등록번호

1. 개정 배경

제49조에서는 법인의 설립등기 시 요구되는 등기사항을 정하고 있다. 이와 같은 등기는 법인의 조직 등을 법인등기부에 기재하고 공시하도록 함으로써 법인과 거래하는 제3자를 보호하기 위한 것이다. 그 밖에 법인등기의 절차와 방법에 대해서는 「비송사건절차법」 및 「법인의 등기사항에 관한 특례법」에서 규정하고 있다.

개정시안은 인가주의로의 전환에 따라 허가를 인가로 변경하는 이외에 감사에 관한 사항을 등기사항으로 추가하는 등 약간의 수정을 가하고 있다.

2. 관련 입법례

◆ 2004년 개정안

제49조(법인의 등기사항) ① 법인설립의 인가가 있는 때에는 3주일내에 주된 사무소 소재지에서 설립등기를 하여야 한다.

② 제1항의 등기사항은 다음과 같다.

1. ~ 3. (현행과 같음)
4. 설립인가의 연월일
5. ~ 9. (현행과 같음)
10. 감사를 둔 때에는 그 성명, 주소

◆ 독일민법[27]

제55조(등기관할) ① 사단이 제21조에 따라 사단등기부에 하는 등기는 사단이 주소를 둔 행정구역의 구법원에서 행하여져야 한다.

② 주 정부는 법규명령으로 사단등기업무에 관하여 여러 구법원의 관할구역에 대하여 하나의 구법원을 지정할 수 있다. 주 정부는 법규명령에 의하여 제1문에 의한 지정을 주의 사법행정기관에 위임할 수 있다.

제56조(최소사원수) 등기는, 사원의 수가 7인 이상인 경우에만 행하여진다.

제59조(등기신청) ① 이사회는 법인의 등기를 신청하여야 한다.

② 신청에는 다음 각호의 서류를 첨부하여야 한다.

1. 정관의 원본 및 등본,
2. 이사회의 선임에 관한 서류의 등본

③ 정관에는 적어도 7인의 사원이 서명하여야 하며, 작성일자를 포함하여야 한다.

제64조(사단등기의 내용) 등기에 있어서는 사단의 명칭과 주소, 정관작성일자, 이사회의 구성원 및 그들의 대표권이 기재되어야 한다.

◆ 일본 일반법인법

제301조(일반사단법인의 설립의 등기) ① 일반사단법인의 설립등기는 그 주된 사무소 소재지

에서 아래에서 정하는 날의 다음 날로부터 2주일 이내에 하여야 한다.

1. 제20조 제1항에 따른 조사가 종료된 날
2. 설립시 사원이 정한 날

② 전항의 등기에는 다음에 게재한 사항을 등기하여야 한다.

1. 목적
2. 명칭
3. 주된 사무소 및 종된 사무소의 소재지
4. 일반사단법인의 존속기간 또는 해산사유에 대한 정관의 규정이 있을 때는 그 규정
5. 이사의 성명
6. 대표이사의 성명 및 주소
7. 이사회가 설치된 일반사단법인인 경우 그 취지
8. 감사설치 일반사단법인인 경우 그 취지 및 감사의 성명
9. 회계감사인설치 일반사단법인인 경우 그 취지 및 회계감사인의 성명 또는 명칭
10. 제75조 제4항에 따라 선임된 일시회계감사인의 직무를 행하는 자를 둔 경우에는 그 성명 또는 명칭
11. 제114조 제1항에 따른 임원등의 책임면제에 관한 정관의 규정이 있을 때는 그 규정
12. 제115조 제1항에 따라 외부위원등이 부담하는 책임의 한도에 관한 계약의 체결에 대한 정관의 규정이 있을 때는 그 규정
13. 전호의 정관의 규정이 외부이사에 관한 것일 때는 그 내용
14. 제12호의 정관의 규정이 외부감사에 관한 것일 때는 그 내용
15. 제128조 제3항의 규정에 따른 조치를 취할 경우, 동조 제1항에 규정한 대차대조표의 내용인 정보에 대해 불특정 다수의 사람이 그 제공을 받기 위해 필요한 사항으로서 법무성령으로 정한 것
16. 공고방법
17. 전호의 공고방법이 전자공고(제331조 제1항 제3호에 규정하는 전자공고를 말한다. 이하 이 호 및 다음 조 제2항 제15호에서 같다)일 때에는 다음에 해당하는 사항
    1) 전자공고에 의하여 공고해야 하는 내용인 정보에 대해 불특정 다수의 사람이 그 제공을 받기 위해 필요한 사항으로서 법무성령으로 정하는 것
    2) 제331조 제2항 후단의 규정에 의한 정관의 규정이 있을 때는 그 규정

제302조(일반재단법인의 설립의 등기) ① 일반재단법인의 설립등기는 그 주된 사무소 소재지

에 아래에서 정하는 날의 다음 날로부터 2주일 이내에 하여야 한다.

1. 제161조 제1항에 따른 조사가 종료된 날
2. 설립자가 정한 날

② 전항의 등기에는 다음에 게재한 사항을 등기하여야 한다.

1. 목적
2. 명칭
3. 주된 사무소 및 종된 사무소의 소재지
4. 일반재단법인의 존속기간 또는 해산사유에 대한 정관의 규정이 있을 때는 그 규정
5. 평의원, 이사 및 감사의 성명
6. 대표이사의 성명 및 주소
7. 회계감사인설치 일반재단법인인 경우 그 취지 및 회계감사인의 성명 또는 명칭
8. 제177조에서 준용하는 제75조 제4항의 규정에 따라 선임된 일시회계감사인의 직무를 행하는 자를 둔 경우에는 그 성명 또는 명칭
9. 제198조에서 준용하는 제114조 제1항에 따른 임원등의 책임면제에 관한 정관의 규정이 있을 때는 그 규정
10. 제198조에서 준용하는 제115조 제1항에 따라 외부위원등이 부담하는 책임의 한도에 관한 계약의 체결에 대한 정관의 규정이 있을 때는 그 규정
11. 전호의 정관의 규정이 외부이사에 관한 것일 때는 그 내용
12. 제10호의 정관의 규정이 외부감사에 관한 것일 때는 그 내용
13. 제199조에서 준용하는 제128조 제3항의 규정에 따른 조치를 취할 경우, 동조 제1항에 규정한 대차대조표의 내용인 정보에 대해 불특정 다수의 사람이 그 제공을 받기 위해 필요한 사항으로서 법무성령으로 정한 것
14. 공고방법
15. 전호의 공고방법이 전자공고일 때에는 다음에 해당하는 사항
    1) 전자공고에 의하여 공고해야 하는 내용인 정보에 대해 불특정 다수의 사람이 그 제공을 받기 위해 필요한 사항으로서 법무성령으로 정하는 것
    2) 제331조 제2항 후단의 규정에 의한 정관의 규정이 있을 때는 그 규정

27) 양창수, 독일민법전, 19, 23면.

3. 개정시안의 내용

가. 인가주의로의 진환에 따른 수정

법인의 설립주의를 허가주의에서 인가주의로 전환함에 따라 제49조에서 정한 법인의 등기사항에서도 법인설립의 "허가"를 "인가"로 수정하였다.

나. 대표이사를 정한 경우 다른 이사의 주소를 등기사항에서 제외(제2항 제8호)

대표권이 없는 이사와 감사의 주소를 공시할 필요성이 적을 뿐만 아니라, 이를 등기사항으로 할 경우에는 이사와 감사의 주소이전에 따른 변경등기가 빈번하게 요구되는 문제가 있다. 또한 등기실무에서는 「법인의 등기사항에 관한 특례법」 제2조 단서에 따라 대표권이 없는 임원을 등기할 때에는 주소를 적지 않고 있으며, 상법도 회사를 대표할 이사의 경우에만 주소를 적도록 하고 있다(상법 제317조 제2항 제8호, 제549조 제2항 제3호 등).

이러한 점을 고려하여, 개정시안은 대표권이 없는 이사와 감사의 주소를 설립등기사항에서 제외하기로 하였다. 한편, 법인에 대한 송달은 송달받을 사람이 법인의 대표자이므로 그 대표자의 주소지로 송달함이 원칙인바(「송달사무처리의 효율화와 업무상 유의사항에 관한 예규」 제8조 제1항), 법인에 대한 소제기 등의 편익을 위하여 대표권 있는 이사의 주소는 이를 등기사항으로 규정하도록 하였다.

다. 감사를 설립등기사항으로 추가(제2항 제10호)

현행 민법에서 감사는 법인의 필수기관이 아니지만(제66조), 법인이 감사를 둔 경우에는 그 내용을 공시할 필요가 있으므로 개정시안에서는 이를 설립등기사항으로 추가하였다. 상법의 경우에도 제317조에서 정한 주식회사의 설립등기 시 필수기관인 감사를, 제549조 유한회사의 설립등기 시 임의기관인 감사를 각각 등기사항으로 정하고 있다.

라. 이사와 감사의 주민등록번호를 등기사항으로 추가(제2항 제8호, 제10호)

이사와 감사의 주민등록번호를 설립등기사항으로 추가하는 문제는 2004년 개정안에서도 논의되었으나 당시 개인정보보호의 필요성을 이유로 개정안의 내용에서 제외되었다.[28] 그러나 이사의 주민등록번호는 이미 「비송사건절차법」 제62조, 「법인의 등기사항에 관한 특례법」 제2조에 의하여 법인의 등기사항으로서 등기부에 기재되어야 할 뿐만 아니라, 상법도 이사의 성명과 함께 이사의 주민등록번호를 등기사항으로 규정하고 있다(제317조 제2항 제8호, 제9호, 제549조 제2항 제3호 등).

개정시안은 ① 이사의 동일성을 확보하기 위해서는 수시로 변동될 수 있는 주소보다는 주민등록번호를 기재하는 것이 바람직하고, ② 주민등록번호기재로 인한 개인정보침해 가능성의 문제는 기술적 보완 및 공시의 범위에 관한 전산시스템의 운영으로 충분히 해결되며,[29] ③ 등기사항에 관한 민법과 특별법상의 법규정상 불일치를 시정하고 법령체계의 통일성을 도모할 필요가 있다는 점을 이유로 이사 및 감사의 주민등록번호를 설립등기사항에 추가하였다.

다만 개정시안은 이사가 재외국민 또는 외국인으로서 주민등록번호가 없는 경우에 관하여는 규정하지 않고 있다. 대법원규칙인 「법인등의 등기사항에 관한 특례규칙」 제2조는 "법인의 임원 · 사원 · 업무집행자 · 청산인의 등기를 함에 있어서 그 임원 · 사원 · 업무집행자 · 청산인이 주민등록번호가 없는 재외국민 또는 외국인인 경우에는 주민등록번호를 대신하여 그 생년월일을 등기하여야 한다"라고 규정하고 있는데, 민사법인의 이사가 재외국민 또는 외국인이라 주민등록번호가 없는 경우에는 이 규정에 따라 처리하면 될 것이다.

28) 개정시안에 대한 분과위원회의 논의과정에서 주민등록번호를 생년월일로 대체하자는 의견도 있었으나 표결을 통하여 주민등록번호를 기재하는 것으로 결정되었다.

29) 현행 상업등기규칙 제33조는 "등기기록 열람 및 등기사항증명서 교부의 경우에 등기기록에 기록된 임원 또는 지배인 등의 주민등록번호 일부를 대법원예규로 정하는 바에 따라 공시하지 아니할 수 있다"라고 규정한다.

마. 설립인가의 연월일 존치

제2항 제4호에서 "설립허가의 연월일"을 설립등기사항으로 규정하고 있는 것에 대하여, 제33조에 따라 법인설립등기에 대하여 법인성립의 창설적 효력을 인정하고 있는 현행법 하에서는 설립허가의 연월일을 등기할 필요가 없다는 대한법무사협회의 의견이 있었으나, "설립인가의 연월일"을 설립등기사항으로 존치하더라도 실무상 특별한 문제가 발생하는 것은 아니라는 견해가 있어 개정시안에서는 이를 존치하기로 하였다.

바. 표현의 수정

제49조 제2항 제3호는 "사무소"를 설립등기사항으로 규정하고 있으나, 사무소 그 자체를 등기할 것이 아니라 사무소의 소재지를 등기하여야 하므로, 개정시안은 이 점을 명확히 하는 의미에서 "사무소의 소재지"로 용어를 변경하였다. 또한 이해하기 어려운 한자식 표현이나 어법에 맞지 않는 용어("3주간내에" 등)를 수정하여 법률 이해의 편의를 돕도록 하였다.

第50조(분사무소설치의 등기)

현행	개정시안
第50조(분사무소설치의 등기) ① 법인이 분사무소를 설치한 때에는 주사무소소재지에서는 3주간내에 분사무소를 설치한 것을 등기하고 그 분사무소소재지에서는 동기간내에 전조 제2항의 사항을 등기하고 다른 분사무소소재지에서는 동기간내에 그 분사무소를 설치한 것을 등기하여야 한다. ②주사무소 또는 분사무소의 소재지를 관할하는 등기소의 관할구역내에 분사무소를 설치한 때에는 전항의 기간내에 그 사무소를 설치한 것을 등기하면 된다.	第50조(분사무소설치의 등기) 법인이 분사무소를 설치한 경우에는 주된 사무소 소재지에서는 3주일 안에 분사무소를 설치한 것을 등기하고, 그 분사무소 소재지에서는 같은 기간 안에 제49조 제2항 각 호의 사항을 등기하여야 한다.

1. 개정 배경

第50조는 법인이 분사무소를 설치하는 경우에는 주사무소 소재지와 새로 설치되는 그 사무소의 소재지에서 분사무소 설치에 관한 등기를 해야 할뿐만 아니라, 다른 모든 분사무소 소재지에서도 새로 설치되는 분사무소 설치의 등기를 하도록 규정하고 있다. 그러나 등기의 전산화작업이 완료되어 현재 국내 어디에서든지 설립등기를 비롯한 주사무소의 등기를 열람할 수 있게 되었고, 그 주사무소의 등기에는 모든 분사무소에 관한 사항이 기재되어 있어 다른 분사무소의 설치사항을 손쉽게 확인할 수 있다. 그러므로 현재의 등기제도 하에서는 분사무소설치에 관한 등기를 다른 모든 분사무소 소재지에서도 등기하도록 할 필요가 없다.

2. 관련 입법례

◆ 2004년 개정안

第50조(분사무소설치의 등기) ① 법인이 분사무소를 설치한 때에는 주사무소 소재지에서는 3주일내에 분사무소를 설치한 것을 등기하고 그 분사무소 소재지에서는 동기간내에 제49조2항의 사항을 등기하고 다른 분사무소 소재지에서는 동기간 내 그 분사무소를 설치한 것을 등기하여야 한다.

② 주사무소 또는 분사무소의 소재지를 관할하는 등기소의 관할구역내에 분사무소를 설치한 때에는 제1항의 기간내에 그 사무소를 설치한 것을 등기하면 된다.

◆ 일본 일반법인법

第312조(종된 사무소의 소재지에서의 등기) ① 다음의 각호에 해당하는 경우(해당 각호에서 규정하는 종된 사무실이 주된 사무소 소재지를 관할하는 등기소의 관할 구역 내에 있는 경우를 제외한다)에는 해당 각호에 정한 기간 내에 해당 종된 사무소 소재지에서 등기를 하여야 한다.

1. 일반사단법인등의 설립에 있어서 종된 사무실을 마련한 경우(다음 호에 해당하는 경우를 제외) 주된 사무소 소재지의 설립등기를 한 날로부터 2주 이내
2. 신설합병설립법인이 신설합병에 있어 종된 사무실을 마련한 경우 제307조 제1항 각호에 해당하는 날의 다음날부터 3주 이내
3. 일반사단법인등의 성립 후에 종된 사무실을 마련한 경우 종된 사무소를 설치한 날로부터 3주 이내

② 종된 사무소 소재지에서의 등기에는 다음에서 제시하는 사항을 등기하여야 한다. 다만, 종된 사무소 소재지를 관할하는 등기소의 관할구역 내에 새롭게 종된 사무소를 마련한 때에는 제3호의 사항을 등기하면 충분하다.

1. 명칭
2. 주된 사무소의 소재지
3. 종된 사무소(그 소재지를 관할하는 등기소의 관할구역 내에 있는 것에 한한다)의 소재지

③ 종된 사무소 소재지에서 전2항의 규정에 의하여 전항 각호에 해당하는 사항을 등기하는 경우에는 일반사단법인등의 성립연월일 및 종된 사무소를 설치한 사실과 그 연월일을 등기하여야 한다.

④ 제2항 각호에 해당하는 사항에 변경이 생겼을 때는 3주 이내에 해당 종된 사무소 소재지에서 변경의 등기를 하여야 한다.

3. 개정시안의 내용

가. 분사무소설치등기의 간소화

현행 민법 제50조 제1항이 분사무소 설치의 등기에 관하여 불필요한 절차를 요구하고 있다는 비판을 반영하여 분사무소 설치의 등기절차를 보다 간소하고 효율적인 방향으로 개정하게 되었다.

「상법」은 회사의 지점설치 시 본점과 새로 설치되는 그 지점 소재지에서만 지점설치의 등기를 하도록 하고 있으며(제181조, 제282조의5제2항, 제317조 제4항, 제549조 제4항), 「법인의 등기사항에 관한 특례법」도 법인의 분사무소나 지점에서는 주사무소 또는 본점 소재지만 등기하도록 하고 다른 분사무소나 지점의 소재지는 등기하지 않는 것으로 규정하고 있다(제3조 제3호). 또한 다른 분사무소 소재지에서는 분사무소 설치의 등기가 잘 이루어지지 않는 것이 현실이기도 하다.

이러한 점들을 고려하여 개정시안 제1항에서는 "다른 분사무소 소재지에서는 동기간 내에 그 분사무소를 설치한 것을 등기하여야 한다"라고 규정한 부분을 삭제함으로써, 민법상으로도 분사무소 설치 시 주사무소와 새로 설치되는 그 분사무소 소재지에서만 분사무소 설치의 등기를 하도록 하였다.

나. 동일 관할구역 내의 분사무소설치등기 규정 삭제

현행 민법 제50조 제2항은 신설된 분사무소 소재지와 동일한 관할구역 내에 주사무소 또는 다른 분사무소가 있는 경우에는 신설되는 분사무소 설치의 등기에서는 제49조 제2항의 등기사항을 다시 기재할 필요 없이 분사무소를 새로 설치한 사실만을 등기하면 되는 것으로 정하고 있다.

이러한 등기방법으로는 ① 주사무소 또는 기존 분사무소의 등기기록과는 별도로 (동일한 관할구역 내에 신설되는) 분사무소설치의 등기기록을 편성하되 그 분사무소설치의 등기에 제49조 제2항의 설립등기사항을 등기하지 않는 방식과, ② 주사무소 또는 기존의 분사무소의 등기기록과 별도로 분사무소 설치의 등기기록을 편성하지 않고 기존의 등기기록에 신설 분사무소의 설치사항만을 등기하는 방식의 두 가지 방법을 상정할 수 있다. 신설되는 분사무소 설치의 등기기록을 따로 편성하면서 제49조 제2항의 등기사항을 전혀 기재하지 않고 단지 분사무소가 신설되었다는 사실만을 기재한다는 것은 무의미한 것이므로, 결국 후자의 방식에 의할 수밖에 없다.

후자의 방식에 의하여 등기기록을 편성한다면, 기존의 등기기록에 제49조 제2항의 등기사항이 이미 등기되어 있으므로 여기에 분사무소 설치의 등기를 하면서 또다시 제49조 제2항의 등기사항을 기재할 필요가 없다. 결국 제50조 제2항은 신설되는 분사무소 소재지와 같은 관할구역 내에 주사무소나 기존의 다른 분사무소가 있는 경우에는 따로 등기기록을 편성하지 않는다는 등기기록 편성방식을 정한 것 외에는 다른 의미가 없는 것으로 볼 수 있는데, 실체법인 민법에 이와 같은 등기기록의 편성방식까지 규정하는 것은 적절하지 않으므로, 이 내용을 삭제하고 등기기록의 편성방식은 등기절차법령(「법인등의 등기사항에 관한 특례규칙」 등)에 따르도록 하였다.[30]

다. 표현의 수정

"주사무소"를 "주된 사무소"로, "3주간내에"를 "3주일 안에"로, "동기간에"를 "같은 기간 안에"로 수정하는 등 표현을 다듬었다.

---

30) 「법인등의 등기사항에 관한 특례규칙」은 주사무소 소재지 관할등기소의 관할구역 내에 설치된 분사무소에 대하여는 그 분사무소에 대한 등기기록을 따로 편성하지 않고 주사무소 등기기록에 당해 분사무소의 사항을 기재하면 되는 것으로 규정하고 있다(제4조 제2항). 이는 기존의 분사무소 소재지를 관할하는 등기소의 관할구역 내에 다른 분사무소를 설치한 경우에는, 기존의 분사무소 등기기록 외에 신설되는 분사무소의 등기기록을 따로 편성하지 않고 기존의 분사무소 등기기록에 신설 분사무소에 관한 사항을 함께 기재하도록 한 것으로 이해되며, 실무상으로도 동일 등기소 관할구역 내에 여러 분사무소가 있는 경우에는 하나의 분사무소 등기기록만 편성하고 여기에 모든 분사무소의 사항을 기재하고 있다.

제51조(사무소이전의 등기)

현행	개정시안
제51조(사무소이전의 등기) ① 법인이 그 사무소를 이전하는 때에는 구소재지에서는 3주간내에 이전등기를 하고 신소재지에서는 동기간내에 제49조 제2항에 게기한 사항을 등기하여야 한다. ② 동일한 등기소의 관할구역내에서 사무소를 이전한 때에는 그 이전한 것을 등기하면 된다.	제51조(사무소이전의 등기) 법인이 그 사무소를 이전하는 경우에는 구소재지에서는 3주일 안에 이전등기를 하고, 신소재지에서는 같은 기간 안에 제49조 제2항 각 호의 사항을 등기하여야 한다.

1. 개정 배경

현행 민법 제51조는 법인이 사무소를 이전한 경우에도 등기의무를 부과하고 있다. 이에 따르면 사무소 이전의 등기는 3주일 안에 마쳐야 하고, 신소재지에서는 민법 제49조 제2항에서 규정한 사항(목적, 명칭, 자산총액 등)들을 등기하여야 한다.

한편, 제51조 제2항에서는 동일한 등기소의 관할구역 내에 사무소를 이전한 경우에는 이전사실만을 등기하면 된다고 규정하고 있으나, 이는 단순한 변경등기(제52조)에 해당하는 것으로 굳이 별도의 조항으로 규정할 필요가 없다는 비판이 있으므로 이를 반영할 필요가 있다.

2. 관련 입법례

◆ 2004년 개정안

제51조(사무소이전의 등기) ① 법인이 그 사무소를 이전하는 때에는 구소재지에서는 3주일내에 이전등기를 하고 신소재지에서는 동기간내에 제49조 제2항에 게기한 사항을 등기하여야 한다.

② (현행과 같음)

◆ **일본 일반법인법**

제304조(다른 등기소의 관할구역내로의 주된 사무소 이전등기) ① 일반사단법인등이 그 주된 사무실을 다른 등기소의 관할구역 내에 이전한 때에는 2주 이내에, 구 소재지에서는 이전의 등기를 하고 신소재지에서는 다음의 각호에 해당하는 법인의 구분에 따라 해당 각호에 정하는 사항을 등기하여야 한다.

1. 일반사단법인 제301조 제2항 각호에 게재한 사항
2. 일반재단법인 제302조 제2항 각호에 게재한 사항

② 신소재지에서의 등기에는 일반사단법인등의 성립연월일 및 주된 사무소를 이전한 사실과 그 연월일을 등기하여야 한다.

제313조(다른 등기소의 관할구역내로의 종된 사무소 이전등기) ① 일반 사단법인등이 그 종된 사무실을 다른 등기소의 관할구역 내로 이전한 때에는 구 소재지(주된 사무소 소재지를 관할하는 등기소의 관할 구역 내에 있는 경우를 제외)에서는 3주 이내에 이전 등기를 하고 신소재지(주된 사무소 소재지를 관할하는 등기소의 관할 구역 내에 있는 경우를 제외. 이하 본 항에서 같다)에서는 4주 이내에 전조 제2항 각 호에 게재한 사항을 등기하여야 한다. 다만, 종된 사무소 소재지를 관할하는 등기소의 관할구역 내에 새롭게 종된 사무소를 이전한 때에는 신소재지에서는, 동항 제3호의 사항을 등기하면 충분하다.

② 종된 사무소 소재지에서 전항의 규정에 의해 전조 제2항 각 호에 게재한 사항을 등기하는 경우에는 일반사단법인등의 성립연월일 및 종된 사무소를 이전한 사실과 그 연월일도 등기하여야 한다.

3. 개정시안의 내용

동일한 등기소 관할구역 내의 사무소 이전은 기존의 등기사항 중 사무소의 소재지(제49조 제2항 제3호)에 대한 단순한 변경등기에 해당하는 것으로서 제52조에 따라 기존의 등기기록에 그 이전사항만 기재하면 되므로, 굳이 제2항에 별도로 규정할 이유가 없다. 따라서 제51조 제2항은 삭제하기로 하였다. 그 이외에 몇몇 표현을 수정하였다.

제52조(변경등기)

현행	개정시안
제52조(변경등기) 제49조 제2항의 사항 중에 변경이 있는 때에는 3주간내에 변경등기를 하여야 한다.	제52조(변경등기) 제49조 제2항 각 호의 사항 중에 변경이 있는 때에는 3주일 안에 변경등기를 하여야 한다.

개정시안 제52조는 현행법의 실질적 내용을 유지하되 표현만 "제49조 제2항의 사항"을 "제49조 제2항 각 호의 사항"으로, "3주간내에"를 "3주일 안에"로 각각 수정하였다.

제53조(등기기간의 기산)

현행	개정시안
제53조(등기기간의 기산) 전3조의 규정에 의하여 등기할 사항으로 관청의 허가를 요하는 것은 그 허가서가 도착한 날로부터 등기의 기간을 기산한다.	제53조(등기기간의 기산) 제50조부터 제52조까지의 규정에 따라 등기할 사항이 관청의 인가를 받아야 하는 사항인 경우에는 그 인가서가 도달한 날부터 등기의 기간을 기산(起算)한다.

민법 제53조는 민법 제50조 내지 제52조에서 정한 3주일의 등기기간의 기산점에 관하여 규정한다. 허가주의에서 인가주의로 전환함에 따라 "그 허가서가 도착한 날"을 "그 인가서가 도달한 날"로 변경하고 그 외 표현을 일부 수정하였다.

제54조(설립등기 외의 등기의 효력)

현행	개정시안
제54조(설립등기 이외의 등기의 효력과 등기사항의 공고) ① 설립등기 이외의 본절의 등기사항은 그 등기후가 아니면 제삼자에게 대항하지 못한다. ②등기한 사항은 법원이 지체없이 공고하여야 한다.	제54조(설립등기 외의 등기의 효력) 설립등기 외의 이 장(章)의 등기사항은 등기하지 않으면 제3자에게 대항하지 못한다.

1. 개정 배경

민법 제54조 제2항은 등기사항에 대한 법원의 공고의무를 규정하고 있으나, 등기사항을 공고하는 데는 상당한 비용이 드는 반면 실효성은 거의 없으며, 등기가 전산화됨에 따라 누구라도 쉽게 등기사항을 열람할 수 있으므로 등기사항의 공고는 불필요한 제도가 되었다는 비판이 있다. 또한 등기실무상으로도 등기사항의 공고는 대법원규칙을 통해 그 실행이 계속 유예되고 있으며, 상업등기의 공고에 관하여 규정하고 있던 상법 제36조의 규정도 1995. 12. 29. 법률 제5053호에 의하여 이미 삭제되었다. 이와 같은 상황에서 제54조 제2항 존치의 필요성은 매우 낮다고 할 것이다.

2. 관련 입법례

◆ 2004년 개정안

제54조(설립등기이외의 등기의 효력과 등기사항의 공고) 설립등기이외의 본절의 등기사항은 그 등기후가 아니면 제삼자에게 대항하지 못한다.

◆ 독일민법[31]

제68조(사단등기부에 대한 신뢰보호) 종전의 이사회 구성권과 제3자 사이에 법률행위가 행하여진 경우에, 이사회의 변경이 법률행위 당시 사단등기부에 등기되어 있거나 제3자가 이를 알고 있는 때에만, 이사회의 변경을 제3자에게 대항할 수 있다. 변경이 등기된 경우에, 그가 이를 알지 못하고 또 그 부지가 과실로 인한 것이 아닌 때에는, 제3자는 이를 자신에 대하여 효력 있는 것으로 할 필요가 없다.

◆ 일본 일반법인법

제299조(등기의 효력) ① 이 법의 규정에 따라 등기해야 할 사항은 등기후가 아니면, 이로써 선의의 제3자에게 대항할 수 없다. 등기 후라도 제3자가 정당한 사유에 의하여 그 등기가 있음을 몰랐을 때에도 동일하다.

② 고의 또는 과실로 부실의 사항을 등기한 자는 그 사항이 부실임을 선의의 제3자에게 대항할 수 없다.

3. 개정시안의 내용

가. 등기사항의 공고제 폐지

현행 민법이 현실적으로 불필요한 공고의무를 법원에 부과하고 있다는 비판이 제기되고 있고, 등기실무상으로도 이러한 의무를 굳이 부과할 필요가 없다는 사정을 고려하여 개정시안에서는 제54조 제2항의 규정을 삭제하기로 하였다. 제2항이 삭제됨에 따라 표제에서도 "등기사항의 공고" 부분을 삭제하였다.

31) 양창수, 독일민법전, 25면.

나. 표현의 수정

제54조 제1항은 설립등기 외의 등기의 대항력에 관하여 "설립등기 이외의 본절의 등기사항은 그 등기후가 아니면 제3자에게 대항하지 못한다"고 규정함으로써 본절(제2절)에 규정된 등기사항에 한하여 제54조가 적용되는 것처럼 규정하고 있다. 그런데 해산등기(제85조)는 제4절에 있고, 개정시안에서 신설될 예정인 임시이사의 등기에 관한 규정(제63조 제2항)은 제3절에 있는 등 제54조가 적용되어야 할 규정들이 본장 각 절에 흩어져 있다. 그러므로 그 적용대상 규정에 맞게 "본절"을 "이 장章"으로 개정하였다. 그 이외에도 표현을 일부 수정하였다.

5. 참고사항

개정시안과 같이 제54조 제2항이 삭제될 경우 법원의 등기사항의 공고절차에 대하여 규정하고 있는 「비송사건절차법」 제65조의2, 제65조의3, 제65조의4의 개정도 병행되어야 할 필요가 있다.

第56條(사원권의 양도, 상속 금지)

현행	개정시안
第56條(사원권의 양도, 상속금지) 사단법인의 사원의 지위는 양도 또는 상속할 수 없다.	第56條(사원권의 양도, 상속 금지) 사단법인의 사원의 지위는 양도하거나 상속할 수 없다. 다만, 정관에 달리 정한 경우에는 그러하지 아니하다.

1. 개정 배경

사단법인의 사원이라는 지위에 기하여 사원이 사단법인에 대하여 가지는 권리와 의무를 포괄하여 사원권이라 한다. 사원권에는 사단의 관리 · 운영에 참가하는 것을 내용으로 하는 공익권(결의권, 소수사원권, 감독권 등)과, 사원이 법인로부터 받는 개인적 이익을 내용으로 하는 자익권(법인의 시설 이용권, 잔여재산분배청구권 등)이 있다. 민법상 사단법인은 비영리법인으로서 사원권의 대부분은 공익권적 성격을 가지므로 민법 제56조에서는 사단법인 사원의 지위는 양도하거나 상속할 수 없도록 하였다.

그런데 판례와 학설은 민법 제56조가 강행규정이 아니라 임의규정이라고 파악하고 있다. 또한 개정시안 제39조의2에서는 영리를 목적으로 하는 비법인사단에 대해서도 원칙적으로 민법 제56조를 포함한 법인 관련 규정을 준용하도록 하는데, 이처럼 영리를 목적으로 하는 단체 구성원의 지위는 양도하거나 상속할 수 있도록 해야 할 경우도 있다. 개정시안은 이 점을 반영하여 민법 제56조가 임의규정임을 분명히 하였다.

2. 관련 입법례

◆ **2004년 개정안**

개정논의가 없었다.

◆ **독일민법**[32)]

제38조(사원권) 사원의 지위는 양도할 수 없고, 상속될 수 없다. 사원권의 행사는 타인에게 위탁될 수 없다.

제40조(임의규정) 제27조 제1항, 제3항, 제28조 제1항, 제32조, 제33조, 제38조는 정관에 다른 정함이 있는 때에는 그 한도에서 적용되지 아니한다.

◆ **일본 일반법인법**

제28조(임의퇴사) ① 사원은 언제라도 퇴사할 수 있다. 다만, 정관에서 별도로 정하는 것을 방해하지 않는다.

② 전항 단서에 따른 정관의 규정이 있는 경우에도 부득이 한 사유가 있을 때에는, 사원은 언제라도 퇴사할 수 있다.

제29조(법정퇴사) 전조의 경우 이외에, 사원은 다음에서 게재한 사유에 따라 퇴사한다.

1. 정관에서 정한 사유의 발생
2. 총사원의 동의
3. 사망 또는 해산
4. 제명

3. 관련 판례

◆ **대법원 1992. 4. 14. 선고 91다26850 판결**

"사단법인의 사원의 지위는 양도 또는 상속할 수 없다"고 한 민법 제56조의 규정은 강행규정은 아니라고 할 것이므로, 정관에 의하여 이를 인정하고 있을 때에는 양도 · 상속이 허용된다.

32) 양창수, 독일민법전, 11, 13면.

4. 개정시안의 내용

개정시안에서는 현행민법 제56조가 강행규정이 아닌 임의규정이며, 정관에 의하여 달리 정할 수 있다고 본 판례의 입장을 반영하여 제56조에 명시적으로 "다만, 정관에 달리 정한 경우에는 그러하지 아니하다"는 내용의 단서를 신설하였다. 단서의 해석상 사원권의 양도와 상속은 반드시 정관에 정함이 있는 경우에 한하여 인정되며, 정관에 정함이 없는 경우 사원총회의 결의만으로는 사원권의 양도와 상속이 허용될 수는 없다. 참고로 독일민법의 경우에도 사원의 지위가 양도·상속되지 않는다고 한 규정은 임의규정으로서 정관에 다른 정함이 있는 때에는 그 한도에서 적용되지 아니한다고 규정하고 있다(제38조, 제40조). 그 외에 표현을 일부 수정하였다.

3. 관련 판례

◆ **대법원 2009. 11. 19. 자 2008마699 전원합의체 결정**

민법 제63조는 법인의 조직과 활동에 관한 것으로서 법인격을 전제로 하는 조항이 아니고, 법인 아닌 사단이나 재단의 경우에도 이사가 없거나 결원이 생길 수 있으며, 통상의 절차에 따른 새로운 이사의 선임이 극히 곤란하고 종전 이사의 긴급처리권도 인정되지 아니하는 경우에는 사단이나 재단 또는 타인에게 손해가 생길 염려가 있을 수 있으므로, 민법 제63조는 법인 아닌 사단이나 재단에도 유추적용할 수 있다.

임시이사의 선임을 신청할 수 있는 '이해관계인'이라 함은 임시이사가 선임되는 것에 관하여 법률상의 이해관계가 있는 자로서 그 법인의 다른 이사, 사원 및 채권자 등을 포함한다.

민법 제63조에서 임시이사 선임의 요건으로 정하고 있는 '이사가 없거나 결원이 있는 경우'라 함은 이사가 전혀 없거나 정관에서 정한 인원수에 부족이 있는 경우를 말하고, '이로 인하여 손해가 생길 염려가 있는 때'라 함은 통상의 이사선임절차에 따라 이사가 선임되기를 기다릴 때에 법인이나 제3자에게 손해가 생길 우려가 있는 것을 의미한다.

4. 개정시안의 내용

임시이사는 법인의 임시적인 기관이지만 통상적으로 선임된 이사와 마찬가지로 법인의 업무를 집행하며 대표하므로 임시이사가 선임된 경우에도 이를 등기하여 공시할 필요가 있다. 따라서 개정시안에서는 제63조 제2항을 신설하여 임시이사 등기의 근거 규정을 마련하였다.

임시이사 선임의 등기와 관련하여 2004년 개정안은 제52조의2를 준용하는 방식을 취하였으나, 간단한 내용을 굳이 준용 방식으로 규정할 필요가 없을 뿐만 아니라 제52조의2는 "이사의 직무집행정지 등 가처분등기"에 관한 것이고 이 조항의 등기는 "임시이사선임의 등기"이므로 제52조의2를 준용한다고만 하면 임시이사의 등기를 '임시이사 선임의 가처분등기'로 오해될 소지가 있다. 따라서 개정시안에서는 제52조의2를 준용하지 않고 그 내용을 풀어 명확하게 규정하기로 한 것이다.

5. 참고사항

개정시안에 따라 임시이사의 선임에도 등기를 요하게 될 경우 법인의 임시이사의 선임에 대하여 규정하고 있는 「비송사건절차법」 제33조 제1항[34]의 개정 여부도 검토할 필요가 있다.

---

34) 第33조(임시이사 또는 특별대리인의 선임, 법인의 해산 · 청산의 감독의 관할) ① 임시이사 또는 특별대리인의 선임(選任)은 법인의 주된 사무소 소재지의 지방법원 합의부가 관할한다.
② 법인의 해산 및 청산에 대한 감독은 그 주된 사무소 소재지의 지방법원이 관할한다.

第70조(임시총회)

현행	개정시안
第70조(임시총회) ① (생　략) ② (생　략) ③ 전항의 청구있는 후 2주간내에 이사가 총회소집의 절차를 밟지 아니한 때에는 청구한 사원은 법원의 허가를 얻어 이를 소집할 수 있다.	第70조(임시총회) ① (현행과 같음) ② (현행과 같음) ③ 제2항의 청구가 있은 후 2주일 안에 이사가 총회소집의 절차를 밟지 아니한 경우에는 청구한 사원은 법원의 허가를 받아 총회를 소집할 수 있다.

민법상 사단법인의 사원총회로는 매년 1회 이상 의무적으로 소집하여야 하는 통상총회와, 필요한 경우에 이사 또는 일정 수 이상의 사원의 청구에 의하여 임시적으로 소집되는 임시총회가 있다. 민법 제70조는 그 중 임시총회의 소집절차에 대하여 규정하고 있다. 개정시안은 이러한 내용을 그대로 유지하면서 표현만 일부 수정하였다.

第71조(총회의 소집)

현행	개정시안
第71조(총회의 소집) 총회의 소집은 1주간전에 그 회의의 목적사항을 기재한 통지를 발하고 기타 정관에 정한 방법에 의하여야 한다.	第71조(총회의 소집) 총회의 소집은 1주일 전에 그 회의의 목적사항을 기재한 통지를 발송하고, 그 밖에 정관에서 정한 방법에 따라야 한다.

민법 제71조는 사단법인 사원총회의 소집절차를 규정하고 있는데, 이에 따르면 총회의 소집권자는 1주일 전에 회의의 목적사항을 지재한 통지를 발송하고 그 밖에 정관에서 정한 방법에 따라 사원총회를 소집하여야 한다. 개정시안은 이러한 내용을 그대로 유지하면서 표현만 일부 수정하였다.

第76條(총회의 의사록)

현행	개정시안
第76條(총회의 의사록) ① (생　략) ② 의사록에는 의사의 경과, 요령 및 결과를 기재하고 의장 및 출석한 이사가 기명날인하여야 한다. ③ (생　략)	第76條(총회의 의사록) ① (현행과 같음) ② 의사록에는 의사의 경과, 요령 및 결과를 기재하고, 의장 및 출석한 이사가 서명 또는 기명날인하여야 한다. ③ (현행과 같음)

민법 第76條에 따르면 사원총회의 의사議事에 관하여는 의사의 경과, 요령 및 결과를 기재한 의사록을 작성하여야 하고, 의장 및 출석한 이사가 의사록에 기명날인하여야 한다. 그런데 개정시안 第40條에서는 의사록의 기명날인을 서명으로 대체할 수 있도록 한 상법의 규정(제297조, 제373조 제2항 등)과 보조를 맞추기 위하여, 의사록에 대한 기명날인 이외에도 서명을 가능하도록 하였다. 개정시안 第40條(사단법인의 정관), 第43條(재단법인의 정관)에서도 마찬가지 개정이 이루어진 바 있다.

第77條(해산사유)

현행	개정시안
제4절 해산 제77조(해산사유) ① 법인은 존립기간의 만료, 법인의 목적의 달성 또는 달성의 불능 기타 정관에 정한 해산사유의 발생, 파산 또는 설립허가의 취소로 해산한다. ② 사단법인은 사원이 없게 되거나 총회의 결의로도 해산한다.	제4절 해산과 청산 제77조(해산사유) ① 재단법인은 다음 각 호의 어느 하나에 해당하는 사유가 있으면 해산한다. 1. 존립기간의 만료, 그 밖에 정관에서 정한 해산사유의 발생 2. 목적의 달성 또는 달성의 불능 3. 파산 4. 설립인가의 취소 5. 합병 또는 분할에 의한 소멸 ② 사단법인은 다음 각 호의 어느 하나에 해당하는 사유가 있으면 해산한다. 1. 사원의 부존재 2. 정관에 달리 정하지 아니한 경우에는 총사원 4분의 3 이상의 동의에 의한 해산결의 3. 제1항 각 호의 사유
제78조(사단법인의 해산결의) 사단법인은 총사원 4분의 3이상의 동의가 없으면 해산을 결의하지 못한다. 그러나 정관에 다른 규정이 있는 때에는 그 규정에 의한다.	〈삭 제〉

1. 개정 배경

자연인의 사망과 마찬가지로 법인도 해산사유의 발생으로 그 권리능력을 상실하게 된다. 법인이 해산한 경우에는 자연인이 사망한 경우와 달리 상속이 인정되지 않으므로 법인격의 상실에 따른 기존의 법률관계 처리절차, 즉 청산절차에 들어가게 된다. 현행 민법 제77조에 따르면 법인은 존속기간의 만료, 법인의 목적 달성 또는 목적 달성의 불능, 기타 정관에 정한 해산사유가 발생하게 되거나, 파산 또는 설립허가의 취소로 해산한다. 또한 사단법인은 구성원인 사원이 없게 되면 그 본질상 당연히 해산하게 되며 그 외에 사원총회의 결의로도 해산할 수 있다. 참고로 사원총회는 일반적으로 사원 과반수의 출석과 출석사원의 과반수로써 결의하지만(제75조 제1항), 사단법인의 소멸과 관계되는 해산결의의 경우에는 총사원 4분의 3 이상의 동의를 요하도록 하여 해산결의를 신중하게 하도록 하고 있다.

개정시안에서는 이러한 기조를 그대로 유지하되 허가주의가 인가주의로 바뀌고, 법인의 합병과 분할이 새로 도입되는 점을 해산사유에 반영하고자 하였다. 또한 그 기회에 해산사유를 재단법인과 사단법인으로 나누어 규정함으로써 이해의 편의를 높였다.

2. 관련 입법례

◆ **2004년 개정안**

제77조(해산사유) ① 법인은 존립기간의 만료, 법인의 목적의 달성 또는 달성의 불능 그 밖의 정관에 정한 해산사유의 발생, 파산 또는 설립인가의 취소로 해산한다.
② (현행과 같음)

◆ **독일민법**[35]

제41조(사단의 해산) 사단은 사원총회의 결의에 의하여 해산할 수 있다. 그 결의에는 정관에 다른 정함이 없는 한 출석사원의 4분의 3 이상의 찬성을 요한다.

제42조(도산) ① 사단은 도산절차의 개시에 의하여 해산된다. 그 절차가 채무자의 신청으로 폐지된 경우 또는 사단의 존속을 포함하는 도산처리계획이 인가된 후에 그 절차가 취소된 경우에는, 사원총회는 사단의 계속을 결의할 수 있다. 정관으로, 도산절차가 개시되는 경우에 사단이 비법인사단으로 존속함을 정할 수 있다; 이 경우에도 제2문이 정하는 요건이 충족되면 법인격 있는 사단으로 계속할 수 있음을 결의할 수 있다.
② (생 략)

第43条(권리능력의 박탈) ① 사단이 법률에 반하는 사원총회결의 또는 법률에 반하는 이사회의 행태에 의하여 공공복리를 위태롭게 하는 경우에는, 그 권리능력이 박탈될 수 있다.
② 영리사업을 정관상 목적으로 하지 아니하는 사단이 그러한 목적을 추구하는 경우에는 권리능력이 박탈될 수 있다.
③ (삭 제)
④ 권리능력이 허가에 의하여 취득되는 사단이 정관에 정하여진 목적 이외의 목적을 추구하는 때에는 권리능력이 박탈될 수 있다.

第73条(최소사원수 미달) 사원의 수가 3인 미만이 된 경우에는 구법원은 이사회의 청구에 의하여, 청구가 3개월 이내에 행하여지지 아니하는 때에는 직권으로, 이사회를 청문한 후 사단으로부터 권리능력을 박탈하여야 한다.

第87条(목적변경; 폐지) ① 재단목적의 실현이 불능하게 되거나 재단이 공공복리를 위태롭게 하는 때에는, 관할 관청은 재단에 새로운 목적을 지정하거나 재단을 폐지할 수 있다.
②·③ (생 략)

◆ 일본 일반법인법

第49条(사원총회의 결의) ① 사원총회의 결의는 정관에서 별도로 정한 경우를 제외하고 총사원 의결권의 과반수를 갖는 사원이 참석하여 출석한 해당 사원의 의결권의 과반수로 행한다.
② 전항의 규정에 불구하고 다음에 제시하는 사원총회의 결의는 총사원의 반수 이상이고, 총사원 의결권의 3분의 2(이를 상회하는 비율을 정관에서 정한 경우에는 그 비율) 이상인 다수를 가지고 행하여야 한다.

1. ~ 5. (생 략)
6. 第148条 第3호* 및 第150条의 사원총회
7. (생 략)

③ (생 략)

第148条(해산사유) 일반사단법인은 다음의 사유에 따라 해산한다.

1. 정관에서 정한 존속기간의 만료
2. 정관에서 정한 해산사유의 발생

3. 사원총회의 결의
4. 사원의 결여
5. 합병(합병에 따라 해당 일반사단법인이 소멸한 경우에 한한다)
6. 파산절차개시결정
7. 제261조 제1항 또는 제268조에 따라 해산을 명하는 재판

제202조(해산사유) ① 일반재단법인은 다음의 사유에 따라 해산한다.
1. 정관에서 정한 존속기간의 만료
2. 정관에서 정한 해산사유의 발생
3. 기본재산의 멸실 그밖의 사유에 따라 일반재단법인의 목적인 사업의 성공 불능
4. 합병(합병에 따라 해당 일반재단법인이 소멸한 경우에 한한다)
5. 파산절차개시결정
6. 제261조 제1항 또는 제268조에 따라 해산을 명하는 재판

② 일반재단법인은 전항 각호의 사유 이외에 어느 사업연도 및 그 다음 사업연도에 관계된 대차대조표의 순자산액이 모두 3백만엔 미만이 되는 경우에도, 해당 다음 사업연도에 관한 정시 평의원회 종결시에 해산한다.
③ 신설합병에 의하여 설립된 일반재단법인은 전항에 규정한 경우 이외에, 제199조에서 준용하는 제123조 제1항의 대차대조표 및 그 성립일이 속한 사업연도에 관계된 대차대조표의 순자산액이 모두 3백만엔 미만이 되는 경우에도, 해당 사업연도에 관한 정시 평의원회 종결시에 해산한다.

3. 관련 판례

◆ 대법원 1992. 10. 9. 선고 92다23087 판결
법인 아닌 사단에 대하여는 사단법인에 관한 민법규정 가운데서 법인격을 전제로 하는 것

35) 양창수, 독일민법전, 13, 27, 35면.

을 제외하고는 이를 유추적용하여야 할 것인바, 사단법인에 있어서는 사원이 없게 된다고 하더라도 이는 해산사유가 될 뿐 막바로 권리능력이 소멸하는 것이 아니므로 법인 아닌 사단에 있어서도 구성원이 없게 되었다 하여 막바로 그 사단이 소멸하여 소송상의 당사자 능력을 상실하였다고 할 수는 없고 청산사무가 완료되어야 비로소 그 당사자능력이 소멸하는 것이다.

◆ **대법원 2007. 7. 24. 자 2006마635 결정**

민법 제78조는 "사단법인은 총사원 4분의 3 이상의 동의가 없으면 해산을 결의하지 못한다. 그러나 정관에 다른 규정이 있는 때에는 그 규정에 의한다."고 규정하고 있고, 한편 도시 및 주거환경정비법 제20조 제1항 제17호, 제24조 제3항 제12호, 제24조 제5항, 같은 법 시행령 제31조 제12호, 제34조 제1호는 조합의 해산은 총회의 의결을 거쳐야 하되 그 의결방법에 관하여 정관에서 정하도록 규정하고 있는바, 민법 제78조의 문언의 취지 및 도시 및 주거환경정비법상 해산결의의 최소요건을 규정하고 있지는 않은 점에 비추어, 주택재건축정비사업조합이 정관으로 해산결의의 요건을 정함에 있어 총조합원 4분의 3 이상의 동의보다 완화하여 규정하는 것도 가능하고, 그것이 통상의 결의 요건에도 미달하는 등 현저히 타당성이 없는 경우가 아닌 한 유효하다고 할 것이다.

4. 논의 경과

분과위안	실무위안	위원장단안	개정시안
제77조 (해산사유) ① 법인은 다음 각 호의 사유가 있으면 해산한다. 1. 존립기간의 만료, 그 밖의 정관에 정한 해산사유의 발생	제77조 (해산사유) ① 법인은 다음 각 호의 사유가 있으면 해산한다. 1. 존립기간의 만료, 그 밖의 정관에 정한 해산사유의 발생	제77조 (해산사유) ① 법인은 다음 각 호의 사유가 있으면 해산한다. 1. 존립기간의 만료, 그 밖의 정관에 정한 해산사유의 발생	제77조(해산사유) ① 재단법인은 다음 각 호의 어느 하나에 해당하는 사유가 있으면 해산한다. 1. 존립기간의 만료, 그 밖에 정관에서 정한 해산사유의 발생

2. 목적의 달성 또는 달성의 불능 3. 파산 4. 설립인가의 철회 5. 합병에 의한 소멸 ② 사단법인은 다음 각 호의 사유가 있어도 해산한다. 1. 사원의 부존재 2. 정관에 달리 정하지 아니한 때에는 총사원 4분의 3 이상의 동의에 의한 해산결의	2. 목적의 달성 또는 달성의 불능 3. 파산 4. 설립인가의 철회 5. 합병 또는 분할에 의한 소멸 ② 사단법인은 다음 각 호의 사유가 있어도 해산한다. 1. 사원의 부존재 2. 정관에 달리 정하지 아니한 때에는 총사원 4분의 3 이상의 동의에 의한 해산결의	2. 목적의 달성 또는 달성의 불능 3. 파산 4. 설립인가의 철회 5. 합병 또는 분할에 의한 소멸 ② 사단법인은 다음 각 호의 사유가 있어도 해산한다. 1. 사원의 부존재 2. 정관에 달리 정하지 아니한 때에는 총사원 4분의 3 이상의 동의에 의한 해산결의	2. 목적의 달성 또는 달성의 불능 3. 파산 4. 설립인가의 취소 5. 합병 또는 분할에 의한 소멸 ② 사단법인은 다음 각 호의 어느 하나에 해당하는 사유가 있으면 해산한다. 1. 사원의 부존재 2. 정관에 달리 정하지 아니한 경우에는 총사원 4분의 3 이상의 동의에 의한 해산결의 3. 제1항 각 호의 사유

5. 개정시안의 내용

가. 절 제목의 변경

현행 민법 제1편 제3장 제4절의 표제는 “해산”으로 되어 있으나 제4절 아래에는 법인의 해산에 관한 규정뿐만 아니라 청산에 관한 규정도 포함되어 있으므로, 상법 제3편 제5장 제6절의 예에 따라 “해산과 청산”으로 개정하는 것이 타당하다. 이 절의 제목을 “소멸”로 변경하자는 의견도 있었으나, 법인은 해산하더라도 청산이 실질적으로 종결될 때까지 그 법인격이 소멸하지 않아 법인의 해산이 바로 법인의 소멸을 의미하지는 않으므로 이 의견은 받아들여지지 않았다.

나. 민법 제77조와 제78조의 통합

개정시안 제77조에서는 재단법인과 사단법인의 해산사유를 각각 제1항과 제2항으로 구분하여 규정함으로써 보다 체계적인 입법형식을 갖추었고, 사원총회의 해산결의에 관한 민법 제78조의 내용을 사단법인의 해산사유에 통합하여 규정하였다. 이에 따라 민법 제78조는 삭제하였다.

다. 해산사유의 정비

개정시안 제77조 제1항 제1호에서는 "정관에 정한 해산사유의 발생"으로서 "존립기간의 만료"만을 예시하고, "목적의 달성 또는 달성의 불능"을 별도의 호에서 해산사유로 규정하였다. 법인이 미리 정관에 "목적의 달성 또는 달성의 불능"을 해산사유로 정해놓지 않았더라도 이러한 사유가 발생하면 법인이 해산되도록 하기 위함이다.

또한 개정시안 제32조에서 법인설립의 원칙을 인가주의로 전환하여 규정하게 됨에 따라 이에 맞추어 제정시안 77조에서도 "설립허가의 취소"를 "설립인가의 취소"로 변경하였다.

라. 합병 또는 분할에 의한 소멸을 해산사유로 추가

개정시안에서 법인의 합병·분할에 관한 내용이 신설됨에 따라 합병과 분할에 의한 소멸을 법인의 해산사유로서 새롭게 규정하였다. 법인이 다른 법인에 흡수 합병되거나 2개 이상의 법인이 합병을 위하여 소멸하여 1개의 새로운 법인을 설립하는 경우, 그리고 법인이 분할되는 경우에는 그 합병 또는 분할로 인하여 기존의 법인과는 다른 새로운 법인이 발생하게 되고 기존의 법인은 일정한 절차를 밟아 소멸하게 되기 때문이다.

제79조(회생절차개시 및 파산신청)

현행	개정시안
제79조(파산신청) 법인이 채무를 완제하지 못하게 된 때에는 이사는 지체없이 파산신청을 하여야 한다.	제79조(회생절차개시 및 파산신청) 법인이 채무를 완제하지 못하게 된 때에는 이사는 지체없이 회생절차개시신청 또는 파산신청을 하여야 한다.

1. 개정 배경

법인이 채무를 완제하지 못하게 된 경우 이사는 지체 없이 파산신청을 하여야 한다. 법인이 파산신청을 하려면 법인의 소극재산이 적극재산을 초과하는 상태, 즉 채무초과 상태가 있는 것으로도 족하고 자연인이 파산신청을 하는 경우와 같이 지급불능을 요하지는 않는다(「채무자회생 및 파산에 관한 법률」 제305조, 제306조).

한편, 현행 민법 제79조는 법인이 채무를 완제하지 못하게 된 경우 파산신청만을 인정하고 있을 뿐 회생절차개시 신청의 가능성에 대하여는 언급하고 있지 않다. 그러나 법인이 일시적으로 채무를 완제하지 못하게 되더라도 계속 존속할 가치가 있다면 회생절차개시를 신청할 수도 있다. 이러한 도산법의 제도가 민법에도 반영될 필요가 있다.

2. 관련 입법례

◆ **2004년 개정안**

개정논의가 없었다.

◆ **독일민법**[36]

第42조(도산) ① (생 략)

② 이사회는 지급불능 또는 채무초과의 경우에는 도산절차의 개시를 신청하여야 한다. 신청이 지연되는 때에는 과책있는 이사회 구성원이 채권자에 대하여 그로 인하여 발생하는 손해에 관하여 책임을 진다; 그들은 연대채무자로서 책임진다.

第75조(도산절차의 개시) 도산절차의 개시는 직권으로 등기되어야 한다. 다음의 사항 또한 같다,

1. 개시결정의 취소,
2. 임시도산관재인이 임명되고, 나아가 채무자에 대하여 일반적 처분금지명령이 내려지거나 채무자의 처분이 임시도산관재인의 동의를 얻어야만 유효하다고 명하여진 경우에는, 임시도산관재인의 임명 및 그러한 보전처분의 취소
3. 채무자에 대한 자기관리의 명령과 그 취소 및 채무자가 하는 일정한 법률행위에 대하여 승인을 얻어야 한다는 명령,
4. 절차의 폐지와 취소, 그리고
5. 도산처리계획의 수행의 감독 및 감독의 취소

3. 관련 판례

◆ **대법원 2007. 11. 15.자 2007마887 결정**

법인이 채무초과 상태에 있는지 여부는 법인이 실제 부담하는 채무의 총액과 실제 가치로 평가한 자산의 총액을 기준으로 판단하는 것이지 대차대조표 등 재무제표에 기재된 부채 및 자산의 총액을 기준으로 판단할 것은 아닌바, 법인의 회계처리기준 등에 관하여 규율하는 개별 법령에서 법인이 당해 사업연도에서 순손실이 발생하였더라도 자기자본이 감소한 것으로 처리하지 않고 다음 회계연도에서 자기자본이 감소한 것으로 처리하도록 규정하고

36) 양창수, 독일민법전, 13, 27면.

있다는 등의 사정은 그 법인이 실제 부담하는 채무의 총액이나 실제 가치로 평가한 자산의 총액에 아무런 영향을 미칠 수 없는 이상, 법인이 채무초과 상태에 있는지 여부를 판단하는 데 고려하여야 할 사유가 될 수 없다.

4. 개정시안의 내용

「채무자회생 및 파산에 관한 법률」 제35조 제1항은 "채무자의 청산인은 다른 법률에 의하여 채무자에 대한 파산을 신청하여야 하는 때에도 회생절차개시의 신청을 할 수 있다."라고 규정하고 있다. 회생절차란 자력으로 회생이 불가능할 정도의 채무초과상태에 있는 법인에 대하여 법원이 지정한 제3자가 자금을 비롯하여 기업 활동을 전반적으로 대신 관리하도록 하는 것을 말한다. 이와 같은 제도를 시행하는 이유는 부도 위기에 처한 법인을 파산시키는 것보다 회생시키는 것이 오히려 장기적으로 법인과 채권자, 그리고 국민경제에 이익을 가져오는 경우가 존재하기 때문이다.

개정시안 제79조에서는 채무를 완제하지 못하게 된 법인에 대하여 파산신청 외에도 회생절차개시신청을 할 수 있도록 허용함으로써 회생 가능한 법인의 갱생을 도모하고자 하였다.

제80조(잔여재산의 귀속)

현행	개정시안
제80조(잔여재산의 귀속) ① (생 략) ② 정관으로 귀속권리자를 지정하지 아니하거나 이를 지정하는 방법을 정하지 아니한 때에는 이사 또는 청산인은 주무관청의 허가를 얻어 그 법인의 목적에 유사한 목적을 위하여 그 재산을 처분할 수 있다. 그러나 사단법인에 있어서는 총회의 결의가 있어야 한다. ③ (생 략)	제80조(잔여재산의 귀속) ① (현행과 같음) ② 정관으로 귀속권리자를 지정하지 아니하거나 이를 지정하는 방법을 정하지 아니한 경우에는 이사 또는 청산인은 주무관청의 인가를 받아 그 법인의 목적에 유사한 목적을 위하여 그 재산을 처분할 수 있다. 다만, 사단법인의 경우에는 총회의 결의가 있어야 한다. ③ (현행과 같음)

1. 개정 배경

법인이 해산한 후 청산절차를 완료하고 나서 남게 된 법인의 재산은 정관에서 정한 자에게 귀속된다. 한편, 민법상의 청산절차에 관한 규정은 모두 제3자의 이해관계에 중대한 영향을 미치는 것으로 강행규정으로 해석되므로, 정관에서 정한 자가 아닌 다른 자에 대한 잔여재산의 처분행위는 무효라는 것이 판례의 입장이다.[37] 정관에서 귀속권리자를 정하지 않거나 귀속권리자를 정하는 방법을 마련하지 않은 경우 이사 또는 청산인은 법인의 목적에 유사한 목적을 위하여 그 재산을 처분할 수 있다. 이 경우 그 처분에는 주무관청의 허가를 요하며, 사단법인의 경우에는 총회의 결의를 거쳐야 한다. 이와 같은 절차 이후에도 처분되지 아니한 재산은 국고에 귀속하게 된다.

그런데 민법 제80조와 관련하여 청산 이후의 법인에는 청산인이 존재할 뿐 이사가 존재하지 않는데 처분의 주체에 이사가 포함될 수 있는지, 그리고 잔여재산의 처분은

37) 대판 1995. 2. 20, 94다13473.

청산절차 이후의 문제인데 청산절차에 대한 규정 이전에 이 조항을 두는 것이 바람직한지에 대한 논의가 있었다. 결과적으로 개정시안 제80조는 허가를 인가로 바꾸고 그 이외에 표현을 약간 수정하는 데에 그쳤지만 그 논의과정을 밝혀두기로 한다.

2. 관련 입법례

◆ **2004년 개정안**

第80조(잔여재산의 귀속) ① (현행과 같음)
② 정관으로 귀속권리자를 지정하지 아니하거나 이를 지정하는 방법을 정하지 아니한 때에는 이사 또는 청산인은 주무관청의 인가를 얻어 그 법인의 목적에 유사한 목적을 위하여 그 재산을 처분할 수 있다. 그러나 사단법인에 있어서는 총회의 결의가 있어야 한다.
③ 제1항 및 제2항의 규정에 의하여 처분되지 아니한 재산은 국고에 귀속한다.

◆ **독일민법**[38)]

第45조(사단재산의 귀속) ① 사단의 해산 또는 권리능력의 박탈에 의하여 재산은 정관에 정하여진 사람에게 귀속한다.
② 귀속권리자가 사원총회 또는 기타의 사단기관의 결의로 정하여짐을 정관으로 정할 수 있다. 사단의 목적이 영리사업이 아닌 경우에는, 사원총회는 그러한 정함이 없어도 재산을 공적 재단이나 공적 영조물에 귀속시킬 수 있다.
③ 귀속권리자에 대한 정함이 없는 때에는, 재산은, 사단이 정관상 그 사원의 이익만을 위한 것인 경우에는 해산 또는 권리능력 박탈 당시의 사원에게 균등한 비율로, 기타의 경우에는 사단이 주소를 둔 주의 국고에 귀속된다.

第46조(국고에의 귀속) 사단재산이 국고에 귀속되는 때에는 국고가 법정상속인으로서 취득하는 상속재산에 관한 규정이 준용된다. 국고는 재산을 가능한 한 사단의 목적에 상응하는 용도에 사용하여야 한다.

第88조(재산귀속) 재단이 소멸함과 동시에 그 재산은 기본규약에서 정하여진 사람에게 귀속된다. 제46조 내지 제53조는 준용된다. 귀속권리자에 관한 정함이 없는 경우에는, 재산은 재단이 주소를 두었던 주의 국고 또는 그 주의 법에 의하여 정하여진 다른 귀속권리자에게 귀속된다.

◆ **일본 일반법인법**

第239조(잔여재산의 귀속) ① 잔여재산의 귀속은 정관에서 정한 바에 따른다.

② 전항의 규정에 의해 잔여재산의 귀속이 정해지지 않을 때는, 그 귀속은 청산법인의 사원총회 또는 평의원회의 결의에 따라 정한다.

③ 전2항의 규정에 따라 귀속이 정해지지 않은 잔여재산은 국고에 귀속한다.

3. 관련 판례

◆ **대법원 1995. 2. 20. 선고 94다13473 판결**

가. 민법 제80조 제1항과 제2항의 각 규정 내용을 대비하여 보면, 법인 해산시 잔여재산의 귀속권리자를 직접 지정하지 아니하고 사원총회나 이사회의 결의에 따라 이를 정하도록 하는 등 간접적으로 그 귀속권리자의 지정방법을 정해 놓은 정관 규정도 유효하다.

나. 민법상의 청산절차에 관한 규정은 모두 제3자의 이해관계에 중대한 영향을 미치기 때문에 이른바 강행규정이라고 해석되므로 이에 반하는 잔여재산의 처분행위는 특단의 사정이 없는 한 무효라고 보아야 한다.

4. 논의 경과

분과위원회에서 제안한 개정시안에서는 현행 민법 제80조를 삭제하고 제92조의2를 신설하되, 잔여재산의 처리 주체를 "이사 또는 청산인"이 아닌 "청산인"으로 한정하고

38) 양창수, 독일민법전, 15, 35면.

있었다. 그 이유는 다음과 같다.

첫째, 민법 제82조에 의하면 법인이 해산한 때에는 파산의 경우를 제외하고는 이사가 청산인이 된다. 따라서 청산법인에는 이사가 있을 수 없다. 그런데 민법 제80조에서는 이사도 청산 후 잔여재산의 처분권자라고 규정하고 있다. 이는 입법적 오류이므로 "이사"를 삭제함으로써 청산인만 잔여재산을 처분할 수 있음을 분명히 할 필요가 있다.

둘째, 법인이 해산하는 것만으로는 바로 잔여재산의 귀속에 관한 문제가 발생하는 것이 아니고 청산절차가 완료되어야 비로소 그 문제가 발생한다. 따라서 조문의 위치도 해산이 아니라 청산절차 부분에 두어야 체계에 맞다.

그러나 다음과 같은 이유로 분과위원회 개정시안은 받아들여지지 않았다.

첫째, 민법 제80조 제2항에서 잔여재산 처분의 주체를 "이사 또는 청산인"으로 규정하고 있는 것은 이사가 법인의 해산 전에 필요한 절차(예컨대 사원총회의 결의)를 거쳐 향후 법인이 해산하였을 경우 잔여재산의 처분 문제를 미리 결정할 수 있다는 점을 규정한 것이라고도 볼 수 있다. 따라서 "이사"를 섣불리 삭제하여서는 안 된다.

둘째, 이처럼 민법 제80조 제2항이 이사가 법인 해산 전에 잔여재산 처분 문제에 관여할 수 있는 법적 근거이기도 하다면 이 조항을 꼭 청산절차 부분에 두어야만 하는 것이 아니다.

5. 개정시안의 내용

개정시안 제32조에서 법인설립의 원칙을 허가주의에서 인가주의로 전환함에 따라 제80조에서도 잔여재산의 귀속과 관련하여 정관으로 귀속권리자를 지정하지 않거나 지정방법을 정하지 않은 경우에는 이사 또는 청산인이 주무관청의 "허가"가 아닌 "인가"를 받아 법인의 목적에 유사한 목적을 위하여 그 재산을 처분할 수 있도록 하였다. 그 외에 표현을 일부 수정하였다.

제83조(법원에 의한 청산인의 선임)

현행	개정시안
제83조(법원에 의한 청산인의 선임) 전조의 규정에 의하여 청산인이 될 자가 없거나 청산인의 결원으로 인하여 손해가 생길 염려가 있는 때에는 법원은 직권 또는 이해관계인이나 검사의 청구에 의하여 청산인을 선임할 수 있다.	제83조(법원에 의한 청산인의 선임) ① 제82조에 따른 청산인이 될 자가 없는 경우에는 법원은 직권 또는 이해관계인이나 검사의 청구에 따라 청산인을 선임하여야 한다. ② 청산인의 결원으로 인하여 손해가 생길 염려가 있는 경우에도 제1항과 같다.

1. 개정 배경

법인이 해산한 때에는 파산의 경우 및 정관 또는 총회의 결의로 달리 정한 경우를 제외하고는 이사가 청산인이 된다. 청산인은 대내적으로 청산법인의 사무를 집행하고 대외적으로 청산법인을 대표한다. 한편 청산인의 사망 또는 사임 등의 이유로 청산인이 없거나 그 결원으로 인하여 손해가 발생할 수 있는 경우 청산법인의 이해관계자들의 이익을 보호하기 위하여 민법 제83조는 법원이 직권 또는 이해관계인이나 검사의 청구에 의하여 청산인을 선임할 수 있도록 하고 있다.

그런데 민법 제83조는 "청산인이 될 자가 없는 경우"와 "청산인의 결원으로 인하여 손해가 생길 염려가 있는 때"를 구별하지 않고 두 경우 모두 법원이 직권 또는 이해관계인이나 검사의 청구에 의하여 청산인을 "선임할 수" 있도록 하고 있어 그 법문의 표현상 청산인의 선임 여부가 법원의 재량사항인 것으로 오해될 소지가 있다. 그러나 청산인이 없는 청산은 상정할 수 없으므로, 민법 제83조에 따른 청산인이 될 자가 없다면 법원은 반드시 청산인을 선임하여야 한다. 한편 청산인의 결원으로 인하여 손해가 생길 염려가 있는 경우에는 법원이 손해발생 가능성에 대해서는 판단의 재량을 가지겠지만 일단 손해가 발생할 염려가 있는 것으로 판단하였다면 청산인을 반드시 선임해야 한다. 따라서 이와 같은 점을 반영하여 법문의 표현을 명확하게 다듬을 필요가 있다.

2. 관련 입법례

◆ 2004년 개정안

개정논의가 없었다.

◆ 독일민법[39]

제48조(청산인) ① 청산은 이사회가 행한다. 그 외의 사람도 청산인으로 선임될 수 있다; 그 선임에 대하여는 이사회의 선임에 관한 규정이 준용된다.

② 청산의 목적에 비추어 달리 해석되지 아니하는 한, 청산인은 이사회의 법적 지위를 가진다.

③ 청산인이 다수인 경우에는, 다른 정함이 없는 한, 그 결의에 전원의 찬성을 요한다.

◆ 일본 일반법인법

제209조(청산인의 취임) ① 다음에 게재한 자는 청산법인의 청산인이 된다.

1. 이사(제2호 또는 제3호에 게재한 자가 있는 경우를 제외한다)
2. 정관에서 정한 자
3. 사원총회 또는 평의원회의 결의에 따라 선임된 자

② 전항의 규정에 따라 청산인이 될 자가 없는 경우, 법원은 이해관계인의 신청에 따라 청산인을 선임한다.

③ 전2항의 규정에도 불구하고 제148조 제7호 또는 제202조 제1항 제6호의 사유[40]에 의해 해산한 청산법인의 경우, 법원은 이해관계인 또는 법무대신의 신청에 의하거나 직권으로 청산인을 선임한다.

④ 제1항 및 제2항의 규정에도 불구하고 제206조 제2호[41] 또는 제3호[42]의 경우에 해당하게 된 청산법인에 대해서는 법원이 이해관계인의 신청에 따라 청산인을 선임한다.

⑤ (생 략)

39) 양창수, 독일민법전, 15면.

40) 법인의 해산을 명하는 재판이 있는 경우.

41) 설립무효의 소에 관한 청구를 인용한 판결이 확정된 경우.

42) 설립취소의 소에 관한 청구를 인용한 판결이 확정된 경우.

3. 개정시안의 내용

청산인은 청산법인을 대표하여 그 법인의 업무를 집행하는 자이므로 청산인이 존재하지 않는 청산절차는 존재할 수 없다. 따라서 청산인이 사망, 사임 등의 이유로 존재하게 않게 되면 다른 청산인이 선임되어야 한다. 또한 청산인이 다수인 경우 그 결원으로 인하여 법인 및 이해관계인 등에 손해가 발생할 염려가 있는 경우에도 청산인이 새로 선임될 필요성이 있다. 개정시안은 이러한 점을 반영하여 현행 민법 제83조의 "청산인을 선임할 수 있다"를 "청산인을 선임하여야 한다"라고 변경하였다. 또한 그 기회에 '청산인의 될 자가 없는 경우'와 '청산인의 결원으로 인하여 손해가 생길 염려가 있는 경우'를 구분하는 쪽으로 법문의 표현을 수정하였다.

제85조(해산등기)

현행	개정시안
제85조(해산등기) ① 청산인은 파산의 경우를 제하고는 그 취임후 3주간내에 해산의 사유 및 연월일, 청산인의 성명 및 주소와 청산인의 대표권을 제한한 때에는 그 제한을 주된 사무소 및 분사무소소재지에서 등기하여야 한다. ② 제52조의 규정은 전항의 등기에 준용한다.	제85조(해산등기) ① 청산인은 파산의 경우를 제외하고는 그 취임 후 3주일 안에 다음 각 호의 사항을 주된 사무소 및 분사무소 소재지에서 등기하여야 한다. 1. 해산의 사유 및 연월일 2. 청산인의 성명, 주소 및 주민등록번호. 다만, 법인을 대표할 청산인을 정한 경우에는 그 밖의 청산인의 주소는 제외한다. 3. 청산인의 대표권을 제한한 때에는 그 제한 ② 제1항의 등기에 관하여는 제52조를 준용한다.

1. 개정 배경

법인이 해산한 경우 법인의 청산인은 파산의 경우를 제외하고는 그 취임 후 3주일 안에 해산의 사유와 연월일, 청산인의 신원, 청산인의 대표권의 제한에 관한 내용을 주된 사무소 및 분사무소 소재지에서 등기하여 그 내용을 공시하여야 한다. 법인의 해산등기는 설립등기와는 달리 제3자에 대한 대항요건이다(민법 제54조).

개정시안은 해산등기에 관한 민법 제85조의 내용을 대체로 유지하면서 청산인의 주민등록번호를 등기사항에 추가하였고, 대표청산인이 있는 경우에는 그 밖의 청산인의 주소는 등기하지 않아도 되도록 하였으며, 그 외에 조문의 체계와 표현을 일부 수정하였다.

2. 관련 입법례

◆ 2004년 개정안

第85조(해산등기) ① 청산인은 파산의 경우를 제하고는 그 취임후 3주일내에 해산의 사유 및 연월일, 청산인의 성명 및 주소와 청산인의 대표권을 제한한 때에는 그 제한을 주된 사무소 및 분사무소 소재지에서 등기하여야 한다.

② 제52조의 규정은 제1항의 등기에 준용한다.

◆ 독일민법[43]

第74조(해산) ① 사단의 해산과 권리능력의 박탈은 사단등기부에 등기하여야 한다.

② 사단이 사원총회의 결의 또는 사단의 존속기간으로 정하여진 기간의 경과에 의하여 해산하는 때에는 이사회는 해산의 등기를 신청하여야 한다. 전자의 경우에 신청에는 해산결의의 등본을 첨부하여야 한다.

③ 제43조에 의하여 사단의 권리능력이 박탈되는 때에는 등기는 관할관청의 통지에 의하여 행하여진다.

第76조(청산인의 등기) ① 청산인은 사단등기부에 등기되어야 한다. 청산인의 결의를 제48조 제3항과 달리 규율하는 정함도 또한 같다.

② 제1항의 등기의 신청은 이사회가 하고, 그 후의 변경에 대하여는 청산인이 등기를 신청한다. 신청에 있어서는 청산인의 대표권의 범위를 기재하여야 한다. 사원총회의 결의에 의하여 선임된 청산인의 등기신청에는 그 결의의 등본을, 청산인의 결의에 관한 정함의 신청에는 그 정함을 포함하는 서류의 등본을 첨부하여야 한다.

③ 법원이 선임한 청산인의 등기는 직권으로 행하여진다.

◆ 일본 일반법인법

第308조(해산등기) ① 제148조 제1호에서 제4호까지 또는 제202조 제1항 제1호에서 제3호까지, 제2항 또는 제3항의 규정에 따라 일반사단법인 등이 해산했을 때는 2주 이내에 그 주된 사무소 소재지에서 해산의 등기를 하여야 한다.

② 해산의 등기에 있어서는, 해산의 취지 및 그 사유와 연월일을 등기하여야 한다.

第310조(청산인등의 등기) ① 제209조 제1항 제1호에 게재한 자가 청산인이 되었을 때에는 해산일부터 2주일 이내에 그 주된 사무소의 소재지에서 다음에 게재한 사항을 등기하여야 한다.

1. 청산인의 성명
2. 대표청산인의 성명 및 주소
3. 청산법인이 청산인회를 두었을 경우에는 그 내용
4. 청산인반재단법인이 감사를 두었을 경우 그 내용

② 청산인이 선임되었을 때에는, 2주일 이내에 그 주된 사무소의 소재지에서 전항 각호에 게재한 사항을 등기하여야 한다.

③ 제303조의 규정은 전2항의 규정에 따른 등기에 대하여, 제305조의 규정은 청산인 또는 대표청산인에 대하여 각각 준용한다.

3. 관련 판례

◆ **대법원 1984. 9. 25. 선고 84다카493 판결**

민법 제54조 제1항, 제85조 제1항의 규정에 따르면 법인이 해산한 경우에 청산인은 파산의 경우를 제외하고 해산등기를 하여야 하고 해산등기를 하기전에는 제3자에게 해산사실을 대항할 수 없다.

43) 양창수, 독일민법전, 27, 29면.

4. 개정시안의 내용

가. 제49조와 규정형식을 통일

해산등기의 등기사항을 각호로 구분하여 규정함으로써 법인의 등기와 관련하여 각호로 등기사항을 규정하고 있는 민법 제49조와 형식적 통일성을 갖추도록 하였으며, 등기사항 각각의 내용을 구체적이고 명확하게 이해할 수 있도록 하였다.

나. 청산인의 등기(제1항 제2호)

청산인은 이사에 준하는 청산법인의 대표기관이므로 청산인에 대하여도 이사와 마찬가지로 주민등록번호를 그 등기사항으로 규정하였다. 참고로 「비송사건절차법」 제62조에서도 법인의 이사 또는 청산인의 등기를 할 때에는 그 주민등록번호를 등기하도록 하고 있다.

다만 개정시안 제49조 제2항에서는 대표권 없는 이사의 주소를 등기사항에서 제외하였고, 대표권이 없는 청산인의 경우에도 주소 공시의 필요성이 크지 않으므로, 대표권 없는 청산인의 주소는 해산등기의 등기사항에서 제외하였다.

다. 표현의 수정

그 외에 표현을 일부 수정하였다.

제86조(해산신고)

현행	개정시안
제86조(해산신고) ① 청산인은 파산의 경우를 제하고는 그 취임후 3주간내에 전조 제1항의 사항을 주무관청에 신고하여야 한다. ② 청산중에 취임한 청산인은 그 성명 및 주소를 신고하면 된다.	제86조(해산신고) ① 청산인은 파산의 경우를 제외하고는 그 취임 후 3주일 안에 제85조 제1항 각 호의 사항을 주무관청에 신고하여야 한다. ② 청산 중에 취임한 청산인은 제85조 제1항 제2호의 사항을 신고하면 된다.

현행 민법 제86조에 따르면 청산인은 파산의 경우를 제외하고는 그 취임 후 3주일 안에 해산사유 및 연월일, 청산인의 성명과 주소 그리고 청산인의 대표권을 제한한 경우에는 그 제한의 내용을 주무관청에 신고하여야 한다.

개정시안 제85조와 같이 해산등기사항으로 청산인의 주민등록번호를 추가하고 법인을 대표할 청산인이 있는 경우 그 밖의 청산인의 주소의 등기를 제외하도록 개정되면 제86조에서도 이와 균형을 맞추어 청산인의 신고사항을 조정할 필요가 있다. 개정시안 제86조는 이에 따라 내용을 조정하고 그 기회에 표현을 일부 수정한 것이다.

第87條(청산인의 직무)

현행	개정시안
第87條(청산인의 직무) ① 청산인의 직무는 다음과 같다. 1. 현존사무의 종결 2. 채권의 추심 및 채무의 변제 3. 잔여재산의 인도 ② 청산인은 전항의 직무를 행하기 위하여 필요한 모든 행위를 할 수 있다.	第87條(청산인의 직무) ① 청산인의 직무는 다음 각 호와 같다. 1. 현존사무의 종결 2. 채권의 추심 및 채무의 변제 3. 잔여재산의 양도 ② 청산인은 제1항 각 호의 직무를 행하기 위하여 필요한 모든 행위를 할 수 있다.

개정시안 第87條는 잔여재산이 인도 이외에 다양한 형태로 이전될 수 있음을 고려하여 잔여재산의 "인도"를 "양도"로 변경하고 그 외에 표현을 일부 수정한 것이다.

第88조(채권신고의 공고)

현행	개정시안
第88조(채권신고의 공고) ① 청산인은 취임한 날로부터 2월내에 3회 이상의 공고로 채권자에 대하여 일정한 기간내에 그 채권을 신고할 것을 최고하여야 한다. 그 기간은 2월 이상이어야 한다. ② 전항의 공고에는 채권자가 기간내에 신고하지 아니하면 청산으로부터 제외될 것을 표시하여야 한다. ③ 제1항의 공고는 법원의 등기사항의 공고와 동일한 방법으로 하여야 한다.	第88조(채권신고의 공고) ① 청산인은 취임한 날부터 2개월 안에 1주일 이상의 간격을 두어 3회 이상의 공고로 채권자에 대하여 일정한 기간 안에 그 채권을 신고할 것을 최고하여야 한다. 이 경우 채권신고기간은 2개월 이상이어야 한다. ② 제1항의 공고에는 채권자가 기간 안에 신고하지 아니하면 청산으로부터 제외될 것을 표시하여야 한다.

1. 개정 배경

현행 민법 제88조는 청산사무 중 채무 변제를 위하여 필요한 절차에 관한 규정으로서 채권자의 권익을 보호함과 아울러 청산사무를 가능한 한 신속하게 종결시키는 것을 목적으로 한다. 이에 따르면, 청산인은 취임한 날부터 2월 내에 3회 이상의 공고로 일반 채권자에 대하여 일정한 기간 안에 그 채권을 신고할 것을 최고하여야 하며, 이 공고에는 채권자가 기간 내에 신고하지 않을 경우 청산으로부터 제외됨을 표시하여야 한다. 그러나 청산인이 알고 있는 채권자에 대해서는 개별적으로 채권신고를 최고하여야 한다. 공고의 방법은 법원의 등기사항의 공고와 동일한 방법으로 하도록 하고 있다.

한편 현행 민법 제88조 제1항은 그 문언상 청산인이 3일 연속으로 3회의 공고를 하는 것도 가능하다고 해석되는데, 이는 법인의 채권자를 보호하려는 이 조항의 입법취지에 반하는 결과가 될 수 있다. 따라서 공고기간 동안 일정한 간격을 두도록 하는 방향의 입법적 해결이 필요하다. 또한 개정시안에서는 법원의 등기사항의 공고에 관한 제54조 제2항을 삭제하였으므로 이를 준용하고 있는 제88조 제3항도 삭제할 필요가 있다.

2. 관련 입법례

◆ 2004년 개정안

第88조(채권신고의 공고) ① (현행과 같음)

② 제1항의 공고에는 채권자가 기간내에 신고하지 아니하면 청산으로부터 제외될 것을 표시하여야 한다.

③ (삭 제)

◆ 독일민법[44]

제50조(청산중인 사단의 공고) ① 청산인은 사단의 해산 또는 권리능력의 박탈을 공고하여야 한다. 공고에 있어서는 채권자에 대하여 그 청구권을 신고할 것을 최고하여야 한다. 공고는 정관에서 공시를 위하여 지정한 신문에 하여야 한다. 공고는 그 게재 또는 제1회의 게재로부터 2일이 경과함으로써 실행된 것으로 본다.

② 알고 있는 채권자에 대하여는 별도의 통지로써 신고를 최고하여야 한다.

제51조의a(공고신문) 사단이 정관에서 공고를 위하여 지정한 신문이 없거나 그 공고신문이 발행정지된 경우에는 사단의 공고는 사단이 주소를 둔 행정구역의 구법원이 공고를 위하여 지정한 신문에 행하여진다.

◆ 일본 일반법인법

제233조(채권자에 대한 공고 등) ① 청산법인은 제206조 각호의 경우에 해당하게 된 뒤 지체없이 해당 청산법인의 채권자에게 일정 기간 내에 그 채권을 신고해야 함을 관보에 공고하고, 알려진 채권자에게는 개별적으로 이를 최고하여야 한다. 단, 해당 기간은 2개월 이상이어야 한다.

② 전항에 따른 공고에는 해당 채권자가 해당 기간 내에 신고하지 않을 경우 청산에서 제척된다는 취지를 부기하여야 한다.

---

44) 양창수, 독일민법전, 17면.

3. 개정시안의 내용

가. 1주일 이상 간격을 둔 공고(제1항)

청산인으로 하여금 3회 이상의 공고로 채권자들에게 그 채권을 신고할 것을 최고하도록 한 것은 여러 차례 공고를 하여 공고의 내용을 채권자들이 알게 될 가능성을 높임으로써 채권자의 권리를 보호하고자 한 것이다. 따라서 그 취지를 살리기 위해서는 위 공고 사이에 일정한 간격을 두는 것이 바람직하다. 매우 짧은 간격으로 여러 차례 공고를 하는 것은 실질적으로 한 차례 공고를 하는 것과 다름없어 공고의 본래 목적을 제대로 달성할 수 없기 때문이다. 개정시안에서는 청산인이 하는 채권신고의 공고를 현행 민법과 마찬가지로 청산인이 취임한 날부터 2개월 안에 3회 이상에 걸쳐서 하되 각 공고 사이에 적어도 1주일 이상의 시간적 간격을 둘 것을 명시하였다.

나. 법원의 등기사항 공고방법에 따른 공고 삭제

등기사항의 공고에 상당한 비용이 드는 반면 실효성은 거의 없고 등기가 전산화됨에 따라 누구라도 쉽게 등기사항을 열람할 수 있어 등기사항의 공고가 따라 불필요하게 되었다는 등의 문제점을 반영하여, 개정시안에서는 제54조 제2항을 삭제하였다. 이에 따라 법원의 등기사항의 공고와 동일한 방법으로 공고할 것을 규정하고 있는 제88조 제3항도 존재이유가 없어 삭제하였다.

다. 표현의 수정

그 외에 표현을 일부 수정하였다.

제91조(채권변제의 특례)

현행	개정시안
제91조(채권변제의 특례) ① (생 략) ② 전항의 경우에는 조건있는 채권, 존속기간의 불확정한 채권 기타 가액의 불확정한 채권에 관하여는 법원이 선임한 감정인의 평가에 의하여 변제하여야 한다.	제91조(채권변제의 특례) ① (현행과 같음) ② 제1항의 경우에는 조건 있는 채권, 존속기간이 불확정한 채권 그 밖에 가액이 불확정한 채권에 관하여는 법원이 선임한 감정인의 평가에 따라 변제하여야 한다.

현행 민법 제91조는 청산인이 청산법인의 채무를 신속하게 변제할 수 있도록 변제기에 이르지 아니한 채권이라도 변제할 수 있도록 하였다. 이 경우 조건부채권, 존속기간이 불확정한 채권, 가액이 불확정한 채권에 대하여는 그 평가방법을 정함으로써 청산사무집행의 신속성과 효율성을 도모하도록 하였다. 개정시안 제91조는 이러한 내용을 그대로 유지하면서 표현만 일부 수정하였다.

第92조(청산으로부터 제외된 채권)

현행	개정시안
第92조(청산으로부터 제외된 채권) 청산으로부터 제외된 채권자는 법인의 채무를 완제한 후 귀속권리자에게 인도하지 아니한 재산에 대하여서만 변제를 청구할 수 있다.	第92조(청산으로부터 제외된 채권) 청산으로부터 제외된 채권자는 법인의 채무를 완제한 후 양도되지 않은 재산에 대하여만 변제를 청구할 수 있다.

채권자가 민법 第88조에서 정한 채권신고기간 안에 채권의 신고를 하지 않으면 그 채권은 청산으로부터 제외된다. 따라서 채권자는 법인에 대하여 변제를 청구할 수 없다. 그렇다고 하여 채권자가 그 권리를 상실하는 것은 아니므로 청산절차를 거쳐 법인의 채무를 완제한 후에도 법인의 재산이 남아 있다면 그 재산에 대하여 변제를 청구할 수 있도록 하는 것이 타당하다. 현행 민법 第92조는 그러한 내용을 담고 있다. 개정시안 第92조는 이러한 내용을 그대로 유지하면서, 개정시안 第87조에서 잔여재산의 "인도"를 "양도"로 변경함에 따라 여기에서도 "인도"를 "양도"로 변경하였다.

第93조(청산 중의 파산)

현행	개정시안
第93조(청산중의 파산) ① 청산중 법인의 재산이 그 채무를 완제하기에 부족한 것이 분명하게 된 때에는 청산인은 지체없이 파산선고를 신청하고 이를 공고하여야 한다. ② (생　략) ③ 제88조 제3항의 규정은 제1항의 공고에 준용한다.	第93조(청산 중의 파산) ① 청산 중 법인의 재산이 그 채무를 완제하기에 부족한 것이 분명하게 된 때에는 청산인은 지체 없이 파산신청을 하고 그 사실을 공고하여야 한다. ② (현행과 같음) ③ 제1항의 공고에 관하여는 제88조 제1항을 준용한다.

개정시안에서는 청산인으로 하여금 법원의 등기사항의 공고와 동일한 방법으로 법인의 채권자들에게 그 채권을 신고할 것을 최고하도록 한 제88조 제3항을 삭제하였으므로, 청산절차를 진행하던 중 파산신청을 하게 된 사실을 공고하는 방법에 대하여 규정하고 있는 제93조 제3항에서도 더 이상 제88조 제3항을 준용할 수 없게 되었다. 다만, 파산신청의 사실은 법인의 채권자등 이해관계인들에게 반드시 알려져야 하는 사실이므로 제93조 제3항을 삭제하지 않고, 그 공고에 관하여 제88조 제1항에서 정한 채권신고의 공고방법을 따르도록 하였다. 참고로 제88조 제1항에서는 2개월 안에 1주일 이상의 간격을 두어 3회 이상의 공고로 채권자에 대하여 일정한 기간 안에 그 채권을 신고할 것을 최고하도록 하고 있고, 이 경우 채권신고기간은 2개월 이상이어야 한다고 규정한다.

그 이외에도 제1항의 "파산선고를 신청하고"를 "파산신청을 하고"로 수정하였다. 「채무자 회생 및 파산에 관한 법률」 제3편 제1장 제1절 이하에서 파산절차의 개시와 관련하여 일률적으로 "파산신청"이라는 용어를 사용하고 있고, 같은 법률 제295조 제2항에서도 "청산인은 청산 중인 법인에 대하여 파산신청을 할 수 있다"라고 하고 있으므로 이를 참조하여 표현을 수정한 것이다. 한편 이미 청산절차가 진행 중인 경우에는 정상활동으로 복귀를 목적으로 하는 회생절차개시를 신청하는 것은 적절치 않으므로 청산인에게 파산신청만을 인정하는 현행 규정의 내용을 유지하였다.

第94조(청산종결의 등기와 신고)

현행	개정시안
第94조(청산종결의 등기와 신고) 청산이 종결한 때에는 청산인은 3주간내에 이를 등기하고 주무관청에 신고하여야 한다.	第94조(청산종결의 등기와 신고) 청산이 종결된 때에는 청산인은 3주일 안에 등기하고 주무관청에 신고하여야 한다.

현행 민법 제94조는 청산종결의 등기와 신고에 관하여 규정하고 있다. 개정시안에서는 그 내용을 그대로 유지하면서 "청산이 종결한 때에는"은 "청산이 종결된 때에는"으로, "3주간내에"는 "3주일 안에"로 표현을 수정하였다.

제4절의2 합병과 분할

제96조의2(합병 · 분할)

현행	개정시안
〈신 설〉	제96조의2(합병 · 분할) ① 사단법인은 다른 사단법인과 합병하거나 복수의 사단법인으로 분할할 수 있다. ② 재단법인은 다른 재단법인과 합병하거나 복수의 재단법인으로 분할할 수 있다. 다만, 재단법인의 합병 또는 분할은 제45조 제1항 또는 제46조에서 정한 정관변경의 요건이 갖추어진 경우에만 할 수 있다.

1. 개정 배경

상법은 영리법인인 회사의 합병과 분할에 대해 상세한 규정을 두고 있다. 비영리법인의 합병과 분할에 대해 규정한 특별법들도 다수 있다. 농업협동조합법이나 중소기업협동조합법, 신용협동조합법, 소비자생활협동조합법, 사회복지사업법, 사립학교법 등이 그 예이다.[45] 그런데 민법에서는 법인에 관하여 상세한 규정을 두고 있기는 하지만 법인의 합병 · 분할에 관해서는 아무런 규정도 두고 있지 않다. 따라서 특별법에서 허용하는 경우가 아니라면 비영리법인을 합병하거나 분할할 길이 막혀 있다. 종전에는 비법인사단인 교회의 분열을 인정한 판례도 있었으나,[46] 2006년 전원합의체 판결을 통해 그 판례는 폐기되었다.[47]

그러나 비영리법인의 합병이나 분할을 막을 뚜렷한 이유를 찾기 어렵다. 비영리법인

45) 농업협동조합법 제75조 이하, 중소기업협동조합법 제74조 이하, 신용협동조합법 제54조 이하, 소비자생활협동조합법 제80조 이하, 사회복지사업법 제30조, 사립학교법 제36조 이하 등.

46) 대판(전) 1993. 1. 19, 91다1226 등 다수.

47) 대판(전) 2006. 4. 20, 2004다37775.

도 거래의 필요상 합병 · 분할이 필요한 경우가 있고, 경제적인 어려움에 처한 사단법인이나 재단법인으로 하여금 합병이나 분할과 같은 조직변경을 통하여 새로운 활로를 열어줄 필요가 있는 경우도 있다. 현실적으로는 비영리법인의 해산과 청산절차를 거쳐 법인을 소멸시킨 후 새로운 법인을 신설하는 우회적인 방법으로 이러한 합병 또는 분할의 요구를 충족하고 있으나, 민법에서 비영리법인의 합병과 분할에 관한 근거 규정을 마련한다면 좀 더 간편하고 효율적으로 그 목적을 달성할 수 있다. 이를 통해 해산 · 청산 후 신설이라는 우회적 과정에 소요되는 사회적 비용이 감소되고 법인 운영의 자유가 실질적으로 보장되는 한편, 조직 변경 후 법인을 둘러싼 법률관계가 명확해질 것으로 기대된다.

2004년 민법 개정안을 마련하는 과정에서도 법인의 합병과 분할에 대한 규정을 두는 것이 필요하다는 의견이 제시되어 관련 논의가 진행되었다. 그 과정에서 합병 · 분할 · 분할합병, 합병계약서 · 분할계획서, 채권자보호, 합병 등의 등기, 효과 등에 대한 규정 초안이 마련되었으나, 결국 이는 장기연구과제로 분류되어 2004년 민법 개정안에 포함되지 않았다.

이번 개정시안에서는 추가적인 연구와 논의를 거쳐 회사의 합병 · 분할에 관한 상법의 규정과 일본의 일반법인법 등을 참고하여 비영리법인의 합병 · 분할에 관한 규정을 신설하기로 하였다. 이 규정들은 제4절의2(합병과 분할)를 신설하여 배치하였다.

개정시안에서는 법인의 합병과 분할에 대해 나름대로 상세한 규정을 두고 있기는 하지만, 합병과 분할이 가지는 복잡성에 비해서는 여전히 충분히 상세하다고 하기는 어렵다. 이는 우리나라가 일본과는 달리 특별법이 아니라 일반법에서 이 문제의 규율을 시도하고 있다는 점, 그 동안 우리나라 민법은 세밀한 조항들을 두기보다는 일반적이고 포괄적인 조항들을 두는 태도를 견지하여 왔다는 점 등이 고려된 결과일 것이다. 한편 법인의 합병과 분할에 대해서는 상법에서 상세한 규정을 두고 있고 이에 기초한 학설과 판례도 많이 축적되어 있으므로 향후 민사법인의 합병과 분할에 관한 해석론은 상법학의 논의를 참조하면서 민사법인의 성격에 맞도록 적용하는 양상으로 발전될 것이다.

2. 관련 입법례

◆ 2004년 개정안

개정논의가 있었지만 개정대상에서 제외되었다.

◆ 일본 일반법인법[48]

제242조(합병계약의 체결) 일반사단법인 또는 일반재단법인은 다른 일반사단법인 또는 일반재단법인과 합병할 수 있다. 이 경우 합병을 하는 법인은 합병계약을 체결하여야 한다.

제243조(합병의 제한) ① 다음 각호에 언급한 경우에는 합병 후 존속하는 일반사단법인 또는 일반재단법인, 또는 합병에 의하여 설립하는 일반사단법인 또는 일반재단법인은 각각 해당 각호에 정한 종류의 법인이라야 한다.

1. 합병을 하는 법인이 일반사단법인뿐인 경우 : 일반사단법인
2. 합병을 하는 법인이 일반재단법인뿐인 경우 : 일반재단법인

② 전항 각호에 언급한 이외의 경우에 합병을 하는 일반사단법인이 합병계약체결일까지 기금 전액을 반환하고 없을 때에는 합병후 존속하는 법인 또는 합병에 의하여 설립하는 법인은 일반사단법인이라야 한다.

3. 개정시안의 내용

가. 사단법인과 재단법인의 합병·분할 근거규정 신설

법인의 합병·분할제도를 도입하더라도 사단법인에 한하여 합병·분할을 인정할 것인가, 아니면 재단법인의 합병·분할도 인정할 것인가에 대해서는 논의의 여지가 있으

48) 일본의 일반법인법은 제4장 해산에 이어 제5장에서 합병에 관한 별도의 장을 두었으나 분할에 관한 규정은 두고 있지 않다.

나, 이는 법이론적인 문제가 아니라 입법정책상의 문제라 할 수 있다.

사단법인의 경우에는 법인의 운명을 사단 구성원이 자치적으로 정하게 한다는 점에서 구성원의 자율적인 결의에 의한 사단법인의 합병 · 분할을 인정하는 데 별다른 문제가 없다. 재단법인의 경우에는 재단설립자의 의사를 존중한다는 측면에서는 재단법인의 합병이나 분할을 통하여 그 정체성에 변화를 가하는 것에 신중할 필요성은 있지만, 다른 한편 경제적 어려움에 처한 재단이 합병 · 분할을 통하여 새로운 활로를 모색하도록 허용할 현실적인 필요성도 있다. 한편 독일의 기업재편법Umwandlungsgesetz에서는 사단법인의 합병 · 분할만 인정하는 반면 일본의 일반법인법은 사단법인과 재단법인을 불문하고 합병을 인정하되 분할은 인정하지 않고 있는 등 재단법인의 분할까지 인정하는 입법례를 찾기는 어렵다. 우리 법제에서도 사단법인의 합병 · 분할은 인정하는 예가 있으나(농업협동조합법, 중소기업협동조합법), 재단법인의 분할까지 명문으로 인정하는 예는 많지 않다(사립학교법 등).

이러한 점을 근거로 들어 사단법인과는 달리 재단법인의 경우에는 분할을 금지하여야 한다는 주장도 충분히 수긍할 점이 있으나,[49] 재단법인 설립자의 의사를 존중하여야 한다는 요청은 정관변경 절차에 관한 규정(제45조 제1항, 제46조)을 준용하여 주무관청의 인가절차를 거치도록 함으로써 충족될 수 있으므로, 개정시안에서는 현실적으로 분할이 필요한 경우가 있다는 거래실제상의 수요를 중시하여 재단법인에 대해서도 합병과 분할을 모두 인정하였다. 다만, 재단법인의 경우에는 정관변경에 있어서 사단법인과 그 요건을 달리하고 있는 민법의 규정취지를 존중하여, 제2항에서 정관변경 방법을 정관에 정하고 있는 경우(정관에서 합병 · 분할을 예정하고 있는 경우를 포함; 제45조 제1항 참조) 또는 종전 법인의 형태로는 재단법인의 목적을 달성할 수 없는 때(제46조 참조)에 한하여 제한적으로 재단법인의 합병 · 분할을 인정하기로 하였다.

49) 실제로 분과위원회에서는 재단법인의 분할을 인정할 필요가 없다는 의견이 적지 않게 있었으나, 표결에 의하여 재단법인의 경우에도 분할을 인정하는 것으로 결정되었다.

나. 합병의 대상 및 분할 후 법인의 성격

사단법인과 재단법인이 서로 합병되어 새로운 사단법인 혹은 재단법인이 되거나, 반대로 사단법인이 새로운 사단법인과 재단법인으로 분할되거나 재단법인이 새로운 재단법인과 사단법인으로 분할되는 것을 인정하게 되면 사단법인과 재단법인이 혼재하는 새로운 형태의 법인이 출현하게 되어 양자를 별도로 규율하는 민법의 관점에서 혼란이 빚어질 우려가 있다.

개정시안에서는 이러한 혼선을 방지하고 합병 · 분할의 법률관계를 단순화하기 위하여 사단법인은 사단법인과의 합병과 사단법인들로의 분할만 인정하고, 재단법인은 재단법인과의 합병과 재단법인들로의 분할만 인정하였다. 다만 합병과 분할의 세부적인 종류까지는 규정하지 않고 비영리법인의 합병 · 분할의 가능성을 열어주는 차원에서 가장 일반적인 합병 · 분할의 유형(흡수합병과 소멸합병, 소멸분할과 존속분할)만을 상정하였는데, 이는 회사와 달리 영리를 목적으로 하지 않는 민법상 비영리법인의 경우에는 복잡한 형태의 합병 · 분할의 유형을 인정할 필요가 없기 때문이다.

제96조의3(합병 · 분할의 절차)

현행	개정시안
〈신 설〉	제96조의3(합병 · 분할의 절차) ① 법인이 합병하는 경우에는 합병계약서를 작성하여야 하고, 분할하는 경우에는 분할계획서를 작성하여야 한다. ② 사단법인은 사원총회에서 총사원 4분의 3 이상, 재단법인은 총이사의 4분의 3 이상의 동의로 합병계약서 또는 분할계획서의 승인을 받아야 한다. 다만, 정수(定數)에 관하여 정관에 다른 규정이 있는 경우에는 그 규정에 따른다. ③ 법인은 제2항의 승인을 받은 합병계약서 또는 분할계획서를 주무관청에 제출하여 인가를 받아야 한다.

1. 개정 배경

법인의 합병 · 분할의 절차는 일반적으로 ① 합병계약서 또는 분할계획서의 작성, ② 합병 또는 분할계획(안)에 대한 사원총회(사단법인의 경우) 또는 이사회의 승인결의(재단법인의 경우), ③ 합병 · 분할에 대한 주무관청의 인가, ④ 채권자보호를 위한 합병 · 분할대차대조표 등의 공시 · 이의절차공고 · 통지, ⑤ 합병 · 분할에 따른 법인설립 · 소멸(해산)등기, ⑥ 합병 · 분할에 대하여 이의가 있는 경우 합병 · 분할무효의 소를 통한 분쟁의 해결 순으로 진행된다. 이에 따라 개정시안 제96조의3에서는 법인의 합병 · 분할의 절차 중 그 첫 단계라 할 수 있는 합병계획서와 분할계획서의 작성, 그에 대한 내부적 승인절차 및 주무관청의 인가절차를 규정하였다.

2. 관련 입법례

◆ 2004년 개정안

개정논의가 있었지만 개정대상에서 제외되었다.

◆ 상법

제522조(합병계약서와 그 승인결의) ① 회사가 합병을 함에는 합병계약서를 작성하여 주주총회의 승인을 얻어야 한다.

② 합병계약의 요령은 제363조에 정한 통지와 공고에 기재하여야 한다.

③ 제1항의 승인결의는 제434조의 규정에 의하여야 한다.

제530조의3(분할계획서 · 분할합병계약서의 승인) ① 회사가 분할 또는 분할합병을 하는 때에는 분할계획서 또는 분할합병계약서를 작성하여 주주총회의 승인을 얻어야 한다.

② ~ ⑥ (생 략)

◆ 일본 일반법인법

제247조(흡수합병계약의 승인) 흡수합병소멸법인은 효력발생일의 전날까지 사원총회 또는 평의원회의 결의에 의하여 흡수합병계약의 승인을 받아야 한다.

제251조(흡수합병계약의 승인) ① 흡수합병존속법인은 효력발생일 전날까지 사원총회 또는 평의원회의 결의에 의하여 흡수합병계약의 승인을 받아야 한다.

② 흡수합병존속법인이 승계하는 흡수합병소멸법인의 채무액으로서 법무성령으로 정하는 금액이 흡수합병존속법인이 승계하는 흡수합병소멸 법인 자산액으로서 법무성령으로 정하는 금액을 넘는 경우, 이사는 전항의 사원총회 또는 평의원회에서 그 내용을 설명하여야 한다.

제257조(신설합병계약의 승인) 신설합병소멸법인은 사원총회 또는 평의원회의 결의에 의하여 신설합병계약의 승인을 받아야 한다.

3. 개정시안의 내용

가. 합병계획서와 분할계획서의 작성의무(제1항)

사단법인과 재단법인을 불문하고 법인 합병을 위해서는 합병계약서를, 분할을 위해서는 분할계획서를 각각 작성하여야 한다. 그러한 의미에서 합병과 분할은 요식행위이다.

나. 합병계약서와 분할계획서의 승인(제2항)

합병계약서와 분할계획서를 작성한 후에는 사단법인의 구성원 또는 재단법인의 이사에게 이 사실을 알리고 승인을 받을 필요가 있다. 개정시안은 그 승인의 정족수와 관련하여 사단법인의 경우 해산결의의 정족수(제78조)와 마찬가지로 총사원 4분의 3 이상의 찬성이 필요한 것으로 규정하였다. 또한 재단법인의 합병·분할은 제45조 제1항과 제46조의 규정에 해당하는 경우에 한하여 예외적으로 인정되는 것이므로, 그 승인의 정족수를 총이사의 4분의 3 이상의 찬성이 필요한 것으로 규정하였다. 다만, 개정시안은 정관변경에 관한 제42조 제1항 단서와 해산결의에 관한 제78조 단서의 규정을 고려하여, 제2항 단서에서 정관으로 정수에 관하여 달리 정할 수 있도록 규정하였다.

합병·분할에 대한 의결정족수에 대하여, 초기 단계 시안에서는 사단법인의 경우 총사원의 3분의 2, 재단법인의 경우 총이사의 3분의 2 이상의 동의를 요하는 것으로 하였었다. 그러나 합병·분할은 법인의 해산에 준하는 중대한 조직변경에 해당하므로 사단법인의 해산결의의 정족수에 관한 민법 제78조를 참조하여 그 의결정족수를 4분의 3으로 상향조정한 것이다.

한편 상법에서는 합병이나 분할에 반대하는 주주가 있는 경우에는 그 반대주주에게 주식매수청구권을 행사할 수 있도록 허용하고 있는데, 개정시안에서는 합병이나 분할에 반대하는 소수 사원에게 이와 유사한 권리를 부여하지는 않고 있다. 이는 일반적으로 비영리법인의 사원에게는 주식회사의 주주에 버금가는 경제적 이해관계가 존재하지 않기 때문이다. 결국 합병이나 분할에 반대하는 사원은 그 승인과정에서 자신의 반대

의견을 개진하고, 만약 그 반대 의견이 관철되지 못할 경우에는 합병계약서 또는 정관 등에서 정한 보호조치를 받는 것에 그친다. 특별법이 있다면 그 법이 정하는 바에 따라 보호받을 수 있음은 물론이다.

다. 주무관청의 인가(제3항)

법인의 합병과 분할도 법인의 조직변경에 관한 중요한 사항이므로 그 내용을 주무관청에 알려 인가를 받도록 하였다. 주무관청을 어떻게 정할 것인가는 사안별로 개별적으로 판단하여 결정하는 수밖에 없다. 일반적으로 합병인가에 있어서는 흡수합병의 경우 흡수하는 법인의 주무관청이, 신설합병의 경우 합병대상법인의 주무관청이 동일하다면 그 주무관청이, 다르다면 신설법인의 목적에 부합하는 주무관청이 각각 인가할 권한을 가질 것이다. 일반적으로 분할인가에 있어서는 소멸분할의 경우 새로 설립되는 각 분할법인의 목적에 부합하는 주무관청이, 존속분할의 경우 존속법인에 대해서는 기존의 주무관청이, 신설법인에 대해서는 그 법인의 목적에 부합하는 주무관청이 각각 인가할 권한을 가질 것이다.

합병 또는 분할에 대한 주무관청의 인가를 어느 단계에서 할 것인가와 관련하여, 개정시안은 사원총회나 이사회에 의한 합병 · 분할의 승인을 얻어 법인 자체적으로 합병 · 분할에 대한 의사결정이 종료된 이후에 주무관청의 인가를 받도록 규정하였다. 따라서 채권자보호절차와 등기절차 등 대외관계와 관련된 절차는 주무관청의 인가 후에 이루어지게 된다. 이는 이러한 대외절차를 밟은 후 주무관청의 인가를 받지 못하였을 경우에 발생할 수 있는 혼란을 방지하기 위함이다.

제96조의4(합병계약서의 기재사항)

현행	개정시안
〈신 설〉	제96조의4(합병계약서의 기재사항) ① 합병할 법인의 한쪽이 합병 후 존속하는 경우에는 합병계약서에 다음 각 호의 사항을 기재하여야 한다. 1. 제96조의3제2항의 합병승인을 위한 각 법인의 회의예정일 2. 합병을 할 날 3. 존속하는 법인이 합병으로 인하여 정관을 변경하기로 정한 경우에는 그 규정 4. 존속하는 법인에 취임할 이사의 성명과 주민등록번호 5. 존속하는 법인에 감사를 두기로 한 경우로서 취임할 감사를 정한 경우에는 그 성명과 주민등록번호 ② 합병으로 법인을 설립하는 경우에는 합병계약서에 다음 각 호의 사항을 기재하여야 한다. 1. 설립되는 법인의 정관에 기재할 사항 2. 제96조의3제2항의 합병승인을 위한 각 법인의 회의예정일 3. 합병을 할 날 4. 설립되는 법인의 이사의 성명 및 주민등록번호 5. 감사를 두기로 한 경우로서 취임할 감사를 정한 경우에는 그 성명과 주민등록번호

1. 개정 배경

법인이 합병을 하기 위해서는 합병계약서를 작성하여야 한다. 사단법인의 사원총회와 재단법인의 이사들은 합병계약서의 내용을 보고 합병의 승인 여부를 결정한다. 합병 인가가 요구되지 않는 회사의 경우와 달리 주무관청도 합병계약서의 내용을 심사하여 합병 인가 여부를 결정한다. 그리고 합병계약서는 법인의 이해관계인들에게 공시된다. 이처럼 합병계약서는 합병에 관여하거나 합병으로부터 영향을 받는 수많은 주체에게 중요한 의미를 가진다. 따라서 합병계약서에 기재되어야 할 내용을 법으로 규정함으로써 합병절차에서 합병계약서가 그 기능을 충분히 발휘할 수 있도록 할 필요가 있다.

2. 관련 입법례

◆ 2004년 개정안

개정논의가 있었지만 개정대상에서 제외되었다.

◆ 상법

第523條(흡수합병의 합병계약서) 합병할 회사의 일방이 합병 후 존속하는 합병계약서에 다음의 사항을 적어야 한다.

1. 존속하는 회사가 합병으로 인하여 그 발행할 주식의 총수를 증가하는 때에는 그 증가할 주식의 총수, 종류와 수
2. ~ 4. (생 략)
5. 각 회사에서 합병의 승인결의를 할 사원 또는 주주의 총회의 기일
6. 합병을 할 날
7. 존속하는 회사가 합병으로 인하여 정관을 변경하기로 정한 때에는 그 규정
8. 각 회사가 합병으로 이익배당을 할 때에는 그 한도액
9. 합병으로 인하여 존속하는 회사에 취임할 이사와 감사 또는 감사위원회의 위원을 정한 때에는 그 성명 및 주민등록번호

第524條(신설합병의 합병계약서) 합병으로 회사를 설립하는 경우에는 합병계약서에 다음의 사항을 적어야 한다.

1. ~ 4. (생 략)

5. 전조 제5호와 제6호에 게기한 사항
6. 합병으로 인하여 설립되는 회사의 이사와 감사 또는 감사위원회의 위원을 정한 때에는 그 성명 및 주민등록번호

제525조(합명회사, 합자회사의 합병계약서) ① 합병후 존속하는 회사 또는 합병으로 인하여 설립되는 회사가 주식회사인 경우에 합병할 회사의 일방 또는 쌍방이 합명회사 또는 합자회사인 때에는 총사원의 동의를 얻어 합병계약서를 작성하여야 한다.
② 전2조의 규정은 전항의 합병계약서에 준용한다.

◆ 일본 일반법인법

제244조(흡수합병계약) 일반사단법인 또는 일반재단법인이 흡수합병을 하는 경우에는 흡수합병계약에서 다음에 제시하는 사항을 정하여야 한다.
1. 흡수합병후 존속하는 일반사단법인 또는 일반재단법인(이하 "흡수합병존속법인"이라 한다) 및 흡수합병에 따라 소멸하는 일반사단법인 또는 일반재단법인(이하 "흡수합병소멸법인"이라 한다)의 명칭 및 주소
2. 흡수합병이 그 효력을 발생하는 날(이하 이 절에서 "효력발생일"이라 한다)

제254조(신설합병계약) 둘 이상의 일반사단법인 또는 일반재단법인이 신설합병을 하는 경우에는 신설합병계약에 있어서 다음에 제시하는 사항을 정하여야 한다.
1. 신설합병으로 소멸하는 일반사단법인 또는 일반재단법인이하 "신설 합병소멸법인"이라 한다의 명칭 및 주소
2. 신설합병에 의해 설립하는 일반사단법인 또는 일반재단법인(이하 "신설합병설립법인"이라 한다)의 목적, 명칭 및 주된 사무소 소재지
3. 전호에 제시한 것 이외에, 신설합병설립법인의 정관에서 정한 사항
4. 신설합병설립법인 설립에 있어서 이사가 되는 자의 성명
5. 신설합병설립법인이 회계감사인 설치 일반사단법인 또는 회계감사인 설치 일반재단법인인 때에는 그 설립시 회계감사인이 될 자의 성명 또는 명칭
6. 신설합병설립법인인 감사 설치 일반사단법인일 경우에는 설립시 감사의 성명
7. 신설합병설립법인이 일반재단법인일 때는 설립시 평의원 및 설립시 감사의 성명

3. 개정시안의 내용

개정시안 제96조의4는 법인의 합병을 ① 합병할 법인의 한쪽이 합병 후 존속하는 경우(흡수합병)와 ② 합병으로 새로운 법인을 설립하는 경우(신설합병)로 나누어 전자를 제1항, 후자를 제2항에서 규율한다. 이는 하나의 회사가 존속하면서 소멸하는 회사의 권리의무를 승계하는 흡수합병, 모든 회사가 소멸하고 새로 회사를 설립하는 신설합병으로 나누는 상법의 태도를 참조한 것이다. 상법에서는 그 이외에도 간이합병, 소규모합병 등 특수한 형태의 합병까지 인정하고 있으나 개정시안에서는 이러한 세부 유형의 합병까지 인정하지는 않았다. 상법에서는 영리 추구를 위해 이러한 세부 유형의 합병을 통해 사업을 세부적으로 다각화, 합리화할 필요성이 높지만 비영리법인을 규율하는 민법의 영역에서는 합병의 모습을 세분화할 필요성이 상대적으로 적기 때문이다.

이러한 분류의 토대 위에서 개정시안 제96조의4제1항은 흡수합병, 제2항은 신설합병에 있어서 합병계약서의 기재사항을 규정한다. 양자의 기재사항은 대체로 공통되나 신설합병의 경우 새로운 정관을 만들어야 하므로 흡수합병의 경우와 달리 설립되는 법인의 정관에 기재할 사항을 기재하도록 하는 등 합병 유형에 따른 차이도 존재한다.

제96조의5(분할계획서의 기재사항)

현행	개정시안
〈신 설〉	제96조의5(분할계획서의 기재사항) ① 분할에 의하여 법인을 설립하는 경우에는 분할계획서에 다음 각 호의 사항을 기재하여야 한다. 1. 설립되는 법인의 정관에 기재할 사항 2. 설립되는 법인에 이전될 재산과 그 가액 3. 설립되는 법인의 이사의 성명과 주민등록번호 4. 설립되는 법인에 감사를 두기로 한 경우로서 취임할 감사를 정한 경우에는 그 성명과 주민등록번호 ② 분할 후 법인이 존속하는 경우에는 존속하는 법인에 관하여 분할계획서에 다음 각 호의 사항을 기재하여야 한다. 1. 분할로 설립되는 법인에 이전할 재산과 그 가액 2. 정관을 변경하여야 하는 그 밖의 사항

1. 개정 배경

법인이 분할을 하기 위해서는 분할계획서를 작성하여야 한다. 이러한 분할계획서는 분할의 내부적 승인과 주무관청의 인가, 이해관계인의 조치 등 다양한 주체들에게 중요한 의미를 가지므로 개정시안에서는 분할계획서에 기재할 내용을 법으로 규정하였다.

2. 관련 입법례

◆ 2004년 개정안

개정논의가 있었지만 개정대상에서 제외되었다.

◆ 상법

제530조의2(회사의 분할 · 분할합병) ① 회사는 분할에 의하여 1개 또는 수개의 회사를 설립할 수 있다.

② 회사는 분할에 의하여 1개 또는 수개의 존립 중의 회사와 합병(이하 "분할합병"이라 한다)할 수 있다.

③ 회사는 분할에 의하여 1개 또는 수개의 회사를 설립함과 동시에 분할 합병할 수 있다.

④ 해산후의 회사는 존립중의 회사를 존속하는 회사로 하거나 새로 회사를 설립하는 경우에 한하여 분할 또는 분할합병할 수 있다.

제530조의5(분할계획서의 기재사항) ① 분할에 의하여 회사를 설립하는 경우에는 분할계획서에 다음 각호의 사항을 기재하여야 한다.

1. 설립되는 회사의 상호, 목적, 본점의 소재지 및 공고의 방법
2. ~ 6. (생 략)
7. 설립되는 회사에 이전될 재산과 그 가액
8. 제530조의9제2항의 정함이 있는 경우에는 그 내용
9. 설립되는 회사의 이사와 감사를 정한 경우에는 그 성명과 주민등록번호
10. 설립되는 회사의 정관에 기재할 그 밖의 사항

② 분할후 회사가 존속하는 경우에는 존속하는 회사에 관하여 분할계획서에 다음 각호의 사항을 기재하여야 한다.

1 · 2. (생 략)
3. 분할로 인하여 이전할 재산과 그 가액
4. (생 략)
5. (생 략)
6. 정관변경을 가져오게 하는 그 밖의 사항

3. 개정시안의 내용

가. 법인분할의 유형

법인의 분할은 여러 가지 기준에 따라 분류할 수 있다. 상법에서는 회사의 분할을 ① 단순분할과 분할합병, ② 소멸분할과 존속분할로 나눈다. 단순분할과 분할합병은 분할된 영업의 독립성 유지 여부에 따른 분류방법으로서, 단순분할은 분할된 영업이 독립하여 신설회사로 남는 것을 말하고, 분할합병은 분할된 영업이 다른 기존 회사에 흡수되는 것을 말한다(상법 제530조의2제2항 참조). 소멸분할과 존속분할은 분할회사의 존속 여부에 따른 분류방법으로서, 소멸분할은 분할회사가 영업을 모두 분할하여 둘 이상의 회사를 신설한 뒤 해산하는 것을 말하고, 존속분할은 분할회사가 일부 영업을 분할한 뒤 그대로 존속하는 것을 말한다(상법 제530조의5제2항 참조). 단순분할과 분할합병은 분할되어 나가는 영업에 초점을 맞춘 분류방법이고, 소멸분할과 존속분할은 분할하는 회사에 초점을 맞춘 분류방법으로서 서로 차원을 달리한다. 따라서 단순분할은 소멸분할과 결합할 수도 있고(예를 들어 A 회사가 B, C 회사로 분할되고 A 회사는 소멸하는 경우), 존속분할과 결합할 수도 있다(예를 들어 A 회사가 B 회사를 분리시키되 A 회사는 그 후에도 존속하는 경우). 이는 분할합병의 경우에도 마찬가지이다.

이러한 회사법상 법리를 염두에 두고 개정시안을 살펴보자. 개정시안에서는 우선 단순분할과 분할합병의 분류를 채택하지 않고 있다. 즉 상법 제530조의2제2항은 "회사는 분할에 의하여 1개 또는 수개의 존립 중의 회사와 합병할 수 있다."라고 하여 단순분할 이외에 분할합병을 명시적으로 인정하지만, 개정시안에서는 이러한 규정을 두지 않는다. 반면 개정시안에서는 소멸분할과 존속분할의 분류는 채택하고 있다. 따라서 상법 제530조의5와 마찬가지로 개정시안 제96조의5에서는 제2항에서 존속분할의 경우, 즉 법인의 분할 이후에도 분할법인이 그대로 존속하는 경우에 분할계획서에 기재할 사항에 대해 규정하고 있다.

나. 분할계획서의 기재사항

법인이 분할하기 위해서는 분할계획서를 작성하여야 하는데 분할계획서도 합병계약서와 마찬가지로 분할 승인여부, 주무관청의 인가 등을 결정함에 있어 주요한 참고자료로 사용되므로 어떠한 내용이 분할계획서에 기재되어야 하는 것인지를 명시적으로 규율할 필요성이 있음은 합병의 경우와 마찬가지이다.

제1항은 소멸분할과 존속분할을 가리지 않고 분할 일반에 적용되는 기재사항에 관하여 규정한다. 앞서 설명하였듯이 개정시안에서는 분할합병은 인정하지 않고 단순분할만 인정하므로 이를 단순분할의 분할계획서에 대한 기재사항을 규정한 것이라고 이해해도 충분하다.

제2항은 존속분할에 국한한 기재사항에 관하여 규정한다. 존속분할에서는 분할되어 새로 설립되는 법인 이외에도 기존 법인이 그대로 존속하게 되는데, 존속법인에 적용될 내용에 관하여 기재하도록 한 것이다.

第96조의6(합병계약서 등의 공시)

현행	개정시안
〈신 설〉	第96조의6(합병계약서 등의 공시) ① 법인은 제96조의3제2항의 승인을 위한 회의예정일의 2주일 전부터 합병·분할의 효력이 발생한 날 이후 6개월이 경과하는 날까지 다음 각 호의 서류를 주된 사무소에 갖추어두어야 한다. 1. 합병계약서 또는 분할계획서 2. 각 법인의 최종의 재산목록과 대차대조표 ② 사원 또는 법인의 채권자는 업무시간 안에는 언제든지 제1항 각 호의 서류의 열람을 청구하거나, 법인이 정한 비용을 지급하고 그 등본 또는 초본의 교부를 청구할 수 있다.

1. 개정 배경

법인의 합병·분할에 있어서는 법인의 사원과 법인의 채권자 등 이해관계를 가진 주체들이 많으므로 합병·분할의 내용과 상황을 이해관계인들에게 공시할 필요가 있다.

2. 관련 입법례

◆ **2004년 개정안**

개정논의가 있었지만 개정대상에서 제외되었다.

◆ **상법**

第522조의2(합병계약서 등의 공시) ① 이사는 제522조 제1항의 주주총회 회일의 2주전부터 합병을 한 날 이후 6월이 경과하는 날까지 다음 각호의 서류를 본점에 비치하여야 한다.

1. 합병계약서
2. 합병으로 인하여 소멸하는 회사의 주주에게 발행하는 주식의 배정에 관하여 그 이유를 기재한 서면
3. 각 회사의 최종의 대차대조표와 손익계산서

② 주주 및 회사채권자는 영업시간내에는 언제든지 제1항 각호의 서류의 열람을 청구하거나, 회사가 정한 비용을 지급하고 그 등본 또는 초본의 교부를 청구할 수 있다.

第530조의7(분할대차대조표 등의 공시) ① 분할되는 회사의 이사는 제530조의3제1항의 규정에 의한 주주총회의 회일의 2주전부터 분할의 등기를 한 날 또는 분할합병을 한 날 이후 6월간 다음 각호의 서류를 본점에 비치하여야 한다.

1. 분할계획서 또는 분할합병계약서
2. 분할되는 부분의 대차대조표
3. 분할합병의 경우 분할합병의 상대방 회사의 대차대조표
4. 분할되는 회사의 주주에게 발행할 주식의 배정에 관하여 그 이유를 기재한 서면

② (생 략)

③ 제522조의2제2항의 규정은 제1항 및 제2항의 서류에 관하여 이를 준용한다.

◆ 일본 일반법인법

第246조(흡수합병계약에 관한 서면 등의 비치 및 열람 등) ① 흡수합병소멸법인은 흡수합병계약 비치개시일부터 효력발생일까지 흡수합병계약의 내용 그밖에 법무성령으로 정하는 사항을 기재하거나 기록한 서면 또는 전자적 기록을 그 주된 사무소에 비치해 두어야 한다.

② 전항에 규정한 "흡수합병계약 비치개시일"이란, 다음에서 언급하는 날 중 빠른 날을 말한다.

1. 일반사단법인인 흡수합병소멸법인에 있어서는, 다음 조의 사원총회일 2주 전날(제58조 제1항[50]의 경우에는, 동항의 제안이 있던 날)
2. 일반재단법인인 흡수합병소멸법인에 있어서는, 다음 조의 평의원회일 2주 전날(제194조 제1항[51]의 경우에는, 동항의 제안이 있던 날)
3. 제248조 제2항의 규정에 따른 공고일 또는 동항의 규정에 따른 최고일 중 앞선 날

③ 흡수합병소멸법인의 사원, 평의원 및 채권자는 흡수합병소멸법인에 대하여 그 업무시간내 언제든지 다음에 열거된 청구를 할 수 있다. 다만, 사원 및 채권자가 제2호 또는 제4호

의 청구를 하려면 해당 흡수합병소멸법인이 정한 비용을 지불해야 한다.

1. 제1항 서면의 열람 청구
2. 제1항 서면의 등본이나 초본의 교부 청구
3. 제1항의 전자적 기록에 기록된 사항을 법무성령으로 정하는 방법에 따라 표시한 것의 열람 청구
4. 제1항의 전자적 기록에 기록된 사항을 전자적 방법에 있어 흡수합병소멸법인이 정한 방법에 따라 제공하는 것의 청구 또는 그 사항을 기재한 서면의 교부 청구

제250조(흡수합병계약에 관한 서면 등의 비치 및 열람 등) ① 흡수합병존속법인은 흡수합병계약 비치개시일부터 효력발생일 후 6개월을 경과하는 날까지 흡수합병계약의 내용 그밖에 법무성령으로 정하는 사항을 기재하거나 기록한 서면 또는 전자적 기록을 그 주된 사무소에 비치해 두어야 한다.

② 전항에 규정한 "흡수합병계약 비치개시일"이란, 다음에서 언급하는 날 중 빠른 날을 말한다.

1. 일반사단법인인 흡수합병존속법인에 있어서는, 다음 조제1항의 사원총회일 2주 전날(제58조 제1항의 경우에는, 동항의 제안이 있던 날)
2. 일반재단법인인 흡수합병존속법인에 있어서는, 다음 조제1항의 평의원회일 2주 전날(제194조 제1항의 경우에는, 동항의 제안이 있던 날)
3. 제252조 제2항의 규정에 따른 공고일 또는 동항의 규정에 따른 최고일 중 앞선 날

③ 흡수합병존속법인의 사원, 평의원 및 채권자는 흡수합병존속법인에 대하여 그 업무시간 내 언제든지 다음에 열거된 청구를 할 수 있다. 다만, 사원 및 채권자가 제2호 또는 제4호의 청구를 하려면 해당 흡수합병존속법인이 정한 비용을 지불해야 한다.

1. 제1항 서면의 열람 청구
2. 제1항 서면의 등본이나 초본의 교부 청구
3. 제1항의 전자적 기록에 기록된 사항을 법무성령으로 정하는 방법에 따라 표시한 것의 열람 청구
4. 제1항의 전자적 기록에 기록된 사항을 전자적 방법에 있어 흡수합병존속법인이 정한 방법에 따라 제공하는 것의 청구 또는 그 사항을 기재한 서면의 교부 청구

제253조(흡수합병에 관한 서면 등의 비치 및 열람 등) ① 흡수합병존속 법인은 효력발생일 후 지체 없이 흡수합병에 따라 흡수합병존속법인이 승계한 흡수합병소멸법인의 권리, 의무 그

밖에 흡수합병에 관한 사항으로서 법무성령으로 정하는 사항을 기재하거나 기록한 서면 또는 전자적 기록을 작성하여야 한다.

② 흡수합병존속법인은 효력발생일부터 6개월간 전항의 서면 또는 전자적 기록을 그 주된 사무소에 비치해 두어야 한다.

③ 흡수합병존속법인의 사원, 평의원 및 채권자는 흡수합병존속법인에 대하여 그 업무시간 내 언제든지 다음에 열거된 청구를 할 수 있다. 다만, 사원 및 채권자가 제2호 또는 제4호의 청구를 하려면 해당 흡수합병존속법인이 정한 비용을 지불해야 한다.

1. 제1항 서면의 열람 청구
2. 제1항 서면의 등본이나 초본의 교부 청구
3. 제1항의 전자적 기록에 기록된 사항을 법무성령으로 정하는 방법에 따라 표시한 것의 열람 청구
4. 제1항의 전자적 기록에 기록된 사항을 전자적 방법에 있어 흡수합병 존속법인이 정한 방법에 따라 제공하는 것의 청구 또는 그 사항을 기재한 서면의 교부 청구

第256조(신설합병계약에 관한 서면 등의 비치 및 열람 등) ① 신설합병소멸법인은 신설합병계약 비치개시일부터 신설합병설립법인의 성립일까지 신설합병계약의 내용 그밖에 법무성령으로 정하는 사항을 기재하거나 기록한 서면 또는 전자적 기록을 그 주된 사무소에 비치해 두어야 한다.

② 전항에 규정한 "신설합병계약 비치개시일"이란, 다음에서 언급하는 날 중 빠른 날을 말한다.

1. 일반사단법인인 신설합병소멸법인에 있어서는, 다음 조의 사원총회일 2주 전날(제58조 제1항의 경우에는, 동항의 제안이 있던 날)
2. 일반재단법인인 신설합병소멸법인에 있어서는, 다음 조의 평의원회일 2주 전날(제194조 제1항의 경우에는, 동항의 제안이 있던 날)
3. 제258조 제2항의 규정에 따른 공고일 또는 동항의 규정에 따른 최고일 중 앞선 날

③ 신설합병소멸법인의 사원, 평의원 및 채권자는 신설합병소멸법인에 대하여 그 업무시간 내 언제든지 다음에 열거된 청구를 할 수 있다. 다만, 사원 및 채권자가 제2호 또는 제4호의 청구를 하려면 해당 신설합병소멸법인이 정한 비용을 지불해야 한다.

1. 제1항 서면의 열람 청구
2. 제1항 서면의 등본이나 초본의 교부 청구
3. 제1항의 전자적 기록에 기록된 사항을 법무성령으로 정하는 방법에 따라 표시한 것의

열람 청구

4. 제1항의 전자적 기록에 기록된 사항을 전자적 방법에 있어 신설합병소멸법인이 정한 방법에 따라 제공하는 것의 청구 또는 그 사항을 기재한 서면의 교부 청구

제260조(신설합병에 관한 서면 등의 비치 및 열람 등) ① 신설합병설립 법인은 그 성립일 후 지체 없이 신설합병에 따라 신설합병설립법인이 승계한 신설합병소멸법인의 권리, 의무 그 밖에 신설합병에 관한 사항으로서 법무성령으로 정하는 사항을 기재하거나 기록한 서면 또는 전자적 기록을 작성하여야 한다.

② 신설합병설립법인은 그 성립일부터 6개월간 전항의 서면 또는 전자적 기록 및 신설합병 계약의 내용 그밖에 법무성령으로 정한 사항을 기재하거나 기록한 서면 또는 전자적 기록을 그 주된 사무소에 비치해 두어야 한다.

③ 신설합병설립법인의 사원, 평의원 및 채권자는 신설합병설립법인에 대하여 그 업무시간 내 언제든지 다음에 열거된 청구를 할 수 있다. 다만, 사원 및 채권자가 제2호 또는 제4호의 청구를 하려면 해당 신설합병설립법인이 정한 비용을 지불해야 한다.

1. 전항 서면의 열람 청구
2. 전항 서면의 등본이나 초본의 교부 청구
3. 전항의 전자적 기록에 기록된 사항을 법무성령으로 정하는 방법에 따라 표시한 것의 열람 청구
4. 전항의 전자적 기록에 기록된 사항을 전자적 방법에 있어 신설합병 설립법인이 정한 방법에 따라 제공하는 것의 청구 또는 그 사항을 기재한 서면의 교부 청구

---

50) 제58조(사원총회결의의 생략) ① 이사 또는 사원이 사원 총회의 목적인 사항에 대해 제안한 경우, 해당 제안에 대해 사원 전원이 서면 또는 전자적 기록에 의한 동의의 의사표시를 했을 때에는, 해당 제안을 가결하는 취지의 사원총회의 결의가 있었던 것으로 본다.

51) 제194조(평의원회결의의 생략) ① 이사가 이사회의 목적인 사항에 대해 제안한 경우, 해당 제안에 대해 평의원(해당 사항에 대해 의결에 참여할 수 있는 경우에 한한다)의 전원이 서면 또는 전자적 기록에 의한 동의의 의사표시를 했을 때는, 해당 제안을 가결하는 취지의 평의원회의 결의가 있었던 것으로 본다.

3. 개정시안의 내용

가. 합병계약서 등의 공시의무(제1항)

법인은 합병계약서나 분할계획서 그리고 각 법인의 최종의 재산목록과 대차대조표를 일정한 기간 동안(제96조의3제2항의 승인을 위한 회의예정일 2주전부터 합병 · 분할의 효력이 발생한 날 이후 6월이 경과한 날까지) 비치함으로써 이해관계인들이 합병 · 분할에 관한 상황을 정확히 알 수 있도록 공시할 의무가 있다.

법인의 재산상황을 알 수 있는 자료로서 법인의 최종의 재산목록과 대차대조표를 공시하도록 하였는데, 재산목록은 현행 민법 제55조에 그 근거를 두고 있지만, 대차대조표는 현행 민법에 규정되어 있지 않다. 그러나 합병이나 분할에 대해서는 법인의 구성원뿐만 아니라 법인의 채권자들도 이해관계를 가지기 때문에, 개정시안은 이해관계인들이 법인의 재산상황을 정확히 알 수 있도록 하기 위하여 비영리법인에 대해서도 합병 · 분할을 위해서는 대차대조표를 작성 · 공시하도록 한 것이다.

나. 합병계약서 등의 열람청구 및 등본 · 초본 교부 청구(제2항)

사원 또는 법인의 채권자는 합병 · 분할에 관한 서류의 열람을 청구하거나 등본 · 초본의 교부를 청구할 수 있도록 함으로써, 합병 · 분할의 승인을 위한 회의가 있기 전에 법인에 관한 충분한 정보를 얻을 수 있도록 하였다.

제96조의7(채권자보호)

현행	개정시안
〈신 설〉	제96조의7(채권자보호) ① 법인은 주무관청으로부터 합병의 인가를 받은 날부터 2주일 안에 채권자에 대하여 합병에 이의가 있으면 일정한 기간 안에 이의를 제출할 것을 공고하고, 알고 있는 채권자에 대하여는 이를 개별적으로 최고하여야 한다. 이 경우 공고와 최고의 기간은 2개월 이상이어야 한다. ② 채권자가 제1항의 기간 안에 이의를 제출하지 아니한 때에는 합병을 승인한 것으로 본다. ③ 이의를 제출한 채권자가 있는 때에는 법인은 그 채권자에 대하여 채무를 변제하거나 상당한 담보를 제공하여야 한다.

1. 개정 배경

합병의 경우 법인의 채권자도 법인의 구성원 못지않게 중대한 이해를 가진다. 흡수합병이건 신설합병이건 합병 이후 존속 또는 신설되는 법인의 책임재산 상태가 합병 이전과 동일하리라는 보장이 없기 때문이다. 따라서 법인의 합병에 반대하는 채권자들에게 이의를 제기할 기회를 주고 그들에 대한 채무를 변제하는 등 관련규정을 두어 법인의 채권자를 보호할 필요가 있다. 따라서 개정시안에서는 상법의 관련 규정을 참조하여 채권자보호절차에 관하여 규정하였다.

2. 관련 입법례

◆ 2004년 개정안

개정논의가 있었지만 개정대상에서 제외되었다.

◆ 상법

제527조의5(채권자보호절차) ① 회사는 제522조의 주주총회의 승인결의가 있은 날부터 2주내에 채권자에 대하여 합병에 이의가 있으면 1월이상의 기간내에 이를 제출할 것을 공고하고 알고 있는 채권자에 대하여는 따로따로 이를 최고하여야 한다.

② 제1항의 규정을 적용함에 있어서 제527조의2 및 제527조의3의 경우에는 이사회의 승인결의를 주주총회의 승인결의로 본다.

③ 제232조 제2항 및 제3항의 규정은 제1항 및 제2항의 경우에 이를 준용한다.

◆ 일본 일반법인법

제248조(채권자의 이의) ① 흡수합병소멸법인의 채권자는 흡수합병소멸법인에 대하여 흡수합병에 관한 이의를 제기할 수 있다.

② 흡수합병소멸법인은 다음에 열거된 사항을 관보에 공고하고, 알려진 채권자에게는 개별적으로 이를 최고하여야 한다. 단, 제4호의 기간은 1개월 미만일 수 없다.

1. 흡수합병을 한다는 취지
2. 흡수합병존속법인의 명칭 및 주소
3. 흡수합병소멸법인 및 흡수합병존속법인의 계산서류(제123조 제2항(제199조에서 준용하는 경우를 포함)에서 규정한 계산서류를 말한다. 이하 같다)에 관한 사항으로서 법무성령으로 정한 것
4. 채권자가 일정 기간 내에 이의를 제기할 수 있다는 내용

③ 전항의 규정에도 불구하고, 흡수합병소멸법인이 동항의 규정에 따른 공고를 관보 외, 제331조 제1항의 규정에 따라 동항 제2호 또는 제3호의 방법으로 할 때에는, 전항의 규정에 따른 개별적인 최고를 할 필요가 없다.

④ 채권자가 제2항 제4호의 기간 내에 이의를 제기하지 않았을 때는 당해 채권자는 해당 흡수합병을 승인한 것으로 본다.

⑤ 채권자가 제2항 제4호의 기간 내에 이의를 제기하였을 때에는 흡수합병소멸법인은 당해 채권자에게 변제하거나 상당의 담보를 제공하거나, 당해 채권자에게 변제를 받도록 하는

것을 목적으로 하여 신탁회사 등(신탁회사 및 신탁업무를 영위하는 금융기관(금융기관의 신탁업무 겸영 등에 관한 법률 제1조 제1항의 인가를 받은 금융기관을 말한다.)을 말한다. 이하 같다)에게 상당의 재산을 신탁하여야 한다. 다만, 해당 흡수합병을 하여도 당해 채권자를 해할 우려가 없을 때에는 그러하지 아니하다.
⑥ 위 각항의 규정은 기금의 반환에 관련된 채권의 채권자에 대해서는 적용하지 않는다.

第252조(채권자의 이의) ① 흡수합병존속법인의 채권자는 흡수합병존속법인에 대하여 흡수합병에 관한 이의를 제기할 수 있다.
② ~ ⑥ (생 략) ※ 제248조 제2항 내지 제6항의 규정과 대동소이함.

第258조(채권자의 이의) ① 신설합병소멸법인의 채권자는 신설합병소멸법인에 대하여 신설합병에 관한 이의를 제기할 수 있다.
② 신설합병소멸법인은 다음에 열거된 사항을 관보에 공고하고, 알려진 채권자에게는 개별적으로 이를 최고하여야 한다. 단, 제4호의 기간은 1개월 미만일 수 없다.

1. 신설합병을 한다는 취지
2. 그밖에 신설합병소멸법인과 신설합병성립법인의 명칭 및 주소
3. 신설합병소멸법인의 계산서류에 관한 사항으로서 법무성령으로 정한 것
4. 채권자가 일정 기간 내에 이의를 제기할 수 있다는 내용

③ 전항의 규정에도 불구하고, 신설합병소멸법인이 동항의 규정에 따른 공고를 관보 외, 제331조 제1항의 규정에 따라 동항 제2호 또는 제3호의 방법으로 할 때에는, 전항의 규정에 따른 개별적인 최고를 할 필요가 없다.
④ 채권자가 제2항 제4호의 기간 내에 이의를 제기하지 않았을 때는 당해 채권자는 해당 신설합병을 승인한 것으로 본다.
⑤ 채권자가 제2항 제4호의 기간 내에 이의를 제기하였을 때에는 신설합병소멸법인은 당해 채권자에게 변제하거나 상당의 담보를 제공하거나, 당해 채권자에게 변제를 받도록 하는 것을 목적으로 하여 신탁회사 등에게 상당의 재산을 신탁하여야 한다. 다만, 해당 신설합병을 하여도 당해 채권자를 해할 우려가 없을 때에는 그러하지 아니하다.
⑥ 위 각항의 규정은 기금의 반환에 관련된 채권의 채권자에 대해서는 적용하지 않는다.

3. 관련 판례

◆ **대법원 2011. 9. 29. 선고 2011다38516 판결**

분할 또는 분할합병으로 인하여 회사의 책임재산에 변동이 생기게 되는 채권자를 보호하기 위하여 상법이 채권자의 이의제출권을 인정하고 그 실효성을 확보하기 위하여 알고 있는 채권자에게 개별적으로 최고하도록 한 입법 취지를 고려하면, 개별 최고가 필요한 '회사가 알고 있는 채권자'란 채권자가 누구이고 채권이 어떠한 내용의 청구권인지가 대체로 회사에게 알려져 있는 채권자를 말하는 것이고, 회사에 알려져 있는지 여부는 개개의 경우에 제반 사정을 종합적으로 고려하여 판단하여야 할 것인데, 회사의 장부 기타 근거에 의하여 성명과 주소가 회사에 알려져 있는 자는 물론이고 회사 대표이사 개인이 알고 있는 채권자도 이에 포함된다고 봄이 타당하다.

4. 개정시안의 내용

합병의 경우, 법인의 채권자를 보호하기 위하여 취하여야 할 입법적 조치는 2가지인데, 그 하나는 채권자를 보호하기 위한 절차적 조치이고, 다른 하나는 채권자를 보호하기 위해서 합병에 관련된 법인들이 부담해야 하는 책임에 관한 조치이다. 개정시안 제96조의7은 합병에 따른 법인채권자를 보호하기 위하여 필요한 절차적인 조치를 규정한 것이다.

개정시안에서는 우선 법인으로 하여금 채권자에 대하여 합병에 이의가 있으면 이를 제출할 것을 공고하도록 하고, 이미 알고 있는 채권자에게는 이를 개별적으로 최고하도록 규정하였다(제1항). 여기에서 "알고 있는 채권자"의 범위가 문제될 수 있다. 이에 대해서는 "채권자가 누구이고 채권이 어떠한 내용의 청구권인지가 대체로 회사에게 알려져 있는 채권자를 말하는 것이고, 회사에 알려져 있는지 여부는 개개의 경우에 제반 사정을 종합적으로 고려하여 판단하여야 할 것"이라는 상법상 판례의 취지가 적용될 수 있을 것이다.[52] 또한 채권자가 공고기간 중에 이의를 제출하지 않았을 때에는 합병을 승인한 것으로 간주하도록 규정하고(제2항), 채권자가 이의를 제출하였을 때에는 법인은 그 채권자에 대하여 채무를 변제하거나 상당한 담보를 제공하도록 하였다(제3항). 채권자가 이의를 제출하여 합병을 승인하지 않은 때에는 개정시안 제96조의11제1항에 따라 합병무효의 소를 제기할 수 있다. 또한 이러한 채권자보호절차의 불이행은 합병·분할 무효원인이 될 수 있다.

52) 대판 2011. 9. 29, 2011다38516. 그 이외에도 대판 2010. 8. 19, 2008다92336 참조.

第96조의8(합병 · 분할의 등기)

현행	개정시안
〈신 설〉	제96조의8(합병 · 분할의 등기) ① 합병의 경우에는 제96조의7에 따른 절차가 종료된 날부터 3주일 안에 주된 사무소 및 분사무소 소재지에서 합병의 등기를 하여야 한다. 이 경우 합병으로 존속하는 법인은 변경등기를, 소멸하는 법인은 해산등기를, 신설되는 법인은 설립등기를 하여야 한다. ② 분할의 경우에는 분할인가를 받은 날부터 3주일 안에 주된 사무소 및 분사무소 소재지에서 분할의 등기를 하여야 한다. 이 경우 분할로 인하여 소멸하는 법인은 해산등기를, 분할 후에도 계속 존속하는 법인은 변경등기를, 분할 후에 신설된 법인은 설립등기를 하여야 한다.

1. 개정 배경

법인은 그 목적, 명칭, 존립시기나 해산사유를 정한 경우에는 그 시기 또는 사유 등을 등기하여야 한다(제49조 제2항). 합병 · 분할도 등기를 요하는 사항으로서, 이에 대한 근거 규정을 마련하여 등기의 시점, 장소, 방법에 대한 내용을 규정할 필요가 있다.

2. 관련 입법례

◆ 2004년 개정안

개정논의가 있었지만 개정대상에서 제외되었다.

◆ 상법

第233조(합병의 등기) 회사가 합병을 한 때에는 본점소재지에서는 2주간 내, 지점소재지에서는 3주간 내에 합병후 존속하는 회사의 변경등기, 합병으로 인하여 소멸하는 회사의 해산등기, 합병으로 인하여 설립되는 회사의 설립등기를 하여야 한다.

第528조(합병의 등기) ① 회사가 합병을 한 때에는 제526조의 주주총회가 종결한 날 또는 보고에 갈음하는 공고일, 제527조의 창립총회가 종결한 날 또는 보고에 갈음하는 공고일부터 본점소재지에서는 2주내, 지점소재지에서는 3주내에 합병후 존속하는 회사에 있어서는 변경의 등기, 합병으로 인하여 소멸하는 회사에 있어서는 해산의 등기, 합병으로 인하여 설립된 회사에 있어서는 제317조에 정하는 등기를 하여야 한다.
② 합병후 존속하는 회사 또는 합병으로 인하여 설립된 회사가 합병으로 인하여 전환사채 또는 신주인수권부사채를 승계한 때에는 제1항의 등기와 동시에 사채의 등기를 하여야 한다.

第530조의11(준용규정) ① 분할 또는 분할합병의 경우에는 제234조, 제237조부터 제240조까지, 제329조의2, 제440조부터 제444조까지, 제526조, 제527조, 제527조의6, 제528조 및 제529조를 준용한다. 다만, 제527조의 설립위원은 대표이사로 한다.
② 제374조 제2항, 제439조 제3항, 제522조의3, 제527조의2, 제527조의3 및 제527조의5의 규정은 분할합병의 경우에 이를 준용한다.

◆ 일본 일반법인법

第306조(흡수합병의 등기) ① 일반사단법인등이 흡수합병을 하였을 경우에는 그 효력발생일부터 2주일 이내에 그 주된 사무소 소재지에 흡수 합병소멸법인에 대해서는 해산의 등기를 하고, 흡수합병존속법인에 대해서는 변경의 등기를 하여야 한다.
② 흡수합병에 의한 변경의 등기에서는 흡수합병한 사실, 흡수합병소멸법인의 명칭 및 주된 사무소도 등기하여야 한다.

제307조(신설합병의 등기) ① 2 이상의 일반사단법인등이 신설합병을 할 때에는 다음에 열거된 날의 다음 날부터 2주일 이내에 그 주된 사무소 소재지에 신설합병소멸법인에 대해서는 해산등기를, 신설합병설립법인에 대해서는 설립등기를 하여야 한다.

1. 제257조의 사원총회 또는 평의원회의 결의일
2. 제258조의 규정에 따른 절차가 종료한 날
3. 신설합병소멸법인이 합의에 따라 정한 날

② 신설합병에 따른 설립등기에 있어서는 신설합병을 한 사실, 신설합병소멸법인의 명칭 및 주된 사무소도 등기하여야 한다.

3. 개정시안의 내용

합병과 분할의 효력이 발생하기 위해서는 법인설립의 경우와 마찬가지로 등기가 있어야 한다. 이 경우 합병 · 분할의 등기의 방법이 문제되는데, 등기의 구체적인 절차는 「비송사건절차법」에서 규정하도록 하고, 개정시안에서는 합병 · 분할을 등기해야 한다는 점과 그 종류에 관해서만 규정하는 것으로 하였다. 참고로 일본 일반법인법에서는 비송에 관한 상세한 사항도 모두 포함하여 규율하고 있으나(제242조 내지 제260조), 일본과 달리 일반법인 민법에서 법인의 합병과 분할에 대해 다루고 있는 우리나라 개정시안에서는 이러한 태도를 그대로 취하기는 어렵다.

다만 법인으로 하여금 합병 · 분할의 등기를 신속하게 이행하도록 하기 위하여, 개정시안에서는 합병의 경우 제96조의7에 따른 절차가 종료된 날부터 3주일 안에, 분할의 경우에는 분할인가를 받은 날부터 3주일 안에 주된 사무소 및 분사무소 소재지에서 합병 · 분할의 등기를 하도록 하였다(제1항 제1문). 제96조의7에 따른 절차가 종료된 날은 채권자의 이의가 없는 경우에는 공고와 최고기간이 모두 만료된 날, 채권자의 이의가 있는 경우에는 그 이의에 따라 채무를 변제하거나 상당한 담보를 제공한 날을 의미한다. 한편 합병으로 존속하는 법인은 변경등기를, 합병으로 소멸하는 법인은 해산등기를, 합병으로 신설되는 법인은 설립등기를 각각 하여야 한다(제1항 제2문).

소멸분할의 경우 소멸하는 종전법인은 해산등기를, 분할된 각 법인은 신설등기를 하여야 하며, 존속분할의 경우 존속하는 법인은 변경등기를, 분할로 신설된 법인은 설립등기를 하여야 한다(제2항).

4. 참고사항

개정시안에서는 등기의 당위성과 종류에 관해서만 규정하고 있으므로, 「비송사건절차법」에서 구체적인 절차에 관한 규정을 신설할 필요가 있다.

제96조의9(합병 · 분할의 효력발생)

현행	개정시안
〈신 설〉	제96조의9(합병 · 분할의 효력발생) 법인의 합병은 합병 후 존속하는 법인 또는 합병으로 신설되는 법인이, 법인의 분할은 분할 후에 존속하는 법인 또는 분할로 신설된 법인이 그 주된 사무소 소재지에서 제96조의8에 따른 등기를 함으로써 그 효력이 생긴다.

1. 개정 배경

법인의 합병과 분할은 단순한 절차가 아니라 상당한 시간을 요하는 과정이다. 따라서 그 과정 중에서 어느 시점에 합병 · 분할의 효력이 발생하게 되는지를 명확히 규정할 필요가 있다.

2. 관련 입법례

◆ **2004년 개정안**

개정논의가 있었지만 개정대상에서 제외되었다.

◆ **상법**

제234조(합병의 효력발생) 회사의 합병은 합병후 존속하는 회사 또는 합병으로 인하여 설립되는 회사가 그 본점소재지에서 전조의 등기를 함으로써 그 효력이 생긴다.

◆ **일본 일반법인법**

제245조(흡수합병의 효력의 발생등) ① 흡수합병존속법인은 효력발생일에 흡수합병소멸법인

의 권리와 의무를 승계한다.
② 흡수합병소멸법인의 흡수합병에 따른 해산은 흡수합병의 등기후가 아니면, 이것으로 제3자에게 대항할 수 없다.
③ 전2항의 규정은 제248조나 제252조의 규정에 의한 절차가 종료하지 않은 경우 또는 흡수합병을 중지했을 경우에는 적용하지 않는다.

제255조(신설합병의 효력의 발생) 신설합병설립법인은 그 성립일에 신설합병소멸법인의 권리와 의무를 승계한다.

제299조(등기의 효력) ① 이 법의 규정에 따라 등기해야 할 사항은 등기후가 아니면, 이로써 선의의 제3자에게 대항할 수 없다. 등기후라도 제3자가 정당한 사유에 의하여 그 등기가 있음을 몰랐을 때에도 동일하다.
② 고의 또는 과실로 부실의 사항을 등기한 자는 그 사항이 부실임을 선의의 제3자에게 대항할 수 없다.

3. 개정시안의 내용

합명회사의 합병의 효력발생에 관하여 정한 상법 제234조를 참조하여 합병·분할의 등기에 창설적 효력을 부여하였다. 따라서 법인의 합병·분할은 법인의 설립과 마찬가지로 등기를 함으로써 비로소 그 효력이 발생한다. 이는 합병·분할의 효력발생 시기를 명확히 하기 위함이다.

제96조의10(합병 · 분할의 효과)

현행	개정시안
〈신 설〉	제96조의10(합병 · 분할의 효과) ① 합병 후 존속하는 법인 또는 합병으로 인하여 신설된 법인은 합병으로 인하여 소멸된 법인의 권리와 의무를 승계한다. ② 분할로 인하여 신설된 법인 또는 존속하는 법인은 분할되는 법인의 권리와 의무를 분할계획서가 정하는 바에 따라 승계한다. ③ 분할로 신설되는 법인 또는 존속하는 법인은 분할 전의 법인채무를 연대하여 변제할 책임이 있다.

1. 개정 배경

법인이 합병되거나 분할될 때 어떠한 법적 효과를 인정할 것인가가 문제되므로 이에 관한 규정을 신설할 필요가 있다.

2. 관련 입법례

◆ 2004년 개정안

개정논의가 있었지만 개정대상에서 제외되었다.

◆ 상법

제235조(합병의 효과) 합병후 존속한 회사 또는 합병으로 인하여 설립된 회사는 합병으로 인하여 소멸된 회사의 권리의무를 승계한다.

제530조의10(분할 또는 분할합병의 효과) 분할 또는 분할합병으로 인하여 설립되는 회사 또는 존속하는 회사는 분할하는 회사의 권리와 의무를 분할계획서 또는 분할합병계약서가 정하는 바에 따라서 승계한다.

◆ **일본 일반법인법**

제245조(흡수합병의 효력의 발생등) ① 흡수합병존속법인은 효력발생일에 흡수합병소멸법인의 권리와 의무를 승계한다.

② 흡수합병소멸법인의 흡수합병에 따른 해산은 흡수합병의 등기후가 아니면, 이것으로 제3자에게 대항할 수 없다.

③ 전2항의 규정은 제248조나 제252조의 규정에 의한 절차가 종료하지 않은 경우 또는 흡수 병을 중지했을 경우에는 적용하지 않는다.

제255조(신설합병의 효력의 발생) 신설합병설립법인은 그 성립일에 신설합병소멸법인의 권리와 의무를 승계한다.

3. 관련 판례

◆ **대법원 1980. 3. 25. 선고 77누265 판결**

회사합병이 있는 경우에는 피합병회사의 권리 의무는 사법상의 관계나 공법상의 관계를 불문하고 그 성질상 이전을 허용하지 않는 것을 제외하고는 모두 합병으로 인하여 존속한 회사에서 승계된다.

◆ **대법원 2010. 1. 28. 선고 2008다12057 판결**

물상보증인이 설정한 근저당권의 채무자가 합병으로 소멸하는 경우 합병 후의 존속회사 또는 신설회사는 합병의 효과로서 채무자의 기본계약상 지위를 승계하지만 물상보증인이 존속회사 또는 신설회사를 위하여 근저당권설정계약을 존속시키는 데 동의한 경우에 한하여 합병 후에도 기본계약에 기한 근저당거래를 계속할 수 있고, 합병 후 상당한 기간이 지나도록 그러한 동의가 없는 때에는 합병 당시를 기준으로 근저당권의 피담보채무가 확정된다. 따라서 위와 같이 근저당권의 피담보채무가 확정되면, 근저당권은 그 확정된 피담보채무로서 존속회사 또는 신설회사에 승계된 채무만을 담보하게 되므로, 합병 후 기본계약에 의하여 발생한 존속회사 또는 신설회사의 채무는 근저당권에 의하여 더 이상 담보되지 아니한다. 그리고 이러한 법리는 채무자의 합병 전에 물상보증인으로부터 저당목적물의 소유권을 취득한 제3자가 있는 경우에도 마찬가지로 적용된다.

4. 개정시안의 내용

가. 합병으로 소멸된 법인의 권리 · 의무 포괄승계(제1항)

합병은 상속과 함께 대표적인 포괄승계 원인이다. 그러므로 소멸법인의 권리 · 의무는 흡수합병의 경우 존속법인에 포괄승계되고, 신설합병의 경우 신설법인에 포괄승계되는 것으로 규정하였다. 이는 상법 제235조가 정하는 합명회사의 합병 효과에 관한 규정을 참고한 것이다.

나. 분할로 신설되는 법인 또는 존속하는 법인의 책임(제2항 및 제3항)

법인의 분할에 있어서 분할 전 법인의 권리 · 의무가 분할로 인하여 신설된 법인 또는 분할 후 존속하는 법인에 어떻게 분속 · 승계되는가 하는 점은 원칙적으로 분할계획서에 따라 정하도록 하였다. 그러나 분할 전 법인의 채권자가 분할에 의하여 불이익을 받는 것은 부당하므로, 개정시안은 이를 방지하기 위하여 분할에 의하여 신설되는 법인 또는 존속하는 법인이 분할 전 법인의 채무에 대하여 연대책임을 부담하도록 하였다.

第96조의11(합병 · 분할무효의 소)

현행	개정시안
〈신 설〉	第96조의11(합병 · 분할무효의 소) ① 합병 또는 분할의 무효는 각 법인의 사원 · 이사 · 감사 · 청산인 · 관리인 · 파산관재인 또는 합병을 승인하지 아니한 채권자에 한정하여 소(訴)로써만 주장할 수 있다. ② 제1항의 소는 第96조의8에 따라 등기한 날부터 6개월 안에 제기하여야 한다. ③ 제1항의 소는 법인의 주된 사무소 소재지의 지방법원의 관할에 전속한다.

1. 개정 배경

법인을 설립하는 경우와는 달리, 이미 설립된 법인을 합병 · 분할하는 경우에는 종전 법인의 구성원이나 채권자들의 이해관계가 복잡하게 얽히게 될 가능성이 크므로, 무효의 원인이 있는 합병 · 분할에 대한 적절한 구제책이 마련될 필요가 있다.

2. 관련 입법례

◆ **2004년 개정안**

개정논의가 없었다.

◆ **상법**

第186조(전속관할) 전2조의 소는 본점소재지의 지방법원의 관할에 전속한다.

제189조(하자의 보완 등과 청구의 기각) 설립무효의 소 또는 설립취소의 소가 그 심리중에 원인이 된 하자가 보완되고 회사의 현황과 제반사정을 참작하여 설립을 무효 또는 취소하는 것이 부적당하다고 인정한 때에는 법원은 그 청구를 기각할 수 있다.

제236조(합병무효의 소의 제기) ① 회사의 합병의 무효는 각 회사의 사원, 청산인, 파산관재인 또는 합병을 승인하지 아니한 회사채권자에 한하여 소만으로 이를 주장할 수 있다.
② 전항의 소는 제233조의 등기가 있은 날로부터 6월내에 제기하여야 한다.

제240조(준용규정) 제186조 내지 제191조의 규정은 합병무효의 소에 준용한다.

제529조(합병무효의 소) ① 합병무효는 각 회사의 주주 · 이사 · 감사 · 청산인 · 파산관재인 또는 합병을 승인하지 아니한 채권자에 한하여 소만으로 이를 주장할 수 있다.
② 제1항의 소는 제528조의 등기가 있은 날로부터 6월내에 제기하여야 한다.

제530조의11(준용규정) ① 분할 또는 분할합병의 경우에는 제234조, 제237조부터 제240조까지, 제329조의2, 제440조부터 제444조까지, 제526조, 제527조, 제527조의6, 제528조 및 제529조를 준용한다. 다만, 제527조의 설립위원은 대표이사로 한다.
② 제374조 제2항, 제439조 제3항, 제522조의3, 제527조의2, 제527조의3 및 제527조의5의 규정은 분할합병의 경우에 이를 준용한다.

◆ 일본 일반법인법

제264조(일반사단법인등의 조직에 관한 행위의 무효의 소) 다음의 각호에 해당하는 행위의 무효는 해당 각호에 정하는 기간에 소로써만 주장할 수 있다.

1. 일반사단법인등의 설립: 일반사단법인등의 성립일로부터 2년 이내
2. 일반사단법인등의 흡수합병: 흡수합병의 효력이 발생한 날로부터 6개월 이내
3. 일반사단법인등의 신설합병: 신설합병의 효력이 발생한 날로부터 6개월 이내

② 다음 각호에 해당하는 행위의 무효의 소는 해당 각호에 정하는 자에 한하여 제기할 수 있다.

1. 전항 제1호에 해당하는 행위: 설립하는 일반사단법인등의 사원등(사원, 평의원, 이사, 감사 또는 청산인을 말한다. 이하 본 관에서는 같다)
2. 전항 제2호에 해당하는 행위: 해당 행위의 효력이 발생한 날에 있어 흡수합병을 하는 일반사단법인등의 사원등이었던 자 또는 흡수합병존속법인의 사원등, 파산관재인 혹

은 흡수합병을 승인하지 않은 채권자

3. 전항 제3호에 해당하는 행위: 해당 행위의 효력이 발생한 날에 있어 신설합병을 하는 일반사단법인등의 사원등이었던 자 또는 신설합병설립법인의 사원등, 파산관재인 혹은 신설합병을 승인하지 않은 채권자

제270조(소의 관할) 일반사단법인등의 조직에 관한 소송은 피고가 된 일반사단법인등의 주된 사무소 소재지를 관할하는 지방법원의 관할에 전속한다.

3. 관련 판례

◆ 대법원 2009. 4. 23. 선고 2005다22701 판결

현저하게 불공정한 합병비율을 정한 합병계약은 사법관계를 지배하는 신의성실의 원칙이나 공평의 원칙 등에 비추어 무효이고, 따라서 합병비율이 현저하게 불공정한 경우 합병할 각 회사의 주주 등은 상법 제529조에 의하여 소로써 합병의 무효를 구할 수 있다. 다만, 합병비율은 자산가치 이외에 시장가치, 수익가치, 상대가치 등의 다양한 요소를 고려하여 결정되어야 할 것인 만큼 엄밀한 객관적 정확성에 기하여 유일한 수치로 확정할 수 없고, 그 제반요소의 고려가 합리적인 범위 내에서 이루어진 것이라면 결정된 합병비율이 현저하게 부당하다고 할 수 없다.

◆ 대법원 2010. 7. 22. 선고 2008다37193 판결

상법 제530조의11제1항 및 제240조는 분할합병무효의 소에 관하여 상법 제189조를 준용하고 있고 상법 제189조는 "설립무효의 소 또는 설립취소의 소가 그 심리 중에 원인이 된 하자가 보완되고 회사의 현황과 제반 사정을 참작하여 설립을 무효 또는 취소하는 것이 부적당하다고 인정한 때에는 법원은 그 청구를 기각할 수 있다"고 규정하고 있으므로, 법원이 분할합병무효의 소를 재량기각하기 위해서는 원칙적으로 그 소 제기 전이나 그 심리 중에 원인이 된 하자가 보완되어야 할 것이나, 그 하자가 추후 보완될 수 없는 성질의 것인 경우에는 그 하자가 보완되지 아니하였다고 하더라도 회사의 현황 등 제반 사정을 참작하여 분할합병무효의 소를 재량기각할 수 있다.

4. 개정시안의 내용

회사의 설립에는 많은 이해관계인이 관여하게 되므로, 상법은 회사설립의 무효·취소제도를 두고 있으나, 민법은 법인설립의 무효·취소의 소에 관한 규정을 두고 있지 않다. 그러므로 민법에 법인의 합병·분할무효의 소에 관한 규정을 신설하는 것이 민법의 전체적인 틀이나 분위기에 어울리지 않는다는 지적이 있을 수 있다. 그러나 법인을 설립하는 경우와는 달리, 이미 설립된 법인을 합병·분할하는 경우에는 종전 법인의 구성원이나 채권자들의 이해관계가 복잡하게 얽히게 될 가능성이 크고, 이 경우 다수의 이해관계인에게 개별적인 무효주장을 허용하게 되면 단체적 법률관계의 불안정을 초래할 수 있다. 따라서 개정시안은 상법 제236조 및 제529조 등을 참고하여 합병·분할무효의 소訴에 관한 규정을 신설함으로써 이해관계인 모두를 포함한 단체법률관계의 획일적 확정을 위하여 합병·분할의 무효는 소로써만 주장할 수 있도록 하였다. 또한 원고가 될 수 있는 자(당사자적격자)와 제소기간을 제한함으로써 남소를 방지하고, 법인의 존속 여부에 관한 불안정성을 신속하게 해소할 수 있도록 하였다.

한편 상법에서는 합병·분할무효의 소에 관하여 제186조가 준용됨으로써 재량기각을 할 수 있도록 허용하고 있다. 따라서 민법상 합병·분할무효의 소에 대해서도 재량기각이 허용되는가에 대해서 향후 해석상 문제가 제기될 수 있다. 개정시안에서는 합병·분할무효의 소에 대해 규정하면서도 재량기각에 관한 규정은 두지 않고 있다. 논의 과정에서도 이에 대해서는 별다른 언급이 없었다. 그러므로 개정시안에서 재량기각이 허용될 가능성을 승인하였다고 보기 어렵다. 그러나 회사법에서는 합병이나 분할의 무효가 이미 형성된 법률관계에 기초한 수많은 이해관계인들에 대한 피해를 끼치는 것을 막기 위해 재량기각제도를 도입한 것이고, 이러한 필요성은 민법상 법인에도 일부 인정되므로 상법상 관련 규정을 유추적용할 가능성은 여전히 열려 있다.

529조를 준용한다. 다만, 제527조의 설립위원은 대표이사로 한다.
② 제374조 제2항, 제439조 제3항, 제522조의3, 제527조의2, 제527조의3 및 제527조의5의 규정은 분할합병의 경우에 이를 준용한다.

3. 개정시안의 내용

분할의 특수성을 감안하여 법인의 분할을 무효로 한 판결이 확정된 때에는 분할 후 존속법인이나 신설법인이 부담한 채무에 대하여 분할 전의 상태로 복귀한 법인이 변제책임을 지도록 규정하였다(제1항). 또한 분할 후 존속법인이나 신설법인이 취득한 재산은 분할 전의 상태로 복귀한 법인에게 귀속하는 것으로 하였다(제2항).

第96조의15(판결의 효력)

현행	개정시안
〈신 설〉	第96조의15(판결의 효력) ① 합병 또는 분할무효의 판결은 제3자에 대하여도 그 효력이 있다. ② 제1항의 판결은 그 확정 전에 생긴 법인과 사원 및 제3자 사이의 권리·의무에 영향을 미치지 아니한다.

1. 개정 배경

법인의 합병 또는 분할 무효의 소에 대한 규정을 신설할 경우 그 합병 또는 분할 무효의 판결이 확정되었을 때의 판결의 효력 즉, 그 판결이 대세적 효력을 갖는지, 소급효를 갖는지에 관한 규정을 함께 마련할 필요가 있다.

2. 관련 입법례

◆ **2004년 개정안**

개정논의가 없었다.

◆ **상법**

第190조(판결의 효력) 설립무효의 판결 또는 설립취소의 판결은 제3자에 대하여도 그 효력이 있다. 그러나 판결확정전에 생긴 회사와 사원 및 제3자간의 권리의무에 영향을 미치지 아니한다.

第240조(준용규정) 第186조 내지 第191조의 규정은 합병무효의 소에 준용한다.

제530조의11(준용규정) ① 분할 또는 분할합병의 경우에는 제234조, 제237조부터 제240조까지, 제329조의2, 제440조부터 제444조까지, 제526조, 제527조, 제527조의6, 제528조 및 제529조를 준용한다. 다만, 제527조의 설립위원은 대표이사로 한다.
② 제374조 제2항, 제439조 제3항, 제522조의3, 제527조의2, 제527조의3 및 제527조의5의 규정은 분할합병의 경우에 이를 준용한다.

◆ **일본 일반법인법**

제273조(인용판결의 효력이 미치는 자의 범위) 일반사단법인등의 조직에 관한 소에 관련된 청구를 인용하는 확정판결은 제3자에 대해서도 그 효력을 가진다.

제274조(무효 또는 취소판결의 효력) 일반사단법인등의 조직에 관한 소(제269조 제1호부터 제3호, 제6호 및 제7호의 소에 한한다)에 관련된 청구를 인용하는 판결이 확정된 때에는 당해 판결에서 무효화되거나 취소된 행위(해당 행위에 의해 일반사단법인 등이 설립된 경우에는 해당 설립을 포함)는 미래를 향하여 그 효력을 잃는다.

3. 개정시안의 내용

가. 합병 또는 분할무효의 판결의 대세적 효력(제1항)

합병 또는 분할무효의 판결이 확정된 때에는 당사자인 법인뿐만 아니라 법인에 대한 이해관계인들의 법률관계도 획일적으로 확정할 필요가 있으므로, 무효판결의 효력은 당사자뿐만 아니라 제3자에게도 미친다고 규정하였다. 따라서 무효판결이 확정된 후에는 누구도 새로이 그 효력을 다투지 못한다. 이는 판결의 효력은 소송의 당사자에게만 미친다는 민사소송법상 일반 원칙에 대한 예외를 인정하는 규정이다.

나. 합병 또는 분할무효판결의 소급효 제한(제2항)

합병 또는 분할무효의 판결에 소급효를 인정하여 합병 또는 분할 당시부터 무효가 된다고 하면 합병이나 분할의 유효를 전제로 진행되었던 법률관계에 상당한 혼란을 가져오게 된다. 따라서 개정시안에서는 상법 제190조의 규정을 참고하여 합병 또는 분할무효의 판결의 효력은 소급하지 않도록 함으로써, 합병·분할 후 존속법인이나 신설법인에서 이루어진 법인 내부의 행위나 대외적 행위에는 영향이 미치지 않도록 하였다.

제97조(벌칙)

현행	개정시안
제97조(벌칙) 법인의 이사, 감사 또는 청산인은 다음 각호의 경우에는 500만원 이하의 과태료에 처한다. 1. 본장에 규정한 등기를 해태한 때 2. 제55조의 규정에 위반하거나 재산목록 또는 사원명부에 부정기재를 한 때 3. 제37조, 제95조에 규정한 검사, 감독을 방해한 때 4. 주무관청 또는 총회에 대하여 사실아닌 신고를 하거나 사실을 은폐한 때 5. 제76조와 제90조의 규정에 위반한 때 6. 제79조, 제93조의 규정에 위반하여 파산선고의 신청을 해태한 때 7. 제88조, 제93조에 정한 공고를 해태하거나 부정한 공고를 한 때	제97조(벌칙) 법인의 이사, 감사 또는 청산인이 다음 각 호의 어느 하나에 해당하는 경우에는 500만원 이하의 과태료를 부과한다. 1. 이 장(章)에 규정한 등기를 해태(懈怠)한 경우 2. 제55조를 위반하거나 재산목록 또는 사원명부에 부정기재를 한 경우 3. 제37조 또는 제95조에 규정한 검사, 감독을 방해한 경우 4. 주무관청 또는 총회에 대하여 사실 아닌 신고를 하거나 사실을 은폐한 경우 5. 제76조 또는 제90조를 위반한 경우 6. 제79조를 위반하여 회생절차개시신청 또는 파산신청을 해태한 경우 7. 제93조를 위반하여 파산신청을 해태한 경우 8. 제88조, 제93조 또는 제96조의7에 정한 공고를 해태하거나 부정한 공고를 한 경우

법인에 대한 법적 규제와 감독의 실효성을 위하여 민법은 주무관청의 인가 및 법원의 감독을 인정하는 이외에 제97조에서 일정한 사항에 관하여 이사, 감사 또는 청산인에게 과태료를 부과할 수 있는 규정을 두고 있다.

한편 개정시안 제79조에서 이사의 회생절차개시신청 의무를 신설함에 따라 이 의무를 위반하였을 경우에도 과태료를 부과할 수 있도록 하였다(제6호). 또한 법인의 합병·분할에 관한 규정을 신설하면서 제96조의7에서 정한 합병에 있어서의 채권자에 대한 공고의무를 위반한 경우에도 과태료를 부과할 수 있도록 하였다(제8호). 그 외에도 표현 일부를 수정하였다.

第1032조(채권자에 대한 공고, 최고)

현행	개정시안
제1032조(채권자에 대한 공고, 최고) ① 한정승인자는 한정승인을 한 날로부터 5일내에 일반상속채권자와 유증받은 자에 대하여 한정승인의 사실과 일정한 기간 내에 그 채권 또는 수증을 신고할 것을 공고하여야 한다. 그 기간은 2월 이상이어야 한다. ② 제88조 제2항, 제3항과 제89조의 규정은 전항의 경우에 준용한다.	제1032조(채권자에 대한 공고, 최고) ① 한정승인자는 한정승인을 한 날부터 5일 안에 일반상속채권자와 유증 받은 자에 대하여 한정승인의 사실과 일정한 기간 안에 그 채권 또는 수증을 신고할 것을 공고하여야 한다. 이 경우 그 신고기간은 2개월 이상이어야 한다. ② 제1항의 공고에 관하여는 제88조 제2항 및 제89조를 준용한다.

개정시안에서는 법원의 등기사항의 공고에 관한 제54조 제2항과 제88조 제3항을 삭제하였다. 그러므로 민법 제1032조 제2항에서 제88조 제3항을 준용하는 부분도 삭제할 필요가 있다. 개정시안은 이에 따라 제88조 제3항을 삭제하고 그 기회에 표현을 일부 수정하였다.

第1046조(분리명령과 채권자등에 대한 공고, 최고)

현행	개정시안
제1046조(분리명령과 채권자 등에 대한 공고, 최고) ① 법원이 전조의 청구에 의하여 재산의 분리를 명한 때에는 그 청구자는 5일내에 일반상속채권자와 유증받은 자에 대하여 재산분리의 명령있은 사실과 일정한 기간내에 그 채권 또는 수증을 신고할 것을 공고하여야 한다. 그 기간은 2월 이상이어야 한다. ② 제88조 제2항, 제3항과 제89조의 규정은 전항의 경우에 준용한다.	제1046조(분리명령과 채권자등에 대한 공고, 최고) ① 법원이 제1045조의 청구에 따라 재산의 분리를 명한 때에는 그 청구자는 5일 안에 일반상속채권자와 유증 받은 자에 대하여 재산분리의 명령이 있었던 사실과 일정한 기간 안에 그 채권 또는 수증을 신고할 것을 공고하여야 한다. 이 경우 그 신고기간은 2개월 이상이어야 한다. ② 제1항의 공고에 관하여는 제88조 제2항 및 제89조를 준용한다.

개정시안에서는 법원의 등기사항의 공고에 관한 제54조 제2항과 제88조 제3항을 삭제하였다. 그러므로 민법 제1046조 제2항에서 제88조 제3항을 준용하는 부분도 삭제할 필요가 있다. 개정시안은 이에 따라 제88조 제3항을 삭제하고 그 기회에 표현을 일부 수정하였다.

제1056조(상속인이 없는 재산의 청산)

현행	개정시안
제1056조(상속인없는 재산의 청산) ① 제1053조 제1항의 공고있은 날로부터 3월내에 상속인의 존부를 알 수 없는 때에는 관리인은 지체없이 일반상속채권자와 유증받은 자에 대하여 일정한 기간 내에 그 채권 또는 수증을 신고할 것을 공고하여야 한다. 그 기간은 2월 이상이어야 한다. ② 제88조 제2항, 제3항, 제89조, 제1033조 내지 제1039조의 규정은 전항의 경우에 준용한다.	제1056조(상속인이 없는 재산의 청산) ① 제1053조 제1항의 공고가 있은 날부터 3개월 안에 상속인의 존부(存否)를 알 수 없는 때에는 관리인은 지체 없이 일반상속채권자와 유증 받은 자에 대하여 일정한 기간 안에 그 채권 또는 수증을 신고할 것을 공고하여야 한다. 이 경우 그 신고기간은 2개월 이상이어야 한다. ② 제1항의 공고에 관하여는 제88조 제2항, 제89조 및 제1033조부터 제1039조까지의 규정을 준용한다.

개정시안에서는 법원의 등기사항의 공고에 관한 제54조 제2항과 제88조 제3항을 삭제하였다. 그러므로 민법 제1056조 제2항에서 제88조 제3항을 준용하는 부분도 삭제할 필요가 있다. 개정시안은 이에 따라 제88조 제3항을 삭제하고 그 기회에 표현을 일부 수정하였다.

제3장
법률행위

I. 개관

법률행위에 관한 개정시안의 주요 내용은 다음과 같다.

○ 전부무효 원칙을 잔부유효 원칙으로 전환

현행 민법 제137조는 법률행위 일부가 무효이면 전부가 무효가 된다는 이른바 전부무효의 원칙을 채택하면서(제137조 본문), 무효부분이 없더라도 법률행위를 하였을 것이라고 인정될 때에 한하여 나머지 부분이 무효가 되지 않는다고 규정한다(제137조 단서). 그러나 법률행위 일부가 무효라도 나머지 부분을 유효로 하고자 하는 것이 당사자의 통상적인 의사나 계약유지의 원칙에 부합한다. 이에 개정시안에서는 다양한 외국의 입법례들을 참조하여 법률행위 일부가 무효라도 나머지 부분은 유효하다는 이른바 잔부유효의 원칙을 채택하면서, 그 나머지 부분만으로는 법률행위를 하지 않았으리라고 인정되는 때에 한하여 법률행위의 전부를 무효로 한다고 규정하였다(제137조).

○ 무권리자 처분 규정 신설

현행 민법 제130조는 무권대리행위와 그 추인에 대해서 규정하고 있으나, 무권리자의 처분과 그 추인에 대해서는 규정하고 있지 않다. 그러나 학설과 판례에서는 무권리자라도 권리자의 동의를 얻어 처분행위를 할 수 있고, 사전에 동의가 없었더라도 사후에 추인하면 제3자의 권리를 해치지 않는 범위 내에서 소급하여 그 처분행위가 효력을 가진다고 이해하여 왔다. 개정시안에서는 이를 명문화하였다(제139조의2).

○ 법률행위 취소권자 정비

민법 제140조에서는 법률행위의 취소권자에 대해 규정하고 있다. 그런데 그 중 "하자 있는 의사표시를 한 자"라는 표현이 무엇을 의미하는지가 불분명하였다. 이에 개정시안에서는 이를 "착오로 인한 의사표시를 한 자, 사기·강박에 의한 의사표시를 한 자"로 풀어서 표현함으로써 불명확성을 제거하였다(제140조).

○ 일부취소에 대한 규정 신설

학설과 판례는 일부무효와 마찬가지로 일부취소를 인정하고 있다. 그러나 현행 민법 제137조가 일부무효에 대하여 규정하고 있는 반면, 일부취소에 대해서는 아무런 규정이 없다. 개정시안에서는 잔부유효 원칙을 채택한 개정시안 제137조를 참조하여 일부취소에 관한 규정을 신설하였다(제140조 제2항). 이에 따르면 법률행위의 일부에만 취소원인이 있으면 그에 대한 일부취소를 하더라도 나머지 부분은 원칙적으로 유효하고, 그 나머지 부분만으로 법률행위를 하지 않았으리라고 인정되는 때에 한하여 그 전부가 무효가 된다.

○ 추인의 요건 정비

현행 민법 제144조는 법률행위의 추인은 취소의 원인이 종료한 후에 하여야 한다고 규정한다. 개정시안에서는 학설과 판례를 참고하여 추인권자가 취소권을 행사할 수 있음을 알았어야 한다는 요건을 추가하였다(제144조). 법률행위의 추인은 취소권의 포기이고, 그 포기가 유효하기 위해서는 우선 취소권자가 취소권의 존재를 알아야 하기 때문이다.

Ⅱ. 조문별 해설

제137조(법률행위의 일부무효)

현행	개정시안
제137조(법률행위의 일부무효) 법률행위의 일부분이 무효인 때에는 그 전부를 무효로 한다. 그러나 그 무효부분이 없더라도 법률행위를 하였을 것이라고 인정될 때에는 나머지 부분은 무효가 되지 아니한다.	제137조(법률행위의 일부무효) 법률행위의 일부분이 무효인 때에도 나머지 부분은 효력이 있다. 그러나 그 나머지 부분만으로는 법률행위를 하지 아니하였을 것이라고 인정될 때에는 전부를 무효로 한다.

1. 개정 배경

현행 민법은 법률행위 일부가 무효이면 전부가 무효가 된다는 이른바 전부무효의 원칙을 채택하고 있다(제137조 본문). 다만 그 무효부분이 없더라도 법률행위를 하였을 것이라고 인정될 때에는 나머지 부분은 무효가 되지 않는다(제137조 단서). 하지만 이 때에는 잔부유효를 주장하는 자가 그 무효 부분이 없었더라도 잔부만으로 법률행위를 하였을 것이라는 점을 주장·증명할 책임을 부담한다.

이러한 전부무효의 원칙의 타당성에 대해서는 논란이 있었다. 특히 법률행위 당사자의 의사해석이라는 관점에서 보면 법률행위 일부가 무효라도 일단 나머지 부분을 유효로 존속시키려는 것이 당사자의 일반적인 의사가 아닐까 하는 의문이 제기되어 왔다. 또한 효율성의 관점에서 보더라도 법률행위 전체를 무효로 하여 처음부터 새롭게 법률행위를 하게 하는 것보다 나머지 부분만이라도 유효로 보아 존속시킴으로써 새로운 법률행위를 하는 데에 들어가는 비용을 줄이는 것이 바람직하다.

전부무효 대신 잔부유효 원칙을 채택하면 일부 무효사유를 문제 삼아 계약을 전부무효화하고 무효에 뒤따르는 부당이득반환 등을 구하는 소송의 남발을 막을 수 있다. 관련 입법례에서 보듯이 비교법적으로도 전부무효 원칙이 아니라 잔부유효 원칙을 채택하는 흐름이 우세하다(독일, 대만, 우리나라 : 전부무효 원칙, 스위스, 이탈리아, 네덜란드, 중국, 일본 채권법개정의 기본방침, 유럽 공통참조기준초안 등 : 잔부유효 원칙). 2004년 민법 개정안에서는 이러한 점들을 고려하여 기존의 전부무효의 원칙 대신 잔부유효의 원칙을 채택하였었는데, 이번 개정시안 역시 마찬가지로 잔부유효의 원칙을 채택하였다.

2. 관련 입법례

◆ **2004년 개정안**

第137조(법률행위의 일부무효) 법률행위의 일부분이 무효인 때에도 나머지 부분은 효력이 있다. 그러나 효력 있는 부분만으로는 법률행위를 하지 아니하였을 것이라고 인정되는 때에는 그 전부를 무효로 한다.

◆ **일본 채권법개정의 기본방침[1)]**

[1.5.49](법률행위의 일부 무효) 법률행위의 일부가 무효인 때에도 법률행위의 다른 부분의 효력에는 영향이 없다. 단, 일부가 무효라고 한다면 당사자가 그와 같은 법률행위를 하지 않았을 것이라고 합리적으로 생각될 때는 법률행위 전부가 무효가 된다.

(※ 일본민법에는 해당 조항이 없음)

◆ **독일민법[2)]**

第139조(일부무효) 법률행위의 일부가 무효인 경우에는 무효의 부분이 없어도 그 행위가 행하여졌으리라고 인정되지 아니하는 때에는 법률행위 전부가 무효이다.

◆ **스위스채무법**

第20조 ① 위법 또는 불가능한 내용을 가지거나 선량한 풍속에 위반하는 계약은 무효이다.
② 흠이 단지 계약의 개개 부분에 관한 것인 경우에는 무효부분이 없었으면 계약이 체결되지 않았으리라고 인정할 수 없는 경우에만 무효이다.

◆ **대만민법[3)]**

第111조 법률행위의 일부가 무효인 경우에는 전부를 모두 무효로 한다. 다만 그 부분이 없더라도 성립할 수 있는 경우에는 나머지 부분은 유효로 한다.

◆ DCFR[4]

Ⅱ.-1:108 일부 무효 또는 효력상실

계약 또는 다른 법률행위의 일부만이 무효 또는 효력이 없는 경우, 나머지 부분은 그 무효 또는 효력이 없는 부분이 없더라도 그 계약 또는 법률행위가 합리적으로 유지될 수 있다면 효력을 지속한다.

3. 관련 판례

◆ **대법원 2010. 3. 25. 선고 2009다41465 판결**

복수의 당사자 사이에 어떠한 합의를 한 경우 그 합의는 전체로서 일체성을 가지는 것이므로, 그 중 한 당사자의 의사표시가 무효인 것으로 판명된 경우 나머지 당사자 사이의 합의가 유효한지의 여부는 민법 제137조에 정한 바에 따라 당사자가 그 무효 부분이 없더라도 법률행위를 하였을 것이라고 인정되는지의 여부에 의하여 판정되어야 하고, 그 당사자의 의사는 실재하는 의사가 아니라 법률행위의 일부분이 무효임을 법률행위 당시에 알았다면 당사자 쌍방이 이에 대비하여 의욕하였을 가정적 의사를 말하는 것이지만, 한편 그와 같은 경우에 있어서 나머지 당사자들이 처음부터 한 당사자의 의사표시가 무효가 되더라도 자신들은 약정내용대로 이행하기로 하였다면 무효가 되는 부분을 제외한 나머지 부분만을 유효로 하겠다는 것이 당사자의 의사라고 보아야 할 것이므로, 그 당사자들 사이에서는 가정적 의사가 무엇인지 가릴 것 없이 무효 부분을 제외한 나머지 부분은 그대로 유효하다고 할 것이다.

---

1) 법무부, 기본방침, 117면.
2) 양창수, 독일민법전, 59면.
3) 김성수, 대만민법전, 95면.
4) 안태용, DCFR, 179면.

◆ **대법원 2013. 4. 26. 선고 2011다9068 판결**

민법 제137조는 임의규정으로서 법률행위 자치의 원칙이 지배하는 영역에서 그 적용이 있다. 그리하여 법률행위의 일부가 강행법규인 효력규정에 위반되어 무효가 되는 경우 그 부분의 무효가 나머지 부분의 유효·무효에 영향을 미치는가의 여부를 판단함에 있어서는, 개별 법령이 일부 무효의 효력에 관한 규정을 두고 있는 경우에는 그에 따르고, 그러한 규정이 없다면 민법 제137조 본문에서 정한 바에 따라서 원칙적으로 법률행위의 전부가 무효가 된다. 그러나 같은 조 단서는 당사자가 위와 같은 무효를 알았더라면 그 무효의 부분이 없더라도 법률행위를 하였을 것이라고 인정되는 경우에는, 그 무효 부분을 제외한 나머지 부분이 여전히 효력을 가진다고 정한다. 이때 당사자의 의사는 법률행위의 일부가 무효임을 법률행위 당시에 알았다면 의욕하였을 가정적 효과의사를 가리키는 것으로서, 당해 효력규정을 둔 입법 취지 등을 고려할 때 법률행위 전부가 무효로 된다면 그 입법 취지에 반하는 결과가 되는 등의 경우에는 여기서 당사자의 가정적 의사는 다른 특별한 사정이 없는 한 무효의 부분이 없더라도 그 법률행위를 하였을 것으로 인정되어야 한다.

4. 논의 경과

앞서 개정 배경에서 설명하였듯이 가능한 한 계약을 유효하게 해석하는 것이 현대의 일반적인 계약해석의 경향이므로, 제137조의 원칙과 예외규정을 역으로 규정할 필요가 있다는 인식 하에 잔부유효를 원칙으로, 전부무효를 예외로 하는 개정시안의 내용이 마련되었다.

이러한 내용의 개정시안에 대하여 독일민법에서 전부무효를 원칙으로 하고 있고, 사적 자치의 원칙에 입각하여 보면 법률행위의 일부분이 무효인 경우 원칙적으로 전부가 무효이고 다시 당사자들이 협상해서 새로운 계약을 체결하도록 하는 것이 타당하다는 이유 등을 들어 현행 민법의 내용대로 유지하자는 의견도 있었다. 이에 대하여 현재 독일 내에서도 일부무효의 경우에 잔부유효를 원칙으로 하여야 한다는 비판이 제기되고 있을 뿐만 아니라 특별법의 규정에 따라 독일민법에 대한 다수의 예외가 인정되고 있으며, 독일민법, 대만민법, 우리 민법을 제외한 다수의 입법례는 잔부유효를 원칙으로 하고 있으므로 잔부유효원칙을 채택하는 것이 바람직하다는 반론이 더 많은 지지를 얻었다.

第137조 단서의 내용과 관련하여 작업 초기에는 2004년 개정안과 같이 "그러나 효력이 있는 부분만으로는 법률행위를 하지 아니하였을 것이라고 인정되는 때에는 그 전부를 무효로 한다."로 하는 시안이 제시되었다. 그러나 "효력이 있는 부분"이라는 표현은 아직 효력이 결정되지 않은 상태에서 단정적인 표현이며, "효력이 있는 부분만으로"와 "그 전부를 무효로 한다"는 표현이 논리적으로 문제를 일으킬 수 있다는 지적이 있어 "그 나머지 부분만으로는"이라는 표현으로 바꾸기로 하였다.

5. 개정시안의 내용

가. 잔부유효의 원칙(본문)

법률행위의 일부분이 무효인 때에도 나머지 부분은 효력이 있다. 즉 잔부유효가 원칙이다.

이는 기존의 전부무효의 원칙을 뒤집는 것이다. 이처럼 기존 원칙을 폐기하고 잔부유효의 원칙을 채택하게 된 것은 그렇게 해석하는 것이 일반적인 당사자의 의사에 부합할 뿐만 아니라 계약을 가급적 유효하게 존속시킴으로써 계약관계의 효율성을 제고할 수 있기 때문이다. 개정 논의과정에서도 잔부유효의 원칙을 채택하는 데에는 큰 어려움이 없었다.

한편 잔부유효의 원칙은 법률행위의 일부분만 무효인 때에 적용된다. 무엇이 법률행위의 일부분인가에 대해서는 기존의 해석론이 그대로 적용된다.

우선 이 규정은 하나의 법률행위 중 일부가 무효인 경우에 적용되므로 복수의 독립한 법률행위 중 하나가 무효인 경우에는 第137조의 유추적용은 별론別論으로 하고 이 조항이 직접 적용되지는 않는다. 다만 법률행위가 하나인지 여부는 법률행위의 해석을 통하여 결정될 문제이다. 따라서 계약목적물 또는 계약당사자가 다수라고 하여 당연히 복수의 법률행위가 되는 것은 아니다. 오히려 건물과 그 대지의 매매계약은 물론, 여러 필지의 토지를 그 위에 건물 등 시설을 설치하기 위하여 매수하는 경우에도 계약은 통상 하나의 법률행위로 해석된다.

또한 이 규정은 법률행위 또는 법률행위 객체의 가분성을 전제로 한다. 만약 그것이 불가분이라면 법률행위의 일부무효는 곧 전부무효를 초래한다. 또한 계약처럼 비록 무효사유가 있는 당사자의 의사표시가 가분의 급부를 목적으로 하여도 그와 대가관계에 있는 상대방의 반대급부가 불가분이면, 제137조가 적용되지 않는다. 이 경우에는 당사자들이 의욕하는 급부 간의 견련관계가 유지될 수 없기 때문이다. 일반적으로 쌍무계약은 이러한 견련관계가 유지될 수 있는 한에서만 여기서 말하는 가분적 법률행위라고 할 수 있다.

나. 전부무효의 예외(단서)

다만, 법률행위의 일부가 무효인 경우 당사자들이 그 법률행위의 유효인 나머지 부분만으로는 법률행위를 하지 아니하였을 것이라고 인정되는 사정이 있는 경우까지 잔부유효의 원칙을 고집할 수는 없다. 이러한 경우에는 법률행위 전부를 무효로 하여야 한다. 제137조 단서는 이러한 경우를 위하여 마련된 규정이다. 즉, 법률행위의 잔부유효를 원칙으로 하되, 전부무효의 예외적인 경우를 규정하고 있는 것이다. 이 때 나머지 부분만으로는 법률행위를 하지 아니하였을 것이라고 인정되는 사정은 법률행위의 전부무효를 주장하는 자가 주장 · 증명하여야 한다.

6. 참고사항

이 개정시안을 통해 일부무효의 처리에 대해 민법과 약관의 규제에 관한 법률(이하 '약관규제법')이 같은 입장을 취하게 되었다. 약관규제법은 약관조항이 동법에 의하여 무효가 되더라도 원칙적으로 나머지 부분으로 유효하게 존속한다고 정한다(제16조). 종전에는 이 조항을 민법 제137조의 적용을 배제하는 조항으로 해석하였다. 이는 법령상 제한을 초과한 이자 부분만 무효로 보는 이자제한법에서도 마찬가지이다. 개정시안에 따르면 이제 민법도 잔부유효의 원칙을 채택하게 되었으므로, 그 점에서 약관규제법과 공통된 입장을 취한 것으로 볼 수 있다.

이와 관련하여 개정 논의과정에서는 약관규제법 제16조를 더 이상 존속시킬 필요가 없는 것이 아닌가 하는 의문도 제기되었다. 그런데 약관규제법 제16조 본문은 잔부유효를 규정하는 한편, 단서에서는 "다만, 유효한 부분만으로는 계약의 목적달성이 불가능하거나 일방 당사자에게 부당하게 불리한 때에는 당해 계약을 무효로 한다."라고 하여 민법에는 없는 내용을 추가하고 있다. 그러므로 약관규제법 제16조는 이번 개정시안에도 불구하고 여전히 독자적인 의의를 지닌다.

第138조(무효행위의 전환)

현행	개정시안
第138조(무효행위의 전환) 무효인 법률행위가 다른 법률행위의 요건을 구비하고 당사자가 그 무효를 알았더라면 다른 법률행위를 하는 것을 의욕하였으리라고 인정될 때에는 다른 법률행위로서 효력을 가진다.	第138조(무효행위의 전환) 무효인 법률행위가 다른 법률행위의 요건을 갖추고 당사자가 그 무효를 알았더라면 다른 법률행위를 하였을 것으로 인정될 때에는 그 다른 법률행위로서 효력을 가진다.

1. 개정 배경

무효행위의 전환은 특정 행위로서는 무효인 법률행위가 i) 다른 행위로서의 요건을 갖추었고, ii) 당사자가 그 무효를 알았더라면 그 다른 행위를 하는 것을 의욕하였으리라고 인정될 경우 무효인 원래의 행위 대신 다른 행위로서의 효력을 인정하는 것을 말한다. 第138조가 무효행위의 전환에 관한 일반적인 규정이라면, 비밀증서에 의한 유언의 방식에 흠결이 있을 때 자필증서에 의한 유언으로서의 효력을 인정하고 있는 민법 제1071조는 이를 구체화한 규정이라고 할 수 있다.

개정작업 과정에서 동 조항의 내용과 관련하여 개정 필요성이 제기된 것은 아니며, 다만 조항의 의미를 명백히 하기 위하여 자구의 수정이 필요하다는 의견이 있었다.

2. 관련 입법례

◆ **2004년 개정안**

개정논의가 없었다.

◆ **독일민법**[5)]

제140조(무효행위의 전환) 무효인 법률행위가 다른 법률행위의 요건을 충족하는 경우에, 당사자가 무효를 알았다면 다른 법률행위의 효력발생을 원하였으리라고 인정되는 때에는 그 행위의 효력이 발생한다.

3. 관련 판례

◆ 대법원 2010. 7. 15. 선고 2009다50308 판결

매매계약이 약정된 매매대금의 과다로 말미암아 민법 제104조에서 정하는 '불공정한 법률행위'에 해당하여 무효인 경우에도 무효행위의 전환에 관한 민법 제138조가 적용될 수 있다. 따라서 당사자 쌍방이 위와 같은 무효를 알았더라면 대금을 다른 액으로 정하여 매매계약에 합의하였을 것이라고 예외적으로 인정되는 경우에는, 그 대금액을 내용으로 하는 매매계약이 유효하게 성립한다. 이때 당사자의 의사는 매매계약이 무효임을 계약 당시에 알았다면 의욕하였을 가정적 효과의사로서, 당사자 본인이 계약 체결시와 같은 구체적 사정 아래 있다고 상정하는 경우에 거래관행을 고려하여 신의성실의 원칙에 비추어 결단하였을 바를 의미한다.

◆ 대법원 2012. 3. 29. 선고 2011다101308 판결

임금은 법령 또는 단체협약에 특별한 규정이 있는 경우를 제외하고는 통화로 직접 근로자에게 전액을 지급하여야 한다(근로기준법 제43조 제1항). 따라서 사용자가 근로자의 임금 지급에 갈음하여 사용자가 제3자에 대하여 가지는 채권을 근로자에게 양도하기로 하는 약정은 전부 무효임이 원칙이다. 다만 당사자 쌍방이 위와 같은 무효를 알았더라면 임금의 지급에 갈음하는 것이 아니라 지급을 위하여 채권을 양도하는 것을 의욕하였으리라고 인정될 때에는 무효행위 전환의 법리(민법 제138조)에 따라 그 채권양도 약정은'임금의 지급을 위하여 한 것'으로서 효력을 가질 수 있다.

5) 양창수, 독일민법전, 59면.

4. 개정시안의 내용

가. 현행 내용의 유지

무효행위의 전환에 관한 규정은 독일민법 제140조를 계수한 규정이다. 일본의 경우 무효행위의 전환에 관한 규정이 없지만, 채권법 개정의 기본방침을 마련하며 무효행위의 전환에 관한 규정을 새로 둘 것인지 여부가 검토되었다. 그러나 논의의 대상이 되고 있는 대부분의 사례는 요식행위와 관련된 것으로서 이를 민법총칙에 일반화하는 것이 반드시 적절하다고는 할 수 없어 구체적인 제안을 하지 않는 것으로 하였다고 한다.

우리 민법의 경우 일본민법과 달리 무효행위의 전환에 관한 규정을 두고 있고, 그 동안 무효행위의 전환에 관한 논의가 축적되어 온 점, 현행 규정을 그대로 두어도 법리상의 문제가 없는 점 등을 고려하면 현행규정의 내용을 그대로 유지하는 것이 적절하다.

나. 표현의 수정

기존의 한자식 표현을 수정하여 보다 이해하기 쉬운 용어로 일부 표현을 수정하였다. '다른 법률행위'라는 표현이 조문에서 3번 나오는데 이는 다 같은 것을 의미하므로, 마지막 '다른 법률행위'를 '그 다른 법률행위'로 하여 의미를 분명히 하였다.

第139조(무효행위의 추인)

현행	개정시안
第139조(무효행위의 추인) 무효인 법률행위는 추인하여도 그 효력이 생기지 아니한다. 그러나 당사자가 그 무효임을 알고 추인한 때에는 새로운 법률행위로 본다.	第139조(무효행위의 추인) 무효인 법률행위는 추인하여도 그 효력이 생기지 않는다. 그러나 당사자가 그 무효임을 알고 추인한 때에는 새로운 법률행위를 한 것으로 본다.

1. 개정 배경

무효인 법률행위는 그 효력이 발생하지 않는 것으로 확정된 법률행위이므로 당사자가 이를 추인하여도 효력이 생기지 않는 것이 원칙이다. 그러나 해당 법률행위가 무효임을 알고도 당사자가 그 법률행위를 추인하였다면 이러한 경우에는 새로운 법률행위를 한 것으로 보아 당사자의 의사를 존중할 필요가 있으며, 이러한 취지를 담은 것이 第139조이다.

개정작업 과정에서는 무효행위 추인의 채권적 소급효 명문화에 대한 논의가 있었으나 개정으로 이어지지는 않았고, 조항의 표현만 좀 더 자연스럽게 수정하는 개정이 이루어졌다.

2. 관련 입법례

◆ **2004년 개정안**

개정논의가 없었다.

◆ **일본민법[6]**

第119조(무효인 행위의 추인) 무효인 행위는 그 추인에 의해서 그 효력을 발생하지 아니한다.

다만, 당사자가 그 행위의 무효임을 알고 추인한 때에는 새로운 행위를 한 것으로 본다.

◆ **일본 채권법개정의 기본방침[7]**

[1.5.52](무효행위의 추인)

〈1〉 무효인 행위는 당사자의 추인에 의해서도 그 효력이 생기지 않는다.

〈2〉 당사자가 그 행위가 무효라는 것을 알고 추인을 한 때는 새로운 행위를 한 것으로 간주한다.

◆ **독일민법[8]**

第141조(무효행위의 추인) ① 무효인 법률행위가 이를 행한 사람에 의하여 추인되는 때에는, 그 추인은 다시 법률행위를 행한 것으로 본다.

② 무효인 계약이 당사자들에 의하여 추인되는 경우에 의심스러운 때에는 당사자들은 계약이 처음부터 유효하였다면 각자가 가지게 되었을 것을 서로에게 공여할 의무를 진다.

3. 관련 판례

◆ **대법원 1995. 4. 11. 선고 94다53419 판결**

무효행위를 추인한 때에는 달리 소급효를 인정하는 법률규정이 없는 한 새로운 법률행위를 한 것으로 보아야 할 것이고, 이는 무효인 결의를 사후에 적법하게 추인하는 경우에도 마찬가지라 할 것이다.

6) 권철, 일본민법전, 39면.

7) 법무부, 기본방침, 121면.

8) 양창수, 독일민법전, 59면.

4. 개정시안의 내용

가. 현행 내용의 유지

초기에 제안된 시안에서는 무효인 법률행위가 계약인 경우 추인에 소급효를 인정하는 내용을 담고 있었다. 구체적으로는 제139조에 제2항을 두어 ① 제1안: “전항의 경우에 무효인 법률행위가 계약인 때에는 다른 의사표시가 없는 한 계약 시에 소급하여 그 효력이 생긴다.” ② 제2안: “전항의 경우에 무효인 법률행위가 계약이고 양 당사자가 모두 무효임을 알고 추인한 때에는 다른 의사표시가 없는 한 계약 시에 소급하여 그 효력이 생긴다.”라는 내용의 시안이 제시되었다.

이에 대하여 i) 사적자치의 원칙에 따라 의사표시가 있으면 그 의사에 따라서 소급하도록 하면 충분하다는 점, ii) 이 규정의 모델이 된 독일의 경우에도 이를 별도로 규정하지 않고 해석에 맡기고 있는 점 등을 지적하는 의견에 따라 개정시안 제2항은 따로 규정하지 않기로 하였다. 당사자 사이의 합의에 따라 무효행위의 추인에 소급효를 인정하더라도 이는 채권적 효력만 가질 뿐이다.

나. 표현의 수정

제139조 단서는 “그러나 당사자가 그 무효임을 알고 추인한 때에는 새로운 법률행위로 본다.”라고 규정한다. 그런데 “추인”이라는 동사와 “법률행위”라는 명사가 서로 호응이 맞지 않아 표현이 자연스럽지 않다. 이에 따라 “새로운 법률행위로 본다”를 “새로운 법률행위를 한 것으로 본다”로 수정하였다. 판례 역시 “무효행위를 추인한 때에는 달리 소급효를 인정하는 법률규정이 없는 한 새로운 법률행위를 한 것으로 보아야 할 것”이라는 표현을 사용하고 있다(대법원 1995. 4. 11. 선고 94다53419 판결 참조).

제139조의2(무권리자의 처분): 신설

현행	개정시안
〈신 설〉	제139조의2(무권리자의 처분) ① 무권리자가 권리자의 동의를 얻어 한 처분은 효력이 있다. ② 권리자가 무권리자의 처분을 추인하면 그 처분은 소급하여 효력이 있다. 그러나 제3자의 권리를 해치지 못한다.

1. 개정 배경

처분행위는 처분권자가 하여야 효력이 있으므로 처분권이 없는 자, 즉 무권리자가 한 처분행위는 무효이다. 그런데 권리자가 나중에 그 처분을 추인하면 유효하게 되는 것인지가 문제된다.

현행 민법 제130조는 무권대리행위의 추인을 인정하고 있으나(제130조), 무권리자의 처분의 추인에 대한 규정은 두고 있지 않다. 그러나 학설은 무권리자의 처분행위에 대하여 권리자가 소급하여 추인할 수 있다고 보고 있다. 다만 추인의 근거에 대하여 무효행위의 추인으로 보는 견해, 무권대리의 추인으로 보는 견해, 사적 자치의 원칙에 따라 추인을 인정하는 견해 등으로 나뉘어 있다.

판례도 타인의 권리를 자기의 이름으로 처분하거나 또는 자기의 권리로 처분한 경우에 본인이 후일 그 처분행위를 인정하면 특별한 사유가 없는 한 그 처분행위의 효력이 본인에게 미친다고 하여 무권리자의 처분행위에 대한 권리자의 추인을 인정하고 있다. 한편 그 근거에 대하여는 과거에 이를 무권대리의 추인으로 보는 듯한 설시를 하기도 하였지만,[9] 최근의 판례에서는 사적 자치의 원칙에 따라 이를 인정하는 태도를 취한다.[10]

9) 대판 1964. 6. 2, 63다880; 대판 1966. 10. 21, 66다1596; 대판 1981. 1. 13, 79다2151 등.
10) 대판 2001. 11. 9, 2001다44291.

이처럼 학설과 판례가 무권리자의 처분에 대한 권리자의 추인을 인정하고 있고, 기존의 무권대리 추인에 관한 민법 제130조는 무권대리인의 의무부담행위에 관한 규정으로서, 무권리자가 대리인이 아닌 본인의 자격에서 의무부담행위가 아닌 처분행위를 한 경우에 그대로 적용할 수는 없으므로 무권리자의 처분에 대한 별도의 규정이 필요하다.

2. 관련 입법례

◆ 2004년 개정안

제139조의2(무권리자의 처분) ① 무권리자가 권리자의 동의를 얻어 한 처분은 효력이 있다.
② 권리자가 무권리자의 처분을 추인하면 그 처분은 소급하여 효력이 있다. 그러나 제3자의 권리를 해하지 못한다.

◆ 독일민법[11)]

제185조(무권리자의 처분) ① 무권리자가 어떤 목적물에 대하여 한 처분이 권리자의 사전승인 아래 행하여진 경우에는 그 처분은 효력이 있다.
② 권리자가 이를 추인한 경우, 처분자가 목적물을 취득한 경우 또는 권리자가 처분자를 상속하고 또 권리자가 상속채무에 대하여 무한의 책임을 지는 경우에는 그 처분은 효력 있게 된다. 후2자의 경우에 목적물에 대하여 한 다수의 처분이 서로 저촉되는 때에는 최초의 처분만이 효력 있다.

◆ 대만민법[12)]

제118조 ① 무권리자가 권리의 목적물에 한 처분은 권리 있는 자의 추인이 있어야 효력이 생긴다.
② 무권리자가 권리의 목적물에 대하여 처분을 한 후에 그 권리를 취득한 경우에 그 처분은 처음부터 유효한 것으로 한다. 다만 원래의 권리자나 제3자가 이미 취득한 이익은 이로 인하여 영향을 받지 아니한다.
③ 전항의 경우에 수개의 처분이 서로 저촉하는 때에는 최초의 처분을 유효로 한다.

3. 관련 판례

◆ **대법원 1992. 9. 8. 선고 92다15550 판결**
타인의 권리를 자기의 이름으로 처분하거나 또는 자기의 권리로 처분한 경우에 본인이 후일 그 처분행위를 인정하면 특별한 사유가 없는 한 그 처분행위의 효력이 본인에게 미친다.

◆ **대법원 2001. 11. 9. 선고 2001다44291 판결**
무권리자가 타인의 권리를 자기의 이름으로 또는 자기의 권리로 처분한 경우에, 권리자는 후일 이를 추인함으로써 그 처분행위를 인정할 수 있고, 특별한 사정이 없는 한 이로써 권리자 본인에게 위 처분행위의 효력이 발생함은 사적 자치의 원칙에 비추어 당연하고, 이 경우 추인은 명시적으로뿐만 아니라 묵시적인 방법으로도 가능하며 그 의사표시는 무권대리인이나 그 상대방 어느 쪽에 하여도 무방하다.

4. 개정시안의 내용

가. 무권리자의 처분행위의 효력(제1항)

처분행위란 현존하는 권리의 변동을 직접 일으키는 법률행위를 말한다. 물권의 변동을 일으키는 물권행위(예를 들어 소유권의 양도행위나 제한물권의 설정행위 등)가 대표적인 예이다. 처분행위는 현존하는 권리의 변동을 직접 일으키므로 처분행위가 유효하기 위해서는 처분자에게 처분권한과 처분능력이 있어야 한다. 처분권한과 처분능력이 없는 자, 즉 무권리자의 처분행위는 무효이다.

그러나 무권리자가 처분행위를 함에 있어 권리자의 동의를 얻었다면, 그 무권리자는 권리자로부터 처분권을 부여받은 것이라 할 것이므로, 이 때의 처분행위는 효력이 있다

11) 양창수, 독일민법전, 77면.
12) 김성수, 대만민법전, 97면.

고 봄이 타당하다. 개정시안 제139조의2제1항은 이를 확인하는 내용의 규정이다.

나. 본인이 무권리자의 처분을 추인하는 경우(제2항)

무권리자의 처분행위는 권리자의 사전적인 동의가 있는 경우뿐만 아니라 권리자의 사후적인 추인이 있는 경우에도 효력이 있는 것으로 보아야 한다. 따라서 권리자가 추인하면 처분권의 흠결이 소급적으로 치유된다. 권리자의 추인에 따라 무권리자와 거래한 상대방은 처분대상인 권리를 처음부터 유효하게 취득한 것으로 다루어진다. 이처럼 소급효를 인정하는 것은 그것이 추인을 하는 권리자의 통상적인 의사라고 여겨지기 때문이다.

그러나 권리자의 추인으로 무권리자의 처분행위가 소급효를 가지게 되더라도 이로 인하여 제3자의 권리를 해치지는 못한다. 이는 무권리자의 처분행위 후 권리자의 추인이 있을 때까지 사이에 권리자로부터 정당하게 권리를 취득한 제3자가 추인의 소급효로 인하여 그 권리를 잃게 되는 것을 방지함으로써 거래의 안전을 보호하려는 것이다.

한편 무권리자의 처분에 대한 권리자의 추인이 있으면 처분자는 그 처분으로 인하여 취득한 것을 처분권자(즉 추인권자)에게 부당이득으로 반환하여야 한다. 개정시안에서는 이 점을 명문으로 규정하지 않았지만 부당이득의 일반 법리에 비추어 이러한 결론을 도출할 수 있다.

표현과 관련하여 2004년 개정안에서는 "제3자의 권리를 <u>해하지</u> 못한다"로 하였으나 "제3자의 권리를 <u>해치지</u> 못한다"가 어법에 맞는다는 이유로 그와 같이 변경하기로 하였다.

제140조(법률행위의 취소권자)

2013. 7. 1. 법률 제10429호로 개정되기 전의 민법	현행	개정시안
제140조(법률행위의 취소권자) 취소할 수 있는 법률행위는 무능력자, 하자있는 의사표시를 한 자, 그 대리인 또는 승계인에 한하여 취소할 수 있다.	제140조(법률행위의 취소권자) 취소할 수 있는 법률행위는 제한능력자, 착오로 인하거나, 사기·강박에 의하여 의사표시를 한 자, 그의 대리인 또는 승계인만이 취소할 수 있다.	제140조(법률행위의 취소권자) 취소할 수 있는 법률행위는 제한능력자, 착오로 인한 의사표시를 한 자, 사기나 강박에 의한 의사표시를 한 자, 그 대리인 또는 승계인에 한하여 취소할 수 있다.

1. 개정 배경

2013. 7. 1. 법률 제10429호로 개정되기 전의 민법 제140조는 법률행위의 취소권자를 "무능력자, 하자 있는 의사표시를 한 자, 그 대리인 또는 승계인"으로 규정하고 있었다.

그런데 의용민법 당시부터 이 중 하자 있는 의사표시를 한 자는 사기·강박에 의한 의사표시만을 말하고 착오에 의한 의사표시를 한 자는 이에 포함되지 않는 것으로 해석하여 왔다. 이러한 해석에 따르면 착오로 인한 의사표시를 한 자는 민법 제140조 소정의 취소권자가 아니다. 그러나 민법 제109조 제1항은 착오로 인한 의사표시를 한 자는 취소권을 가진다고 규정하므로, 제109조 제1항과 제140조 사이에 충돌이 발생한다. 따라서 제140조에 착오로 인한 의사표시를 한 자도 취소권자임을 명확히 할 필요가 있다.

2. 관련 입법례

◆ 2004년 개정안

제140조(법률행위의 취소권자) 취소할 수 있는 법률행위는 무능력자, 착오로 인한 의사표시

를 한 자, 사기나 강박에 의한 의사표시를 한 자, 그 대리인 또는 승계인에 한하여 취소할 수 있다.

◆ **일본민법**[13][14]

제120조(취소권자) ① 행위능력의 제한에 의하여 취소할 수 있는 행위는 제한행위능력자 또는 그의 대리인, 승계인이나 동의할 수 있는 자에 한하여 취소할 수 있다.

② 사기 또는 강박에 의하여 취소할 수 있는 행위는 하자 있는 의사표시를 한 자 또는 그의 대리인이나 승계인에 한하여 취소할 수 있다.

◆ **일본 채권법개정의 기본방침**[15]

[1.5.53](취소권자의 범위)

〈1〉 행위능력의 제한에 의해 취소할 수 있는 행위는 제한행위능력자 또는 그 대리인, 승계인 혹은 동의를 할 수 있는 자에 한하여 취소할 수 있다.

〈2〉 의사능력을 결한 상태에서 행해진 행위는 의사능력을 결한 자 또는 그 대리인, 승계인 혹은 동의를 할 수 있는 자에 한하여 취소할 수 있다.

〈3〉 [1.5.13], [1.5.15], [1.5.16], [1.5.17], [1.5.18] 및 [1.5.19]에 따라 취소할 수 있는 행위는 이들 취소원인에 근거하여 의사표시를 한 자 또는 그 대리인 혹은 승계인에 한하여 취소할 수 있다.

◆ **독일민법**[16][17]

제119조(착오로 인한 취소) ① 의사표시를 함에 있어서 내용에 관하여 착오가 있었거나 그러한 내용의 의사표시 자체를 한 의사가 없었던 사람은, 그가 그 사실을 알고 또 사정을 합리적으로 판단하였다면, 의사표시를 하지 아니하였으리라고 인정되는 때에는, 의사표시를 취소할 수 있다.

② (생 략)

제123조(사기 또는 강박으로 인한 취소) ① 악의적 기망에 의하여 또는 위법하게 강박에 의하여 의사표시를 결의하게 된 사람은 의사표시를 취소할 수 있다.

② (생 략)

◆ DCFR[18]

Ⅱ-7:205 사기[19]

(1) 당사자 일방은 상대방이 구두나 행위에 의한 기망적 허위 진술이나 신의성실 또는 여하한 계약체결 전 정보제공 의무에 의하여 그 당사자가 공개할 것이 요구되는 여하한 정보를 기망적으로 공개하지 아니함으로써 계약의 체결을 유도한 경우 그 계약을 취소할 수 있다.

(2) ~ (3) (생 략)

3. 개정시안의 내용

의용민법 제95조는 "의사표시는 법률행위의 요소에 착오가 있는 때에는 무효로 한다. 단, 표의자에게 중대한 과실이 있은 때에는 표의자는 스스로 그 무효를 주장할 수 없다"라고 규정하였다. 이는 현행 일본민법 제95조와 동일하다. 이처럼 의용민법 아래에서는 착오에 의한 의사표시를 한 자는 취소권자에 포함되어 있지 않았으므로, 의용민법 제120조 제1항은 "취소할 수 있는 행위는 무능력자 또는 하자있는 의사표시를 한 자, 그 대리인 또는 승계인에 한하여 취소할 수 있다"라고 규정하였던 것이다. 제정 민법 제140조는 이러한 의용민법의 규정을 답습하였다.

그러나 제정 민법 제109조 제1항은 착오의 효과를 무효가 아니라 취소권 발생으로

---

13) 권철, 일본민법전, 41면.

14) 일본 개정민법은 다음과 같다.
제120조(취소권자) ① 행위능력의 제한에 의해 취소할 수 있는 행위는 제한행위능력자(다른 제한행위능력자의 법정대리인으로서 한 행위에 있어서는 그 다른 제한행위능력자를 포함한다) 또는 그의 대리인, 승계인이나 동의할 수 있는 자에 한하여 취소할 수 있다. ② 착오, 사기 또는 강박에 의하여 취소할 수 있는 행위는 하자 있는 의사표시를 한 자 또는 그의 대리인이나 승계인에 한하여 취소할 수 있다.)

15) 법무부, 기본방침, 122면.

16) 양창수, 독일민법전, 49, 51면.

17) 독일민법과 DCFR의 경우, 우리 민법과 달리 법률행위의 취소권자에 관한 규정을 따로 두지 않고, 취소할 수 있는 계약에 대한 각각의 조항에서 취소행위의 주체를 주어로 규정하고 있다.

18) 안태용, DCFR, 243면.

19) 그 밖에 Ⅱ-7:201 착오, Ⅱ-7:206 강제 또는 협박, Ⅱ-7:207 불공정한 착취에 관한 조항에서도 이와 유사한 규정방식을 취하고 있다.

보고 있다. 따라서 취소권자의 범위를 규정함에 있어 의용민법 제120조 제1항의 내용을 답습할 것이 아니라 착오로 인한 의사표시를 한 자도 취소권자에 포함시켰어야 한다. 이번 개정은 이러한 과거의 입법상 오류를 바로잡기 위해서 이루어졌다. 이미 2004년 개정안에서도 이러한 내용을 담고 있었고, 이번 개정시안 논의과정에서도 이 점에 대해서 별다른 이견이 없었다.

그 외에도 개정시안은 성년후견제도의 취지에 따라 "무능력자"라는 표현을 "제한능력자"로 변경하고, "하자있는 의사표시를 한 자"는 "사기나 강박에 의한 의사표시를 한 자"라고 구체적으로 표현하였다.

4. 참고사항

개정작업 과정이 진행되던 중 성년후견제도를 도입하는 내용의 민법 개정안이 국회를 통과하여 2011년 3월 7일에 공포되었고 2013년 7월 1일부터 시행되고 있다. 이에 따라 제140조의 "무능력자"가 "제한능력자"로, "하자 있는 의사표시를 한 자"가 "착오로 인하거나, 사기 · 강박에 의하여 의사표시를 한 자"로 각각 개정되었다. 이 조항에 대한 설명 앞부분의 대조표에서는 제140조에 대한 개정논의가 진행되던 2009년 당시의 민법 제140조와 이에 대한 개정시안, 그리고 2013년 7월 1일부터 시행되는 개정 민법 조항을 모두 소개하였다. 개정시안과 개정 민법 조항은 대동소이하므로 개정시안의 입법 목적은 사실상 달성되었다.

제141조(취소의 효과)

2011. 3. 7. 법률 제10429호로 개정되기 전의 민법	현행	개정시안
제141조(취소의 효과) 취소한 법률행위는 처음부터 무효인 것으로 본다. 그러나 무능력자는 그 행위로 인하여 받은 이익이 현존하는 한도에서 상환할 책임이 있다.	제141조(취소의 효과) 취소된 법률행위는 처음부터 무효인 것으로 본다. 다만, 제한능력자는 그 행위로 인하여 받은 이익이 현존하는 한도에서 상환(償還)할 책임이 있다.	제141조(취소의 효과) ① 취소한 법률행위는 처음부터 무효인 것으로 본다. 그러나 제한능력자는 그 행위로 인하여 받은 이익이 현존하는 한도에서 상환할 책임이 있다. ② 법률행위의 일부분에만 취소의 원인이 있는 때에는 취소권이 행사되어도 나머지 부분은 효력이 있다. 그러나 그 나머지 부분만으로는 법률행위를 하지 아니하였을 것이라고 인정될 때에는 그 전부를 무효로 한다.

1. 개정 배경

현행 민법에서는 취소의 효과로서 취소의 소급효 및 제한능력자의 반환범위에 대한 특칙을 규정하고 있는데, 우리 학설과 판례는 이 밖에도 일부취소를 인정하고 있다. 일부취소도 일부무효와 마찬가지로 i) 법률행위가 가분적이고, ii) 유효한 나머지 부분만으로도 법률행위를 유지하였을 것이라는 당사자의 가정적 의사가 인정될 것을 요건으로 하여 일반적으로 인정되고 있지만, 일부무효와 달리 일부취소의 경우에는 관련 규정이 없다. 따라서 일부무효와의 균형상, 그리고 일부취소의 요건 및 효과를 명확히 한다는 차원에서 명문의 규정을 두는 것이 바람직하다.

2. 관련 입법례

◆ 2004년 개정안

무능력자에 대한 보호가 지나치다는 의견이 제시되었으나, 구체적인 개정논의로 진행되지 않았다.

◆ 일본민법[20][21]

제121조(취소의 효과) 취소된 행위는 처음부터 무효이었던 것으로 본다. 다만, 제한행위능력자는 그 행위에 의하여 현실로 이익을 얻고 있는 한도에서 반환할 의무를 진다.

◆ 일본 채권법개정의 기본방침[22]

[1.5.54](취소에 의한 소급적 무효)

〈1〉 취소된 행위는 처음부터 무효였던 것으로 간주한다.

〈2〉 〈1〉의 경우에 제한행위능력자 또는 의사능력을 결한 자가 무효인 행위에 근거하여 급부를 수령한 때에는 현재 이익을 받고 있는 한도에서 반환의무를 진다. 단, 자기의 과실에 의해 일시적으로 의사능력을 결한 상태에 빠진 자에 대하여는 그러하지 아니하다.

〈3〉 행위능력의 제한 또는 의사능력의 결여를 이유로 하여 행위를 취소할 수 있는 경우에 당해 행위에 근거하여 이익을 수령한 자가 취소의 의사표시가 행해진 후에 급부자에게 반환해야 할 의무가 있음을 알면서 수령한 이익을 소비한 때에는 〈2〉 본문의 규정을 적용하지 않는다.

◆ 독일민법[23]

제142조(취소의 효과) ① 취소할 수 있는 법률행위가 취소되면 그 행위는 처음부터 무효인 것으로 본다.

② 취소할 수 있음을 알았거나 알아야 했던 사람은 취소가 행하여지면 법률행위의 무효를 알았거나 알아야 했던 것과 동시된다.

◆ PECL[24]

제4:115조 취소의 효과

취소한 경우, 각 당사자는 계약에 기하여 급부한 것에 관하여 원상회복을 청구할 수 없다. 다만 그 당사자는 계약에 기하여 수령한 것을 동시에 원상회복해야 한다. 어떤 이유에서든 현물로 원상회복이 불가능한 경우, 수령한 것에 대하여 합리적인 금액을 지급하여야 한다.

제4:116조 일부 취소
취소의 원인이 단지 계약의 특정한 조항에 관한 것인 경우에, 취소의 효과는 그 조항에만 미친다. 다만 사안의 모든 사정을 적정하게 고려할 때 나머지 계약의 효력을 유지하는 것이 불합리할 때에는 그러하지 아니하다.

◆ DCFR[25]

II. - 7:212 취소의 효과
(1) 본 절에 따라 취소할 수 있는 계약은 취소될 때까지 유효하나, 취소된 때에는 소급하여 무효로 된다.
(2) 어느 당사자가 본 절에 따라 취소된 계약 하에서 양도되거나 공급된 여하한 것의 반환 또는 금전적 등가물을 청구할 권리가 있는지의 문제는 부당이득에 관한 규정에 의한다.
(3) 본 절에 따라 취소된 계약 하에서 이전된 물건의 소유권에 대한 취소의 효력은 재산권의 양도에 관한 규정에 의한다.

II. - 7:213 일부 취소
본절 하에서의 취소사유가 계약의 특정한 조항에 대하여만 영향을 미치는 경우 취소의 효력은 그 사안의 제반 정황을 고려하여 그 나머지 부분을 유효로 하는 것이 불합리하지 않는 한 그러한 조항으로 제한된다.

---

20) 권철, 일본민법전, 41면.

21) 일본 개정민법은 다음과 같다.
제121조 (취소의 효과) 취소된 행위는 처음부터 무효이었던 것으로 본다. (단서는 삭제)
제121조의2 (원상회복 의무) ① 무효인 법률행위에 기초한 채무의 이행으로서 급부를 수령한 자는 상대방에게 원상회복 의무를 진다.
② 전항의 규정에도 불구하고, 무효인 무상행위에 기초한 채무의 이행으로서 급부를 수령한 자는 급부를 받은 당시 그 행위가 무효인 사실(급부를 수령한 후에 제121조의 규정에 따라 처음부터 무효이었던 것으로 보게 되는 행위의 경우에는 급부를 수령한 당시 그 행위가 취소할 수 있는 행위라는 사실)을 알지 못하였던 때에는 그 행위에 따라 실제로 이익을 받은 한도에서 반환의무를 진다.
③ 제1항의 규정에도 불구하고, 행위 시에 의사능력이 없었던 자는 그 행위에 따라 실제로 이익을 받은 한도에서 반환의무를 진다. 행위 시에 제한행위능력자였던 자에 대하여도 또한 같다.

22) 법무부, 기본방침, 123면.

23) 양창수, 독일민법전, 59면.

3. 관련 판례

◆ **대법원 2002. 9. 10. 선고 2002다21509 판결**

하나의 법률행위의 일부분에만 취소사유가 있다고 하더라도 그 법률행위가 가분적이거나 그 목적물의 일부가 특정될 수 있다면, 그 나머지 부분이라도 이를 유지하려는 당사자의 가정적 의사가 인정되는 경우 그 일부만의 취소도 가능하다고 할 것이고, 그 일부의 취소는 법률행위의 일부에 관하여 효력이 생긴다.

◆ **대법원 2009. 1. 15. 선고 2008다58367 판결**

무능력자의 책임을 제한하는 민법 제141조 단서는 부당이득에 있어 수익자의 반환범위를 정한 민법 제748조의 특칙으로서 무능력자의 보호를 위해 그 선의·악의를 묻지 아니하고 반환범위를 현존 이익에 한정시키려는 데 그 취지가 있으므로, 의사능력의 흠결을 이유로 법률행위가 무효가 되는 경우에도 유추적용되어야 할 것이나, 법률상 원인 없이 타인의 재산 또는 노무로 인하여 이익을 얻고 그로 인하여 타인에게 손해를 가한 경우에 그 취득한 것이 금전상의 이득인 때에는 그 금전은 이를 취득한 자가 소비하였는가의 여부를 불문하고 현존하는 것으로 추정되므로, 위 이익이 현존하지 아니함은 이를 주장하는 자, 즉 의사무능력자 측에 입증책임이 있다.

4. 개정시안의 내용

가. 취소의 소급효 및 제한능력자의 반환 범위(제1항)

법률행위 취소의 일반적인 효과에 대해서는 현행 민법 제141조의 내용을 그대로 유지하였다.[26] 논의 단계에서는 취소할 수 있는 법률행위라고 하더라도 취소되기 전까지

---

24) 김재형, PECL, 421, 424면.

25) 안태용, DCFR, 247면.

26) 2013. 7. 1. 법률 제10429호로 개정되기 전의 민법에서는 '무능력자'라는 표현을 사용하였으나 위 개정으로 '제한능력자'라는 표현을 사용하게 되었다.

는 유효하다는 점, 취소 후 급부의 반환은 부당이득의 성격을 띤다는 점을 추가로 규정하자는 취지의 시안[27]도 제시되었으나 채택되지 않았다. 다만 일부취소에 대한 제2항이 신설되면서 기존 내용은 제1항이 되었다.

한편 현행 민법 제141조에서는 법률행위가 취소된 경우 제한능력자의 반환범위만을 정하고 있을 뿐, 제한능력자임을 원인으로 한 취소의 경우에만 반환범위의 특칙이 인정되는 것인지, 아니면 취소권자가 제한능력자이기만 하면 취소의 원인에 상관없이 반환범위의 특칙이 인정되는 것인지에 대한 구체적인 언급이 없다. 개정시안의 논의 과정에서는 반환범위의 특칙이 적용되는 취소의 원인을 특정할 것인지를 검토해야 한다는 의견도 있었으나 결국 이는 해석론에 맡기기로 하였다. 따라서 개정시안은 제한능력자에 대한 특례가 제한능력을 이유로 법률행위를 취소한 경우에만 인정될 것인지, 아니면 다른 사정으로 법률행위를 취소한 경우에도 인정될 것인지에 대해 어떠한 입장도 명시적으로 선택하지 않았다.

나. 일부 취소의 효력 신설(제2항)

현행 민법에는 일부취소에 관한 규정이 없으나, 학설과 판례는 일부무효가 인정되는 것과 마찬가지로 일정한 요건 하에 일부취소의 효력을 인정하고 있다. 개정시안에서는 이러한 학설과 판례의 입장을 반영하여 일부취소의 효력에 관한 근거규정을 두었다.

개정시안 제141조 제2항은 법률행위의 가분성을 전제로 하며, 그 법률행위의 일부에만 취소사유가 존재하여야 한다. 또한 개정시안은 일부취소의 효력에 관하여 일부무효의 경우와 마찬가지로 잔부유효를 원칙으로 하고 있다. 따라서 취소의 원인이 법률행위의 일부분에만 있는 경우에는 이를 이유로 한 취소권이 행사되어도 나머지 부분은 효력이 있는 것이 원칙이다. 이처럼 개정시안은 일부취소에 관하여도 잔부유효를 원칙으로 한다는 점에서 잔부무효의 원칙을 채택하고 있는 판례와 구별된다.[28]

---

27) 제141조 개정시안 제2안 ① 취소할 수 있는 법률행위는 취소되기 전까지 유효하나, 취소권이 행사되면 처음부터 무효인 것으로 본다.
② 취소된 법률행위에 따라 급부된 것이 있으면 그 반환은 부당이득에 관한 규정에 의하여 청구할 수 있다. 그러나 제한 행위능력자는 그 행위로 인하여 받은 이익이 현존하는 한도에서 반환할 의무가 있다.

논의 과정에서는 법률행위의 일부에만 취소사유가 있는 경우에는 취소권자가 전부취소와 일부취소 중 하나를 선택하도록 하여야 한다는 의견도 제시되었다. 그러나 일부무효와 마찬가지로 일부취소 역시 그 논의의 배후에는 가급적 법률행위의 효력을 유지하려는 사고가 깔려 있다. 즉 일부가 무효이거나 취소될 운명이더라도 당사자의 가정적 의사에 반하지 않는 한 나머지는 원칙적으로 유지시키고자 하는 태도가 잔부유효의 원칙으로 반영된 것이다. 이러한 배경을 고려하면, 일부취소의 요건을 갖추었고, 일부만 취소하고 나머지는 유지하는 것이 당사자의 가정적 의사에 부합한다면 굳이 당사자의 선택에 따라 전부취소를 할 수 있도록 허용할 이유가 없다. 이는 취소권자의 선택에 따라 상대방의 의사와 무관하게 법률관계의 운명이 좌우되는 결과를 초래할 우려도 있다. 따라서 개정시안은 그러한 의견을 채택하지 않았다. 결국 일부취소인지 전부취소인지 여부는 취소권자의 선택에 의하여 결정되는 것이 아니며 유효한 나머지 부분만으로는 법률행위를 하지 않았을 것이라는 당사자의 가정적 의사에 대한 법원의 객관적인 판단에 의하여 결정된다.

28) 대판 2002. 9. 10 2002다21509.

제142조(취소의 상대방)

현행	개정시안
제142조(취소의 상대방) 취소할 수 있는 법률행위의 상대방이 확정한 경우에는 그 취소는 그 상대방에 대한 의사표시로 하여야 한다.	제142조(취소의 상대방) 취소할 수 있는 법률행위의 상대방이 확정되어 있는 경우에는 취소는 그 상대방에 대한 의사표시로 하여야 한다.

1. 개정 배경

어법에 맞지 않는 부자연스러운 표현을 고칠 필요가 있다.

2. 관련 입법례

◆ **2004년 개정안**

개정논의가 없었다.

◆ **일본민법[29)]**

제123조(취소 및 추인의 방법) 취소할 수 있는 행위의 상대방이 확정된 경우에는 그 취소 또는 추인은 상대방에 대한 의사표시에 의하여 한다.

◆ **일본 채권법개정의 기본방침[30)]**

[1.5.56](취소 · 추인의 방법)

취소할 수 있는 행위의 상대방이 확정되어 있는 경우에는 그 취소 또는 추인은 상대방에 대한 의사표시에 의해 한다.

◆ 독일민법[31]

제143조(취소의 의사표시) ① 취소는 취소상대방에 대한 의사표시로써 한다.

② 계약에서는 상대방이 취소상대방이며, 제123조 제2항 제2문[32]의 경우에는 계약에 의하여 직접 권리를 취득한 사람이 취소상대방이다.

③ 타인에 대하여 행하여지는 단독행위에서는 그 타인이 취소상대방이다. 타인 또는 관청에 대하여 행하여지는 법률행위에 있어서 그 법률행위가 관청에 대하여 행하여진 때에도 또한 같다.

④ 기타의 단독행위에서는 그 법률행위에 의하여 직접 법적 이익을 얻는 사람이 취소상대방이다. 그러나 의사표시를 관청에 대하여 하여야 하는 때에는 취소는 관청에 대한 의사표시로써 할 수 있다; 관청은 법률행위에 대하여 직접 이해관계를 가지는 사람에게 취소를 통지하여야 한다.

◆ DCFR[33]

II. - 7:209 취소의 통지

본절에서의 취소는 상대방에 대한 통지로써 효과가 발생한다.

3. 개정시안의 내용

"상대방이 확정한 경우"라는 표현은 문법에 맞지 않으므로 이를 "상대방이 확정되어 있는 경우"로 수정하기로 하였다. 또한 "그 취소는"에서 "그"는 꼭 필요한 표현이 아니므로 삭제하기로 하였다.

---

29) 권철, 일본민법전, 41면.

30) 법무부, 기본방침, 125면.

31) 양창수, 독일민법전, 59, 61면.

32) 제123조(사기 또는 강박으로 인한 취소) ② 제3자가 사기를 행한 경우에, 타인에 대하여 행하여지는 의사표시는 상대방이 사기를 알았거나 알아야 했던 때에만 취소할 수 있다. 의사표시의 상대방이 아닌 사람이 의사표시에 기하여 직접 권리를 취득한 경우에 취득자가 사기를 알았거나 알아야 했던 때에는 의사표시는 그에 대하여 취소될 수 있다.

33) 안태용, DCFR, 247면.

第143조(추인의 방법, 효과)

현행	개정시안
第143조(추인의 방법, 효과) ① 취소할 수 있는 법률행위는 제140조에 규정한 자가 추인할 수 있고 추인후에는 취소하지 못한다. ② 전조의 규정은 전항의 경우에 준용한다.	第143조(추인의 방법, 효과) ① 취소할 수 있는 법률행위는 취소권자가 추인할 수 있고, 추인한 후에는 취소하지 못한다. ② 제142조는 제1항의 경우에 준용한다.

1. 개정 배경

취소할 수 있는 법률행위의 추인이란 법률행위에 취소사유가 있음에도 불구하고 그 법률행위를 취소하지 않고 유효로 확정시키는 의사표시를 말한다. 이는 취소권의 포기에 해당한다. 따라서 추인은 취소권을 가진 자만이 할 수 있다.

그런데 현행 민법은 제140조에서 법률행위의 취소권자를 규정한다. 따라서 제143조에서는 추인권자를 "제140조에 규정한 자"로 한정하고 있다. 그러나 민법 제140조가 모든 취소권자를 망라하여 규정하는 것은 아니다. 그러므로 추인권자를 좀 더 포괄적으로 규정할 필요가 있다.

2. 관련 입법례

◆ **2004년 개정안**

개정논의가 없었다.

◆ **일본민법**[34)35)]

제122조(취소할 수 있는 행위의 추인) 취소할 수 있는 행위는 제120조에 규정한 자가 추인한 때에는 이후 취소할 수 없다. 다만, 추인에 의하여 제3자의 권리를 해쳐서는 안 된다.

제123조(취소 및 추인의 방법) 취소할 수 있는 행위의 상대방이 확정된 경우에는 그 취소 또는 추인은 상대방에 대한 의사표시에 의하여 한다.

◆ **일본 채권법개정의 기본방침**[36]

[1.5.55](취소할 수 있는 행위의 추인)

취소할 수 있는 행위는 [1.5.53]에 규정하는 자가 추인한 때에는 이후 취소할 수 없다.

[1.5.56](취소 · 추인의 방법)

취소할 수 있는 행위의 상대방이 확정되어 있는 경우에는 그 취소 또는 추인은 상대방에 대한 의사표시에 의해 한다.

◆ **독일민법**[37]

제144조(취소할 수 있는 법률행위의 추인) ① 취소할 수 있는 행위가 취소권자에 의하여 추인되는 때에는 취소를 할 수 없다.

② 제1항의 추인에는 법률행위에 대하여 정하여진 방식을 요하지 아니한다.

◆ **PECL**[38]

제4:114조 추인

계약을 취소할 권한 있는 당사자가 취소의 원인을 알거나 자유롭게 행위를 할 수 있게 된 후에 계약을 명시적 또는 묵시적으로 추인하는 경우에는 계약의 취소는 배제된다.

◆ **DCFR**[39]

II.-7:211 추인

본절에 따라 계약을 취소할 수 있는 당사자가 취소의 통지를 할 수 있는 기간이 진행하기 시작한 후 그 계약을 명시적 혹은 묵시적으로 추인한 때에는 취소를 할 수 없다.

---

34) 권철, 일본민법전, 41면.

35) 일본 개정민법은 다음과 같다.
제122조(취소할 수 있는 행위의 추인) 취소할 수 있는 행위는 제120조에 규정한 자가 추인한 때에는 이후 취소할 수 없다.

36) 법무부, 기본방침, 124-125면.

37) 양창수, 독일민법전, 61면.

3. 관련 판례

◆ **대법원 1997. 6. 27. 선고 97다3828 판결**

한정치산자가 '횡령혐의로 고소한 바 있으나 쌍방 원만히 합의하였을 뿐만 아니라 피고소인이 범행에 대하여 깊이 반성하고 있으므로 고소 취소한다'는 내용의 고소취소장을 작성하여 제출할 때에도 아직 한정치산선고를 취소받기 전이므로 여전히 한정치산자로서 독립하여 추인할 수 있는 행위능력을 가지고 있지 못하였을 뿐더러, 고소 취소는 어디까지나 수사기관 또는 법원에 대하여 고소를 철회하는 의사표시에 지나지 아니하고 또 고소취소장에 기재된 문면의 내용상으로도 고소인이 매수인에 대하여 가지는 매매의 취소권을 포기한 것으로 보기 어렵다.

4. 개정시안의 내용

가. 취소권자

현행 민법은 추인권자를 "제140조에 규정한 자"로 한정하고 있으나, 추인 가능한 경우가 민법 총칙상의 취소에만 한정된다고 볼 수는 없다.

예를 들어, 제950조와 제951조에서는 후견감독인의 동의가 필요한 행위에 대하여 후견인이 그 동의 없이 법률행위를 한 경우에는 후견감독인이 그 법률행위를 취소할 수 있다고 규정한다. 이처럼 제140조에 규정된 취소권자 이외의 취소권자에 대해서도 추인권을 인정할 필요가 있다.

따라서 개정시안 제1항에서는 추인의 주체를 "취소권자"라고 포괄적으로 표현함으로써 제140조에서 규정한 취소권자는 물론 그 밖에 취소할 수 있는 권리를 가진 자도 추인권을 행사할 수 있는 길을 열어 놓았다.

38) 김재형, PECL, 420면.

39) 안태용, DCFR, 247면.

나. 표현의 수정

"추인후에는"을 "추인한 후에는"으로 표현을 자연스럽게 수정하였고, 최근의 법제실무에 따라 제2항에서 "전조의 규정"을 "제142조"로, "전항"을 "제1항"으로 각각 수정하였다.

제144조(추인의 요건)

2011. 3. 7. 법률 제10429호로 개정되기 전의 민법	현행	개정시안
제144조(추인의 요건) ① 추인은 취소의 원인이 종료한 후에 하지 아니하면 효력이 없다. ② 전항의 규정은 법정대리인이 추인하는 경우에는 적용하지 아니한다.	제144조(추인의 요건) ① 추인은 취소의 원인이 소멸된 후에 하여야만 효력이 있다. ② 제1항은 법정대리인 또는 후견인이 추인하는 경우에는 적용하지 아니한다.	제144조(추인의 요건) ① 추인은 취소의 원인이 소멸한 후 추인권자가 취소권을 행사할 수 있음을 알고 하지 아니하면 효력이 없다. ② 법정대리인은 취소의 원인이 소멸하기 전에도 추인할 수 있다.

1. 개정 배경

학설은 취소할 수 있는 법률행위의 추인은 취소권의 포기이므로 추인하기 위해서는 우선 취소권자가 취소할 수 있는 행위임을 알아야 한다고 새겨 왔다. 판례 역시 같은 입장이다. 하지만 민법에서는 이 점을 명시적으로 언급하지는 않았다. 개정시안 제144조 제1항은 이를 명문화하기 위하여 마련되었다. 제144조 제2항은 표현을 수정한 것이다.

2. 관련 입법례

◆ 2004년 개정안

개정논의가 없었다.

◆ 일본민법[40] [41]

제124조(추인의 요건) ① 추인은 취소의 원인이 된 상황이 소멸한 후에 하지 아니하면 그

효력을 발생하지 아니한다.

② 성년피후견인은 행위능력자가 된 후에 그 행위를 요지한 때에는 그 요지한 후가 아니면 추인을 할 수 없다.

③ 전2항의 규정은 법정대리인 또는 제한행위능력자의 보좌인 또는 보조인이 추인을 하는 경우에는 적용하지 아니한다.

◆ 일본 채권법개정의 기본방침[42]

[1.5.57](추인의 요건)

〈1〉 추인은 취소의 원인이 된 상황이 소멸하고 또한 추인권자가 취소권을 행사할 수 있음을 안 후에 하지 않으면 그 효력이 생기지 않는다.

〈2〉 〈1〉의 규정은 법정대리인 또는 제한행위능력자의 보좌인 혹은 보조인이 추인을 하는 경우 및 제한행위능력자(성년피후견인을 제외한다)가 그 법정대리인, 보좌인 혹은 보조인의 동의를 얻어 스스로 추인하는 경우에도 적용된다.

3. 관련 판례

◆ 대법원 1997. 12. 12. 선고 95다38240 판결

무효행위의 추인은 그 무효 원인이 소멸한 후에 하여야 그 효력이 있고, 따라서 강박에 의한 의사표시임을 이유로 일단 유효하게 취소되어 당초의 의사표시가 무효로 된 후에 추

40) 권철, 일본민법전, 41면.

41) 일본 개정민법은 다음과 같다.
제124조 (추인의 요건) ① 취소할 수 있는 행위의 추인은 취소의 원인이 된 상황이 소멸하고 취소권이 발생한 사실을 안 후에 하지 아니하면 그 효력을 발생하지 아니한다.
② 다음에 열거한 경우에 전항의 추인은 취소의 원인이 된 상황이 소멸한 후에 할 것을 요하지 아니한다.
1. 법정대리인 또는 제한행위능력자의 보좌인 및 보조인이 추인을 하는 경우
2. 제한행위능력자(성년피후견인은 제외한다)가 법정대리인, 보좌인, 및 보조인의 동의를 얻어 추인을 하는 경우
(제3항은 삭제)

42) 법무부, 기본방침, 125면.

인한 경우 그 추인이 효력을 가지기 위하여는 그 무효 원인이 소멸한 후일 것을 요한다고 할 것인데, 그 무효 원인이란 바로 위 의사표시의 취소사유라 할 것이므로 결국 무효 원인이 소멸한 후란 것은 당초의 의사표시의 성립 과정에 존재하였던 취소의 원인이 종료된 후, 즉 강박 상태에서 벗어난 후라고 보아야 한다.

◆ **대법원 1997. 5. 30. 선고 97다2986 판결**

추인은 취소권을 가지는 자가 취소원인이 종료한 후에 취소할 수 있는 행위임을 알고서 추인의 의사표시를 하거나 법정추인사유에 해당하는 행위를 행할 때에만 법률행위의 효력을 유효로 확정시키는 효력이 발생한다.

4. 개정시안의 내용

가. 추인의 요건 정비(제1항)

추인은 취소권을 포기하는 의사표시이므로 추인권자가 취소권의 행사가능성을 알고 추인을 하여야 한다는 것은 추인의 당연한 전제이다. 학설과 판례도 이와 같은 입장이다. 예컨대 대법원 1997. 5. 30. 선고 97다2986 판결은 추인은 취소권을 가지는 자가 취소원인이 종료한 후에 취소할 수 있는 행위임을 알고서 추인의 의사표시를 하여야 법률행위의 효력을 유효로 확정시키는 효력이 발생한다고 한다.

개정시안에서는 이러한 학설과 판례의 입장을 반영하고 추인의 요건을 분명히 하여 논란의 소지를 없애기 위하여 "추인권자가 취소권을 행사할 수 있음을 안 후에 하지 않으면" 효력이 없음을 분명히 하였다. 따라서 추인을 하기 위해서는 객관적으로는 취소의 원인이 소멸하여야 하고, 주관적으로는 취소권 행사 가능성에 대한 인식이 있어야 한다.

참고로 무효행위의 추인에 관한 민법 제139조는 "그 무효임을 알고 추인한 때에는" 새로운 법률행위로 본다고 규정하고 있으므로, 이러한 인식 요건을 추가하는 민법 제144조 제1항의 개정시안을 통해 무효와 취소의 추인에 관한 내용이 비슷하게 되었다.

한편 개정시안에서는 종래 "취소의 원인이 종료한 후에"라고 표현하던 것을 "취소의 원인이 소멸한 후에"라고 수정하였다. 이는 표현을 다듬는 차원의 변경일 뿐 실질적인 내용 변경을 의도한 것은 아니다.

나. 법정대리인의 추인(제2항)

개정시안 제2항은 2011. 3. 7. 법률 제10429호로 개정되기 전의 민법 제144조 제2항과 내용에 있어서는 별다른 차이가 없다. 종전의 민법 제144조 제1항은 "추인은 취소의 원인이 종료한 후에 하지 아니하면 효력이 없다"라고 규정한 뒤 제2항에서는 "전항의 규정은 법정대리인이 추인하는 경우에는 적용하지 아니한다"라고 규정함으로써, 법정대리인은 취소의 원인이 종료하기 전에도 추인할 수 있다는 점을 밝혔다. 개정시안 제2항은 "법정대리인은 취소의 원인이 소멸하기 전에도 추인할 수 있다"라고 규정하여 이를 풀어쓴 것이다.

그런데 이러한 개정시안이 마련된 뒤 성년후견제도의 도입을 반영하는 내용의 민법 개정안이 국회를 통과하여 2011년 3월 7일에 공포되었고 2013년 7월 1일부터 시행되고 있다. 따라서 위에서는 ① 개정논의가 진행되던 2009년 당시의 민법 제144조 ② 이에 대한 법무부 민법개정위원회의 개정시안, ③ 2013년 7월 1일부터 시행되는 현행 민법 조항 세 가지를 모두 소개한 것이다.

한편 현행 민법 제144조 제2항은 법정대리인 이외에 후견인이 추인하는 경우에도 제1항을 적용하지 아니한다고 규정하고 있다. 본래 개정시안 제2항에서는 후견인에 대해서는 언급하지 않고 있는데, 성년후견제도의 도입에 따라 이를 추가한 것이다.

이는 법정대리인이 아닌 후견인이 있을 수 있음을 전제로 한 조항이다. 기존의 행위무능력 제도에서 행위무능력자는 특별한 사정이 없는 한 법률행위 전반에 대해서 행위능력이 인정되지 않았고 후견인은 이에 관하여 포괄적인 법정대리권을 가지고 있었다. 그러나 새로 도입된 성년후견제도 하에서 한정후견에 있어서는 동의권과 법정대리권이 분리된다. 즉 현행 민법은 제13조 제1항에서 가정법원은 피한정후견인이 한정후견인의 동의를 받아야 하는 행위의 범위를 정할 수 있다고 규정하는 한편, 제959조의4에서는 가정법원이 한정후견인에게 대리권을 수여하는 심판을 할 수 있다고 규정한다. 그러므로 동의권은 있지만 법정대리권은 없는 한정후견인이 생길 수 있다. 이러한 한정후견인에게도 추인권을 인정하려는 것이 바로 현행 민법 제144조 제2항의 취지이다. 참고로 성년후견인의 경우에는 한정후견인과 달리 피후견인의 법률행위 전반에 관하여 포괄적인 법정대리권을 가지고 있을 뿐 가족법상 예외를 제외하면 동의권을 가지지는 않는다. 그러므로 성년후견인의 추인권은 곧 법정대리인의 추인권으로 포함되어 해결된다. 그러므로 여기에서의 후견인은 한정후견인을 의미한다.

5. 참고사항

현행 민법은 성년후견제도 도입을 주된 내용으로 하고 있고, 제144조 역시 성년후견제도 도입에 따른 변화만을 반영한 것이다. 따라서 현행 민법 제144조 제1항은 개정시안 제144조 제1항에서 논의한 내용, 즉 추인권자는 취소권을 행사할 수 있음을 알아야 한다는 부분을 반영하지 않았다. 그러나 이러한 미반영이 곧바로 개정시안의 폐기를 의미하는 것은 아니고, 이러한 취지가 향후 개정 과정에서 반영될 여지는 여전히 남아 있다.

제4장 시효

I. 개관

개정시안은 소멸시효와 취득시효에 관한 광범위한 변화를 담고 있다. 취득시효 부분은 제5장 점유권 및 제6장 소유권에서 다룰 수도 있겠으나, 설명의 편의상 이 장에서 소멸시효와 함께 다루기로 한다. 소멸시효와 취득시효에 관한 개정시안의 주요 내용은 다음과 같다.

○ 채권 소멸시효 기산점에 관한 주관적 체계 선택과 최장기간 설정

채권 소멸시효 기산점에 관하여 기존의 객관적 체계(즉 권리자의 주관적 인식과는 무관하게 객관적으로 권리를 행사할 수 있는 때를 기산점으로 삼는 체계) 대신 주관적 체계(즉 채무자에 대한 권리행사 가능성에 관한 권리자의 주관적 인식이 있는 때를 기산점으로 삼는 체계)를 도입하였다(제162조 제1, 2항). 한편 주관적 체계로만 일관할 경우 소멸시효를 둘러싼 법적 안정성이 위협받을 수 있다는 점을 고려하여 이와 더불어 객관적으로 권리를 행사할 수 있는 때

로부터 기산되는 소멸시효의 최장기간을 설정하여 소멸시효가 무제한 연장되는 것을 방지하였다(제162조 제3항).

○ 일반 소멸시효 기간의 단축

현재 10년으로 되어 있는 일반 채권의 소멸시효 기간을 5년으로 단축하였다(제162조 제1항). 이는 주관적 체계를 도입한 것과 맞물린 변화이다. 다만 이와 별도로 소멸시효의 최장기간을 10년으로 설정하였다(제162조 제3항). 두 기간 중 어느 것이라도 먼저 도래하면 소멸시효가 완성되므로 결과적으로 소멸시효가 짧아지게 되었다.

○ 단기 소멸시효 기간의 삭제

3년의 단기소멸시효에 관한 민법 제163조와 1년의 단기소멸시효에 관한 민법 제164조를 모두 삭제하였다. 복잡한 소멸시효체계를 단순화하기 위한 조치이다. 이를 통해 소멸시효기간의 체계가 일반소멸시효기간으로 일원화되었다.

○ 시효장애사유의 정비

시효중단과 정지 등 시효장애사유를 대대적으로 정비하였다(제168조 내지 제178조의2). 기존의 시효중단과 정지의 개념을 폐기하고 그 대신 시효정지, 완성유예, 재개시라는 새로운 개념을 도입하였다. 시효정지는 그 사유가 존재하는 동안만 시효의 진행이 정지되는 것으로서 개정시안에서 새롭게 도입한 개념이다. 시효의 완성유예는 기존의 시효정지에 해당하는 개념이다. 시효의 재개시는 기존의 시효중단에 해당하는 개념이다. 개정시안에서는 이 세 가지 개념 또는 그 결합(정지+재개시, 정지+완성유예)을 통해 시효장애사유를 전면적으로 재배치하였다.

○ 소멸시효 완성의 효과에 관한 상대적 소멸설 채택

소멸시효 완성의 효과에 관하여 상대적 소멸설을 채택하였다(제183조 제1항). 이러한 개정시안의 태도에 따르면 소멸시효가 완성되더라도 이로 인하여 이익을 받을 자가 소멸시효 완성사실을 주장하여야 비로소 권리가 소멸한다.

○ 불법행위로 인한 손해배상청구권의 소멸시효 변경

불법행위로 인한 손해배상청구권의 소멸시효에 관한 내용을 변경하였다(제766조). 피해자나 그의 법정대리인이 손해와 가해자를 안 날부터의 소멸시효기간은 3년에서 5년으로 연장하였다(제766조 제1항). 불법행위를 한 날부터의 소멸시효기간에 관해서는 그 기산점인 "불법행위를 한 날"을 "불법행위로 인한 손해가 발생한 날"로 구체화하고 그 기간은 10년에서 20년으로 연장하였다(제766조 제2항). 한편 성적 침해를 이유로 하는 손해배상청구권은 피해자가 미성년자인 경우 소멸시효 정지사유로 하였다(제766조 제3항). 이러한 변경은 모두 피해자 보호라는 공통된 이념을 담고 있다. 이 조항에 대한 상세한 내용은 민법 개정시안 채권편 해설서에서 상세하게 설명하기로 한다.

○ 자주점유 추정의 폐지

자주점유 추정을 폐지하였다(제197조). 이로써 이론상으로는 취득시효 완성의 증명이 더욱 어려워지게 되었다.

○ 부동산 점유취득시효에 관하여 선의 · 무과실 요건 추가

부동산 점유취득시효에 관하여 20년간 자주, 평온, 공연점유라는 기존의 요건 이외에 선의 · 무과실 요건을 추가하였다(제245조 제1항). 이로써 점유취득시효가 인정될 가능성이 좀 더 낮아지게 되었다.

○ 기타

소멸시효 장애사유에 관한 대대적인 개정에 따라 취득시효 장애사유에 대해서도 이에 상응하는 조항을 신설하거나 기존 조항의 내용을 변경하였다(제247조의2 내지 4). 또한 그 이외에 개정시안의 취지 또는 어법에 따라 조문의 위치를 변경하거나 기존 개념을 새로운 개념으로 대체하거나 표현을 수정한 조항들이 다수 있다(제162조의2, 제165조, 제167조, 제183조 제2항, 제184조, 제246조, 제247조).

참고로 시효에 관한 개정시안은 2010. 12. 3. 입법예고된 뒤 법인에 관한 개정시안과 함께 18대 국회에 먼저 제출되었으나 국회의 임기만료로 폐기되었다.

제162조(채권의 소멸시효기간)

현행	개정시안
제162조(채권, 재산권의 소멸시효) ① 채권은 10년간 행사하지 아니하면 소멸시효가 완성한다. ② 채권 및 소유권 이외의 재산권은 20년간 행사하지 아니하면 소멸시효가 완성한다.	제162조(채권의 소멸시효기간) ① 채권은 채권자가 권리를 행사할 수 있다는 사실과 채무자를 안 때부터 5년 동안 행사하지 아니하면 소멸시효가 완성된다. ② 부작위를 목적으로 하는 채권의 소멸시효는 채권자가 위반행위와 채무자를 안 때부터 진행된다. ③ 권리를 행사할 수 있는 때 또는 위반행위를 한 때부터 10년이 지나면 제1항 및 제2항에도 불구하고 소멸시효가 완성된다.

1. 개정 배경

현행 민법 제162조는 소멸시효의 대상이 되는 권리가 채권과 소유권 이외의 재산권이고, 채권에 대한 원칙적인 소멸시효기간은 10년이며, 기타의 재산권에 대한 원칙적인 소멸시효기간은 20년임을 규정하고 있다. 그 밖에 제163조와 제164조에서는 각각 3년과 1년의 단기소멸시효 규정을 두고 있는데, 채권의 소멸시효기간과 관련하여 제162조가 원칙규정이며 제163조와 제164조는 예외규정인 것으로 이해되고 있다.

그런데 채권의 일반소멸시효기간을 10년으로 규정하는 것이 타당한가에 대하여는 의문이 제기되고 있다. 급변하는 현대사회의 특성에 비추어 볼 때 거래관계를 신속하게 종결지어야 할 필요가 있음을 감안하면 채권의 일반소멸시효기간으로 설정된 10년은 너무 긴 측면도 있다. 외국의 최근 입법 추세를 보더라도 채권의 일반소멸시효기간을 단축하는 경향이 나타나고 있다. 개정시안은 이러한 측면을 반영하기 위해 논의 끝에 마련된 것이다.

2. 관련 입법례

◆ **2004년 개정안**

논의 결과, 개정대상에서 제외되었다.

◆ **일본민법**[1)2)]

第167조(채권 등의 소멸시효) ① 채권은 10년간 행사하지 아니한 때에는 소멸한다.

②항 생략

◆ **일본 채권법개정의 기본방침**[3)]

[3.1.3.44](채권시효의 기산점과 시효기간의 원칙)

〈1〉 채권시효의 기간은 민법 기타 법률에 특별한 규정이 있는 경우를 제외하고, 채권을 행사할 수 있는 때로부터 [10]년을 경과함으로써 만료한다.

〈2〉 〈1〉의 기간이 경과하기 전이라도 채권자(채권자가 미성년자 또는 성년피후견인인 경우는 그 법정대리인)가 채권발생의 원인 및 채무자를 안 때는 그를 안 때 또는 채권을 행사할 수 있는 때 중 후에 도래한 때로부터 [3년/4년/5년]의 경과로 채권시효의 기간은 만료한다.

◆ **독일민법**[4)]

제195조(일반소멸시효기간) 일반소멸시효기간은 3년으로 한다.[5)]

제196조(토지에 대한 권리의 소멸시효기간) 토지소유권의 양도청구권, 토지에 대한 권리의 설정, 양도나 소멸 또는 내용변경의 청구권 및 그 반대급부에 대한 청구권은 10년의 소멸시효에 걸린다.

제197조 (30년의 소멸시효기간) (내용은 생략)

제199조(일반소멸시효기간의 기산 및 최장기간) ① 일반소멸시효기간은 다음의 연도가 끝나는 때로부터 진행한다.

1. 청구권이 성립하고, 또
2. 채권자가 청구권을 발생시키는 사정 및 채무자의 신원을 알았거나 중대한 과실 없이 알았어야 했던 연도.

② ~ ③ (생 략)[6]

④ 손해배상청구권 이외의 청구권은 인식 또는 중대한 과실로 인한 불인식에 관계없이 그 성립시로부터 10년의 소멸시효에 걸린다.

⑤ 청구권이 부작위를 목적으로 하는 경우에는, 소멸시효는 청구권의 성립시가 아니라 위반행위시로부터 진행한다.

◆ **프랑스민법**[7]

제2224조 인적 소권이나 동산에 관한 소권은 권리자가 이를 행사할 수 있다는 사실을 알거나 알 수 있었을 때로부터 5년으로 소멸된다.[8]

◆ **DCFR**[9]

Ⅲ.-7:201 일반기간

일반적인 시효기간은 3년으로 한다.

Ⅲ.-7:203 기산

(1) 일반적인 시효기간은 채무자가 이행을 하여야 하는 때 또는 손해배상에 대한 권리의 경우에는 그 권리를 발생시킨 행위가 있은 때로부터 기산한다.

(2) 채무자가 어떠한 계속적 작위 혹은 부작위 채무를 부담하고 있는 경우, 일반적인 시효기간은 그 채무 각각의 위반의 때로부터 기산한다.

Ⅲ.-7:301 부지의 경우의 중단

채권자가 (a) 채무자의 인적사항, 또는 (b) 손해배상에 대한 권리의 경우에는 손해의 형태를 포함하여 채권 발생의 기초 사실을 알지 못하거나 또는 이를 알았을 것을 합리적으로 기대할 수 없는 동안에는 시효기간의 진행이 중단된다.

Ⅲ.-7:307 기간의 최장기

시효기간은 본 장에 의한 진행의 중단 또는 만료의 연기에 의하여도 10년을 초과하여 연장될 수 없으며, 신체 상해에 대한 손해배상에 대한 권리의 경우에도 30년을 초과하여 연장될 수 없다. 본 규정은 Ⅲ.-7:302(사법적 절차 또는 기타 절차의 경우의 중단)에 따른 중단에는 적용되지 않는다.

3. 관련 판례

◆ **대법원 1992. 3. 31. 선고 91다32053 전원합의체 판결**

소멸시효는 객관적으로 권리가 발생하여 그 권리를 행사할 수 있는 때로부터 진행하고 그 권리를 행사할 수 없는 동안만은 진행하지 않는바, '권리를 행사할 수 없는' 경우라 함은 그 권리행사에 법률상의 장애사유, 예컨대 기간의 미도래나 조건불성취 등이 있는 경우를 말하는 것이고, 사실상 권리의 존재나 권리행사가능성을 알지 못하였고 알지 못함에 과실이 없다고 하여도 이러한 사유는 법률상 장애사유에 해당하지 않는다.

---

1) 권철, 일본민법전, 57면.

2) 일본 개정민법은 다음과 같다.
第166조 (채권 등의 소멸시효) ① 채권은 다음에 열거한 경우에 시효에 의하여 소멸한다.
1. 채권자가 권리를 행사할 수 있다는 사실을 안 때로부터 5년 간 행사하지 아니한 경우
2. 권리를 행사할 수 있는 때로부터 10년 간 행사하지 아니한 경우
(②항과 ③항은 생략)

3) 법무부, 기본방침, 342면.

4) 양창수, 독일민법전, 83, 85면.

5) 독일민법은 2002년 개정으로 소멸시효에 관한 규정을 대폭 개정하여 소멸시효에 관한 규정을 단순화하고, 30년의 통상소멸시효기간을 3년으로 대폭 축소하였다. 또한 기산점에 관하여 주관적 체계를 취하되 최장기간제도를 두었다.

6) 개정시안 제766조의 관련 입법례 부분 참조.

7) 이하 본문에서 소멸시효 규정과 관련하여 인용한 프랑스민법 조항은 임건면, 소멸시효기간 및 기산점, 2009년 법무부 연구용역과제보고서 84면 이하를 참조한 것이다.

8) 프랑스민법에서는 소멸시효 기간에 관하여 개정 전 일반소멸시효기간(30년), 중기 소멸시효기간(10년, 20년), 단기 소멸시효기간(6개월) 등으로 다양하게 규정되어 있었으나, 2008년 개정을 통하여 소멸시효기간을 5년으로 통일하여 개정하였다.

9) 안태용, DCFR, 391, 393, 397면.

◆ **대법원 2008. 11. 13. 선고 2007다19624 판결**
보험금청구권은 보험사고가 발생하기 전에는 추상적인 권리에 지나지 않고 보험사고의 발생으로 인하여 구체적인 권리로 확정되어 그때부터 권리를 행사할 수 있게 되는 것이므로, 보험금청구권의 소멸시효는 특별한 다른 사정이 없는 한 보험사고가 발생한 때부터 진행하는 것이 원칙이지만, 보험사고가 발생하였는지 여부가 객관적으로 분명하지 아니하여 보험금청구권자가 과실 없이 보험사고의 발생을 알 수 없었던 경우에도 보험사고가 발생한 때부터 보험금청구권의 소멸시효가 진행한다고 해석하는 것은 보험금청구권자에게 가혹한 결과를 초래하게 되어 정의와 형평의 이념에 반하고 소멸시효제도의 존재이유에도 부합하지 않는다. 따라서 객관적으로 보아 보험사고가 발생한 사실을 확인할 수 없는 사정이 있는 경우에는 보험금청구권자가 보험사고의 발생을 알았거나 알 수 있었던 때부터 보험금청구권의 소멸시효가 진행한다.

◆ **대법원 1999. 12. 7. 선고 98다42929 판결**
채무자가 시효완성 전에 채권자의 권리행사나 시효중단을 불가능 또는 현저히 곤란하게 하거나 그러한 조치가 불필요하다고 믿게 하는 행동을 하였거나, 객관적으로 채권자가 권리를 행사할 수 없는 장애사유가 있었거나, 또는 일단 시효완성 후에 채무자가 시효를 원용하지 아니할 것 같은 태도를 보여 권리자로 하여금 그와 같이 신뢰하게 하였거나, 채권자 보호의 필요성이 크고 같은 조건의 다른 채권자가 채무의 변제를 수령하는 등의 사정이 있어 채무 이행의 거절을 인정함이 현저히 부당하거나 불공평하게 되는 등의 특별한 사정이 있는 경우에 한하여 채무자가 소멸시효의 완성을 주장하는 것이 신의성실의 원칙에 반하여 권리남용으로서 허용될 수 없다.

4. 개정시안의 내용

가. 규정체계

개정시안 제162조에서는 채권의 소멸시효기간(단기 5년, 장기 10년)과 소멸시효의 기산점(채권자가 권리를 행사할 수 있다는 사실과 채무자를 안 때)을 함께 규정한다. 이는 민법이 제162조 내지 제164조에서 소멸시효기간을(10년, 3년, 1년), 제166조에서 소멸시효의 기산점

(권리를 행사할 수 있는 때)을 각각 별도로 규정하고 있는 것과는 차이가 있다. 또한 현행 민법은 제166조 제2항에서 부작위를 목적으로 한 채권의 소멸시효에 관하여 규정하는데, 개정시안은 이를 제162조에 포함시켰다.

나. 일반소멸시효기간(제1항 후단)

개정시안은 거래를 둘러싼 제반 사정의 변화가 급격한 현대사회의 특성에 비추어 볼 때 거래관계를 신속히 종결시켜야 할 필요성이 인정됨에도 불구하고, 채권에 대한 현행 일반소멸시효기간은 10년으로 상당히 길어서 현실에 부합하지 못하다는 문제의식으로부터 출발한 것이다. 일반소멸시효기간에 관한 외국의 입법례를 보면 독일민법은 3년, 프랑스민법은 5년, 공통참조기준초안(DCFR)은 3년 등 대체로 우리보다 훨씬 짧은 기간을 설정하고 있다. 일본 개정민법도 일반소멸시효기간을 10년에서 5년으로 단축하였다. 물론 이러한 단기의 소멸시효기간은 뒤에서 보는 바와 같이 기산점에 관한 주관적 체계와 결합한다는 특징이 있다. 따라서 이러한 소멸시효기간은 기산점에 대한 입법 태도와 결부시켜 논의할 필요가 있다. 개정시안은 뒤에서 보는 것처럼 채권소멸시효의 기산점에 관하여 주관적 체계를 채택하면서 일반소멸시효기간을 5년으로 대폭 단축하였다.

개정시안 논의과정에서는 시효기간을 불법행위로 인한 채권의 소멸시효기간(제766조 제1항)에 맞추어 3년으로 통일하자는 견해도 있었다. 그러나 현행 민법과 비교할 때 지나치게 급격한 변화는 바람직하지 않다는 점도 고려하여 표결을 거쳐 절충적으로 5년의 시효기간을 규정하기로 하였다.

다. 기산점(제1항 전단, 제2항, 제3항 전단)

소멸시효의 기산점 설정에 관하여는 채권자의 인식 내지 인식가능성을 요건으로 하는 주관적 체계, 이와 무관하게 권리발생 후 일정 기간의 경과를 요건으로 하는 객관적 체계가 있다. 권리자의 인식 내지 인식가능성을 요건으로 하는 주관적 체계에서는 권리발생을 알았거나 알 수 있었음에도 불구하고 이를 행사하지 않는 자에게 비로소 시효완성의 불이익을 안기는 것이므로 권리박탈을 정당화하기가 쉬워진다. 그러나 주관적 요소를 요건화함으로써 법적 안정성을 해치고, 실제로 권리의 인식 내지 인식가능성 여부를 판단하기도 쉽지 않다는 문제가 있다. 반대로 객관적 체계는 법적 안정성과 판단의 용이성 면에서는 우월하나, 권리발생의 인식가능성이 없었던 자의 권리도 시효완성의 대상으로 삼고 있어 권리박탈을 정당화하기가 어렵다.

우리 민법 제166조 제1항은 "소멸시효는 권리를 행사할 수 있는 때로부터 진행한다"라고 하여 객관적 체계를 채택하고 있다. 한편 판례는 "권리를 행사할 수 있는 때"에 관하여 권리가 발생하였지만 그 행사에 법률상의 장애사유(예컨대 기간의 미도래나 조건불성취 등의 사유)가 있다면 "권리를 행사할 수 있는 때"에 이르지 않은 것이지만, 그 행사에 사실상의 장애사유(예컨대 권리의 존재나 권리행사 가능성을 알지 못하였다는 등의 사유)가 있다면 시효진행에 아무런 지장이 없다고 한다.[10] 즉 시효장애사유를 법률상 장애와 사실상 장애로 나누어 법률상 장애가 있는 경우에 한하여 기산점이 도래하지 않은 것으로 본다. 인식 여부나 인식가능성 등 주관적 요소는 사실상 장애로 분류함으로써 해석상으로도 객관적 체계를 관철하는 것이다. 다만 우리나라 판례 가운데에는 이러한 주류적 해석과는 달리 기산점 설정 시 권리자의 인식가능성을 고려한 경우도 있다.[11] 이는 객관적 체계를 예외 없이 밀고 나갈 때 생길 수 있는 구체적 타당성의 결여를 막기 위한 것인데, 근래에는 소멸시효 남용의 법리가 좀 더 넓게 활용되고 있다.

개정시안은 소멸시효기간을 10년에서 5년으로 단축하는 대신 주관적 체계를 출발점으로 삼는 근본적인 변화를 꾀하고 있다. 이는 최근 외국에서 발견되는 전반적인 흐름과도 일치한다. 예컨대 독일은 일반소멸시효기간과 관련하여 2002년 민법개정시 장기의 시효기간(30년)의 토대 위에 객관적 체계를 취하던 종래의 입장을 전환하여 원칙적으로 단기의 시효기간(3년)의 토대 위에(제195조) 주관적 체계를 취하게 되었다(제199조 제1항). 유럽계약법원칙(PECL)도 독일과 마찬가지로 일반소멸시효기간을 3년으로 하되(14:201), 채무자의 신원 및 권리를 발생시키는 사실에 대한 인식이 결여된 경우에는 시효

10) 대판(전) 1984. 12. 26, 84누572; 대판 2004. 4. 27, 2003두10763 등 다수.

11) 대판 1977. 12. 13, 77다1048; 대판 1993. 7. 13, 92다39822; 대판 2001. 4. 27, 2000다31168; 대판 2003. 2. 11, 99다66427; 대판 2003. 4. 8, 2002다64957; 대판 2006. 1. 26, 2004다19104 등.

가 정지된다는(14:301) 입장을 취함으로써, 일종의 주관적 체계에 기초하고 있다. 또한 공통참조기준초안(DCFR) 역시 유럽계약법원칙의 태도를 계승하여 이와 유사한 조항을 두고 있다(Ⅲ. - 7:203, 7:301). 적어도 유럽에서는 이러한 주관적 체계가 대세를 이루고 있는 것이다. 최근 성안된 일본민법 개정안도 이처럼 소멸시효기간의 단기화(5년)와 주관적 체계의 결합이라는 특징을 보이고 있다.

개정시안은 이러한 국제적인 흐름을 반영하였다. 좀 더 구체적으로 보면 "채권자가 권리를 행사할 수 있다는 사실과 채무자를 안 때"를 기산점으로 삼는다. 이는 주관적인 인식을 요건으로 한다는 점에서 객관적인 권리행사가능성이 인정되는 때를 기산점으로 삼는 현행 민법의 객관적 체계와 다르다. 그러므로 객관적으로 권리를 행사할 수 있었더라도 권리행사가능성과 채무자에 대한 인식이 없다면 소멸시효가 진행하지 않는다. 이는 대체로 채권자에게 유리한 변화라고 평가할 수 있다. 다만 채권자의 인식 여부라는 불명확한 주관적 요소에 시효완성 여부가 좌우되는 점이 채무자에게 불리할 수 있다는 점을 고려하여, 개정시안에서는 제3항 부분에서 서술하듯이 객관적 체계에 따른 최장기간의 제한도 함께 두고 있다.

초기의 개정시안에서는 주관적 체계에 따른 기산점을 정함에 있어서 "중과실로 인하여 이를 알지 못한 때"가 추가된 시안이 제시되기도 하였다. 그러나 이는 채권자가 알지 못하는 상태에서 시효진행이 이루어져 채권자에게 불리한 면이 있고, 제766조에는 중과실이 포함되어 있지 않아 양 규정의 균형을 위해서라도 중과실은 삭제하는 것이 타당하다는 지적이 있어 최종안에서는 중과실의 경우를 포함하지 않는 것으로 하였다.

라. 부작위를 목적으로 하는 채권의 소멸시효(제2항)

부작위를 목적으로 하는 채권의 소멸시효 기산점에 관하여는 개정시안 제162조 제2항에서 규정하고 있다. 이에 따르면 이러한 채권의 소멸시효는 채권자가 위반행위와 채무자를 안 때부터 진행된다. 민법 제166조 제2항은 "부작위를 목적으로 하는 채권의 소멸시효는 위반행위를 한 때로부터 진행한다."라고 규정하고 있는데, 이를 제162조로 옮기면서 주관적 체계 도입에 따라 "위반행위와 채무자를 안 때부터"로 변경한 것이다.

마. 최장기간제 도입(제3항)

기산점에 관하여 주관적 체계를 도입함으로써 채권자가 권리행사가능성을 인식하지 못할 경우에는 시효기간이 계속하여 진행되지 않는다. 이는 채권자가 예측하지 못한 상태에서 시효가 완성되어 권리가 소멸되는 불의타不意打를 방지할 수는 있다. 그러나 채무자나 제3자의 입장에서 보면, 채권자의 주관적 사정에 따라 시효완성 여부가 좌우됨으로써 시효제도가 추구하는 중요한 이념 중 하나인 법적 안정성을 해치는 폐해가 있다. 따라서 주관적 기산점과는 별도로 최장기간제를 도입하여 객관적으로 권리를 행사할 수 있는 때부터 일정한 기간이 경과하면 시효가 완성되도록 하는 최장기간제를 도입할 필요가 있다. 이는 주관적 체계를 도입함에 따라 발생할 수 있는 폐해에 대한 일종의 안전장치이다.

이에 따라 개정시안은 채권자의 인식 여부에 관계없이 권리를 행사할 수 있는 때 또는 위반행위를 한 때(부작위를 목적으로 하는 채권의 경우)부터 10년이 경과하면 소멸시효 기간이 완성되도록 하여 법적 안정성을 도모하였다. 독일민법 제199조(10년), 공통참조기준초안 Ⅲ.- 7:307조(10년)도 각각 주관적 체계를 채택하면서 이와 동시에 최장기간제를 도입하고 있다.

최장기간의 길이와 관련하여 10년으로 하자는 의견이 우세하였으나, 10년으로 할 경우 현행 민법과 비교할 때 채무자에게만 유리하게 변경되는 셈이 되므로 채권자의 실질적인 권리행사가 가능하도록 최장기간을 15년 또는 20년으로 하자는 반대의견도 있었다. 기간에 관한 의견이 나뉨에 따라 전체회의의 표결을 거쳐 개정시안의 내용과 같이 10년으로 확정되었다.

第162조의2(그 밖의 재산권의 소멸시효기간) : 신설

현행	개정시안
〈신 설〉 ※ 第162조(채권, 재산권의 소멸시효) ① (생략) ② 채권 및 소유권 이외의 재산권은 20년간 행사하지 아니하면 소멸시효가 완성한다.	제162조의2(그 밖의 재산권의 소멸시효기간) 채권과 소유권을 제외한 다른 재산권은 권리를 행사할 수 있는 때부터 20년 동안 행사하지 아니하면 소멸시효가 완성된다.

1. 개정 배경

민법 제162조는 채권의 소멸시효기간뿐만 아니라 채권 및 소유권 이외의 재산권의 일반적인 소멸시효기간도 함께 규정하면서 그 기간을 20년으로 정한다. 그러나 채권의 소멸시효에 대하여 주관적 체계를 도입함에 따라 그 외의 재산권에 관해서는 별도의 조항에서 규율하는 것이 자연스럽게 되었다.

2. 관련 입법례

◆ **일본민법**[12)13)]

제167조(채권 등의 소멸시효) ①항 생략

② 채권 또는 소유권 이외의 재산권은 20년간 행사하지 아니한 때에는 소멸한다.

◆ **일본 채권법개정의 기본방침**[14)]

[1.7.04](재산권의 소멸시효)[15)]

〈1〉 소유권 또는 채권(단, 부동산임차권을 제외한다) 이외의 재산권은 권리를 행사할 수 있는 때로부터 20년간 행사하지 않을 때에는 기산일에 소급하여 소멸한다.
〈2〉 시기부(始期付) 권리 또는 정지조건부 권리의 목적물을 제3자가 점유한 때에는 시기의 도래 전 또는 정지조건의 성취 전이라 하더라도 그 제3자를 위하여 그 점유의 개시시부터 취득시효가 진행하는 것을 방해하지 않는다. 다만, 권리자는 그 시효기간을 갱신하기 위하여 언제라도 점유자의 승인을 요구할 수 있다.

3. 개정시안의 내용

개정시안 제162조의2는 민법 제162조와 내용이 대동소이하다. 채권 및 소유권 이외의 재산권에 관해서는 채권과 달리 기산점에 관하여 주관적 체계를 도입하지 않았고 시효기간 역시 민법 제162조에서 규정하는 20년을 그대로 유지하였다.

다만 채권 및 소유권 이외의 재산권에 대한 소멸시효가 문제되는 경우는 현실적으로 거의 발견되지 않는다. 따라서 채권 및 소유권 이외의 재산권이 소멸시효에 걸리는 것으로 보는 제162조 제2항에 대해서는 이러한 규정을 둘 실익이 별로 없으므로 아예 이를 삭제하자는 의견이 있었다. 즉, ① 질권, 저당권의 경우 담보물권의 부종성으로 인하여 소멸시효가 적용되지 않고, ② 지상권은 소멸시효의 대상이라고 해석되지만 실제 지상권의 소멸시효가 문제된 사례는 찾아보기 어려우며, ③ 지역권의 소멸시효에 관하여는 민법 제296조(소멸시효의 중단, 정지와 불가분성)의 규정이 있지만 이 조항과 관련된

12) 권철, 일본민법전, 57면.

13) 일본 개정민법은 다음과 같다.
제166조 (채권 등의 소멸시효) ① (생략)
② 채권 또는 소유권 이외의 재산권은 권리를 행사할 수 있는 때로부터 20년 간 행사하지 아니한 경우 시효에 의하여 소멸한다.
③ 전 2항의 규정은 시기부 권리 또는 정지조건부 권리의 목적물을 점유하는 제3자를 위하여 그 점유의 개시시부터 취득시효가 진행하는 것을 방해하지 아니한다. 다만, 권리자는 그 시효를 갱신하기 위하여 언제라도 점유자의 승인을 구할 수 있다.

14) 법무부, 기본방침, 142면.

15) 재산권의 소멸시효에 관한 규정은 총칙 편에서 채권의 소멸시효 기간은 채권 편에서 규정하고 있다.

판례 역시 찾아보기 어려울 뿐만 아니라 지역권의 내용상 굳이 소멸시효의 대상적격을 인정할 필요성이 있는지 의문이며, ④ 전세권의 경우는 민법 제312조에 의하여 그 존속기간이 10년을 넘지 못하므로, 전세권자가 그 권리를 행사하지 않아 20년의 소멸시효에 걸리는 경우를 예상하기 힘들다는 점 등을 들어 제162조 제2항의 삭제를 주장한 것이다. 이에 대하여는 오랜 기간 방치된 지상권 등기의 경우 소멸시효가 그 말소 근거가 될 수 있다는 점, 새로운 형태의 권리(예를 들어, '아바타', '게임머니' 등 기타 재산권)들이 계속 출현하고 있어 이에 대한 소멸시효 근거 규정이 필요하다는 점, 이 조항을 삭제하게 되면 채권 이외의 다른 권리들이 소멸시효에 걸리지 않는 것으로 해석될 수도 있다는 점 등을 이유로 제162조 제2항을 삭제하여서는 안 된다는 의견이 제기되었다. 최종적으로는 이 조항을 제162조의2로 바꾸어 그대로 유지하기로 하였다.

제163조와 제164조의 삭제

현행	개정시안
제163조(3년의 단기소멸시효) 다음 각 호의 채권은 3년간 행사하지 아니하면 소멸시효가 완성한다. 1. 이자, 부양료, 급료, 사용료 기타 1년 이내의 기간으로 정한 금전 또는 물건의 지급을 목적으로 한 채권 2. 의사, 조산사, 간호사 및 약사의 치료, 근로 및 조제에 관한 채권 3. 도급받은 자, 기사 기타 공사의 설계 또는 감독에 종사하는 자의 공사에 관한 채권 4. 변호사, 변리사, 공증인, 공인회계사 및 법무사에 대한 직무상 보관한 서류의 반환을 청구하는 채권 5. 변호사, 변리사, 공증인, 공인회계사 및 법무사의 직무에 관한 채권 6. 생산자 및 상인이 판매한 생산물 및 상품의 대가 7. 수공업자 및 제조자의 업무에 관한 채권	〈삭 제〉
제164조(1년의 단기소멸시효) 다음 각 호의 채권은 1년간 행사하지 아니하면 소멸시효가 완성한다. 1. 여관, 음식점, 대석, 오락장의 숙박료, 음식료, 대석료, 입장료, 소비물의 대가 및 체당금의 채권 2. 의복, 침구, 장구 기타 동산의 사용료의 채권 3. 노역인, 연예인의 임금 및 그에 공급한 물건의 대금채권 4. 학생 및 수업자의 교육, 의식 및 유숙에 관한 교주, 숙주, 교사의 채권	〈삭 제〉

1. 개정 배경

민법 제163조 및 제164조는 채권에 대한 소멸시효 기간을 10년으로 정한 제162조에 대한 예외로서 3년 및 1년의 단기소멸시효에 걸리는 채권에 대하여 각각 규정하고 있다. 단기소멸시효의 대상이 되는 채권은 일상적으로 빈번히 발생할 뿐만 아니라 금액도 소액인 경우가 보통이고, 영수증이 교부되지 않는 경우가 많으며 설령 영수증이 교부되더라도 이를 오랫동안 보존하리라 기대하기 어렵고, 이러한 채권은 단기간에 결제되는 것이 거래의 관행이기 때문이다.

그러나 이러한 단기소멸시효제도 때문에 소멸시효체계가 복잡해지고 수범자인 국민들의 혼란을 가중시키는 면이 있다. 또한 단기소멸시효의 적용을 받는 채권들을 일반채권과 다르게 취급할 만한 뚜렷한 이유가 있는지도 의문이다. 단기소멸시효의 대상이 되는 채권이 늘 일상적으로 빈번히 발생하는 소액의 채권인 것은 아니다. 또한 실생활에서는 신용카드 결제 및 현금영수증 제도의 도입으로 인하여 별도로 증빙서류를 남기지 않는다고 하더라도 대부분의 거래내역이 전자적인 형태로 남게 되기 때문에, 증거보전의 곤란을 구제하기 위하여 단기소멸시효가 필요하다는 논거 역시 강력하다고 보기 어렵다. 아울러 단기소멸시효에 관한 규정의 형식이 복잡하고 각 종별로 분류된 채권 사이의 균형이 맞지 않는 경우가 많으며, 구체적인 채권이 어느 단기소멸시효의 적용을 받는 것인지 의문이 생기는 경우도 적지 않다. 예를 들어, ① 급료채권은 3년의 시효에 걸리지만(제163조 제1호), 노역인과 연예인의 임금에 대하여는 1년의 시효에 걸리고(제164조 제3호), ② 부동산 사용료채권의 경우 변제기가 1년 이내인지 여부에 따라 3년의 시효에 걸리는지 여부가 달라지며(제163조 제1호), ③ 노역인이 도급을 받은 경우 시효기간이 1년(제164조 제3호)인지 3년(제163조 제3호)인지도 분명하지 않다. 또한 단기소멸시효의 적용을 받는 채권의 채권자는 채무자에 대하여 오히려 경제적으로 열악한 지위에 있는 경우가 많은데, 이와 같이 단기소멸시효를 적용하여 채권자에게 불이익을 주어야 할 이유가 명백하지 않다는 점도 문제점으로 지적되었다.

2. 관련 입법례

◆ 2004년 개정안

第163조(3년의 단기소멸시효) (현행과 같음)

1. (생 략)
2. 의사, 치과의사, 한의사, 수의사, 조산사, 간호사, 약사 및 한약사의 치료, 근로 및 조제에 관한 채권
3. (생 략)
4. 변호사, 변리사, 공증인, 공인회계사, 법무사, 공인노무사, 세무사, 관세사 및 감정평가사에 대한 직무상 보관한 서류의 반환을 청구하는 채권
5. 변호사, 변리사, 공증인, 공인회계사, 법무사, 공인노무사, 세무사, 관세사 및 감정평가사의 직무에 관한 채권
6. ~ 7. (현행과 같음)

第164조(1년의 단기소멸시효) (현행과 같음)

1. ~ 3. (현행과 같음)
4. 학생 및 수업자의 교육, 의식 및 숙박에 관한 교주, 학원주, 교사의 채권

◆ 일본 채권법개정의 기본방침[16][17]

[3.1.3.45](단기소멸시효 규정의 취급)

〈1〉 현행 민법 169조부터 174조까지[18]는 폐지한다.

〈2〉 현행 민법 724조[19]는 폐지한다.

◆ 독일민법[20]

독일민법에서도 일반소멸시효기간을 30년에서 3년으로 단축하는 방향으로 개정하면서(제195조), 개정 전 제196조, 제197조 및 제786조에 따라 2년, 3년 또는 4년의 소멸시효에 해당하였던 청구권은 개정 후 제195조에 흡수되었다.

◆ 프랑스민법

중기소멸시효(제2277조의 5년) 및 단기소멸시효(제2271조 및 제2272조의 6월, 1년, 2년 등)

에 관한 규정은 2008년 개정 후 삭제하거나 일반소멸시효기간에 흡수시켜(제2224조) 소멸시효기간을 단순화·명료화하였다.

3. 관련 판례

◆ **대법원 1998. 11. 10. 선고 98다42141 판결**

금전채무의 이행지체로 인하여 발생하는 지연손해금은 그 성질이 손해배상금이지 이자가 아니며, 민법 제163조 제1호가 규정한 '1년 이내의 기간으로 정한 채권'도 아니므로 3년간의 단기소멸시효의 대상이 되지 아니한다.

◆ **대법원 2007. 2. 22. 선고 2005다65821 판결**

민법 제163조 제1호에서 3년의 단기소멸시효에 걸리는 것으로 규정한 '1년 이내의 기간으로 정한 채권'이란 1년 이내의 정기로 지급되는 채권을 말하는 것으로서, 1개월 단위로 지급되는 집합건물의 관리비채권은 이에 해당한다고 할 것이다.

---

16) 법무부, 기본방침, 343면.

17) 일본 개정민법은 제169조 내지 제174조를 삭제하고, 확정판결의 소멸시효에 관한 제174조의2를 제169조로 옮겼다. 제724조는 삭제하지 않고 그 대신 다음 조항들을 신설하였다.
제167조 (사람의 생명 또는 신체의 침해에 따른 손해배상청구권의 소멸시효) 사람의 생명 또는 신체의 침해에 따른 손해배상청구권의 소멸시효에 관하여 제166조 제1항 제2호의 규정을 적용할 때에는 같은 호 중 "10년 간"을 "20년 간"으로 한다.
제724조의2 (사람의 생명 또는 신체를 침해하는 불법행위에 따른 손해배상청구권의 소멸시효) 사람의 생명 또는 신체를 침해하는 불법행위에 따른 손해배상청구권의 소멸시효에 관하여 전조 제1호의 규정을 적용할 때에는 같은 호 중 "3년 간"을 "5년 간"으로 한다.

18) 제169조 내지 제174조는 5년, 3년, 2년, 1년의 단기소멸시효에 관한 규정.

19) '불법행위로 인한 손해배상청구권의 기간의 제한'(가해자를 안 때부터 3년, 불법행위 시부터 20년 내 권리행사)에 관한 규정.

20) 양창수, 독일민법전, 83면.

4. 개정시안의 내용

단기소멸시효제도의 합리적인 근거를 찾기 어렵고 시대상황의 변화로 존속시킬 필요성이 적다는 점에 대해서는 대체로 공감대가 형성되었다. 한편 구체적인 안으로는 ① 제163조·제164조를 삭제하는 안, ② 제163조·제164조를 단일화하여 3년으로 하는 안, ③ 제163조·제164조를 단일화하여 5년으로 하는 안 등이 제시되었고, 그 이후 다시 ① 주관적 체계와 함께 5년의 시효를 규정하는 경우에는 제163조·제164조를 삭제하기로 하고, ② 10년의 시효를 유지하는 경우에는 제163조·제164조를 통합하여 3년으로 하기로 하며, ③ 제163조·제164조를 통합하는 경우에는 제163조의 제3호·제6호·제7호는 주로 상법의 적용대상이므로 삭제하기로 하는 안이 제시되어, 최종적으로 주관적 체계와 함께 5년의 시효를 규정하게 됨에 따라, 개정시안에서는 민법 제163조·제164조를 삭제하는 것으로 의견이 모아졌다.

결국 소멸시효체계의 통일성 및 법적 안정성을 증진시킨다는 취지에서 현행 제163조 및 제164조는 삭제하여 소멸시효기간의 체계를 일반소멸시효기간으로 일원화하였다. 이처럼 소멸시효기간의 체계를 단순화함으로써 시효 관련 규정의 해석·적용에 관한 불필요한 분쟁을 방지하고 시효기간에 대한 국민들의 예측가능성을 향상시킬 것으로 기대된다.

5. 참고사항

민법상의 단기소멸시효 관련 규정을 삭제하게 될 경우, 그 삭제 취지를 고려하여 단기소멸시효를 규정하고 있는 다른 법률(상법 제64조, 어음법 제70조 및 제77조, 수표법 제51조 등)의 개정 여부도 검토할 필요가 있다.

第165條(판결 등으로 확정된 채권의 소멸시효기간)

현행	개정시안
제165조(판결 등에 의하여 확정된 채권의 소멸시효) ① 판결에 의하여 확정된 채권은 단기의 소멸시효에 해당한 것이라도 그 소멸시효는 10년으로 한다. ② 파산절차에 의하여 확정된 채권 및 재판상의 화해, 조정 기타 판결과 동일한 효력이 있는 것에 의하여 확정된 채권도 전항과 같다. ③ 전2항의 규정은 판결확정당시에 변제기가 도래하지 아니한 채권에 적용하지 아니한다.	제165조(판결 등으로 확정된 채권의 소멸시효기간) ① 판결에 의하여 확정된 채권은 그 판결이 확정된 때부터 10년 동안 행사하지 아니하면 소멸시효가 완성된다. ② 회생절차, 파산절차, 개인회생절차에 의하여 확정된 채권과 재판상의 화해절차, 조정(調停)절차, 그 밖에 판결과 동일한 효력이 생기는 절차에 의하여 확정된 채권도 제1항과 같다. ③ 판결 등의 확정 당시에 변제기(辨濟期)가 되지 아니한 채권에 대하여는 제1항과 제2항을 적용하지 아니한다.

1. 개정 배경

단기소멸시효제도의 폐지, 『채무자 회생 및 파산에 관한 법률』의 시행에 따라 표현을 수정하고 내용을 보완하기 위한 것이다.

2. 관련 입법례

◆ **2004년 개정안**

논의 결과, 2004년 개정안에는 반영하지 않기로 하고, 차기연구과제로 분류하였다.

◆ **일본민법**[21)22)]

제174조의2 (판결에 의하여 확정된 권리의 소멸시효) ① 확정판결에 의하여 확정된 채권은 10

년보다 짧은 시효기간의 정한 것이더라도 그 시효기간은 10년으로 한다. 재판상의 화해, 조정 그 밖에 확정판결과 동일한 효력이 있는 것에 의하여 확정된 권리도 같다.
② 전항의 규정은 확정시에 변제기가 도래하지 아니한 채권에 대해서는 적용하지 아니한다.

◆ **일본 채권법개정의 기본방침**[23]

[3.1.3.47](확정판결에 의해 확정된 채권의 예외)
〈1〉 확정판결에 의해 확정된 채권의 채권시효기간은 그 확정시로부터 10년의 경과에 의해 만료한다. 확정된 가사심판에 의해 확정된 채권, 가사심판법에 의한 조정 또는 재판상 화해, 민사조정법에 의한 조정, 지급독촉, 파산채권표 또는 재생채권표 등에 기록, 중재재판소 기타 확정판결과 동일한 효력을 갖는 것에 의해 확정된 채권에 관해서도 마찬가지로 한다.
〈2〉 〈1〉은 확정시에 변제기가 도래하지 않는 채권에 관하여는 적용하지 않는다.
〈3〉 보증인 기타의 자가 타인의 채무(「주채무」라고 한다)를 이행하는 채무(「보증채무」라고 한다)를 부담하는 경우에, 주채무에 관련된 채권이 확정판결, 확정된 가사심판, 가사심판법에 의한 조정 또는 재판상 화해, 민사조정법에 의한 조정, 지급독촉, 파산채권표 또는 재생채권표 등에 기재, 중재재판소 기타 확정판결과 동일한 효력을 갖는 것에 의해 확정된 때에는 확정된 채권을 위한 보증채무 등에 관련된 채권의 채권시효기간에 관하여 〈1〉과 마찬가지로 한다.

◆ **독일민법**[24]

제197조(30년의 소멸시효기간) ① 다음의 권리는 다른 정함이 없는 한 30년의 소멸시효에 걸린다.
1. ~ 2. (생 략)
3. 기판력 있게 확정된 청구권,
4. 집행할 수 있는 화해 또는 집행할 수 있는 증서에 기한 청구권
5. 도산절차에서 행하여진 확정에 의하여 집행할 수 있게 된 청구권
6. (생 략)

② (생 략)

◆ **DCFR**[25]

III. - 7:202: 법적 절차에 의하여 확립된 권리에 대한 기간

(1) 판결에 의하여 확립된 권리의 시효기간은 10년으로 한다.
(2) 중재 판정 또는 판결과 마찬가지로 집행할 수 있는 다른 문서에 의하여 확립된 권리에 대하여도 같다.

3. 관련 판례

◆ 대법원 2006. 8. 24. 선고 2004다26287, 26294 판결
채권자와 주채무자 사이의 확정판결에 의하여 주채무가 확정되어 그 소멸시효기간이 10년으로 연장되었다 할지라도 그 보증채무까지 당연히 단기소멸시효의 적용이 배제되어 10년의 소멸시효기간이 적용되는 것은 아니고, 채권자와 연대보증인 사이에 있어서 연대보증채무의 소멸시효기간은 여전히 종전의 소멸시효기간에 따른다.

◆ 대법원 2009. 9. 24. 선고 2009다39530 판결
민사소송법 제474조, 민법 제165조 제2항에 의하면, 지급명령에서 확정된 채권은 단기의 소멸시효에 해당하는 것이라도 그 소멸시효기간이 10년으로 연장된다.

◆ 대법원 1987. 11. 10. 선고 87다카1761 판결
확정판결에 기한 채권의 소멸시효기간인 10년의 도과가 임박하여서 강제집행의 실시가 현실적으로 어렵게 되었다면, 그 이전에 강제집행의 실시가 가능하였던가의 여부에 관계없이 시효중단을 위하여는 동일내용의 재판상 청구가 불가피하다고 할 것이므로 확정판결이 있

---

21) 권철, 일본민법전, 61면.
22) 일본 개정민법은 다음과 같다.
제169조 (판결에 의하여 확정된 권리의 소멸시효) ① 확정판결 또는 확정판결과 동일한 효력을 가지는 것에 의하여 확정된 권리에 관하여는 10년보다 짧은 시효기간의 정함이 있더라도 그 시효기간을 10년으로 한다.
② 전항의 규정은 확정시에 변제기가 도래하지 않은 채권에 관하여는 적용하지 아니한다.
23) 법무부, 기본방침, 346-347면.
24) 양창수, 독일민법전, 83면.
25) 안태용, DCFR, 393면.

었다고 하더라도 시효중단을 위한 동일내용의 소에 대하여 소멸시효완성 내지 중복제소금지 규정에 위반한 것이라고는 할 수 없다.

4. 개정시안의 내용

가. 판결에 의하여 확정된 채권의 소멸시효기간(제1항)

개정시안은 판결에 의하여 확정된 채권의 소멸시효에 관하여 "그 판결이 확정된 때"라는 문구를 추가하여 기산점을 명시적으로 밝히는 한편, 단기소멸시효제도의 폐지에 따라 민법 제165조 제1항의 "단기의 소멸시효에 해당한 것이라도"라는 문구를 삭제하였다.

한편 판결에 의하여 확정된 채권의 소멸시효 기간은 현행 민법과 마찬가지로 10년으로 정하였다. 이와 관련해서는 판결에 의하여 확정된 채권의 소멸시효 기간을 현행 10년에서 30년으로 늘리자는 견해도 있었다. 법원의 판결로 권리의 존재가 공적으로 확정된 이상 당사자 사이에 권리의 존재 여부나 이에 관한 증거를 둘러싼 분쟁의 여지가 사라진다는 점, 이러한 상황에서 채권자가 매 10년마다 자신의 권리 보존을 위해 계속 시효중단 조치를 취하는 불편을 줄 필요가 없다는 점 등을 근거로 한 견해였다. 그러나 이러한 시효기간의 연장이 채무자에게 지나친 부담을 줄 수 있고, 10년 동안 강제집행이 이루어지지 않은 채권은 차라리 시효로 소멸시키는 것이 사회경제적으로도 효율적이라는 점 등을 고려하여 이 견해는 받아들이지 않고 현행 규정을 유지하기로 하였다. 또한 판결로 확정된 채권의 경우 10년의 소멸시효기간을 한 번만 인정하여 이 기간 동안 강제집행하지 못한 경우에는 결손 처리하게 하는 것이 바람직하다는 견해도 있었다. 그러나 10년의 소멸시효기간을 한 번만 인정하는 것은 채권자 보호에 미흡할 수 있다는 우려가 있어 이 견해도 받아들이지 않았다.

확정판결을 받은 뒤 10년의 시효기간이 완성될 무렵 다시 그 시효기간을 연장하기 위하여 소를 제기하는 경우에는 확정판결의 존재에도 불구하고 소의 이익이 인정된다는 것이 판례의 태도이다.[26] 이러한 판례의 태도를 명문화할 필요성에 대해서도 논의가 있었으나 이는 기존의 판례와 해석론에 맡기기로 하였다.

나. 확정판결에 준하는 사유 추가(제2항)

「채무자 회생 및 파산에 관한 법률」에서 시효중단 사유로서 회생절차, 개인회생절차를 규정하고 있는 것과 통일성을 기하기 위하여 민법에서도 파산절차 외에 회생절차와 개인회생절차를 추가하였다. 회생절차, 파산절차, 개인회생절차의 순서로 규정한 것은 「채무자 회생 및 파산에 관한 법률」에 규정된 순서에 따른 것이다.

다. 변제기가 되지 않은 채권의 경우(제3항)

판결 등의 확정 당시에 변제기가 되지 아니한 채권에 대하여는 제1항과 제2항이 적용되지 않는다. 민법 제165조 제3항과 동일한 내용으로 표현만 수정하였다.

---

26) 대판 1987. 11. 10, 87다카1761 등.

第166조(소멸시효의 기산점)

현행	개정시안
第166조(소멸시효의 기산점) ① 소멸시효는 권리를 행사할 수 있는 때로부터 진행한다. ② 부작위를 목적으로 하는 채권의 소멸시효는 위반행위를 한 때로부터 진행한다.	〈삭 제〉

개정시안 제162조에서는 채권의 소멸시효기간 이외에도 소멸시효의 기산점에 관하여 함께 규정한다. 그러므로 소멸시효 기산점에 관하여 별도로 규정하는 현행 민법 제166조는 더 이상 존치할 필요가 없다. 이에 따라 개정시안에서는 제166조를 삭제하였다. 참고로 소멸시효의 기산점에 관하여 다루는 개정시안 제162조 제1, 2항에서는 채권자의 인식을 요건으로 하는 주관적 체계를 채택하였다.

第167조(소멸시효의 소급효)

현행	개정시안
第167조(소멸시효의 소급효) 소멸시효는 그 기산일에 소급하여 효력이 생긴다.	第167조(소멸시효의 소급효) 소멸시효는 그 기산일로 소급하여 효력이 생긴다.

민법 第167조는 소멸시효가 완성한 경우의 소급효에 대해서 규정한다. 소급효를 인정하지 않으면 시효완성 후에도 그 이전의 법률관계에 대하여 분쟁이 계속될 수 있으므로, 시효완성에 소급효를 인정하여 법률관계를 간명하게 처리하려는 취지이다. 가령 채권의 소멸시효가 완성되면 채무자는 기산일 이후의 이자나 지연손해금 또는 부당이득을 지급할 필요가 없다. 이러한 소멸시효 완성의 소급효에 대한 예외로서 민법 제495조에서는 시효완성된 채권이 그 완성 전에 상계할 수 있었던 것이면 그 채권자가 상계할 수 있도록 하고 있다.

논의 과정에서는 소급효 인정 여부나 규정위치에 대하여 약간의 논의가 있었으나, 결국 현행 민법 第167조의 표현 중 "기산일에"를 "기산일로"로 수정하는 것으로만 하였다.

참고 시효장애사유 및 그 효력 정비에 관한 개관

1. 현행법의 내용

가. 현행법상 소멸시효의 중단과 정지

현행 민법은 일반적으로 소멸시효의 진행을 방해하는 시효장애사유로 '소멸시효의 중단'과 '소멸시효의 정지'를 구분하여 이에 관한 규정을 제168조 이하에 두고 있다. 이 중 제168조는 소멸시효 중단사유로 청구, 압류, 가압류, 가처분, 승인을 규정하고 있는데, 이 규정은 소멸시효의 중단사유에 관한 일반적인 규정이라 할 수 있다. 한편 제170조에서 제177조까지는 제168조의 각 사유를 분설하여 그 종류 및 효력의 발생에 대한 구체적인 내용을, 제169조와 제178조는 시효중단의 효력과 중단 후의 시효진행을, 제179조에서 제182조까지는 개별적인 시효정지 사유를 규정하고 있다. 이와 같이 우리 민법은 시효의 장애사유로서 소멸시효의 '중단'과 '정지'라는 용어를 사용하여 일견 유사한 의미를 가지는 것으로 보이는 두 개념을 명백히 구분하여 사용하고 있으며, 그 의미는 다음과 같다.

(1) 소멸시효의 중단

현행법상 소멸시효의 중단이란 소멸시효가 진행하는 도중에 권리의 불행사라는 지속적인 사실 상태와 조화될 수 없는 사정이 발생하게 되면 그 사실 상태를 존중할 이유가 없어져 이미 진행한 시효기간이 무의미하게 되므로, 그 효력을 상실하게 하는 제도를 말한다. 소멸시효가 중단되면, 그때까지 진행하였던 시효기간은 그 법적 의미를 상실하고 중단사유가 종료된 때부터 새로 소멸시효가 진행한다(제178조 제1항).

(2) 소멸시효의 정지

현행 민법 제179조부터 제182조까지는 소멸시효의 정지에 관하여 규정하고 있다. 소멸시효의 정지란 시효가 거의 완성될 무렵에 권리자가 시효를 중단시키는 행위를 할 수 없거나 그 행위를 하는 것이 극히 곤란한 경우에, 그 사정이 소멸한 후 일정기간이 경과하는 시점까지 시효의 완성을 유예하는 것을 말한다. 소멸시효의 정지는 이미 경과한 기간이 아무런 의미가 없게 되는 중단과 달리 그 동안 진행한 기간은 그대로 유효하고 다만 시효 정지사유가 있을 경우 그 사유가 종료된 때로부터 일정 기간 내에는 시효가 완성하지 않는다는 형태를 취하고 있다. 시효 정지사유는 시효의 완성에 대한 장애사유일 뿐이기 때문이다. 요컨대 소멸시효의 정지는 시효 정지사유 소멸 후 일정한 유예기간이 경과함으로써 시효가 완성되는 것으로 보아 시효의 완성시점이 연기되는 결과를 가져온다.

나. 현행법의 문제점

개정시안의 기초작업이 시작된 2009년 이전까지 진행되었던 현행법 규정의 문제점에 관한 논의를 살펴보면, 특히 제168조와 관련하여 재판상 청구의 범위 즉, 응소나 재판상의 상계항변 등이 이에 포함되는지 여부를 분명히 하여 시효 중단사유를 보다 구체화할 필요성이 제기되었다.

또한, 현행 제168조의 시효 중단사유에 대한 논의는 2004년 개정안에도 반영되었지만, 특히 개정시안에서는 2004년의 개정안에 비하여 소멸시효의 중단과 정지에 대하여 대폭 개정이 이루어졌는데, 이는 현행의 '중단'과 '정지'의 의미가 포괄적이고 불명확하며, 시효사유를 정지, 완성유예 및 재개시로 3분화하는 국제적인 추세와도 맞지 않는다는 자성에서 비롯된 것이다.

2. 국제적 추세

가. 유럽의 입법례

2000년대에 접어들면서 유럽에서는 시효법을 개정하려는 움직임을 보여 왔고, 독일의 경우, 채권법현대화법에 근거한 민법 개정 시 시효법도 함께 개정되어 2002년 1월부터 시행되고 있으며, 프랑스에서도 2008년에 시효법이 대폭 개정되었다.

(1) 독일민법

개정 전의 독일민법은 소멸시효의 진행을 방해하는 법제도로서 정지, 완성정지 및 중단을 법정하였는데, 2002년부터 시행된 개정민법에서는 시효의 중단 및 정지와 관련하여 제1편 총칙 제5장 '소멸시효' 부분에서 제2절 '소멸시효의 정지, 완성유예 및 갱신'이라는 표제 하에 정지Hemmung(제203조 내지 제209조), 완성유예Ablaufhemmung(제210조 내지 제211조) 그리고 갱신Neubeginn(제212조 내지 제213조)의 순으로 법정하고 있다. 개정민법에서는 개정 전 민법에서 사용되었던 '중단Unterbrechung'이라는 용어를 '갱신Neubeginn'으로 대체하였는데, 이는 중단의 본질적 효과가 중단의 종료 후에 소멸시효기간이 새로이 기산한다는 데에 있으므로 이러한 효과를 보다 분명하게 나타내기 위한 것이었다.

개정법의 내용을 살펴보면, 시효정지 사유로 교섭의 경우에 관한 소멸시효의 정지(제203조), 권리소추로 인한 소멸시효의 정지(제204조), 급부거절권과 관련된 소멸시효의 정지(제205조), 불가항력으로 인한 소멸시효의 정지(제206조), 가족적 사유 및 이와 유사한 사유로 인한 소멸시효의 정지(제207조), 성적 자기결정의 침해로 인한 청구권의 경우에 소멸시효의 정지(제208조)를 들고 있고, 소멸시효의 완성정지 사유로 행위무능력자에 관한 완성정지(제201조), 상속재산에 있어서 완성정지(제211조)를 들고 있다. 재개시 사유로는 채무자가 청구권을 승인한 경우와 집행행위가 개시되거나 신청된 경우(제212조)를 규정하고 있다.

(2) 프랑스민법

프랑스의 경우, 2008년 시효법 개정 전에는 제20편에 소멸시효와 취득시효의 구분 없이 시효에 관한 규정을 두고 있었는데, 개정법에서는 제20편에서 소멸시효에 대하여, 제21편에서 점유와 취득시효에 대하여 별도로 규정하고 있다.

시효의 진행을 방해하는 사유로 구법과 개정법은 모두 정지 및 중단제도를 인정하고 있는데, 여기서 '중단Interruption'은 중단사유가 발생하면 시효기간이 재개시하는 것을 의미하고, '정지suspension'는 정지사유가 존재하는 동안만 시효의 진행이 정지되는 것을 의미하며, 프랑스 개정법에서도 독일민법에서와 마찬가지로 완성정지를 인정하고 있다. 또한, 구법에서는 중단 및 정지의 효력에 대하여 명문의 규정을 두지 않고 있다가 개정법에서 이를 명문화하였다.

2008년부터 시행된 개정법에 따르면 소멸시효의 정지 및 중단에 관하여 제20편 '소멸시효De la prescription extinctive' 제3장 '소멸시효의 진행Du cours de la prescription extinctive' 제1절 '총칙Dispositions générales' 제2230조에서 시효정지의 효력을 규정하고 있고, 제2231조에서 시효중단의 효력에 관하여 규정하고 있으며, 제2233조에서 제2239조까지는 정지사유를, 제2240조에서 제2246조까지는 중단사유를 규정하고 있다.

개정법의 내용을 보면, 제2절 '시효의 기산점과 연기 또는 시효정지의 사유'에서 시효정지사유로 조건부채권, 담보책임소권, 확정일부 채권의 기산점(제2233조), 법률, 합의 또는 불가항력(제2234조), 미성년자 또는 피후견 성년자(제2235조), 부부 및 동반자 관계(제2236조), 한정상속인(제2237조), 중개 또는 조정(제2238조), 증거조사조치(제2239조)를 규정하고 있고, 제3절에서 시효 중단사유로 승인(제2240조), 재판상 청구(제2241조에서 제2243조), 강제집행(제2244조)을 명시하고 있다.

(3) DCFR

DCFR에서는 제3권 제7장 제3절에서 소멸시효의 연장Extension Period과 제4절에서 소멸시효의 재개시Renewal of Period에 대한 내용을 담고 있다. 구체적으로 제3절에서는 중단사유로서 부지의 경우, 사법적 절차 또는 기타 절차의 경우, 채권자의 통제를 벗어난 장애의 경우를 들고 있고, 시효의 연기사유로서 협상의 경우, 행위능력 흠결의 경우, 사망한 자의 재산을 들고 있으며, 제4절에서는 재개시 사유로서 승인 및 집행시도를 들고 있다.

나. 일본의 개정논의

(1) 현행 체계

일본민법은 제1편 '총칙' 제7장 '시효'에서 취득시효와 소멸시효에 관한 규정을 함께 두고 있고, 제1절 총칙 제147조부터 제161조까지에 소멸시효와 취득시효에 공통된 시효중단과 정지에 관한 규정을 두고 있으며, 여기에서 시효의 중단 및 정지의 의미는 우리 민법과 같고, 각 중단 및 정지사유는 우리 민법과 대동소이하다.

구체적으로 살펴보면, 제147조는 우리 민법과 마찬가지로 소멸시효 중단사유로서 청구, 압류, 가압류, 가처분, 승인을 규정하고 있고, 제149조에서 제156조는 제147조의 각 사유에 대한 구체적인 내용을, 제148조와 제157조는 시효중단의 효력이 미치는 사람의 범위와 중단 후의 시효진행을, 제158조에서 제161조까지는 개별적인 시효정지 사유를 규정하고 있다.

(2) 개정 방향

일본에서도 2006년 이후 시효의 정지 및 중단제도의 체계와 관련하여 몇 가지의 개정안이 제출된 바 있다. 그 중에서 『채권법 개정의 기본방침』의 내용을 살펴보면 다음과 같다.

우선, 채권시효에 관련한 시효장애를 종래의 중단과 정지의 2유형에서 시효기간의 갱신, 시효기간의 진행의 정지, 시효기간 만료의 연기의 3종류로 함을 분명히 하고 있다(3.1.3.51). 이에 따라 ① 민사집행 및 채무자의 채권 승인에 의한 채권시효기간의 갱신, ② 소의 제기 및 재판상의 청구, 민사집행의 신청, 민사보전의 신청, 협의의 합의, 재판외분쟁처리절차의 이용에 의한 채권시효기간의 진행의 정지, ③ 최고, 미성년자 또는 성년피후견인의 채권, 부부간의 채권, 상속재산인 채권 등의 경우와 천재지변으로 인한 시효기간의 만료의 연기로 각 유형을 구체화하였다.

일본 개정 민법은 위 기본방침에 따라 시효 관련 규정을 대폭 손질하였다. 우선 제147조에서는 재판상 청구 등에 의한 시효완성유예 및 갱신에 대하여, 제148조에서는 강제집행 등에 의한 시효완성유예 및 갱신에 대하여 각각 규정하고 있다. 또한 제149조부터 제152조까지는 가압류, 최고, 협의를 통한 합의, 승인에 의하여 시효의 완성이 유예되는 경우에 대하여 각각 규정하고 있다. 한편 제153조에서는 시효의 완성유예 및 갱신의 효력은 당사자 및 승계인 사이에서만 미친다는 원칙에 대하여 규정하고, 제154조에서는 시효이익을 받는 사람 이외의 자에 대하여 강제집행(제148조 제1항) 또는 가압류(제149조)를 하는 경우 이를 시효이익을 받는 사람에게 통지를 하여야만 시효의 완성유예 및 갱신의 효력이 생긴다고 규정하고 있다. 제155조부터 제160조까지는 미성년자 또는 성년피후견인의 경우, 부부 간 권리의 경우, 상속재산의 경우 시효의 완성유예에 대하여 각각 규정하고 있으며, 제161조에서는 천재天災 등에 의한 시효의 완성유예에 대하여 규정하고 있다.

3. 국내에서의 논의 경과

우리 민법 제 · 개정의 근간이 된 독일민법과 프랑스민법 등이 소멸시효의 장애와 관련한 규정을 개정하고 일본에서도 이와 유사한 개정논의가 진전되자, 우리나라에서도 이와 같은 국제적인 추세에 발맞추어 소멸시효의 중단과 정지에 관한 규정 등을 전면적으로 정비하고 재배치할 필요성이 제기되었다. 이에 따라 2009년 초부터 시효법 개정작업이 시작되었으며, 수차례의 논의를 거쳐 지금의 개정시안이 마련되었다.

4. 시효장애사유의 개정시안의 내용 개관

가. 소멸시효 장애사유를 중단 · 정지로 나누던 것을 정지 · 완성유예 · 재개시로 나누었다. 정지는 그 정지사유에 해당하는 절차가 진행하는 기간 동안 시효가 진행하지 않지만 이미 진행된 기간까지 없어지는 것은 아니다. 이러한 개념은 현행 민법에는 존재하지 않는다. 완성유예는 법에서 정하는 일정 기간 동안 시효가 완성되지 않는 것이다. 현행 민법의 정지에 해당한다. 재개시는 그 사유가 있으면 소멸시효가 중단되고 새롭게 진행하는 것으로서 이미 진행된 기간은 없어지게 된다. 현행 민법의 중단에 해당한다.

나. 소멸시효의 정지사유로 ① 재판상의 권리행사, ② 회생절차 · 파산절차 · 개인회생절차 참가, ③ 지급명령의 신청, ④ 제소전 화해 · 조정 · 중재와 같은 판결과 동일한 효력이 있는 절차상의 권리행사를 규정하고, 정지의 효력에 대해서도 규정하였다.

다. 시효의 정지와 완성유예가 병존하는 것으로 ① 가압류 · 가처분, ② 혼인관계의 존속, ③ 미성년 자녀의 부모에 대한 권리 및 피후견인의 후견인에 대한 권리, ④ 협의의 경우를 두었다.

라. 소멸시효의 완성유예사유로 ① 최고 ② 불가항력 ③ 제한능력자의 경우와 ④ 상속재산에 관한 권리를 규정하였다.

마. 소멸시효의 재개시 사유로 ① 승인과 ② 법원에 대한 강제집행(재산명시 · 채무불이행자 명부 등재 · 재산조회 포함)의 신청을 규정하였다.

5. 소멸시효 장애사유 신구 대조표

현행	개정시안
재판상 청구(170조, 중단)	재판상 권리행사(168조 1호, 정지)
파산절차참가(171조, 중단)	파산절차, 회생절차 또는 개인회생절차참가(168조 4호, 정지)
지급명령신청(172조, 중단)	지급명령신청(168조 2호, 정지)
화해절차(173조, 중단)	제소 전 화해절차, 조정절차, 중재절차, 그 밖에 판결과 동일한 효력이 생기는 절차에서의 권리행사(168조 3호, 정지)
최고(174조, 중단-조건부)	최고(173조, 완성유예)
압류 또는 가압류, 가처분(175조/176조, 중단)	압류 등 민사집행(178조, 정지+재개시) 가압류나 가처분(170조, 정지+완성유예)
승인(177조, 중단)	승인(177조, 재개시)
법정대리인 없는 제한능력자에 관한 권리(179조, 정지)	법정대리인 없는 제한능력자에 관한 권리(175조, 완성유예)
부모나 후견인 등 재산관리자에게 권리를 가지는 제한능력자(180조 1항, 정지)	부모에게 권리를 가지는 미성년자(171조 2항, 정지+완성유예) 재산관리 후견인에게 권리를 가지는 제한능력자(171조 3항, 정지+완성유예)
	법정대리인의 가족에게 권리를 가지는 미성년자(171조 4항, 정지+완성유예)
	권리자와 의무자 사이의 협의(172조, 정지+완성유예)
혼인 중 배우자에 대한 권리(180조 2항, 정지)	혼인 중 배우자에 대한 권리(171조 1항, 정지+완성유예)
상속재산에 관한 권리(181조, 정지)	상속재산에 관한 권리(176조, 완성유예)
천재 기타 사변(182조, 정지)	불가항력(174조, 완성유예)

제168조(재판상 권리행사 등과 소멸시효의 정지)

<table>
<tr><th>현행[27]</th><th>개정시안</th></tr>
<tr><td>제168조(소멸시효의 중단사유) 소멸시효는 다음 각호의 사유로 인하여 중단된다.
1. 청구
2. 압류 또는 가압류, 가처분
3. 승인

제170조(재판상의 청구와 시효중단) ① 재판상의 청구는 소송의 각하, 기각 또는 취하의 경우에는 시효중단의 효력이 없다.
② 전항의 경우에 6월내에 재판상의 청구, 파산절차참가, 압류 또는 가압류, 가처분을 한 때에는 시효는 최초의 재판상 청구로 인하여 중단된 것으로 본다.

제171조(파산절차참가와 시효중단) 파산절차참가는 채권자가 이를 취소하거나 그 청구가 각하된 때에는 시효중단의 효력이 없다.

제172조(지급명령과 시효중단) 지급명령은 채권자가 법정기간내에 가집행신청을 하지 아니함으로 인하여 그 효력을 잃은 때에는 시효중단의 효력이 없다.

제173조(화해를 위한 소환, 임의출석과 시효중단) 화해를 위한 소환은 상대방이 출석하지 아니하거나 화해가 성립되지 아니한 때에는 1월내에 소를 제기하지 아니하면 시효중단의 효력이 없다. 임의출석의 경우에 화해가 성립되지 아니한 때에도 그러하다.</td><td>제168조(재판상 권리행사 등과 소멸시효의 정지) 소멸시효는 다음 각 호의 어느 하나의 사유가 있으면 그 진행이 정지된다.
1. 재판상의 권리행사
2. 지급명령의 신청
3. 제소 전 화해절차, 조정절차, 중재절차, 그 밖에 판결과 동일한 효력이 생기는 절차에서의 권리행사
4. 회생절차, 파산절차 또는 개인회생절차 참가</td></tr>
</table>

1. 개정 배경

현행 민법 제168조에서 규정하는 소멸시효 중단사유로는 ① 청구, ② 압류 또는 가압류, 가처분 ③ 승인이 있다. 그 중 '청구'는 시효의 대상인 권리를 행사하는 것을 말하며, 재판상 청구뿐만 아니라 최고와 같이 재판외의 것도 포함한다. 한편 민법이 정하는 소멸시효 중단사유인 청구의 유형으로는 재판상의 청구(제170조), 파산절차참가(171조), 지급명령(172조), 화해를 위한 소환과 임의출석(제173조), 최고(제174조)가 있다.

그런데 앞에서 설명한 것처럼 개정시안에서는 기존의 중단사유를 ① 정지(정지사유에 해당하는 절차기간 동안 시효가 정지됨. 정지사유가 소멸하면 처음부터 새롭게 시효기간이 진행하는 것이 아니라 남은 시효기간이 진행한다는 점에서 기존의 중단과는 구별됨) 사유, ② 정지 및 완성유예(정지사유에 해당하는 절차기간 동안 시효가 정지되고 정지사유가 소멸하면 법률이 정하는 일정한 기간 이후에 시효가 완성한다는 점에서 기존의 중단이나 순수한 정지와는 구별됨) 사유와 ③ 재개시(기존의 중단과 동일함) 사유의 세 가지 사유로 분리, 재정비하였다. 개정시안 제168조는 그 중 ① 유형, 즉 정지사유에 해당하는 것에 대해서만 규정한다.

2. 관련 입법례

◆ 2004년 개정안

제168조(소멸시효의 중단사유) (현행과 같음)

1. (현행과 같음)
2. 재산명시

27) 개정시안에서 소멸시효 장애사유에 대한 새로운 체계를 도입함에 됨에 따라 현행 제168조에서 제182조까지의 내용이 개정시안에서 다른 조항에 편입되거나, 삭제되는 방식으로 재정비되었다. 즉, 개정시안 제168조에서 제178조의2조까지의 내용은 현행법 각 조에 해당하는 내용에 수정을 가한 것이라기보다는 위 새로운 체계에 따라 신설된 조항 및 재정비된 조항으로서, 현행법의 각 조항번호에 해당하는 내용과 개정시안의 같은 번호의 조항의 내용은 서로 상관관계가 없다. 따라서 이하 본문에서는 이해의 편의를 위하여 조항번호와 상관없이 현행과 개정시안의 조항 비교표에서 각 개정시안 조항의 내용과 유사한 현행 조항의 내용을 서로 비교하도록 한다.

3. (현행과 같음)
4. (현행과 같음)

제170조(재판상의 청구와 시효중단) ① 재판상의 청구는 소의 각하 또는 취하의 경우에는 시효중단의 효력이 없다.
② 제1항의 경우에 6개월 내에 재판상의 청구, 파산절차참가, 지급명령의 신청, 재산명시신청, 압류 또는 가압류, 가처분을 한 때에는 시효는 최초의 재판상 청구로 인하여 중단된 것으로 본다.
③ 본안에 관한 응소 그밖의 재판상 권리행사도 시효중단의 효력이 있다.

제172조(지급명령과 시효중단) 지급명령의 신청은 그 신청이 각하 또는 취하된 때에는 시효중단의 효력이 없다.

제173조(화해신청, 임의출석과 시효중단) (현행과 같음)

◆ 일본 채권법개정의 기본방침[28][29]

[3.1.3.56](채권시효기간의 진행의 정지)
〈1〉 채권시효기간은 다음의 사유에 의해 진행을 정지한다.
〈가〉 소의 제기 기타 재판상의 청구, 지급독촉의 신청, 화해신청, 민사조정법 또는 가사심판법에 의한 조정의 신청[30], 파산절차참가, 재생절차참가, 갱생절차참가 등, 현행 민법 147조 1호에서 말하는「청구」에 해당하는 경우(다만 최고를 제외한다.)또는 그「청구」에 준하는 경우
〈나〉 민사집행의 신청
〈다〉 민사보전의 신청
〈라〉 채권자와 채무자간에 채권에 관한 협의를 한다는 취지의 합의
〈마〉 재판외분쟁처리절차의 이용
〈2〉 주채무자에 대한 〈1〉의 사유에 의한 채권시효기간의 진행의 정지는 보증인 기타 주채무를 이행하는 채무를 부담하는 타인에 대하여도 그 효력이 생긴다.

◆ 독일민법[31]

제204조(권리추급으로 인한 시효정지) ① 소멸시효는 다음의 사유로 인하여 정지된다.

1. 이행, 청구권의 확인, 집행문의 부여 또는 집행판결을 구하는 소의 제기
2. 미성년자의 부양에 관한 간이절차에서 신청의 송달
3. 독촉절차에서 독촉결정의 송달
4. 州의 사법행정기관에 의하여 설치된 또는 인정된 화해기관에 또는 당사자들이 합의에 기하여 화해시도를 하는 경우에는 분쟁해결을 담당하는 기타의 화해기관에 청구한 화해의 고지위탁; 그 고지가 그 청구의 제출후에 위탁된 경우에는 소멸시효는 그 청구로써 정지한다.
5. 청구권의 상계의 소송상 주장
6. 소송고지의 송달
7. 독자적 증거절차(즉 증거보전절차)의 개시신청의 송달
8. 합의에 기한 감정절차의 개시 또는 제641조의a에 정하여진 절차에서 감정인에의 위임
9. 가압류, 가처분 또는 임시적 명령의 신청의 송달, 또는 그 청구가 송달되지 아니한 경우에, 가압류, 가처분 또는 임시적 명령이 채권자에의 고지 또는 송달 후 1개월 내에 채무자에게 송달되는 때에는 그 신청
10. 도산절차 또는 해당법상의 배당절차에서의 청구권의 신고
11. 중재절차의 개시
12. 소의 허용여부가 관청의 사전결정에 달려있는 경우에 그 결정신청의 처리 후 3개월 내에 소가 제기된 때에는 관청에 대한 그 신청, 이는 청구의 허용여부가 관청의 사전결정에 달려있는 경우에 법원 또는 제4호에서 정한 화해기관에 그 청구가 행하여진 때에 준용된다.
13. 상급법원의 관할법원을 정하여야 하는 경우에 그 지정신청의 처리후 3개월 내에 소가 제기되거나 관할법원 지정신청의 목적인 청구가 행하여진 때에는 상급법원에 대한 그 신청
14. 소송비용 구제의 제1차 신청의 고지위탁, 그 고지가 그 신청의 제출 후에 위탁된 경우에는 소멸시효는 그 신청으로써 정지한다.

② 제1항에 의한 시효정지는 개시된 절차가 기판력 있는 재판에 의하여 또는 다른 방식으로 종결된 때로부터 6개월로 종료한다. 그 절차가 당사자가 이를 추행하지 아니함으로써 休止하는 때에는 절차의 종결시가 아니라 당사자, 법원 또는 다른 절차수행기관의 최후의 절차행위시가 기준이 된다. 당사자 일방이 절차를 다시 추행하는 때에는 시효중지가 다시 개시된다.

③ (생 략)

◆ 프랑스민법

제2241조 ① 재판상 청구는 심지어 급속심리의 경우에도, 시효기간과 제척기간을 중단시킨다. ② 관할권이 없는 법원에 제소하거나 법원의 압류가 절차의 하자로 무효인 경우에도 마찬가지이다.

제2242조 재판상 청구로 인한 중단은 재판절차의 종료시에까지 그 효과를 발생시킨다.

제2243조 원고가 청구를 취하하거나 기간경과로 소권을 실효시키거나 청구가 최종적으로 기각된 경우에 중단은 없었던 것으로 된다.

◆ DCFR[32]

Ⅲ.-7:302 사법적 절차 또는 기타 절차의 경우의 중단

(1) 시효기간의 진행은 권리를 주장하기 위한 사법적 절차가 시작된 때로부터 중단된다.

(2) 중단은 기판력을 갖는 결정이 있는 때까지 또는 그 사건이 달리 처리된 때까지 계속된다. 절차가 본안에 관한 결정없이 시효기간의 마지막 6개월 이내에 종료한 경우, 시효기간은 절차가 종료한 때부터 6개월이 경과하기 전에는 만료하지 아니한다.

(3) 본 조항들은 적절히 변경하여 중재 절차, 조정 절차, 두 당사자 간의 문제가 구속력있는 결정을 위하여 제3자에게 회부된 절차 및 권리에 관한 결정을 획득하기 위한 목적으로 개시된 다른 모든 절차에 적용한다.

(4) 조정 절차는 둘 이상의 분쟁 당사자가 조정자의 조력을 받아 그 분쟁의 해결에 관한 합의에 이를 것을 시도하는 구조적인 절차를 말한다.

---

28) 법무부, 기본방침, 356-357면.

29) 일본 개정민법은 다음과 같다.
제147조(재판상의 청구 등에 의한 시효의 완성유예 및 갱신) ① 다음 각호의 사유가 있는 경우, 그 사유가 종료할 때까지(확정판결 또는 확정판결과 동일한 효력을 갖는 것에 의하여 권리가 확정된 일 없이 그 사유가 종료한 경우에는 그 종료 시부터 6개월이 경과한 때까지) 시효는 완성되지 않는다.
1. 재판상의 청구
2. 지급독촉(支払督促)
3. 민사소송법 제275조 제1항의 화해 및 민사조정법(1951년 법률 제222호) 또는 가사사건절차법(2011년 법률 제52호)에 따른 조정
4. 파산절차참가, 회생절차참가, 또는 개인회생절차참가
② 제1항의 경우에 확정판결 및 확정판결과 동일한 효력을 가지는 것에 의하여 권리가 확정된 때에는 시효는 제1항 각호에 열거한 사유가 종료한 때로부터 새롭게 진행한다.

3. 관련 판례

◆ **대법원 1993. 12. 21. 선고 92다47861 전원합의체 판결**

권리자가 시효를 주장하는 자로부터 제소당하여 직접 응소행위로서 상대방의 행위를 적극적으로 다투면서 자신의 권리를 주장하는 것은 자신이 권리 위에 잠자는 자가 아님을 표명한 것에 다름 아닐 뿐만 아니라, 계속된 사실상태와 상용할 수 없는 다른 사정이 발생한 때로 보아야 할 것이므로 이를 민법이 시효 중단사유로서 규정한 재판상 청구에 준하는 것으로 보더라도 전혀 시효제도의 본지에 반한다고 말할 수는 없다 할 것이다.

◆ **대법원 2005. 10. 28. 선고 2005다28273 판결**

민법 제171조는 파산절차참가는 채권자가 이를 취소하거나 그 청구가 각하된 때에는 시효중단의 효력이 없다고 규정하고 있는바, 채권조사기일에서 파산관재인이 신고채권에 대하여 이의를 제기하거나 채권자가 법정기간 내에 파산채권 확정의 소를 제기하지 아니하여 배당에서 제척되었다고 하더라도 그것이 위 규정에서 말하는 '그 청구가 각하된 때'에 해당한다고 볼 수는 없다 할 것이고, 따라서 파산절차참가로 인한 시효중단의 효력은 파산절차가 종결될 때까지 계속 존속한다.

◆ **대법원 2011. 7. 14. 선고 2011다19737 판결**

권리자가 재판상 그 권리를 주장하여 권리 위에 잠자는 것이 아님을 표명한 때에는 시효중단 사유가 되는데, 이러한 시효중단 사유로서 재판상 청구에는 소멸시효 대상인 권리 자체의 이행청구나 확인청구를 하는 경우만이 아니라, 권리가 발생한 기본적 법률관계를 기초로 하여 소의 형식으로 주장하는 경우에도 권리 위에 잠자는 것이 아님을 표명한 것으로 볼 수 있을 때에는 이에 포함된다고 보아야 하고, 시효중단 사유인 재판상 청구를 기판력이 미치는 범위와 일치하여 고찰할 필요는 없다.

---

30) 중재절차의 경우 [3.1.3.61]에서 시효 정지사유로서 따로 규정하고 있다.

31) 양창수, 독일민법전, 87, 89면.

32) 안태용, DCFR, 395면.

4. 개정시안의 내용

개정시안은 소멸시효의 정지사유로 ① 재판상의 권리행사, ② 지급명령의 신청, ③ 제소 전 화해절차, 조정절차, 중재절차, 그 밖에 판결과 동일한 효력이 생기는 절차에서의 권리행사, ④ 회생절차, 파산절차 또는 개인회생절차 참가를 열거한다. 이는 모두 재판상 청구나 이에 준하는 절차참가에 해당한다. 민법 제170조 내지 제173조에 상응하는 조항이라고 할 수 있다.

가. 재판상의 권리행사

제1호의 재판상의 권리행사는 현행 민법 제170조 제1항의 재판상 청구에 대응하는 것이다. 이는 재판상의 청구보다는 넓은 개념이다.

재판상의 청구에 '본안에 관한 응소'를 포함할 것인가에 대한 학설상 논의가 있어 왔고, 판례는 대법원 1993. 12. 21. 92다47861 전원합의체 판결을 통하여 본안에 관한 응소도 시효 중단사유가 된다는 점을 명확히 하였다. 개정시안은 이러한 판례를 고려하여 "재판상의 청구" 대신 "재판상의 권리행사"라는 포괄적인 문구를 사용하였다. 이를 통해 본안에 관한 응소 또는 재판상 상계의 항변 등도 그 사유에 포함될 수 있도록 하였다.

한편 현행 민법 제170조 제1항에 따르면 재판상의 청구는 소송의 각하, 기각 또는 취하의 경우에는 시효중단의 효력이 없다. 그런데 개정시안에는 이에 상응하는 조항이 없다. 따라서 개정시안에 따르면 소의 각하 또는 취하, 청구기각의 경우에는 개정시안상 일반적인 시효정지의 법리가 그대로 적용된다. 결국 재판상 권리행사에 관한 절차가 종료하면 그때부터 잔여 시효기간이 진행된다. 예컨대 소를 취하한 경우 현행 민법 하에서는 소급하여 시효중단효가 소멸하지만 개정시안 하에서는 취하한 시점까지 시효가 정지되어 있다가 그 이후부터 나머지 시효기간이 진행한다.

그렇게 보는 이유는 협의로 인한 소멸시효의 정지 및 완성유예에 관하여 규정하는 개정시안 제172조와 비교해 보면 이해할 수 있다. 개정시안에서도 현행 민법 제170조 제1항을 유지하게 되면 소를 제기하였다가 취하하는 경우에는 처음부터 아무 것도 하지 않은 것과 같은 상태로 돌아가는 반면, 소를 제기하지 않고 협의한 경우에는 설령 그 협의를 중단하거나 협의가 결렬되더라도 그 협의기간 동안은 시효기간이 정지되는데, 이처럼 소의 제기보다 덜 확실한 권리행사인 협의의 경우에 권리자가 더 큰 보호를 받는 것은 균형이 맞지 않다. 한편 청구기각판결을 받아 그 판결이 확정되었다면 청구권의 부존재가 확정된 것이므로 시효의 문제 자체가 생기지 않는다.

나. 지급명령의 신청

제2호의 지급명령의 신청은 현행 민법 제172조의 지급명령에 대응하는 것이다. 지급명령이 발령되는 독촉절차도 일종의 재판절차이므로 지급명령의 신청은 제1호의 재판상의 권리행사에 포함된다고 볼 수 있다. 그러나 개정시안은 이를 별도의 시효 정지사유로 규정하고 있다. 지급명령이 발령되는 독촉절차는 소의 제기나 변론, 판결절차가 없는 간이한 절차로서 일반적인 소송절차와 구별되는 특색을 가지고 있다는 점을 고려하면, 이러한 입법태도를 이해할 수 있다.

한편 1990. 1. 13. 법률 제4201호로 개정되기 전의 민사소송법 제437조에서는 "지급명령에는 당사자, 법정대리인, 청구의 취지와 원인을 기재하고 채무자가 지급명령이 송달된 날로부터 2주일 이내에 이의를 신청하지 아니한 때에는 채권자의 신청에 의하여 가집행선고할 것을 부기하여야 한다."라고 규정함으로써 지급명령에 대한 가집행선고를 예정하고 있었다. 또한 제441조에서는 "채권자가 가집행신청을 할 수 있는 때로부터 30일내에 신청하지 아니한 때에는 지급명령은 그 효력을 잃는다."라고 규정함으로써 가집행신청을 하지 아니한 지급명령을 실효시키고 있었다. 현행 민법 제172조는 바로 이러한 민사소송법의 규정을 토대로 "지급명령은 채권자가 법정기간내에 가집행신청을 하지 아니함으로 인하여 그 효력을 잃은 때에는 시효중단의 효력이 없다"라고 규정한 것이었다. 그러나 1990년 민사소송법의 개정에 따라 지급명령에 대한 가집행선고가 폐지되었다. 이에 따라 제172조는 사실상 사문화되어 정비가 필요하였다. 개정시안에서는 이러한 이유로 지급명령의 신청을 시효 정지사유로 인정하면서도 가집행신청과 관련된 부분은 삭제하였다.

다. 제소 전 화해절차 등

제3호에서는 제소 전 화해절차, 조정절차, 중재절차, 그 밖에 판결과 동일한 효력이 생기는 절차에서의 권리행사를 시효 정지사유의 하나로 제시한다. 이는 현행 민법 제173조에 대응하는 것이다.

우선 시효 정지사유로서의 화해는 민법상 화해계약이 아닌 법원에서의 제소 전 화해라는 점을 분명히 하기 위하여 "화해" 대신 "제소 전 화해"라는 용어를 사용하였다. 한편 민법에서는 조정이나 중재 등 재판상 절차에 준하는 절차에 대해서 아무런 규정을 두고 있지 않다. 개정시안에서는 조정절차와 중재절차에의 권리행사도 재판상의 권리행사에 준하여 시효 정지사유가 된다는 점을 명시하고 있다. 그 밖에 알선 · 재정 등과 같은 여러 특별법상의 사유를 포함시킬 필요성을 고려하여 "그 밖의 판결과 동일한 효력이 생기는 절차상의 권리행사"라는 문구를 포함시켰다.

현행 민법 제173조에서는 "화해를 위한 소환은 상대방이 출석하지 아니하거나 화해가 성립되지 아니한 때에는 1월내에 소를 제기하지 아니하면 시효중단의 효력이 없다. 임의출석의 경우에 화해가 성립되지 아니한 때에도 그러하다."라고 규정하고 있으나, 개정시안에서는 이러한 조항을 별도로 두지 않고 있다. 따라서 화해절차가 진행되었으나 화해가 성립되지 않은 경우 불성립 시점으로부터 정지된 시효기간이 진행된다고 해석하면 충분하다. 임의출석에 관해서도 별도의 규정을 두지 않았는데, 임의출석이 문제되는 것은 소의 제기를 구술로 하는 경우이므로 이는 결국 소 제기에 관한 절차 내지 방법에 불과한 것이기 때문이다.

라. 회생절차 등

현행 민법 제171조에서는 파산절차참가만을 소멸시효 중단사유로서 언급하고 있으나, 「채무자 회생 및 파산에 관한 법률」에 따르면 파산절차참가뿐만 아니라 회생절차참가, 개인회생절차참가에도 시효중단의 효력을 인정하고 있으므로 개정시안에서는 이를 추가하였다.

第169条(소멸시효 정지의 효력)

현행	개정시안
※ 해당 규정 없음	第169조(소멸시효 정지의 효력) 소멸시효가 정지되는 경우에는 그 절차가 진행되는 동안은 시효기간의 계산에 넣지 아니한다.

1. 개정 배경

현행 민법에서는 소멸시효 장애사유를 중단·정지로 나누고 있으나, 개정시안에서는 소멸시효 장애사유를 정지·완성유예·재개시의 세 가지 유형 또는 그 조합으로 나누었다. 또한 개정시안에서의 소멸시효 정지는 민법상 소멸시효 정지나 중단과는 다른 개념이다. 그러므로 소멸시효 정지의 효력을 명확히 규정할 필요가 있다.

2. 관련 입법례

◆ **2004년 개정안**

개정 논의가 없었다.

◆ **일본 채권법개정의 기본방침[33]**

[3.1.3.51](채권시효에 관련한 시효장애의 종류와 정의)

채권시효에 관련한 시효장애를 시효기간의 갱신, 시효기간의 진행의 정지, 시효기간 만료의 연기의 3종류로 한다.

〈가〉 시효기간의 갱신이란 일정한 사유의 발생에 의해 그때까지의 시효기간이 진행을 종료하고, 새로운 시효기간의 진행이 개시되는 것을 말한다.

〈나〉 시효기간의 진행의 정지란 일정한 사유의 발생에 의해 시효기간의 진행이 일시적으로 정지하고, 당해 사유의 종료 후에 시효기간의 진행이 재개하고, 잔존기간의 경과에 의해 시효기간이 만료하는 것을 말한다.
〈다〉 시효기간의 만료의 연기란 일정한 사유가 있는 경우에 시효기간의 만료가 그 사유의 종료 또는 소멸시로부터 일정한 기간이 경과하기까지 연기되는 것을 말한다.

◆ **독일민법**[34]

제209조(시효정지의 효력) 소멸시효가 정지하는 동안의 기간은 소멸시효기간에 산입하지 아니한다.

◆ **프랑스민법**

제2230조 시효의 정지는 이미 진행된 기간의 말소 없이 시효의 진행을 일시적으로 멈추게 한다.

3. 개정시안의 내용

소멸시효 정지는 정지사유가 존재하는 동안 소멸시효의 진행이 일시적으로 멈추는 것이다. 따라서 소멸시효 기간은 정지사유가 발생할 때까지 이미 진행된 기간과 정지사유가 종료한 후 진행된 기간을 합하여 산정되며, 정지기간을 제외하고 본래의 소멸시효 기간이 경과하면 소멸시효는 완성한다. 이와 같이 소멸시효의 정지의 효력을 명문으로 규정하는 입법례는 독일민법, 프랑스민법, 일본 채권법 개정안 등 여러 곳에서 찾아볼 수 있다.

개정시안에서도 "소멸시효가 정지되는 경우에는 그 절차가 진행되는 동안은 시효기간의 계산에 넣지 아니한다."라고 규정하여 이를 분명히 하고 있다.

33) 법무부, 기본방침, 351-352면.
34) 양창수, 독일민법전, 91면.

第170조(보전처분과 소멸시효의 정지 및 완성유예)

현행	개정시안
제175조(압류, 가압류, 가처분과 시효중단) 압류, 가압류 및 가처분은 권리자의 청구에 의하여 또는 법률의 규정에 따르지 아니함으로 인하여 취소된 때에는 시효중단의 효력이 없다. 제176조(압류, 가압류, 가처분과 시효중단) 압류, 가압류 및 가처분은 시효의 이익을 받은 자에 대하여 하지 아니한 때에는 이를 그에게 통지한 후가 아니면 시효중단의 효력이 없다.	제170조(보전처분과 소멸시효의 정지 및 완성유예) ① 가압류나 가처분이 신청된 경우에는 소멸시효가 정지되며, 가압류 또는 가처분 결정이 있는 때부터 1년 안에는 시효가 완성되지 아니한다. ② 가압류나 가처분은 소멸시효의 이익을 받을 자에 대하여 하지 아니한 경우에는 그 사실을 그에게 통지하지 아니하면 시효정지 및 완성유예의 효력이 없다.

1. 개정 배경

현행 민법 제168조 제2호는 압류 · 가압류 · 가처분을 구분하지 않고 모두 시효 중단사유로 규정한다. 따라서 재판상 청구와 마찬가지로 압류 등의 경우에도 시효는 처음부터 새롭게 진행하게 된다. 또한 현행 민법 제175조는 압류 등이 존속하는 동안에는 시효중단 상태가 계속되는 것으로 보고 그 압류 등이 취소되거나 압류 등의 집행이 취소된 때에 비로소 시효중단의 효력이 없다고 규정한다. 그 결과 압류 등이 되어 있는 동안에는 시효기간이 아예 진행하지 않는다.

하지만 이러한 현행법의 태도에 대해서는 다음과 같은 의문이 제기되어 왔다. ① 시효와 관련하여 압류 등과 재판상 청구의 효력을 동일하게 볼 것인가? ② 집행권원에 기초한 압류와 보전처분에 불과한 가압류 · 가처분의 효력을 동일하게 볼 것인가? ③ 양자를 다르게 본다면 각각의 효력을 어떻게 부여할 것인가?

개정시안에서는 이러한 문제의식에 기초하여 ① 압류 등은 단순한 시효 정지사유로 보지 않음으로써 이를 시효 정지사유인 재판상 청구와 다르게 취급하고(개정시안 제168조), ② 압류와 가압류 · 가처분의 효력을 다르게 취급하면서, ③ 압류는 시효정지 및 재개시사유로(개정시안 제178조), 가압류·가처분은 시효정지 및 완성유예사유로(개정시안 제170조) 규정하였다.

2. 관련 입법례

◆ **2004년 개정안**

개정논의가 없었다.

◆ **일본 채권법개정의 기본방침**[35][36]

[3.1.3.59](민사보전의 신청에 의한 채권시효기간의 진행의 정지)

〈1〉 민사보전절차의 신청이 있은 때에는 그 때에 채권시효기간의 진행은 정지한다.

〈2〉 절차의 신청이 채무자 이외의 자의 재산에 대하여 이루어진 경우에는 채권자 또는 그 재산에 대해 절차가 신청된 자가 그 신청의 사실을 채무자에게 통지한 때에는 그 통지의 도달시에 채권시효기간의 진행이 정지한다.

〈3〉 신청된 절차가 종료한 때는 그 시점부터 채권시효기간의 진행이 재개한다. 이 경우 절차종료시부터 [6개월/1년]이 경과할 때까지 채권시효기간은 만료하지 않는다. 이 [6개월/1년]동안에 이루어진 이행의 최고는 시효기간의 만료를 연기하는 효력이 없다.

◆ **독일민법**[37]

제204조(권리추급으로 인한 시효정지) ① 소멸시효는 다음의 사유로 인하여 정지된다.

1. ~ 8. (생 략)[38]
9. 가압류, 가처분 또는 임시적 명령의 송달, 또는 그 청구가 송달되지 아니한 경우에, 가압류, 가처분 또는 임시적 명령이 채권자에의 고지 또는 송달 후 1개월 내에 채무자에게 송달되는 때에는 그 신청
10. ~ 14. (생 략)

② 제1항에 의한 시효정지는 개시된 절차가 기판력 있는 재판에 의하여 또는 다른 방식으로 종결된 때로부터 6개월로 종료한다. 그 절차가 당사자가 이를 추행하지 아니함으로써 休止하는 때에는 절차의 종결시가 아니라 당사자, 법원 또는 다른 절차수행기관의 최후의 절차행위시가 기준이 된다. 당사자 일방이 절차를 다시 추행하는 때에는 시효중지가 다시

개시된다.
③ (생 략)

3. 관련 판례

◆ **대법원 2000. 4. 25. 선고 2000다11102 판결**
민법 제168조에서 가압류와 재판상의 청구를 별도의 시효 중단사유로 규정하고 있는데 비추어 보면, 가압류의 피보전채권에 관하여 본안의 승소판결이 확정되었다고 하더라도 가압류에 의한 시효중단의 효력이 이에 흡수되어 소멸된다고 할 수 없다.

◆ **대법원 2006. 7. 27. 선고 2006다32781판결**
민법 제168조에서 가압류를 시효 중단사유로 정하고 있는 것은 가압류에 의하여 채권자가 권리를 행사하였다고 할 수 있기 때문인바, 가압류에 의한 집행보전의 효력이 존속하는 동안은 가압류채권자에 의한 권리행사가 계속되고 있다고 보아야 하므로 가압류에 의한 시효중단의 효력은 가압류의 집행보전의 효력이 존속하는 동안은 계속된다.

35) 법무부, 기본방침, 361면.
36) 일본 개정민법은 다음과 같다.
제149조 (가압류 등에 의한 시효의 완성유예) 다음에 열거한 사유가 있는 경우에는 그 사유가 종료한 때로부터 6개월이 경과할 때까지의 기간 동안 시효는 완성되지 않는다.
1. 가압류
2. 가처분
제154조
제148조 제1항 각호 또는 제149조 각호에 열거한 사유에 따른 절차를 시효의 이익을 받는 자에 대하여 하지 아니한 때에는 그 자에게 통지를 한 뒤가 아니면 제148조 또는 제149조의 규정에 따른 시효의 완성유예 또는 갱신의 효력이 발생하지 아니한다.
37) 양창수, 독일민법전, 87, 89면.
38) 생략된 부분은 개정시안 제168조의 관련 입법례 참조.

◆ **대법원 2010. 10. 14. 선고 2010다53273 판결**
금전채권의 보전을 위하여 채무자의 금전채권에 대하여 가압류가 행하여진 경우에 그 후 채권자의 신청에 의하여 그 집행이 취소되었다면, 다른 특별한 사정이 없는 한 가압류에 의한 소멸시효 중단의 효과는 소급적으로 소멸된다. 민법 제175조는 가압류가 '권리자의 청구에 의하여 취소된 때에는' 소멸시효 중단의 효력이 없다고 정한다. 가압류의 집행 후에 행하여진 채권자의 집행취소 또는 집행해제의 신청은 실질적으로 집행신청의 취하에 해당하고, 이는 다른 특별한 사정이 없는 한 가압류 자체의 신청을 취하하는 것과 마찬가지로 그에게 권리행사의 의사가 없음을 객관적으로 표명하는 행위로서 위 법 규정에 의하여 시효중단의 효력이 소멸한다고 봄이 상당하다.

4. 개정시안의 내용

가. 보전처분과 소멸시효의 정지 및 완성유예 (제1항)

개정시안 제1항은 가압류나 가처분이 신청된 경우에는 소멸시효가 정지되며, 가압류 또는 가처분 결정이 있는 때부터 1년 안에는 시효가 완성되지 아니한다고 규정한다.

우선 개정시안 제1항에서는 가압류나 가처분의 신청을 소멸시효 정지사유로 규정한다. 따라서 현행 민법과 달리 가압류나 가처분 절차가 끝난 이후에는 처음부터 새롭게 시효가 진행하는 것이 아니라 잔여 시효기간만 진행한다. 한편 개정시안 제1항에서 가장 두드러지는 점은 가압류나 가처분의 신청을 재판상 청구와 달리 취급한다는 것이다. 재판상 청구는 개정시안 제168조 제1호에 따라 순수한 소멸시효 정지사유에 해당한다. 따라서 그 재판절차가 아무리 오래 걸리더라도 그 절차가 진행되는 동안에는 시효가 진행되지 않는다(제169조). 그러나 가압류나 가처분의 경우에는 그 결정이 있는 때부터 1년만 시효기간의 완성이 유예된다.

이는 민법 제168조의 적용 결과와도 다르다. 판례에 따르면 가압류나 가처분에 의한 집행보전의 효력이 존속되는 동안에는 채권자의 권리행사가 계속되어 있다고 보아 시효가 완성되지 않는다.[39] 그 결과 비교적 간편한 절차를 밟아 가압류나 가처분을 받게 되면 그것이 해소되지 않는 동안에는 기간의 장단과 무관하게 계속 시효가 진행되지 않는다. 이러한 판례의 태도에 대해서는 재판상 청구의 경우에는 재판이 확정된 때로부터 다시 소멸시효가 진행하고, 부동산 압류의 경우 배당절차 종료 시에 소멸시효 중단사유가 종료된다고 해석하는 것과 비교하면 가압류 집행상태가 존속하는 한 계속 시효중단상태가 존속한다고 보는 것은 균형이 맞지 않는다는 비판이 있었다.[40] 즉 가압류보다 훨씬 강력한 권리행사라고 할 수 있는 재판상 청구의 경우에도 판결이 확정되면 그 때부터 소멸시효가 진행하고, 저당권이 설정된 경우에도 저당권 설정 후에 새로이 소멸시효가 진행하는 점에 비추어 보면, 가압류가 존속하는 이상 시효가 진행하지 않는다고 하는 것은 균형에 맞지 않는다는 것이다.[41]

개정시안에서는 가압류나 가처분의 경우에는 결정이 있은 때로부터 1년간만 시효완성이 유예된다고 함으로써 현재 판례의 태도와 다른 입장을 취하였다. 이러한 시효완성 유예기간의 기산점은 결정시이므로 집행이 이루어지지 않았다고 하더라도 유예기간은 진행된다.

논의과정에서는 채권자에게 본안절차를 취할 것을 압박한다는 차원에서 완성유예기간을 6개월로 하자거나, 확정판결과 동일하게 10년의 새로운 시효기간을 부여하자는 의견 등이 제기되었다. 그러나 이에 대하여 i) 가압류·가처분의 경우 완성유예기간을 6개월로 하는 것은 현대적 소송에서는 본안소송에 이르지 않고 보전처분으로 실질적 목적을 달성하고 분쟁을 종결짓는 경우가 많은 점을 고려할 때 타당하지 않으며, ii) 보전처분 제도는 집행력 보전이 그 취지로서 확정판결과 동일하게 10년의 새로운 시효기간을 부여하는 것 역시 바람직하지 않다는 등의 반론과 보전처분 신청 후 그 결정 이전에 시효가 완성될 수 있다는 점 등을 고려할 때 보전처분 신청시부터 결정시까지는 시효가 정지되고 결정시부터 1년 완성유예기간을 두는 조합을 채택하는 것으로 결정되었다.

---

39) 대판 2000. 4. 25, 2000다11102; 대판 2006. 7. 4, 2006다32781.

40) 梁彰洙, "부동산가압류의 시효중단효의 종료시기", 民事判例硏究 XXIV, 2002, 1면 이하 참조.

41) 尹眞秀, "2006년도 주요 民法 관련 판례 회고", 서울대학교 法學 48卷 1號(142號), 2007, 375면 참조.

나. 통지요건(제2항)

개정시안 제2항은 가압류나 가처분은 소멸시효의 이익을 받을 자에 대하여 하지 아니한 경우에는 그 사실을 그에게 통지하지 아니하면 시효정지 및 완성유예의 효력이 없다고 하여 통지요건을 두고 있다. 이는 시효중단을 시효정지 및 완성유예로 바꾼 것 이외에는 민법 제176조의 내용과 크게 다르지 않다. 따라서 개정시안 제2항에 대해서는 민법 제176조의 해석론이 그대로 적용될 것이다. 예를 들어 여기에서의 통지에는 본인의 통지 이외에도 법원이 경매개시결정이나 경매기일, 또는 채권압류명령을 통지하는 것이 포함된다. 또한 시효정지 및 완성유예의 효력이 발생하는 것은 통지가 도달하는 시점이다. 참고로 『일본 채권법개정의 기본방침』에서는 통지의 도달 시에 채권시효기간의 진행이 정지하는 것으로 명시하고 있다.[42]

5. 참고사항

현행법상 소멸시효 중단사유인 가압류와 가처분을 정지+완성유예 사유로 개정할 경우 경과규정을 둘 필요가 있다.

---

42) 현행 일본민법에서는 제155조에서는 우리 민법과 마찬가지로 "압류, 가압류 및 가처분은 시효의 이익을 받을 자에 대하여 하지 아니한 때에는 그 자에게 통지한 후가 아니면 시효중단의 효력을 발생하지 아니한다"라고 하여 시효중단 효력의 발생시점을 명시하지 않고 있지만, 채권법의 기본방침에서 명시한 것이다.

제171조(혼인관계 등으로 인한 소멸시효의 정지 및 완성유예)

2011. 3. 7. 법률 제10429호로 개정되기 전의 민법	현행	개정시안
제180조(재산관리자에 대한 무능력자의 권리, 부부간의 권리와 시효정지) ① 재산을 관리하는 부, 모 또는 후견인에 대한 무능력자의 권리는 그가 능력자가 되거나 후임의 법정대리인이 취임한 때로부터 6월내에는 소멸시효가 완성하지 아니한다. ② 부부의 일방의 타방에 대한 권리는 혼인관계의 종료한 때로부터 6월내에는 소멸시효가 완성하지 아니한다.	제180조(재산관리자에 대한 제한능력자의 권리, 부부 사이의 권리와 시효정지) ① 재산을 관리하는 아버지, 어머니 또는 후견인에 대한 제한능력자의 권리는 그가 능력자가 되거나 후임 법정대리인이 취임한 때부터 6개월 내에는 소멸시효가 완성되지 아니한다. ② 부부 중 한쪽이 다른 쪽에 대하여 가지는 권리는 혼인관계가 종료된 때부터 6개월 내에는 소멸시효가 완성되지 아니한다.	제171조(혼인관계 등으로 인한 소멸시효의 정지 및 완성유예) ① 부부 중 한쪽이 다른 쪽에 대하여 가지는 권리는 혼인 중에는 소멸시효가 정지되며, 혼인이 종료된 때부터 1년 안에는 시효가 완성되지 아니한다. ② 미성년인 자녀가 아버지나 어머니에 대하여 가지는 권리는 자녀가 미성년인 동안에는 소멸시효가 정지되며, 성년자로 된 때부터 1년 안에는 시효가 완성되지 아니한다. ③ 재산을 관리하는 후견인에 대하여 가지는 제한능력자의 권리는 그가 능력자가 될 때 또는 후임 후견인이 취임할 때까지 소멸시효가 정지되며, 능력자가 된 때 또는 후임 후견인이 취임한 때부터 1년 안에는 시효가 완성되지 아니한다. ④ 미성년자의 법정대리인과 제779조 제1항에 따른 가족관계 또는 그에 준하는 관계에 있는 자에 대하여 미성년자가 가지는 권리는 그가 성년자로 될 때 또는 그 관계가 해소될 때까지 소멸시효가 정지되며, 성년자로 된 때 또는 그 관계가 해소된 때부터 1년 안에는 시효가 완성되지 아니한다.

1. 개정 배경

현행 민법 제180조 제1항은 제한능력자가 자신의 법정대리인에게 스스로 권리를 행사하기 어렵다는 점을 고려하여, 제한능력자를 보호하기 위해 그가 능력자가 되거나 후임 법정대리인이 취임한 때부터 6개월 내에는 소멸시효가 완성하지 않도록 하고 있다. 또한 제2항은 부부의 일방이 혼인관계 존속 중에는 상대방에게 권리를 행사하기 어렵다는 점을 고려하여 혼인관계가 종료된 때로부터 6개월 내에는 소멸시효가 완성하지 않도록 하고 있다. 이는 모두 현행 민법상 소멸시효 정지사유에 해당한다. 참고로 현행 민법의 조항은 성년후견제도의 도입과 함께 2011. 3. 7. 법률 제10429호로 개정된 것(시행일은 2013. 7. 1.)이지만 그 개정 전의 민법 조항 역시 표현상의 차이가 있을 뿐 내용은 동일하다.

이와 같이 제한능력자나 혼인 중의 배우자 일방의 권리를 보호할 필요성은 개정시안에서도 그대로 인정된다. 다만 개정시안에서는 이러한 권리보호를 강화하기 위해 완성유예기간을 늘리는 한편, 제한능력자가 법정대리인과 가족관계에 있는 자에 대하여 가지는 권리에 대해서도 보호규정을 둠으로써 전반적으로 이러한 특수관계에 있는 자들의 권리를 강화하는 방향을 채택하였다.

2. 관련 입법례

◆ **2004년 개정안**

개정논의가 없었다.

◆ **일본민법**[43][44]

제158조 (미성년자 또는 성년피후견인과 시효의 정지) ① 시효기간의 만료 전 6개월 이내 동안에 미성년자 또는 성년피후견인이 행위능력자가 된 때 또는 법정대리인이 취임한 때부터 6개월을 경과하기까지는 그 미성년자 또는 성년피후견인에 대하여 시효가 완성하지 아니한다.

② 미성년자 또는 성년피후견인이 그 재산을 관리하는 부, 모 또는 후견인에 대하여 권리를 가지는 때에는 미성년자나 성년피후견인이 행위능력자가 되었을 때 또는 후임의 법정대리인이 취임한 때부터 6개월을 경과하기까지는 그 권리에 대하여 시효가 완성하지 아니한다.

◆ **일본 채권법개정의 기본방침**[45)]

[3.1.3.64](미성년자 또는 성년피후견인과 채권시효기간의 만료의 연기)

〈1〉 채권시효기간의 만료 전 [6개월/1년] 이내에 미성년자 또는 성년피후견인에게 법정대리인이 없는 때에는 그 미성년자 또는 성년피후견인이 행위능력자가 된 때 또는 법정대리인이 취임한 때로부터 [6개월/1년]을 경과할 때까지의 동안은 그 미성년자 또는 성년피후견인에 대하여 채권시효기간은 만료하지 않는다.

〈2〉 미성년자 또는 성년피후견인이 그 재산을 관리하는 부, 모 또는 후견인에 대하여 채권이 있는 때에는 그 미성년자 또는 성년피후견인이 행위능력자가 된 때 또는 후임 법정대리인이 취임한 때로부터 [6개월/1년]을 경과할 때까지의 동안은 그 채권에 대하여 채권시효기간은 만료하지 않는다.

◆ **독일민법**[46)]

제207조(근친관계로 인한 시효정지) ① 혼인관계가 존속하는 동안에는 배우자 사이의 청구권의 소멸시효는 정지한다. 이는 다음의 사람 사이의 청구권에 대하여도 그러하다.

1. 생활동반자관계가 존속하는 동안 생활동반자 사이의 청구권
2. 자녀가 미성년인 동안 부모와 자녀 사이 및 부 또는 모의 배우자와 그의 자녀사이의 청구권
3. 후견관계가 존속하는 후견인과 피후견인 사이의 청구권
4. 부조관계가 존속하는 동안 피부조인과 부조인 사이의 청구권
5. 보호관계가 존속하는 동안 피보호인과 보호인 사이의 청구권.

아동의 보좌인에 대한 청구권의 소멸시효는 보좌관계가 존속하는 동안에는 정지한다.

② 제208조[47)]는 영향을 받지 아니한다.

◆ **프랑스민법**

제2235조 시효는 친권이 해제되지 않은 미성년자 및 후견 상태의 성년자에 대하여는 진행되지 않거나 정지된다. 그러나 임금의 지급 또는 정기적 지급, 정기금의 연체이자, 부양금,

임료, 소작료, 임차부담금, 차용대금의 이자, 그리고 일반적으로 연 단위 또는 그 이하의 기간 단위의 정기적 변제에 관한 소권의 경우에는 그러하지 아니하다.

제2236조 시효는 부부 사이는 물론 시민연대협약에 기초한 동반자 사이에도 진행되지 않거나 정지된다.

◆ DCFR[48]

Ⅲ.-7:305 행위능력 흠결의 경우 만료의 연기

(1) 행위능력이 흠결된 자가 대리인이 없는 경우, 그 자가 또는 그 자에 대하여 보유하는 권리의 시효기간은 그 권리능력의 흠결이 종료하거나 대리인이 선임된 때로부터 1년이 경과하기 전에는 만료하지 아니한다.

(2) 권리능력이 흠결된 자와 그 자의 대리인 간의 권리의 시효기간은 그 행위능력의 흠결이 종료하거나 새로운 대리인이 선임된 때로부터 1년이 경과하기 전에는 만료하지 아니한다.

3. 개정시안의 내용

가. 정지사유 및 완성유예사유

개정시안은 혼인관계, 미성년 자녀와 부모의 관계, 제한능력자와 후견인과의 관계, 미성년자와 법정대리인 또는 그의 가족 등과의 관계처럼 특별관계가 존속하는 동안에는 소멸시효가 완성되지 않고, 그러한 관계가 종료되는 경우에도 일정한 기간 동안

---

43) 권철, 일본민법전, 55면.

44) 일본 개정민법에서는 제158조 표제의 '정지'가 '완성유예'로 바뀌었을 뿐 본문의 내용은 현행민법과 다르지 않다.

45) 법무부, 기본방침, 365-366면.

46) 양창수, 독일민법전, 89, 91면.

47) 독일민법 제208조(성적 자기결정의 침해로 인한 청구권의 시효정지) 성적 자기결정의 침해로 인한 청구권의 소멸시효는 채권자가 21세가 될 때까지 정지한다. 성적 자기결정의 침해로 인한 청구권의 채권자가 시효의 기산시에 채무자와 가정적 공동생활을 하는 경우에는 그 소멸시효는 그 공동생활의 종료시까지 정지한다.

48) 안태용, DCFR, 397면.

완성이 유예되도록 규정한다. 이러한 정지 및 완성유예는 그 실질에 있어서 민법상 소멸시효 정지사유와 다르지 않다.

위와 같은 특별관계가 존속하는 동안 권리자가 권리의 소멸시효를 정지시키기 위하여 상대방에 대하여 권리를 행사하는 것은 기대할 수 없으므로, 권리보호를 위해 그 특별관계가 존속하는 동안에는 소멸시효가 정지하도록 하였다. 한편 완성유예기간을 두는 이유는 당해 권리의 시효가 거의 완성될 무렵에 비로소 특별관계가 형성되었다면 그 특별관계 존속 중에는 시효가 정지되더라도 그 종료 직후에 바로 시효가 완성되는 것이 권리자에게 가혹한 결과를 초래할 수 있기 때문이다. 독일민법이나 프랑스민법의 경우 위와 같은 특별관계가 있는 경우 소멸시효가 정지되도록 하고 있을 뿐 완성유예에 대한 규정이 없어, 개정시안의 내용은 독일민법이나 프랑스민법보다 더 두텁게 특별관계에 있는 권리자를 보호하는 것으로 평가된다.

나. 부부 사이의 권리(제1항)

부부 중 한 쪽이 다른 쪽에 대하여 가지는 권리는 혼인 중에는 소멸시효가 정지되고, 혼인 종료된 때에도 1년 안에는 시효가 완성되지 않는다.

민법 제180조에서는 제2항에서 혼인관계와 시효정지에 관하여 규정하였는데, 개정시안에서는 이를 제1항으로 끌어올리고 표제에도 반영하였다. 한편 민법 제180조 제2항은 혼인관계 종료 후 6개월의 유예기간을 두었으나, 개정시안은 완성유예기간을 1년으로 연장하여 규정하였다.

다. 미성년자인 자녀가 부모에 대하여 가지는 권리(제2항)

미성년인 자녀가 아버지나 어머니에 대하여 가지는 권리는 자녀가 미성년인 동안에는 소멸시효가 정지되고 성년자가 된 때에도 1년 안에는 시효가 완성되지 않는다. 민법 제180조 제1항의 내용과 달라진 부분은 없고, 혼인관계의 경우와 마찬가지로 6개월의 완성유예기간을 1년으로 연장하여 규정하였다.

라. 후견인에 대하여 가지는 제한능력자의 권리(제3항)

제한능력자가 후견인에 대하여 가지는 권리를 그 후견관계가 지속되는 동안에 적극적으로 행사하는 것을 기대하기는 어렵다. 따라서 제한능력자가 능력자가 될 때 또는 후임 후견인이 취임할 때까지 그 권리의 소멸시효가 정지되도록 하였으며, 이 경우에도 능력자가 될 때 또는 후임 후견인이 취임한 때부터 1년의 완성유예 기간을 두도록 하였다.

마. 법정대리인과 특별관계에 있는 자에 대한 미성년자의 권리(제4항)

미성년자가 법정대리인의 가족 등에게 가지는 권리에 대해서도 소멸시효 정지와 완성유예의 효과를 규정하였다. 이는 현행 민법에는 규정되어 있지 않은 내용이다. 미성년자와 법정대리인 사이의 특별관계를 고려할 때 미성년자가 법정대리인의 가족 등에 대해서도 권리를 행사하기 곤란하다는 점을 염두에 둔 것이다.

여기에서 권리행사의 상대방은 ① 민법 제779조 제1항에 따른 가족관계에 있는 자와 ② 이에 준하는 관계에 있는 자이다. 민법 제779조 제1항은 가족으로서 제1호에서 배우자, 직계혈족 및 형제자매, 제2호에서 직계혈족의 배우자, 배우자의 직계혈족 및 배우자의 형제자매를 열거한다. 한편 민법 제779조 제2항은 위 제2호의 경우에는 생계를 같이 하는 경우에만 가족으로 한다고 규정하고 있는데, 개정시안 제4항은 의식적으로 민법 제779조 제1항만 열거함으로써 제2호에 해당하는 자로서 생계를 같이 하지 아니하는 경우에도 시효정지 및 완성유예의 대상이 된다는 점을 밝히고 있다. 한편 가족에 준하는 관계에 있는 자가 누구인가는 개정시안에서 명시적으로 밝히고 있지 않으므로 해석론에 맡길 수밖에 없다. 특정한 지위에 있다고 하여 일률적으로 이러한 관계에 있다고 단정할 수는 없고 구체적인 관계와 개별적인 사정들을 고려하여 미성년자가 가지는 권리에 대해 시효정지와 완성유예라는 보호를 부여할 필요가 있는가 하는 관점에서 판단할 문제이다. 예컨대 법정대리인의 사실상 배우자나 생계 또는 영업을 함께 영위하는 가까운 방계혈족 등 미성년자와 법정대리인의 특별관계에 비추어 이들에게도 권리를 행사하기 어려운 사정이 있는 경우에는 시효정지와 완성유예를 인정하여야 할 것이다.

제172조(협의로 인한 소멸시효의 정지 및 완성유예)

현행	개정시안
※ 해당 규정 없음	제172조(협의로 인한 소멸시효의 정지 및 완성유예) ① 권리자와 의무자 사이에 권리에 대하여 또는 권리를 발생시키는 사정에 대하여 협의(協議)가 진행 중인 동안에는 소멸시효가 정지된다. ② 당사자 한쪽이 협의를 거절하거나 3개월이 지나도록 합의가 이루어지지 아니한 때에는 협의는 종료된 것으로 본다. ③ 협의가 종료된 후 6개월 안에는 소멸시효가 완성되지 아니한다.

1. 개정 배경

독일민법, 프랑스민법, DCFR은 협의(합의 또는 교섭)를 소멸시효 장애사유로 규정하고 있고, 일본에서도 협의를 시효 장애사유로 규정하려는 내용의 개정안이 마련되었다. 이들 입법이유에 따르면, 협의를 소멸시효의 정지사유로 인정하게 되면 권리자가 제소 등의 사법절차를 거치지 않고도 자신의 청구권에 대하여 소멸시효가 완성되는 것을 방지할 수 있게 되므로 법적 분쟁을 예방하는 효과가 있다고 한다. 우리나라에서도 소멸시효의 대상이 되는 권리 또는 권리를 발생시키는 사정에 대하여 당사자들이 협의를 하는 경우가 적지 아니한데, 이러한 경우에 권리자는 이른바 권리 위에 잠자는 자는 아니므로, 협의가 진행 중인 동안 시효가 완성하는 것으로부터 권리자를 보호할 필요가 있다. 또한 이를 시효 정지사유 및 완성유예사유로 삼음으로써 사적 자치의 확대를 꾀하는 효과도 있다.

2. 관련 입법례

◆ 2004년 개정안

개정논의가 없었다.

◆ 일본 채권법개정의 기본방침[49][50]

[3.1.3.60](협의의 합의에 의한 채권시효기간의 진행의 정지)

〈1〉 채권자와 채무자간에 채권에 관한 협의를 하는 취지의 합의가 성립한 때에는 그 때에 채권시효기간의 진행은 정지한다.

〈2〉 채무자에 의한 협의의 속행을 거절하는 취지의 통지가 채권자에게 도달한 때 또는 최후의 협의로부터 [3개월/6개월]이 경과한 때(다만 협의계속의 합의가 있는 때를 제외한다)는 그 시점부터 채권시효기간의 진행이 재개한다.

〈3〉 〈2〉의 경우, 진행개시시부터 [6개월/1년]이 경과할 때까지 시효기간은 만료하지 않는다. 이 [6개월/1년]동안에 이루어진 이행의 최고는 시효기간의 만료를 연기하는 효력이 없다.

◆ 독일민법[51]

제203조(교섭으로 인한 시효정지) 채무자와 채권자 사이에 청구권 또는 청구권을 발생시키는 사정에 대한 교섭이 진행 중인 때에는, 소멸시효는 일방 또는 타방이 교섭의 계속을 거절할 때까지 정지한다. 소멸시효는 정지의 종료 후 적어도 3월이 경과하여야 완성된다.

◆ 프랑스민법

제2234조 법률, 합의 또는 불가항력에서 생긴 방해사유로 인하여 권리행사 불가능상태에 있는 자에 대하여는 시효는 진행하지 않거나 정지된다.

◆ DCFR[52]

Ⅲ.-7:304 협상의 경우 만료의 연기

당사자 간에 권리 또는 권리에 관한 청구가 발생할 수 있는 상황에 관하여 협상하는 경우, 시효기간은 협상에서 최종의 통신(the last communication)이 있은 때로부터 1년이 경과하기 전에는 만료하지 아니한다.

3. 논의 경과

가. 시효 정지사유 및 완성유예사유로서의 교섭

협의가 진행 중인 동안 소멸시효의 완성으로부터 채권자를 보호할 필요가 있으며, 해외 입법 추세도 그러함을 이유로 '교섭'을 시효 정지사유로 하는 시안이 제기되었다. 이에 대하여 i) 교섭을 시효 정지사유로 삼기에는 우리 실생활이 교섭에 친하지 않으며, 교섭을 빙자하여 시효완성을 방해하는 경우가 예상된다는 점, ii) 교섭과정의 가장 핵심적 요소인 최고, 승인을 시효진행 방해사유로 두게 되면 교섭을 별도로 규정할 필요는 없으며 대부분의 최고에 대하여 상대방으로서는 상당시간 교섭으로 응하는 경우도 있을 수 있는데 이 경우는 양자의 관계가 어떻게 되는지 불분명하다는 점, iii) 교섭의 경우 시기와 종기가 불분명하고 최고와 불필요한 혼동을 줄 우려가 있으며 교섭이 시효 정지사유로 규정되지 않았음에도 기존에 불편한 점이 없었다는 점 등을 이유로 반대하는

---

49) 법무부, 기본방침, 361면.

50) 일본 개정민법은 다음과 같다.
제151조 (협의를 하는 취지의 합의에 의한 시효의 완성유예)
권리에 관하여 협의를 하는 취지의 합의가 서면으로 이루어진 때에는 다음에 열거한 시기 가운데 가장 빠른 시기까지의 기간 동안 시효는 완성되지 않는다.
1. 그 합의가 있었던 때로부터 1년이 경과한 때
2. 그 합의에 관하여 당사자가 협의할 기간(1년을 넘지 않는 것에 한한다)을 정한 경우, 그 기간을 경과한 때
3. 당사자 일방이 상대방에 대하여 협의의 속행을 거절하는 취지의 통지를 서면으로 한 경우, 그 통지 시로부터 6개월이 경과한 때
② 제1항의 규정에 따라 시효의 완성이 유예되는 기간 동안 재차 행해진 제1항의 합의는 제1항의 규정에 따른 시효의 완성유예 효력이 있다. 단, 그 효력은 시효의 완성이 유예되지 않았더라면 시효가 완성되었을 때로부터 총 5년을 넘지 못한다.
③ 최고에 의하여 시효의 완성이 유예되는 기간 동안 행해진 제1항의 합의는 제1항의 규정에 따른 시효의 완성유예 효력이 없다. 제1항의 규정에 의하여 시효의 완성이 유예되는 기간 동안 행해진 최고에 관하여도 또한 같다.
④ 제1항의 합의가 그 내용을 기록한 전자적 기록(전자적 방식, 자기적 방식, 기타 사람의 지각에 의하여서는 인식할 수 없는 방식으로 만들어진 기록으로서, 전자계산기에 의한 정보처리 용도로 제공된 것을 말한다. 이하 같다)에 의하여 이루어진 때에는 그 합의는 서면에 의하여 이루어진 것으로 보고, 제1항 내지 제3항의 규정을 적용한다.
⑤ 제4항의 규정은 제1항 제3호의 통지에 준용한다.

51) 양창수, 독일민법전, 87면.

52) 안태용, DCFR, 397면.

의견이 있었다. 하지만 i) 채무가 존재하는지 여부에 대하여 진상조사를 할 것에 합의하는 경우 등 최고나 승인에 해당하지 않는 교섭의 양태가 존재하고, ii) 대부분의 외국 입법례에서 교섭을 시효 정지사유로 규정하고 있음을 고려할 때 우리 역시 이를 시효 정지사유로 규정하고 어떻게 하면 시기와 종기를 분명하게 할지를 고민하는 것이 타당하다는 점 등을 이유로 교섭을 시효 정지사유로 도입하게 되었다.

다만, '교섭'이라는 용어는 일방적 행위라는 느낌을 주는 것에 비하여 '협의'는 쌍방간의 행위라는 느낌을 주므로 협의로 용어를 변경하자는 의견이 있어 협의라는 용어를 사용하게 되었다. 또한, 협의가 종료된 후 곧바로 소멸시효가 완성되는 위험을 방지하기 위하여 완성유예기간을 두도록 하였다.

나. 협의의 종기

"최후로 의사소통이 있는 때까지" 소멸시효가 정지되는 것으로 하는 내용의 개정시안에 대하여, 위와 같이 표현하게 되면 동 조항이 행위규범으로서 제대로 기능할 수 없게 되는 점 등을 고려하여 협의가 진행 중인 동안 소멸시효가 정지되는 것으로 하되, 당사자 한쪽이 협의를 거절하거나 일정기간 동안 합의가 이루어지지 않는 경우 협의가 종료하는 것으로 간주하는 규정을 두기로 하였다.

다. 협의의 방법

대부분의 경우 상대방은 협의 내용을 부인하거나 다른 협의 내용을 주장할 것이므로 협의의 방법을 서면으로 하자는 의견에 대하여, i) 서면에 의한 방식으로만 제한하게 되면 동 조항의 적용범위가 지나치게 좁아질 수 있는 점, ii) 서면에 의하지 않는 다양한 협의방식을 인정해야 한다는 점 등을 고려하여 협의의 방식을 제한하지 않고 증명책임 문제로 남겨두기로 결정되었다.

4. 개정시안의 내용

개정시안에서는 보전처분의 신청, 특수관계에 있는 권리자의 경우에 이어서 권리자와 의무자 사이에 협의가 진행되고 있는 경우를 소멸시효의 정지사유 및 완성유예사유로 규정하고 있다.

가. 정지사유로서 "협의"의 신설(제1항)

소멸시효의 대상이 되는 청구권 또는 청구권을 발생시키는 사정 등에 대하여 당해 청구권의 채권자와 채무자가 협의를 하는 경우가 적지 아니한데 이러한 경우에 채권자를 '권리 위에 잠자는 자'로 볼 수는 없고, 권리자가 의무자를 신뢰하여 제소 등 별도의 조치를 취하지 않기가 쉬우므로 협의가 진행 중인 동안 소멸시효의 완성으로부터 채권자를 보호할 필요가 있다. 또한, 협의가 진행되는 동안에 채권자는 일반적으로 별도의 시효 정지 조치를 취하지 아니하는데 채무자가 협의 진행 중에 또는 그 직후에 소멸시효의 완성을 이유로 이행을 거절하는 것은 선행행위와 모순되는 행위로 신의칙상 허용되지 아니한다고 볼 수 있다. 따라서 협의가 진행되는 동안에 권리자의 신뢰를 보호하기 위하여 당사자 간 협의를 정지사유로 정하였다.

협의를 소멸시효의 정지사유로 인정하게 되면 권리자가 제소 등의 사법절차를 거치지 않고도 자신의 청구권에 대하여 소멸시효가 완성되는 것을 방지할 수 있으므로, 법적 분쟁을 예방하는 효과를 볼 수 있을 것으로 기대된다.

나. 협의의 종료 간주(제2항)

개별 사례에서 언제 협의가 개시되고 언제 종결되는가를 확정하는 것은 용이하지 아니하기 때문에 협의의 종기를 명문화할 필요가 있다. 따라서 일방 당사자가 협의를 거절하거나 3개월이 지나도록 합의가 이루어지지 아니한 경우에는 협의가 종료된 것으로 간주하는 규정을 두었다.

다. 완성유예기간(제3항)

소멸시효가 거의 완성될 무렵 협의가 갑자기 종료되거나 결렬된 경우 권리자에게 권리보존 등을 위한 조치를 취할 기간이 보장되어야 하므로, 유예기간을 두기로 하였다. 유예기간의 경우 독일민법은 "정지의 종료 후 적어도 3개월"로, DCFR은 "최종의 통신이 있을 때로부터 1년"으로 규정하고 있으나, 우리 개정시안은 그 기간을 6개월로 하여 최고(제173조)에 의한 완성유예기간과 균형을 맞추었다.

라. 협의가 있었다고 볼 수 있는 기준

언제 협의가 있었다고 볼 것인가에 대하여는, 이를 명확히 하기 위하여 서면으로 하여야 한다는 의견도 있었으나, 전자우편이나 기타 방법에 의한 협의의 방법도 배제하기 어렵고, 이를 자세히 규정하는 것은 현실적으로 곤란하므로 실무와 해석론에 맡기기로 하였다.

第173조(최고에 따른 소멸시효의 완성유예)

현행	개정시안
제174조(최고와 시효중단) 최고는 6월내에 재판상의 청구, 파산절차참가, 화해를 위한 소환, 임의출석, 압류 또는 가압류, 가처분을 하지 아니하면 시효중단의 효력이 없다.	제173조(최고에 따른 소멸시효의 완성유예) ① 소멸시효기간이 만료되기 전 6개월 안에 최고(催告)가 있는 경우에는 그 때부터 6개월 안에는 시효가 완성되지 아니한다. ② 제1항의 최고가 여러 차례 있는 경우에는 완성유예의 효력은 최후의 최고에 의하여 생긴다.

1. 개정 배경

최고는 재판외에서 권리자가 의무자에 대하여 의무의 이행을 청구하는 것으로서 의사의 통지에 해당한다. 민법은 최고도 시효 중단사유의 하나로 규정한다. 따라서 채권자는 재판상 청구나 압류 등에 이르지 않더라도 최고만으로써 시효를 중단시킬 수 있다. 이는 시효 중단을 위해 반드시 법원에 소를 제기하거나 압류를 신청하는 등 번거로운 절차를 거치지 않아도 된다는 점에서 채권자에게 유리하다. 하지만 재판상 청구에 이르지 않은 상태인 최고에 재판상 청구와 동일한 중단효를 인정하기는 어렵다. 따라서 최고는 다른 시효 중단사유와는 달리 그 자체로서 완전한 시효 중단효를 갖는 것은 아니며 최고가 있은 후 6개월 내에 재판상의 청구 등 다른 강력한 시효 중단의 조치를 취하지 않으면 시효 중단의 효력이 소멸하는 잠정적인 성격의 것으로 규정되어 있다. 최고를 시효 중단사유로 인정하는 것은 다른 나라의 입법례에서 찾아보기 어려우며, 우리나라와 일본에 독특한 규정이다.

그런데 개정시안은 시효 중단 제도에 대해서 전면적인 개편을 행하고 있으므로 시효 중단사유의 하나인 최고에 대한 민법 제174조도 개정하지 않을 수 없다. 민법 제174조는 최고가 있으면 시효기간이 처음부터 진행되는 시효 중단사유로 규정하는 대신 최고 6개월 내에 재판상 청구 등을 하여야 비로소 그 시효 중단효력이 종국적으로 인정되는 것으로 규정하고 있으나, 개정시안은 최고의 효력을 한 단계 낮추어 이를 시효 정지사유(즉 현행 민법상 시효 중단사유)가 아니라 시효의 완성유예사유(현행 민법상 시효 정지사유)로 규정하는 대신, 최고 6개월 내에 재판상 청구 등을 할 것을 조건으로 부가하지 않고 있다.

2. 관련 입법례

◆ **2004년 개정안**

제174조(최고와 시효중단) 최고는 6개월내에 재판상의 청구, 파산절차참가, 지급명령의 신청, 화해신청, 임의출석, 재산명시신청, 압류 또는 가압류, 가처분을 하지 아니하면 시효중단의 효력이 없다.

◆ **일본민법[53] [54]**

제153조 (최고) 최고는 6개월 이내에 재판상의 청구, 지급독촉의 신청, 화해신청, 민사조정법 또는 가사심판법에 의한 조정의 신청, 파산절차참가, 재생절차참가, 갱생절차참가, 압류, 가압류 또는 가처분을 하지 아니하면 시효중단의 효력을 발생하지 아니한다.

◆ **일본 채권법개정의 기본방침[55]**

[3.1.3.63](최고에 의한 채권시효기간의 만료의 연기)

〈1〉 채권자가 채무자에게 채무 이행의 취지를 최고한 때에는 그 최고에 관련한 채권의 채권시효기간은 [3.1.3.44][56] 〈1〉 내지 〈3〉에서 정하는 기간이 경과한 때에도 그 최고시부터 [6개월/1년]이 경과할 때까지 만료하지 않는다.

〈2〉 〈1〉에 의해 채권시효기간의 만료가 연기되어 있는 동안에 다시 최고가 있은 경우, 그 최고에 의해 〈1〉의 효력은 생기지 않는다.

---

53) 권철, 일본민법전, 53면.

54) 일본 개정민법은 다음과 같다.
제150조 (최고에 의한 시효의 완성유예) ① 최고가 있었던 경우에는 최고 시부터 6개월이 경과할 때까지의 기간 동안 시효는 완성되지 않는다.

3. 관련 판례

◆ **대법원 1983. 7. 12. 선고 83다카437 판결**

최고를 여러번 거듭하다가 재판상청구등을 한 경우에 시효중단의 효력은 항상 최초의 최고시에 발생하는 것이 아니라 재판상청구 등을 한 시점을 기준으로 하여 이로부터 소급하여 6월 이내에 한 최고시에 발생한다.

◆ **대법원 2003. 5. 13. 선고 2003다16238 판결**

소멸시효 중단사유의 하나로서 민법 제174조가 규정하고 있는 최고는 채무자에 대하여 채무이행을 구한다는 채권자의 의사통지(준법률행위)로서, 이에는 특별한 형식이 요구되지 아니할 뿐 아니라 행위 당시 당사자가 시효중단의 효과를 발생시킨다는 점을 알거나 의욕하지 않았다 하더라도 이로써 권리 행사의 주장을 하는 취지임이 명백하다면 최고에 해당하는 것으로 보아야 할 것이므로, 채권자가 확정판결에 기한 채권의 실현을 위하여 채무자의 제3채무자에 대한 채권에 관하여 압류 및 추심명령을 받아 그 결정이 제3채무자에게 송달이 되었다면 거기에 소멸시효 중단사유인 최고로서의 효력을 인정하여야 한다.

◆ **대법원 2012. 1. 12. 선고 2011다78606 판결**

채권자가 확정판결에 기한 채권의 실현을 위하여 채무자에 대하여 민사집행법상 재산명시신청을 하고 그 결정이 채무자에게 송달되었다면 거기에 소멸시효 중단사유인'최고'로서의 효력만이 인정되므로, 재산명시결정에 의한 소멸시효 중단의 효력은, 그로부터 6월 내에

---

② 최고에 의하여 시효의 완성이 유예되는 기간 동안 재차 행해진 최고는 제1항의 규정에 따른 시효의 완성유예 효력이 없다.

55) 법무부, 기본방침, 365면.

56) [3.1.3.44](채권시효의 기산점과 시효기간의 원칙)

〈1〉 채권시효의 기간은 민법 기타 법률에 특별한 규정이 있는 경우를 제외하고, 채권을 행사할 수 있는 때로부터 [10]년을 경과함으로써 만료한다.

〈2〉 〈1〉의 기간이 경과하기 전이라도 채권자(채권자가 미성년자 또는 성년피후견인인 경우는 그 법정대리인)가 채권발생의 원인 및 채무자를 안 때는 그를 안 때 또는 채권을 행사할 수 있는 때 중 후에 도래한 때로부터 [3년/4년/5년]의 경과로 채권시효의 기간은 만료한다.

다시 소를 제기하거나 압류 또는 가압류, 가처분을 하는 등 민법 제174조에 규정된 절차를 속행하지 아니하는 한, 상실된다.

4. 개정시안의 내용

가. 완성유예 사유(제1항)

소멸시효기간이 만료되기 전 6개월 안에 최고催告가 있는 경우에는 그 때부터 6개월 안에는 시효가 완성되지 아니한다. 즉 최고는 완성유예사유이다. 이 점에서 개정시안은 최고를 시효 중단사유로 규정하는 현행 민법과 태도를 달리한다.

초기의 논의과정에서는 최고를 재판상 청구 등과 함께 제168조에서 규정하고 다만 6월 안에 재판상 청구 등을 하지 않으면 정지의 효력이 없는 것으로 규정한 시안(이는 현행 민법의 태도와 유사하다)이 제안되었으나, 최고는 재판상 청구 등 다른 정지사유보다는 훨씬 약한 효력을 가지므로 소멸시효와의 관계에서도 이에 상응하는 효력을 부여하여 별도로 규정할 필요가 있다는 점 때문에 최고에 대한 별도의 규정을 두면서 이를 완성유예사유로 정하였다.

또한 민법 제174조에서는 최고 후 6개월 내에 재판상의 청구, 파산절차참가 등의 후속행위가 없으면 최고에도 시효중단의 효력이 없는 것으로 규정하고 있으나, 개정시안에서는 최고에 완성유예의 효력만을 부여하면서 이 부분을 삭제하였다.

한편 최고는 다른 사유들에 비해 너무나 광범위하고 비정형적인 것이어서 서면에 의한 최고 등으로 그 방식을 제한할 필요성이 있다는 의견이 있었는데, 이에 대하여는 소멸시효의 정지사유 및 완성유예사유 중 하나인 협의(개정시안 제172조 참조)에서도 특정한 방식을 요구하지 않는데 그보다 더 정형적인 최고에 서면 등의 방식을 요구하는 것은 형평상 맞지 않는다는 반대의견이 있어 최고의 방식제한에 대해서는 규정하지 않기로 하였다.

나. 최고가 여러 차례 있는 경우(제2항)

최고를 반복하다가 재판상 청구 등을 한 경우에 시효중단의 효력은 재판상 청구 등을 한 시점으로부터 소급하여 6월 내에 한 최후의 최고 시에 발생한다고 하는 기존 대법원 판례[57]의 취지를 반영하여, 최고가 여러 차례 있는 경우 최후의 최고에 의하여 완성유예의 효력이 생기는 것으로 규정하였다.

57) 대판 1983. 7. 12, 83다카437.

제174조(불가항력으로 인한 소멸시효의 완성유예)

현행	개정시안
제182조(천재 기타 사변과 시효정지) 천재 기타 사변으로 인하여 소멸시효를 중단할 수 없을 때에는 그 사유가 종료한 때로부터 1월내에는 시효가 완성하지 아니한다.	제174조(불가항력으로 인한 소멸시효의 완성유예) 권리자가 불가항력으로 인하여 권리행사를 방해받는 경우에는 그 사유가 종료된 때부터 6개월 안에는 소멸시효가 완성되지 아니한다.

1. 개정 배경

민법 제182조는 천재 기타 사변의 사유로 권리자의 권리행사가 불가능할 경우 시효의 정지를 인정하는 규정이다. 권리자의 지배영역에 있지 않은 사유들로 인하여 권리를 행사할 수 없게 되었는데도 소멸시효가 완성되었다고 하는 것은 권리자에게 가혹하기 때문이다. 여기에서의 사변은 폭설이나 홍수로 인한 교통의 두절, 폭동, 지진 등의 객관적인 사유를 말한다. 권리자의 착오, 질병과 같은 주관적인 사유는 사변에 해당하지 않는다는 것이 일반적인 해석론의 입장이다.

그런데 천재 기타 사변 이외에 권리자가 지배할 수 없는 불가항력적 상황에 대하여도 소멸시효의 완성을 유예할 필요가 있다. 또한 1개월이라는 유예기간은 권리자의 보호를 위하여 충분하다고 보기 어렵다.

2. 관련 입법례

◆ **2004년 개정안**

개정논의가 없었다.

◆ **일본민법**[58) 59)]

제161조 (천재 등에 의한 시효의 정지) 시효의 기간만료의 때에 즈음하여 천재 그 밖의 피할 수 없는 사변으로 인하여 시효를 중단할 수 없는 때에는 그 장해가 소멸한 때부터 2주간을 경과하기까지는 시효가 완성하지 아니한다.

◆ **일본 채권법개정의 기본방침**[60)]

[3.1.3.67](천재 등에 의한 채권시효기간의 만료의 연기)

채권시효기간이 만료할 무렵에 천재 기타 피할 수 없는 사변으로 인해 채권시효기간의 갱신, 진행의 정지, 또는 최고에 의한 만료의 연기를 할 수 없는 때에는 그 장애가 소멸한 때로부터 [2주간]을 경과할 때까지의 동안은 채권시효기간은 만료하지 않는다.

◆ **독일민법**[61)]

제206조(불가항력으로 인한 시효정지) 채권자가 소멸시효기간의 최종 6개월 안에 불가항력으로 인하여 권리추급에 장애를 받는 경우에는 소멸시효는 정지한다.

◆ **프랑스민법**

제2234조 법률, 합의 또는 불가항력에서 생긴 방해사유로 인하여 권리행사 불가능상태에 있는 자에 대하여는 시효는 진행하지 않거나 정지된다.

◆ **DCFR**[62)]

Ⅲ.-7:303 채권자의 통제를 벗어난 장애의 경우의 중단

(1) 시효기간의 진행은 채권자가 채권자의 통제를 벗어나고 채권자가 회피하거나 극복할 것을 합리적으로 기대할 수 없었던 장애에 의하여 권리를 주장하기 위한 절차를 진행할 수 없게 된 동안 중단된다.

(2) 제(1)항은 시효기간의 마지막 6개월 동안 장애가 발생하거나 존속하는 경우에만 적용한다.

(3) 장애의 지속 기간 또는 성격 상 채권자가 중단이 종료된 후 진행되어야 할 시효기간의 부분 내에 권리를 주장하기 위한 절차를 취할 것을 기대하는 것이 불합리한 경우, 시효기간은 장애가 제거된 후 6 개월이 경과하기 전에는 종료하지 아니한다.

(4) 본조에서 장애에는 심리적 장애가 포함된다.

3. 개정시안의 내용

개정시안은 완성유예사유로 "권리자가 불가항력으로 인하여 권리행사를 방해받는 경우"를 들고 있다. 이 사유는 기존의 "천재 기타 사변"보다 넓고 포괄적인 사유이다. 이는 독일민법과 프랑스민법 등의 입법례를 참조한 것이다.

"불가항력"으로 규정하게 되면 그 범위가 불분명해지고 과도하게 확대될 위험이 있다는 우려도 있었으나, i) 불가항력이라는 용어는 민법 제308조, 제314조, 제366조 등 여러 조문에서 이미 사용되고 있고, ii) 학설과 판례를 통하여 과도한 확대 위험을 막을 수 있다는 점을 고려하여 위와 같이 규정하였다.

또한 독일민법 등에서 규정한 유예기간이나 개정시안의 다른 완성유예사유의 기간을 참조하여 유예기간을 기존의 1개월에서 6개월로 연장하였다.

---

58) 권철, 일본민법전, 55면.

59) 일본 개정민법은 다음과 같다.
제161조 (천재 등에 의한 시효의 완성유예) 시효의 기간만료의 때에 즈음하여 천재 그 밖의 피할 수 없는 사변으로 인하여 제147조 제1항 각호 또는 제148조 제1항 각호에 열거한 사유에 관한 절차를 행할 수 없는 때에는 그 장해가 소멸한 때부터 3개월을 경과하기까지는 시효가 완성하지 아니한다.

60) 법무부, 기본방침, 367면.

61) 양창수, 독일민법전, 89면.

62) 안태용, DCFR, 395, 397면.

第175조(제한능력자와 소멸시효의 완성유예)

2011. 3. 7. 법률 제10429호로 개정되기 전의 민법	현행	개정시안
第179조(무능력자와 시효정지) 소멸시효의 기간만료 전 6월내에 무능력자의 법정대리인이 없는 때에는 그가 능력자가 되거나 법정대리인이 취임한 때로부터 6월 내에는 시효가 완성하지 아니한다.	第179조(제한능력자의 시효정지) 소멸시효의 기간만료 전 6개월 내에 제한능력자에게 법정대리인이 없는 경우에는 그가 능력자가 되거나 법정대리인이 취임한 때부터 6개월 내에는 시효가 완성되지 아니한다.	第175조(제한능력자와 소멸시효의 완성유예) 소멸시효기간이 만료되기 전 6개월 안에 제한능력자에게 법정대리인이 없는 경우에는 제한능력자의 권리 또는 제한능력자에 대한 권리는 그가 능력자가 되거나 법정대리인이 취임한 때부터 6개월 안에는 시효가 완성되지 아니한다.

1. 개정 배경

현행 민법 제179조는 제한능력자에게 법정대리인이 없는 경우를 시효 정지사유로 하여, 제한능력자가 능력자가 되거나 법정대리인이 취임한 때부터 6개월 전에는 소멸시효가 완성하지 않는 것으로 규정하고 있다. 제한능력자의 권리를 보호하기 위한 조항이다. 참고로 현행 민법의 조항은 성년후견제도의 도입과 함께 2011. 3. 7. 법률 제10429호로 개정된 것(2013. 7. 1.부터 시행)이지만 그 개정 전의 민법 조항 역시 표현상의 차이가 있을 뿐 내용은 동일하다.

개정시안에서는 시효정지를 완성유예로 바꾸는 이외에 표현을 일부 수정하였다.

2. 관련 입법례

◆ 2004년 개정안

개정논의가 없었다.

◆ 일본민법[63][64]

第158조 (미성년자 또는 성년피후견인과 시효의 정지) ① 시효기간의 만료 전 6개월 이내 동안에 미성년자 또는 성년피후견인이 행위능력자가 된 때 또는 법정대리인이 취임한 때부터 6개월을 경과하기까지는 그 미성년자 또는 성년피후견인에 대하여 시효가 완성하지 아니한다.

② 미성년자 또는 성년피후견인이 그 재산을 관리하는 부, 모 또는 후견인에 대하여 권리를 가지는 때에는 미성년자나 성년피후견인이 행위능력자가 되었을 때 또는 후임의 법정대리인이 취임한 때부터 6개월을 경과하기까지는 그 권리에 대하여 시효가 완성하지 아니한다.

◆ 일본 채권법개정의 기본방침[65]

[3.1.3.64](미성년자 또는 성년피후견인과 채권시효기간의 만료의 연기)

〈1〉 채권시효기간의 만료 전 [6개월/1년] 이내에 미성년자 또는 성년피후견인에게 법정대리인이 없는 때에는 그 미성년자 또는 성년피후견인이 행위능력자가 된 때 또는 법정대리인이 취임한 때로부터 [6개월/1년]을 경과할 때까지의 동안은 그 미성년자 또는 성년피후견인에 대하여 채권시효기간은 만료하지 않는다.

〈2〉 미성년자 또는 성년피후견인이 그 재산을 관리하는 부, 모 또는 후견인에 대하여 채권이 있는 때에는 그 미성년자 또는 성년피후견인이 행위능력자가 된 때 또는 후임 법정대리인이 취임한 때로부터 [6개월/1년]을 경과할 때까지의 동안은 그 채권에 대하여 채권시효기간은 만료하지 않는다.

◆ 독일민법[66]

第210조(행위무능력자와 완성유예) ① 행위무능력자 또는 제한행위능력자에게 법정대리인이 없는 경우에는 그가 무제한의 행위능력자가 되거나 대리의 흠결이 제거된 때로부터 6개월 내에는 그에 대한 또는 그를 위한 소멸시효는 완성되지 아니한다. 소멸시효기간이 6개월보다 단기인 경우에는 6개월이 아니라 그 소멸시효기간이 기준이 된다.

② 제1항은 제한행위능력자가 소송능력이 있는 경우에는 적용하지 아니한다.

◆ **프랑스민법**

제2235조 시효는 친권이 해제되지 않은 미성년자 및 후견상태의 성년자에 대하여는 진행되지 않거나 정지된다. 그러나 임금의 지급 또는 정기적 지급, 정기금의 연체이자, 부양금, 임료, 소작료, 임차부담금, 차용대금의 이자, 그리고 일반적으로 연 단위 또는 그 이하 기간 단위의 정기적 변제에 관한 소권의 경우에는 그러하지 아니하다.

◆ **DCFR**[67]

Ⅲ.-7:305 행위능력 흠결의 경우 만료의 연기

(1) 행위능력이 흠결된 자가 대리인이 없는 경우, 그 자가 또는 그 자에 대하여 보유하는 권리의 시효기간은 그 권리능력의 흠결이 종료하거나 대리인이 선임된 때로부터 1년이 경과하기 전에는 만료하지 아니한다.

(2) 권리능력이 흠결된 자와 그 자의 대리인 간의 권리의 시효기간은 그 행위능력의 흠결이 종료하거나 새로운 대리인이 선임된 때로부터 1년이 경과하기 전에는 만료하지 아니한다.

3. 개정시안의 내용

개정시안 제175조에서는 최고, 불가항력에 이어 제한능력을 완성유예사유의 하나로 규정한다. 조항의 표제 역시 "시효정지"를 "완성유예"로 변경하였다.

한편 현행 민법 제179조는 제한능력자의 경우 "그가 능력자가 되거나 법정대리인이 취임한 때부터 6개월 내에는 시효가 완성되지 아니한다."라고 규정하고 있을 뿐 소멸

---

63) 권철, 일본민법전, 55면.

64) 일본 개정민법에서는 제158조 표제의 '정지'가 '완성유예'로 바뀌었을 뿐 본문의 내용은 현행민법과 다르지 않다.

65) 법무부, 기본방침, 365면.

66) 양창수, 독일민법전, 91면.

67) 안태용, DCFR, 397면.

시효의 대상이 되는 권리는 규정하고 있지 않아, 시효의 완성이 유예되는 권리가 제한능력자의 권리에만 국한되는지, 아니면 제한능력자에 대한 권리도 포함하는지 여부가 불명확하였다. 개정시안에서는 독일민법 및 DCFR 등의 규정에서와 같이 제한능력자의 권리뿐만 아니라 제한능력자에 대한 권리도 소멸시효의 완성이 유예되는 권리임을 분명히 하였다.

第176조(상속재산에 관한 권리와 소멸시효의 완성유예)

현행	개정시안
第181조(상속재산에 관한 권리와 시효정지) 상속재산에 속한 권리나 상속재산에 대한 권리는 상속인의 확정, 관리인의 선임 또는 파산선고가 있는 때로부터 6월내에는 소멸시효가 완성하지 아니한다.	第176조(상속재산에 관한 권리와 소멸시효의 완성유예) 상속재산에 속한 권리나 상속재산에 대한 권리는 상속인의 확정, 상속재산관리인의 선임 또는 상속재산에 대한 파산선고가 있는 때부터 6개월 안에는 소멸시효가 완성되지 아니한다.

1. 개정 배경

민법 제181조는 상속재산에 관하여 권리를 행사할 수 있는 사람이 없거나 불분명한 상태에서 시효가 완성되는 것을 막고자 하는 규정이다. 즉, 상속재산에 속한 권리를 누가 행사할 것인지 여부 그리고 상속재산에 대한 권리를 누구에게 행사할 것인지 여부가 상속인의 존부 불명 등으로 불명확한 경우에는 상속인이 확정되거나 재산관리인이 선임되거나 파산선고가 있고 나서 6개월까지는 소멸시효가 완성되지 않도록 한 것이다.

개정시안은 민법 제181조를 시효 장애사유의 대대적인 개편 취지에 따라 표제를 바꾸고 표현 일부를 수정한 것으로서 내용의 변화는 없다.

2. 관련 입법례

◆ **2004년 개정안**

개정논의가 없었다.

◆ **일본민법**[68] [69]

제160조 (상속재산에 관한 시효의 정지) 상속재산에 관하여는 상속인이 확정된 때, 관리인이 선임된 때 또는 파산절차개시 결정이 있는 때부터 6개월을 경과하기까지는 시효가 완성하지 아니한다.

◆ 일본 채권법개정의 기본방침[70]

[3.1.3.66](상속재산에 관한 채권시효기간의 만료의 연기)

상속재산에 관하여는 상속인이 확정된 때, 관리인이 선임된 때 또는 파산절차개시의 결정이 있을 때로부터 [6개월/1년]을 경과할 때까지의 동안은 채권시효기간은 만료하지 않는다.

◆ 독일민법[71]

제211조(상속재산과 완성유예) 상속재산에 속하는 청구권 또는 상속재산에 대한 청구권의 소멸시효는 상속인이 상속을 승인하거나 상속재산에 대하여 도산절차가 개시되거나 대리인이 또는 대리인에 대하여 청구권을 실행할 수 있는 때로부터 6개월 내에는 완성되지 아니한다. 소멸시효기간이 6개월보다 단기인 경우에는 6개월이 아니라 그 소멸시효기간이 기준이 된다.

◆ 프랑스민법

제2237조 시효는 한정상속인이 상속재산에 대하여 가지고 있는 채권에 관하여는 진행되지 않거나 정지된다.

◆ DCFR[72]

Ⅲ.-7:306 만료의 연기: 사망한 자의 재산

채권자 또는 채무자가 사망한 경우, 사망한 자의 재산에 속한 또는 그 재산에 대한 권리의 시효기간은 상속인에 의하여 또는 상속인에 대하여, 또는 그 재산의 관리인에 의하여 또는 이에 대하여 권리가 행사될 수 있는 때로부터 1년이 경과하기 전에는 만료하지 아니한다.

---

68) 권철, 일본민법전, 55면.

69) 일본 개정민법에서는 표제 중 "정지"를 "완성유예"로 변경하였을 뿐 본문의 내용은 변경하지 않았다.

70) 법무부, 기본방침, 366면.

71) 양창수, 독일민법전, 91, 93면.

72) 안태용, DCFR, 397면.

3. 개정시안의 내용

개정시안은 민법 제181조와 마찬가지의 내용을 담고 있고, 시효 장애사유에 관한 개정시안의 체계에 따라 표제 중 "시효정지"를 "완성유예"로 바꾸고 본문 중 "관리인"을 "상속재산관리인"으로, "파산선고"를 "상속재산에 대한 파산선고"로, "6월"을 "6개월"로, "완성하지 아니한다"를 "완성되지 아니한다"로 바꾸었다.

第177條(승인과 소멸시효의 재개시)

현행	개정시안
第177條(승인과 시효중단) 시효중단의 효력있는 승인에는 상대방의 권리에 관한 처분의 능력이나 권한있음을 요하지 아니한다.	第177條(승인과 소멸시효의 재개시) ① 일부이행, 이자지급, 그 밖의 방법으로 권리자에게 권리를 승인한 때에는 소멸시효는 새로 진행된다. ② 제1항의 승인에는 상대방의 권리에 관한 처분의 능력이나 권한이 필요하지 아니하다.

1. 개정 배경

현행 민법 제168조에서는 소멸시효 중단사유의 하나로 "승인"을 들고 있다. 승인은 시효의 이익을 받을 자가 시효의 완성으로 권리를 잃게 될 자에게 그 권리의 존재를 인식하고 있다는 것을 표시하는 관념의 통지이다. 승인에는 특별한 방식이 필요하지 않고, 명시적 또는 묵시적으로 이루어질 수 있다.

한편 개정시안은 현행 민법 제168조에서 시효 중단사유로 열거된 청구, 압류 또는 가압류, 가처분, 승인에 대해 각각 다른 효력을 부여하고 있는데, 그 중 승인만 소멸시효의 재개시사유로 규정하고 있다.

2. 관련 입법례

◆ 2004년 개정안

개정논의가 없었다.

◆ 일본민법[73] [74]

제147조 (시효의 중단사유) 시효는 다음 각호의 사유로 인하여 중단된다.

1. 청구

2. 압류, 가압류 또는 가처분
3. 승인

◆ **일본 채권법개정의 기본방침**[75]

[3.1.3.54](채무자의 채권의 승인에 의한 채권시효기간의 갱신)

〈1〉 채무자의 채권의 승인에 의한 채권시효기간의 갱신은 승인시에 생긴다.

〈2〉 채무자가 채무의 일부를 이행한 때에는 채무자는 그 채무에 관련한 채권의 전부를 승인한 것으로 추정한다. 채무자가 이자채무, 지연손해금채무 기타 어떤 채권에서 부수적으로 생기는 채무를 이행한 때에는 채무자는 그 채권을 승인한 것으로 추정한다.

〈3〉 시효기간의 갱신을 생기게 하는 승인을 하기 위하여, 그 승인 대상인 채무를 부담하는 것에 대하여 행위능력 또는 권한이 있을 것을 요하지 않는다.

◆ **독일민법**[76]

제212조(시효의 갱신) ① 소멸시효는 다음의 경우에는 새로이 개시된다.

1. 채무자가 이자지급, 담보제공 또는 기타의 방법으로 권리자에 대하여 청구권을 승인한 때 또는
2. 법원 또는 관청의 지급행위가 실행되거나 신청된 때,

② ~ ③ (생 략)[77]

◆ **프랑스민법**

제2240조 채무자가 시효로 인하여 불이익을 입게 되는 자의 권리를 승인하면 시효기간은 중단된다.

◆ **DCFR**[78]

Ⅲ.-7:401 승인에 의한 갱신

(1) 채무자가 일부의 지급, 이자의 지급, 담보의 제공 또는 여하한 다른 방식으로 채권자에 대하여 권리를 승인한 경우, 새로운 시효기간이 진행한다.

(2) 새로운 시효기간은 당해 권리가 원래 일반적 시효기간의 적용을 받는지 아니면 Ⅲ.-7:202(법적 절차에 의하여 확립된 권리에 대한 기간)에 따라 10년의 기간의 적용을 받는지에 관계없이 일반적인 시효기간으로 한다. 그러나, 후자의 경우 본조에 의해 그 10년의 기간이 단축되지는 않는다.

3. 관련 판례

◆ **대법원 1996. 1. 23. 선고 95다39854 판결**

시효완성 전에 채무의 일부를 변제한 경우에는, 그 수액에 관하여 다툼이 없는 한 채무승인으로서의 효력이 있어 시효중단의 효과가 발생한다.

◆ **대법원 1999. 7. 9. 선고 99다12376 판결**

면책적 채무인수가 있은 경우, 인수채무의 소멸시효기간은 채무인수와 동시에 이루어진 소멸시효 중단사유, 즉 채무승인에 따라 채무인수일로부터 새로이 진행된다.

◆ **대법원 2007. 11. 29. 선고 2005다64552**

소멸시효 중단사유로서의 채무의 승인은 시효이익을 받을 당사자인 채무자가 소멸시효의 완성으로 권리를 상실하게 될 자에 대하여 그 권리가 존재함을 인식하고 있다는 뜻을 표시함으로써 성립하며, 그 표시의 방법은 아무런 형식을 요구하지 아니하고, 또 그 표시가 반드시 명시적일 것을 요하지 않고 묵시적인 방법으로도 가능한 것이기는 하지만, 그 묵시적인 승인의 표시는 적어도 채무자가 그 채무의 존재 및 액수에 대하여 인식하고 있음을 전제로 하여 그 표시를 대하는 상대방으로 하여금 채무자가 그 채무를 인식하고 있음을 그 표시를 통해 추단하게 할 수 있는 방법으로 행해져야 한다.

◆ **대법원 2012. 10. 25. 선고 2012다45566 판결**

소멸시효 중단사유로서의 채무승인은 시효이익을 받는 당사자인 채무자가 소멸시효의 완성으로 채권을 상실하게 될 이 또는 그 대리인에 대하여 상대방의 권리 또는 자신의 채무

---

73) 권철, 일본민법전, 51면.

74) 일본 개정민법은 다음과 같다.
제152조 (승인에 의한 시효의 갱신) ① 권리의 승인이 있는 경우, 시효는 그 때부터 새롭게 진행된다.
② 제1항의 승인을 함에 있어서는 상대방의 권리에 대한 처분에 관하여 행위능력의 제한을 받지 않을 것 또는 권한이 있을 것을 요하지 아니한다.

75) 법무부, 기본방침, 355면.

76) 양창수, 독일민법전, 93면.

77) 개정시안 제178조의 관련 입법례 참조.

78) 안태용, DCFR, 399면.

가 있음을 알고 있다는 뜻을 표시함으로써 성립하며, 그 표시의 방법은 아무런 형식을 요구하지 아니하고 묵시적이건 명시적이건 묻지 아니한다. 또한 승인은 시효의 이익을 받는 이가 상대방의 권리 등의 존재를 인정하는 일방적 행위로서, 그 권리의 원인 · 내용이나 범위 등에 관한 구체적 사항을 확인하여야 하는 것은 아니고, 그에 있어서 채무자가 권리 등의 법적 성질까지 알고 있거나 권리 등의 발생원인을 특정하여야 할 필요는 없다고 할 것이다.

4. 개정시안의 내용

가. 승인이 소멸시효의 재개시사유임을 명시(표제 및 제1항)

표제에서는 승인이 소멸시효의 재개시사유임을 명시하였다.

소멸시효의 재개시는 현행 민법상 소멸시효 중단과 같은 개념이다. 다만 소멸시효 중단은 시효기간이 끊어진다는 점에 초점을 맞추는 개념인 반면 소멸시효의 재개시는 그 이후 소멸시효가 처음부터 새롭게 시작한다는 점에 초점을 맞추는 개념이다.

한편 현행 민법상 소멸시효 중단사유는 청구, 압류 등, 승인의 세 가지인데, 개정시안은 그 중 재판상 청구는 소멸시효 정지사유(개정시안 제168조 제1호), 재판외 청구, 즉 최고는 소멸시효 완성유예사유(개정시안 제173조)로, 압류 등 민사집행은 소멸시효 정지 및 재개시사유(개정시안 제178조)로, 가압류나 가처분은 소멸시효 정지 및 완성유예사유(개정시안 제170조)로 각각 규정하면서 승인만 소멸시효 재개시사유로 규정한다. 즉 개정시안 제177조 제1항에서는 승인이 있으면 "소멸시효가 새로 진행된다."라고 하여 이를 명시하고 있다. 승인은 일정한 기간 동안 발생하는 것이라기보다는 순간적으로 발생하는 행위로서 정지의 대상으로 삼기에는 부적합하기 때문이다.

제1항에서는 승인의 방법도 예시하고 있다. 현행민법 제177조는 단순히 "승인"이라고만 규정하고 있으나, 학설 및 판례는 승인에 특별한 방식이 요구되지 않는다고 보아 면책적 채무인수, 변제기한의 유예요청, 이자의 지급, 일부의 변제 등에 의한 묵시적 승인

을 인정하여 왔다. 개정시안에서는 "일부이행, 이자지급, 그 밖의 방법으로"라고 규정하여 이와 같은 묵시적 승인이 가능하다는 점을 명확하게 하고 있다. 관련 입법례에서 보듯이 독일민법이나 DCFR 등에서도 이자의 지급, 담보의 제공 등을 승인의 방법으로 예시하고 있다. 또한 "권리자에게 권리를 승인한 때"라고 하여 승인의 상대방과 대상도 명확히 규정하였다.

나. 승인의 요건(제2항)

현행 민법 제177조에서 규정하고 있듯이 승인을 함에 있어서는 승인을 하는 자에게 상대방의 권리에 관한 처분의 능력이나 권한이 필요하지 아니하다는 입장을 그대로 유지하되, 어법상 부자연스러운 표현을 다듬어 "권한있음을 요하지 아니한다"를 "권한이 필요하지 아니하다"로 수정하였다.

제178조(민사집행과 소멸시효의 정지 및 재개시)

현행	개정시안
제175조(압류, 가압류, 가처분과 시효중단) 압류, 가압류 및 가처분은 권리자의 청구에 의하여 또는 법률의 규정에 따르지 아니함으로 인하여 취소된 때에는 시효중단의 효력이 없다. 제176조(압류, 가압류, 가처분과 시효중단) 압류, 가압류 및 가처분은 시효의 이익을 받은 자에 대하여 하지 아니한 때에는 이를 그에게 통지한 후가 아니면 시효중단의 효력이 없다.	제178조(민사집행과 소멸시효의 정지 및 재개시) ① 민사집행(재산명시 또는 채무불이행자 명부 등재를 포함한다)이 신청된 경우에는 소멸시효가 정지되며, 집행이 완료된 때에 시효가 새로 진행된다. ② 재산명시 또는 채무불이행자 명부 등재의 신청에 따른 소멸시효의 정지 및 재개시는 모두 합하여 1회에 한정된다. ③ 민사집행은 소멸시효의 이익을 받을 자에 대하여 하지 아니한 경우에는 그 사실을 그에게 통지하지 아니하면 시효의 정지 및 재개시의 효력이 없다.

1. 개정 배경

현행 민법 제168조는 압류 또는 가압류, 가처분을 시효 중단사유의 하나로 규정하면서 제175조에서는 압류 등이 취소된 경우에 시효중단의 효력이 없다는 점을, 제176조에서는 압류 등이 시효의 이익을 받을 자 외의 자에 대하여 행하여진 경우에는 시효의 이익을 받은 자에게 통지하여야 시효중단의 효력이 있다는 점을 각각 규정하고 있다.

그런데 개정작업을 통해 시효중단제도 자체가 전면적으로 개편되면서 압류 등에 대해서도 새로운 조항이 필요하게 되었다. 그 중 가압류나 가처분은 개정시안 제170조에서 소멸시효의 정지사유 및 완성유예사유로 규정하고 있다. 한편 압류에 대한 기존 규정의 규율 범위를 확대하여 압류뿐만 아니라 재산명시 또는 채무불이행자 명부 등재를 포함한 민사집행 일체에 대하여 규율하기로 하고, 이를 개정시안 제178조에서 소멸시효 정지 및 재개시사유로 새롭게 규정하였다.

2. 관련 입법례

◆ 2004년 개정안

제175조(재산명시, 압류, 가압류, 가처분과 시효중단) ① 재산명시, 압류, 가압류 및 가처분은 권리자의 청구에 의하여 또는 법률의 규정에 따르지 아니함으로 인하여 취소된 때에는 시효중단의 효력이 없다.

② 민사집행법 제62조 제7항에 의하여 재산명시결정이 취소되고 재산명시신청이 각하되는 경우에 6개월 내에 재판상의 청구, 파산절차참가, 지급명령의 신청 또는 압류를 한 때에는 시효는 최초의 재산명시신청으로 인하여 중단된 것으로 본다.

◆ 일본민법[79][80]

제156조 (압류, 가압류 및 가처분) 압류, 가압류 및 가처분은 권리자의 청구에 의하여 또는 법률의 규정에 따르지 아니함으로 인하여 취소된 때에는 시효중단의 효력을 발생하지 아니한다.

◆ 일본 채권법개정의 기본방침[81]

[3.1.3.53](민사집행에 의한 채권시효기간의 갱신)

〈1〉 민사집행에 의한 채권시효기간의 갱신은 당해 채권을 인정한 집행절차의 종료시에 생긴다.

〈2〉 민사집행이 보증인, 물상보증인 기타 채무자 이외의 자에 대하여 이루어진 때에는 채권자 또는 그 재산에 집행을 받는 자가 그 집행에 관해 채무자에게 통지한 후가 아니면 채권시효기간의 갱신은 생기지 않는다.

[3.1.3.58](민사집행의 신청에 의한 채권시효기간의 진행의 정지)

〈1〉 민사집행절차의 신청이 있은 때는 그 때에 채권시효기간의 진행은 정지한다.

〈2〉 절차의 신청이 채무자 이외의 자의 재산에 관하여 이루어진 경우에는 채권자 또는 그 재산에 대해 절차가 신청된 자가 그 신청의 사실을 채무자에게 통지한 때는 그 통지의 도달시에 채권시효기간의 진행이 정지한다.

〈3〉 신청된 절차가 종료한 때에는 그 시점부터 채권시효기간의 진행이 재개한다. 다만 채권시효기간이 갱신된 때에는 그러하지 아니하다.

〈4〉 〈3〉본문의 경우, 절차의 종료시로부터 [6개월/1년]이 경과할 때까지 채권시효기간은 만료하지 않는다. 이 [6개월/1년] 동안에 이루어진 이행의 최고는 시효기간의 만료를 연기하는 효력이 없다.

◆ **독일민법**[82)]

제212조(시효의 갱신) ① 소멸시효는 다음의 경우에는 새로이 개시된다.

1. 채무자가 이자지급, 담보제공 또는 기타의 방법으로 권리자에 대하여 청구권을 승인한 때, 또는
2. 법원 또는 관청의 지급행위가 실행되거나 신청된 때,

② 집행행위로 인한 시효의 갱신은 집행행위가 채권자의 신청 또는 법정요건의 흠결로 취소된 때에는 일어나지 아니한 것으로 본다.

③ 집행행위의 실행의 신청으로 인한 시효의 갱신은 신청이 인용되지 아니한 경우, 신청이 집행행위 전에 취하된 경우 또는 행하여진 집행행위가 제2항에 따라 취소된 경우에는 일어나지 아니한 것으로 본다.

◆ **프랑스민법**

제2244조 시효기간 또는 제척기간도 강제집행행위로 중단된다.

◆ **DCFR**[83)]

Ⅲ.-7:402 집행시도에 의한 갱신

Ⅲ.-7:202(법적 절차에 의하여 확립된 권리에 대한 기간)에 의해 규정된 10년의 시효기간은 채권자에 의한 각각의 합리적인 집행 시도가 있을 때마다 새로이 진행한다.

---

79) 권철, 일본민법전, 53면.

80) 일본 개정민법은 다음과 같다.

제148조 (강제집행 등에 의한 시효의 완성유예 및 갱신)다음에 열거한 사유가 있는 경우에는 그 사유가 종료할(신청을 취하하거나 법률의 규정에 따르지 않아 신청이 취소됨으로써 그 사유가 종료한 경우에는 그 종료 시부터 6개월이 경과할) 때까지의 기간 동안 시효는 완성되지 않는다.

1. 강제집행
2. 담보권 실행
3. 민사집행법(1979년 법률 제4호) 제195조에 규정된 담보권 실행으로서의 경매의 예에 따른 경매
4. 민사집행법 제196조에 규정된 재산개시절차

② 제1항의 경우에 시효는 제1항 각호에 열거한 사유가 종료한 때로부터 새롭게 진행한다. 단, 신청을 취하하거나 법률의 규정에 따르지 않아 신청이 취소됨으로써 그 사유가 종료한 경우에는 그러하지 아니하다.

81) 법무부, 기본방침, 354, 360면.

3. 관련 판례

◆ **대법원 1990. 1. 12. 선고 89다카4946 판결**

물상보증인에 대한 임의경매의 신청은 피담보채권의 만족을 위한 강력한 권리실행수단으로서, 채무자 본인에 대한 압류와 대비하여 소멸시효의 중단사유로서 차이를 인정할 만한 실질적인 이유가 없기 때문에, 중단행위의 당사자나 그 승계인 이외의 시효의 이익을 받는 채무자에게도 시효중단의 효력이 미치도록 하되, 다만 채무자가 시효의 중단으로 인하여 예측하지 못한 불이익을 입게 되는 것을 막아주기 위하여 채무자에게 압류사실이 통지되어야만 시효중단의 효력이 미치게 함으로써, 채권자와 채무자간에 이익을 조화시키려는 것이, 민법 제169조에 규정된 시효중단의 상대적 효력에 대한 예외를 인정한 민법 제176조의 취지라고 해석되는 만큼, 압류사실을 채무자가 알 수 있도록 경매개시결정이나 경매기일통지서가 우편송달(발송송달)이나 공시송달의 방법이 아닌 교부송달의 방법으로 채무자에게 송달되어야만 압류사실이 통지된 것으로 볼 수 있는 것이다.

◆ **대법원 2010. 9. 9. 선고 2010다28031 판결**

저당권으로서 첫 경매개시결정등기 전에 등기되었고 매각으로 소멸하는 것을 가진 채권자는 담보권을 실행하기 위한 경매신청을 할 수 있을뿐더러 다른 채권자의 신청에 의하여 개시된 경매절차에서 배당요구를 하지 않아도 당연히 배당에 참가할 수 있는데, 이러한 채권자가 채권의 유무, 그 원인 및 액수를 법원에 신고하여 권리를 행사하였다면 그 채권신고는 민법 제168조 제2호의 압류에 준하는 것으로서 신고된 채권에 관하여 소멸시효를 중단하는 효력이 생긴다. 그러나 민법 제175조에 "압류, 가압류 및 가처분은 권리자의 청구에 의하여 또는 법률의 규정에 따르지 아니함으로 인하여 취소된 때에는 시효중단의 효력이 없다."고 규정하고, 민사집행법 제93조 제1항에 "경매신청이 취하되면 압류의 효력은 소멸된다."고 규정하고 있으므로 경매신청이 취하되면 특별한 사정이 없는 한 압류로 인한 소멸시효 중단의 효력이 소멸하는 것과 마찬가지로 위와 같이 첫 경매개시결정등기 전에 등기되었고 매각으로 소멸하는 저당권을 가진 채권자의 채권신고로 인한 소멸시효 중단의 효력도 소멸한다.

---

82) 양창수, 독일민법전, 93면.

83) 안태용, DCFR, 399면.

4. 논의 경과

가. 재개시 시점

이 조항의 개정과 관련하여 ① 초기의 시안에서는 제1항에서 "법원에 민사집행(재산명시 또는 채무불이행자 명부 등재를 포함한다)이 신청된 경우에는 소멸시효는 새로 진행된다."로 규정하였다가 이후에 ② "법원에 민사집행(재산명시 또는 채무불이행자 명부 등재를 포함한다)이 신청된 경우에는 소멸시효가 정지되며, 집행이 완료된 때에 시효가 새로 진행된다."로 변경되어 이것이 최종 개정시안의 내용으로 확정되었다. 또한 조기의 시안에서는 제4항에 "제1항의 신청이 인용되지 아니하거나 취하된 경우 또는 법원이 인용결정을 취소한 경우에는 소멸시효 재개시의 효력이 없다"고 규정하였다가 최종개정시안에서는 그 내용이 삭제되었다.

나. 재산조회신청 등의 포함 여부

초기 논의과정에서는 재산조회신청도 정지 및 재개시사유에 포함되었으나 현행 민사집행법상 재산조회는 재산명시신청이 선행되어야 할 수 있는데, 재산명시신청이 있으면 시효정지 및 재개시의 효력이 발생하므로 이와 별도로 재산조회신청을 정지 및 재개시사유에 포함하지 않기로 하였다.

한편 재산명시신청이나 채무불이행자 명부 등재신청을 정지 및 재개시사유에 포함시키는 것에 대하여는 반대의견이 있었으나, 이를 포함시키면 확정판결을 받고서도 시효연장만을 위하여 절차상 보다 복잡하고 비용이 많이 드는 소를 재차 제기하는 상황을 막을 수 있다는 점, 재산명시신청 등은 모두 집행권원을 전제로 하는 것이므로 그 권리행사로서의 의미가 가볍지 않다는 점, 집행권원이 있지만 곧바로 강제집행에 들어갈 수 없는 상황에서는 이를 정지 및 재개시사유로 인정하는 것이 유용하다는 점 등을 고려하여 이를 정지 및 재개시사유에 포함시켰다.

5. 개정시안의 내용

가. 정지사유 및 재개시사유로서의 민사집행(제1항)

강제집행인 압류는 보전처분과 성질이 다르므로 별도의 조문을 두되, 담보권실행 등을 위한 경매 등이 신청된 경우에도 강제집행과 동일한 효력을 부여할 필요가 있으므로 이를 포괄할 수 있도록 "민사집행"을 소멸시효 정지 및 재개시사유로 규정하였다. 가압류와 가처분과 같은 보전처분도 넓은 의미에서는 민사집행에 해당하지만, 이는 시효의 정지 및 완성유예 사유로 따로 규정하였으므로(제170조) 여기에서의 민사집행에는 해당하지 않는다.

민사집행은 소멸시효 정지사유 및 재개시사유이므로 민사집행절차가 진행되는 동안에는 소멸시효의 진행이 정지되고 그 절차가 완료되면 새롭게 시효기간이 진행된다. 이는 독일민법, 프랑스민법, DCFR, 일본 개정 민법과 유사한 태도이다.

나. "재산명시신청 또는 채무불이행자명부 등재신청"의 포함(제1항과 제2항)

개정시안은 재산명시신청 또는 채무불이행자명부 등재신청도 시효 정지 및 재개시사유에 포함시킨다는 점을 명확히 하고 있다. 재산명시신청은 채무자로 하여금 자신의 재산을 강제로 개시하게 하도록 법원의 명시명령을 구하는 신청이다. 금전의 지급을 목적으로 하는 집행권원(가집행선고와 관련된 집행권원은 제외)에 기초하여 강제집행을 개시할 수 있는 채권자는 채무자의 보통재판적이 있는 곳의 법원에 채무자의 재산명시를 요구하는 신청을 할 수 있다(민사집행법 제61조). 한편 채무불이행자명부 등재신청은 집행권원이 존재하는 데도 일정한 기간 내에 금전채무를 이행하지 않거나 재산명시절차에서 처벌대상이 되는 행위를 한 채무자의 인적 사항을 채무불이행자명부에 올리도록 요구하는 신청이다(민사집행법 제70조 제1항). 재산명시절차나 채무불이행자명부 등재절차는 강제집행절차 그 자체는 아니지만 이를 용이하게 하기 위한 보조절차로서 강제집행절차와 밀접한 관련이 있다. 개정시안은 두 가지 사유를 모두 강제집행에 준하는 것으로 보아 시효 정지 및 재개시사유에 포함시켰다. 이를 통해 확정판결을 받고도 집행할 재산이 발견되지 않는 등의 이유로 오로지 시효연장을 위해 다시 소를 제기하는 현상은 줄어들 것으로 기대된다.

다만 재산명시신청이나 채무불이행자명부 등재신청은 다른 민사집행에 비해 손쉽게 할 수 있는데다가 그 신청을 반복하는 데에 법적인 제한이 없으므로 재판상 청구나 압류 등을 거치지 않은 채 이 제도를 통해 소멸시효를 계속 연장할 수 있는 문제점도 생각할 수 있다. 개정시안에서는 이러한 문제점을 고려하여 이들 절차에 의한 정지 및 재개시는 모두 합하여 1회에 한하는 것으로 규정하였다. 따라서 재산명시신청과 채무불이행자명부 등재신청으로 각각 1회씩 별도로 시효를 재개시하도록 하는 것은 허용되지 않는다.

다. 소멸시효 이익을 받을 자에 대한 통지(제3항)

민사집행을 통해 소멸시효정지 및 재개시의 효력을 발생시키기 위해서는 그 소멸시효의 이익을 받을 자에게 통지하여야 한다. 이는 현행 민법 제176조와 같은 내용이다.

따라서 개정시안 제3항에 대해서는 민법 제176조의 해석론이 그대로 적용된다. 예컨대 물상보증인이나 저당부동산의 제3취득자의 부동산을 압류하였다고 하여 바로 채권의 소멸시효정지 효력이 발생하지는 않고, 이를 주채무자에게 통지하여 도달하여야 이러한 효력이 발생한다.

제178조의2(소멸시효의 정지, 완성유예 및 재개시의 상대적 효력)

현행	개정시안
제169조(시효중단의 효력) 시효의 중단은 당사자 및 그 승계인에게만 효력이 있다.	제178조의2(소멸시효의 정지, 완성유예 및 재개시의 상대적 효력) 소멸시효의 정지, 완성유예 및 재개시는 당사자와 그의 승계인 사이에서만 효력이 있다.

1. 개정 배경

개정시안에서는 시효중단이라는 개념을 더 이상 사용하지 않으므로 시효중단의 개념을 전제로 만든 현행 민법 제169조를 개정할 필요가 있다.

2. 관련 판례

◆ **대법원 1998. 6. 12. 선고 96다26961 판결**

민법 제169조 소정의 '승계인'이라 함은 시효중단에 관여한 당사자로부터 중단의 효과를 받는 권리를 그 중단 효과 발생 이후에 승계한 자를 가리킨다. 민법 제169조가 규정한 시효의 중단은 당사자 및 그 승계인에만 효력이 있다고 하는 것은 승계인이 중단 당시의 당사자의 점유기간을 승계하여 시효취득을 주장할 수 없다는 것을 의미할 뿐 승계인 자신의 점유에 터잡은 독자적인 시효취득을 방해하는 것은 아니다.

3. 개정시안의 내용

현행 민법 제169조는 시효중단의 인적 범위와 관련하여 시효중단은 원칙적으로 당사자 및 그 승계인 사이에서만 효력이 있다고 규정하고 있다. 여기서 당사자란 시효중단행위에 관여한 자를 말하며, 시효대상인 권리의 당사자를 말하는 것이 아니다. 따라서 채권자가 보증인의 재산을 압류하였다면 시효중단의 효력은 채권자와 보증인 사이에만 미치고 채권자와 주채무자 사이에는 미치지 않는다.[84] 한편 여기서 승계인은 중단에 관여한 당사자로부터 해당 권리 또는 의무를 승계한 자를 말하며 포괄승계인이건 특정승계인이건 불문한다. 승계는 중단사유가 발생한 이후의 승계를 의미한다.

개정시안은 이러한 상대효 규정을 그대로 받아들이되 시효중단의 개념 대신 소멸시효의 정지, 완성유예, 재개시라는 개념을 사용하는 것에 부합하도록 표제와 내용을 바꾸었다.

84) 대판 1977. 9. 13, 77다418.

제183조(소멸시효 완성의 효력)

현행	개정시안
제183조(종속된 권리에 대한 소멸시효의 효력) 주된 권리의 소멸시효가 완성한 때에는 종속된 권리에 그 효력이 미친다.	제183조(소멸시효 완성의 효력) ① 소멸시효가 완성된 때에는 그 권리의 소멸로 인하여 이익을 받을 자는 그 권리의 소멸을 주장할 수 있다. ② 주된 권리의 소멸시효가 완성된 경우에는 종속된 권리에 그 효력이 미친다.

1. 개정 배경

현행 민법 제167조는 소멸시효 완성의 소급효에 대해 규정하고 있고, 제183조는 주된 권리의 소멸시효 완성이 종속된 권리에 미치는 효력에 대해서 규정하고 있다. 하지만 소멸시효 완성으로 인하여 발생하는 효력의 구체적인 내용에 대해서는 어느 조항에서도 정면으로 규정하고 있지 않다. 이는 취득시효 완성의 효과에 대해서는 민법 제245조와 제246조에서 "… 소유권을 취득한다."라고 정면으로 규정하는 것과 다른 점이다.

이에 따라 소멸시효 완성의 구체적인 효력에 관하여 소멸시효가 완성하는 것만으로 당연히 권리소멸의 효과가 생긴다는 절대적 소멸설과 소멸시효의 완성 외에 시효이익을 받을 자의 원용이라는 별개의 요건까지 갖추어야 권리가 소멸하는 상대적 소멸설이 민법 제정 당시부터 현재까지 대립하여 왔다. 개정시안은 바로 이 문제를 정면으로 다루고 있다.

2. 관련 입법례

◆ **2004년 개정안**

논의 결과, 소멸시효 완성의 효과에 대하여는 학설의 대립이 심한 사항이므로 개정대상에서 제외하였다.

◆ 일본민법[85] [86]

제145조(시효의 원용) 시효는 당사자가 원용하지 아니하면 법원이 이에 의하여 재판할 수 없다.

◆ 일본 채권법개정의 기본방침[87]

[3.1.3.68](채권시효기간 만료의 효과)[88]

〈1〉 채권에서 채권시효기간이 만료한 때에는 채무자는 채권시효를 원용할 수 있다.

〈2〉 〈1〉의 원용은 재판상, 재판외의 어느 것에 의해서도 할 수 있다.

〈3〉 〈1〉의 원용이 있은 때에는 이것을 철회할 수 없다.

〈4〉 〈1〉의 원용이 있은 때에는 그 채권은 기산일에 소급하여 소멸한다.

◆ 독일민법[89]

제214조(시효완성의 효력) ① 소멸시효가 완성된 후에는 채무자는 급부를 거절할 권리를 가진다.

② 소멸시효가 완성된 청구권의 만족을 위하여 급부된 것은 급부가 시효완성을 알지 못하고 행하여진 경우에도 반환을 청구할 수 없다. 채무자가 계약에 좇아 행한 채무승인 및 담보제공에 대하여도 또한 같다.

제217조(종된 급부의 소멸시효) 주된 청구권에 종속하는 종된 급부권의 청구에 대하여는 이에 적용되는 별도의 소멸시효가 아직 완성되지 아니하였더라도 주된 급부의 청구권과 함께 소멸시효가 완성한다.

◆ 프랑스민법

제2247조 법관은 시효에 기인하는 이유를 직권으로 보완할 수 없다.

제2248조 포기한 경우를 제외하고는, 시효는 어떠한 경우에도, 심지어는 항소심에서도 주장할 수 있다.

제2249조 채무를 소멸시키기 위하여 한 변제는 시효기간이 완성되었다는 이유만으로 반환을 청구할 수 없다.

◆ DCFR[90]

제5절 시효의 효과

Ⅲ.-7:501 일반 효과

(1) 시효기간이 만료된 후에는 채무자는 이행을 거절할 수 있다.

(2) 채무자에 의하여 채무의 이행으로서 지급되거나 이전된 여하한 것은 시효기간이 만료되었다는 이유만으로 반환을 청구할 수 없다.

Ⅲ.-7:502 부수적 권리에 대한 효과

이자의 지급에 대한 권리 및 기타 부수적 성질의 권리의 시효기간은 주된 권리에 대한 기간을 초과하여 만료하지 않는다.

3. 관련 판례

◆ 대법원 1979. 2. 13. 선고 78다2157 판결

당사자의 원용이 없어도 시효완성의 사실로서 채무는 당연히 소멸하고, 다만 소멸시효의 이익을 받는 자가 소멸시효 이익을 받겠다는 뜻을 항변하지 않는 이상 그 의사에 반하여 재판할 수 없을 뿐이다.

---

85) 권철, 일본민법전, 49면.

86) 일본 개정민법은 다음과 같다.
제145조 (시효의 원용) 시효는 당사자(소멸시효의 경우 보증인, 물상보증인, 제3취득자, 기타 권리 소멸에 관하여 정당한 이익을 가지는 자를 포함한다)가 원용하지 아니하면 법원이 이에 의하여 재판할 수 없다.

87) 법무부, 기본방침, 367면.

88) 「일본 채권법개정의 기본방침」에서는 채권시효기간 만료의 효과에 관하여 두 개의 안을 제시하고 있다. 두 번째 안은 채권시효기간의 만료에 의해 채무자에게 이행거절권이 발생하고 그 이행거절권의 행사에 의해 채권실현을 향한 법의 조력을 구하는 힘을 잃는다는 것을 그 내용으로 한다. 법무부, 기본방침, 367-368면.

89) 양창수, 독일민법전, 93, 95면.

90) 안태용, DCFR, 399, 401면.

◆ **대법원 2007. 3. 30. 선고 2005다11312 판결**

채권의 소멸시효가 완성된 경우 이를 원용할 수 있는 자는 시효로 인하여 채무가 소멸되는 결과 직접적인 이익을 받는 자에 한정되고, 그 채무자에 대한 채권자는 자기의 채권을 보전하기 위하여 필요한 한도 내에서 채무자를 대위하여 이를 원용할 수 있을 뿐이므로 채무자에 대하여 무슨 채권이 있는 것도 아닌 자는 소멸시효 주장을 대위 원용할 수 없다.

◆ **대법원 2008. 3. 14. 선고 2006다2940 판결**

이자 또는 지연손해금은 주된 채권인 원본의 존재를 전제로 그에 대응하여 일정한 비율로 발생하는 종된 권리인데, 하나의 금전채권의 원금 중 일부가 변제된 후 나머지 원금에 대하여 소멸시효가 완성된 경우, 가분채권인 금전채권의 성질상 변제로 소멸한 원금 부분과 소멸시효 완성으로 소멸한 원금 부분을 구분하는 것이 가능하고, 이 경우 원금에 종속된 권리인 이자 또는 지연손해금 역시 변제로 소멸한 원금 부분에서 발생한 것과 시효완성으로 소멸된 원금 부분에서 발생한 것으로 구분하는 것이 가능하므로, 소멸시효 완성의 효력은 소멸시효가 완성된 원금 부분으로부터 그 완성 전에 발생한 이자 또는 지연손해금에는 미치나, 변제로 소멸한 원금 부분으로부터 그 변제 전에 발생한 이자 또는 지연손해금에는 미치지 않는다.

4. 논의 경과

가. 소멸시효의 효력에 대한 논의

개정시안 논의과정에서는 ① 절대적 소멸설을 따른 안("채권은 … 5년간 행사하지 아니하면 소멸된다") ② 상대적 소멸설을 따른 안("소멸시효가 완성[91]된 때에는 그 권리의 소멸로 인하여 이익을 받을 자는 그 권리의 소멸을 주장할 수 있다") ③ 권리가 소멸하는 것이 아니라 항변권이 생길 뿐이라는 항변권설을 따른 안이 제시되었다. 이에 대하

91) 이에 대하여 상대적 소멸설을 따르면서 "소멸시효가 완성한다"는 표현을 사용하는 것은 타당하지 않다는 지적도 있었다.

여 분과위원회에서 오랜 시간에 걸쳐 논의를 하였으나, 의견을 하나로 모으지 못하여 복수안을 전체 민법개정위원회에 상정하였고 표결을 거쳐 상대적 소멸설을 취한 ②안으로 최종 확정되었다. 그 밖에 소멸시효의 효력으로서 이미 이행된 것의 반환금지나 자연채무 및 법원의 직권원용 금지에 대한 조항을 둔 입법례가 있으나 이러한 문제는 해석론으로 해결하는 것이 가능하다고 보아 별도 조항은 두지 않기로 하였다.

나. 종속된 권리에 대한 소멸시효의 효력

주된 권리의 시효완성이 종속된 권리에 미치는 영향에 관하여 규정한 민법 제183조의 내용은 그대로 두기로 하였다. 다만 최초의 시안에서는 이를 별도 조문인 제183조의 2로 규정하였으나, 혼란을 줄이기 위해 가능한 한 기존의 조문번호를 유지할 필요성이 있다는 점이 지적되어 개정시안 제183조 제2항으로 하기로 하였다.

5. 개정시안의 내용

가. 상대적 소멸설의 채택(제1항)

개정시안 제1항은 "소멸시효가 완성된 때에는 그 권리의 소멸로 인하여 이익을 받을 자는 그 권리의 소멸을 주장할 수 있다."라고 규정하여 상대적 소멸설을 채택하였다. 본래 의용민법은 상대적 소멸설을 취하였으나, 해방 이후 민법 제정자들은 상대적 소멸설을 취하였던 의용민법의 태도를 명시적으로 부정하고, 절대적 소멸설의 입장에서 입법하였다.[92] 이러한 입법자의 의도나 취득시효 규정과의 균형 등을 들어 절대적 소멸설이 통설적 지위를 차지하여 왔고, 우리 판례도 그러한 입장에 서 있다고 평가된다.[93]

---

92) 본래 민법전편찬요강 총칙편 제13항은 "소멸시효 완성의 효과는 권리를 소멸시킬 수 있는 일종의 항변권을 발생하도록 할 것"이라고 하였으나, 민법안심의소위원회에서는 시효원용에 관한 의용민법 제145조를 삭제함으로써 절대적 소멸설의 입장에서 입법하였다. 民法案審議錄 上卷, 103면.

93) 대판 1966. 1. 31, 65다2445 등 다수. 대판 2007. 9. 20, 2006다68902도 "이미 소멸시효가 완성된 후에는 그 채권

또한 절대적 소멸설은 당사자의 주장 내지 원용이라는 사정에 기대지 않고 객관적인 기준에 따라 권리의 존부를 결정하여 줌으로써 법적 명확성을 높인다는 장점도 가지고 있다.

그러나 절대적 소멸설은 시효완성 후 시효이익의 포기나 시효항변의 신의칙 위반, 소멸시효가 완성된 채권에 의한 상계를 설명하기가 어려운 난점이 있고, 관련 입법례에서 알 수 있듯이 해외의 전반적인 입법 흐름과도 일치하지 않는다. 이러한 점 때문에 2004년 민법 개정안을 작성할 당시에도 상대적 소멸설의 입법적 반영 여부를 놓고 논란이 계속되다가 결국 개정대상에서 제외된 바 있다. 그러다가 이번 개정시안에서 상대적 소멸설을 채택하게 된 것이다. 따라서 시효완성으로 이익을 받을 자가 권리의 소멸을 주장하지 않으면 권리는 소멸하지 않는다. 종전에는 변론주의의 원칙상 당사자가 시효소멸을 소송상 공격방어방법으로 제출하지 않는 한 법원은 이를 고려할 수 없으므로 절대적 소멸설과 상대적 소멸설 사이에 실제적인 차이가 없다고 설명하여 왔으나, 개정시안에 따르면 절차적으로는 물론이고 실체적으로도 시효소멸을 주장하여야 비로소 권리가 소멸하게 된다.

나. 주된 권리의 시효완성과 종속적 권리(제2항)

상대적 소멸설에 관한 제1항이 신설됨으로써 주된 권리의 시효완성이 종속적 권리에 미치는 영향에 관하여 규정한 민법 제183조의 내용은 제2항으로 옮겼다. 그 내용에는 변함이 없다.

이 소멸하고 시효중단을 인정할 여지가 없으므로..."라고 판시하여 이를 분명히 한다.

제184조(소멸시효 이익의 포기 등)

현행	개정시안
제184조(시효의 이익의 포기 기타) ① (생 략) ② 소멸시효는 법률행위에 의하여 이를 배제, 연장 또는 가중할 수 없으나 이를 단축 또는 경감할 수 있다.	제184조(소멸시효 이익의 포기 등) ① (현행과 같음) ② 소멸시효는 법률행위로써 배제하거나 연장하거나 가중할 수 없으나, 단축하거나 경감할 수는 있다.

1. 개정 배경

민법 제184조 제1항은 소멸시효 이익의 사전포기 금지에 관하여, 제2항은 소멸시효의 배제, 연장, 가중금지에 관하여 규정하고 있다. 개정시안은 이러한 내용을 그대로 두되 표현만 약간 수정하였다.

2. 관련 입법례

◆ **2004년 개정안**

제184조(시효의 이익의 포기 등) ① (현행과 같음)

② (현행과 같음)

◆ **일본민법**[94) 95)]

제146조(시효의 이익의 포기) 시효의 이익은 미리 포기할 수 없다.

◆ **일본 채권법개정의 기본방침**[96)]

[3.1.3.71](채권시효원용권 또는 이행거절권의 포기)[97)]

〈1〉 채권시효원용권은 채권자에 대한 의사표시로써 포기할 수 있다. 다만 법률에 특별한 규정이 있는 때에는 그러하지 아니하다.
〈2〉 채무자가 〈1〉의 포기를 한 때에는 그 포기시로부터 새로운 채권시효기간의 진행이 개시된다. 이 경우의 채권시효기간은 [3년/4년/5년]으로 한다.
〈3〉 채권시효원용권이 있는 자가 복수인 경우, 그 1인이 한 채권시효원용권의 포기는 다른 자의 채권시효원용권에 영향을 미치지 않는다.

◆ **독일민법**[98]

제202조(소멸시효에 관한 약정의 금지) ① 고의로 인한 책임에 대하여 소멸시효는 사전에 법률행위에 의하여 경감될 수 없다.
② 소멸시효는 법률에 정하여진 기산점으로부터 30년의 소멸시효기간을 초과하여 법률행위에 의하여 가중될 수 없다.

◆ **프랑스민법**

제2250조 시효는 완성된 후에만 이를 포기할 수 있다.

제2251조 ① 시효의 포기는 명시적 혹은 묵시적으로 할 수 있다.
② 시효의 묵시적 포기는 시효를 주장하지 않는 의사가 명확히 드러나는 사정이 있는 경우에만 인정된다.

제2252조 자신이 권리를 행사할 수 없는 자는 단독으로 완성된 시효를 포기할 수 없다.

제2253조 채무자가 시효를 포기한 경우에도, 채권자 기타 시효의 완성으로 이익이 있는 자는 누구나 시효를 주장하거나 원용할 수 있다.

제2254조 ① 시효기간은 당사자들의 합의에 의하여 단축 또는 연장될 수 있다. 그러나 이 기간은 1년 이하로 단축되거나, 10년 이상으로 연장될 수 없다.
② 당사자들은 합의에 의하여 법률이 정하는 정지 또는 중단의 사유 외에 다른 사유를 추가할 수 있다.
③ 제1항 및 제2항은 임금, 정기금의 연체이자, 부양료, 임료, 소작료, 임차부담금, 차용대금이자의 지급 또는 반복적 지급에 관한 소권과 기타 연 단위 또는 그 이하의 기간 단위의 정기적 변제에 관한 소권에는 적용되지 않는다.

◆ DCFR[99]

Ⅲ.-7:601 시효에 관한 계약

(1) 시효의 요건은 당사자들 간의 합의에 의하여, 특히 시효기간을 단축 또는 연장함으로써 변경할 수 있다.

(2) 그러나, 시효기간은 Ⅲ.-7:203(기산)에 따른 기산일로부터 1년 미만으로 단축하거나 30년 이상으로 연장할 수 없다.

3. 논의 경과

가. 조항의 분리 여부

초기의 시안에서는 종전에 같은 조문으로 되어 있던 시효의 포기와 시효의 가중감경은 그 성격이 다르다고 보아 이를 별개의 조문으로 하고 있었다. 그러나 혼란을 줄이기 위해 가능한 한 기존의 조문번호를 유지할 필요성이 있음을 반영하여 제184조에 함께 규정하는 것으로 최종 확정되었다. 또한 시효의 포기에서의 대상을 "시효의 이익"보다 "시효"로 하는 것이 고려되기도 하였으나, 시효의 포기라는 것은 그 의미가 더 불명확하다는 지적이 있어 기존의 내용을 유지하기로 하였다.

94) 권철, 일본민법전, 51면.

95) 일본민법 제146조는 개정하지 않았다.

96) 법무부, 기본방침, 373면.

97) 「일본 채권법개정의 기본방침」에서는 채권시효기간 만료의 효과에 관하여 ① 채권시효원용권의 포기로 보는 안과, ② 이행거절권의 포기로 보는 안 이렇게 두 개의 안을 제시하고 있다. 이에 따라 [3.1.3.71]에서도 채권시효원용권의 포기에 대하여 규정한 안과 이행거절권의 포기에 대하여 규정한 안이 있는데 본문에서는 채권시효원용권의 포기에 대하여 규정한 안만을 소개하였다. 상세한 내용은 법무부, 기본방침, 373면 참조.

98) 양창수, 독일민법전, 85면.

99) 안태용, DCFR, 401면.

나. 소멸시효 가중변경의 합의 인정 여부 등

소멸시효 가중변경의 경우에도 당사자의 합의의 효력이 인정되어야 할 필요도 있으므로 "소멸시효는 법률행위에 의하여 이를 가중하거나 감경할 수 있다"로 하는 시안 또는 사적 자치의 원칙에 따라 시효기간 연장을 인정하되 그 기간은 10년 이상으로 할 수 없도록 하자는 의견이 제기되었지만, 이처럼 채권자에게 유리하고 채무자에게 불리한 합의의 효력을 인정하는 것은 특히 약관의 경우에 부작용이 발생할 수 있다는 점을 고려하여 현행법의 태도를 유지하기로 하였다.

4. 개정시안의 내용

현행 조문의 내용을 그대로 유지하되 문구만을 자연스러운 어법으로 수정하였다. 즉, 조제목의 "기타"를 "등"으로 수정하고 "법률행위에 의하여 이를"을 "법률행위로써"로 각각 수정하였다.

제197조(점유의 모습)

현행	개정시안
제197조(점유의 태양) ① 점유자는 소유의 의사로 선의, 평온 및 공연하게 점유한 것으로 추정한다. ② 선의의 점유자라도 본권에 관한 소에 패소한 때에는 그 소가 제기된 때로부터 악의의 점유자로 본다.	제197조(점유의 모습) ① 점유자는 선의로 평온하고 공연하게 점유한 것으로 추정한다. ② 선의의 점유자라도 본권에 관한 소에 패소한 때에는 그 소가 제기된 때부터 악의의 점유자로 본다.

1. 개정 배경

민법 제197조 제1항은 점유자의 자주, 선의, 평온, 공연점유를 추정한다고 규정한다. 점유에 관한 추정규정은 주로 점유취득시효와 관련하여 문제된다. 민법 제245조 제1항은 20년간 소유의 의사로 평온, 공연하게 부동산을 점유하는 자는 등기함으로써 그 소유권을 취득한다고 규정한다. 한편 민법 제246조 제1항은 기간을 10년으로 하는 것 이외에는 같은 요건으로 동산점유취득시효에 관하여 규정한다. 이러한 점유취득시효의 점유 관련 요건 가운데 가장 중요한 비중을 차지하는 것은 자주점유이다. 그런데 민법 제197조에 따라 자주점유가 추정되므로 시효취득이 쉽게 이루어진다. 개정시안은 이처럼 시효취득을 쉽게 인정하여 진정한 권리자의 희생 하에 시효취득자를 과도하게 보호한다는 우려 아래 자주점유의 추정을 배제하는 내용을 담고 있다.

2. 관련 입법례

◆ **2004년 개정안**

논의 결과, 개정대상에서 제외되었다.

◆ 일본민법[100)]

第186조(점유의 태양 등에 관한 추정) ① 점유자는 소유의 의사로 선의, 평온 및 공연하게 점유를 하는 것으로 추정한다.

② 전후 양 시점에 점유한 증거가 있는 때에는 점유는 그동안 계속한 것으로 추정한다.

◆ 독일민법[101)]

第1006조(점유자의 소유권추정) ① 동산의 점유자는 그의 이익을 위하여 그 물건의 소유자로 추정된다. 그러나 물건이 그로부터 도난당하거나 유실되거나 그 밖에 점유이탈한 종전의 점유자와의 관계에서는 이는 적용되지 아니한다. 다만 금전 또는 무기명증권의 경우에는 그러하지 아니하다.

② 종전의 점유자는 그의 이익을 위하여, 점유를 계속하는 동안 그 물건의 소유자이었던 것으로 추정된다.

③ 간접점유의 경우에 추정은 간접점유자에 대하여 적용된다.

◆ 프랑스민법[102)]

第2256조 항상 자기를 위하여 소유자의 명의(권원)로 점유한 것으로 추정한다. 다만 타인을 위하여 점유를 개시한 것으로 입증된 경우에는 그러하지 아니하다.

3. 관련 판례

◆ **대법원 1997. 8. 21. 선고 95다28625 전원합의체 판결**

점유자의 점유가 소유의 의사 있는 자주점유인지 아니면 소유의 의사 없는 타주점유인지의 여부는 점유자의 내심의 의사에 의하여 결정되는 것이 아니라 점유 취득의 원인이 된

100) 권철, 일본민법전, 67면.

101) 양창수, 독일민법전, 613면.

102) 본문에서 인용한 프랑스민법 조항은 법무부 2009년 민법개정 연구용역보고서, 취득시효제도－그 입법론적 연구－(책임연구원 송덕수), 218면을 참조한 것이다.

권원의 성질이나 점유와 관계가 있는 모든 사정에 의하여 외형적 · 객관적으로 결정되어야 하는 것이기 때문에 점유자가 성질상 소유의 의사가 없는 것으로 보이는 권원에 바탕을 두고 점유를 취득한 사실이 증명되었거나, 점유자가 타인의 소유권을 배제하여 자기의 소유물처럼 배타적 지배를 행사하는 의사를 가지고 점유하는 것으로 볼 수 없는 객관적 사정, 즉 점유자가 진정한 소유자라면 통상 취하지 아니할 태도를 나타내거나 소유자라면 당연히 취했을 것으로 보이는 행동을 취하지 아니한 경우 등 외형적 · 객관적으로 보아 점유자가 타인의 소유권을 배척하고 점유할 의사를 갖고 있지 아니하였던 것이라고 볼 만한 사정이 증명된 경우에도 그 추정은 깨어진다.

점유자가 점유 개시 당시에 소유권 취득의 원인이 될 수 있는 법률행위 기타 법률요건이 없이 그와 같은 법률요건이 없다는 사실을 잘 알면서 타인 소유의 부동산을 무단점유한 것임이 입증된 경우, 특별한 사정이 없는 한 점유자는 타인의 소유권을 배척하고 점유할 의사를 갖고 있지 않다고 보아야 할 것이므로 이로써 소유의 의사가 있는 점유라는 추정은 깨어졌다고 할 것이다.

◆ 대법원 2000. 3. 16. 선고 97다37661 전원합의체 판결

토지의 매수인이 매매계약에 의하여 목적 토지의 점유를 취득한 경우 설사 그것이 타인의 토지의 매매에 해당하여 그에 의하여 곧바로 소유권을 취득할 수 없다고 하더라도 그것만으로 매수인이 점유권원의 성질상 소유의 의사가 없는 것으로 보이는 권원에 바탕을 두고 점유를 취득한 사실이 증명되었다고 단정할 수 없을 뿐만 아니라, 매도인에게 처분권한이 없다는 것을 잘 알면서 이를 매수하였다는 등의 다른 특별한 사정이 입증되지 않는 한, 그 사실만으로 바로 그 매수인의 점유가 소유의 의사가 있는 점유라는 추정이 깨어지는 것이라고 할 수 없고, 민법 제197조 제1항이 규정하고 있는 점유자에게 추정되는 소유의 의사는 사실상 소유할 의사가 있는 것으로 충분한 것이지 반드시 등기를 수반하여야 하는 것은 아니므로 등기를 수반하지 아니한 점유임이 밝혀졌다고 하여 이 사실만 가지고 바로 점유권원의 성질상 소유의 의사가 결여된 타주점유라고 할 수 없다.

4. 논의 경과

초기 논의 단계에서는 제197조의 개정과 관련하여 ① 자주점유의 추정을 배제하는 내용의 시안과 ② 자주점유 이외에도 선의의 추정까지 배제하는 내용의 시안이 제시되었다.

우선 ①안은 i) 자주점유는 특히 취득시효와 관련하여 의미를 가지는데 자주점유의 추정은 당연한 것이 아니며, 현행법처럼 20년의 점유만 증명하면 반대의 증명이 없는 한 시효취득을 인정하는 것은 진정한 권리자의 희생 하에 시효취득자를 지나치게 보호하는 것이라는 점, ii) 점유자 가운데에는 타주점유자도 적지 않기 때문에 일반적으로 보더라도 자주점유는 추정하지 않도록 하여야 하며, 취득시효에 의하여 보호받고자 하는 자는 자주점유를 스스로 증명하게 함이 타당하다는 점, iii) 현재 우리 판례는 자주점유인지를 판단함에 있어서 점유취득의 원인이 되는 법률행위 기타의 법률요건 즉 권원의 성질 등을 중요하게 고려하고 있어서, 실무적으로는 사실상 자주점유가 추정되지 않고 있다는 견해도 있다는 점 등을 그 근거로 하였다.

한편 ②안은 자주점유에 관하여 ①안의 근거에 찬성하면서 이와 아울러 선의의 요건을 취득자가 증명하여야 함에도 민법은 선의를 추정하여 소유자에게 가혹하게 규정되어 있으므로 제197조 제1항에서 선의추정 부분도 삭제하는 것이 바람직하고, 특히 부동산의 점유취득시효의 경우 선의의 요건을 추가하게 되는 경우(실제로 개정시안 제245조는 부동산 점유취득시효에 관하여 선의 · 무과실 요건을 추가하였다)에 그러한 개정이 의미를 가지기 위해서는 선의추정의 배제가 필요하다는 점을 근거로 하였다.

이에 대하여 제245조에서 선의 · 무과실 요건을 추가함으로써 악의의 무단점유 등의 경우에 점유취득시효 완성을 배제할 수 있다면 제197조에서 굳이 자주점유 추정 규정을 삭제할 필요가 없다는 반대 견해도 있었으나, 표결을 거쳐 개정시안과 같이 자주점유의 추정만을 배제하는 내용으로 최종 확정되었다.

5. 개정시안의 내용

가. 자주점유의 추정 배제(제1항)

자주점유의 추정은 현실적으로 대부분 부동산 점유취득시효와 관련하여 의미가 있다. 그런데 현행 민법 제197조에서와 같이 20년의 점유만 증명하면 반대 증명이 없는 한 점유물을 시효취득 할 수 있도록 하는 제도는 진정한 권리자의 희생 하에 시효취득자를 지나치게 보호하는 측면이 있다. 또한 실제 점유자 가운데 타주점유자도 적지 않기 때문에 자주점유의 추정을 배제하여 취득시효의 이익을 받고자 하는 자가 스스로 자주점유를 증명하도록 함이 타당하다.

대법원은 점유자가 점유개시 당시 소유권 취득의 원인이 될 수 있는 법률행위 기타 법률요건이 없이 그와 같은 법률요건이 없다는 사실을 잘 알면서 타인 소유 부동산을 무단점유한 사실이 증명된 경우에는 자주점유의 추정을 번복하여 시효취득을 부정하는 입장을 취하고 있다.[103] 이는 악의 무단점유의 경우 자주점유의 추정을 번복하는 방법으로 진정한 권리자를 좀 더 강하게 보호하기 위한 방책이다. 그런데 그 정책적 타당성은 인정될지 몰라도, 악의 무단점유는 자주점유와는 다른 차원의 문제이므로 악의 무단점유라는 이유로 자주점유를 부정하는 것은 이론적으로는 옳지 않다는 지적도 있었다. 개정시안 제197조는 현행 조항에서 "소유의 의사로" 부분을 삭제하여 자주점유의 추정을 배제하고 있는데, 이러한 개정시안의 태도에 따르면 악의 무단점유자에 대한 자주점유 추정 번복의 필요성 자체가 사라지게 된다. 그 밖에 이 조항의 자구를 우리말 어법에 맞게 수정하였다.

나. 표현 수정(제2항)

선의의 점유자라도 본권에 관한 소에 패소한 때에는 그 소가 제기된 때부터 악의의 점유자로 본다는 현행 민법 제197조 제2항의 내용을 그대로 유지하되 우리말 어법에 맞게 "때로부터"를 "때부터"로 수정하였다.

---

103) 대판(전) 1997. 8. 21, 95다28625.

第245조(부동산소유권의 취득시효)

현행	개정시안
第245조(점유로 인한 부동산소유권의 취득기간) ① 20년간 소유의 의사로 평온, 공연하게 부동산을 점유하는 자는 등기함으로써 그 소유권을 취득한다. ② 부동산의 소유자로 등기한 자가 10년간 소유의 의사로 평온, 공연하게 선의이며 과실없이 그 부동산을 점유한 때에는 소유권을 취득한다.	第245조(부동산소유권의 취득시효) ① 20년 동안 소유의 의사로 평온하고 공연하게 선의로 과실(過失) 없이 그 부동산을 점유하여 온 자는 등기함으로써 그 소유권을 취득한다. ② 부동산의 소유자로 등기된 자가 10년 동안 소유의 의사로 평온하고 공연하게 선의로 과실 없이 그 부동산을 점유하여 온 경우에는 그 소유권을 취득한다.

1. 개정 배경

취득시효는 어떤 사람이 마치 권리자와 같이 권리를 행사하고 있는 사실상태가 일정한 기간 동안 계속된 경우에 그와 같은 사실상태를 근거로 하여 과연 그 사람이 진실한 권리자인지 아닌지를 묻지 않고 그 사람에게 권리가 있는 것으로 인정하는 제도를 말한다.

한편 부동산에 대한 점유취득시효가 완성되기 위해서는 20년간 소유의 의사로 평온·공연하게 점유하여야 한다. 그리고 자주, 평온, 공연점유는 민법 제197조에 의하여 추정된다. 따라서 점유취득시효를 주장하는 자는 20년간 점유를 주장·증명하는 것으로 충분하다. 현행 민법에 따르면 점유취득시효의 완성과 이에 따른 등기를 통하여 타인의 소유권을 박탈하는 것이 비교적 용이하였던 셈이다.

우리나라에서는 과거 점유취득시효가 토지소유권의 정리에 중요한 역할을 수행하여 왔다. 일제 토지사업의 허술함, 농지개혁이나 전쟁 및 도시로의 인구이동 과정에서 파생된 토지공부의 혼란, 등기를 통한 권리관계 명확화에 대한 국민들의 법의식 부족 등이 그 원인이었다. 이 과정에서 권리관계와 사실상 이용관계 사이에 다수의 불일치가 발생하였다. 점유취득시효는 그로부터 파생되는 혼란을 조정하는 역할을 수행하였다.

특히 빈번하게 발생하는 경계분쟁의 해결책으로 활용되어 왔다.

하지만 위와 같은 사유들이 점점 사라지면서 점유취득시효의 역할과 비중은 점점 줄어들고 있다. 특히 점유취득시효가 점유로써 등기를 뒤엎으면서 타인의 소유권을 박탈하는 법률원인이라는 점을 고려한다면, 토지 소유권 관계를 둘러싼 법적 불안정 상태가 상당 부분 사라진 오늘날에 있어서까지 광범위하게 활용할 것은 아니다. 이는 진정한 권리자의 희생 하에 시효취득자를 지나치게 보호한다는 문제를 야기할 수 있기 때문이다. 특히 우리나라처럼 부동산 물권변동에 관하여 성립요건주의를 취하면서 등기에 절대적 무게를 싣는 나라에서는 점유가 등기를 뒤엎는 점유취득시효는 제한적으로 운용되어야 한다. 또한 경계분쟁 등에 대해서 점유취득시효제도에 지나치게 의존하기보다는 권리남용 법리로 해결하는 방향을 모색하여야 한다. 그 동안 판례는 악의의 무단점유자에 대한 시효취득의 부정 등 제한적이나마 해석론을 통하여 점유취득시효제도가 너무 넓게 기능하는 것을 경계하여 왔으나, 이제는 입법적으로 이러한 경계선을 획정할 필요가 있다.

개정시안은 앞서 본 것처럼 제197조에서 자주점유의 추정을 배제하는 한편, 여기에서 보는 바와 같이 제245조에서 기존의 점유취득시효 요건 이외에 선의·무과실의 요건까지 추가로 요구함으로써 점유취득시효의 문턱을 올리고 있다.

2. 관련 입법례

◆ **2004년 개정안**

논의 결과, 개정대상에서 제외되었다.

◆ **일본민법**[104]

제162조(소유권의 취득시효) ① 20년간 소유의 의사로 평온, 공연하게 타인의 물건을 점유한 자는 그 소유권을 취득한다.

② 10년간 소유의 의사로 평온, 공연하게 타인의 물건을 점유한 자는 그 점유개시 시에 선의이며 과실이 없었던 때에는 그 소유권을 취득한다.

◆ 독일민법[105]

제927조(공시최고절차) ① 30년 전부터 타인이 부동산을 자주점유하고 있는 경우에는 공시최고절차에 의하여 부동산소유자를 그 권리와 함께 제척할 수 있다. 점유기간은 동산 취득시효를 위한 기간과 동일한 방법으로 산정된다. 부동산소유자가 등기부에 등기되어 있는 경우에는, 그는 사망하였거나 실종되었고 또한 등기부에 소유자의 동의를 필요로 하는 등기가 30년 전부터 행하여지지 아니한 때에만 공시최고절차가 허용된다.
② ~ ③ (생 략)

◆ 프랑스민법[106]

제2272조 ① 부동산의 취득을 위한 시효기간은 30년으로 한다.
② 하지만 선의이며 정당한 권원에 기하여 부동산을 취득한 자는 10년의 기간으로 소유권을 취득한다.

◆ 스위스민법[107]

제661조 정당한 이유 없이 등기부상 소유자로 등기된 자가 계속하여 다툼 없이 10년간 선의로 점유한 때에는 그 소유권을 다툴 수 없다.

제662조 ① 토지등기부에 등기되지 아니한 토지를 계속하여 다툼 없이 30년간 소유의 의사로 점유한 자는 소유자로서 등기할 것을 청구할 수 있다.
② 토지의 소유자를 등기부상 알 수 없거나 30년의 취득시효기간 개시 시에 사망하였거나 실종선고를 받은 경우에는 토지점유자는 제1항과 동일한 요건 하에 제1항의 권리를 가진다.
③ 직권에 의한 공고로 지정된 기간 내에 이의신청이 제기되지 아니하거나 제기된 이의신청이 기각된 경우에만 법관의 처분에 의하여 등기를 행할 수 있다.

104) 권철, 일본민법전, 55, 57면.

105) 양창수, 독일민법전, 577, 579면.

106) 본문에서 인용한 프랑스민법 조항은 법무부 2009년 민법개정 연구용역보고서, 취득시효제도－그 입법론적 연구－(책임연구원 송덕수), 77-78면을 참조한 것이다.

107) 본문에서 인용한 스위스민법 조항은 법무부에서 2004년에 발간한 「2004년 법무부 민법개정안」, 349면과, 법무부 2009년 민법개정 연구용역보고서, 취득시효제도-그 입법론적 연구－(책임연구원 송덕수), 82면을 참조한 것이다.

3. 관련 판례

◆ **대법원 1997. 8. 21. 선고 95다28625 전원합의체 판결**

점유자의 점유가 소유의 의사 있는 자주점유인지 아니면 소유의 의사 없는 타주점유인지의 여부는 점유자의 내심의 의사에 의하여 결정되는 것이 아니라 점유 취득의 원인이 된 권원의 성질이나 점유와 관계가 있는 모든 사정에 의하여 외형적 · 객관적으로 결정되어야 하는 것이기 때문에 점유자가 성질상 소유의 의사가 없는 것으로 보이는 권원에 바탕을 두고 점유를 취득한 사실이 증명되었거나, 점유자가 타인의 소유권을 배제하여 자기의 소유물처럼 배타적 지배를 행사하는 의사를 가지고 점유하는 것으로 볼 수 없는 객관적 사정, 즉 점유자가 진정한 소유자라면 통상 취하지 아니할 태도를 나타내거나 소유자라면 당연히 취했을 것으로 보이는 행동을 취하지 아니한 경우 등 외형적 · 객관적으로 보아 점유자가 타인의 소유권을 배척하고 점유할 의사를 갖고 있지 아니하였던 것이라고 볼 만한 사정이 증명된 경우에도 그 추정은 깨어진다.

점유자가 점유 개시 당시에 소유권 취득의 원인이 될 수 있는 법률행위 기타 법률요건이 없이 그와 같은 법률요건이 없다는 사실을 잘 알면서 타인 소유의 부동산을 무단점유한 것임이 입증된 경우, 특별한 사정이 없는 한 점유자는 타인의 소유권을 배척하고 점유할 의사를 갖고 있지 않다고 보아야 할 것이므로 이로써 소유의 의사가 있는 점유라는 추정은 깨어졌다고 할 것이다.

◆ **대법원 2006. 9. 28. 선고 2006다22074, 22081 판결**

민법 제245조 제1항의 취득시효기간의 완성만으로는 소유권취득의 효력이 바로 생기는 것이 아니라, 다만 이를 원인으로 하여 소유권취득을 위한 등기청구권이 발생할 뿐이고, 미등기 부동산의 경우라고 하여 취득시효기간의 완성만으로 등기 없이도 점유자가 소유권을 취득한다고 볼 수 없다.

4. 논의 경과

가. 취득시효의 대상

점유취득시효 요건의 개정에 관한 논의 과정에서는 ① 부동산의 점유취득시효요건과 관련하여 선의와 무과실을 요건으로 추가하고 등기요건을 삭제하는 안과 ② 점유취득시효의 요건을 극히 제한하여 그 대상을 미등기부동산 및 등기부상 소유자를 알 수 없거나 취득시효기간 개시 당시에 소유자가 사망하였거나 실종선고를 받은 경우로 한정하고 선의 · 무과실을 요건으로 추가하는 안이 제기되었다.

①안의 근거로는 부동산점유취득시효 요건을 강화하되, ②안과 같이 미등기부동산으로 한정하는 경우에는 그 제도의 기능을 살릴 수 없다는 점이 제시되었다. ②안의 근거로는 우리나라와 같이 부동산물권을 등기로 공시하고 나아가 성립요건주의를 취하는 법제에서는 부동산의 점유취득시효가 부정되거나 극히 제한적으로 인정되어야 한다는 점, 과거 이 제도가 타인의 부동산을 무단으로 점유하여 그 소유권을 취득하는 수단으로 악용되기도 했다는 점을 고려할 때, 부동산 점유취득시효의 대상은 미등기부동산으로 한정하여야 한다는 것이 제시되었다.

논의 내용을 구체적으로 살펴보면 다음과 같다.

나. 선의 · 무과실 요건의 추가

선의 요건을 추가하는 근거로는 i) 합리적으로 생각한다면 부동산 점유취득시효에 있어서 선의는 반드시 요건이어야 할 필요는 없지만, 적어도 남의 부동산인 줄 알면서 그 부동산을 점유하는 자에게 시효취득을 부인하기 위하여서라도 그것을 요건으로 추가할 필요가 있다는 점, ii) 우리의 현행 법제상 등기강제주의가 채용되어 있지 않을 뿐만 아니라, 성립요건주의에서는 점유취득시효가 비정상적인 것이라는 점, iii) 우리 판례는 악의의 무단점유가 증명되면 자주점유의 추정을 번복하는 방법으로 점유취득시효를 배제하고 있는데 여기에는 이론상 문제가 있는바, 선의 요건이 추가되면 결과적으로 현재의 판례와 같은 결과가 되면서 이론적으로 문제가 없게 된다는 점이 주장되었다.

무과실 요건을 추가하는 근거로는 부동산의 점유취득시효에 의하여 소유자가 소유권을 상실한다는 점을 고려하면, 점유자에게 소유권을 취득시키고 아울러 소유자로 하여금 소유권을 상실하게 하는 것이 용인될 정도의 상태에 있을 것을 요구하는 것이 적절하다는 점이 주장되었다.

등기부동산의 경우 등기되지 않은 점유자가 자신이 소유자라고 믿는 것은 불가능하므로 선의·무과실 요건을 갖추는 경우는 생각하기 어려우며, 점유취득시효의 경우 선의의 의미는 정당한 권원을 가진다고 믿었다는 것이고 등기취득시효의 선의는 자신이 소유자라고 믿었다는 의미인데 한 조문에서 선의의 의미가 달라지는 것은 바람직하지 않다는 취지의 반대 의견이 있었다. 이에 대하여, 이중의 보존등기가 되어 있는 경우에 점유자는 자신이 소유자라고 믿을 수 있는 점, "정당한 권원"이라는 용어를 사용하게 되면 이 조항에서만 유일하게 그 용어가 사용되어 다른 규정들과의 정합성이 문제될 수 있다는 이유로 선의라는 표현을 그대로 유지하자는 의견이 있어 표결에 부친 결과, 개정시안의 내용대로 최종 확정되었다.

다. 조항의 순서

부동산의 취득시효는 등기부취득시효가 원칙이라는 이유로 그에 관한 규정을 먼저 두는 시안이 제시되었다. 그러나 순서를 바꾸는 것이 논리적일 수는 있지만, 이는 혼란을 초래할 수 있고 현재까지 축적된 판례의 운용을 고려하여 바꾸지 않는 것으로 결정되었다.

라. 등기의 요건

등기의 요건을 추가로 요구하는 것은 법리상으로도 맞지 않을 뿐만 아니라 그것이 가져오는 부작용(예를 들어, 오래 점유할수록 취득시효가 어려워지는 등)이 크기 때문에 등기 없이 취득시효기간의 경과로 소유권을 취득하도록 하자는 의견이 있었다. 이에 대하여 등기 없이 바로 소유권을 취득하게 하는 것은 거래의 안전을 해할 뿐만 아니라 실제 소유권 취득시점이 불분명하여 분쟁을 초래하기 쉽다는 지적 및 무효의 등기가 되어 있는 경우에도 취득시효를 인정하지 않는 것은 문제가 있다는 지적 등이 있어 최종적으로는 등기를 요구하는 것으로 확정되었다.

5. 개정시안의 내용

가. 표제

민법 제245조에서는 부동산 소유권의 취득기간만을 다루고 있는 것이 아니라 점유가 부동산의 소유권을 취득할 수 있는 일반적인 요건을 다루고 있으므로 표제를 "점유로 인한 부동산소유권의 취득기간"에서 "부동산소유권의 취득시효"로 변경하였다.

나. 선의 · 무과실의 요건 추가(제1항)

현행 민법은 취득시효의 요건으로 선의를 요구하지 않음으로써 타인 소유의 부동산임을 알면서 그 부동산을 점유하는 자에게도 시효취득을 인정할 이론적 가능성을 열어주고 있다. 이로 인하여 취득시효제도는 타인의 부동산을 무단으로 점유하여 그 소유권을 취득하는 수단으로 상당부분 악용되어 왔다. 특히 헌법재판소의 결정에 의하여 국·공유재산 중 잡종재산에 관하여만은 시효취득이 인정되자, 상대적으로 관리가 소홀한 국·공유지에 대하여 악의로 무단점유를 한 자가 시효취득을 하는 일이 대단히 많았다. 그 후 대법원이 악의의 무단점유자에 대하여 자주점유의 추정을 번복하는 방법으로 시효취득을 막았으나(대판(전) 1997. 8. 21, 95다28625 및 그 후속판결), 그 판결의 법리적 타당성에 대해서는 논란이 있다.

그런데 진정한 권리자가 있음을 알면서도 타인의 토지를 무단점유한 자에게 시효취득을 인정하는 것은 부당한 측면이 있다. 개정시안에서는 선의·무과실 요건을 추가하여 악의의 점유자뿐만 아니라 선의이면서 과실 있는 점유자도 타인 소유의 토지를 시효취득할 수 없도록 하고 있다. 이를 통해 점유취득시효의 인정범위를 축소하고 있다. 그 결과 등기된 타인 소유의 부동산에 대한 점유취득시효는 매우 어려워졌다. 이 경우에 선의 · 무과실 요건을 충족하기는 쉽지 않기 때문이다.

다. 등기부취득시효 요건의 유지

제2항에서 규정하고 있는 등기부취득시효의 요건은 현행대로 유지하되, 표현을 일부 수정하였다.

제246조(동산소유권의 취득시효)

현행	개정시안
제246조(점유로 인한 동산소유권의 취득기간) ① 10년간 소유의 의사로 평온, 공연하게 동산을 점유한 자는 그 소유권을 취득한다. ② 전항의 점유가 선의이며 과실없이 개시된 경우에는 5년을 경과함으로써 그 소유권을 취득한다.	제246조(동산소유권의 취득시효) ① 10년 동안 소유의 의사로 평온하고 공연하게 동산을 점유한 자는 그 소유권을 취득한다. ② 제1항의 점유가 선의로 과실 없이 개시된 경우에는 5년을 경과함으로써 그 소유권을 취득한다.

1. 개정 배경

민법 제246조는 동산소유권의 취득시효에 대해 규정하고 있다. 동산의 점유취득시효에도 부동산의 경우와 마찬가지로 자주, 평온, 공연 점유가 요구된다. 현행 민법상 부동산 점유취득시효와의 차이점은 요구되는 점유기간이 10년으로 짧다는 점, 또한 동산의 점유가 선의이며 과실 없이 개시된 경우에는 5년으로 더 짧아진다는 점이다. 부동산소유권의 취득시효와 달리 선의 · 무과실 여부에 따라 시효기간이 달라진다는 특징을 가진다.

개정시안은 부동산소유권의 취득시효와는 달리 동산소유권의 취득시효에 대해서는 현행 민법의 내용을 그대로 받아들이되 표제와 본문의 표현만 일부 수정하였다. 부동산소유권의 취득시효에 대한 개정시안 제246조와 마찬가지로 동산소유권의 취득시효에 대해서도 일률적으로 선의 · 무과실 요건을 요구하는 것이 하나의 방안일 수 있겠으나, 현행 민법은 이미 이 요건을 시효 기간의 차등화라는 모습으로 반영하고 있는데다가 동산 선의취득제도에서도 선의 · 무과실의 동산점유취득자를 보호하고 있으므로, 굳이 이를 취득시효의 일반 요건으로 격상시키지는 않았다.

2. 관련 입법례

◆ 2004년 개정안

개정논의가 없었다.

◆ 일본민법[108]

第162조(소유권의 취득시효)[109] ① 20년간 소유의 의사로 평온, 공연하게 타인의 물건을 점유한 자는 그 소유권을 취득한다.

② 10년간 소유의 의사로 평온, 공연하게 타인의 물건을 점유한 자는 그 점유개시 시에 선의이며 과실이 없었던 때에는 그 소유권을 취득한다.

◆ 독일민법[110]

제937조(요건; 악의시의 배제) ① 동산을 10년 동안 자주점유한 사람은 소유권을 취득한다.

② 양수인이 자주점유 취득시에 선의가 아닌 경우 또는 나중에 자신에게 소유권이 없음을 알게 된 경우에는 취득시효는 배제된다.

◆ 스위스민법[111]

제728조 ① 어떤 자가 타인의 동산을 중단 없이 그리고 다툼 없이 5년간 소유물로서 선의로 점유한 경우에는 그는 취득시효에 의하여 소유자로 된다.

② ~ ③ (생 략)

---

108) 권철, 일본민법전, 55, 57면.

109) 일본민법은 동산의 취득시효와 부동산의 취득시효를 구분하지 않고 타인의 물건의 취득시효에 관하여 규정하고 있다.

110) 양창수, 독일민법전, 583, 585면.

111) 법무부, 2009년 민법개정 연구용역보고서, 취득시효제도 – 그 입법론적 연구 – (책임연구원 송덕수), 127면.

3. 개정시안의 내용

민법 제245조에서는 동산소유권의 취득기간만을 다루고 있는 것이 아니라 점유가 부동산의 소유권을 취득할 수 있는 일반적인 요건을 다루고 있으므로, 표제를 "점유로 인한 동산소유권의 취득기간"에서 "동산소유권의 취득시효"로 변경하였다.

본문에 있어서는 현행법의 내용을 그대로 유지하되, 우리말 어법에 맞추어 자구를 일부 수정하였다.

제247조(소유권 취득의 소급효)

현행	개정시안
제247조(소유권취득의 소급효, 중단사유) ① 전2조의 규정에 의한 소유권취득의 효력은 점유를 개시한 때에 소급한다. ② 소멸시효의 중단에 관한 규정은 전2조의 소유권취득기간에 준용한다.	제247조(소유권 취득의 소급효) 제245조 및 제246조에 따른 소유권 취득의 효력은 점유를 개시한 때로 소급한다.

1. 개정 배경

민법 제247조 제1항은 취득시효에 따른 소유권 취득의 소급효, 제2항은 소멸시효 중단 규정의 준용에 관하여 각각 규정하고 있다. 그런데 개정시안은 소멸시효 중단이라는 개념을 폐기하였으므로 제2항은 그대로 유지될 수 없다. 한편 소급효와 중단에 관한 내용이 같은 조항에 포함되어 있는 것도 자연스럽지 않다.

2. 관련 입법례

◆ **2004년 개정안**

개정논의가 없었다.

◆ **일본민법**[112]

제144조(시효의 효력) 시효의 효력은 그 기산일에 소급한다.

◆ **독일민법**[113]

제945조(제3자의 권리의 소멸) 자주점유의 취득 전에 물건 위에 성립한 제3자의 권리는 취득시효의 완성으로 인한 소유권의 취득과 동시에 소멸한다. 그러나, 자주점유자가 자유점유

취득시에 그 권리에 대하여 선의가 아닌 경우 또는 나중에 그 존재를 알게 된 경우에는 그러하지 아니하다. 취득시효기간은 제3자의 권리에 관하여도 경과하여야 한다.[114)]

3. 개정시안의 내용

현행법에는 취득시효 완성의 효력이 소급효를 갖는다는 내용과 소멸시효중단의 효력이 취득시효에도 준용된다는 내용이 한 조항에 함께 규정되어 있다. 그러나 두 가지는 서로 이질적인 내용을 다루고 있으므로 제1항만 남겨놓고 제2항은 제247조의2 등 별도의 조항에서 따로 다루기로 하였다. 제1항에 대해서는 표현만 수정하였다.

112) 권철, 일본민법전, 49면.
113) 양창수, 독일민법전, 587면.
114) 독일민법은 취득시효의 소급효를 인정하는 규정을 두지 않고 있다. 그리고 독일의 학설은 취득시효의 효과가 장래에 향하여 발생하는 것으로 해석한다. 다만, 동산소유권의 취득시효에 있어서 제3자의 권리의 소멸에 관하여 제945조의 특별규정을 두고 있다. 법무부, 2009년 민법개정 연구용역보고서, 취득시효제도－그 입법론적 연구－(책임연구원 송덕수), 231면.

第247조의2(취득시효의 정지 및 완성유예) : 신설

현행	개정시안
〈신 설〉	제247조의2(취득시효의 정지 및 완성유예) 취득시효의 정지 및 완성유예에 관하여는 소멸시효의 정지 및 완성유예에 관한 규정을 준용한다.

1. 개정 배경

민법 제247조 제2항에서 다루고 있는 취득시효에 대한 소멸시효 규정의 준용 문제를 별도의 조항으로 다루기로 하여 제247조의2를 신설하였다. 아울러 소멸시효제도 자체가 대대적으로 개편되면서 이를 취득시효와 관련하여서도 반영하였다.

2. 관련 입법례

◆ **2004년 개정안**
개정논의가 없었다.

◆ **일본채권법개정의 기본방침**[115)]
[1.7.05](취득시효 또는 소멸시효에 관한 시효장애의 종류)
취득시효 또는 소멸시효에 관한 시효장애를, 시효기간의 갱신, 시효기간의 진행의 정지, 시효기간의 만료의 연기의 3종류로 한다.

[1.7.07](취득시효 또는 소멸시효의 시효기간의 진행의 정지)
취득시효 또는 소멸시효의 시효기간의 진행의 정지에 대해서는 이하의 점을 제외하고 채권시효기간의 정지에 관한 [3.1.3.56] 내지 [3.1.3.61]과 동일하게 한다.
〈가〉 ~ 〈라〉 (생 략)

[1.7.08](취득시효 또는 소멸시효의 시효기간의 만료의 연기)
시효기간의 만료의 연기에 대하여, 이하의 점을 제외하고, 채권시효기간 만료의 연기에 관한 [3.1.3.62] 내지 [3.1.3.67]과 동일하게 한다.
〈가〉 ~ 〈다〉 (생 략)

◆ **독일민법**[116]

제939조(취득시효의 정지) ① 자주점유자에 대한 반환청구권 또는 간접자주점유의 경우에는 자신의 점유할 권리를 자주점유자로부터 도출한 점유자에 대한 반환청구권이 제203조 및 제204조에 따라 소멸시효의 정지에 적합한 방법으로 행사되는 경우에는 취득시효는 정지된다. 그러나 그 시효정지는 그 사유를 발생시킨 사람을 위하여만 일어난다.
② 반환청구권의 소멸시효가 제205조 내지 제207조에 의하여 정지되거나 제210조, 제211조에 의하여 중지된 경우에도 취득시효는 중지된다.

◆ **프랑스민법**

제2259조 본 장의 규정을 제외하고, 제2221조 및 제2222조와 본 권 제20편 제3장(시효 중단 사유) 및 제4장(소멸시효의 요건)의 규정은 취득시효에 적용된다.

◆ **스위스민법**

제663조 기간의 산정, 취득시효의 중단 및 정지를 위하여서는 채권의 소멸시효에 대한 규정들이 준용된다.

3. 관련 판례

◆ **대법원 2003. 6. 13. 선고 2003다17927, 17934 판결**

취득시효를 주장하는 자가 원고가 되어 소를 제기한 데 대하여 권리자가 피고로서 응소하고 그 소송에서 적극적으로 권리를 주장하여 그것이 받아들여진 경우에는 민법 제247조

115) 법무부, 기본방침, 143, 145, 147면.
116) 양창수, 독일민법전, 585면.

제2항에 의하여 취득시효기간에 준용되는 민법 제168조 제1호, 제170조 제1항에서 시효 중단사유의 하나로 규정하고 있는 재판상 청구에 포함된다. 시효를 주장하는 자가 원고가 되어 소를 제기한 경우에 있어서, 피고가 응소행위를 하였다고 하여 바로 시효중단의 효과가 발생하는 것은 아니고, 변론주의 원칙상 시효중단의 효과를 원하는 피고로서는 당해 소송 또는 다른 소송에서의 응소행위로서 시효가 중단되었다고 주장하지 않으면 아니 되고, 피고가 변론에서 시효중단의 주장 또는 이러한 취지가 포함되었다고 볼 만한 주장을 하지 아니하는 한, 피고의 응소행위가 있었다는 사정만으로 당연히 시효중단의 효력이 발생한다고 할 수는 없는 것이나, 응소행위로 인한 시효중단의 주장은 취득시효가 완성된 후라도 사실심 변론종결 전에는 언제든지 할 수 있다.

4. 개정시안의 내용

가. 위치

민법 제247조 제2항에 있던 내용을 분리하여 개정시안 제247조의2에서 별도로 규정하였다.

나. 소멸시효의 정지 및 완성유예 규정 준용

민법 제247조 제2항에서는 소멸시효의 중단(재개시)에 관한 규정을 소유권 취득기간에 준용하도록 규정하고 있을 뿐 정지(완성유예)에 대하여는 준용 여부에 관한 규정을 두고 있지 않아서 취득시효에도 소멸시효 정지에 관한 규정이 유추적용되는지에 대하여 학설이 대립하고 있었다.

소멸시효 정지 및 완성유예에 관한 규정을 취득시효에 준용하는 것을 배척할 이유가 없으므로, 개정시안에서는 소멸시효의 정지 및 완성유예에 관한 규정이 모두 취득시효에 준용되는 것으로 규정하였다.

第247조의3(점유상실로 인한 취득시효의 중단) : 신설

현행	개정시안
〈신 설〉	第247조의3(점유상실로 인한 취득시효의 중단) 취득시효는 점유를 상실한 경우에는 중단된다. 다만, 점유자가 그의 의사에 의하지 아니하고 점유를 상실한 후 1년 안에 점유를 회수하거나 제192조 제2항 단서에 해당하는 때에는 그러하지 아니하다.

1. 개정 배경

취득시효는 일정 기간 동안의 계속된 점유를 요건으로 하므로 그 기간을 채우지 못한 채 점유를 상실하였다면 취득시효가 완성될 수 없다. 민법에서는 이러한 규정을 별도로 두고 있지 않지만 이는 해석론상 당연히 인정된다. 다만 일시적으로 점유를 침탈당하였으나 이를 곧 회수한 경우까지 그 동안의 취득시효 기간이 무위로 돌아가게 하는 것은 가혹하다. 개정시안은 제247조의3을 신설하여 점유상실이 취득시효를 중단시킨다는 점을 원칙적으로 선언하면서도 위와 같은 점유회수의 경우에는 그렇지 않다는 점을 규정하고 있다.

2. 관련 입법례

◆ **2004년 개정안**

개정논의가 없었다.

◆ **일본민법[117)]**

第164조(점유의 중지 등에 의한 취득시효의 중단) 第162조 규정에 의한 시효는 점유자가 임의로 그 점유를 중지하거나 타인에 의하여 그 점유를 박탈당한 때에는 중단된다.

◆ **일본채권법개정의 기본방침**[118]

[1.7.06](취득시효 또는 소멸시효의 시효기간의 갱신 등) 〈1〉 ~ 〈3〉 (생 략)

〈4〉 소유권의 취득시효 기간은 점유자가 임의로 그 점유를 중지하거나 타인에 의해서 그 점유를 빼앗긴 때에는 종료한다. 이 경우에 점유자가 재차 점유를 개시한 때에는 [1.7.02]의 기간은 그 재차 점유를 개시한 때에 기산한다.

〈5〉 〈4〉는 소유권 이외의 재산권의 취득시효기간에 대해서 준용한다.

◆ **독일민법**[119]

제940조(점유상실로 인한 시효중단) ① 취득시효는 자주점유의 상실에 의하여 중단된다.

② 자주점유자가 그의 의사에 의하지 아니하고 자주점유를 상실하고 또 1년 이내에 점유를 다시 취득하거나 1년 내에 제기한 소에 의하여 다시 점유를 취득한 경우에는, 시효중단을 일어나지 아니한 것으로 본다.

◆ **프랑스민법**

제2271조 물건의 점유자가 소유자 또는 심지어 제3자에 의하여 1년 이상 물건의 사용수익을 박탈당한 경우에는 취득시효는 중단된다.

3. 개정시안의 내용

가. 점유상실로 인한 취득시효의 중단(제1문)

제1문은 취득시효가 점유상실로 중단된다는 점을 규정한다. 이는 명문의 규정이 없는 현행 민법의 해석론으로 인정되던 것을 명문화한 것이다. 독일민법 제940조 제1항에

117) 권철, 일본민법전, 57면.

118) 법무부, 기본방침, 143-144면.

119) 양창수, 독일민법전, 585면.

서도 점유상실로 인한 취득시효의 중단에 대하여 명문으로 규정하고 있다. 한편 점유상실은 취득시효에 특유한 중단사유로서 소멸시효에 관한 규정의 준용으로도 해결할 수 없으므로 이 점에서도 이에 관한 명문의 규정이 필요하다.

이와 관련하여 소멸시효에서는 중단이라는 개념을 폐기하고 재개시라는 용어를 사용하고 있으므로 취득시효에 대해서도 같은 용어를 사용하여야 하는 것이 아닌가 하는 의문이 생긴다. 그러나 소멸시효와 취득시효는 시효라는 공통분모를 가지고 있기는 하지만, 하나는 일정한 기간의 경과에 의해 권리를 소멸시키는 사유이고 다른 하나는 점유나 등기의 계속이라는 사실상태에 의해 권리를 취득시키는 사유이므로 양자를 꼭 동일하게 취급하여야 하는 것은 아니다. 예를 들어 소멸시효는 채무자의 특별한 행위를 요하지 않으며 시간이 경과하기만 하면 완성될 수 있다. 그러므로 압류 등 소멸시효의 재개시사유가 발생하였더라도 그 사유가 종료되면 채무자의 별도 조치 없이도 다시 시효기간이 진행된다. 즉, 이러한 새로운 시효기간의 진행에 초점을 맞추어 재개시라고 표현하는 것에 큰 무리가 없다. 그러나 취득시효는 시효취득자의 점유 또는 등기라는 적극적인 행위가 계속되어야 완성될 수 있다. 따라서 점유상실 등의 사유가 발생하여 취득시효 기간의 진행이 멈추었다고 하더라도 그 이후에 재차 점유 등 적극적인 행위가 있어야 다시 시효기간이 진행되는 것이다. 그러므로 취득시효의 경우에는 이러한 재개시의 측면보다는 중단의 측면이 더욱 강조될 수밖에 없다. 독일민법도 소멸시효에서는 재개시, 취득시효에서는 중단이라는 개념을 사용한다. 이러한 점들을 고려하여 개정시안에서는 취득시효에 대해서는 소멸시효의 경우와 달리 중단이라는 개념을 그대로 사용하고 있다.

나. 점유회수의 경우 등(제2문)

제2문은 점유자의 의사에 의하지 않은 점유상실의 경우에는 1년 안에 실제로 점유를 회수하거나 제192조 제2항 단서에 따라 점유를 회수하게 되면 중단효가 발생하지 않는다고 규정한다. 점유자의 의사에 의하지 않은 점유상실의 경우에까지 일률적으로 취득시효 중단의 효력을 관철시키는 것은 가혹하기 때문이다. 이 경우 점유상실 시부터 점유회복 시까지의 기간은 취득시효기간에 산입된다.

여기에서 제192조 제2항 단서에 따른 점유회수를 별도로 규정한 이유는 다음과 같다. 제192조 제2항은 "점유자가 물건에 대한 사실상의 지배를 상실한 때에는 점유권이 소멸한다. 그러나 제204조의 규정에 의하여 점유를 회수한 때에는 그러하지 아니하다"라고 규정하고 있으므로, 개정시안에서 "제192조 제2항 단서에 해당하는 때"라고 규정한 부분은 "제204조의 규정에 의하여 점유를 회수한 때"를 의미한다. 한편 제204조는 점유자가 점유의 침탈을 당한 때에는 그 물건의 반환 및 손해배상을 구할 수 있다는 점과(제1항), 이 청구권은 침탈을 당한 날로부터 1년 내에 행사하여야 한다는 점을 규정한다(제3항). 그러므로 침탈 시로부터 1년 내에 반환청구권을 행사하였다면 실제 점유회수가 그 기간 이후에 이루어졌더라도 "제204조의 규정에 의하여 점유를 회수한 때"에 해당한다. 이처럼 개정시안에서 1년 안의 점유회수와 별도로 "제204조의 규정에 의하여 점유를 회수한 때"를 규정한 이유는 점유침탈의 경우 1년 내에 점유회수까지 요구하지는 않고 그 회수를 위한 청구권의 행사만을 요구함으로써 점유자를 좀 더 강하게 보호하기 위함이다.

한편 점유회수 등에 따른 중단효의 배척은 단서에 규정되어 있으므로, 취득시효의 중단효가 생기지 않았다는 점을 주장하는 점유자가 그 요건사실을 증명하여야 한다.

第247조의4(민사집행으로 인한 취득시효의 중단) : 신설

현행	개정시안
〈신 설〉	제247조의4(민사집행으로 인한 취득시효의 중단) ① 법원에 민사집행이 신청된 경우에는 취득시효는 중단된다. ② 제1항에 따른 취득시효 중단의 효력에 관하여는 제178조 제3항 및 제178조의2를 준용한다.

1. 개정 배경

민법 제247조 제2항은 소멸시효 중단에 관한 규정을 준용한다고 함으로써 취득시효 중단의 문제를 포괄적으로 규율하였으나, 개정시안은 민법 제247조 제2항을 삭제하는 대신 소멸시효의 정지 및 완성유예에 관해서는 제247조의2에서, 점유상실로 인한 취득시효 중단에 관해서는 제247조의3에서 각각 규정하는 등 소멸시효제도의 전면적인 개편에 발맞추어 취득시효 장애사유에 대해서도 개별적으로 규정하는 입장을 취하고 있다.

개정시안 제247조의4는 그 중 민사집행으로 인한 소멸시효 정지 및 재개시에 관한 개정시안 제178조에 대응하는 조항이다.

2. 관련 입법례

◆ **2004년 개정안**

개정논의가 없었다.

◆ **일본 채권법개정의 기본방침**[120]

[1.7.06](취득시효 또는 소멸시효의 시효기간의 갱신 등)

〈1〉 취득시효 또는 소멸시효에 대해서는 이하의 사유를 갱신사유로 한다.

〈가〉 권리를 인정하는 확정판결, 확정된 가사심판, 가사심판법에 의한 조정 또는 민사조정법에 의한 조정, 재판상 화해, 또는 중재판단 그 밖에 확정판결과 동일한 효력을 가지는 것

〈나〉 민사집행

〈다〉 승인

〈2〉 (생 략)

〈3〉 〈1〉의 사유에 의한 시효기간의 갱신은 그 갱신사유가 발생한 당사자 및 그 승계인간에 있어서만 그 효력을 가진다.

〈4〉 ~ 〈5〉 (생 략)

◆ **독일민법[121]**

제941조(집행행위로 인한 시효중단) 법원 또는 관청의 집행행위가 실행되거나 이를 신청함으로써 취득시효는 중단된다. 제212조 제2항, 제3항은 이에 준용된다.

3. 개정시안의 내용

가. 취득시효 중단사유로서의 민사집행(제1항)

법원에 민사집행이 신청된 경우에는 취득시효가 중단된다.

개정시안 논의과정에서는 민사집행 신청을 취득시효 중단사유로 삼을 것인가에 관해 ① 소멸시효에서 민사집행이 정지 및 재개시사유가 되는 것과의 균형상 취득시효의 경우에도 민사집행의 신청으로 취득시효가 중단되도록 하자는 안과 ② 패소판결을 받게 되면 그 때부터 타주점유로 전환되어 시효취득이 인정되지 않으므로 강제집행을 중단사유로 인정할 필요가 없다는 안이 제시되었는데, ①안으로 확정되었다.

---

120) 법무부, 기본방침, 143-144면.

121) 양창수, 독일민법전, 585면.

소멸시효 재개시의 경우에는 채무불이행명부 등재 및 재산명시를 포함하고 있으나, 취득시효는 특정물에 대한 반환청구를 전제로 하는 것이어서 금전채권을 전제로 한 위와 같은 조치들은 취득시효의 중단사유에서 배제하는 것으로 하였다.

나. 제178조 제3항 및 제178조의2의 준용(제2항)

민사집행의 상대방이 소멸시효의 이익을 받을 자가 아닌 경우에 그 사실을 그에게 통지하지 않으면 재개시의 효력을 인정하지 아니하는 개정시안 제178조 제3항 및 재개시의 상대적 효력을 법정하고 있는 개정시안 제178조의2를 취득시효에도 준용하도록 하였다.

第294조(지역권취득시효)

현행	개정시안
第294조(지역권취득기간) 지역권은 계속되고 표현된 것에 한하여 제245조의 규정을 준용한다.	第294조(지역권취득시효) 지역권은 계속되고 표현된 것에 한정하여 제245조를 준용한다.

1. 개정 배경

지역권은 일정한 목적을 위하여 타인의 토지를 자기토지의 편익에 이용하는 용익물권이다. 지역권은 지역권설정계약과 등기로 취득되는 것이 보통이지만, 취득시효를 통해서 취득될 수도 있다. 그런데 우리 민법은 지역권은 계속되고 표현된 것에 한하여 시효취득의 대상이 된다고 한다. 이에 따르면 요역지의 소유자가 승역지를 일상적으로 사용하고 있는 객관적 상태가 일정 기간 동안 계속되고 표현되어야 한다. 민법 제294조는 이러한 내용을 규정하고 있는데, 개정시안은 표제와 본문의 표현만 수정하였다.

2. 관련 입법례

◆ **2004년 개정안**

논의 결과, 개정대상에서 제외되었다.

◆ **일본민법**[122)]

第283조(지역권의 시효취득) 지역권은 계속적으로 행사되며 또한 외형상 인식할 수 있는 것에 한하여 시효에 의하여 취득할 수 있다.

3. 관련 판례

◆ **대법원 2010. 1. 28. 선고 2009다74939, 74946 판결**
지역권은 계속되고 표현된 것에 한하여 민법 제245조의 규정을 준용하도록 되어 있으므로, 통행지역권은 요역지의 소유자가 승역지 위에 도로를 설치하여 승역지를 사용하는 객관적 상태가 민법 제245조에 규정된 기간 계속된 경우에 한하여 그 시효취득을 인정할 수 있다.

4. 개정시안의 내용

제294조는 지역권의 경우 계속되고 표현된 것에 한정하여 제245조의 소유권 취득시효에 관한 내용을 준용한다는 것으로서 그 내용은 지역권취득기간에 국한된 것이 아니라 지역권을 시효취득하기 위한 요건 전반에 관한 것이므로 표제를 "지역권취득기간"에서 "지역권취득시효"로 변경하였다. 또한 본문의 표현 일부를 수정하였다.

122) 권철, 일본민법전, 105면.

第295條(취득과 불가분성)

현행	개정시안
第295條(취득과 불가분성) ① 공유자의 1인이 지역권을 취득한 때에는 다른 공유자도 이를 취득한다. ② 점유로 인한 지역권취득기간의 중단은 지역권을 행사하는 모든 공유자에 대한 사유가 아니면 그 효력이 없다.	第295條(취득과 불가분성) ① (현행과 같음) ② 지역권취득시효의 정지, 완성유예, 중단은 지역권을 행사하는 모든 공유자에 대한 사유가 아니면 그 효력이 없다.

1. 개정 배경

지역권은 요역지 전부의 편익을 위하여 승역지 전부를 이용하는 권리이므로, 공유자 중 1인만 지역권을 가지면서 다른 공유자는 이를 가지고 있지 않는 상태를 상정하기 어렵다. 이러한 속성 때문에 지역권의 취득과 소멸에 있어서는 공유자 간에 불가분성이 인정된다. 민법 제295조는 지역권의 취득(제1항)과 존속(제2항)에 관하여, 민법 제293조 제1항은 지역권의 소멸에 관하여 각각 공유자 간의 불가분성에 관하여 규정한다.

개정시안은 이러한 불가분성에 관한 기존의 내용을 그대로 이어받되 취득시효에 대해서도 소멸시효의 정지와 완성유예에 관한 규정이 준용됨에 따라(제247조의2) 이에 따른 수정을 한 것이다.

2. 관련 입법례

◆ **2004년 개정안**

개정논의가 없었다.

◆ 일본민법[123) 124)]

第284조 ① 토지공유자 1인이 시효에 의하여 지역권을 취득한 때에는 다른 공유자도 이를 취득한다.

② 공유자에 의한 시효의 중단은 지역권을 행사하는 모든 공유자에 대해서 하지 아니하면 그 효력을 발생하지 아니한다.

③ 지역권을 행사하는 자가 수인인 경우에는 그 1인에게 시효정지의 원인이 있다 하더라도 시효는 각 공유자를 위하여 진행한다.

3. 개정시안의 내용

개정시안 제2항에서는 "지역권취득기간"을 "지역권취득시효"로 수정하고, 취득시효 장애사유로 "정지, 완성유예"를 추가하였다. 예컨대 소유자가 공유자 중 1인을 상대로 재판상으로 목적물반환청구권을 행사하여 취득시효의 정지사유가 발생하였거나, 최고를 함으로써 취득시효의 완성유예사유가 발생하였거나, 위 목적물반환청구권을 보전하기 위하여 가처분을 함으로써 취득시효의 정지 및 완성유예사유가 발생하였다면 나머지 공유자에 대해서도 그러한 정지 내지 완성유예의 효력이 미치게 된다.

123) 권철, 일본민법전, 107면.

124) 일본 개정민법 제284조 제2항에서는 시효의 "중단"을 시효의 "갱신"으로, "정지의 원인"을 "완성유예의 사유"로 각각 수정하였다.

第296조(소멸시효의 정지, 완성유예, 재개시와 불가분성)

현행	개정시안
제296조(소멸시효의 중단, 정지와 불가분성) 요역지가 수인의 공유인 경우에 그 1인에 의한 지역권소멸시효의 중단 또는 정지는 다른 공유자를 위하여 효력이 있다.	제296조(소멸시효의 정지, 완성유예, 재개시와 불가분성) 요역지가 수인의 공유인 경우에 그 1인에 의한 지역권소멸시효의 정지, 완성유예 또는 재개시는 다른 공유자를 위하여 효력이 있다.

1. 개정 배경

민법 제295조가 취득시효에 관한 공유자 간의 불가분성에 관하여 규정하고 있다면, 민법 제296조는 소멸시효에 관한 공유자 간의 불가분성에 관하여 규정한다. 여기에도 민법 제295조의 경우와 마찬가지로 소멸시효제도의 개편에 따른 정비가 요구된다.

2. 관련 입법례

◆ **2004년 개정안**

개정논의가 없었다.

◆ **일본민법**[125) 126)]

제292조 요역지가 수인의 공유에 속한 경우에 그 중 1인을 위하여 시효의 중단 또는 정지가 있는 때에는 그 중단 또는 정지는 다른 공유자를 위해서 그 효력을 발생한다.

---

125) 권철, 일본민법전, 109면.

126) 일본 개정민법 제292조에서는 "중단 또는 정지"를 "완성유예 또는 갱신"으로 수정하였다.

3. 개정시안의 내용

소멸시효제도 개편에 따라 민법 제296조의 "중단 또는 정지"를 "정지, 완성유예 또는 재개시"로 변경하였다.

제440조(시효의 정지, 완성유예, 재개시의 보증인에 대한 효력)

현행	개정시안
제440조(시효중단의 보증인에 대한 효력) 주채무자에 대한 시효의 중단은 보증인에 대하여 그 효력이 있다.	제440조(시효의 정지, 완성유예, 재개시의 보증인에 대한 효력) 주채무자에 대한 시효의 정지, 완성유예 또는 재개시는 보증인에 대하여 그 효력이 있다. 다만, 제171조, 제174조, 제175조, 제176조에 따른 시효의 정지 또는 완성유예는 그러하지 아니하다.

1. 개정 배경

민법 제440조는 주채무자에 대한 시효의 중단은 보증인에 대하여 그 효력이 있다고 규정하고 있는데, 이는 시효중단의 인적 효력에 대하여 규정한 제169조의 예외규정이라 할 수 있다. 그런데 개정시안 제168조 이하에서 소멸시효의 장애사유를 중단 및 정지가 아닌 정지, 완성유예 및 재개시로 3분화함에 따라 민법 제440조의 내용도 재정비할 필요가 발생하였다.

2. 관련 입법례

◆ **2004년 개정안**

개정논의가 없었다.

◆ **일본민법**[127) 128)]

제457조(주채무자에 대하여 생긴 사유의 효력) ① 주채무자에 대한 이행의 청구 그 밖의 사유에 의한 시효의 중단은 보증인에 대해서도 그 효력을 발생한다.

② 보증인은 주채무자의 채권에 의한 상계로 채권자에게 대항할 수 있다.

◆ 일본 채권법개정의 기본방침[129]

[3.1.3.52](채권시효기간의 갱신)

〈1〉 채권시효기간은 다음의 사유에 의해 갱신된다.

〈가〉 민사집행

〈나〉 채무자에 의한 채권의 승인

〈2〉 주채무자에 대한 〈1〉의 사유에 의한 채권시효기간의 갱신은 보증인 기타 주채무를 이행하는 채무를 부담하는 타인에 대해서도 그 효력이 생긴다.

[3.1.3.56](채권시효기간의 진행의 정지)

〈1〉 (생 략)

〈2〉 주채무자에 대한 〈1〉의 사유에 의한 채권시효기간의 진행의 정지는 보증인 기타 주채무를 이행하는 채무를 부담하는 타인에 대하여도 그 효력이 생긴다.

[3.1.3.62](채권시효기간의 만료의 연기)

〈1〉 다음 사유를 채권시효기간의 만료의 연기사유로 한다.

〈가〉 최고

〈나〉 현행 민법 158조부터 161조[130]까지에서 규정하는 사유

〈2〉 주채무자에 대한 〈1〉〈가〉의 사유에 의한 채권시효기간의 만료의 연기는 보증인 기타 주채무를 이행하는 채무를 부담하는 타인에 대하여도 그 효력이 생긴다.

◆ 일본민법 개정안

第457조(주채무자에 대하여 생긴 사유의 효력) ① 주채무자에 대한 이행의 청구 그 밖의 사유에 의한 시효의 완성유예 또는 갱신은 보증인에 대해서도 효력이 있다.

② 보증인은 주채무자가 주장할 수 있는 항변으로 채권자에게 대항할 수 있다.

◆ 프랑스민법

第2246조 주채무자에 대한 최고 또는 그의 승인은 보증인에 대하여 시효기간을 중단시킨다.

3. 관련 판례

◆ **대법원 2005. 10. 27. 선고 2005다35554 판결**

민법 제169조는 '시효의 중단은 당사자 및 그 승계인 간에만 효력이 있다.'고 규정하고 있고, 한편 민법 제440조는 '주채무자에 대한 시효의 중단은 보증인에 대하여 그 효력이 있다.'라고 규정하고 있는바, 민법 제440조는 민법 제169조의 예외 규정으로서 이는 채권자 보호 내지 채권담보의 확보를 위하여 주채무자에 대한 시효중단의 사유가 발생하였을 때는 그 보증인에 대한 별도의 중단조치가 이루어지지 아니하여도 동시에 시효중단의 효력이 생기도록 한 것이고, 그 시효 중단사유가 압류, 가압류 및 가처분이라고 하더라도 이를 보증인에게 통지하여야 비로소 시효중단의 효력이 발생하는 것은 아니다.

4. 개정시안의 내용

가. 시효장애사유의 보증인에 대한 효력

시효의 장애사유에 관하여 개정시안에서 시효의 정지 및 완성유예, 재개시라는 새로운 체계를 따르게 됨에 따라 시효의 장애사유와 관련한 규정을 두고 있는 다른 민법 조항에서도 이와 같은 변화를 반영할 필요가 있다. 따라서 현행 민법 제440조에서 규정하는 시효중단의 보증인에 대한 효력도 이에 맞게 변경할 필요가 있다. 개정시안에서는 소멸시효 중단의 개념이 폐기되었으므로 이를 삭제하고 그 대신 주채무자에 대한 시효의 정지, 완성유예, 재개시가 모두 보증인에게 효력이 미치도록 하였다.

---

127) 권철, 일본민법전, 191, 193면.

128) 일본 개정민법 제457조에서는 제1항의 "중단"을 "완성유예 및 갱신"으로 수정하였다.

129) 법무부, 기본방침, 353, 356-357, 364면.

130) 제158조(미성년자 또는 성년피후견인과 시효의 정지), 제159조(부부간의 권리의 시효의 정지), 제160조(상속재산에 관한 시효의 정지), 제161조(천재 등에 의한 시효의 정지)

나. 시효장애사유의 효력이 보증인에게 미치지 않는 경우

개정시안 제171조(혼인관계 등으로 인한 소멸시효의 정지 및 완성유예), 제174조(불가항력으로 인한 소멸시효의 완성유예), 제175조(제한능력자와 소멸시효의 완성유예), 제176조(상속재산에 관한 권리와 소멸시효의 완성유예)의 경우에는 권리자와 의무자간의 특수한 관계 또는 상황을 고려하여 그 특수성이 소멸될 때까지 소멸시효의 진행을 멈추게 한 것인데, 주채무자와 채권자간의 특수한 관계나 상황에 의한 소멸시효의 정지 또는 완성유예의 효과를 이러한 관계나 상황이 없는 보증인에게까지 미치게 하는 것은 적절하지 않으므로, 위의 사유에 따른 시효의 정지 또는 완성유예의 경우에는 보증인에게 그 효력이 미치지 않는 것으로 하였다.

제5장

점유권

I. 개관

점유권에 관한 개정시안(취득시효와 관련된 점유 규정들은 시효 부분에서 이미 살펴보았으므로 여기에서는 제외한다)의 주요 내용은 다음과 같다.

○ 점유권의 양도에 관한 규정 정비

점유권의 양도에 관하여 간이인도와 점유개정 규정을 준용한 부분을 삭제하고, 목적물반환청구권의 양도에 의한 간접점유권 양도에 대해서만 별도로 규정하였다(제196조 제2항).

○ 점유자와 회복자의 관계에 관한 규정 정비

점유자의 과실 반환의무의 존부와 범위에 관하여 ① 선의 점유자의 반환의무 면제, ② 선의 · 과실 점유자의 현존이익 반환의무 인정, ③ 악의 점유자의 반환의무 인정의 세 가지 경우로 세분화하여 규정하였다(제201조). 점유물의 멸실 또는 훼손 시 현존이익의 반환의무만을 부담하는 점유자의 범위를 선의 점유자에서 선의·무과실 점유자로 축소하였다(제202조). 전체적으로 선의의 점유자에 대한 우대를 완화하였다.

○ 상호침탈에 관한 규정 신설

본권을 가진 점유자가 점유를 침탈당한 뒤 1년 이내에 그 침탈자의 점유를 침탈했다면(이른바 상호침탈), 본권을 가진 점유자는 자신의 침탈행위에도 불구하고 그 점유를 계속 유지할 수 있도록 하였다(제204조 제1항).

○ 침탈자의 특별승계인에 대한 점유회수청구권에 관한 규정 신설

침탈자의 특별승계인에 대해서는 점유회수청구권을 행사할 수 없도록 하되, 그 승계인이 악의인 경우에는 점유회수청구권을 행사할 수 있도록 하였다(제204조 제2항).

○ 점유보호청구권의 제척기간이 출소기간임을 명시

점유회수청구권과 점유방해제거 및 손해배상청구권의 제척기간에 대하여 "1년 내에 소로써 행사해야 한다."라고 함으로써 그 기간의 성격이 출소기간임을 명시하였다(제204조 제3항, 제205조 제2항).

○ 점유물수거인용청구권에 관한 규정 신설

물건이 전前 점유자의 점유를 이탈하여 타인의 부동산에 있지만 타인이 그 물건을 점유하지는 않는 경우 그 타인은 전前 점유자가 물건을 수거하는 것을 인용하여야 한다고 규정하고, 이에 따른 손해보상과 담보제공에 관하여 규정하였다(제204조의2).

○ 점유보조자의 자력구제권 규정 신설

점유보조자가 점유자의 자력구제권을 행사할 수 있도록 하였다(제209조 제3항).

Ⅱ. 조문별 해설

第196조(점유권의 양도)

현행	개정시안
제196조(점유권의 양도) ① 점유권의 양도는 점유물의 인도로 그 효력이 생긴다. ② 전항의 점유권의 양도에는 제188조 제2항, 제189조, 제190조의 규정을 준용한다.	제196조(점유권의 양도) ① 점유권의 양도는 점유물의 인도로 효력이 생긴다. ② 간접점유권의 양도는 목적물반환청구권의 양도로 효력이 생긴다.

1. 개정 배경

간이인도와 점유개정에서는 점유의 승계를 전제로 한 점유권의 양도가 일어나지 않으므로 간이인도에 관한 민법 제188조 제2항과 점유개정에 관한 제189조를 준용한다는 부분을 삭제하였다.

2. 관련 입법례

◆ **2004년 개정안**

개정 논의가 없었다.

◆ **일본민법**[1]

제182조(현실인도 및 간이인도) ① 점유권의 양도는 점유물을 인도함에 의하여 한다.
② 양수인 또는 그 대리인이 실제로 점유물을 소지한 경우에는 점유권의 양도는 당사자의 의사표시만에 의하여 할 수 있다.

◆ 독일민법[2)]

第854조(점유의 취득) ① 물건의 점유는 물건에 대하여 사실상의 실력을 획득함으로써 취득된다.

第870조(간접점유의 이전) 간접점유는 물건의 인도청구권을 타인에게 양도함으로써 그 타인에게 이전될 수 있다.

3. 관련 판례

◆ **대법원 1992. 6. 23. 선고 91다38266 판결**

물건에 대한 점유란 사회관념상 어떤 사람의 사실적 지배에 있다고 보여지는 객관적 관계를 말하는 것으로서 사실상의 지배가 있다고 하기 위하여는 반드시 물건을 물리적, 현실적으로 지배하는 것만을 의미하는 것이 아니고, 물건과 사람과의 시간적, 공간적 관계와 본권관계, 타인 지배의 배제 가능성 등을 고려하여 사회관념에 따라 합목적적으로 판단하여야 할 것이며, 특히 임야에 대한 점유의 이전이나 점유의 계속은 반드시 물리적이고 현실적인 지배를 요한다고 볼 것은 아니고 관리나 이용의 이전이 있으면 인도가 있었다고 보아야 하고, 임야에 대한 소유권을 양도하는 경우라면 그에 대한 지배권도 넘겨지는 것이 거래에 있어서 통상적인 형태라고 할 것이며, 점유의 계속은 추정되는 것이다.

임야를 매수하고 그 전부에 대한 이전등기를 마치고 인도받았다면 특별한 사정이 없는 한 그 임야 전부에 대한 인도와 점유가 있었다고 보는 것이 상당하다.

◆ **대법원 2000. 9. 8. 선고 99다58741 판결**

주권의 점유를 취득하는 방법에는 현실의 인도(교부) 외에 간이인도, 반환청구권의 양도가 있으며, 양도인이 소유자로부터 보관을 위탁받은 주권을 제3자에게 보관시킨 경우에 반환

1) 권철, 일본민법전, 65면.
2) 양창수, 독일민법전, 545, 551면.

청구권의 양도에 의하여 주권의 선의취득에 필요한 요건인 주권의 점유를 취득하였다고 하려면, 양도인이 그 제3자에 대한 반환청구권을 양수인에게 양도하고 지명채권 양도의 대항요건을 갖추어야 한다.

4. 논의 경과

분과위안	실무위안	위원장단안	개정시안
제196조(간접점유의 이전) 간접점유는 물건의 인도청구권을 양도함으로써 그 양수인에게 이전된다.	(제1안) 제196조(점유권의 양도) ① 점유권의 양도는 점유물의 인도로 그 효력이 생긴다. (현행 규정을 한글로 바꿈) ② 간접점유권의 양도는 목적물반환청구권의 양도로 그 효력이 생긴다. (제2안) 제196조(점유의 이전) ① 점유는 물건을 인도함으로써 이전된다. ② 간접점유는 물건의 인도청구권을 양도함으로써 이전된다.	(제1안) 현행 유지 (제2안=실무위 1안) 제196조(점유권의 양도) ① 점유권의 양도는 점유물의 인도로 효력이 생긴다. ② 간접점유권의 양도는 목적물반환청구권의 양도로 효력이 생긴다.	제196조(점유권의 양도) ① 점유권의 양도는 점유물의 인도로 효력이 생긴다. ② 간접점유권의 양도는 목적물반환청구권의 양도로 효력이 생긴다.

5. 개정시안의 내용

현행 민법 제196조 제2항은 점유권의 양도에는 제188조 제2항(간이인도), 제189조(점유개정), 제190조(목적물반환청구권의 양도)를 준용한다고 규정한다. 개정시안은 이 중 간이인도와 점유개정에 관한 제188조 제2항과 제189조 준용 부분을 삭제하였다. 간이인도와 점유개정에서는 승계인이 이미 직접점유를 가지고 있어서 엄밀히 말하면 이 경우 점유의 승계 또는 점유권의 양도가 일어나지 않기 때문이다. 그러므로 제188조 제2항과 제189조는 점유권의 양도에 관하여 준용될 규정이 아니다.

이러한 입법상의 잘못은 민법 초안 심의과정에서 발생한 것으로 보인다.[3] 정부가 마련한 민법 초안 제185조는 현행 민법 제196조와 마찬가지로 점유권의 양도에 관하여 규정하면서, 개정시안처럼 제2항에서 목적물반환청구권의 양도에 의한 간접점유권의 양도에 대해서만 규정할 뿐 간이인도와 점유개정에 대해서는 규정하지 않았다. 하지만 법사위 심의과정에서 "물권양도의 효력이 발생하는 경우로 四種類(초안 179조 이하) 즉 현실인도 외에 간이인도, 점유개정, 반환청구권의 양도를 규정하였음에도 불구하고 점유권양도에는 제185조만을 규정한 것은 체제상 균형을 失한 것으로 본조는 수정이 필요하다."는 이유로 이를 현행 민법 제196조 제2항과 같이 수정하였다. 그러나 이는 앞서 서술한 간이인도와 점유개정의 성격에 비추어 볼 때 잘못 수정한 것이다. 독일민법도 점유의 특정승계 형태로 인도와 반환청구권의 양도 두 가지만 규정한다(제854조, 제870조). 우리 민법 제정 당시 참조하였던 만주국 민법 제187조와 제188조 역시 마찬가지이다.

이 점을 고려하여 개정시안은 제188조 제2항과 제189조 준용부분을 삭제하고 제190조, 즉 반환청구권의 양도에 의한 점유권 양도 부분만 풀어서 규정하였다.

3) 이 점에 대해서는 주석민법 물권(1), 제4판, 2011, 305-306면(김형석 집필부분) 참조.

6. 참고사항

분과위원회는 현행 민법 제192조 제1항("물건을 사실상 지배하는 자는 점유권이 있다.")을 "물건을 사실상 지배함으로써 점유를 취득한다."로 개정하는 등 점유권의 개념을 폐기하고 점유라는 개념만 쓰자는 안을 제시하였다. 점유는 사실상 지배에 불과한 것이지 권리의 개념으로 파악할 필요가 없고, 점유권은 점유할 수 있는 본권으로 오해될 수 있는 개념이며, 점유보호청구권 등 점유로부터 발생하는 각종 권리도 사실상 지배로서의 점유에 법적 보호를 부여하는 것으로 보면 충분하다는 이유 때문이다. 또한 독일, 오스트리아, 스위스, 프랑스 등 주요 대륙법계 국가들의 민법에서도 점유라는 개념만 채용할 뿐 이와 별도로 점유권이라는 개념은 채용하지 않는다는 점도 이러한 입장을 뒷받침하는 중요한 비교법적 근거가 되었다.

그러나 개정시안에서는 현행 민법상 점유권의 개념을 유지하기로 하였다. 점유와 점유권의 문제는 다분히 이론적인 것이고, 점유권의 개념을 존치하거나 포기하는 것에 따라 실제 법 상태에 어떤 변화가 발생하는 것은 아니므로 굳이 민법 제정 이래 별다른 반발 없이 수용되어 온 점유권의 개념을 포기할 필요가 없다는 점, 아직 점유권의 개념을 포기하는 것에 대한 충분한 이론적 논의나 공감대가 형성되지 않았다는 점 때문이었다.

제201조(점유자와 과실果實 또는 이익)

현행	개정시안
제201조(점유자와 과실) ① 선의의 점유자는 점유물의 과실을 수취한다. ② 악의의 점유자는 수취한 과실을 반환하여야 하며 소비하였거나 과실로 인하여 훼손 또는 수취하지 못한 경우에는 그 과실의 대가를 보상하여야 한다. ③ 전항의 규정은 폭력 또는 은비에 의한 점유자에 준용한다.	제201조(점유자와 과실果實 또는 이익) ① 과실을 수취할 권리가 있다고 믿은 점유자는 그와 같이 믿은 데 과실(過失)이 없는 때에는 수취한 과실을 반환할 의무가 없다. 받은 이익이 있는 경우에도 이와 같다. ② 과실을 수취하거나 이익을 받을 권리가 있다고 믿은 점유자가 그와 같이 믿은 데 과실(過失)이 있는 때에는 과실 또는 이익이 현존하는 한도 내에서 반환하여야 한다. ③ 과실을 수취하거나 이익을 받을 권리가 없음을 안 점유자는 수취한 과실을 반환하여야 하며, 과실(過失)로 인하여 과실을 훼손하였거나 수취하지 못한 때에는 그 가액을 반환하여야 한다. ④ 제3항은 폭력 또는 은비에 의한 점유자에게 준용한다.

1. 개정 배경

선의 점유자의 과실수취권을 인정한 현행 민법 제201조와 유사한 규정은 다른 입법례에서도 찾아볼 수 있다. 그러나 이러한 규정에 대하여는 선의의 점유자를 필요 이상으로 보호한다는 입법론적 비판이 존재하여 왔다. 현행 민법 제201조는 부당이득과 관련하여 선의의 수익자에게 현존이익 반환의무를 인정한 민법 제748조 제1항과 균형이 맞지 않는다는 면에서도 비판받아 왔다. 민법개정위원회는 ① 관련 문제의 규율을 부당이득법에 맡기고 제201조는 삭제하는 안과 ② 제201조는 존치하되 선의의 점유자에 대한 과도한 보호를 완화하는 것으로 절충하는 안을 두고 숙고한 끝에, 두 번째 안에 따라 제201조를 존치하되 선의의 점유자에 대한 보호를 완화하기로 하였다.

또한 과실果實과 과실過失이 혼란을 일으킬 수 있으므로 개정시안에서는 두 개의 동음이의어에 한자를 병기하기로 하였다.

2. 관련 입법례

◆ 2004년 개정안

제201조(점유자와 과실) ① (현행과 같음)

② 악의의 점유자는 수취한 과실을 반환하여야 하며 소비하였거나 과실로 인하여 훼손하였거나 수취하지 못한 경우에는 그 과실의 대가를 보상하여야 한다.

③ 제2항의 규정은 폭력 또는 은비에 의한 점유자에 준용한다.

(※ 내용의 변화 없이 줄친 부분의 표현만 수정한 것임)

◆ 일본민법[4)]

제189조(선의의 점유자에 의한 과실의 취득 등) ① 선의의 점유자는 점유물에서 생긴 과실을 취득한다.

② 선의의 점유자가 본권의 소에서 패소한 때에는 그 소의 제기시부터 악의의 점유자로 본다.

◆ 독일민법[5)]

제818조(부당이득반환의무의 범위) ① 반환의무는 수취한 수익 및 수령자가 취득한 권리에 기하여 얻은 것 또는 취득한 목적물의 멸실, 훼손 또는 침탈에 대한 배상으로 얻은 것에도 미친다.

② 취득한 것의 성질로 인하여 반환이 가능하지 아니하거나 수령자가 기타의 이유로 반환을 할 수 없는 때에는, 수령자는 그 가액을 상환하여야 한다.

제987조(소송계속 후의 수익) ① 점유자는 소송계속 후에 수취한 수익을 소유자에게 반환하여야 한다.

② 점유자가 소송계속 후에 정상적인 경영의 규칙에 따라 수취할 수 있었던 수익을 수취하지 아니한 경우에는, 그에게 과책이 있는 한, 소유자에 대하여 상환의 의무를 진다.

◆ 스위스민법

제938조 ① 물건을 선의로 점유한 자는 추정된 권리에 따라 그 물건을 사용하거나 수익하더라도 권리자에게 이를 배상하지 않는다.

② 이때 멸실되거나 손해가 발생한 것에 대해 손해배상을 할 필요가 없다.

◆ 오스트리아민법

제330조 물건에서 나오는 모든 과실은 물건으로부터 분리되자마자 선의의 점유자에게 속한다. 이미 수취한 모든 여타의 수익도 평온한 점유를 하면서 이미 만기가 된 경우에는 선의의 점유자에게 속한다.

제335조 악의의 점유자는 타인 물건의 점유를 통하여 취득한 모든 이익을 반환해야 한다. (이하 생략)

3. 관련 판례

◆ 대법원 1995. 8. 25. 선고 94다27069 판결

민법 제201조 제1항에 의하여 과실수취권이 인정되는 선의의 점유자란 과실수취권을 포함하는 권원이 있다고 오신한 점유자를 말하고, 그와 같은 오신을 함에는 오신할 만한 정당한 근거가 있어야 한다.

◆ 대법원 2003. 11. 14. 선고 2001다61869 판결

타인 소유물을 권원 없이 점유함으로써 얻은 사용이익을 반환하는 경우 민법은 선의 점유자를 보호하기 위하여 제201조 제1항을 두어 선의 점유자에게 과실수취권을 인정함에 대하여, 이러한 보호의 필요성이 없는 악의 점유자에 관하여는 민법 제201조 제2항을 두어 과실수취권이 인정되지 않는다는 취지를 규정하는 것으로 해석되는바, 따라서 악의 수익자가 반환하여야 할 범위는 민법 제748조 제2항에 따라 정하여지는 결과 그는 받은 이익에 이자를 붙여 반환하여야 하며, 위 이자의 이행지체로 인한 지연손해금도 지급하여야 한다.

4) 권철, 일본민법전, 67면.

5) 양창수, 독일민법전, 525, 605면.

4. 개정시안의 내용

가. 선의 · 무과실 점유자의 과실 내지 이익 반환의무 면제(제1항)

개정시안 제1항은 선의 · 무과실 점유자의 과실 내지 이익 반환의무를 면제한다. 현행 민법 제201조 제1항은 선의의 점유자를 보호대상으로 삼지만, 개정시안 제201조 제1항은 선의 · 무과실의 점유자만 보호대상으로 삼는다. 즉, 제201조 제1항의 보호대상 범위를 축소하였다. 그런데 판례는, 선의의 점유자는 과실수취권 있는 권원이 있다고 잘못 믿은 데에서 더 나아가 그러한 오신誤信에 정당한 근거가 있어야 한다고 하여 이미 해석론으로 선의 점유자의 개념을 축소하여 왔다.[6] 판례가 말하는 "정당한 근거"와 "무과실"이 동일한 개념인지에 대해서는 이해가 다를 수 있지만, 적어도 양자에 큰 차이가 있다고는 할 수 없다. 그렇게 본다면 이번 개정시안은 현재의 법 상태를 변경하였다기보다는 이러한 판례의 태도를 반영한 것이라고도 볼 수 있다.

나. 선의 · 과실 점유자의 현존과실 내지 이익 반환의무(제2항)

개정시안 제2항은 선의 · 과실 점유자의 현존과실 내지 이익 반환의무를 규정한다. 선의의 수익자의 부당이득 반환의무의 범위와 동일하다(제748조 제1항 참조). 논의 과정에서는 이처럼 점유자를 선의 · 무과실, 선의 · 과실, 악의의 세 가지 유형으로 나누어 각각 다른 법률효과를 부여하는 것은 입법례상 유례를 찾아보기 어렵고 너무 복잡하다는 의견도 제시되었다. 하지만 선의의 점유자에 대한 현행 민법 제201조의 보호를 완전히 철폐하지 않으면서(선의 · 무과실 점유자의 경우), 선의의 수익자에게 현존이익 반환의무를 부담시키는 현행 민법 제748조 제1항과의 균형도 고려하기 위하여(선의 · 과실 점유자의 경우) 개정시안 제2항과 같이 규정하기로 하였다.

---

6) 대판 1995. 8. 25, 94다27069 등 다수.

다. 악의 점유자의 과실 내지 가액 반환의무(제3. 4항)

개정시안 제3항은 악의 점유자는 수취한 과실을 반환하여야 하며, 과실過失로 인하여 과실을 훼손하였거나 수취하지 못한 때에는 그 가액을 반환하여야 한다고 하여 과실 내지 가액 반환의무에 관하여 규정한다. 이는 악의의 수익자에게 받은 이익의 반환의무를 부담시키는 현행 민법 제748조 제2항과 일치시키기 위한 것이다. 개정시안 제4항은 이 규정을 폭력 또는 은비에 의한 점유자에게 준용한다.

실무위원회는 악의의 부당이득자가 사용이익을 얻은 경우에 이에 대한 이자도 붙여서 반환하여야 한다는 대법원 2003. 11. 14. 선고 2001다61869 판결의 취지에 따라 제2항 제2문으로 "받은 이익이 있으면 이자를 붙여 반환하여야 한다."라는 규정을 추가할 것을 제안하였다. 그러나 이는 천연과실반환에는 적용될 수 없고 가액반환에 국한되는 규정이므로 이를 신설하지 않고 해석론에 맡기기로 하였다.

5. 참고사항

점유자의 과실 반환 문제를 현행 민법처럼 제201조에서 규정할지, 아니면 부당이득에 관한 부분에 규정할지에 대해서 논의가 있었다. 민법 제201조는 본질적으로 부당이득 반환의 문제이므로 제201조는 삭제하고 제748조의2를 신설하여 여기에 규정해야 한다는 입장이 있었다. 실제 이 조항에 대한 검토를 담당했던 제2분과위원회에서도 이러한 개정시안을 제시하였다.

그러나 그 이후 논의 과정에서 제201조는 급부부당이득에는 적용되지 않고 그 외의 부당이득 유형에만 적용된다는 입장도 유력한데, 이 내용을 제748조의2에 규정하면 급부부당이득에 대해서도 현행 민법 제201조와 같은 규율이 적용되어 문제가 생긴다는 점, 연혁적으로 점유자와 회복자의 관계는 부당이득과는 별도로 점유의 효과의 문제로서 논의되어 왔으므로 이를 꼭 부당이득편에 규정해야 할 필요는 없다는 점이 지적되었다.

결국 개정시안은 현행 민법처럼 이 문제를 제201조에서 규율하기로 하였다. 그 이외에 민법 제202조와 제203조를 부당이득 쪽에 통합하여 규율하는 방안도 논의되었으나 이 역시 채택되지 않았다.

제202조(점유자의 회복자에 대한 책임)

현행	개정시안
제202조(점유자의 회복자에 대한 책임) 점유물이 점유자의 책임있는 사유로 인하여 멸실 또는 훼손한 때에는 악의의 점유자는 그 손해의 전부를 배상하여야 하며 선의의 점유자는 이익이 현존하는 한도에서 배상하여야 한다. 소유의 의사가 없는 점유자는 선의인 경우에도 손해의 전부를 배상하여야 한다.	제202조(점유자의 회복자에 대한 책임) 점유물이 점유자에게 책임 있는 사유로 인하여 멸실되거나 훼손된 경우에 선의인 점유자는 선의인 데에 과실이 없는 때에는 이익이 현존하는 한도에서 배상하여야 한다. 소유의 의사가 없는 점유자는 선의인 경우에도 손해의 전부를 배상하여야 한다.

1. 개정 배경

현행 민법 제202조는 점유물의 멸실, 훼손에 관하여 자주·선의의 점유자에게 현존이익 한도 내에서의 배상의무만 인정한다. 이는 본래 불법행위법에 따라 해결할 수 있는 문제이지만 자주·선의의 점유자를 보호하기 위해 그 책임을 완화하기 위한 특칙을 둔 것이다. 그러나 선의인 데에 과실이 있는 점유자에게까지 이러한 혜택을 주는 것은 지나치다는 입법론적 비판이 있어 보호범위를 자주·선의·무과실 점유자로 축소하였다.

2. 관련 입법례

◆ **2004년 개정안**

개정논의가 없었다.

◆ **일본민법[7]**

제191조(점유자에 의한 손해배상) 점유물이 점유자의 책임 있는 사유로 인하여 멸실 또는 훼손

된 때에는 그 회복자에 대하여, 악의의 점유자는 그 손해의 전부를 배상할 의무를 지며, 선의의 점유자는 그 멸실 또는 손상에 의하여 현실로 이익을 받은 한도에서 배상할 의무를 진다. 다만, 소유의 의사가 없는 점유자는 선의인 경우라도 전부를 배상하지 않으면 안 된다.

◆ 독일민법[8)]

第987조(소송계속 후의 수익) ① 점유자는 소송계속 후에 수취한 수익을 소유자에게 반환하여야 한다.

② 점유자가 소송계속 후에 정상적인 경영의 규칙에 따라 수취할 수 있었던 수익을 수취하지 아니한 경우에는, 그에게 과책이 있는 한, 소유자에 대하여 상환의 의무를 진다.

第989조(소송계속 후의 손해배상) 점유자는 소송계속시로부터 자신의 과책으로 인하여 물건이 손상되거나 멸실하거나 또는 다른 이유로 물건을 반환할 수 없게 됨으로써 발생하는 손해에 관하여 소유자에 대하여 책임을 진다.

第990조(악의점유자의 책임) ① 점유자가 점유취득시에 선의가 아니었던 경우에는 그는 소유자에 대하여 점유취득시로부터 第987조, 第989조에 따라 책임을 진다. 점유자가 나중에 자신에게 점유할 권리가 없음을 알게 된 경우에는 안 때로부터 이와 동일한 책임을 진다.

② 지체로 인한 점유자의 그 밖의 책임은 영향을 받지 아니한다.

◆ 스위스민법

第938조 ① 선의로 물건을 점유한 자는 그에게 추정된 권리에 따라 그 물건을 사용하거나 수익하더라도 권리자에게 그 이익을 반환할 의무가 없다.

② 이때 멸실되거나 손해가 발생하더라도 그는 이를 배상할 필요가 없다.

第940조 ① 악의로 물건을 점유한 자는 그 물건을 권리자에게 반환해야 하고 그 물건의 보유로 야기된 손해와 수취하거나 수취를 해태한 과실에 대해 배상을 제공해야 한다. (이하 생략)

---

7) 권철, 일본민법전, 69면.

8) 양창수, 독일민법전, 605, 607면.

3. 개정시안의 내용

점유자가 소유물 반환의무를 지는 동안 자신에게 책임 있는 사유로 물건이 멸실 또는 훼손되면 일반적인 불법행위 법리에 따라 소유자에게 손해배상책임을 부담한다. 그런데 현행 민법 제202조는 자주 · 선의의 점유자라면 선의인 데에 과실이 있더라도 현존이익 범위 내에서만 배상책임을 부담하도록 한다. 반면 개정시안에서는 자주 · 선의의 점유자에게 선의인 데에 과실이 없는 경우에 한하여 이러한 혜택을 부여한다. 그러므로 현행 민법과는 달리 선의이지만 과실이 있는 점유자는 일반 불법행위법에 따른 책임을 부담한다. 제202조에 대해서도 제201조와 마찬가지로 아예 이를 삭제해야 한다는 논의가 있었으나, 개정시안에서는 이를 존치하되 위와 같이 보호범위를 선의 · 무과실의 점유자로 축소하는 방향을 선택하였다.

제203조(점유자의 상환청구권)

현행	개정시안
제203조(점유자의 상환청구권) ① 점유자가 점유물을 반환할 때에는 회복자에 대하여 점유물을 보존하기 위하여 지출한 금액 기타 필요비의 상환을 청구할 수 있다. 그러나 점유자가 과실을 취득한 경우에는 통상의 필요비는 청구하지 못한다. ② (생 략) ③ 전항의 경우에 법원은 회복자의 청구에 의하여 상당한 상환기간을 허여할 수 있다.	제203조(점유자의 상환청구권) ① 점유자가 점유물을 반환할 때에는 회복자에 대하여 점유물을 보존하기 위하여 지출한 금액 기타 필요비의 상환을 청구할 수 있다. 그러나 점유자가 과실이나 이익을 취득한 경우에는 통상의 필요비는 청구하지 못한다. ② (현행과 같음) ③ 제2항의 경우에 법원은 회복자의 청구에 의하여 상당한 상환기간을 허용해 줄 수 있다.

개정시안 제1항에서는 통상의 필요비를 청구하지 못하는 경우로서 과실을 취득한 경우 이외에도 이익을 취득한 경우를 추가하였다. 기존의 해석론을 명문으로 규정한 것이다. 개정시안 제3항은 표현만 변경하였다.

초기 논의 과정에서는 악의 점유자의 유익비상환청구권을 부정하거나 제한하는 방안이 논의되기도 하였다. 실제로 독일민법 제996조, 스위스민법 제940조, 오스트리아민법 제331조에서는 악의 점유자의 비용상환청구권을 배제한다. 그러나 악의 점유자의 유익비상환청구권은 부정하지 않기로 하였다. 비용상환청구권은 본질적으로 부당이득의 성격을 가지는데, 부당이득에 관한 일반 법리에 따르면 부당이득을 구하는 자가 악의인지 여부는 중요하지 않다(제741조 참조). 이득관계를 무색투명하게 조정하는 것이 부당이득 제도의 본래 취지이다. 악의의 점유자에게 유익비상환청구권을 인정하되 유익비 또는 현존이익의 타당한 해석을 통하여 개별적인 부당함을 피하거나, 악의의 점유에 따른 손해배상책임 등 다른 법 제도를 통하여 이익을 조정할 수 있다.

제204조(점유의 회수)

현행	개정시안
제204조(점유의 회수) ① 점유자가 점유의 침탈을 당한 때에는 그 물건의 반환 및 손해의 배상을 청구할 수 있다. ② 전항의 청구권은 침탈자의 특별승계인에 대하여는 행사하지 못한다. 그러나 승계인이 악의인 때에는 그러하지 아니하다. ③ 제1항의 청구권은 침탈을 당한 날로부터 1년내에 행사하여야 한다.	제204조(점유의 회수) ① 점유자가 점유를 침탈당한 때에는 그 물건의 반환 및 손해의 배상을 청구할 수 있다. 그러나 점유를 침탈당한 자가 점유를 침탈당한 날부터 과거 1년 이내에 침탈자의 점유를 침탈하였고, 침탈자에게 점유할 권리가 있는 경우에는 그렇지 않다. ② 제1항의 청구권은 침탈자의 특별승계인에 대해서는 행사할 수 없다. 그러나 승계인이 악의인 경우에는 그렇지 않다. ③ 제1항의 청구권은 침탈당한 날부터 1년 내에 소로써 행사해야 한다.

1. 개정 배경

현행 민법은 점유의 상호침탈에 대해 규정하지 않는다. 개정시안에서는 점유침탈을 당한 본권자가 다시 점유자의 점유를 침탈한 경우(상호침탈) 점유자가 본권자에게 점유회수청구권을 행사할 수 없는 상황에 대하여 규정하였다. 또한 점유회수청구권의 제척기간이 출소기간出訴期間임을 명시하였다. 따라서 점유회수청구권은 소로써만 행사할 수 있다.

2. 관련 입법례

◆ 2004년 개정안

개정논의가 없었다.

◆ 일본민법[9)]

제197조(점유의 소) 점유자는 다음 조부터 제202조까지의 규정에 따라 점유의 소를 제기할 수 있다. 타인을 위하여 점유한 자도 같다.

제200조(점유회수의 소) ① 점유자가 점유를 침탈당한 때에는 점유회수의 소에 의하여 그 물건의 반환 및 손해의 배상을 청구할 수 있다.
② 점유회수의 소는 점유를 침탈당한 자의 특정승계인에 대하여 제기할 수 없다. 다만, 승계인이 침탈 사실을 알고 있었던 때에는 그러하지 아니하다.

제201조(점유의 소의 제기기간) ③ 점유회수의 소는 점유를 침탈당한 때부터 1년 이내에 제기하지 않으면 안 된다.

◆ 독일민법[10)]

제861조(점유침탈로 인한 청구권) ① 점유자가 금지된 사력에 의하여 점유를 침탈당한 때에는, 그는 그에 대하여 하자 있게 점유하는 사람에 대하여 점유의 회수를 청구할 수 있다.
② 침탈된 점유가 현재의 점유자 또는 그 前主에 대하여 하자 있는 것이고 또한 침탈 전 1년 이내에 취득된 것인 경우에는, 제1항의 청구권은 배제된다.

제862조(점유방해로 인한 청구권) ① 점유자가 금지된 사력에 의하여 점유를 방해받은 때에는 그는 방해자에 대하여 방해의 제거를 청구할 수 있다. 앞으로도 방해받을 우려가 있는 때에는 점유자는 부작위를 소구할 수 있다.
② 점유자의 점유가 방해자 또는 그 前主에 대하여 하자 있고 또한 방해 전 1년 이내에 취득된 것인 때에는, 제1항의 청구권은 배제된다.

◆ 스위스민법

제927조 ② 피고가 즉시 자신의 우월한 권리를 증명하고 이를 이유로 원고에게 물건을 다시 반환할 것을 요구할 수 있는 경우에는, 피고는 물건의 반환을 거절할 수 있다.

9) 권철, 일본민법전, 71면.
10) 양창수, 독일민법전, 547면.

3. 관련 판례

◆ **대법원 2002. 4. 26. 선고 2001다8097, 8103 판결**

민법 제204조 제3항과 제205조 제2항에 의하면 점유를 침탈당하거나 방해를 받은 자의 침탈자 또는 방해자에 대한 청구권은 그 점유를 침탈당한 날 또는 점유의 방해행위가 종료된 날로부터 1년 내에 행사하여야 하는 것으로 규정되어 있는데, 여기에서 제척기간의 대상이 되는 권리는 형성권이 아니라 통상의 청구권인 점과 점유의 침탈 또는 방해의 상태가 일정한 기간을 지나게 되면 그대로 사회의 평온한 상태가 되고 이를 복구하는 것이 오히려 평화질서의 교란으로 볼 수 있게 되므로 일정한 기간을 지난 후에는 원상회복을 허용하지 않는 것이 점유제도의 이상에 맞고 여기에 점유의 회수 또는 방해제거 등 청구권에 단기의 제척기간을 두는 이유가 있는 점 등에 비추어 볼 때, 위의 제척기간은 재판외에서 권리행사하는 것으로 족한 기간이 아니라 반드시 그 기간 내에 소를 제기하여야 하는 이른바 출소기간으로 해석함이 상당하다.

4. 논의 경과

분과위안	실무위안	위원장단안	개정시안
제204조(점유의 회수) ① 점유자가 점유를 침탈당한 때에는 그 물건의 반환 및 손해의 배상을 청구할 수 있다. 그러나 점유자가 점유를 침탈당한 날로부터 과거 1년 이내에 침탈자의 점유를 침탈하였던 경우(상호침탈)에는 그러하지 아니하다.	제204조(점유의 회수) ① 점유자가 점유를 침탈당한 때에는 그 물건의 반환 및 손해의 배상을 청구할 수 있다. 그러나 점유를 침탈당한 자가 점유를 침탈당한 날부터 과거 1년 이내에 침탈자의 점유를 침탈하였고, 침탈자가 점유할 권리를 증명한	제204조(점유의 회수) ① 점유자가 점유를 침탈당한 때에는 그 물건의 반환 및 손해의 배상을 청구할 수 있다. 그러나 점유를 침탈당한 자가 점유를 침탈당한 날부터 과거 1년 이내에 침탈자의 점유를 침탈하였고, 침탈자에게 점유할 권리가 있는 경	제204조(점유의 회수) ① 점유자가 점유를 침탈당한 때에는 그 물건의 반환 및 손해의 배상을 청구할 수 있다. 그러나 점유를 침탈당한 자가 점유를 침탈당한 날부터 과거 1년 이내에 침탈자의 점유를 침탈하였고, 침탈자에게 점유할 권리가 있는 경우에는 그렇지 않다.

분과위안	실무위안	위원장단안	개정시안
② 전항의 청구권은 침탈자의 특별승계인에 대하여는 행사하지 못한다. 그러나 승계인이 악의인 때에는 그러하지 아니하다. ③ 제1항의 청구권은 침탈을 당한 날로부터 1년내에 행사하여야 한다.	때에는 그렇지 않다. ② 제1항의 청구권은 침탈자의 특별승계인에 대하여는 행사하지 못한다. 그러나 승계인이 악의인 때에는 그렇지 않다. ③ 제1항의 청구권은 침탈을 당한 날부터 1년내에 소로써 행사하여야 한다.	우에는 그렇지 않다. ② 제1항의 청구권은 침탈자의 특별승계인에 대해서는 행사할 수 없다. 그러나 승계인이 악의인 경우에는 그렇지 않다. ③ 제1항의 청구권은 침탈당한 날부터 1년내에 소로써 행사해야 한다.	② 제1항의 청구권은 침탈자의 특별승계인에 대해서는 행사할 수 없다. 그러나 승계인이 악의인 경우에는 그렇지 않다. ③ 제1항의 청구권은 침탈당한 날부터 1년내에 소로써 행사해야 한다.

5. 개정시안의 내용

가. 상호침탈에 대한 규율(제1항)

현행 민법은 점유회수청구와 관련하여 점유침탈자가 본권자인지 여부를 묻지 않는다. 그러므로 본권자가 자신의 점유를 침탈 당하였는데 이를 다시 침탈해 온 경우에도 그 본권자는 점유회수청구의 상대방이 된다. 물론 본권자가 불법점유자의 점유를 침탈하여 자신의 본권을 보호하려는 행위는 자력구제를 원칙적으로 금지하는 우리 법의 정신에 비추어 바람직한 것은 아니다. 또한 원래 점유제도는 본권보호가 아니라 현상유지를 목적으로 하므로 본권자의 보호가치가 높다고 해서 본권자를 상대로 한 점유회수청구를 부정하는 것은 점유제도의 본질에 맞지 않는 측면도 있다.

그러나 불법점유자의 점유회수청구에 따라 본권자가 그에게 물건을 반환하더라도 어차피 본권자는 다시 그 불법점유자를 상대로 본권에 기한 반환청구를 할 수 있다. 이 경우 점유자는 그 물건을 점유할 정당한 권리를 증명하지 못하는 한 그 반환청구에 응해야 한다. 이러한 반복적 반환 사태를 방치하는 것은 불필요한 소송을 조장하여 소송

경제의 이념에 부합하지 않는다. 또한 본권자의 점유를 침탈한 자가 자신이 불법으로 획득한 점유권을 침탈 당하였다는 이유로 궁극적으로 그 점유가 귀속되어야 할 본권자를 상대로 점유회수청구를 하는 것은 정의 관념에도 부합하지 않는다. 아무리 점유제도가 현상유지를 목적으로 하는 제도라고 하더라도 점유자의 보호는 법질서 전체의 관념에 비추어 규범적으로 결정될 문제이므로 정의 관념에 부합하지 않는 경우까지 점유자를 법으로 보호해 주어야 할 필연성은 없다.

로마법 하에서도 점유의 소는 침탈당한 자의 점유가 침탈한 자의 점유에 비해 보호할 가치가 있는 경우에만 허용되었고, 상호침탈의 경우에는 본권자를 보호하였다. 독일민법 제861조 제2항이나 스위스민법 제927조 제2항에서도 마찬가지 취지로 규정한다. 개정시안과 같은 조항이 없는 현행 민법 하에서도 이러한 상호침탈 상황에서는 불법점유자가 본권자를 상대로 점유회수청구를 할 수 없도록 해야 한다는 해석론이 지배적이었다.

이에 따라 개정시안에서는 제1 점유침탈자가 제1 점유침탈행위로 물건을 불법점유하고 있는 상황에서 본권자인 제2 점유침탈자가 제1 점유침탈행위로부터 1년 이내에 제2 점유침탈행위를 한 경우, 제1 점유침탈자(불법점유자)는 제2 점유침탈자(본권자)를 상대로 점유회수청구를 할 수 없다고 규정하였다. 제2 점유침탈행위가 1년 이내에 이루어졌을 것을 요구하는 이유는 제1 점유침탈행위로부터 오랜 기간이 경과한 이후에는 제1 점유침탈자의 점유라는 사실상태를 보호할 필요성이 커지기 때문이다.

나. 점유회수청구에 적용되는 제척기간의 성격 – 출소기간(제3항)

점유회수청구권은 1년의 제척기간에 걸린다. 그런데 판례는 여기에서 1년의 제척기간은 출소기간, 즉 그 권리를 소로써 행사해야 하는 기간으로 파악하여 왔다(위 관련 판례 참조). 독일이나 일본민법은 이를 출소기간으로 규정한다.

점유회수청구는 점유라는 사실상태에 근거하여 행사하는 것이므로 그 행사 여부를 명확히 할 필요가 있다. 따라서 재판외 청구가 아니라 소에 의하여 행사하게 하는 것이 타당하다. 개정시안은 이러한 점을 고려하여 점유회수청구권은 소로써 행사하도록 하고 제척기간은 기존의 규정대로 1년으로 정하였다.

제204조의2(점유물수거의 인용) : 신설

현행	개정시안
〈신 설〉	제204조의2(점유물수거의 인용) ① 물건이 점유자의 지배를 벗어나 타인이 점유하는 부동산에 있게 된 경우에는 부동산 점유자는 정당한 이유가 없는 한 물건을 점유하던 자가 물건을 수거하는 것을 인용하여야 한다. 다만, 부동산 점유자가 물건을 점유한 때에는 그렇지 않다. ② 제1항의 경우에 부동산의 점유자는 수거로 인하여 입은 손해의 보상을 청구할 수 있다. ③ 제1항의 경우에 부동산의 점유자는 손해가 발생할 우려가 있으면 담보가 제공될 때까지 수거를 거절할 수 있다. 다만, 급박한 경우에는 그렇지 않다.

1. 개정 배경

장마로 甲의 나무가 쓰러져 이웃 乙의 토지에 들어간 경우, 빨래가 바람에 날려 이웃집 정원에 떨어진 경우, 제3자가 라디오를 훔쳐서 타인의 토지 위에 그 물건을 갖다 놓은 경우 등을 생각해 보자. 이 때 토지 점유자가 그 위에 있는 나무, 빨래, 라디오도 점유한다면 그 물건의 원 점유자는 물권적 청구권으로서 점유물반환청구권을 행사할 수 있다. 그러나 토지 점유자가 위와 같은 물건을 점유한다고 볼 수 없는 경우도 있다. 점유가 성립하려면 적어도 그 물건을 사실상 지배하려는 의사, 즉 점유설정의사가 있어야 하는데 그러한 점유설정의사조차 인정되지 않는 경우가 있기 때문이다.

가령 빨래가 바람에 날려 이웃이 모르는 사이 이웃의 정원 어딘가에 떨어졌다고 하여 그 이웃이 바로 그 빨래를 점유한다고는 단정하기는 어렵다. 그러므로 그 이웃은 빨래의 점유를 전제로 하는 점유물반환청구의 상대방이 될 수 없다. 오히려 그 이웃은 빨래가 자기 토지의 소유권이나 점유권을 방해하고 있으니 이를 제거하여 달라고 청구할 수 있을 뿐이다. 그런데 그 이웃이 그러한 청구권도 행사하지 않는다면 결국 빨래의 원점유자는 그 이웃의 양해를 구하고 그의 정원에 들어가 빨래를 수거해 오는 것이 자연스럽다. 문제는 이러한 원점유자의 수거행위를 정면으로 정당화할 민법 조항이 존재하지 않는다는 점이다.

이러한 법적 공백을 메우기 위해 민법 제216조 제1항의 인지사용청구권隣地使用請求權을 확대해석하려는 논의도 있다. 민법 제216조 제1항은 토지소유자가 경계나 그 근방에서 담 또는 건물을 축조하거나 수선하기 위하여 필요한 범위 내에서 이웃토지의 사용을 청구할 수 있는 권리이다. 그런데 이 조항은 그 내용 자체에서 드러나듯이 자신의 점유물이 타인의 토지에 들어간 경우를 상정하고 있지 않다. 그러므로 위와 같은 확대해석은 법적 공백 상태를 메우기 위한 부득이한 조치일 뿐 바람직하다고는 할 수 없다. 이 문제는 입법으로 해결하는 것이 타당하다.

이러한 문제의식 아래 이번 개정시안은 2004년 민법 개정안과 마찬가지로 점유물수거에 대한 조항을 두었다. 참고로 독일에서는 이를 수거청구권Abholungsanspruch 또는 추적권Verfolgunsrecht이라고 하면서 점유물의 수거청구권(제867조)과 소유물의 수거청구권(제1005조)을 각각 인정하는데, 이것이 중요한 참고자료가 되었다.

이 조항이 현실적으로 널리 활용되지는 않을 것이다. 목적물에 대한 타인의 점유가 성립하지 않아 그를 상대로 점유물반환청구권을 행사할 수 없는 예외적인 경우에만 비로소 보충적으로 적용될 수 있는 조항이기 때문이다. 그러나 이러한 상황이 발생할 가능성이 없지는 않으므로, 이에 관한 법적 공백 상태를 그대로 두기보다는 이를 규율할 조항을 두는 것이 민법의 이론적 완결성을 높이는 길이다.

2. 관련 입법례

◆ 2004년 개정안

제204조의2 (점유물수거의 인용) ① 물건이 점유자의 지배를 벗어나 타인이 점유하는 부동산에 있는 경우에 그 물건에 대한 점유가 성립하지 아니한 한 그 부동산의 점유자는 그 물건의 점유자가 이를 수거하는 것을 인용하여야 한다. 그러나 물건의 점유자는 수거로 인하여

그 부동산의 점유자의 생활의 안온이 방해받지 아니하도록 배려하여야 한다.
② 제1항의 경우에 부동산의 점유자는 그 수거로 인하여 입은 손해의 보상을 청구할 수 있다.

◆ **독일민법**[11]

제867조(점유자의 추급권) 물건이 점유자의 지배를 이탈하여 타인이 점유하는 부동산 위에 있게 된 경우에는, 물건이 그 사이에 점유되지 아니한 한, 부동산의 점유자는 물건의 점유자에 대하여 수색 및 수거를 용인하여야 한다. 부동산의 점유자는 수색과 수거로 인하여 발생한 손해의 배상을 청구할 수 있다. 그는 손해발생의 우려가 있는 때에는 담보가 제공될 때까지 그 용인을 거절할 수 있다; 지연으로 위험이 발생할 우려가 있는 경우에는 거절할 수 없다.

제1005조(추급권) 물건이 타인이 점유하는 부동산 위에 있는 경우에는 물건의 소유자는 부동산점유자에 대하여 제867조에 정하여진 청구권을 가진다.

3. 논의 경과

분과위안	실무위안	위원장단안	개정시안
제204조의2(점유물수거의 인용) ① 물건이 점유자의 지배를 벗어나 타인이 점유하는 부동산에 있게 된 경우 물건에 대한 점유가 성립하지 아니한 한 부동산의 점유	제204조의2(점유물수거의 인용) ① 물건이 점유자의 지배를 벗어나 타인이 점유하는 부동산에 있게 된 경우, 부동산 점유자는 물건을 점유하던 자가 물	제204조의2(점유물수거의 인용) ① 물건이 점유자의 지배를 벗어나 타인이 점유하는 부동산에 있게 된 경우에는 부동산 점유자는 정당한 이유가 없는	제204조의2(점유물수거의 인용) ① 물건이 점유자의 지배를 벗어나 타인이 점유하는 부동산에 있게 된 경우에는 부동산 점유자는 정당한 이유가 없는 한 물건을 점유하던 자가 물

11) 양창수, 독일민법전, 549, 613면.

분과위안	실무위안	위원장단안	개정시안
자는 그 물건의 점유자가 이를 수거하는 것을 인용하여야 한다. ② 제1항의 경우에 부동산의 점유자는 수거로 인하여 입은 손해의 보상을 청구할 수 있다. ③ 제1항의 경우에 부동산의 점유자는 손해발생의 우려가 있으면 담보가 제공될 때까지 수거를[수거의 인용] 거절할 수 있다. 그러나 지연으로 인하여 위험이 발생할 우려가 있는 경우에는 거절할 수 없다.	건을 수거하는 것을 인용하여야 한다. 다만 부동산 점유자가 물건을 점유한 때에는 그렇지 않다. ② 제1항의 경우에 부동산의 점유자는 수거로 인하여 입은 손해의 보상을 청구할 수 있다. ③ 제1항의 경우에 부동산의 점유자는 손해발생의 우려가 있으면 담보가 제공될 때까지 수거를 거절할 수 있다. 다만 급박한 경우에는 그렇지 않다.	한 물건을 점유하던 자가 물건을 수거하는 것을 인용하여야 한다. 다만, 부동산 점유자가 물건을 점유한 때에는 그렇지 않다. ② 제1항의 경우에 부동산의 점유자는 수거로 인하여 입은 손해의 보상을 청구할 수 있다. ③ 제1항의 경우에 부동산의 점유자는 손해가 발생할 우려가 있으면 담보가 제공될 때까지 수거를 거절할 수 있다. 다만, 급박한 경우에는 그렇지 않다.	건을 수거하는 것을 인용하여야 한다. 다만, 부동산 점유자가 물건을 점유한 때에는 그렇지 않다. ② 제1항의 경우에 부동산의 점유자는 수거로 인하여 입은 손해의 보상을 청구할 수 있다. ③ 제1항의 경우에 부동산의 점유자는 손해가 발생할 우려가 있으면 담보가 제공될 때까지 수거를 거절할 수 있다. 다만, 급박한 경우에는 그렇지 않다.

4. 개정시안의 내용

가. 점유물수거 인용의무(제1항)

개정시안 제1항은 물건이 점유자의 지배를 벗어나 타인이 점유하는 부동산에 있게 된 경우에 부동산 점유자에게 점유물수거 인용의무를 부담시킨다. 독일민법은 물건을 점유하던 자의 수거청구권이라는 법적 구성으로 이 문제에 접근한다. 그러나 독일민법처럼 이를 수거청구권으로 규정하더라도 결국 수거청구권의 상대방인 부동산 점유자에게 청구되는 것은 점유물수거의 인용認容이다. 그러므로 개정시안처럼 부동산 점유자의 인용의무認容義務에 초점을 맞추어 규정하더라도 법률관계의 실질에 있어서는 물건 점유자의 수거청구권에 초점을 맞추어 규정하는 경우와 별 차이가 없다. 개정시안 제1항에 따라 부동산 점유자에게 인용의무가 인정되기 위한 요건은 다음과 같다.

첫째, 문제된 물건이 점유자의 지배를 벗어나야 한다. 여기에서의 점유자에는 간접점유자가 포함되지만 점유보조자는 포함되지 않는다. 물건이 점유자의 지배를 벗어나게 된 경위는 묻지 않으며, 그 과정에서 점유자의 귀책사유가 있는지도 묻지 않는다. 한편 점유자의 지배를 벗어난다는 표현이 곧 점유를 상실한다는 것을 의미하는지에 대해서는 해석상 논란의 여지가 있다. 그러나 적어도 논의 과정에 비추어 보면 개정시안 제1항은 이를 점유상실의 의미로 표현한 것으로 보인다. 본래 분과위원회안에서는 단순히 "물건의 점유자"라고 표현하였는데 그 후 실무위원회에서는 물건이 점유자의 지배를 벗어났다면 더 이상 물건의 점유자가 아니라는 이유로 이를 "물건을 점유하던 자"로 수정하였다. 그 이후 이러한 표현이 위원장단회의를 거쳐 전체회의에서 그대로 확정되었다. 이러한 표현의 변경과정에 비추어 보면 개정시안 제1항에서 점유자의 지배를 벗어난다는 것은 점유자가 더 이상 물건을 점유하지 않는다는 것을 의미한다.

둘째, 그 물건이 타인이 점유하는 부동산에 있어야 한다. 여기에서의 부동산은 문언 그대로 토지와 건물을 모두 포함하는 개념이다. 반면 이 조항은 그 물건이 타인이 점유하는 동산에 있게 된 경우에는 직접 적용되지 않는다. 그런데 자동차나 배와 같이 타인의 동산에 물건이 소재하는 경우도 있을 수 있다. 개정시안 제1항이 이 경우에도 직접 적용된다고는 볼 수 없지만, 독일의 예에 따라 이 조항을 유추 적용할 수는 있을 것이다.

셋째, 타인이 그 물건을 점유하지 않아야 한다. 타인이 그 물건을 점유하는지는 각각의 사안에서 개별적으로 판단할 문제이다. 앞서 예시한 사례들(가령 빨래가 바람에 날려 이웃 토지에 들어간 사례)에서는 그 물건에 대한 타인의 점유가 성립하지 않을 가능성이 있다. 또한 축구를 하다가 이웃의 집에 축구공이 들어가거나 키우던 동물이 이웃의 토지로 도망간 사례에서도 마찬가지이다. 물론 타인이 그 물건에 대해 점유설정의사를 표시하면서 반환을 거부하는 등 그 물건에 대해 점유가 성립하면 그 물건은 더 이상 수거인용의 대상이 아니라 점유반환의 대상이다. 타인이 물건에 대한 점유자이므로 수거인용의무를 부담하지 않는다는 점은 그 타인이 증명해야 한다. 타인의 점유에 대한 부분을 단서에 규정한 것은 이러한 증명책임의 소재를 나타내기 위한 것이다.

넷째, 타인이 점유물수거를 인용하지 않을 정당한 이유가 없어야 한다. 개정시안 제1항에 "정당한 이유"가 포함된 이유는 다음과 같다. 2004년 민법 개정안은 제1항 단서로 "물건의 점유자는 수거로 인하여 그 부동산의 점유자의 생활의 안온이 방해받지 아니하도록 배려하여야 한다."라고 규정하고 있었다. 이번 개정시안 논의 과정에서도 부동산 점유자의 생활이익이나 사생활을 보호하기 위해 이러한 규정이 필요하다는 입장이 있었다. 하지만 이러한 배려의무는 타인의 부동산에서 점유자가 점유물을 수거할 때 신의칙상 당연히 인정되므로 굳이 법문에 표현할 필요성이 크지 않다는 점, 이 조항은 상린관계에 대한 조항이 아닌데 위와 같이 규정하면 점유물수거의 문제가 상린관계에 기초한 것처럼 되어 물권편의 체계에 맞지 않는 점 등을 고려하여 개정시안에는 이러한 규정을 두지 않기로 했다. 그 대신 위원장단 회의의 논의 결과 제1항에 "정당한 이유가 없는 한"이라는 포괄적인 표현을 통해 점유물수거 과정에서 부동산 점유자의 권리나 이익을 보호할 수 있도록 하였다. 부동산 점유자의 권리나 이익이 침해된다는 이유만으로 언제나 위 정당한 이유가 인정된다고는 할 수 없다. 제2항의 손해보상청구권 및 제3항의 담보제공청구권을 통해 부동산 점유자의 권리를 보호할 수 있으므로, 처음부터 점유물 수거를 부정할 것인지, 아니면 일단 점유물 수거를 인정하되 손해보상으로 해결할 것인지는 여러 가지 이익상황을 형량하여 판단할 문제이다.

나. 손해보상청구권(제2항)과 담보제공청구권(제3항)

부동산의 점유자는 물건을 점유하던 자의 수거행위로 인하여 입은 손해의 보상을 청구할 수 있다(제2항). 손해의 "배상"이 아니라 "보상"이라고 규정한 것은 손해발생의 원인이 된 수거행위의 위법성이 반드시 요구되는 것은 아니기 때문이다.

한편 부동산의 점유자는 손해가 발생할 우려가 있으면 담보가 제공될 때까지 수거를 거절할 수 있다(제3항 본문). 다만, 급박한 경우에는 담보가 제공되지 않더라도 이러한 거절권을 행사할 수 없다(제3항 단서). 즉 담보 제공 여부와 무관하게 수거를 인용해야 한다.

여기에서 말하는 급박한 경우란 수거가 지연될 경우에 물건 자체 또는 물건의 수거에 위험이 생기는 경우를 의미한다. 예를 들어 수거가 지연되면 물건이 멸실 또는 부패되는 경우가 그러하다. 급박함이라는 표현은 민법 제691조(위임종료의 경우에 "급박한" 사정이 있는 때에는…), 제735조(타인의 생명, 신체, 명예 또는 재산에 대한 "급박한" 위해를 면하게 하기 위하여…), 제761조("급박한" 위난을 피하기 위하여…), 제836조의2제3항(이혼을 하여야 할 "급박한" 사정이 있는 경우에는…) 등 민법의 다른 조항들의 표현을 참고한 것이다. 급박한 경우라는 것은 수거하려는 자가 증명해야 한다.

다. 참고사항

부동산 점유자는 수거를 인용할 의무만 부담할 뿐이고 수거행위는 물건을 점유하던 자가 해야 한다. 이 때 수거에 들어가는 비용은 수거행위자인 물건의 전 점유자가 부담해야 한다.

이번 개정시안은 물건의 점유자가 아닌 소유자의 소유물수거청구권이나 부동산 점유자가 아닌 부동산 소유자의 수거인용의무에 대해서는 다루지 않는다. 독일민법 제1005조에서 소유자의 소유물수거청구 문제에 대해 별도의 조항을 두는 것과 차이가 있다. 이 점은 해석론의 몫으로 남겨져 있다.

第205조(점유의 보유)

현행	개정시안
第205조(점유의 보유) ① (생 략) ② 전항의 청구권은 방해가 종료한 날로부터 1년내에 행사하여야 한다. ③ (생 략)	第205조(점유의 보유) ① (현행과 같음) ② 제1항의 청구권은 방해가 종료한 날부터 1년내에 소로써 행사하여야 한다. ③ (현행과 같음)

판례의 태도에 따라 점유방해제거 및 손해배상청구권의 제척기간이 출소기간出訴期間임을 명문화하였다. 이에 대해서는 제204조의 설명을 참고하기 바란다.

참고

민법 제205조 제2항의 "방해가 종료한 날"이라는 표현을 그대로 둘 것인가에 대해 논의가 있었다.

분과위원회는 이를 "방해행위가 종료한 날"로 수정하여야 한다고 제안하였다. 그 제안 취지는 다음과 같다.

민법 제205조 제2항의 "방해"는 방해행위와 방해상태를 모두 포함한다. 그러므로 방해상태가 지속되는 이상 방해가 종료되었다고 할 수 없다. 방해가 종료되지 않으면 방해제거청구권과 손해배상청구권의 제척기간은 진행되지 않는다. 따라서 방해상태가 지속되는 이상 제척기간은 완성되지 않는다. 이것이 통설의 태도이기도 하다.[12] 하지만 이러한 결론은 단기 제척기간을 두어 점유를 둘러싼 분쟁상태를 조속히 해결하려는 입법취지에 반한다. 그러므로 방해상태가 지속되더라도 방해행위가 종료되었다면 제척기간이 진행되도록 하여야 한다. 그래야 점유를 둘러싼 분쟁상태를 조속히 해결할 수 있고, 법적 안정성이 높아질 수 있다. 대법원 2002. 4. 26. 선고 2001다8097, 8103 판결도 "민법 제204조 제3항과 제205조 제2항에 의하면 점유를 침탈당하거나 방해를 받은 자의 침탈자 또는 방해자에 대한 청구권은 그 점유를 침탈당한 날 또는 점유의 방해행위가 종료된 날로부터 1년 내에 행사하여야 하는 것으로 규정되어 있는데 …"라고 판시함으로써 방해행위가 종료한 날을 제척기간의 기산점으로 이해하고 있다. 이처럼 방해를 둘러싼 조속한 법률관계의 확정과 이에 대한 판례의 태도를 고려하여 "방해행위가 종료한 날"을 제척기간의 기산점으로 삼을 것을 제안한다.

그러나 이러한 분과위원회의 제안에 대해서는 다음과 같은 문제점이 지적되었다. 점유방해는 사람의 방해행위가 개입하지 않고도 이루어질 수 있다. 예컨대 나의 토지의 토사가 남의 토지에 흘러내려 남의 토지점유를 방해하는 경우에는 나의 방해행위가 개입하지 않고도 점유방해가 이루어졌다고 볼 수 있다. 그러므로 단순히 "방해행위가 종

12) 다만 민법주해 IV, 물권 1, 452-453면(최병조 집필부분)에서는 이렇게 새기면 점유침탈의 경우 1년이 지나면 소제기를 허용하지 않는 것과 균형이 맞지 않는다는 이유로 반대한다.

료한 날"이라고 하면 이러한 상황을 규율하지 못한다. 이러한 문제점을 의식하여 실무위원회에서는 "방해행위가 종료한 날" 대신 "방해를 받은 날"이라는 표현을 제안하였다. 그러나 이러한 표현에 대해서는 "방해를 받은 날"이 방해상태 또는 방해행위가 개시된 날로 오해될 여지가 있다는 문제점이 지적되었다. 또한 논의 과정에서는 방해상태가 현존하는 이상 제척기간은 진행되지 않는다고 보아야 하므로 위와 같은 개정은 불필요하다는 의견도 제시되었다.

결국 논의 끝에 이 문제는 해석론에 맡기기로 하고 개정대상에는 포함시키지 않기로 하였다.

제209조(자력구제)

현행	개정시안
제209조(자력구제) ① 점유자는 그 점유를 부정히 침탈 또는 방해하는 행위에 대하여 자력으로써 이를 방위할 수 있다. ② 점유물이 침탈되었을 경우에 부동산일 때에는 점유자는 침탈후 직시 가해자를 배제하여 이를 탈환할 수 있고 동산일 때에는 점유자는 현장에서 또는 추적하여 가해자로부터 이를 탈환할 수 있다.	제209조(자력구제) ① 점유자는 그 점유를 부정히 침탈 또는 방해하는 행위에 대하여 자력으로 이를 방위할 수 있다. ② 점유물이 침탈되었을 경우에 부동산일 때에는 점유자는 침탈 후 즉시 가해자를 배제하여 이를 탈환할 수 있고, 동산일 때에는 점유자는 현장에서 또는 추적하여 가해자로부터 이를 탈환할 수 있다. ③ 점유보조자는 제1항과 제2항에 따른 점유자의 권리를 행사할 수 있다.

자력구제에 관한 기존 규정의 표현을 수정하고, 나아가 점유자 이외에도 점유보조자도 점유자의 자력구제권을 행사할 수 있다는 점을 명문화하였다. 점유보조자의 자력구제권 행사에 대한 판례는 없지만 이를 인정하는 것이 통설의 태도이다. 독일민법 제860조는 "제855조에 의하여 점유자를 위하여 사실상의 실력을 행사하는 사람[13]은 점유자가 제859조에 의하여 가지는 권리[14]를 행사할 수 있다."라고 하여 이를 명문으로 인정한다. 점유보조자는 점유자가 가지는 자력구제권을 행사하는 것이므로, 점유자를 상대로 자력구제권을 행사할 수는 없다.

13) 점유보조자를 의미한다.
14) 자력구제권을 의미한다.

제6장
소유권

I. 개관

소유권에 관한 개정시안의 주요 내용은 다음과 같다.

○ 생활방해 규정의 정비

생활방해의 원인인 불가량물의 유형에 먼지, 냄새, 빛을 추가하고, 이웃 토지소유자나 거주자의 인용의무 요건을 강화하는 한편, 인용의무를 부담하는 자가 토지소유자에게 상당한 보상을 청구할 수 있도록 하였다(제217조).

○ 분할, 일부양도로 인한 무상토지통행권의 승계

분할 또는 일부양도로 인하여 맹지가 생기고, 이로 인하여 무상의 주위토지통행권이 발생하였는데, 포위지 또는 피포위지의 소유권이 제3자에게 이전된 경우에도 무상토지통행권이 유지된다는 점을 명시하였다(제220조).

○ 월경건축에 대한 특례 신설

건축주가 고의 또는 과실 없이 월경건축越境建築을 한 경우에 이웃 토지소유자가 이를 알고 3년 내에 이의를 제기하지 않거나 건물 완성 후 10년이 경과하면 이러한 월경건축을 인용하도록 하되, 지료 상당의 보상 또는 토지매수를 청구할 수 있도록 하였다(제242조의2).

○ 점유개정에 의한 선의취득 불허

점유개정의 방법으로는 선의취득이 성립하지 않는다는 점을 명시하였다(제249조).

○ 도품, 유실물에 대한 특례 정비

도품이나 유실물이 금전인 경우에 관한 특례를 삭제하고(제250조), 표현을 일부 수정하였다(제251조).

○ 공동소유에 관한 규정 정비

일부 공유자가 공유물 전부에 대해 소유권 이외의 물권을 취득할 수 있도록 허용하고(제264조 제2항), 공유물 관리에 관한 결정이 공유지분의 특정승계인에게 효력을 미치는 것을 원칙으로 하며(제265조 제2항), 공유물 분할방법에 가액보상을 포함시키는 등 분할방법을 다양화하고(제269조 제2항), 합유 종료 시 공유물 분할 규정의 준용범위에서 합유물의 양도를 제외하였다(제274조 제2항).

○ 참고사항

합유에 관한 개정시안 조항 중 제704조(조합재산의 합유), 제706조(사무집행의 방법)는 민법개정시안 채권편 해설서에서 조합 관련 조항을 해설할 때 함께 다루기로 한다.

Ⅱ. 조문별 해설

제217조(매연 등에 의한 이웃 토지에 대한 방해금지)

현행	개정시안
제217조(매연 등에 의한 인지에 대한 방해금지) ① 토지소유자는 매연, 열기체, 액체, 음향, 진동 기타 이에 유사한 것으로 이웃 토지의 사용을 방해하거나 이웃 거주자의 생활에 고통을 주지 아니하도록 적당한 조처를 할 의무가 있다. ② 이웃 거주자는 전항의 사태가 이웃 토지의 통상의 용도에 적당한 것인 때에는 이를 인용할 의무가 있다.	제217조(매연 등에 의한 이웃 토지에 대한 방해금지) ① 토지소유자는 매연, 증기, 액체, 먼지, 냄새, 소음, 진동, 빛 그 밖에 이와 유사한 것으로 이웃 토지의 사용을 방해하거나 이웃 거주자의 생활에 고통을 주지 아니하도록 적당한 조치를 할 의무가 있다. ② 제1항의 방해 또는 고통이 토지의 통상 용도에 따른 사용에 의하여 발생하고, 그 방지에 과다한 비용을 요하는 경우에는 이웃 토지소유자나 거주자는 이를 인용하여야 한다. ③ 제2항의 경우에 손해를 입은 이웃 토지소유자나 거주자는 상당한 보상을 청구할 수 있다.

1. 개정 배경

현행 민법 제217조는 상린관계의 핵심 조항이다. 또한 소유권의 사회적 구속성 내지 상호성을 반영한다는 점에서 이론적으로도 매우 의미 있는 조항이다. 민법개정위원회는 이 조항의 근간은 유지하되 사회상의 변화에 따라 민법 제217조의 세부적 내용을 조정하기 위한 노력을 기울였다. 그 결과 새로운 불가량물의 유형을 추가하고, 이웃 토지소유자나 거주자의 인용의무 내용을 강화하는 한편, 인용의무를 부담하는 자가 상당한 보상을 청구할 수 있도록 하는 근거 조항을 신설하였다.

2. 관련 입법례

◆ 2004년 개정안

제217조(생활방해의 금지) ① 토지소유자는 열기체, 먼지, 매연, 악취, 폐수, 소음, 진동 그밖의 이와 유사한 것으로 이웃 토지의 사용을 방해하거나 이웃 거주자의 생활에 고통을 주지 아니하도록 적당한 조처를 할 의무가 있다.

② 이웃 거주자는 제1항의 사태가 그 토지의 통상의 용도에 적당하고 사회통념상 상당한 것인 때에는 이를 인용할 의무가 있다.

③ 이웃 거주자는 생활의 방해를 받을 염려가 있는 때에는 그 예방을 위하여 특정한 행위를 하지 아니할 것을 청구할 수 있다.

◆ 독일민법[1)]

제906조(불가량물질의 유입) ① 토지의 소유자는, 가스, 증기, 악취, 연기, 검댕, 열, 소음, 진동 및 다른 토지로부터 나오는 이와 유사한 간섭이 토지의 이용을 방해하지 아니하거나 또는 경미하게만 방해하는 경우에는, 그 유입을 금지할 수 없다. 간섭이 법률 또는 법규명령에 정하여진 한계치 또는 기준치를 이들 법령의 규정에 따라 조사하고 평가한 결과 넘지 아니하는 경우에는 원칙적으로 경미한 방해만이 존재하는 것이다. 연방임미시온보호법 제48조에 기하여 제정되고 또 현재의 기술상태를 반영하는 일반행정규칙에 정하여진 수치에 대하여도 또한 같다.

② 본질적 방해가 다른 토지에 대한 그 지역에 상례적인 이용으로 인하여 일어나고 또 그 방해를 그러한 이용자에게 경제적으로 기대될 수 있는 조치에 의하여서는 막을 수 없는 경우에도 그 한도에서 또한 같다. 이에 따라 소유자가 방해를 受忍하여야 하는 경우에, 방해가 그의 토지에 대한 그 지역에 상례적인 이용 또는 토지의 수득을 기대할 수 있는 정도 이상으로 방해하는 때에는, 그 다른 토지의 이용자에 대하여 적절한 금전보상을 청구할 수 있다.

③ 별도의 導管에 의한 유입은 허용되지 아니한다.

◆ 스위스민법

제684조 ① 자신의 토지에서 영업을 할 때처럼, 누구든지 자신의 소유권을 행사할 때에는, 이웃의 소유권에 과도한 침해를 주지 않아야 할 의무가 있다.

② 특히 토지의 위치와 상태 혹은 장소의 용도에 비추어 연기, 그을음, 불쾌한 증기, 소음, 진동을 통한 정당하지 않은 침해를 금지한다.

3. 관련 판례

◆ **대법원 1974. 12. 24. 선고 68다1489 판결**

무릇 이 사건 피고 경영의 한일병원과 같은 종합병원의 경우에 있어서 시체실의 설치는 필요불가결한 것이라 할 것이고, 또 그 인접지 거주자인 원고가 그로 인하여 불쾌감 등 고통을 받게 될지라도 그 정도가 사회관념상 일반적으로 수인하여야 할 정도의 것일 때에는 원고로서는 이를 수인함으로써 종합병원의 사회적인 기능과 일반시민의 보건생활에 지장이 없도록 하여야 할 것임은 당연한 사리라 할 것이다. 그러나 만일 원고가 입는 고통이 위 정도를 초과할 때에는 그 수인의무가 없고 오히려 그 방해사유의 제거 내지 예방을 청구할 수 있으며, 따라서 피고는 그 방해사유의 제거 내지 예방을 위하여 적당한 조치를 할 의무가 있음은 민법 제217조에 비추어 분명하다 할 것인바…원고가 받게 되는 위 피해와 고통은 사회관념상 일반적으로 요구되는 수인의 정도를 초과함을 인정할 수 있으므로 원고는 피고에 대하여 위 방해요인의 제거 내지 예방을 청구할 수 있다…

◆ **대법원 1997. 7. 22. 선고 96다56153 판결**

인접 대지에 건물이 건축됨으로 인하여 입는 환경 등 생활이익의 침해를 이유로 건축공사의 금지를 청구하는 경우, 그 침해가 사회통념상 일반적으로 수인할 정도를 넘어서는지의 여부는 피해의 성질 및 정도, 피해이익의 공공성, 가해행위의 태양, 가해행위의 공공성, 가해자의 방지조치 또는 손해회피의 가능성, 인·허가관계 등 공법상 기준에의 적합 여부, 지역성, 토지이용의 선후관계 등 모든 사정을 종합적으로 고려하여 판단하여야 한다.

1) 양창수, 독일민법전, 567면.

4. 논의 경과

분과위안	실무위안	위원장단안	개정시안
제217조(매연 등에 대한 인지의 인용의무와 보상청구) ① 토지소유자는 이웃 토지의 사용으로 발생하는 매연, 증기, 먼지, 냄새, 소음, 진동 및 그 밖의 침해가 자기 토지의 이용을 경미하게 방해하는 경우에는 이를 인용하여야 한다. 다만, 특별한 유도에 의한 유입은 허용되지 않는다. ② 제1항의 침해가 중대하더라도 그 침해가 이웃 토지의 통상적 이용으로 야기되고 경제상 기대할 수 있는 방지조치에 의해서 방해를 막을 수 없는 경우에도 인용하여야 한다. ③ 제2항의 경우 그 침해로 자기 토지의 통상적 이용이 방해받는 때에는 상당한 보상을 청구할 수 있다.	제217조(매연 등에 의한 이웃 토지에 대한 방해금지) ① 토지소유자는 매연, 증기, 액체, 먼지, 냄새, 소음, 진동, 빛 그 밖에 이와 유사한 것으로 이웃 토지의 사용을 방해하거나 이웃 거주자의 생활에 고통을 주지 아니하도록 적당한 조치를 할 의무가 있다. ② 이웃 토지 소유자나 거주자는 방해 또는 고통이 경미한 경우에는 제1항의 매연 등을 인용하여야 한다. ③ 방해 또는 고통이 경미하지 않더라도 제1항의 매연 등이 토지의 통상 용도에 따른 사용에 의하여 발생하고, 그 방지에 과다한 비용을 요하는 때에는 이웃 토지 소유자나 거주자는 이를 인용하여야 한다. 이 경우에는 이웃 토지 소유자나 거주자는 토지소유자에게 상당한 보상을 청구할 수 있다.	제217조(매연 등에 의한 이웃 토지에 대한 방해금지) ① 토지소유자는 매연, 증기, 액체, 먼지, 냄새, 소음, 진동, 빛 그 밖에 이와 유사한 것으로 이웃 토지의 사용을 방해하거나 이웃 거주자의 생활에 고통을 주지 아니하도록 적당한 조치를 할 의무가 있다. ② 제1항의 방해 또는 고통이 토지의 통상 용도에 따른 사용에 의하여 발생하고, 그 방지에 과다한 비용을 요하는 경우에는 이웃 토지소유자나 거주자는 이를 인용하여야 한다. ③ 제2항의 경우에 손해를 입은 이웃 토지소유자나 거주자는 상당한 보상을 청구할 수 있다.	제217조(매연 등에 의한 이웃 토지에 대한 방해금지) ① 토지소유자는 매연, 증기, 액체, 먼지, 냄새, 소음, 진동, 빛 그 밖에 이와 유사한 것으로 이웃 토지의 사용을 방해하거나 이웃 거주자의 생활에 고통을 주지 아니하도록 적당한 조치를 할 의무가 있다. ② 제1항의 방해 또는 고통이 토지의 통상 용도에 따른 사용에 의하여 발생하고, 그 방지에 과다한 비용을 요하는 경우에는 이웃 토지소유자나 거주자는 이를 인용하여야 한다. ③ 제2항의 경우에 손해를 입은 이웃 토지소유자나 거주자는 상당한 보상을 청구할 수 있다.

현행 민법 제217조 제1항은 토지소유자의 방해금지의무, 제2항은 이웃 토지 소유자의 인용의무忍容義務에 대해 각각 규정하는데, 분과위원회는 제217조 제1, 2항을 모두 이웃 토지소유자의 인용의무를 중심으로 규정하고자 하였다. 그러나 이 제안은 받아들여지지 않아 개정시안에서는 토지소유자의 방해금지의무를 중심으로 하는 현행 민법 제217조 제1항의 기본골격이 그대로 유지되었다.

또한 분과위원회의 개정시안 제1항은 "다만, 특별한 유도에 의한 유입은 허용되지 않는다."는 단서를 두고 있다. 이는 독일민법 제906조 제3항[2]을 참고한 것이다. 그러나 개정시안의 모델이 된 독일민법 제906조 제3항 및 이에 대한 독일 문헌의 설명을 읽어보지 않고서는 "다만, 특별한 유도에 의한 유입은 허용되지 않는다."는 표현이 구체적으로 어떤 의미를 가지는지 알기 어렵다. 오히려 이러한 표현이 추가됨으로써 복잡성과 불명확성이 증가할 수도 있다. 또한 이러한 단서가 없는 현행 민법 아래에서도 특별한 설비에 의하여 이웃 토지에 직접적으로 불가량물이 방산放散되는 것은 제217조의 적용범위에 포함되지 않는다고 보는 것이 우리나라 통설의 태도이다.[3] 따라서 굳이 이러한 단서를 신설해야 할 필요성이 있는지에 대해 의문이 제기되었다. 결국 분과위원회가 제안한 단서는 추가되지 않았다.

5. 개정시안의 내용

가. 토지소유자의 조치의무(제1항)

개정시안 제1항은 토지소유자가 불가량물로 이웃 토지의 사용을 방해하거나 이웃 거주자의 생활에 고통을 주지 아니하도록 적당한 조치를 할 의무가 있다고 규정한다. 아래 사항을 제외하고는 민법 제217조 제1항과 대체로 동일한 내용이다.

개정시안에서는 "열기체"를 "증기"로, "음향"을 "소음"으로, "조처"를 "조치"로 바꾸었

2) Die Zuführung durch eine besondere Leitung ist unzulässig.

3) 民法注解(V), 301-302면(柳元奎) 및 302면 각주 37에서 소개하는 국내 문헌들 참조.

다. “열기체”를 “증기”로 바꾼 것에 대해서는 열기체가 증기보다 넓은 개념이므로 개정시안에서 제217조 제1항의 규율범위가 오히려 줄어든다는 지적도 있었다. 그러나 위와 같은 수정은 국민들의 이해가능성을 높이기 위한 용어를 채택하려는 의도에서 이루어진 것이고 실체적인 규율범위를 조정하려는 의도에서 이루어진 것은 아니다. 또한 법문상 “이와 유사한 것”도 규율대상이므로 설령 “열기체”와 “증기”가 다른 의미를 가진다고 하더라도 실제로 별 차이는 없을 것으로 보인다.

개정시안에서는 불가량물의 예로 “먼지”, “냄새”, “빛”을 추가하였다. 이는 해석론상 민법 제217조의 적용대상으로 여겨져 오던 것들이다. 논의과정에서도 이러한 추가에 대해 별다른 이견이 없었다.

나. 이웃 토지소유자 등의 인용의무 (제2항)

개정시안 제2항에서는 다음과 같은 점에서 현행 민법에 변화를 주었다.

첫째, 인용의무 주체로 기존의 “거주자” 이외에 “이웃 토지소유자”가 추가되었다. 이는 개정시안 제1항에서 “이웃 토지의 사용을 방해하거나 이웃 거주자의 생활에 고통을 주지 아니하도록” 조치를 취할 의무를 부과하는 것에 대응하기 위한 것이다.

둘째, 인용의무의 판단에 있어서 어느 토지의 용도를 기준으로 할 것인가에 대하여 명확한 기준을 제시하였다. 현행 민법 제217조 제2항에서는 제1항의 사태가 이웃 토지의 통상의 용도에 적당한 것인 때에는 이를 인용할 의무가 있다고 규정하고 있는데, 이 때 “이웃 토지”가 가해지와 피해지 중 어느 토지를 의미하는지에 대해서는 학설 대립이 있다. 개정시안은 “제1항의 방해 또는 고통이 토지의 통상 용도에 따른 사용에 의하여 발생”할 경우에 인용의무가 발생한다고 함으로써 그 기준지가 가해지임을 명확히 하였다.

셋째, 개정시안 제2항에서는 인용의무의 요건으로 기존의 “토지의 통상 용도에 따른 사용” 이외에도 “그 방해 또는 고통 방지에 과다한 비용을 요할 것”이라는 요건을 추가하였다. 이에 따르면 토지의 통상 용도에 따른 사용에 의하여 방해 또는 고통이 발생하더라도 이를 과다하지 않은 비용으로 방지할 수 있다면, 토지소유자에게 방지의무가 인정된다. 이 점에서 적어도 문언상으로는 현행 민법 제217조 제2항보다 토지소유자의 상린관계상 의무가 강화되고 이웃 토지소유자 등의 인용의무는 약화되었다. 이처럼 인용의무의 요건을 좀 더 엄격하게 설정한 것은 제3항에서 인용의무로 인하여 손해를 입은 자가 보상청구권을 행사할 수 있도록 허용한 것과도 관련이 있다.

다. 보상청구권 (제3항)

개정시안 제3항은 인용의무로 인하여 손해를 입은 이웃 토지소유자나 거주자에게 상당한 보상을 청구할 권리를 인정한다. 현행 민법에는 규정되지 않은 내용이다. 토지 임차인과 같은 거주자(건물 소유자일 수도 있다)도 보상청구권을 행사할 수 있다.

실무위원회와 위원장단 회의에서 보상청구권을 인정하기로 의견이 모아진 후에 분과위원회는 그 의견에 기초하여 보상청구권 행사에 대한 2가지 시안을 제시하였다. 그 시안에서는 "경제적으로 기대 가능한 방지조치를 청구할 수 있고, 이를 통하여도 자기 토지의 통상적 이용이 침해를 받는 때"(제1안) 또는 "제2항에 의한 침해가 자기 토지의 장소적 관행상의 이용 또는 수익을 기대할 수 없을 정도에 이르는 때"(제2안)와 같이 보상청구권의 요건을 제한하고자 하였다. 그러나 위원장단 회의의 논의 결과 이러한 보상청구권의 제한요건이 이미 상당 부분 제1항에 반영되어 있고, 이러한 제한이 토지소유자에게 과도하게 불리하다는 점 등이 지적되어 이러한 제한은 두지 않기로 하였다.

개정시안 제3항의 보상청구권은 토지소유자 행위의 위법성이나 귀책사유 유무와 무관하게 인정되는 것이므로 불법행위로 인한 손해배상청구권과는 성격을 달리한다. 그러므로 이러한 조항 때문에 이웃 토지소유자나 거주자가 불법행위로 인한 손해배상청구권을 행사할 수 없는 것은 아니다.

상당한 보상은 불명확한 개념이지만, 보상청구권의 속성상 어느 정도가 상당한 보상인지를 입법자가 미리 결정할 수는 어려워 법원이 개별 사건에서 결정할 수밖에 없다. 참고로 "상당한"이라는 표현은 현행 민법에서도 사용된다(제26조 제2항의 "상당한 보수", 제131조의 "상당한 기간", 제266조 제2항의 "상당한 가액"등 다수).

제219조(주위토지통행권)

현행	개정시안
제219조(주위토지통행권) ① 어느 토지와 공로 사이에 그 토지의 용도에 필요한 통로가 없는 경우에 그 토지소유자는 주위의 토지를 통행 또는 통로로 하지 아니하면 공로에 출입할 수 없거나 과다한 비용을 요하는 때에는 그 주위의 토지를 통행할 수 있고 필요한 경우에는 통로를 개설할 수 있다. 그러나 이로 인한 손해가 가장 적은 장소와 방법을 선택하여야 한다. ② 전항의 통행권자는 통행지소유자의 손해를 보상하여야 한다.	제219조(주위토지통행권) ① 어느 토지와 공로와의 사이에 그 토지의 용도에 필요한 통로가 없는 그 토지소유자는 주위의 토지를 통행 또는 통로로 하지 아니하면 공로에 출입할 수 없거나 과다한 비용을 요하는 때에는 그 주위의 토지를 통행할 수 있고 필요한 경우에는 통로를 개설할 수 있다. 그러나 이로 인한 손해가 가장 적은 장소와 방법을 선택하여야 한다. ② 제1항의 토지소유자는 주위토지 소유자의 손해를 보상하여야 한다.

1. 개정 배경

주위토지통행권은 타인 소유지에 둘러싸인 토지 소유자를 위해 인정되는 상린관계상 권리로서 비교적 자주 활용되는 권리이다. 이번 개정 과정에서는 주위토지통행권의 내용에 대한 개정 논의는 없었고, 이를 어떻게 표현할 것인가에 대한 논의만 이루어졌다.

2. 관련 입법례

◆ **2004년 개정안**

개정논의가 없었다.

◆ **일본민법**[4)]

제210조(공로에 출입하기 위한 다른 토지의 통행권) ① 다른 토지로 둘러싸여 공로에 통하지

못하는 토지의 소유자는 공로에 출입하기 위하여 그 토지를 둘러싸고 있는 다른 토지를 통행할 수 있다.
② 늪지, 하천, 수로나 바다를 통하지 아니하면 공로에 출입하지 못하는 경우 또는 절벽이 있어 토지와 공로 사이에 현저한 높이 차이가 있는 때에도 전항과 같다.

제211조 ① 전조의 경우에는 통행의 장소 및 방법은 같은 조의 규정에 의한 통행권이 있는 자를 위하여 필요하며, 다른 토지를 위하여 손해가 가장 적은 것을 선택하지 않으면 안 된다.
② 전조의 규정에 의한 통행권이 있는 자는 필요한 때에는 통로를 개설할 수 있다.

제212조 제210조의 규정에 의한 통행권이 있는 자는 통행하는 다른 토지의 손해에 대하여 배상금을 지급하지 않으면 안 된다. 다만, 통로의 개설로 인하여 발생한 손해에 대한 것을 제외하고 1년마다 그 배상금을 지급할 수 있다.

◆ 독일민법[5]

제917조(주위토지통행로) ① 토지의 정상적인 이용에 필요한, 공로에 이르는 통로가 없는 경우에 소유자는 이웃에 대하여 그 하자가 제거될 때까지 필요한 통행을 위하여 그의 부동산을 이용하는 것을 수인할 것을 청구할 수 있다. 주위토지통행로의 방향과 이용권의 범위는 필요한 경우에는 판결에 의하여 정하여진다.
② 주위토지통행로가 그의 토지를 통과하는 이웃에 대하여는 정기금의 지급에 의하여 손실보상이 행하여져야 한다. 제912조 제2항 제2문, 제913조, 제914조, 제916조는 이에 준용된다.

◆ 스위스민법

제694조 ① 토지소유자는 자신의 토지에서 공로로 연결되는 충분한 길이 없을 경우, 이웃에게 완전한 보상을 하는 대가로 주위토지통행로를 허락해 달라고 청구할 수 있다.
② 주위토지통행로를 청구할 수 있는 상대방은 일차적으로 과거의 소유관계와 도로상태를 감안할 때 통행로를 허락해야 할 이유가 가장 많은 이웃이고, 그 다음으로는 통행로로 인해 피해를 가장 적게 받는 이웃이다.
③ 주위토지통행로를 정할 때는 양측의 이해관계를 고려해야 한다.

◆ **프랑스민법**

第682조 자신의 토지가 다른 토지에 둘러싸여 공로로 통하는 출입구가 없거나, 출구가 있다하더라도 그 토지의 농공 상업적 생산경영활동 또는 건물건축 · 구획공사를 하기 위한 출구로서는 불충분한 때에는 토지소유자는 자신의 토지의 완전한 연결통로를 확보하기 위하여 상린지를 충분히 향유할 수 있는 통행권을 주장할 수 있으며, 이로 인하여 야기된 손해에 대하여는 상린지의 침해정도에 비례하여 배상하여야 한다.

第683조 ① 통로의 위치는 둘러싸인 토지로부터 공로까지의 거리가 가장 짧은 쪽으로 하여야 한다.
② 또한 통로는 통행하는 상린지에 손해가 가장 적은 장소로 정하여야 한다.

3. 관련 판례

◆ **대법원 1995. 9. 29. 선고 94다43580 판결**

가. 민법 제219조의 주위토지통행권은 어느 토지와 공로 사이에 그 토지의 용도에 필요한 통로가 없는 경우에, 그 토지 소유자가 주위의 토지를 통행 또는 통로로 하지 않으면 공로에 전혀 출입할 수 없는 경우뿐 아니라 과다한 비용을 요하는 때에도 인정될 수 있다.
나. 민법 제219조에 규정된 주위토지통행권은 공로와의 사이에 그 용도에 필요한 통로가 없는 토지의 이용을 위하여 주위토지의 이용을 제한하는 것이므로 그 통행권의 범위는 통행권을 가진 자에게 필요할 뿐만 아니라 이로 인한 주위토지 소유자의 손해가 가장 적은 장소와 방법의 범위 내에서 인정되어야 하며, 그 범위는 결국 사회통념에 비추어 쌍방 토지의 지형적, 위치적 형상 및 이용관계, 부근의 지리상황, 상린지 이용자의 이해득실 기타 제반 사정을 참작한 뒤 구체적 사례에 따라 판단하여야 한다.

4) 권철, 일본민법전, 77면.
5) 양창수, 독일민법전, 572, 573면.

4. 논의 경과

분과위안	실무위안	위원장단안	개정시안
第219조(주위토지통행) ① 어느 토지와 공로와의 사이에 그 토지의 용도에 필요한 통로가 없는 그 토지소유자는 주위의 토지를 통행 또는 통로로 하지 아니하면 공로에 출입할 수 없거나 과다한 비용을 요하는 때에는 이웃 토지의 통행 또는 필요한 경우 통로 개설의 인용을 청구할 수 있다. 그러나 이로 인한 손해가 가장 적은 장소와 방법을 선택하여야 한다. ② 제1항의 토지소유자는 이웃 토지소유자의 손해를 보상하여야 한다.	第219조(주위토지통행권) ① 어느 토지와 공로와의 사이에 그 토지의 용도에 필요한 통로가 없는 그 토지소유자는 주위의 토지를 통행 또는 통로로 하지 아니하면 공로에 출입할 수 없거나 과다한 비용을 요하는 때에는 그 주위의 토지를 통행할 수 있고 필요한 경우에는 통로를 개설할 수 있다. 그러나 이로 인한 손해가 가장 적은 장소와 방법을 선택하여야 한다. (현행과 같음) ② 제1항의 토지소유자는 주위토지 소유자의 손해를 보상하여야 한다.	실무위안과 동일	실무위안과 동일

현행 민법 제219조 제1항은 주위토지통행권을 피포위지 소유자의 적극적인 권리로 규정하는데, 분과위원회는 포위지 소유자의 인용의무를 부각시키기 위해 피포위지 소유자가 포위지 소유자의 인용忍容을 청구할 수 있도록 규정할 것을 제안하였다. 이러한 제안은 민법 제214조 제2항에 대한 분과위원회의 개정시안에서 소유자에게 일반적인 인용의무를 부과하고자 했던 것과 연결된다. 그러나 실무위원회, 위원장단 회의에서는

이러한 일반적인 인용의무 조항을 채택하지 않았고, 제219조 제1항에 대해서도 마찬가지로 인용의무를 중심으로 규정한 개정시안을 받아들이지 않았다.

5. 개정시안의 내용

"통행권자"를 "토지소유자"로, "통행지소유자"를 "주위토지 소유자"로 표현을 바꾸어 의미를 명확하게 하였다. 그 외에 내용상의 변화는 없다.

第220조(분할, 일부양도와 주위통행권)

현행	개정시안
제220조(분할, 일부양도와 주위통행권) ① 분할로 인하여 공로에 통하지 못하는 토지가 있는 때에는 그 토지소유자는 공로에 출입하기 위하여 다른 분할자의 토지를 통행할 수 있다. 이 경우에는 보상의 의무가 없다. ② 전항의 규정은 토지소유자가 그 토지의 일부를 양도한 경우에 준용한다.	제220조(분할, 일부양도와 주위통행권) ① 분할로 인하여 공로에 통하지 못하는 토지가 있는 때에는 그 토지소유자는 공로에 출입하기 위하여 다른 분할자의 토지를 통할 수 있다. 이 경우에는 보상의 의무가 없다. ② 제1항의 규정은 토지소유자가 그 토지의 일부를 양도한 경우에 준용한다. ③ 제1항과 제2항은 각 토지의 소유권을 취득한 제3자에 대하여도 적용한다. 그러나 제3자가 주위토지의 소유권을 취득한 때에 토지소유자가 주위토지를 통행하고 있지 않은 때에는 그러하지 아니하다.

1. 개정 배경

민법 제220조는 주위토지통행권 중 보상의 의무가 없는 무상토지통행권에 관하여 규정한다. 이는 본래 공로에 출입할 수 있었지만 스스로 토지를 분할 또는 일부양도함으로써 공로에 출입할 수 없는 토지로 바뀌게 된 경우에 적용된다. 토지의 분할 또는 일부양도 당시에 포위지의 주위토지통행과 그 손해 보상 문제를 미리 협의하여 해결하거나 적어도 그렇게 해결할 수 있었기 때문이다. 그런데 그 후에 포위지 또는 피포위지의 특정승계인에 대한 관계에서도 이러한 무상토지통행권이 유지되는지에 대해서는 의견이 일치하지 않았다. 개정시안은 이 경우에도 원칙적으로 무상토지통행권이 유지된다는 점을 명확히 하였다.

2. 관련 입법례

◆ 2004년 개정안

개정논의가 있었지만 개정대상에서 제외되었다.

◆ 일본민법[6)]

제213조 ① 분할로 인하여 공로에 통하지 못하는 토지가 생긴 때에는 그 토지소유자는 공로에 출입하기 위하여 다른 분할자의 토지만을 통행할 수 있다. 이 경우에는 배상금을 지급할 필요가 없다.

② 전항의 규정은 토지소유자가 그 토지의 일부를 양도한 경우에 준용한다.

◆ 독일민법[7)]

제918조(주위토지통행권의 배제) ① 토지에서 공로에 이르는 종전의 통로가 소유자의 임의적 행위에 의하여 폐쇄된 경우에는 주위토지통행로를 수인할 의무는 발생하지 아니한다.

② 부동산의 일부를 양도한 결과로 양도부분 또는 남아 있는 부분에 공로에의 통로가 차단된 경우에는 종전의 통로가 지나던 부분의 소유자는 주위토지통행로를 수인하여야 한다. 동일한 소유자에 속하는 여러 필의 토지 중 하나를 양도하는 것은 토지부분의 양도와 동시된다.

◆ 스위스민법

제694조(주위토지통행로) ① 토지소유자는 자신의 토지에서 공로로 연결되는 충분한 길이 없을 경우, 이웃에게 완전한 보상을 하는 대가로 주위토지통행로를 허락해 달라고 청구할 수 있다.

② 주위토지통행로를 청구할 수 있는 상대방은 일차적으로 과거의 소유관계와 도로상태를 감안할 때 통행로를 허락해야 할 이유가 가장 많은 이웃이고, 그 다음으로는 통행로로 인해 피해를 가장 적게 받는 이웃이다.

③ 주위토지통행로를 정할 때는 양측의 이해관계를 고려해야 한다.

◆ 프랑스민법

제684조 ① 토지가 매매 · 교환 · 분할 또는 기타 계약에 기한 토지 분할로 인하여 다른 토지로 둘러싸이게 된 때에는 통행권은 이들 계약의 목적으로 된 토지에 대하여만 주장할 수 있다.

② 그러나 분할된 토지에 충분한 통로가 설정되지 않는 때에는 제682조의 규정을 적용한다.

3. 관련 판례

◆ **대법원 1985. 2. 8. 선고 84다카921, 922 판결**

분할 또는 토지의 일부 양도로 인하여 공로에 통하지 못하는 토지가 생긴 경우에 그 포위된 토지를 위한 통행권은 분할 또는 일부 양도전의 종전토지에만 있고, 그 경우 통행에 대한 보상의 의무가 없다고 하는 민법 제220조의 규정은 직접 분할자 또는 일부 양도의 당사자 사이에만 적용되고, 포위된 토지 또는 피통행지의 특정승계인에게는 적용되지 않으며 특정승계인의 경우에는 위요지통행권에 관한 민법 제219조의 일반원칙에 돌아가 통행권의 유무를 가려야 한다.

◆ **대법원 1995. 2. 10. 선고 94다45869, 45876 판결**

동일인 소유 토지의 일부가 양도되어 공로에 통하지 못하는 토지가 생긴 경우에 포위된 토지를 위한 주위토지통행권은 일부 양도 전의 양도인 소유의 종전 토지에 대하여만 생기고 다른 사람 소유의 토지에 대하여는 인정되지 아니하며, 또 무상의 주위토지통행권이 발생하는 토지의 일부 양도라 함은 1필의 토지의 일부가 양도된 경우뿐만 아니라 일단으로 되어 있던 동일인 소유의 수필지의 토지 중의 일부가 양도된 경우도 포함된다.

◆ **대법원 1998. 3. 10. 선고 97다47118 판결**

토지의 원소유자가 토지를 분할 · 매각함에 있어서 토지의 일부를 분할된 다른 토지의 통행로로 제공하여 독점적 · 배타적인 사용수익권을 포기하고 그에 따라 다른 분할토지의 소유자들이 그 토지를 무상으로 통행하게 된 후에 그 통행로 부분에 사용수익의 제한이라는 부담이 있다는 사정을 알면서 그 토지의 소유권을 승계취득한 자는, 다른 특별한 사정이 없는 한 원칙적으로 그 토지에 대한 독점적 · 배타적 사용수익을 주장할 만한 정당한 이익을 갖지 않는다 할 것이어서 원소유자와 마찬가지로 분할토지의 소유자들의 무상통행을 수인하여야 할 의무를 진다.

6) 권철, 일본민법전, 77, 79면.

7) 양창수, 독일민법전, 573면.

4. 논의 경과

분과위안[8]	실무위안	위원장단안	개정시안
제220조(분할, 일부양도와 주위토지통행) ① 분할로 인하여 공로에 통하지 못하는 토지가 있는 때에는 그 토지소유자는 공로에 출입하기 위하여 다른 분할자의 토지의 통행 또는 필요한 경우 통로개설의 인용을 청구할 수 있다. 이 경우 제219조 제2항을 준용한다. ② 제1항의 규정은 토지소유자가 그 토지의 일부를 양도한 경우에 준용한다.	제220조(분할, 일부양도와 주위통행권) ① 분할로 인하여 공로에 통하지 못하는 토지가 있는 때에는 그 토지소유자는 공로에 출입하기 위하여 다른 분할자의 토지를 통할 수 있다. 이 경우에는 보상의 의무가 없다. ② 제1항의 규정은 토지소유자가 그 토지의 일부를 양도한 경우에 준용한다. ③ 제1항과 제2항은 각 토지의 소유권을 취득한 제3자에 대하여도 적용한다. 그러나 제3자가 주위토지의 소유권을 취득한 때에 토지소유자가 주위토지를 통행하고 있지 않은 때에는 그러하지 아니하다.〈신 설〉 제220조의2(토지소유자 등의 통행인용의무) 토지의 전부 또는 일부를 무상으로 일반인의 통행에 제공한 소유자나 그 승계인은 일반인의 통행을 인용하여야 한다.	제220조(분할, 일부양도와 주위통행권) ① 분할로 인하여 공로에 통하지 못하는 토지가 있는 때에는 그 토지소유자는 공로에 출입하기 위하여 다른 분할자의 토지를 통할 수 있다. 이 경우에는 보상의 의무가 없다. ② 제1항의 규정은 토지소유자가 그 토지의 일부를 양도한 경우에 준용한다. ③ 제1항과 제2항은 각 토지의 소유권을 취득한 제3자에 대하여도 적용한다.	제220조(분할, 일부양도와 주위통행권) ① 분할로 인하여 공로에 통하지 못하는 토지가 있는 때에는 그 토지소유자는 공로에 출입하기 위하여 다른 분할자의 토지를 통할 수 있다. 이 경우에는 보상의 의무가 없다. (현행과 같음) ② 제1항의 규정은 토지소유자가 그 토지의 일부를 양도한 경우에 준용한다. ③ 제1항과 제2항은 각 토지의 소유권을 취득한 제3자에 대하여도 적용한다. 그러나 제3자가 주위토지의 소유권을 취득한 때에 토지소유자가 주위토지를 통행하고 있지 않은 때에는 그러하지 아니하다.

분과위원회는 분할 내지 일부양도 시의 주위토지통행권을 무상에서 유상의 권리로 바꾸고자 하였다. 분할 내지 일부양도 시 보상협의가 사전에 이루어진다는 것은 단순한 의제에 불과하고, 특히 재판상 분할의 경우에는 이러한 협의가 이루어진다고 보기 어려우며, 일본과 달리 독일, 프랑스, 스위스 등 주요 유럽 국가들에서는 이러한 경우에 무상통행권을 인정하지 않는다는 점을 참고한 것이었다.

그러나 실무위원회 단계부터는 이를 현행 민법 제220조처럼 무상으로 두어야 하고, 더 나아가 이러한 무상통행권은 포위지 또는 피포위지를 취득한 제3자에게도 원칙적으로 인정되어야 한다는 의견이 우세하게 되었다. 이러한 경우에 무상통행권을 인정하는 것이 당사자의 일반적 의사에 더 부합하고, 유상통행권을 원한다면 당사자가 그렇게 약정하면 충분하며, 재판상 분할의 경우에는 법원이 대부분 주위토지통행권의 존재를 고려하여 분할할 것이고, 만약 이를 간과하였더라도 상소를 통해 바로잡을 수 있기 때문이다. 이러한 의견에 따라 개정시안은 무상통행권을 그대로 유지하였다.

한편 실무위원회는 배타적 사용수익권 포기의 법리를 참고하여 토지의 전부 또는 일부를 무상으로 일반인의 통행에 제공한 소유자나 그 승계인은 일반인의 통행을 인용하여야 한다는 조항 신설을 제안하였다. 판례는 피통행지의 소유자가 배타적 사용수익권을 포기한 경우에는 그 소유자 또는 그러한 사정을 알면서 그 토지의 소유권을 승계취득한 자는 무상통행을 수인해야 한다고 한다.[9] 이러한 배타적 사용수익권 포기의 법리는 일반적으로 국가나 지방자치단체가 개인 소유인 도로 부지를 점유, 사용하는 경우에 그 개인의 부당이득반환청구권을 부정하기 위한 법리로서 발전하여 왔는데, 이러한 법리가 주위토지통행의 경우에도 적용된 것이다. 그러나 배타적 사용수익권 포기의 법리는 물권법정주의와 공시의

---

8) 여기에서의 분과위안은 3기 2분과위 개정시안을 말한다. 그 이외에 3기 3분과위에서도 별도로 개정시안을 만들었는데, 이에 따르면 현행 민법 제219조의 주위토지통행권 규정은 유지하고, 제220조는 삭제하는 대신 이를 제300조의2에 신설하는 법정통행지역권으로 대체한다. 이러한 법정통행지역권은 ① 대법원의 배타적 사용수익권 포기 법리를 입법화하고, ② 특정승계인에게도 통행권이나 그 수인의무를 승계시키기 위해 도입한 것이다. 제300조의2에 따르면 토지의 분할 또는 일부양도의 경우로서 ① 공로에 통하지 못하는 토지가 생긴 때, ② 토지소유자 스스로 그 토지의 일부를 다른 토지의 통로로 제공하고 무상으로 통행할 수 있도록 한 때에는 다른 약정이 없는 한 통행을 위한 무상의 지역권을 설정한 것으로 본다는 것이다. 참고로 프랑스나 스위스는 주위토지통행권의 법적 성격을 피포위지 소유자의 법정지역권으로 이해한다. 그러나 민법 제220조로 규율할 수 있는 문제에 대해 새로운 형태의 지역권을 창설하는 것은 적절하지 않다거나, 당사자에게 이러한 법정지역권을 설정할 의사가 있는지 의문이라는 점 등 반대의견이 제기되어 이 제안은 받아들여지지 않았다.

9) 대판 1983. 3. 10, 97다47118 등.

원칙에 반하는 것이라는 비판을 받아 왔고, 대법원에서도 2009년 이후 이 법리의 의미와 내용을 재정립하는 등 종래의 태도에 변화를 보이고 있다.[10] 실무위원회가 제안한 위 조항은 이러한 법리에 성문법적 근거를 부여하는 의미를 가지고 있었다. 그러나 이 문제는 일반인의 통행권에 관한 것이므로 상린관계의 범위를 넘어선다거나, 지금처럼 판례가 이 문제를 해결하도록 놓아두면 충분하다거나, 세계적으로 유사한 입법례를 발견할 수 없다거나, 배타적 사용수익권 포기 법리 자체가 위헌적 요소를 안고 있는데 이를 성문화하는 것은 위험하다는 점 등의 반대의견이 제기되어 이 제안은 받아들여지지 않았다.

5. 개정시안의 내용

가. 무상토지통행권 인정(제1항과 제2항)

개정시안 제1항과 제2항은 한 군데 표현을 수정한 것("전항"을 "제1항"으로)을 제외하면 현행 민법의 제1항 및 제2항과 동일하다. 즉 분할이나 일부 양도로 인하여 공로에 통하지 못하는 토지가 있는 때에는 그 토지소유자는 공로에 출입하기 위하여 무상으로 다른 분할자의 토지를 통행할 권리를 가진다.

주위토지통행권에 관한 독일민법 제918조 제2항이나 스위스민법 제694조 제2항에서는 분할 · 일부양도의 경우를 특별하게 취급하지 않는다. 따라서 분할 · 일부양도의 경우에도 주위토지를 통행하는 자에게는 여전히 보상의무가 부과되는 것으로 해석된다. 프랑스민법 제684조에서는 토지의 분할이나 매매로 인한 포위에 대해 별도로 규정하고 있지만 이로 인한 토지통행이 무상이라고 하지는 않는다.

나. 특정승계의 경우에도 적용(제3항)

개정시안 제3항 제1문은 제3자가 포위지 또는 피포위지의 소유권을 취득한 때에도

10) 대판 2009. 3. 26, 2009다228,235; 대판 2009. 7. 9, 2007다83649; 대판 2012. 6. 28, 2010다81049.

그 제3자가 무상토지통행권을 행사하거나(제3자가 피포위지의 소유권을 취득한 경우), 제3자를 상대로 무상토지통행권을 행사할 수 있다(제3자가 포위지의 소유권을 취득한 경우)고 규정한다.

판례는 포위지 또는 피포위지의 특정승계인에게는 무상토지통행의 인용의무나 무상토지통행권이 인정되지 않는다는 태도를 취한다.[11] 이러한 판례의 태도에 따르면 제3자와 관련해서는 민법 제219조에 따른 유상토지통행권을 행사할 수 있을 뿐이다. 반면 학설은 일치되어 있지 않다. 개정시안 제3항 제1문은 판례의 태도와 달리 승계긍정설을 취하여 마련된 것이다. 그 취지는 다음과 같다.

우선 피포위지의 특정승계인에게 무상통행권을 행사하지 못하게 하는 것은 특정승계인에게 지나치게 불이익하면서 동시에 포위지 소유자에게는 우연한 사정으로 인하여 망외의 이익을 안겨주므로 부당하다. 한편 포위지의 특정승계인은 승계 당시 피포위지의 소유자가 실제로 주위토지통행권을 행사하고 있었다면 그러한 권리의 존재를 알았거나 알 수 있었을 것이므로 그에게 무상통행의 인용의무를 부담시키더라도 부당하지 않다. 결국 어느 토지가 특정승계되더라도 피포위지의 소유자에게 무상통행권을 부여하는 것이 바람직하다. 다만 개정시안 제3항 제2문은 이에 대한 예외로서 제3자의 소유권 취득 당시 토지소유자가 주위토지를 통행하고 있지 않은 때에는 무상토지통행권을 행사하지 못한다고 규정한다. 실제 통행권을 행사하지 않던 피포위지의 소유자에게도 무상통행권을 인정하는 것은 과도한 보호일 뿐만 아니라 포위지의 제3취득자에게 예상하지 못했던 불이익일 수 있기 때문이다.

참고로 2004년 민법 개정안 작성 당시에도 특정승계인에게 제220조에 의한 무상토지통행권을 인정할 것인가에 대하여 논의가 있었는데, 이러한 특정승계인의 무상토지통행권이 포위지의 영구적 부담이 될 수 있다는 점, 특정승계인은 제219조에 의하여 보호될 수 있다는 점 등을 들어 특정승계인이 있는 경우에는 무상토지통행권을 인정하지 않기로 결정한 바 있다. 이 점에서 특정승계인이 있는 경우에도 무상토지통행권을 인정한 이번 개정시안은 2004년 민법 개정안과는 다른 입장을 취한 것이다.

---

11) 대판 1965. 12. 28, 64다950; 대판 1985. 2. 8, 84다카921,922; 대판 1994. 12. 2, 93다45268; 대판 2002. 5. 31, 2002다9202 등.

第242조의2 (경계를 침범한 건축) : 신설

현행	개정시안
〈신 설〉	제242조의2(경계를 침범한 건축) ① 건축주가 고의 또는 과실 없이 이웃 토지의 경계를 침범하여 건물을 건축하는 경우에 이웃 토지소유자가 이를 알고 3년 내에 이의를 제기하지 아니하거나 건물이 완성된 후 10년이 경과한 때에는 이를 인용하여야 한다. ② 제1항의 경우에 이웃 토지소유자는 건물소유자에게 침범된 토지부분에 대하여 지료상당의 보상 또는 그 매수를 청구할 수 있다.

1. 개정 배경

건축 과정에서 측량 오류 내지 지적도상 경계의 오류로 인하여 이웃 토지를 침범하는 경우가 종종 발생한다. 이 경우 그 침범 부분에 대해 취득시효가 완성되지 않았다면 건물 소유자는 민법 제214조에 따라 침범한 건물 부분을 철거하고 민법 제213조에 따라 그 토지 부분을 소유자에게 인도해야 한다. 하지만 이는 건물 소유자에게 가혹할 뿐만 아니라 사회경제적으로도 손실이 크다. 또한 토지 소유자가 이를 빌미로 부당한 이익을 취하게 될 수도 있다. 이 경우 권리남용 금지의 원칙이 적용될 여지는 있다. 그러나 권리남용금지의 원칙은 드물게만 적용되므로 이러한 유형의 사안에 대한 포괄적이고 종합적인 해결책이 될 수는 없다.

독일민법 등 일부 외국 입법례에서는 이러한 월경越境 건축의 경우 일정한 요건 아래 건물 소유자를 보호하는 조항들을 두고 있다. 건물의 존속성을 보장하여 줌으로써 건물 소유자의 이익과 그 건물을 둘러싼 공익을 보호하기 위한 것이다. 우리 민법 제정 당시 민법초안 제205조에는 독일민법 제912조와 유사한 내용이 규정되어 있었으나, 그 후 법제사법위원회의 심의과정에서 "상린관계를 조절하는 의미에서 지극히 진보적인 규정이라고 할 것이나 한국의 실정에 비추어 권리의 남용을 초래할 염려가 있을 뿐만 아니라 때에 따라서는 상린관계를 악화시키고 분쟁을 격화할 우려가 있으므로 삭제함이 타당하다"는 이유로 전문이 삭제되었다.[12] 그러나 2004년 민법개정안에서는 제242조의2를 신설하여 다시 월경 건축에 대하여 다룬 바 있다. 이러한 배경 아래 이번 개정시안에서도 같은 조항 번호로 월경 건축에 대한 조항을 신설하였다.

2. 관련 입법례

◆ 민법초안

제205조 토지소유자가 고의나 중대한 과실없이 경계를 넘어 공작물을 축조한 경우에 인지소유자가 이를 알고 지체없이 이의하지 아니한 때에는 공작물의 제거나 변경을 청구하지 못한다. 전항의 경우에 인지소유자는 공작물소유자에 대하여 경계를 넘은 부분의 토지매수를 청구할 수 있고 손해배상을 청구할 수 있다.

◆ 2004년 개정안

제242조의2(경계를 침범한 건축) ① 건축된 건물이 그 건축시행자 또는 그 건물의 소유권을 취득하는 자의 고의 또는 과실없이 이웃 토지의 경계를 침범한 경우에 이웃 토지의 소유자 그밖의 권리자는 경계가 침범된 사실을 안 날로부터 3년 또는 그 침범된 날로부터 10년내에 그에 대하여 이의를 제기하지 아니한 때에는 이를 인용하여야 한다. 그러나 그 건물의 완성 후 제280조 제1항에서 정한 기간이 경과한 때에는 그러하지 아니하다.

② 제1항 본문의 경우에 이웃 토지의 소유자는 건물의 소유자에게 경계가 침범된 토지부분에 대하여 지료상당의 보상 또는 그 매수를 청구할 수 있다.

◆ 만주민법

제221조 ① 토지소유자가 고의나 중대한 과실 없이 경계를 넘어 공작물을 축조한 경우에는 이웃 토지의 소유자가 이를 알고서 지체 없이 이의를 제출하지 않은 때에는 그 공작물의 移居나 변경을 청구할 수 없다.

---

12) 민법안심의록 上卷, 137면.

② 전항의 경우에 인지 소유자는 공작물의 소유자에 대하여 상당한 가액으로 경계를 넘은 부분의 토지를 매수할 것을 청구할 수 있다. 단, 손해배상의 청구를 방해하지 않는다.

◆ 대만민법[13]

第796조 ① 토지 소유자가 건물의 축조에서 고의나 중대한 과실 없이 경계를 넘은 경우에 인지 소유자가 그 경계를 넘을 것을 알고 즉시 이의하지 아니하면 그 건물의 이전이나 변경을 청구할 수 없다. 다만 토지 소유자는 인지에 대하여 이로 인하여 받은 손해에 대하여 보상금을 지급하여야 한다.
② 전 항의 경우에 인지소유자는 토지 소유자에게 상당한 가액으로 경계를 넘은 부분의 토지 및 이로 형성된 맹지의 매수를 청구할 수 있고 그 가액은 당사자가 협의로 이를 정한다. 협의할 수 없는 경우에 법원에 판결로 이를 정할 것을 청구할 수 있다.

◆ 독일민법[14]

第912조(월경건축; 수인의무) ① 토지의 소유자가 고의 또는 중과실 없이 건물의 건축에 있어서 경계를 넘은 경우에, 이웃은 경계를 넘은 건물을 수인하여야 한다. 그러나 경계침범 이전 또는 그 후에 즉시 이의한 경우는 그러하지 아니하다.
② 이웃에 대하여는 금전정기금의 지급에 의하여 손실보상이 행하여져야 한다. 정기금의 액에 관하여는 경계침범시가 기준이 된다.
(※ 제913조 내지 제916조에서도 월경건축에 대하여 다루고 있으나 여기에서는 생략)

◆ 스위스민법

第674조(월경건축) ① 한 토지에서 다른 토지의 경계선을 넘어간 건물과 시설은 그 토지소유자가 해당 건물과 시설에 대해 물권을 가지고 있을 경우 그 토지의 일부이다.
② 월경건축에 대한 권리는 지역권으로서 등기부에 기재할 수 있다.
③ 월경건축이 부당하게 이루어졌고 피해를 입은 자가 그 부당함을 인지하고서도 제때에 이의를 제기하지 않으면, 선의를 가진 월경건물의 주인은 상황이 정당하다면, 적당한 보상을 하고 그 월경건물에 대한 물권이나 토지소유권을 얻을 수 있다.

◆ 이태리민법

第938조 건물을 건축함에 있어 건축자가 선의로 이웃토지의 일부를 점거하였고, 이웃토지의 소유자가 건축이 시작된 날로부터 3개월 이내에 이의를 제기하지 아니한 때에는, 법원은 사안의 사정을 고려하여 건축자에게 건물의 소유권과 침범된 토지 부분의 소유권을 인정할 수 있다. 건축자는 토지소유자에게 침범된 토지 부분의 가액 2배를 보상하고 손해를 배상할 의무가 있다.

3. 관련 판례

◆ 대법원 1991. 6. 14. 선고 90다10346, 10353 판결

권리행사가 권리의 남용에 해당한다고 할 수 있으려면 주관적으로 그 권리행사의 목적이 오직 상대방에게 고통을 주고 손해를 입히려는 데 있을 뿐 행사하는 사람에게 아무런 이익이 없을 경우이어야 하고, 객관적으로는 그 권리행사가 사회질서에 위반된다고 볼 수 있어야 하는 것이며, 이와 같은 경우에 해당하지 않는 한 비록 그 권리의 행사에 의하여 권리행사자가 얻는 이익보다 상대방이 잃을 손해가 현저히 크다 하여도 그러한 사정만으로는 권리남용이라 할 수 없다라고 함이 당원의 판례인바(대법원 1986.7.22. 선고 85다카2307 판결; 1990.5.22. 선고 87다카1712 판결참조), 피고들이 원고의 이 사건 청구가 권리남용이 된다는 사유로 주장하는 것들은 결국 원고의 권리행사의 결과로서의 이익보다 피고들의 손해가 막대하고 사회 경제적 손실 등이 크다는 것들이고 이러한 사유만으로는 원고의 이 사건 건물철거 및 대지인도의 청구가 권리남용이 된다고는 할 수 없어(피고들은 원고가 위 침범부분을 인도받는다 하더라도 원고 건물과 피고들 건물 사이에는 폭 약1.9미터 면적 15평방미터의 공간이 생길 뿐이어서 그 부분은 원고에게 전혀 도움이 되지 아니한다고 주장하나, 피고들 건물이 침범한 부분의 폭이 1.9미터라면 이는 법정이격거리인 0.5미터보다도 훨씬 넓은 것이고 위 대지는 지목이 대지이어서 원고로서는 후일 위 침범 부분 중 법정이격거리를 제외한 나머지 대지 위에 새로운 건물을 축조할 가능성도 있는 것이다) 원심이 피고들의 권리남용 항변을 배척한 것은 옳다고 수긍이 되고 이를 비난하는 논지는 채용할 수 없다.

---

13) 김성수, 대만민법전, 399면.

14) 양창수, 독일민법전, 569, 571면.

◆ **대법원 1993. 5. 14. 선고 93다4366 판결**

원고는 이 사건 토지와 함께 인접한 같은 동 65의 1 대지를 취득하여 이 사건 토지상에 건립되어 있는 기존 병원의 확장공사를 하는 한편, 대로변에 위치한 피고 소유의 건물이 위 병원의 전면에 위치하게 되어 이를 매수하려고 하였으나 성사되지 아니하자 이 사건 제소에 이르게 된 사실을 엿볼 수 있고, 또한 원고가 이 사건 (가)부분 지상에 세워진 건물 부분을 철거하여 그 부지를 인도받는다 하더라도 그 면적이 0.3평방미터에 불과하고, 피고의 이 사건 건물과 인접하여 한 원고의 병원신축건물은 거의 완공상태에 있어서 이를 어떠한 용도에 사용할 수 있는지 알 수 없는 데 반하여, 피고로서는 위 토지상의 건물부분이 1층 식당 및 2층 사무실의 일부이어서 그 철거에 상당한 비용이 소요되고 철거 후에도 그 잔존건물의 효용이 크게 감소되리라고 보여지는바, 이러한 사정 아래에서는 권리남용의 법리에 비추어 원고의 위 청구가 떳떳한 권리행사라고는 보여지지 않는다.

4. 논의 경과

분과위안[15]	실무위안	위원장단안	개정시안
제242조의 2(경계를 침범한 건축) ① 건축된 건물이 건축주의 고의 또는 과실 없이 이웃 토지의 경계를 침범한 경우에 이웃 토지의 소유자가 이를 알고 지체없이 이의를 제기하지 아니하거나 경계침범후 10년이 경과한 때에는 이를 인용하여야 한다. ② 제1항의 경우에 이웃 토지소유자는 건물의 소유자에게 침범된	제242조의 2(경계를 침범한 건축) ① 건축된 건물이 건축주의 고의 또는 중대한 과실 없이 이웃 토지의 경계를 침범한 경우에 이웃 토지의 소유자가 이를 알고 1년 내에 이의를 제기하지 아니하거나 경계침범후 10년이 경과한 때에는 이를 인용하여야 한다. ② 제1항의 경우에 이웃 토지소유자는 건물의 소유자에게 침범된	제242조의 2(경계를 침범한 건축) ①건축주가 고의 또는 과실 없이 이웃 토지의 경계를 침범하여 건물을 건축하는 경우에 이웃 토지소유자가 이를 알고 3년 내에 이의를 제기하지 아니하거나 건물이 완성된 후 10년이 경과한 때에는 이를 인용하여야 한다. ② 제1항의 경우에 이웃 토지소유자는 건물소유자에게 침범된 토	위원장단안과 동일

분과위안[15]	실무위안	위원장단안	개정시안
토지부분에 대하여 지료상당의 보상 또는 그 매수를 청구할 수 있다.	토지부분에 대하여 지료상당의 보상 또는 그 매수를 청구할 수 있다.	지부분에 대하여 지료상당의 보상 또는 그 매수를 청구할 수 있다.	

논의 경과를 보면 ① 과실 요건을 얼마나 엄격하게 할 것인가(실무위안은 중과실, 나머지 안은 과실), ② 경계 침범사실을 안 후 얼마나 빨리 이의를 제기해야 하는가(분과위안은 "지체없이", 실무위안은 "1년 내에", 위원장단안은 "3년 내에"), ③ 10년의 기산점을 언제로 할 것인가(분과위안과 실무위안은 경계침범 시, 위원장단안은 건물완성 시)를 중심으로 개정시안이 변경되어 왔음을 알 수 있다. 대체로 초기 단계보다 후기 단계에서 토지소유권를 배려하는 방향으로 변경되었다.

4. 개정시안의 내용

가. 이웃 토지소유자의 인용의무(제1항)

개정시안 제1항에 따르면 고의나 과실 없는 경계 침범 건축에 대하여 침범된 토지의 소유자는 일정한 기간이 경과한 후에는 이를 인용할 의무를 부담한다. 바꾸어 말하면 침범 건물소유자를 상대로 그 침범 건물 부분의 철거나 그 부지 부분의 인도를 청구할 수 없다.

이러한 인용의무가 발생하려면 다음 요건이 충족되어야 한다.

---

15) 분과위원회는 제242조의2를 신설하는 데에 발맞추어, 건물을 축조함에는 특별한 관습이 없으면 경계로부터 반미터 이상의 거리를 두어야 한다고 규정하고 있는 제242조 제2항도 수정하여, 현행 민법 제242조 제2항이 건축에 착수한 후 1년을 경과하면 손해배상만을 청구할 수 있다는 것과는 달리, 이를 알고 지체없이 이의를 제기하지 아니하면 건물의 변경이나 철거를 청구할 수 없다고 수정하고, 제3항으로는 "제2항의 경우에 이웃 토지소유자는 발생한 피해의 보상만을 청구할 수 있다."를 신설할 것을 제안하였다. 그러나 이 제안은 받아들여지지 않았다.

첫째, 경계를 침범하여 건축이 이루어졌어야 한다. 이때 경계를 얼마나 많이 침범하였는가는 묻지 않는다. 따라서 건물의 상당 부분, 심지어는 건물 전부가 타인의 토지 위에 건축되었더라도 그러한 이유만으로 개정시안 제242조의2의 적용이 배제되지 않는다. 다만 이 경우에는 다음에 살펴 볼 다른 요건, 즉 "고의 또는 과실이 없을 것"이라는 요건을 충족하지 못할 가능성이 높으므로 실제로는 개정시안 제242조의2가 적용되기 어려울 것이다. 이러한 경계 침범 건축은 이웃 토지소유자의 동의나 승낙을 얻지 않았을 것을 전제로 한 개념이다. 그러므로 그의 동의나 승낙을 얻었다면 애당초 개정시안 제242조의2가 적용될 여지가 없다.

둘째, 경계 침범에 대하여 건축주에게 고의 또는 과실이 없어야 한다. 이 점은 건물철거청구를 당하는 당사자가 증명하여야 한다. 고의 또는 과실의 기준이 되는 주체는 건축주이다. 건축법 제2조 제12호에 따르면 건축주란 건축물의 건축 · 대수선 · 용도변경, 건축설비의 설치 또는 공작물의 축조에 관한 공사를 발주하거나 현장 관리인을 두어 스스로 그 공사를 하는 자를 말한다. 그러므로 건축회사나 현장소장 등은 건축주가 아니다. 독일민법은 경계침범의 주체를 토지소유자로 명시하는데, 개정시안은 건축주라고만 하고 있어 토지소유자 이외의 자(가령 지상권자, 토지임차인 등)가 건축을 한 경우에도 이웃 토지소유자에게 인용의무가 발생하는지, 또한 그러한 건축물이 그 건물 부지 소유자에 대한 관계에서 권원 없이 무단으로 건축된 경우에도 이웃 토지소유자에게 인용의무가 발생하는지는 불분명하다. 이는 해석론에 맡겨진 문제이다.

참고로 개정시안 제242조의2를 만드는 데에 중요한 참고자료가 되었던 독일민법 제912조에서는 고의 또는 중과실이 없을 것을 요구한다. 즉 독일민법에서는 경계 침범에 경과실이 있더라도 건물 소유자가 보호되므로 월경건축의 보호범위가 넓어진다. 그런데 개정시안에서는 토지소유권이 지나치게 제한되지 않도록 경계 침범에 경과실이라도 있으면 개정시안에 의한 보호를 받지 못하도록 하였다. 실제로 경계 침범에 아무런 과실이 없기는 어려우므로 이로써 개정시안의 적용범위는 현저히 줄어들게 되었다. 이러한 태도는 2004년 민법 개정안으로부터 유래한 것이다. 2004년 민법 개정안을 작성할 당시에도 월경건축을 보호하는 것이 토지소유권에 대한 중대한 제한임을 이유로 그 적용범위를 좁히려는 관계기관들의 의견이 제기되었다. 가령 건축규제 범위 내에서 경계를 침범한 건물에 한하여만 적용되어야 한다거나(건설교통부), 경계 이격거리 확보를 규정한 제242조의 범위 내에서만 적용되어야 한다는 등(대한변호사협회)의 의견들이 제시되었으나, 받아들여지지 않았다. 다만 당초 "고의 또는 중대한 과실이 없을 것"을 요건으로 하던 최초 시안에 대해 "고의 또는 과실이 없을 것"으로 변경하여 토지소유권이 지나치게 제한되지 않도록 해야 한다는 법원행정처의 의견이 받아들여져서 2004년 민법 개정안이 위와 같이 작성되었던 것이다.

셋째, 이웃 토지소유자가 경계 침범 사실을 알고 3년 내에 이의를 제기하지 않거나 건물 완성 후 10년이 경과하여야 한다. 이러한 기간 역시 2004년 민법 개정안의 태도에 따른 것이다. 3년과 10년이라는 기간의 적절성에 대해서는 찬반 양론이 있었다(논의 경과 참조). 주관적 기산점에 의거한 3년의 적절성에 대해서는 전체 회의에서 1년안과 3년안에 대한 표결이 이루어졌는데 3년안이 채택되었다. 객관적 기산점에 의거한 10년의 기간에 대해서는 별도의 표결이 이루어지지는 않았다. 10년이라는 기간이 너무 길어 토지소유권을 과도하게 제한하고 법률관계를 불안정하게 만든다는 비판도 가능하나, 현실적으로 건물 소유자가 경계 침범 사실을 알기가 어렵다는 점을 고려한 기간이라고 이해할 수 있다. 한편 10년의 기산점을 경계침범 시로 규정한 실무위안과 건물완성 시로 규정한 위원장단을 놓고 표결이 이루어졌는데, 위원장단안이 채택되었다. 건물완성 시가 10년의 기산점이라고 하더라도 인용의무의 발생이 언제나 완성된 건물을 전제한다고 보기는 어렵다고 생각된다. 따라서 미완성 건물이라도 그 건물이 경계를 침범하였다는 점을 이웃 토지소유자가 안 후 3년 이내 이의를 제기하지 않았다면 인용의무가 발생한다.

나. 이웃 토지소유자의 보상 또는 매수청구권(제2항)

개정시안 제2항에서는 위와 같은 인용의무를 부담하는 이웃 토지소유자에게 지료 상당의 보상청구권 또는 침범된 토지부분의 매수청구권을 인정한다. 이는 이웃 토지소유자가 인용의무를 지는 결과 철거청구는 하지 못하더라도 금전적인 보상은 받을 수 있도록 한 조치이다. 이러한 보상 또는 매수청구의 상대방은 건물 소유자이다. 건물 소유자가 반드시 건축주와 일치할 필요는 없다. 이로써 제1항의 인용의무는 건물을 건축한 뒤 이를 제3자에게 이전한 경우에도 발생할 수 있음을 알 수 있다.

第249조(선의취득)

현행	개정시안
第249조(선의취득) 평온, 공연하게 동산을 양수한 자가 선의이며 과실없이 그 동산을 점유한 경우에는 양도인이 정당한 소유자가 아닌 때에도 즉시 그 동산의 소유권을 취득한다.	第249조(선의취득) 동산을 양수한 자가 평온, 공연하게 선의이며 과실 없이 그 동산을 점유한 경우에는 양도인이 정당한 소유자가 아닌 때에도 즉시 그 동산의 소유권을 취득한다. 다만 제189조에 따라 동산을 양수한 자는 평온, 공연하게 선의이며 과실 없이 양도인으로부터 현실인도를 받은 때에 그 동산의 소유권을 취득한다.

1. 개정 배경

민법 제249조는 선의취득에 관한 조항이다. 선의취득은 동산물권에 관한 일정한 처분이 무권리자에 의하여 행하여졌음에도 불구하고 상대방의 선의, 무과실 등 일정한 요건이 충족되면 그 처분에 기한 상대방의 권리취득을 인정하는 제도이다. 이는 권리외관에 대한 양수인의 신뢰를 보호하고 동산거래의 안정성을 높이는 역할을 한다.

그런데 점유개정의 방법으로는 동산의 선의취득을 할 수 없다는 것이 판례와 다수설의 태도이다. 점유개정에서는 사실상 지배의 이전이 없고 외부적으로도 거래사실을 알기 어려우므로 이 경우에까지 권리자의 희생 아래 선의취득을 인정하는 것은 가혹하다는 이유 때문이다. 그러나 민법 제249조의 문언으로는 점유개정을 배제할 이유가 뚜렷하지 않다. 이러한 배경 아래 개정시안에서는 위 판례와 학설의 태도를 명문화하였다.

2. 관련 입법례

◆ **2004년 개정안**

개정논의가 없었다.

◆ **일본민법**[16)]

제192조(즉시취득) 거래행위에 의하여 평온, 공연하게 동산의 점유를 시작한 자는 선의이며 과실이 없는 때에는 즉시 그 동산에 대하여 행사하는 권리를 취득한다.

◆ **독일민법**[17)]

제929조(물권적 합의와 인도) 동산소유권의 양도에는 소유자가 양수인에게 물건을 인도하고 또 쌍방이 소유권의 이전에 합의하는 것을 요한다. 양수인이 물건을 점유하고 있는 경우에는 소유권 이전의 합의로 족하다.

제930조(점유개정) 소유자가 물건을 점유하고 있는 경우에는 그와 양수인 간에 양수인이 간접점유를 취득하게 하는 법률관계를 합의함으로써 인도에 갈음할 수 있다.

제932조(무권리자로부터의 선의취득) ① 물건이 양도인에게 속하지 아니한 경우에도, 양수인은 제929조에 따라 행하여진 양도에 의하여 소유자가 된다. 다만 그가 동조에 의하여 소유권을 취득하였을 시점에서 선의가 아닌 때에는 그러하지 아니하다. 그러나 이는 제929조 제2문의 경우에는 양수인이 양도인으로부터 점유를 취득하였을 때에만 적용된다.
② 물건이 양도인에 속하지 아니함을 알았거나 중과실로 인하여 알지 못한 때에는 양수인은 선의가 아니다.

제933조(점유개정에서의 선의취득) 제930조에 따라 양도된 물건이 양도인에 속하지 아니한 경우에 양수인은 물건이 양도인으로부터 인도된 때에 소유자가 된다. 그러나 그가 그 당시 선의가 아닌 경우에는 그러하지 아니하다.

제816조(무권리자의 처분) ① 무권리자가 목적물에 관하여 권리자에 대하여 효력 있는 처분을 한 경우에는, 그는 권리자에게 처분으로 인하여 취득한 것을 반환할 의무를 진다. 처분이 무상으로 행하여진 때에는, 처분에 기하여 직접 법적 이익을 취득한 사람이 동일한 의

무를 진다.
② 무권리자에게 실행된 급부가 권리자에 대하여 효력 있는 경우에는, 무권리자는 권리자에게 급부받은 것을 반환할 의무를 진다.

◆ DCFR

Ⅷ. - 3.101 (소유권을 이전할 권리나 권능이 없는 자를 통한 선의취득)

(1) 소유권을 이전한다고 주장하는 자(양도인)가 동산의 소유권을 이전할 권리나 권능이 없는 경우에도 양수인은 다음과 같은 요건이 충족되는 한 그 소유권을 취득하고, 종전의 권리자는 그 소유권을 상실한다.

(a) Ⅷ. - 2.101 (소유권 이전의 일반적인 요건) (1)(a), (1)(b), (1)(d), (2), (3)에 규정된 요건을 충족하였을 것.

(b) Ⅷ. - 2.101 (소유권 이전의 일반적인 요건) (1)(e)에 규정된 인도 또는 인도에 준하는 요건을 충족하였을 것.

(c) 양수인이 유상으로 동산을 양수하였을 것.

(d) Ⅷ. - 2.101 (소유권 이전의 일반적인 요건)에 따라 소유권이 이전되는 시점을 기준으로 양도인에게 동산의 소유권을 이전할 권리나 권능이 없었다는 점을 몰랐거나 알 수 있으리라고 합리적으로 기대되지 않았을 것. 양수인이 양도인의 권리 또는 권능의 부존재를 알 수 있으리라고 합리적으로 기대되지 않았다는 점은 양수인이 증명해야 함.

3. 관련 판례

◆ **대법원 1964. 5. 5. 선고 63다775 판결**

동산의 선의취득에 필요한 점유의 취득은 현실적인 인도가 있어야 하고 소위 점유개정에 의한 점유취득만으로서는 그 요건을 충족할 수 없다.

16) 권철, 일본민법전, 69면.

17) 양창수, 독일민법전, 579, 581, 525면.

◆ **대법원 1999. 1. 26. 선고 97다48906 판결**
양도인이 소유자로부터 보관을 위탁받은 동산을 제3자에게 보관시킨 경우에 양도인이 그 제3자에 대한 반환청구권을 양수인에게 양도하고 지명채권 양도의 대항요건을 갖추었을 때에는 동산의 선의취득에 필요한 점유의 취득 요건을 충족한다.

◆ **대법원 2004. 10. 28. 선고 2003다30463 판결**
금전채무를 담보하기 위하여 채무자가 그 소유의 동산을 채권자에게 양도하되 점유개정에 의하여 채무자가 이를 계속 점유하기로 한 경우 특별한 사정이 없는 한 동산의 소유권은 신탁적으로 이전됨에 불과하여 채권자와 채무자 사이의 대내적 관계에서 채무자는 의연히 소유권을 보유하나 대외적인 관계에 있어서 채무자는 동산의 소유권을 이미 채권자에게 양도한 무권리자가 되는 것이어서 다시 다른 채권자와의 사이에 양도담보 설정계약을 체결하고 점유개정의 방법으로 인도를 하더라도 선의취득이 인정되지 않는 한 나중에 설정계약을 체결한 채권자는 양도담보권을 취득할 수 없는데, 현실의 인도가 아닌 점유개정으로는 선의취득이 인정되지 아니하므로, 결국 뒤의 채권자는 양도담보권을 취득할 수 없다.

4. 논의 경과

분과위안	실무위안	위원장단안	개정시안
제249조(선의취득) 〈제1안〉 동산을 양수한 자가 평온, 공연하게 선의이며 과실 없이 그 동산을 점유한 경우에는 양도인이 정당한 소유자가 아닌 때에도 즉시 그 동산의 소유권을 취득한다. 다만 제189조에 따라 동산을 양수한 자는 평온, 공연하게 선의이며 과실 없이 양도	제249조(선의취득) 동산을 유상으로 양수한 자가 선의이며 과실 없이 그 동산을 점유한 경우에는 양도인이 정당한 소유자가 아닌 때에도 즉시 그 동산의 소유권을 취득한다. 그러나 양도인으로 하여금 계속 점유하	제249조(선의취득) 동산을 양수한 자가 평온, 공연하게 선의이며 과실 없이 그 동산을 점유한 경우에는 양도인이 정당한 소유자가 아닌 때에도 즉시 그 동산의 소유권을 취득한다. 다만 제189조에 따라 동산을 양수한 자는	제249조(선의취득) 동산을 양수한 자가 평온, 공연하게 선의이며 과실 없이 그 동산을 점유한 경우에는 양도인이 정당한 소유자가 아닌 때에도 즉시 그 동산의 소유권을 취득한다. 다만 제189조에 따라 동산을 양수한 자는 평

분과위안	실무위안	위원장단안	개정시안
인으로부터 현실인도를 받은 경우가 아니면 그 동산의 소유권을 취득하지 못한다. 〈제2안〉 동산을 양수한 자가 선의이며 과실 없이 그 동산을 점유한 경우에는 양도인이 정당한 소유자가 아닌 때에도 즉시 그 동산의 소유권을 취득한다. 다만 제189조에 따라 동산을 양수한 자는 평온, 공연하게 선의이며 과실 없이 양도인으로부터 현실인도를 받은 경우가 아니면 그 동산의 소유권을 취득하지 못한다. 〈제3안〉 양도인이 소유자가 아닌 때에도 평온, 공연하게 선의이며 과실 없이 동산을 양수한 자는 즉시 그 동산의 소유권을 취득한다. 그러나 양도인으로 하여금 점유하게 한 때에는 그러하지 아니하다.	게 한 때에는 그러하지 아니하다.	평온, 공연하게 선의이며 과실 없이 양도인으로부터 현실인도를 받은 때에 그 동산의 소유권을 취득한다.	온, 공연하게 선의이며 과실 없이 양도인으로부터 현실인도를 받은 때에 그 동산의 소유권을 취득한다.

논의 경과에서 쟁점이 되었던 것은 다음과 같다.

첫째, '평온 · 공연' 요건을 유지할 것인지 여부이다. 분과위원회는 '평온 · 공연'을 요한다는 안(제1안, 제3안)과 그 요건을 요하지 않는다는 안(제2안)을 복수로 제시하였고,

실무위원회는 '평온 · 공연' 요건을 삭제하자는 입장을 취하였으나,[18] 위원장단 회의에서는 다수가 '평온 · 공연' 요건의 삭제에 반대하여 현행대로 유지하기로 하였다.

둘째, 선의취득을 유상거래에 한정할 것인지 여부이다. 분과위원회는 현행 민법대로 유상과 무상을 가리지 않고 선의취득을 인정하자는 입장을 취하였고, 실무위원회는 이와 달리 무상행위에서는 신뢰보호의 필요성이 크지 않으므로 선의취득을 유상거래에 한정하자는 입장을 취하였으나, 위원장단 회의에서는 다수가 실무위원회의 입장에 반대하여 현행대로 유지하기로 하였다.

셋째, 점유개정에 의한 선의취득 이외에도 목적물반환청구권의 양도에 의한 선의취득을 배제할 것인가 하는 점이다. 판례는 목적물반환청구권 양도의 경우에도 선의취득을 인정하지만,[19] 목적물반환청구권 양도의 경우에도 양수인이 현실적으로 직접 물건을 점유하지 않는 이상 보호가치에 있어서 점유개정과 차이가 없으므로 이 역시 선의취득을 인정하지 않아야 한다는 학설도 있다. 이 문제는 실무위원회에서 논의되었으나 현재 판례대로 점유개정에 의한 선의취득만 배제하기로 하였다.

5. 개정시안의 내용

개정시안은 점유개정의 방법만으로는 선의취득을 할 수 없다는 것을 분명히 하면서, 점유개정의 방법으로 동산을 양수하였을 때에는 그 동산을 현실 인도받은 때에 비로소 그 소유권을 취득한다고 규정한다. 이는 판례의 태도를 입법화한 것이다.

---

18) 점유취득이 평온 공연하게 이루어질 것을 요구하는 입법례는 일본 민법과 우리 민법 뿐인데, 일본 민법은 선의취득을 부동산에 관한 시효취득과 같은 성질의 것으로 오인하여 거래행위를 선의취득의 요건에서 배제하는 대신 취득시효의 요건인 평온 · 공연을 요건으로 도입한 것이다. 따라서 일본에서도 해석상 선의취득은 거래행위에 대하여서만 인정된다는 것이고, 평온 · 공연한 점유는 통상의 거래에 있어 점유의 승계취득을 의미하는 것에 불과하다고 한다. 日本 注釋民法(7)(1975), 108면.

19) 대판 1999. 1. 26, 97다48906; 대판 2000. 9. 8, 99다58471.

6. 참고사항 – 부동산의 선의취득(등기의 공신력) 문제

동산의 선의취득 이외에도 부동산의 선의취득을 인정할 것인가 하는 문제가 있다. 이는 등기의 공신력을 인정할 것인가의 문제이기도 하다. 2004년 민법 개정안 작성 당시에도 이 문제를 논의하였으나 의견의 일치에 이르지 못하고 장기연구과제로 미루어 졌었다. 이번 민법개정위원회에서도 분과위원회 차원에서 몇 차례 이 문제가 논의되기는 하였다. 그 과정에서 등기의 공신력 인정 여부에 대한 찬반론이 교환되었다. 하지만 현존하는 민법 조항들의 개정 작업에도 벅찬 시간적 제약 때문에 이 문제에 대한 심도 있는 논의는 이루어지지 못하였다. 이번 민법개정위원회도 이에 대한 입법적 결단을 다시 후일로 미룬 셈이다.

본래 등기의 공신력 문제는 민법초안에 대한 심의가 진행 중이던 1957년부터 물권변동에 관한 형식주의 채택과 관련하여 논의되기 시작하였다. 당시 우리 민법은 형식주의를 취하되 공신력은 부정하는 태도를 취하였다. 이는 신뢰성 있는 등기제도가 확립되어 있지 않던 당시의 현실을 고려한 입법적 선택이었다. 그런데 비교법적으로 보면 형식주의를 취한 대부분의 국가들은 등기의 공신력도 인정한다. 또한 민법을 제정하던 당시와 비교하여 보면 현재 등기제도에 대한 신뢰성은 상당히 높아 졌다. 부실등기의 위험은 그 부실등기를 좀 더 적은 비용으로 막을 수 있는 권리자가 부담하는 것이 더 효율적인 측면도 있다. 특히 등기의 공신력 부정은 부동산 거래의 불확실성을 높여 법적 안정성을 저해한다. 등기의 공신력을 인정하기 위해 등기원인증서 공증제도를 도입하는 것이 선행되어야 한다는 주장이 강하나, 등기원인증서 공증제도의 도입은 그 도입으로 인한 편익보다 비용이 더 클 뿐만 아니라 등기원인증서 공증제도 도입은 등기제도의 신뢰성을 높이기 위한 하나의 방편일 뿐 등기의 공신력 인정과 논리필연적으로 연결되어야 하는 것도 아니다.

그러므로 향후에는 등기의 공신력을 인정하되, 이와 관련하여 등기제도의 신뢰성을 합리적인 범위 내에서 제고하고, 등기의 공신력 인정으로 인하여 권리를 상실하게 되는 본래 권리자에 대한 적정한 보상제도를 마련하는 등의 논의를 지속해야 할 필요성이 있다.

第250條(도품, 유실물에 대한 특례)

현행	개정시안
第250條(도품, 유실물에 대한 특례) 전조의 경우에 그 동산이 도품이나 유실물인 때에는 피해자 또는 유실자는 도난 또는 유실한 날로부터 2년내에 그 물건의 반환을 청구할 수 있다. 그러나 도품이나 유실물이 금전인 때에는 그러하지 아니하다.	第250條(도품, 유실물에 대한 특례) 제249조의 경우에 그 동산이 도품이나 유실물인 때에는 피해자 또는 유실자는 도난 당하거나 유실한 날부터 2년 내에 그 물건의 반환을 청구할 수 있다.

1. 개정 배경

현행 민법 제250조는 도품, 유실물에 대한 특례이다. 제250조 본문에 따르면 도품이나 유실물은 선의취득의 대상이 된 경우에도 피해자 또는 유실자가 2년 내에 반환청구를 할 수 있다. 그런데 제250조 단서에 따르면 도품이나 유실물이 금전인 경우에는 그러하지 아니하다고 하여 금전에 대한 특례를 두고 있다. 이러한 특례는 일단 금전도 제249조에 따른 선의취득의 대상이 된다는 점을 전제한 것으로 보인다. 그러나 다수설은 금전은 가치표상의 수단으로 유통되는 이상 선의취득의 대상이 되지 않는다고 한다. 즉 금전은 본래 점유가 있는 곳에 소유가 있으므로 선의취득 여부를 따질 필요도 없다는 것이다. 이로 인한 재산적 가치의 조정은 부당이득반환청구권으로 해결하면 충분하다고 한다. 이러한 다수설의 입장에서 보면 제250조 단서는 해석상 불필요한 논란을 야기한다. 이러한 배경에서 개정시안에서는 제250조 단서를 삭제하였다.

2. 관련 입법례

◆ 2004년 개정안

개정 논의가 없었다.

◆ 일본민법[20]

제193조(도품 또는 유실물의 회복) 전조의 경우에 점유물이 도품 또는 유실물인 때에는 피해자 또는 유실자는 도난 또는 유실한 때부터 2년간 점유자에 대하여 그 섬유물의 회복을 청구할 수 있다.

◆ 독일민법[21]

제935조(점유이탈물과 선의취득) ① 물건이 소유자로부터 도난당하거나 유실되거나 그 밖에 점유이탈하였던 경우에는, 제932조 내지 제934조에 의한 소유권의 취득은 발생하지 아니한다. 소유자가 간접점유만을 가졌던 경우에는, 물건이 점유자로부터 점유이탈한 때에도 또한 같다.

② 제1항은 금전 또는 무기명증권 그리고 공경매로 양도된 물건에 대하여는 적용되지 아니한다.

3. 논의 경과

분과위안	실무위안	위원장단안	개정시안
제250조(도품, 유실물에 대한 특례) 〈제1안〉 제249조의 경우에 그 동산이 도품이나	제250조(도품, 유실물에 대한 특례) 제249조의 경우에 그 동산이 도품이나 유	제250조(도품, 유실물에 대한 특례) 제249조의 경우에 그 동산이 도품이나 유	제250조(도품, 유실물에 대한 특례) 제249조의 경우에 그 동산이 도품이나 유

20) 권철, 일본민법전, 69면.

21) 양창수, 독일민법전, 583면.

분과위안	실무위안	위원장단안	개정시안
유실물인 때에는 피해자 또는 유실자는 도난 또는 유실한 날로부터 2년내에 그 물건의 반환을 청구할 수 있다. (단서 삭제) 〈제2안〉 제249조는 도품 또는 유실물에 대하여 적용하지 아니한다. 그러나 그 동산의 소유자는 도난 또는 유실한 날로부터 2년이 경과한 때에는 그 반환을 청구하지 못한다. (단서 삭제)	실물인 때에는 피해자 또는 유실자는 도난 또는 유실한 날부터 2년 내에 그 물건의 반환을 청구할 수 있다.	실물인 때에는 피해자 또는 유실자는 도난 또는 유실한 날부터 2년 내에 그 물건의 반환을 청구할 수 있다.	실물인 때에는 피해자 또는 유실자는 도난 당하거나 유실한 날부터 2년 내에 그 물건의 반환을 청구할 수 있다.

분과위원회부터 전체회의에 이르기까지 제250조 단서, 즉 도품이나 유실물이 금전인 경우의 예외 부분을 삭제하는 데에는 큰 이견이 없었다.

한편 분과위원회에서는 제250조 본문에 관하여 두 가지 안을 제시하였다. 이 두 가지 안은 도품이나 유실물의 소유권이 원소유자에게 귀속되는 과정을 어떻게 설명하는가에 대한 학설 대립과 관련이 있다. 제1안은 도품이나 유실물의 소유권이 일단 선의취득으로 양수인에게 귀속하였다가 원소유자의 반환청구에 의하여 소유권이 원소유자에게 복귀한다는 설(점유자귀속설)에 기초한 것이다. 이 학설이 다수설이다. 제2안은 도품이나 유실물의 경우에는 일단 선의취득이 발생하지 않았다가 2년이 지나면 양수인이 소유권을 취득한다는 설(원소유자귀속설)에 기초한 것이다. 이 학설이 소수설이다. 개정시안은 그 중 다수설에 따른 제1안을 채택하였다.

4. 개정시안의 내용

개정 배경에서 설명한 것과 같은 이유로 민법 제250조 단서를 삭제한 것 이외에는 다른 내용상 변화는 없다. 민법 제250조 단서를 삭제함으로써 가치표상수단으로서의 금전은 선의취득의 대상이 되지 않고 부당이득반환청구의 대상이 될 뿐이라는 다수설의 입지가 더욱 강화되었다. 반면 이 경우에도 금전이 특정성을 유지하여 물건처럼 거래되었다면 선의취득의 대상이 될 수는 있을 것이다. 이 경우 도품이나 유실물에 해당하는 금전에 대해서는 민법 제250조 본문에 따라 2년 이내에 피해자 또는 유실자가 반환청구를 할 수 있다.

第251조(도품, 유실물에 대한 특례)

현행	개정시안
第251조(도품, 유실물에 대한 특례) 양수인이 도품 또는 유실물을 경매나 공개시장에서 또는 동종류의 물건을 판매하는 상인에게서 선의로 매수한 때에는 피해자 또는 유실자는 양수인이 지급한 대가를 변상하고 그 물건의 반환을 청구할 수 있다.	第251조(도품, 유실물에 대한 특례) 도품 또는 유실물을 경매나 공개시장에서 또는 같은 종류의 물건을 판매하는 상인으로부터 선의로 유상으로 양수한 경우에는 피해자 또는 유실자는 양수인이 지급한 대가를 제공하고 그 물건의 반환을 청구할 수 있다.

개정시안은 민법 第251조의 표현을 수정("동종류"⇒"같은 종류", "매수"⇒"유상으로 양수", "대가를 변상"⇒"대가를 제공" 등)한 것 이외에는 별다른 내용상 변경을 가하지 않았다.

第264조(공유물의 처분, 변경)

현행	개정시안
第264조(공유물의 처분, 변경) 공유자는 다른 공유자의 동의없이 공유물을 처분하거나 변경하지 못한다.	第264조(공유물의 처분, 변경) ① 공유자는 다른 공유자의 동의 없이 공유물을 처분하거나 변경하지 못한다. ② 일부 공유자는 공유물 전부에 대해서 소유권 이외의 물권을 취득할 수 있다.

1. 개정 배경

현행 민법 제264조에 따르면 공유자는 다른 공유자의 동의 없이 공유물을 처분하지 못한다. 한편 제한물권의 설정은 공유물의 처분행위이다. 따라서 공유자 전원의 동의 없이는 일부 공유자가 공유물 전부에 대해 제한물권을 설정할 수 없다. 그러나 이는 공유물의 효율적인 활용을 저해한다. 개정시안은 명문으로 일부 공유자가 공유물 전부에 대해 제한물권을 취득할 수 있다고 규정하였다.

2. 관련 입법례

◆ **2004년 개정안**

개정논의가 없었다.

◆ **독일민법[22]**

제1009조(공유자를 위한 부담설정) ① 공동소유의 물건은 공유자 1인을 위하여도 부담의 목적물이 될 수 있다.

② 공동소유의 부동산에 다른 부동산의 현재의 소유자를 위하여 물권을 설정하거나 다른 부동산에 공동소유의 부동산의 현재의 소유자를 위하여 물권을 설정하는 것은 그

다른 부동산이 공동소유의 부동산의 공유자 중 1인에 속하는 경우에도 배제되지 아니한다.

3. 관련 판례

◆ **대법원 2011. 1. 13. 선고 2010다67159 판결**
건물공유자의 1인이 그 건물의 부지인 토지를 단독으로 소유하면서 그 토지에 관하여만 저당권을 설정하였다가 위 저당권에 의한 경매로 인하여 토지의 소유자가 달라진 경우에도, 위 토지 소유자는 자기뿐만 아니라 다른 건물공유자들을 위하여도 위 토지의 이용을 인정하고 있었다고 할 것인 점, 저당권자로서도 저당권 설정 당시 법정지상권의 부담을 예상할 수 있었으므로 불측의 손해를 입는 것이 아닌 점, 건물의 철거로 인한 사회경제적 손실을 방지할 공익상의 필요성도 인정되는 점 등에 비추어 위 건물공유자들은 민법 제366조에 의하여 토지 전부에 관하여 건물의 존속을 위한 법정지상권을 취득한다고 보아야 한다.

4. 논의 경과

분과위안	실무위안	위원장단안	개정시안
제264조(공유물의 처분, 변경) ① 공유자는 다른 공유자의 동의 없이 공유물을 처분하거나 변경하지 못한다. ② 제1항에 따른 처분이	제264조(공유물의 처분, 변경) ① 공유자는 다른 공유자의 동의 없이 공유물을 처분하거나 변경하지 못한다. ② <u>일부 공유자를 위</u>	제264조(공유물의 처분, 변경) ① 공유자는 다른 공유자의 동의 없이 공유물을 처분하거나 변경하지 못한다. ② 일부 공유자는 <u>공</u>	제264조(공유물의 처분, 변경) ① 공유자는 다른 공유자의 동의 없이 공유물을 처분하거나 변경하지 못한다.

22) 양창수, 독일민법전, 615면.

분과위안	실무위안	위원장단안	개정시안
나 변경은 공유 지분의 특정승계인에게도 효력이 있다. ③ 공유자 중 일부를 위해서도 공유물에 부담을 설정할 수 있다.	해서도 공유물에 소유권 이외의 물권을 설정할 수 있다.	유물 전부에 대해서 소유권 이외의 물권을 취득할 수 있다	② 일부 공유자는 공유물 전부에 대해서 소유권 이외의 물권을 취득할 수 있다.

논의 과정에서는 분과위안 제264조 제2항과 같은 규정을 둘 것인지가 문제되었다. 분과위안 제264조 제2항은 다른 공유자의 동의를 얻은 공유물의 처분이나 변경은 공유 지분의 특정승계인에게도 효력이 있다고 규정하였다. 그러나 실무위원회는 일단 공유자 전원의 동의에 의하여 공유물 처분이나 변경이 있었으면 그 후에 공유지분을 승계한 자가 그 상태를 그대로 받아들이는 것이 당연하다는 점, 이러한 규정을 두어야 한다는 논의가 그 동안 없었던 점 등에 비추어 이러한 규정을 둘 필요가 없다고 반대하였다. 그 이후 위원장단회의와 전체회의에서도 이러한 규정을 두지 않는 것으로 결정하였다.

4. 개정시안의 내용

개정시안 제264조 제1항은 현행 민법 제264조와 동일하다. 개정시안에서 달라진 것은 제2항을 추가한 점이다. 제2항에서는 일부 공유자는 공유물 전부에 대해서 소유권 이외의 물권을 취득할 수 있다고 규정한다. 이는 주로 혼동의 법리를 염두에 둔 것이다. 예컨대 공유자 전원이 공유자 1인을 위하여 공유물에 지상권을 설정하고자 하는 경우에 지상권자가 되고자 하는 공유자 1인의 지분 범위 내에서는 혼동의 법리에 따라 지상권 설정의 효력이 부정될 수 있다. 제2항에 따르면 이러한 경우에도 공유물 전부에 대한 지상권 설정이 가능하게 된다. 마찬가지로 공유자 전원이 공유자 1인을 위하여 공유물 전부에 대해 저당권을 설정해 주는 것이 가능하게 된다. 이는 저당권자가 되는 공유자 1인의 지분을 제외한 나머지 지분에 대해서만 저당권을 설정하는 경우에 비하여 환가에 유리하다.

第265조(공유물의 관리, 보존)

현행	개정시안
第265조(공유물의 관리, 보존) 공유물의 관리에 관한 사항은 공유자의 지분의 과반수로써 결정한다. 그러나 보존행위는 각자가 할 수 있다.	第265조(공유물의 관리, 보존) ① 공유물의 관리에 관한 사항은 공유자의 지분의 과반수로써 결정한다. 그러나 보존행위는 각자가 할 수 있다. ② 제1항에 따른 결정은 공유지분을 취득한 자에게도 효력이 있다. 그러나 그 결정이 그 공유지분권의 본질적 내용을 침해하는 경우에는 그러하지 아니하다.

1. 개정 배경

현행 민법 제265조는 공유물의 관리에 관한 사항은 지분의 과반수로써 결정한다고 규정한다. 이와 같이 지분 과반수에 따른 결의로 정하여진 바는 공유자 전원을 구속한다. 공유자들은 그 한도에서 단체적 제약을 받는다. 공유관계도 약한 형태이긴 해도 일종의 단체관계이기 때문이다. 그런데 공유지분은 자유롭게 처분할 수 있으므로 공유지분을 취득한 제3자가 공유관계에 새롭게 편입될 가능성이 언제든지 있다. 이 때 그 전에 공유자의 지분 과반수로써 결정한 사항이 새로운 공유자에게도 효력을 미치는지 문제된다. 민법은 이 문제에 대해서 침묵하고 있는데, 개정시안 제265조에서는 제2항을 신설하여 이 점을 정면으로 다룬다.

2. 관련 입법례

◆ 2004년 개정안

개정논의가 있었으나 개정대상에서 제외되었다.

◆ **일본민법**[23)]

第252조(공유물의 관리) 공유물의 관리에 관한 사항은 전조의 경우를 제외하고 각 공유자의 지분의 가액에 따라 그 과반수로 결정한다. 다만, 보존행위는 각 공유자가 할 수 있다.

◆ **독일민법**[24)]

第746조(특정승계인에 대한 효력) 지분권자들이 공동의 목적물의 관리 및 이용에 대하여 정한 때에는, 그 정함은 특정승계인에 대하여 그의 이익으로도 불이익으로도 효력이 있다.

◆ **스위스민법**

第649조a 공유자가 합의한 수익 및 관리에 관한 정함과 그들이 행한 관리결의 및 법원의 판결, 그리고 처분은 공유자의 승계인과 공유지분에 대한 물권의 취득자를 위해서도 구속력이 있다.

3. 관련 판례

◆ **대법원 2005. 5. 12. 선고 2005다1827 판결**

공유자 간의 공유물에 대한 사용수익 · 관리에 관한 특약은 공유자의 특정승계인에 대하여도 당연히 승계된다고 할 것이나, 민법 제265조는 "공유물의 관리에 관한 사항은 공유자의 지분의 과반수로써 결정한다."라고 규정하고 있으므로, 위와 같은 특약 후에 공유자에 변경이 있고 특약을 변경할 만한 사정이 있는 경우에는 공유자의 지분의 과반수의 결정으로 기존 특약을 변경할 수 있다.

23) 권철, 일본민법전, 93면.

24) 양창수, 독일민법전, 495면.

◆ **대법원 2009. 12. 10. 선고 2009다54294 판결**
공유물의 관리에 관한 사항은 공유자의 지분의 과반수로써 결정하고, 공유자간의 공유물에 대한 사용수익·관리에 관한 특약은 공유자의 특정승계인에 대하여도 당연히 승계된다고 할 것이나, 공유물에 관한 특약이 지분권자로서의 사용수익권을 사실상 포기하는 등으로 공유지분권의 본질적 부분을 침해한다고 볼 수 있는 경우에는 특정승계인이 그러한 사실을 알고도 공유지분권을 취득하였다는 등의 특별한 사정이 없는 한 특정승계인에게 당연히 승계되는 것으로 볼 수는 없다.

4. 논의 경과

분과위안	실무위안	위원장단안	개정시안
제265조(공유물의 관리, 보존) ① 공유물의 관리에 관한 사항은 공유자의 지분의 과반수로써 결정한다. 그러나 보존행위는 각자가 할 수 있다. ② 제1항에 따른 결정은 공유지분의 특정승계인에게도 효력이 있다.	제265조(공유물의 관리, 보존) ① 공유물의 관리에 관한 사항은 공유자의 지분의 과반수로써 결정한다. 그러나 보존행위는 각자가 할 수 있다. ② 제1항에 따른 결정은 공유지분을 취득한 자에게도 효력이 있다. 그러나 그 결정이 그 공유지분권의 본질적 내용을 침해하는 경우에는 그러하지 아니하다.	제265조(공유물의 관리, 보존) ① 공유물의 관리에 관한 사항은 공유자의 지분의 과반수로써 결정한다. 그러나 보존행위는 각자가 할 수 있다. ② 제1항에 따른 결정은 공유지분을 취득한 자에게도 효력이 있다. 그러나 그 결정이 그 공유지분권의 본질적 내용을 침해하는 경우에는 그러하지 아니하다.	제265조(공유물의 관리, 보존) ① 공유물의 관리에 관한 사항은 공유자의 지분의 과반수로써 결정한다. 그러나 보존행위는 각자가 할 수 있다. ② 제1항에 따른 결정은 공유지분을 취득한 자에게도 효력이 있다. 그러나 그 결정이 그 공유지분권의 본질적 내용을 침해하는 경우에는 그러하지 아니하다.

공유자 지분의 과반수에 따른 결정이 특정승계인에게도 효력을 미친다는 판례의 태도[25]를 입법화하는 데에는 별 이견이 없었다. 다만 실무위원회는 대법원 2009. 12. 10. 선고 2009다54294 판결의 취지에 따라 지분의 과반수에 따른 결정이 공유지분권의 본질적 내용을 침해하는 경우에는 특정승계인에게 효력을 미치지 않는다는 내용을 제2항 단서로 추가하였다. 이 내용대로 개정시안이 확정되었다.

5. 개정시안의 내용

개정시안 제265조 제1항은 민법 제265조와 내용이 동일하다. 이에 따르면 공유물의 관리에 관한 사항은 공유자 지분 과반수로써 결정하고, 공유물의 보존행위는 각자가 할 수 있다.

개정시안 제265조 제2항은 관리 사항에 관한 결정이 특정승계인의 공유지분권의 본질적 내용을 침해하지 않는 한, 그에게도 효력이 있다고 규정한다.

예컨대 공유자 지분 과반수에 의한 결정으로 공유물을 A에게 임대하였다면 이러한 임대 결정은 공유자 전원을 구속한다. 공유자들은 그 한도에서 단체적 제약을 받는다. 그러므로 공유자 중 1인은 자신이 임대 결정에 반대하였다는 이유로 임대차계약을 해지하고 자신의 지분에 기하여 공유물 인도를 구하거나 그 점용의 배제를 구할 수 없다. 한편 그 공유자가 B에게 자신의 지분을 양도한 경우에도, B는 자신이 위와 같은 임대 결정에 관여하지 않았다는 이유로 자신의 지분 범위 내에서 임대차계약을 해지할 수 없다.

그러나 예컨대 토지 공유자들이 기간을 정하지 않은 채 그 중 일부 공유자들의 건물 부지로 토지를 무상 제공하기로 결정한 경우처럼 토지 공유지분의 사용·수익 권능을 사실상 영구히 포기하는 것이라고 볼 수 있는 경우에는,[26] 그러한 결정은 그 토지 공유지분을 취득한 특정승계인에게 효력을 미치지 않는다. 이는 공유지분권의 본질적 내용

25) 대판 2005. 5. 12, 2005다1827; 대판 20078. 11. 29, 2007다64167 등.
26) 대판 2009. 12. 10, 2009다54294의 사안.

을 침해하는 것이기 때문이다. 다만 판례는 공유지분권의 본질적 내용을 침해하는 경우에도 특정승계인이 그러한 사실을 알고도 공유지분권을 취득하였다는 특별한 사정이 있는 경우에는 특정승계인에게 위와 같은 결정 내지 특약이 승계된다고 한다. 개정시안 제265조 제2항의 문언에서는 그러한 예외를 명문화하고 있지는 않다. 하지만 위와 같은 특별한 사정이 있다면 특정승계인이 스스로 자신의 공유지분권의 행사를 포기하였다고 볼 여지가 있을 것이다.

第269條(분할의 방법)

현행	개정시안
第269條(분할의 방법) ① 분할의 방법에 관하여 협의가 성립되지 아니한 때에는 공유자는 법원에 그 분할을 청구할 수 있다. ② 현물로 분할할 수 없거나 분할로 인하여 현저히 그 가액이 감손될 염려가 있는 때에는 법원은 물건의 경매를 명할 수 있다.	第269條(분할의 방법) ① (현행과 같음) ② 법원은 공유물을 현물로 분할하거나 경매, 가액보상, 그 밖의 적절한 방법으로 분할할 수 있다.

1. 개정 배경

공유물 분할은 공유관계를 해소하고 공유지분을 청산하는 것이다. 민법 第269條는 협의분할이 성립되지 않으면 재판상 분할을 청구할 수 있고(제1항), 이 경우 법원은 1차적으로 현물분할, 2차적으로 경매분할을 명할 수 있다고 규정한다(제2항). 그런데 대법원은 전면적 가액보상에 의한 분할처럼 현물분할이나 경매분할 어디에도 속하지 않는 분할방법을 승인하고 있다. 개정시안은 이러한 판례의 태도를 반영하여 공유물 분할에 대한 법원의 재량을 넓히는 규정을 두었다.

2. 관련 입법례

◆ **2004년 개정안**

법원행정처에서 공유물 분할 후 제한물권의 처리에 대한 조항 신설 의견을 제출하여 이에 대한 논의가 이루어졌으나 해당 조항 신설 여부에 이견이 있어 개정안 조항은 마련되지 않았다.

◆ **일본민법**[27)]

제258조(재판에 의한 공유물의 분할) ① 공유물의 분할에 관하여 공유자 간에 협의가 성립되지 아니한 때에는 그 분할을 법원에 청구할 수 있다.
② 전항의 경우에 있어서 공유물의 현물을 분할할 수 없거나 분할로 인하여 현저히 그 가액이 감손될 염려가 있는 때에는 법원은 물건의 경매를 명할 수 있다.

◆ **독일민법**[28)]

제749조(해소청구권) ① 각 지분권자는 언제라도 공동의 해소를 청구할 수 있다.
② 해소를 청구할 권리가 약정에 의하여 영구적으로 또는 일시적으로 배제된 경우에도 중대한 사유가 있는 때에는 해소를 청구할 수 있다. 해지기간의 정함이 있는 경우에도 동일한 요건이 충족되는 때에는 그 기간을 두지 아니하고 해소를 청구할 수 있다.
③ 해소를 청구할 권리를 제1항 및 제2항에 반하여 배제하거나 제한하는 약정은 무효이다.

제752조(현물분할) 공동의 해소는, 공동의 목적물이, 또는 수개가 공동의 목적물인 경우에는 이들 목적물이 가치가 감소됨이 없이 지분권자의 지분에 상응하는 동종의 부분으로 분할될 수 있는 때에는, 현물분할에 의한다. 지분권자 사이에서 동일한 부분을 분배하는 것은 추첨으로 결정한다.

제753조(매각에 의한 분할) ① 현물분할을 할 수 없는 때에는, 공동의 해소는 공동의 목적물을 질물매각에 관한 규정에 따라 매각하고, 또 부동산의 경우에는 강제경매에 의하여 매각하고, 그 매득금을 분할함으로써 한다. 제3자에의 양도가 허용되지 아니하는 때에는 목적물을 지분권자 사이에서 경매하여야 한다.
② (생략)

◆ **스위스민법**

제651조(분할의 종류)
① 분할은 현물 분할이나 임의 매매, 경매하여 대금을 분할하는 방법, 또는 물건 전체를 1인 또는 수인의 공유자에게 이전하고 다른 사람에게 보상하는 방법에 의하여 이루어진다.
② 공유자가 분할의 방법에 대하여 합의할 수 없으면, 법원의 명령에 따라 물건을 현물로 분할하거나, 현물 분할이 그 가액의 중대한 감액 없이는 불가능할 때에는 일반인에 대하여 또는 공유자 사이에서 경매될 수 있다.

③ 현물분할은 분할이 지분비율과 동등하지 않을 때에는 금전에 의한 분할의 보상과 함께 이루어질 수 있다.

3. 관련 판례

◆ **대법원 1993. 12. 7. 선고 93다27819 판결**

재판에 의하여 공유물을 분할하는 경우에는 법원은 현물로 분할하는 것이 원칙이고, 현물로 분할할 수 없거나 현물로 분할을 하게 되면 현저히 그 가액이 감손될 염려가 있는 때에 비로소 물건의 경매를 명하여 대금분할을 할 수 있는 것이므로, 위와 같은 사정이 없는 한 법원은 각 공유자의 지분비율에 따라 공유물을 현물 그대로 수개의 물건으로 분할하고 분할된 물건에 대하여 각 공유자의 단독소유권을 인정하는 판결을 하여야 하는 것이고, 그 분할의 방법은 당사자가 구하는 방법에 구애받지 아니하고 법원의 재량에 따라 공유관계나 그 객체인 물건의 제반 상황에 따라 공유자의 지분비율에 따른 합리적인 분할을 하면 되는 것이고, 여기에서 공유지분비율에 따른다 함은 지분에 따른 가액비율에 따름을 의미한다.

◆ **대법원 2004. 10. 14. 선고 2004다30583 판결**

공유관계의 발생원인과 공유지분의 비율 및 분할된 경우의 경제적 가치, 분할 방법에 관한 공유자의 희망 등의 사정을 종합적으로 고려하여 당해 공유물을 특정한 자에게 취득시키는 것이 상당하다고 인정되고, 다른 공유자에게는 그 지분의 가격을 취득시키는 것이 공유자 간의 실질적인 공평을 해치지 않는다고 인정되는 특별한 사정이 있는 때에는 공유물을 공유자 중의 1인의 단독소유 또는 수인의 공유로 하되 현물을 소유하게 되는 공유자로 하여금 다른 공유자에 대하여 그 지분의 적정하고도 합리적인 가격을 배상시키는 방법에 의한 분할도 현물분할의 하나로 허용된다.

---

27) 권철, 일본민법전, 95면.

28) 양창수, 독일민법전, 495, 497면.

◆ **대법원 2010. 2. 25. 선고 2009다79811 판결**

공유물분할청구의 소는 형성의 소로서 법원은 공유물분할을 청구하는 원고가 구하는 방법에 구애받지 않고 재량에 따라 합리적 방법으로 분할을 명할 수 있으므로, 여러 사람이 공유하는 물건을 현물분할하는 경우에는 분할청구자의 지분 한도 안에서 현물분할을 하고 분할을 원하지 않는 나머지 공유자는 공유로 남게 하는 방법도 허용된다고 할 것이나, 그렇다고 하더라도 공유물분할을 청구한 공유자의 지분한도 안에서는 공유물을 현물 또는 경매·분할함으로써 공유관계를 해소하고 단독소유권을 인정하여야지, 그 분할청구자 지분의 일부에 대하여만 공유물 분할을 명하고 일부 지분에 대하여는 이를 분할하지 아니한 채 공유관계를 유지하도록 하는 것은 허용될 수 없다.

4. 논의 경과

분과위안	실무위안	위원장단안	개정시안
제269조(분할의 방법) ① 분할의 방법에 관하여 협의가 성립되지 아니한 때에는 공유자는 법원에 그 분할을 청구할 수 있다. ② 법원은 공유물을 현물로 분할하거나 적절하고 합리적인 방법으로 분할할 수 있다. 다른 방법이 없을 때에는 법원은 물건의 경매를 명할 수 있다.	제269조(분할의 방법) ① 분할의 방법에 관하여 협의가 성립되지 아니한 때에는 공유자는 법원에 그 분할을 청구할 수 있다. ② 공유물을 현물로 분할하는 경우에는 법원은 일부 공유자가 다른 공유자에게 금전을 아울러 지급할 것을 명할 수 있다. ③ 공유물을 현물로 분할할 수 없거나 분할로 인하여 현저히 그 가액이 감손될 염	〈제1안(실무위안)〉 제269조(분할의 방법) ① 분할의 방법에 관하여 협의가 성립되지 아니한 경우에는 공유자는 법원에 그 분할을 청구할 수 있다. ② 공유물을 현물로 분할하는 경우에는 법원은 일부 공유자가 다른 공유자에게 금전을 아울러 지급할 것을 명할 수 있다. ③ 공유물을 현물로 분할할 수 없거나 분할로 인하여 현저히 그 가액	제269조(분할의 방법) ① 분할의 방법에 관하여 협의가 성립되지 아니한 때에는 공유자는 법원에 그 분할을 청구할 수 있다. ② 법원은 공유물을 현물로 분할하거나 경매, 가액보상, 그 밖의 적절한 방법으로 분할할 수 있다.

분과위안	실무위안	위원장단안	개정시안
	려가 있는 때에는 법원은 공유물을 경매하여 그 대금을 분배할 것을 명할 수 있다. ④ 법원은 상당한 이유가 있는 경우에는 일부 공유자가 공유물을 전부 취득하고, 나머지 공유자에게 금전을 지급할 것을 명할 수 있다.	이 감손될 염려가 있는 경우에는 법원은 공유물을 경매하여 그 대금을 분배할 것을 명할 수 있다. ④ 법원은 부득이한 사유가 있는 경우에는 일부 공유자가 공유물을 전부 취득하고, 나머지 공유자에게 금전을 지급할 것을 명할 수 있다. 〈제2안(분과위안)〉 제269조(분할의 방법) ① 분할의 방법에 관하여 협의가 성립되지 아니한 때에는 공유자는 법원에 그 분할을 청구할 수 있다. ② 법원은 공유물을 현물로 분할하거나 가액보상, 그 밖의 적절한 방법으로 분할할 수 있다. 다른 방법이 없을 때에는 법원은 물건의 경매를 명할 수 있다.	

현행 민법 제269조를 개정하여 분할방법을 유연하게 확장할 필요가 있다는 점에 대해서는 별 이견이 없었다. 이에 관해 분과위원회는 "적절하고 합리적인 방법으로 분할" 할 수 있다고 하여 분할방법을 추상적으로 규정한 반면, 실무위원회는 부분적, 전면적

가액보상방법을 각 항으로 나누어 구체적으로 규정하였다. 위원장단은 두 가지 안의 표현을 약간 수정한 뒤 둘 다 전체회의에 상정하였다. 전체회의에서는 양자를 절충하여 분할방법을 현물분할과 그 밖의 분할의 두 가지 유형으로 제시하되 그 밖의 분할방법의 예시로 경매, 가액보상, 그 밖의 적절한 방법을 들었다.

5. 개정시안의 내용

개정시안이 현행 민법과 다른 부분은 제2항 부분이다. 제2항에서는 "법원은 공유물을 현물로 분할하거나 경매, 가액보상, 그 밖의 적절한 방법으로 분할할 수 있다."라고 규정한다. 현물분할과 경매분할만 들고 있는 현행 민법과 달리 그 이외에 가액보상이나 그 밖의 적절한 방법에 의한 분할도 예시함으로써 분할방법의 범위를 열어놓았다.

가액보상에 의한 분할은 부분적 가액보상에 의한 분할과 전면적 가액보상에 의한 분할을 모두 포함하는 개념이다. 부분적 가액보상에 의한 분할은 현물분할을 하되 공유지분 가액을 초과하여 현물을 취득하는 공유자가 이에 미달하여 현물을 취득하는 공유자에게 과부족 부분에 상응하는 금전을 지급하는 형태의 분할이다.[29] 전면적 가액보상에 의한 분할은 일부 공유자가 공유물을 전부 취득하고, 나머지 공유자에게는 금전을 지급하는 형태의 분할이다.[30] 부분적 가액보상에 의한 분할은 현물분할의 일종으로 볼 수 있지만, 전면적 가액보상에 의한 분할은 엄밀히 말하면 현물분할의 일종으로 보기 어렵다. 그러나 대법원 2004. 10. 14. 선고 2004다30583 판결의 사안처럼 원고가 약 97%, 피고가 약 3%의 지분을 가지고 있고, 현물분할이나 대금분할 어느 것도 적절하지 않고 원고에게 전체를 취득하게 하는 대신 피고에게 보상하는 방법이 가장 적절한 경우에는 전면적 가액보상에 의한 분할이 필요하다. 그런데 이러한 분할의 법적 근거가 없으므로 명문 규정을 마련할 필요가 있다. 개정시안에서 현행분할과 별도로 가액보상에 의한 분할을 분할방법의 하나로 예시한 것도 이러한 이유 때문이다.

---

29) 대판 1990. 8. 28, 90다카7620.

30) 대판 2004. 10. 14, 2004다30583.

第274條(합유의 종료)

현행	개정시안
第274條(합유의 종료) ① 합유는 조합체의 해산 또는 합유물의 양도로 인하여 종료한다. ② 전항의 경우에 합유물의 분할에 관하여는 공유물의 분할에 관한 규정을 준용한다.	第274條(합유의 종료) ① 합유는 조합체의 해산 또는 합유물의 양도로 인하여 종료한다. ② 조합체의 해산으로 합유가 종료하는 경우에는 공유물의 분할에 관한 규정을 준용한다.

조합체의 해산으로 합유가 종료되면 합유물 분할이 문제되지만, 합유물의 양도로 합유가 종료되면 합유물 분할이 문제되지 않는다. 개정시안 제2항에서는 "조합체의 해산으로 합유가 종료하는 경우"라고 특정함으로써 이 점을 명확히 하였다.

참고

1. 소유자의 인용의무 (개정 제외)

분과위원회는 소유물방해제거 및 방해예방청구권을 규정하고 있는 민법 제214조에 소유자의 인용의무를 규정하고자 하였다. 분과위안 제214조 제2항은 "소유자가 인용의 의무를 지는 경우에는 제1항의 청구권은 배제된다."라고 규정하고 있었다. 이는 전체적으로 소유권의 사회적 구속성 내지 상호성을 조금 더 정면에서 규정하고자 하는 시도로 이해된다. 독일민법 제1004조도 이와 유사한 내용을 담고 있다. 분과위원회는 이로써 민법 제214조 제2항에 소유자의 인용의무, 제217조에 매연 등에 대한 인용의무, 제219조에 주위통행자에 대한 인용의무, 제242조의2에 경계침범 건축에 대한 인용의무를 각각 규정함으로써 소유권의 제한을 체계화하고자 하였다.

그러나 제214조 제2항의 신설안은 실무위원회와 위원장단 회의에서 받아들여지지 않았다. 제214조 제2항은 소유자가 인용의 의무를 지는 경우에는 방해배제청구권이 배제된다는 것인데 이는 동어반복에 불과하다는 점, 제214조 제2항을 통하여 해결하고자 하는 바는 권리남용금지의 원칙으로 해결하면 충분하다는 점, 우리 민법의 체계와 어울리지 않는다는 점, 소유권의 본질과도 연결될 수 있는 중요한 문제이므로 쉽사리 결정할 수 없다는 점, 이러한 조항의 신설로 특별히 변경되는 것이 없다는 점 등이 신설안에 대한 주요 반대 논거였다.

2. 동물의 법적 지위(개정 제외)

분과위원회는 동물의 법적 지위에 대한 특별한 규정을 제안하였다. 내용은 다음과 같다.

동물의 법적 지위 등에 대한 분과위안
제98조의2(동물의 법적 지위) ① 동물은 물건이 아니다. ② 동물은 별도의 법률에 의해 보호된다. ③ 동물에 대하여 다른 특별한 규정이 없는 한 물건에 관한 규정이 준용된다.

제211조(소유권의 권능) ① (현행과 같음) ② 동물의 소유자는 소유권의 행사시 동물의 보호를 위한 특별규정을 준수하여야 한다.
제752조의2(동물 살상시의 손해배상) ① 영리 기타 사업의 목적으로 보유한 것이 아닌 동물을 상해한 자는 치료비용이 동물의 가치를 초과한 때에도 적절한 범위내에서 치료비용을 배상할 책임이 있다. ② 제1항의 동물을 살상한 자는 동물의 보유자가 입은 정신적인 손해에 대해서도 배상할 책임이 있다.
제195조(압류가 금지되는 물건) 다음 각호의 물건은 압류하지 못한다. 17. 반려동물이나 기타 영리목적으로 사육하지 않는 동물 〈신 설〉

현행 민법의 해석론에 따르면 동물은 물건이다. 그러므로 적어도 민법상 물건에 관한 법적 문제에 있어서는 동물과 다른 물건은 동일한 취급을 받는다. 당사자능력에 관한 판례이기는 하지만, 대법원 2006. 6. 2.자 2004마1148, 1149 결정은 도룡뇽에게는 소송을 수행할 당사자능력을 인정할 수 없다고 판시하였다.

이에 대해 분과위원회 안은 ① 동물은 물건이 아니라는 점을 선언하고(제98조의2제1항), ② 동물을 별도의 법률에 의한 보호대상으로 상정하며(제98조의2제2항), ③ 동물에 대한 소유권 행사시 동물보호를 염두에 두도록 하고(제211조 제2항), ④ 동물 살상 시 치료비용 배상과 정신적 손해배상에 대한 특칙을 두며(제752조의2), ⑤ 동물을 압류금지대상에 추가하는 등(민사집행법 개정시안 제195조 제17호) 동물의 법적 지위를 격상시키는 데에 초점을 맞추고 있다. 다만 동물이 물건이 아니더라도 동물에 대해 물건에 관한 규정을 준용할 수 있도록 함으로써(제98조의2제3항) 위와 같은 동물의 법적 지위 변화에 따른 공백을 메우고자 한다.

이러한 분과위원회 안은 인간과 동물에 대한 관계가 더 이상 지배종속적인 관계가 아니라 반려관계로 변화하고 있음을 반영한 것이다. 또한 일반인들에게 입법자가 동물에 대해서도 배려해야 한다는 점을 이해하고 있다는 것을 상징적으로 보여주는 의미도 가진다. 오스트리아민법 제258a조(1988년), 독일민법 제90a조(1990년), 스위스민법 제641a조(2002년)는 각각 동물의 법적 지위에 관한 규정을 신설하였다. 가령 독일민법은 1990년에 제90a조를 신설하여 "동물은 물건이 아니다. 동물은 별도의 법률에 의해 보호된다.

그에 대한 다른 정함이 없는 한 물건에 관한 규정이 준용된다."라고 규정하고 있고, 오스트리아와 스위스민법의 관련 조항도 역시 이와 유사한 내용을 담고 있다. 또한 독일민법 제903조는 동물에 대한 소유권 행사의 특수성에 대한 내용을, 독일민법 제251조 제2항 제2문, 오스트리아민법 제1332a조, 스위스채무법 제42조는 동물 관련 손해배상에 대한 내용을 각각 담고 있다. 분과위원회 안은 이러한 입법례들을 참조한 것이다. 분과위원회 안에 따르면 민법은 권리주체/권리객체 이분법적 체계에서 권리주체/권리객체/동물의 삼분법적 체계로 재편된다.

하지만 동물의 법적 지위에 관한 조항들을 논의하는 과정에서는 이러한 분과위원회 안의 실용성에 대해 다음과 같이 회의적인 견해가 제시되었다. 동물에게 물건에 관한 규정을 준용하는 이상 동물이 물건이 아니라고 하는 조항은 선언적인 의미밖에 없다. 동물보호의 이념은 동물보호법 등 관련 법률에 의하여 이미 구현되고 있다. 동물에 대한 소유권 행사 시 동물보호를 위한 특별규정을 준수하여야 하는 것은 법치주의의 원칙상 당연하다. 동물살상에 따른 손해배상은 현재의 손해배상법의 틀 내에서도 대부분 해결할 수 있다.[31] 민사집행법 개정취지는 수긍할 수 있으나 이는 어디까지나 민법에서 동물을 특별하게 취급하기로 결정한 이후에 논의할 수 있는 것이다. 분과위원회의 개정시안은 주로 반려동물에 대한 배려 요청을 출발점으로 한 것이지만 결과적으로 일반 동물에도 확장되어 옳지 않다. 전반적으로 보면 동물보호에 관한 국민의 의식수준이 이 규정을 신설해야 할 정도에 이르렀다고 하기 어렵다.

결국 분과위 개정시안에 대해서는 실무위원회, 위원장단 회의, 전체 회의의 각 단계에서 회의적인 의견이 많아 위 개정시안은 받아들여지지 않았다.

3. 총유 규정의 삭제(개정 제외)

분과위원회 단계에서는 총유 규정을 삭제하고 법인 아닌 사단과 재단에 관한 규정을 신설하자는 제안이 있었다. 그러나 총유 규정의 삭제 제안은 받아들여지지 않았고, 제

31) 동물을 물건으로 보더라도 동물살상으로 인한 정신적 손해배상을 명하는 것은 가능하다. 또한 하급심 판결 중에는 강아지의 시가를 초과하는 치료비의 배상청구를 인정한 예가 있다. 서울중앙지판 2011. 7. 14, 2010가단414531. 동물 이외의 물건에 대해서도 시가를 초과하는 수리비 상당액의 배상을 명한 판결들이 여럿 있다(대판 1991. 7. 23, 91다15249; 대판 1998. 5. 29, 98다7735 등).

39조의2제2항 내지 제4항의 신설 제안도 받아들여지지 않았다. 참고로 제39조의2제1항은 개정시안 제39조의2로 반영되어 있다.

현행	분과위원회 제안
제275조(물건의 총유) ① 법인이 아닌 사단의 사원이 집합체로서 물건을 소유할 때에는 총유로 한다. ② 총유에 관하여는 사단의 정관 기타 계약에 의하는 외에는 다음 2조의 규정에 의한다.	〈삭　제〉
제276조(총유물의 관리, 처분과 사용, 수익) ① 총유물의 관리 및 처분은 사원총회의 결의에 의한다. ② 각 사원은 정관 기타의 규약에 좇아 총유물을 사용, 수익할 수 있다.	
제277조(총유물에 관한 권리의무의 득상) 총유물에 관한 사원의 권리의무는 사원의 지위를 취득상실함으로써 취득상실된다.	
〈신　설〉	제39조의2(법인 아닌 사단과 재단) ① 법인 아닌 사단과 재단에 대하여는 주무관청의 인가 또는 등기를 전제로 한 규정 및 제97조에 따른 벌칙을 제외하고는 이 장(章)의 규정을 준용한다. ② 부동산에 관한 대표자의 처분권의 제한은 등기하지 아니하면 제3자에게 대항하지 못한다. ③ 법인 아닌 사단의 재산은 상당한 이유가 있는 때에는 정관 또는 사원총회의 결의에 따라 사원에게 분배할 수 있다. ④ 법인 아닌 사단이 해산하는 경우 정관으로 잔여재산의 귀속권리자를 지정하지 아니하거나 이를 지정하는 방법을 정하지 아니한 때에는 사원총회의 결의에 따라 사단의 목적에 유사한 목적을 위하여 그 재산을 처분할 수 있다. 제2항은 해산의 경우에도 준용한다.

분과위원회에서 총유에 관한 민법 제275조 내지 제277조를 삭제하자고 제안한 이유는 다음과 같다.

총유는 민법 제정 직후부터 전근대적인 제도로 비판받아 왔다. 두 가지 예만 들면 다음과 같다. 예컨대 최식 교수는 소유권의 권능 가운데 관리처분권은 단체에 귀속하고 사용수익권은 단체의 구성원 각자에게 귀속되는 총유는 물건에 대한 혼일적인 지배권을 뜻하는 "시민사회법적인 즉 근대법적인 소유와는 전연 이질적인 것"이며 "토지총유는 전체사회가 완전히 시민사회화되고, 모든 토지(어떠한 산간벽지의 토지라 할지라도)에 근대법적인 「소유」가 성립하게 된 곳에서는 그대로의 형으로 존속한다는 것은 불가능한 것이라고 하지 않으면 안 될 것"이라고 비판하였다.[32] 곽윤직 교수는 게르만법학자들에 의하여 밝혀진 중세 게르만 공동체의 총유는 전근대적인 제도여서 현대사회에 맞지 않을 뿐만 아니라, 우리 민법의 총유에 관한 규정은 민법의 하나의 장식물에 불과하다고 하면서, "민법이 총유에 관한 규정을 두고 있는 것은, 다른 입법례에서는 볼 수 없다는 하나의 특색이라고 하고, 그 의의가 크다는 견해에 찬성할 수 없으며, 구태여 의의를 찾는다면, 그러한 것에까지 배려하는 친절을 베풀고 있다는 점이다. 사견으로는 그것은 민법의 하나의 장식물에 지나지 않는다"라고 비판하였다.[33] 김기선 교수는 "총유는 법인격 없는 단체가 단체로서 물건을 소유하는 경우이므로, 단체주의에 입각하였음을 쉽게 알 수 있다. 개인주의 · 자유주의를 기간으로 하는 한 독일민법이 전체주의사상이 깃들여 있는 합유 · 총유(?)의 입법화는 모순이라면 모순이라 하겠다. 이 비난은 역시 우리나라의 신민법에도 적합된 것으로 믿는다. 설사 구민법에 합유 · 총유가 있었더라도 신민법이 이의 삭제가 옳거늘 없었다면 더욱 규정하지 않았어야 할 것이다. 그런데도 이를 규정함은 시대의 역행이 아닐 수 없다"고 하면서, 총유는 법인단독소유로 함이 타당하다고 한다.[34]

이러한 총유 제도에 대한 의문은 현재까지 계속 이어지고 있다. 과연 총유가 비법인사단의 실제 소유형태를 설명하는 도구로서의 역할을 다할 수 있는 개념인지, 비법인사

---

32) 최식, 총유에 관한 문제, 법조 14권 2호, 1965, 43면.

33) 곽윤직, 물권법(신정 수정판), 박영사, 2000, 289면.

34) 김기선, 한국물권법(전정증보판), 법원사, 1990, 248-249면.

단에 사단법인에 관한 규정을 준용한다는 규정과 비법인사단의 소유형태를 총유로 한다는 규정이 양립할 수 있는 것인지, 차라리 비법인사단도 실질적으로 법인과 다르지 않으므로 비법인사단의 소유형태도 총유가 아니라 비법인사단의 단독소유로 해야 하는 것이 아닌지 등에 대한 문제 제기가 있다.

이러한 비판론을 고려하여 분과위원회에서는 총유에 관한 민법 규정들을 삭제하는 대신 비법인사단의 재산관계에 대해 상세한 규정들을 두자고 제안하였다. 그 결과 민법 제275조 내지 제277조를 삭제하되, 이로써 발생하는 법적 규율을 메우기 위해 비법인사단 등에 관하여 제39조의2제2항 내지 제4항을 신설하자고 제안하였던 것이다.

그러나 이러한 분과위원회의 제안은 다음과 같은 이유로 받아들여지지 않았다. 분과위원회의 제안은 총유 규정을 폐지하자는 전제 위에 서 있다. 그런데 이는 비법인사단에게도 법인과 마찬가지로 권리능력을 인정하자는 것과 별반 다르지 않다. 그러나 민법이 법인의 성립을 위하여 주무관청의 허가(개정시안에서는 인가)와 등기를 요구하는 이상, 그러한 요건을 갖추지 못한 비법인사단에게도 권리능력을 인정하는 것은 모순이다. 비법인사단에게도 권리능력을 인정한다면 굳이 번거로운 법인 설립 절차를 밟을 필요가 없게 되어 비법인사단이 크게 늘어나게 되고, 결과적으로 민법의 법인 규정의 의미가 퇴색될 것이다. 비법인사단에게 소송상 당사자능력을 인정하는 것은 사실이지만, 이는 실체법상 권리능력과는 구별되는 개념이다. 외국에서도 비법인사단에게 완전한 권리능력을 인정하는 예를 찾아보기는 어렵다. 가령 독일이나 일본에서도 비법인사단의 당사자능력을 인정하지만 그렇다고 하여 비법인사단의 권리능력을 인정하는 것은 아니다. 또한 비법인사단에게 등기능력을 인정하는 것이 비법인사단의 권리능력을 인정하기 위한 유력한 근거로 제시되고 있지만, 다른 나라에서는 비법인사단의 등기능력을 인정하지 않을 뿐만 아니라, 우리나라의 경우 일제 강점기 당시 종중 명의로 등기를 할 수 없었다는 특별한 사정 때문에 위와 같은 등기능력이 인정된 것이므로, 이를 이유로 비법인사단의 권리능력을 인정해야 하는 것은 아니다. 총유 규정에 이론적으로 문제가 없는 것은 아니지만, 현재까지 총유 규정으로 인하여 실제적인 폐해가 발생하여 이를 폐지하여야 할 필요성이 명백히 드러났다고도 할 수 없다. 따라서 현 단계에서는 총유 규정을 삭제하는 것이 부적절하고, 이를 전제로 한 분과위원회의 개정시안도 받아들이기 어렵다.

제7장 지상권

I. 개관

지상권에 관한 개정시안의 주요 내용은 다음과 같다.

○ 관습법상 법정지상권의 민법 편입

관습법상 법정지상권 중 법률행위로 인한 경우는 법정임대차의 형태로 규율하고(제622조의2), 법률행위 이외의 사유로 인한 경우는 기존의 법정지상권 사유(민법 제305조, 제366조)를 포괄하는 새로운 법정지상권으로 규율함으로써(제289조의3), 관습법상 법정지상권을 민법에 모두 편입하였다. 그 결과 민법 제305조와 제366조는 삭제하기로 하였다. 또한 이러한 법정지상권 조항들의 개정에 따라 가등기담보법과 입목법의 법정지상권 조항에 대한 개정시안도 마련하였다.

○ 지상권 계약 갱신 시 최단존속기간 폐지

현행 민법 제284조에서는 지상권 계약을 갱신하는 경우에도 지상권의 최단존속기간 조항을 적용하여 왔는데, 개정시안에서는 이를 적용하지 않는다고 함으로써 지상권 계약 갱신 시에는 당사자의 약정에 따라 최단존속기간보다 짧은 존속기간을 정할 수 있도록 허용하였다.

Ⅱ. 조문별 해설

第284조(갱신과 존속기간)

현행	개정시안
제284조(갱신과 존속기간) 당사자가 계약을 갱신하는 경우에는 지상권의 존속기간은 갱신한 날로부터 제280조의 최단존속기간보다 단축하지 못한다. 그러나 당사자는 이보다 장기의 기간을 정할 수 있다.	제284조(갱신과 존속기간) 당사자가 계약을 갱신하는 경우에는 제280조를 적용하지 아니한다.

1. 개정 배경

현행 민법 제280조에서는 약정지상권의 최단존속기간을 두고 있는데, 이러한 최단존속기간이 경과한 뒤 지상권 계약을 갱신하는 경우에까지 이러한 최단존속기간을 다시 강제하는 것은 사적 자치의 원칙을 지나치게 제한하는 것이다. 그러므로 당사자가 지상권 계약을 갱신하는 때에는 최단존속기간에 관한 제280조를 적용하지 않기로 하였다.

2. 논의 경과

분과위안	실무위안	위원장단안	개정시안(최종)
〈삭제〉	제284조(갱신과 존속기간) 당사자가 계약을 갱신하는 경우에는 제280조를 적용하지 아니한다.	제284조(갱신과 존속기간) 당사자가 계약을 갱신하는 경우에는 제280조를 적용하지 아니한다.	제284조(갱신과 존속기간) 당사자가 계약을 갱신하는 경우에는 제280조를 적용하지 아니한다.

지상권 계약을 갱신할 때에는 민법 제280조 소정의 최단존속기간을 적용하지 않는다는 점에 대해서는 공감대가 형성되었다. 분과위원회는 제284조를 삭제하자고 제안하였으나, 실무위원회는 제284조를 삭제하는 것만으로는 갱신 시 제280조가 적용되지 않는다는 점이 명백하지 않으므로 그 취지를 제284조에 명문으로 규정하자고 제안하였다. 이 제안이 위원장단안과 최종 개정시안에서 그대로 유지되었다.

3. 개정시안의 내용

개정시안의 요지는 당사자가 계약을 갱신하는 때에는 최단존속기간의 적용을 받지 않는다는 것이다. 지상권자는 이미 최초의 계약을 통하여 장기간의 지상권을 보장받는다. 또한 지상권이 소멸한 경우 공작물이나 수목이 현존한다면 지상권자는 계약의 갱신을 청구할 수 있다(제283조 제1항). 지상권설정자가 계약의 갱신에 응하지 않으면 지상권자는 지상물의 매수청구권을 가진다. 그러므로 지상권설정자는 계약갱신에 관한 한 열후한 지위에 놓여 있다. 이러한 상황에서 계약갱신 시 다시 장기간의 최단존속기간을 적용하는 것은 건물의 존속을 보장하고자 하는 취지를 감안하더라도 토지의 효율적 이용과 토지 소유자의 권리를 지나치게 제한하는 것이다. 건물 존속보장의 목적은 이미 최초 계약기간을 장기간 보호함으로써 상당 부분 달성되었다는 점을 생각하면 더욱 더 그러하다. 개정시안은 이러한 배경 아래 계약갱신 시에는 최단존속기간에 관한 제280조를 적용하지 않도록 하였다.

第289조의3 (법정지상권)

현행	개정시안
第366조(법정지상권) 저당물의 경매로 인하여 토지와 그 지상건물이 다른 소유자에 속한 경우에는 토지소유자는 건물소유자에 대하여 지상권을 설정한 것으로 본다. 그러나 지료는 당사자의 청구에 의하여 법원이 이를 정한다.	第289조의3(법정지상권) ① 동일인이 소유하던 토지와 그 지상건물이 경매, 공매, 그 밖의 법률행위 이외의 사유로 서로 다른 소유자에게 속하게 된 경우에는 토지소유자는 건물소유자에 대하여 지상권을 설정한 것으로 본다. ② 저당물을 경매한 경우에는 저당권을 설정할 당시 토지와 그 지상건물이 동일인의 소유에 속한 때에 한하여 제1항을 적용한다. 다만, 동일인이 소유하는 토지와 그 지상건물에 동일한 채권의 담보로 저당권이 설정되고 그 지상건물을 갈음하여 새 건물이 건축된 경우에는 그러하지 아니하다. ③ 제1항의 경우에 지상권의 존속기간은 15년으로 하고, 지료는 당사자의 청구에 의하여 법원이 정한다. 이 때 제283조는 적용하지 아니한다. ④ 제3항의 존속기간 내에 건물이 철거되거나 멸실된 때에는 지상권은 소멸한다.

1. 개정 배경

우리 민법은 토지와 건물을 별개 부동산으로 취급하므로 토지와 건물의 소유자가 달라지는 경우가 있다. 이 때 건물소유자에게 토지를 이용할 권원이 없다면 토지소유자는 건물소유자에게 건물 철거를 청구할 수 있다. 그러나 건물 철거는 건물소유자뿐만 아니라 사회의 관점에서 보더라도 적지 않은 손실이다. 따라서 민법은 건물 존속보장을 위해 전세권 설정 후 토지소유자가 변동된 경우(제305조 제1항)와 저당권 실행으로 토지와 건물의 소유자가 달라진 경우(제366조 제1항)에 법정지상권을 인정한다. 후자의 법정지상권은 『가등기담보 등에 관한 법률』 제10조, 『입목에 관한 법률』 제6조에서도 인정된다.

그런데 1916년 조선고등법원이 관습법상 법정지상권을 인정한 이래, 대법원은 성문법상 법정지상권 이외에도 관습법상 법정지상권을 인정하여 왔다. 관습법상 법정지상권은 ① 토지와 건물이 동일인의 소유에 속할 것, ② 매매 등의 사유로 토지와 건물의 소유자가 다르게 되었을 것, ③ 당사자 사이에 건물을 철거한다는 특약이 없을 것이라는 세 가지 요건이 갖추어지면 성립한다. 대법원은 ② 요건과 관련하여 일반적인 매매 이외에도 증여, 귀속재산 불하, 강제경매, 국세징수법에 의한 공매, 공유물 분할, 민법 부칙 제10조 제1항에 의한 소유권 상실 등의 경우에도 널리 관습법상 법정지상권의 성립을 인정함으로써 이 권리의 적용범위를 넓히고 있다. 일단 이러한 요건이 충족되면 건물소유자는 등기를 하지 않고도 관습법상 법정지상권을 취득하고, 그 존속기간에 대해서는 민법 제280조가 적용된다.

그러나 관습법상 법정지상권에 대해서는 ① 과연 그러한 관습이 존재하였거나 존재하는지 의문스럽고, ② 과연 당사자, 특히 토지소유자에게 이러한 지상권을 설정할 의사가 있는지도 의문스러우며, ③ 관습법상 법정지상권은 등기하지 않아도 성립하므로 거래의 안전과 법적 안정성을 해친다는 비판이 제기되어 왔다.

이러한 배경 아래 민법개정위원회는 관습법상 법정지상권 제도를 입법적으로 폐기하기로 하였다. 그 대신 관습법상 법정지상권을 ① 법률행위 이외의 사유로 인한 경우(예컨대 경매나 공매에 따른 경우)와 ② 법률행위로 인한 경우(예컨대 매매에 따른 경우)로 나누어, 전자는 성문법상 법정지상권 제도에 편입하고, 후자는 법정임대차 제도로 규율하기로 하였다. 이에 따라 전자에 대해서는 개정시안 제289조의3을 마련하고, 후자에 대해서는 개정시안 제622조의2를 마련하였다. 양자를 다르게 취급하는 이유는 전자의 경우에는 처분행위자(토지와 건물을 동시에 소유하는 자)와 그 상대방(토지 또는 건물의 새로운 소유자) 사이에 처분행위 당시 건물의 토지사용권원을 확보할 수 있는 기회가 주어지지 않지만, 후자의 경우에는 그러한 기회가 주어지기 때문이다.

한편 법정지상권에 관한 기존의 민법 조항, 즉 건물의 전세권과 법정지상권에 관한 제305조와 저당물의 경매와 법정지상권에 관한 제366조는 각각 삭제하기로 하였다. 제305조는 대지와 건물이 동일한 소유자에 속한 경우에 건물에 전세권을 설정한 때에는 그 대지소유권의 특별승계인은 전세권설정자에 대하여 지상권을 설정한 것으로 본다고 규정한다. 개정시안에 따르면 특별승계가 법률행위로 인한 경우에는 법정임대차에 관한 제622조의2가, 법률행위 이외의 사유로 인한 경우에는 법정지상권에 관한 제289조의3이 각각 적용된다. 한편 제366조는 저당물의 경매로 인하여 토지와 그 지상건물이 다른 소유자에 속한 경우에는 토지소유자는 건물소유자에 대하여 지상권을 설정한 것으로 본다고 규정한다. 개정시안에 따르면 이러한 경우에는 개정시안 제289조의3이 적용된다.

2. 관련 입법례

◆ 2004년 개정안

제279조의2(지상권의 설정) ① 동일한 소유자에 속하는 토지와 그 지상건물이 법률행위에 의하여 그 소유자를 달리하게 되는 때에는 그 건물소유자를 위하여 존속기간을 정하지 아니한 지상권설정계약이 체결된 것으로 추정한다.

② 동일한 소유자에 속하는 토지와 그 지상건물이 저당물의 경매이외의 경매로 인하여 그 소유자를 달리하게 되는 때에는 제366조를 준용한다.

3. 관련 판례

◆ 대법원 1970. 9. 29. 선고 70다1454 판결

동일한 소유자에 속하는 토지와 그 토지 위의 건물이 매매에 의하여 각기 그 소유자를 달리하게 된 경우에는 특히 그 건물을 철거한다는 조건이 없는 한, 그 건물의 소유자는 그 토지 위에 그 건물을 위한 관습상의 법정지상권을 취득하는 것이고, 이러한 관습은 동일한 소유자에 속하던 토지 및 그 토지 위의 건물이 강제경매에 의하여 각기 그 소유자를 달리하게 된 경우에도 존재하는 것이다.

◆ **대법원 1978. 8. 22. 선고 78다630 판결**

민법 제366조의 규정은 저당권설정 당시부터 저당권의 목적되는 토지 위에 건물이 존재할 경우에 한하여 법정지상권이 성립되며 건물없는 토지에 대하여 저당권이 설정되었는데 그 후에 설정자가 그 위에 건물을 건축한 경우에는 법정지상권이 생긴다고 할 수 없다는 종전의 대법원판례는 아직 변경할 필요가 없다.

◆ **대법원 1991. 4. 26. 선고 90다19985 판결**

민법 제366조 소정의 법정지상권이 성립하려면 저당권의 설정 당시 저당권의 목적이 되는 토지 위에 건물이 존재하여야 하고, 저당권 설정 당시 건물이 존재한 이상 그 이후 건물을 개축, 증축하는 경우는 물론이고 건물이 멸실되거나 철거된 후 재축, 신축하는 경우에도 법정지상권이 성립하며, 이 경우의 법정지상권의 내용인 존속기간, 범위 등은 구 건물을 기준으로 하여 그 이용에 일반적으로 필요한 범위 내로 제한된다.

◆ **대법원 2003. 12. 18. 선고 98다43601 전원합의체 판결**

동일인의 소유에 속하는 토지 및 그 지상 건물에 관하여 공동저당권이 설정된 후 그 지상 건물이 철거되고 새로 건물이 신축된 경우에는 그 신축건물의 소유자가 토지의 소유자와 동일하고 토지의 저당권자에게 신축건물에 관하여 토지의 저당권과 동일한 순위의 공동저당권을 설정해 주는 등 특별한 사정이 없는 한 저당물의 경매로 인하여 토지와 그 신축건물이 다른 소유자에 속하게 되더라도 그 신축건물을 위한 법정지상권은 성립하지 않는다고 해석하여야 하는바, 그 이유는 동일인의 소유에 속하는 토지 및 그 지상 건물에 관하여 공동저당권이 설정된 경우에는, 처음부터 지상 건물로 인하여 토지의 이용이 제한받는 것을 용인하고 토지에 대하여만 저당권을 설정하여 법정지상권의 가치만큼 감소된 토지의 교환가치를 담보로 취득한 경우와는 달리, 공동저당권자는 토지 및 건물 각각의 교환가치 전부를 담보로 취득한 것으로서, 저당권의 목적이 된 건물이 그대로 존속하는 이상은 건물을 위한 법정지상권이 성립해도 그로 인하여 토지의 교환가치에서 제외된 법정지상권의 가액 상당 가치는 법정지상권이 성립하는 건물의 교환가치에서 되찾을 수 있어 궁극적으로 토지에 관하여 아무런 제한이 없는 나대지로서의 교환가치 전체를 실현시킬 수 있다고 기대하지만, 건물이 철거된 후 신축된 건물에 토지와 동순위의 공동저당권이 설정되지 아니 하였는데도 그 신축건물을 위한 법정지상권이 성립한다고 해석하게 되면, 공동저당권자가 법정지상권이 성립하는 신축건물의 교환가치를 취득할 수 없게 되는 결과 법정지상권의 가액 상당 가치를 되찾을 길이 막혀 위와 같이 당초 나대지로서의 토지의 교환가치 전체를 기대하여 담보를 취득한 공동저당권자에게 불측의 손해를 입게 하기 때문이다.

4. 논의 경과

분과위안	실무위안	위원장단안	개정시안(최종)
제289조의3(지상권설정청구권) ① 동일인이 소유하던 토지와 그 지상건물이 법률행위로 인하여 서로 다른 소유자에게 속하게 된 경우, 당사자의 다른 약정이 없으면 건물소유자는 토지소유자에 대하여 그 건물의 소유를 위한 지상권설정을 청구할 수 있다. ② 제1항의 경우 건물소유자는 토지와 건물의 소유자가 달라진 날로부터 6개월내에 토지소유자에 대하여 지상권설정을 청구하는 소를 제기하여야 한다. 이 경우 지상권의 존속기간과 지료는 당사자의 청구에 의하	제289조의3(법정지상권) ① 저당권의 설정 당시 동일인이 소유하던 토지와 그 위의 건물이 저당물의 경매로 인하여 서로 다른 소유자에게 속하게 된 경우에는 토지소유자는 건물소유자에 대하여 지상권을 설정한 것으로 본다. 그러나 동일인이 소유하는 토지와 그 위의 건물에 동일한 채권의 담보로 저당권이 설정되고 그 건물을 갈음하여 새 건물이 건축된 후 저당물이 경매된 경우에는 그러하지 아니하다. ② 제1항에 의한 지상권의 존속기간은 토지와 그 위의 건물의	제289조의3(법정지상권) ① 동일인이 소유하던 토지와 그 지상건물이 경매, 공매, 그 밖의 법률행위 이외의 사유로 서로 다른 소유자에게 속하게 된 경우에는 토지소유자는 건물소유자에 대하여 지상권을 설정한 것으로 본다. ② 저당물을 경매한 경우에는 저당권을 설정할 당시 토지와 그 지상건물이 동일인의 소유에 속한 때에 한하여 제1항의 규정을 적용한다. 다만, 동일인이 소유하는 토지와 그 지상건물에 동일한 채권의 담보로 저당권이 설정되고 그 지상건물을 갈음하여 새	제289조의3(법정지상권) ① 동일인이 소유하던 토지와 그 지상건물이 경매, 공매, 그 밖의 법률행위 이외의 사유로 서로 다른 소유자에게 속하게 된 경우에는 토지소유자는 건물소유자에 대하여 지상권을 설정한 것으로 본다. ② 저당물을 경매한 경우에는 저당권을 설정할 당시 토지와 그 지상건물이 동일인의 소유에 속한 때에 한하여 제1항의 규정을 적용한다. 다만, 동일인이 소유하는 토지와 그 지상건물에 동일한 채권의 담보로 저당권이 설정되고 그 지상건물을 갈음하여 새

분과위안	실무위안	위원장단안	개정시안(최종)
여 법원이 정하며, 제280조, 제281조 및 제283조는 적용하지 아니한다. ③ 제1항에 의하여 지상권설정등기가 된 경우에는 토지와 건물의 소유자가 달라진 때에 지상권이 설정된 것으로 본다. ④ 제1항에 의하여 등기된 지상권은 건물의 소유권에 부종한다.	소유자가 달라진 때부터 10년으로 정한 것으로 본다. 그러나 그 존속기간 내에 그 건물이 철거 또는 멸실된 때에는 지상권이 소멸한다. 지료는 당사자의 청구에 의하여 법원이 정한다. ③ 제283조는 제1항에 의한 지상권에 관하여는 적용하지 아니한다. ④ 제1항부터 제3항까지는 동일인이 소유하던 토지와 그 위의 건물이 저당물의 경매 이외의 경매, 공매, 그 밖의 법률행위 이외의 사유로 서로 다른 소유자에게 속하게 된 경우에 준용한다.	건물이 건축된 경우에는 그러하지 아니하다. ③ 제1항의 경우에 지상권의 존속기간은 15년으로 하고, 지료는 당사자의 청구에 의하여 법원이 정한다. 이 경우 제283조는 적용하지 아니한다. ④ 제3항의 존속기간 내에 건물이 철거되거나 멸실된 때에는 지상권은 소멸한다.	건물이 건축된 경우에는 그러하지 아니하다. ③ 제1항의 경우에 지상권의 존속기간은 15년으로 하고, 지료는 당사자의 청구에 의하여 법원이 정한다. 이 경우 제283조는 적용하지 아니한다. ④ 제3항의 존속기간 내에 건물이 철거되거나 멸실된 때에는 지상권은 소멸한다.

5. 개정시안의 내용

가. 법정지상권의 성립(제1항)

개정시안 제1항은 동일인이 소유하던 토지와 그 지상건물이 법률행위 이외의 사유로 그 소유자가 달라진 경우에는 법정지상권이 성립한다고 규정한다. 이는 민법 제366조에서 정하던 저당권 실행으로 인한 법정지상권 성립 이외에도 기존의 관습법상 법정지상권 중 법률행위로 인한 경우를 제외한 나머지 법정지상권 일체를 규율하는 포괄적인 조항이다. 이에 대하여는 기존의 해석론이 그대로 적용될 수 있을 것이다.

나. 저당물 경매에 관한 특칙(제2항)

개정시안 제2항은 두 가지 내용을 담고 있다.

첫째, 저당권 실행으로 인한 법정지상권에서 토지와 건물이 동일인 소유에 속하여야 하는 시점은 저당권 설정 당시임을 명시한다. 저당권 실행으로 인한 법정지상권에 관한 민법 제366조는 이 점을 명시하지 않았지만, 이미 판례와 학설을 통하여 민법 제366조의 해석론으로 이러한 법리가 정착되어 있었다. 개정시안 제2항은 이러한 법리를 반영한 것이다.

둘째, 토지와 건물이 공동저당의 객체인데 그 중 건물이 철거되었다가 새 건물이 건축된 경우에는 새 건물을 위하여 법정지상권이 성립하지 않음을 명시한다. 이는 대법원 2003. 12. 18. 선고 98다43601 전원합의체 판결의 내용을 입법화한 것이다. 이 판결에 따르면 토지와 그 지상 건물에 대한 공동저당권자는 법정지상권의 부담을 안는 토지와 법정지상권의 유익을 얻는 건물의 담보가치를 일체로 파악함으로써 담보가치 하락을 막고자 하는 것인데, 지상 건물이 멸실되고 그 후 새로 건축한 건물에 대해 토지와 동순위의 공동저당권이 설정되지 않는 경우에 그 건물에 법정지상권이 인정되면 당초 예상하지 못했던 토지 담보가치의 하락을 감수해야 하는 부당한 결과가 발생하므로, 새로운 건물에 대한 법정지상권은 원칙적으로 성립하지 않는다. 즉 저당권자의 합리적 의사와 기대를 보호하고자 하는 것이다.

다만 이 전원합의체 판결에서는 "…그 신축건물의 소유자가 토지의 소유자와 동일하고 토지의 저당권자에게 신축건물에 관하여 토지의 저당권과 동일한 순위의 공동저당권을 설정해 주는 등 특별한 사정"이 있는 경우에는 신축건물에 대한 법정지상권이 성립한다고 하여 위 원칙에 대한 예외를 인정하였다. 그런데 개정시안 제2항은 이러한 예외에 대해서는 언급하지 않은 채 원칙만 조문에 반영하였다. 위와 같은 예외적인 상황에서는 대부분 일괄경매가 이루어질 것이므로 법정지상권의 성립 여부가 문제되는 경우는 거의 없을 것이다. 다만 이론적으로는 토지와 건물에 대한 경매가 별도로 이루어지는 경우도 상정할 수 있다. 이 경우에 전원합의체 판결이 상정하듯이 법정지상권이 성립할 수 있는지는 해석론에 맡겨져 있다.

다. 존속기간과 지료 등(제3항)

개정시안 제3항은 ① 법정지상권 성립 시 존속기간을 15년으로 하고, ② 지료는 당사자의 청구에 의하여 법원이 정하며, ③ 민법 제283조의 갱신청구권과 매수청구권은 적용하지 않는다는 세 가지 내용을 담고 있다.

첫째, 법정지상권의 존속기간에 대해서는 다양한 의견이 제시되었다. 분과위원회와 실무위원회는 법률행위로 인한 경우에 관한 법정임차권의 예에 따라 10년으로 통일하자는 의견을 제시하였으나, 위원장단 회의에서는 약정지상권의 존속기간인 30년, 15년, 5년 중 15년 정도가 적당하다는 의견이 제시되었고, 위원장단 회의 내부 표결 결과 15년으로 결정된 것이 전체회의에서도 그대로 통과되었다.

둘째, 당사자의 청구에 의하여 법원이 지료를 정하도록 한 것은 저당권 실행으로 인한 법정지상권에 관한 민법 제366조의 내용을 그대로 반영한 것이다. 물론 당사자 간 약정에 따라 자율적으로 지료를 정하는 것은 허용된다.

셋째, 법정지상권에 대해 약정지상권에 인정되는 갱신청구권과 매수청구권을 인정하지 않은 이유는 회의자료에 뚜렷하게 나타나 있지 않으나, 아마도 법정지상권에서의 건물존속보장의 필요성이 약정지상권의 경우보다 약하다는 정책적 판단의 결과로 보인다. 이처럼 법률행위 이외의 사유로 인한 법정지상권에 대해서 갱신청구권과 매수청구권을 인정하지 않기로 결정함에 따라, 법률행위로 인한 법정임차권(개정시안 제622조의2 참조)에서도 이러한 권리를 인정하지 않기로 결정하게 되었다. 법률행위로 인한 법정임차권에 관한 개정시안 제622조의2는 아래에서 별도로 설명할 예정이다. 참고로 현행 민법의 해석론으로는 민법 제366조 소정의 법정지상권자는 갱신청구권과 매수청구권을 행사할 수 있다고 새기는데,[1] 이러한 법리가 개정시안에서 달라져야 할 뚜렷한 이유가 있는지는 다소 의문이다.

라. 존속기간 내 건물 철거 또는 멸실시 지상권 소멸(제4항)

개정시안 제4항에 따르면 법정지상권의 존속기간 내에 건물이 철거되거나 멸실된 때에는 지상권은 소멸한다. 이는 저당권 설정 당시 존재하던 건물이 철거되거나 멸실된 후 새 건물을 건축한 경우에도 구 건물을 기준으로 하여 당초 법정지상권이 성립한다는 판결(대법원 1978. 8. 22. 선고 78다630 판결 등)의 법리를 명시적으로 배제한 것이다.

1) 郭潤直 編, 民法注解 VII, 1992, 150면(南孝淳 집필부분).

제305조(건물의 전세권과 법정지상권) : 삭제

현행	개정시안
제305조(건물의 전세권과 법정지상권) ① 대지와 건물이 동일한 소유자에 속한 경우에 건물에 전세권을 설정한 때에는 그 대지소유권의 특별승계인은 전세권설정자에 대하여 지상권을 설정한 것으로 본다. 그러나 지료는 당사자의 청구에 의하여 법원이 이를 정한다. ② 전항의 경우에 대지소유자는 타인에게 그 대지를 임대하거나 이를 목적으로 한 지상권 또는 전세권을 설정하지 못한다.	〈삭 제〉

개정시안은 성문법상 법정지상권 또는 관습법상 법정지상권에 관한 내용을 법률행위 이외의 사유로 인한 경우(제289조의3)와 법률행위로 인한 경우(제622조의2)로 나누어 포괄적으로 규율한다. 그러므로 법정지상권에 관한 민법의 기존 조항들은 더 이상 필요하지 않게 되었다.

민법 제305조는 건물에 전세권이 설정되었다가 토지와 건물의 소유자가 달라진 경우를 규율하고 있다. 개정시안에 따르면 토지의 특별승계가 법률행위로 인한 경우에는 법정임대차에 관한 제622조의2가, 법률행위 이외의 사유로 인한 경우에는 법정지상권에 관한 제289조의3이 각각 적용될 것이다. 그러므로 민법 제305조로 규율할 실익이 없어 이를 삭제하기로 하였다.

第622조의2 (건물 소유를 위한 법정임대차) : 신설

현행	개정시안
〈신 설〉	第622조의2 (건물 소유를 위한 법정임대차) ① 동일인이 소유하던 토지와 그 지상건물이 법률행위로 인하여 서로 다른 소유자에 속하게 된 경우에는 다른 약정이 없으면 토지소유자와 건물소유자가 그 건물의 소유를 위한 토지임대차계약을 체결한 것으로 본다. ② 제1항의 경우 임대차기간은 토지와 건물의 소유자가 달라진 때부터 10년으로 정한 것으로 본다. 이 때 제643조는 적용하지 아니한다. 그러나 건물이 철거 또는 멸실된 때에는 임대차가 종료한다. ③ 차임은 당사자의 청구에 의하여 법원이 정한다. 이 경우에는 제628조를 준용한다. ④ 제1항의 임차인은 임대인의 동의 없이 그 권리를 양도하거나 임차물을 전대할 수 있다.

1. 개정 배경

관습법상 법정지상권에 관한 민법개정위원회의 결단에 대해서는 개정시안 제289조의3의 개정 배경에서 이미 설명하였다. 관습법상 법정지상권에 관한 논의 과정에서는 특히 매매와 같은 법률행위로 인하여 토지와 건물의 소유자가 달라지는 경우에도 건물 소유자에게 관습법상 법정지상권이라는 강력한 보호를 부여하는 것에 대해 비판적인 견해가 지배적이었다. 이 경우 건물 소유자는 토지 소유자와 법률행위 당시 임대차계약이나 지상권설정계약을 체결하는 등 그 토지 사용권원을 확보할 기회가 있으므로, 이러한 조치를 취하지 않은 건물 소유자에게 기간도 길고(견고한 건물의 경우 최단 30년) 물권의 강력한 효과를 지니는 법정지상권을 인정하는 것은 부당한 면이 있다. 또한 관습법상 법정지상권은 건물의 존속보장을 바라는 당사자의 의사를 염두에 두고 판례가 인정하는 것인데, 현실적으로 지상권 약정이 거의 체결되지 않는 상태에서 과연 당사자(특히 토지소유자)에게 과연 위와 같이 강력한 법정지상권을 수인할 의사가 있었다고 추단하기는 어렵다. 한편 건물의 토지 사용권원이 확보되지 않은 채 토지와 건물의 소유자가 달라졌다는 이유로 바로 건물이 철거되어야 하는 것도 당사자의 합리적 의사나 사회경제적 관점에서 타당하지 않은 면이 있다.

이러한 배경 아래 개정시안에서는 법률행위로 인하여 토지와 건물 소유자가 달라진 경우에는 다른 약정이 없는 한 10년의 토지임대차계약을 체결한 것으로 간주함으로써 관습법상 법정지상권을 폐지하였다. 한편 법정임대차도 임대차의 일종이므로 이 조항은 채권편의 임대차에 관한 장에 위치시켰다. 참고로 민법 제622조는 건물의 소유를 목적으로 한 토지임대차에서 건물을 등기하면 제3자에 대하여 임대차의 효력이 생긴다는 규정이다. 법정임대차 제도 역시 건물의 소유를 목적으로 한 토지임대차에 관한 것이므로 민법 제622조에 이어서 제622조의2로 규정하였다

2. 관련 입법례

◆ 2004년 개정안

제279조의2(지상권의 설정) ① 동일한 소유자에 속하는 토지와 그 지상건물이 법률행위에 의하여 그 소유자를 달리하게 되는 때에는 그 건물소유자를 위하여 존속기간을 정하지 아니한 지상권설정계약이 체결된 것으로 추정한다.

② 동일한 소유자에 속하는 토지와 그 지상건물이 저당물의 경매 이외의 경매로 인하여 그 소유자를 달리하게 되는 때에는 제366조를 준용한다.

3. 관련 판례

◆ 대법원 1960. 9. 29. 선고 4292민상944 판결

동일인의 소유에 속하였던 토지 및 가옥이 매매로 인하여 각 소유자를 달리할 때에는 그

가옥매매에 있어 이를 철거한다는 특약이 없는한 가옥소유자는 그 가옥을 위하여 그 지상에 지상권을 취득한다.

4. 논의 경과

분과위안	실무위안	위원장단안	개정시안(최종)
제289조의3 (지상권설정청구권) ① 동일인이 소유하던 토지와 그 지상건물이 법률행위로 인하여 서로 다른 소유자에게 속하게 된 경우, 당사자의 다른 약정이 없으면 건물소유자는 토지소유자에 대하여 그 건물의 소유를 위한 지상권설정을 청구할 수 있다. ② 제1항의 경우 건물소유자는 토지와 건물의 소유자가 달라진 날로부터 6개월내에 토지소유자에 대하여 지상권설정을 청구하는 소를 제기하여야 한다. 이 경우 지상권의 존속기간과 지료는 당사자의 청구에 의하여 법원이 정하며, 제280조, 제281조 및 제283조는 적용하지 아니한다.	제622조의2 (건물 소유를 위한 법정임대차) ① 동일인이 소유하던 토지와 그 지상건물이 법률행위로 인하여 서로 다른 소유자에 속하게 된 때에는 다른 약정이 없으면 토지소유자와 건물소유자가 그 건물의 소유를 위한 토지임대차계약을 체결한 것으로 본다. ② 제1항의 경우 임대차기간은 토지와 건물의 소유자가 달라진 때로부터 10년으로 정한 것으로 본다. 그러나 건물이 철거 또는 멸실된 때에는 임대차가 종료한다. ③ 차임은 당사자의	제622조의2 (건물 소유를 위한 법정임대차) ① 동일인이 소유하던 토지와 그 지상건물이 법률행위로 인하여 서로 다른 소유자에 속하게 된 때에는 다른 약정이 없으면 토지소유자와 건물소유자가 그 건물의 소유를 위한 토지임대차계약을 체결한 것으로 본다. ② 제1항의 경우 임대차기간은 토지와 건물의 소유자가 달라진 때부터 10년으로 정한 것으로 본다. 그러나 건물이 철거 또는 멸실된 때에는 임대차가 종료한다. ③ 차임은 당사자의	제622조의2 (건물 소유를 위한 법정임대차) ① 동일인이 소유하던 토지와 그 지상건물이 법률행위로 인하여 서로 다른 소유자에 속하게 된 경우에는 다른 약정이 없으면 토지소유자와 건물소유자가 그 건물의 소유를 위한 토지임대차계약을 체결한 것으로 본다. ② 제1항의 경우 임대차기간은 토지와 건물의 소유자가 달라진 때부터 10년으로 정한 것으로 본다. 이 때 제643조는 적용하지 아니한다. 그러나 건물이 철거 또는 멸실된 때에는 임대차가 종료한다.

분과위안	실무위안	위원장단안	개정시안(최종)
③ 제1항에 의하여 지상권설정등기가 된 경우에는 토지와 건물의 소유자가 달라진 때에 지상권이 설정된 것으로 본다. ④ 제1항에 의하여 등기된 지상권은 건물의 소유권에 부종한다.	청구에 의하여 법원이 정한다. 이 경우에는 제628조를 준용한다. ※ 지상권설정청구권으로 규율하자는 소수의견이 있었음.	청구에 의하여 법원이 정한다. 이 경우에는 제628조를 준용한다. ④ 제1항의 임차인은 임대인의 동의 없이 그 권리를 양도하거나 임차물을 전대할 수 있다.	③ 차임은 당사자의 청구에 의하여 법원이 정한다. 이 경우에는 제628조를 준용한다. ④ 제1항의 임차인은 임대인의 동의 없이 그 권리를 양도하거나 임차물을 전대할 수 있다.

분과위원회에서는 법정임대차 제도 도입을 검토해야 한다는 의견도 없지 않았지만, 결국 법률행위로 인한 관습법상 법정지상권의 틀을 유지하되 법정지상권이 당연히 성립하게 하지는 않고 건물 소유자에게 지상권설정청구권을 부여하는 방안을 채택하였다. 이는 건물의 존속보장에 좀 더 무게를 둔 방안이다. 지상권설정청구권은 토지와 건물의 소유자가 달라진 날부터 6개월 내에 소로써 행사하게 하고, 존속기간과 지료는 당사자의 청구로 법원이 정하도록 하였다. 또한 지상권설정등기가 이루어진 경우에 한하여 지상권의 효력을 인정하였다(다만 효력발생시점은 토지와 건물의 소유자가 달라진 날임). 이처럼 소송을 통하여 지상권설정청구권을 행사하도록 하고 등기를 요구함으로써 거래의 안전을 도모하고자 하였다.

실무위원회에서는 지상권 설정이 드문 현실에 비추어 보면 당사자들이 강력한 효력을 가지는 지상권 설정을 의도하였으리라고 보기 어렵다는 점, 당사자의 청구로 법원의 결정이 있어야 지상권의 존속기간이 비로소 확정되는 것도 법률관계를 불안정하게 만든다는 점 등 때문에 분과위원회의 제안에 반대하면서 법정임대차 도입을 전제로 한 수정 제안을 마련하였다. 실무위원회 안에서는 존속기간은 10년으로 정하되 차임은 당사자의 청구에 의하여 법원이 정하는 것으로 하였다. 기본적으로 이러한 법적 상황을 지상권이라는 강력한 물권으로 해결하는 것에 반대한 것이다.

위원장단 회의에서는 찬반 양론이 있었으나 결국 법정임대차 도입을 전제로 하는 실무위원회 안을 받아들였다. 다만 법정임대차에 따른 임차인이 임대인의 동의 없이도 임차권의 양도나 전대를 할 수 있도록 하는 제4항을 추가하였다.

전체회의에서는 위원장단안이 대체로 그대로 받아들여졌다. 제2항에서 "이 때 제643조는 적용하지 아니한다."라는 부분을 추가하여 법정임대차에는 임차인의 갱신청구권과 매수청구권이 적용되지 않는다는 점을 명확히 한 점이 다를 뿐이다.

요컨대 분과위원회에서 지상권의 틀로 규율하고자 하였던 흐름이 실무위원회를 거치면서 임차권의 틀로 규율하는 쪽으로 바뀌었고, 그 이후에 이러한 흐름이 위원장단 회의와 전체회의에서 그대로 연결되어 법정임대차 제도가 법률행위로 인한 관습법상 법정지상권 제도를 대체하게 되었다.

5. 개정시안의 내용

가. 법정임대차 간주(제1항)

개정시안 제1항은 동일인이 소유하던 토지와 그 지상건물이 법률행위로 인하여 서로 다른 소유자에게 속하게 된 경우에는 다른 약정이 없으면 토지소유자와 건물소유자가 그 건물의 소유를 위한 토지임대차계약을 체결한 것으로 본다고 규정한다. 통설과 판례는 경매도 사법상 매매의 일종으로 파악하지만, 경매에는 개정시안 제289조의3제1항이 적용되므로 "법률행위로 인하여" 토지와 건물이 다른 소유자에게 속한 경우에 해당하지 않는다.

개정시안이 법정지상권 대신 법정임대차를 채택한 이유는 그것이 당사자의 합리적인 의사에 가깝기 때문이다. 법정임대차의 구체적인 내용은 해석론의 몫으로 남겨져 있다. 가령 동일인이 토지와 그 지상건물을 소유하는지를 판단하는 기준시점이 원인행위 시인지, 아니면 처분행위 시인지, 법정임대차의 효력이 토지에 미치는 범위가 어디까지인지[2] 등은 여전히 해석론의 문제로 남아 있다.

한편 제1항은 "건물의 소유를 위한 토지임대차계약을 체결한 것으로 본다"라고 규정함으로써 법정임대차 성립을 간주한다. 이 점에서 지상권설정계약이 체결된 것으로 "추정"한 2004년 민법 개정안과 구별된다. 논의 과정에서 당사자의 의사를 묻지 않고 임대차계약의 체결을 간주하는 것은 사적 자치에 대한 지나친 개입이라는 비판이 제기되기도 하였지만, 그렇게 하는 것이 법률관계를 명확하게 하여 분쟁을 줄이는 효과가 있다는 반론이 제기되기도 하였다. 법정임대차 간주가 법률관계를 더욱 간명하게 만드는 장점이 있다면, 법정임대차 추정은 당사자의 의사를 더욱 존중하는 장점이 있다. 이는 입법적 선택의 문제이다. 본래 법정지상권이나 관습법상 법정지상권 자체가 건물 존속 보장을 위해 당사자의 의사를 "간주"하는 제도인 점, 제1항에 "다른 약정이 없으면"이라는 단서를 부가함으로써 당사자가 법률관계를 달리 정할 수 있는 여지를 열어놓고 있는 점 등을 감안하면 법정임대차 간주도 수긍할 수 있는 입법적 선택이다.

토지이용권원에 대한 교섭이 결렬된 상태에서 건물의 소유권이 이전된 경우에는 간주와 추정의 차이가 발생할 수 있다. 간주 조항에 따르면 건물을 철거하기로 하는 묵시적 약정이 인정되지 않는 한 법정임대차가 성립하지만, 추정 조항에 따르면 토지소유자는 위와 같은 경우에 임대차계약이 자신의 의사에 반한다는 점을 증명하여 임대차 추정을 깨뜨릴 수 있기 때문이다. 다만 실제로 위와 같은 상황은 거의 발생하지 않을 것이다.

나. 법정임대차 존속(제2항)

(1) 존속기간

개정시안 제2항 제1문은 법정임대차의 존속기간을 10년으로 정하였다. 10년이라는 기간은 처분의 능력 또는 권한 없는 자가 토지임대차계약을 체결하는 경우에 그 임대차기간이 10년을 넘지 못하도록 하는 민법 제619조 제1호를 참조한 것이다.[3] 이러한 존속기간은 당사자 사이에 약정이 없는 경우에 한하여 적용되는 것이다. 존속기간의 기산점은 토지와 건물의 소유자가 달라지는 때이다. 존속기간 중 건물이 철거 또는 멸실된 때에는

---

2) 관습법상 법정지상권의 경우에는 특별한 사정이 없는 한 그 건물을 사용하는데 일반적으로 필요한 범위 내의 대지에 한하여 관습법상 법정지상권이 인정된다고 한다. 대판 1966. 12. 20, 66다1844.

3) 그 이외에도 실무위원회가 법정임차권에 관한 개정시안을 작성하던 당시 분과위원회가 법정지상권에 관한 개정시안 제289조의3에서 법정지상권의 존속기간을 10년으로 단축하여 제안하였던 점도 법정임대차 기간을 10년으로 정하는 데에 영향을 미쳤다.

임대차가 종료된다(제2항 제3문). 이 점에서 일반 임대차와 구별된다. 건물의 철거 또는 멸실 후 건물을 신축한다고 하여 기존 임대차가 유지되거나 부활한다고 할 수는 없다.

(2) 갱신청구권 및 매수청구권의 배제

개정시안 제2항 제2문은 법정임대차에는 갱신청구권과 매수청구권에 관한 민법 제643조가 적용되지 않는다고 규정한다. 이는 법률행위 이외의 사유로 인한 법정지상권(개정시안 제289조의3)에서도 갱신청구권과 매수청구권을 인정하지 않는 것과 균형을 맞추기 위한 것이다. 또한 이는 법정임차권이 어디까지나 일정 기간 건물 존속을 위한 임시적이고 보충적인 것에 지나지 않는다는 생각에 기초한 것이기도 하다. 그러나 이로 인해 건물 존속보장이 약화된 면도 없지 않다.

다. 법정임대차의 차임(제3항)

개정시안 제3항 제1문에서는 차임은 당사자의 청구에 의하여 법원이 정하도록 규정하였다. 물론 당사자 사이에 차임에 관한 약정이 존재한다면 그에 따르면 충분하다. 또한 개정시안 제3항 제2문에서는 차임에 관하여 차임증감청구권에 관한 민법 제628조를 준용하도록 규정하였다. 따라서 경제사정의 변동으로 차임이 상당하지 않게 된 경우 당사자는 장래에 대한 차임의 증감을 청구할 수 있다.

라. 법정임차권의 양도와 전대(제4항)

개정시안 제4항에서는 제1항의 임차인은 임대인의 동의 없이 그 권리를 양도하거나 임차물을 전대할 수 있다고 규정하였다. 이는 건물 처분의 편의를 도모하고 건물 존속의 보장을 강화하기 위한 것이다. 만약 이러한 조항이 없다면 임차인이 임대인의 동의 없이 건물을 양도하거나 전대한 경우 임대인은 이를 이유로 계약을 해지할 수 있어(민법 제629조 참조) 건물의 양수인이나 전차인은 건물철거청구를 당할 위험에 처한다. 제4항은 이러한 위험으로부터 건물 양수인과 전차인을 보호하고, 나아가 건물 소유자의 처분을 좀 더 편리하게 한다.

가등기담보에 관한 법률 제10조(법정지상권)

현행	개정시안
제10조(법정지상권) <u>토지와 그 위의 건물이 동일한 소유자에게 속하는 경우 그 토지나 건물에</u> 대하여 <u>제4조 제2항에</u> 따른 소유권을 취득하거나 담보가등기에 따른 본등기가 행하여진 경우에는 <u>그 건물의 소유를 목적으로 그 토지 위에 지상권(地上權)이 설정된 것으로 본다. 이 경우 그 존속기간과 지료(地料)는 당사자의 청구에 의하여 법원이 정한다.</u>	제10조(법정지상권) 동일인이 소유하던 토지와 그 지상건물에 대하여 <u>제4조 제2항에</u> 따른 소유권을 취득하거나 담보가등기에 따른 본등기가 행하여진 경우에는 <u>민법 제289조의3을 준용한다.</u>

가등기담보에 관한 법률(이하 '가등기담보법') 제10조는 가등기담보권의 실행으로 인하여 토지와 건물의 소유자가 달라지는 경우의 법정지상권에 대해 규정한다. 민법에 법정지상권 관련 조항이 있는데도 가등기담보법에서 별도로 이러한 조항을 둔 이유는 민법이 건물 전세권(제305조) 또는 저당권 실행(제366조)으로 인한 법정지상권만 개별적으로 규율할 뿐 가등기담보권의 실행으로 인한 법정지상권은 규율하지 않기 때문이다.

그런데 개정시안 제289조의3는 경매 등 법률행위 이외의 사유로 토지와 건물의 소유자가 달라진 경우에 법정지상권이 성립한다고 규정함으로써 법정지상권 성립원인을 포괄적으로 규율한다. 따라서 가등기담보권의 실행에 따라 토지와 건물의 소유자가 달라지는 경우도 개정시안 제289조의3의 적용을 받는다. 그러므로 가등기담보권 실행에 따른 법정지상권에 대해서는 개정시안 제289조의3을 준용하는 것으로 규정하면 충분하다. 민법 개정시안이 실제로 시행될 경우 가등기담보법의 개정도 불가피하므로 민법개정위원회는 가등기담보법의 관련 규정에 관한 개정시안도 함께 마련하였다.

다만 가등기담보법 제10조 제2문은 존속기간 및 지료는 당사자의 청구에 의하여 법원이 정한다고 규정하는데, 개정시안 제289조의3에서는 존속기간을 15년으로 하고, 지료만 당사자의 청구에 의하여 법원이 정한다고 규정한다(제3항). 그러므로 가등기담보권 실행으로 인한 법정지상권의 존속기간에 관하여는 현행 가등기담보법과 차이가 생긴다.

입목에 관한 법률 제6조(법정지상권 등)

현행	개정시안
제6조(법정지상권) ① 입목의 경매나 그 밖의 사유로 토지와 그 입목이 각각 다른 소유자에게 속하게 되는 경우에는 토지소유자는 입목소유자에 대하여 지상권을 설정한 것으로 본다. ② 제1항의 경우에 지료(地料)에 관하여는 당사자의 약정에 따른다.	제6조(법정지상권 등) ① 동일인이 소유하던 토지와 그 입목이 경매, 공매, 그 밖의 법률행위 이외의 사유로 서로 다른 소유자에게 속하게 된 경우에는 민법 제289조의3을 준용한다. ② 동일인이 소유하던 토지와 그 입목이 법률행위로 인하여 서로 다른 소유자에게 속하게 된 경우에는 민법 제622조의2를 준용한다.

『입목에 관한 법률』(이하 '입목법') 제6조는 토지와 입목의 소유자가 달라지는 경우의 법정지상권에 대해 규정한다. 민법에 법정지상권 관련 조항이 있는데도 입목법에서 별도로 이러한 조항을 둔 이유는 민법이 건물 전세권(제305조) 또는 저당권 실행(제366조)으로 인한 법정지상권만 개별적으로 규율할 뿐 입목에 관한 법정지상권은 규율하지 않기 때문이다. 한편 입목법의 법정지상권 규정은 법률행위 이외의 사유로 인한 경우 이외에도 법률행위로 인한 경우까지 함께 규율하고 있어, 가등기담보권의 실행, 즉 법률행위 이외의 사유로 인한 경우만 규율하는 가등기담보법의 법정지상권 규정과 구별된다. 이 점에서 입목법은 이미 관습법상 법정지상권에 관한 판례 법리를 성문화하였다고 평가할 수 있다.

그런데 개정시안에서는 관습법상 법정지상권 중 법률행위 이외의 사유로 인한 경우는 새로운 법정지상권 조항(개정시안 제289조의3)으로, 법률행위로 인한 경우는 법정임대차 조항(개정시안 제622조의2)으로 각각 편입되면서 개정시안이 실제 개정으로 이어질 경우 입목법의 개정도 불가피하게 되었다. 따라서 입목법에서도 법률행위 이외의 사유로 인한 경우에는 개정시안 제289조의3을, 법률행위로 인한 경우에는 개정시안 제622조의2를 각각 준용하는 것으로 하였다. 또한 입목법 제2항은 지료는 당사자 사이의 약정으로 정하는 것으로 규정하는데, 개정시안에서는 지료 문제도 개정시안의 해당 조항들에 따라 당사자의 청구로 법원이 정하는 것으로 하면서 제2항의 내용은 삭제하였다.

참고 지상권의 존속기간 단축 논의

민법 제280조는 약정지상권의 최단존속기간을 다음과 같이 정한다.

- 견고한 건물이나 수목의 소유를 목적으로 하는 지상권 : 30년
- 그 이외의 건물의 소유를 목적으로 하는 지상권 : 15년
- 건물 이외의 공작물의 소유를 목적으로 하는 지상권 : 5년

이러한 약정지상권의 최단존속기간은 법정지상권이나 관습법상의 법정지상권에도 적용된다(대법원 1992.6.9. 선고 92다4857 판결; 대법원 1997.1.21. 선고 96다40080 판결).

분과위원회는 이러한 최단존속기간이 지나치게 길다고 보았다. 이에 따라 그 최단존속기간을 다음과 같이 단축하자고 제안하였다.[4]

- 건물이나 수목의 소유를 목적으로 하는 지상권 : 10년
- 건물 이외의 공작물의 소유를 목적으로 하는 지상권 : 5년

분과위원회는 민법 제280조에서 정한 지상권의 세 유형을 건물 · 수목 지상권과 공작물 지상권의 두 가지로 단순화하고, 건물 · 수목 지상권의 존속기간을 10년으로 대폭 단축한 것이다. 이러한 제안을 뒷받침하는 논거는 다음과 같다.

- 지상권의 최단존속기간이 지나치게 길어서 소유자가 지상권 설정을 꺼려하기 때문에 지상권이 거의 활용되지 않고 있다.

4) 분과위원회 논의 과정에서는 지상권의 존속기간에 대한 규제를 폐지하고 당사자의 합의에 의하도록 하되 정함이 없는 때에 한하여 건물이나 수목 소유 목적 지상권은 10년, 그 밖의 공작물 소유 지상권은 5년으로 하자는 안도 제시되었다.

- 약정지상권의 존속기간은 당사자가 사적 자치의 원칙에 따라 자유롭게 결정할 수 있는 것이 원칙인데, 건물의 존속보장에 대한 요청을 감안하더라도 30년 미만으로 지상권 기간을 정하지 못하도록 하여 당사자의 약정을 무력화하는 것은 과도한 규제이다.
- 현행 민법은 견고한 건물과 그렇지 않은 건물의 지상권 존속기간을 다르게 정하지만, 건축기술이 상당히 발전한 현재에는 이렇게 구분할 의미가 크지 않고, 건물의 견고성 유무라는 기준은 불명확하기도 하므로, 이에 따라 존속기간을 다르게 정하는 것은 타당하지 않다.[5)]

그러나 이러한 제안에 대해서는 개정이 필요하지 않다는 반대 의견도 개진되었다. 반대 의견을 뒷받침하는 논거는 다음과 같다.

- 개정 제안에서는 지상권의 최단존속기간이 지나치게 길어서 지상권이 활용되지 않는다고 하지만, 지상권의 최단존속기간을 단축한다고 하여 지상권 활용이 늘어날 것인지 의문이다. 오히려 지상권이 잘 활용되지 않는 이유는 그 대체수단으로 임대차가 널리 활용되기 때문이라고 생각된다.
- 지상권의 최단존속기간이 줄어들면 건물의 존속 보장을 해친다.
- 지상권의 최단존속기간을 단축해야 한다는 공감대가 형성되었다고 보기 어려우므로 현재 조항대로 두는 것이 안전하다.

참고로 일본민법 제268조에서는 지상권의 존속기간에 관하여 규정하면서 최단존속기간에 대해서는 별도로 정하지 않는 반면, 이에 대한 특별법인 차지차가법借地借家法 제2조 제1호에서는 차지권(건물의 소유를 목적으로 하는 지상권 또는 토지임차권)의 최단존속기간을 30년으로 정하고 있다. 그러므로 일본에서는 적어도 건물 소유 목적 지상권에 대

---

5) 판례는 민법 제280조 제1항 제1호가 정하는 견고한 건물인가의 여부는 그 건물이 갖는 물리, 화학적 외력, 화재에 대한 저항력 또는 건물해체의 난이도 등을 종합하여 판단하여야 한다고 한다(대판 1988. 4. 12, 87다카2404; 대판 1997 1. 21, 96다40080). 또한 건물이 목재기둥으로 세워졌더라도 벽체가 벽돌과 시멘트블록, 지붕이 스레트로 각각 이루어져 있어 상당기간 내구력을 지니고 있고 용이하게 해체할 수 없는 경우에는 견고한 건물로 취급한다(대판 2003. 10. 10 2003다33165).

해서는 30년의 최단존속기간이 적용된다.[6] 반면 독일의 지상권에 관한 법률Gesetz über das Erbaurecht에서는 지상권의 최단존속기간에 관하여 정하지 않고, 스위스민법 제779조의1에서는 지상권의 최장존속기간(100년)만 정할 뿐 최단존속기간은 정하지 않으며, 오스트리아 지상권법Baurrechtgesetz 제3조 제1항에서는 지상권의 최단존속기간을 10년, 최장존속기간을 100년으로 정하고 있다.

전체회의의 표결 결과 민법 제280조는 개정하지 않기로 하였다.[7] 따라서 개정시안에서는 지상권의 최단존속기간을 단축하지 않았다.

---

6) 단 당사자가 차지계약을 갱신하는 때에는 그 최단존속기간은 최초 갱신시는 20년, 그 이후의 갱신시는 10년이다. 차지차가법 제4조 참조.

7) 민법 제280조를 개정하는 경우 이를 인용하는 제281조도 개정할 필요가 있었는데, 제280조를 개정하지 않기로 하였으므로 이에 따라 제281조도 개정하지 않기로 하였다.

제8장 지역권

I. 개관

지역권에 관하여는 특수지역권을 폐지한 것 이외에는 의미 있는 개정이 이루어지지 않았다. 지역권에 관한 개정시안의 주요 내용은 다음과 같다.

○ 용어 정비

지역권에 관한 민법 조항들에서는 요역지要役地와 승역지承役地라는 용어를 쓰고 있으면서도 그 용어가 구체적으로 무슨 의미인지는 밝히지 않고 있다. 개정시안에서는 지역권에 관한 첫 번째 조항인 제291조에서 요역지와 승역지의 의미를 밝혀 국민들의 이해가능성을 높였다.

○ 조문 위치 변경과 표현 수정

민법 제299조(위기에 의한 부담면제)를 개정시안 제298조 제2항으로 옮겼다. 민법 제

298조의 표제를 "승역지소유자의 의무와 승계"에서 "공작물 설치의무의 승계 및 소멸"로 변경하는 등 민법 제292조와 제298조의 표현을 수정하였다.

○ 특수지역권 폐지

특수지역권에 관한 민법 제302조를 삭제하였다.

Ⅱ. 조문별 해설

제291조(지역권의 내용)

현행	개정시안
제291조(지역권의 내용) 지역권자는 일정한 목적을 위하여 타인의 토지를 자기토지의 편익에 이용하는 권리가 있다.	제291조(지역권의 내용) 지역권자는 일정한 목적을 위하여 타인의 토지(승역지: 承役地)를 자기 토지(요역지: 要役地)의 편익에 이용하는 권리가 있다.

1. 개정 배경

현행 민법 제291조 내지 제302조는 지역권에 관하여 규율한다. 그 중 첫 번째 조항인 민법 제291조는 "타인의 토지"와 "자기토지"라는 용어를 사용하는데, 민법 제292조 이하에서는 별다른 설명 없이 이를 "승역지"와 "요역지"라는 용어로 바꾸어 사용한다. 그런데 승역지와 요역지는 일상적으로 사용되는 용어가 아니므로 일반 국민들이 이해하기 어렵다. 따라서 민법 제291조에서는 타인의 토지가 승역지를, 자기 토지가 요역지를 각각 의미한다는 점을 명시하고 그 의미를 더욱 명확히 하기 위해 한자를 병기하기로 하였다.

2. 관련 입법례

◆ **2004년 개정안**

개정논의가 없었다.

◆ 부동산등기법

제37조(합필 제한) ① 소유권 · 지상권 · 전세권 · 임차권 및 승역지(承役地: 편익제공지)에 하는 지역권의 등기 외의 권리에 관한 등기가 있는 토지에 대하여는 합필(合筆)의 등기를 할 수 없다. 다만, 모든 토지에 대하여 등기원인 및 그 연월일과 접수번호가 동일한 저당권에 관한 등기가 있는 경우에는 그러하지 아니하다.
② 생략

제38조(합필의 특례) ① 생략
② 「측량 · 수로조사 및 지적에 관한 법률」에 따른 토지합병절차를 마친 후 합필등기를 하기 전에 합병된 토지 중 어느 토지에 관하여 제37조 제1항에서 정한 합필등기의 제한 사유에 해당하는 권리에 관한 등기가 된 경우라 하더라도 이해관계인의 승낙이 있으면 해당 토지의 소유권의 등기명의인은 그 권리의 목적물을 합필 후의 토지에 관한 지분으로 하는 합필등기를 신청할 수 있다. 다만, 요역지(要役地: 편익필요지)에 하는 지역권의 등기가 있는 경우에는 합필 후의 토지 전체를 위한 지역권으로 하는 합필등기를 신청하여야 한다.

◆ 일본민법[1]

제280조(지역권의 내용) 지역권자는 설정행위로 정한 목적에 따라 타인의 토지를 자기 토지의 편익에 제공하는 권리가 있다. 다만, 제3장 제1절(소유권의 한계)의 규정(공적 질서에 관한 것에 한한다)에 위반하지 않는 것이 아니면 안 된다.

제281조(지역권의 부종성) ① 지역권은 요역지(지역권자의 토지로 타인의 토지로부터 편익을 받는 것을 말한다. 이하 같다)의 소유권에 부종하는 것으로서 그 소유권과 함께 이전하며, 또는 요역지에 대하여 존재하는 다른 권리의 목적이 된다. 다만, 설정행위에 별단의 정함이 있는 때에는 그러하지 아니하다.
② 지역권은 요역자와 분리하여 양도하거나 다른 권리의 목적으로 할 수 없다.

제285조(용수지역권) ① 용수지역권의 승역지(지역권자 이외의 자의 토지로 요역지의 편익에 제공되는 것을 말한다. 이하 같다)에서 물이 요역지 및 승역지의 수요에 비하여 부족한 때에는 그 각 토지의 수요에 상응하여, 먼저 이를 생활용으로 공급하고 그 잔여를 다른 용도에 공급하여야 한다. 다만, 설정행위에 다른 정함이 있는 때에는 그러하지 아니하다.

② 동일한 승역지에 수개의 용수지역권을 설정한 때에는 후순위 지역권자는 선순위의 지역권자의 물 사용을 방해해서는 안 된다.

3. 논의 경과

분과위안	실무위안	위원장단안	개정시안
제291조(지역권의 내용) 지역권자는 일정한 목적을 위하여 타인의 토지(이를 승역지라 한다)를 자기 토지(이를 요역지라 한다)의 편익에 이용하는 권리가 있다.	제291조(지역권의 내용) 1안) 지역권자는 일정한 목적을 위하여 타인의 승역지를 자기 요역지의 편익에 이용하는 권리가 있다. 2안) 지역권자는 일정한 목적을 위하여 타인의 토지(승역지)를 자기 토지(요역지)의 편익에 이용하는 권리가 있다.	제291조(지역권의 내용) 지역권자는 일정한 목적을 위하여 타인의 토지(승역지)를 자기 토지(요역지)의 편익에 이용하는 권리가 있다.	제291조(지역권의 내용) 지역권자는 일정한 목적을 위하여 타인의 토지(승역지: 承役地)를 자기 토지(요역지: 要役地)의 편익에 이용하는 권리가 있다.

승역지와 요역지의 개념은 일반인에게 생소하므로 그 의미가 좀 더 쉽게 전달될 수 있도록 해야 한다는 점에 대해서는 분과위원회부터 위원장단 회의에 이르기까지 대체로 공감대가 형성되었다.

이러한 목적을 달성하기 위한 방법으로 위원장단 회의에서는 승역지와 요역지의 개념을 그대로 두되 이를 설명하는 방법과 개념 자체를 보다 쉬운 개념으로 바꾸는 방법

1) 권철, 일본민법전, 105면.

이 논의되었다. 후자와 관련해서는 부동산등기법 제37조, 제38조에서 사용하는 편익제공지(승역지 의미), 편익필요지(요역지 의미)라는 용어로 대체하자는 제안도 있었다. 위원장단 회의의 논의 결과 첫 번째 방법을 채택하기로 하였다.

전체회의에서는 위원장단 안을 그대로 채택하되 "승역지"와 "요역지"에 각각 한자를 병기하기로 결정하였다.

4. 개정시안의 내용

민법 제291조 중 "타인의 토지" 다음에 괄호(승역지承役地)를 추가하고, "자기 토지"[2] 다음에 괄호(요역지要役地)를 추가하였다. 승역지와 요역지의 개념을 곧바로 정의 하지는 않았지만 지역권의 내용에 비추어 승역지와 요역지가 각각 어떤 토지를 의미하는지를 알 수 있게 하였다.

---

2) 현행 민법은 "자기토지"로 되어 있으나, 개정시안에서는 이를 띄어 쓴다.

第292조(부종성)

현행	개정시안
第292조(부종성) ① 지역권은 요역지소유권에 부종하여 이전하며 또는 요역지에 대한 소유권이외의 권리의 목적이 된다. 그러나 다른 약정이 있는 때에는 그 약정에 의한다. ② (현행과 같음)	第292조(부종성) ① 지역권은 요역지소유권에 부종하여 이전하며, 요역지에 대한 소유권이외의 권리의 목적이 된다. 그러나 다른 약정이 있는 때에는 그 약정에 의한다. ② (현행과 같음)

"또는"은 어법에 맞지 않을 뿐 아니라 문맥상 불필요하므로 삭제하고, "이전하며" 다음에 쉼표를 추가하였다.

第298條(공작물 설치의무의 승계 및 소멸)

현행	개정시안
第298條(승역지소유자의 의무와 승계) 계약에 의하여 승역지소유자가 자기의 비용으로 지역권의 행사를 위하여 공작물의 설치 또는 수선의 의무를 부담한 때에는 승역지소유자의 특별승계인도 그 의무를 부담한다.	第298條(공작물 설치의무의 승계 및 소멸) ① 계약에 의하여 승역지 소유자가 지역권자를 위하여 자기의 비용으로 공작물의 설치 또는 수선의 의무를 부담한 때에는 승역지 소유자의 특별승계인도 그 의무를 부담한다. ② 승역지 소유자는 지역권에 필요한 부분의 토지소유권을 지역권자에게 이전하는 의사를 표시하고 그 이행을 제공함으로써 제1항의 의무를 면할 수 있다.
第299條(위기에 의한 부담면제) 승역지의 소유자는 지역권에 필요한 부분의 토지소유권을 지역권자에게 위기하여 전조의 부담을 면할 수 있다.	〈삭 제〉

1. 개정 배경

민법 제298조와 제299조는 모두 승역지 소유자가 공작물 설치 또는 수선의 의무를 부담하는 경우에 관하여 규정하고 있으므로, 두 조항을 하나의 조항으로 합치기로 하였다. 또한 제299조의 "위기委棄"라는 표현은 일반인에게 생소하므로 그 내용을 풀어쓰기로 하였다.

2. 관련 입법례

◆ **2004년 개정안**

第299條(부담의 면제) 승역지의 소유자는 지역권에 필요한 부분의 토지소유권을 지역권자의

동의없이 그에게 이전하여 제298조의 부담을 면할 수 있다.

◆ 일본민법[3]

제286조(승역자 소유자의 공작물 설치의무 등) 설정행위 또는 설정 후의 계약에 의하여 승역지 소유자가 자기의 비용으로 지역권의 행사를 위하여 공작물을 설치하거나 그것을 수선할 의무를 부담한 때에는 승역지 소유자의 특정승계인도 그 의무를 부담한다.

제287조[4] 승역지 소유자는 언제든지 지역권에 필요한 토지부분의 소유권을 포기하여 지역권자에게 이전하고 이로써 전조의 의무를 면할 수 있다.

3. 논의 경과

분과위안	실무위안	위원장단안	개정시안
제298조(공작물 설치의무의 승계 및 소멸) ①계약에 의하여 승역지 소유자가 지역권자를 위하여 자기의 비용으로 공작물의 설치 또는 수선의 의무를 부담한 때에는 승역지 소유자의 특별승계인도 그 의무를 부담한다. ②승역지 소유자는 지역권에 필요한 부분의 토지소유권을 지역권자에게 이전	제298조(공작물 설치의무의 승계 및 소멸) ①계약에 의하여 승역지 소유자가 지역권자를 위하여 자기의 비용으로 공작물의 설치 또는 수선의 의무를 부담한 때에는 승역지 소유자의 특별승계인도 그 의무를 부담한다.(분과위 안과 같음).	제298조(공작물 설치의무의 승계 및 소멸) ①계약에 의하여 승역지 소유자가 지역권자를 위하여 자기의 비용으로 공작물을 설치하거나 수선할 의무를 부담한 때에는 승역지 소유자의 특별승계인도 그 의무를 부담한다.	제298조(공작물 설치의무의 승계 및 소멸) ①계약에 의하여 승역지 소유자가 지역권자를 위하여 자기의 비용으로 공작물을 설치하거나 수선할 의무를 부담한 때에는 승역지 소유자의 특별승계인도 그 의무를 부담한다.

3) 권철, 일본민법전, 107면.

4) 일본민법 제287조에는 표제가 없다.

분과위안	실무위안	위원장단안	개정시안
함으로써 제1항의 의무를 면할 수 있다. 다만, 지역권자가 정당한 사유 없이 소유권이전등기를 신청하지 않는 경우에는 승역지 소유자가 지역권자에게 소유권을 이전하겠다는 의사를 통지하고 이전등기에 필요한 서류를 제공한 때에 그 의무가 소멸한다.	② 승역지 소유자는 지역권에 필요한 부분의 토지소유권을 지역권자에게 이전하는 의사를 표시하고 그 이전을 제공함으로써 제1항의 의무를 면할 수 있다.	② 승역지 소유자는 지역권에 필요한 부분의 토지소유권을 지역권자에게 이전하는 의사를 표시하고 그 이행을 제공함으로써 제1항의 의무를 면할 수 있다.	② 승역지 소유자는 지역권에 필요한 부분의 토지소유권을 지역권자에게 이전하는 의사를 표시하고 그 이행을 제공함으로써 제1항의 의무를 면할 수 있다.
제299조 〈삭 제〉	제299조 〈삭 제〉	제299조 〈삭 제〉	제299조 〈삭 제〉

개정시안 제298조 제1항(현행 민법 제298조)은 표현을 수정한 것에 불과하므로 별다른 논란이 없었다. 반면 개정시안 제298조 제2항에 대해서는 원칙적으로 승역지 소유자가 지역권자에게 토지소유권을 이전해야 제1항의 의무를 면하는지(분과위원회의 입장. 다만 지역권자가 등기하지 않는 경우에 대한 예외를 두고 있음), 아니면 토지소유권 이전의 의사표시와 이행 제공만으로 제1항의 의무를 면하는지(실무위원회의 입장)에 대한 논란이 있었다. 위원장단 회의에서는 후자의 입장을 채택하였다. 위원장단 안은 전체회의에서 수정 없이 확정되었다.

4. 개정시안의 내용

개정시안 제298조 제1항은 민법 제298조의 내용을 그대로 채택하되 표현만 수정하였다. 이 조항에 따르면 승역지 소유자가 지역권자에 대해 계약상 부담하는 공작물설치 또는 수선의무는 승역지 소유자의 특별승계인에게도 승계된다. 본래 승역지 소유자의 특별승계인은 공작물설치 또는 수선에 관한 계약의 당사자가 아니므로 그 계약에 따른 의무를 부담하지 않는 것이 원칙이지만, 지역권의 실효성을 보장하기 위해 이에 대한 예외를 인정한 것이다.

개정시안 제298조 제2항은 민법 제299조의 내용을 가져와서 신설한 조항이다. 우선 '위기委棄'는 일반인들이 이해하기 어려운 일본식 용어이므로 삭제하기로 하였다. 2004년 민법 개정안 작성 당시에도 마찬가지 이유로 이 용어를 삭제하기로 한 바 있다. 한편 위 용어를 어떻게 이해하여 풀어쓸 것인가에 대해서는 앞서 설명한 바와 같은 논의가 있었으나, 최종적으로는 ① 승역지 소유자에 의한 토지소유권 이전의 의사표시, ② 이전의 이행제공의 두 가지 요소를 갖추면 승역지 소유자가 계약상 의무를 면하는 것으로 하였다. 여기에서의 토지소유권 이전은 쌍방의 합의에 따른 이전이 아니라 승역지 소유자의 일방적인 의사표시에 의한 이전이다. 또한 유상이전이 아니라 무상이전이다.

우선 토지소유권이 실제로 지역권자에게 이전되면 지역권자는 그 토지를 아무런 제한 없이 이용할 수 있으므로 승역지 소유자에게 지역권자를 위한 계약상 의무를 부담시킬 이유가 없다. 따라서 토지소유권 이전 시 승역지 소유자가 계약상 의무를 면한다는 것은 굳이 조문에 규정하지 않더라도 당연한 결과이다. 문제가 되는 것은 승역지 소유자가 토지소유권 이전의 이행제공을 하였으나 아직 토지소유권이 이전되지는 않은 경우이다.

개정시안에서는 이 경우에도 승역지 소유자가 계약상 의무를 면한다는 입장을 취한다. 이 단계에 이르면 지역권자가 그 이행을 수령하기만 하면 그 토지소유권을 취득할 수 있어 그 토지의 이용에 아무런 지장을 받지 않게 되기 때문이다. 그러므로 이 때부터는 승역지 소유자가 계약상 의무를 면하는 것이 공평하다. 이러한 상황에서는 개정시안 제298조 제2항이 독자적인 의미를 가질 수 있다.

제302조(특수지역권)

현행	개정시안
제302조(특수지역권) 어느 지역의 주민이 집합체의 관계로 각자가 타인의 토지에서 초목, 야생물 및 토사의 채취, 방목 기타의 수익을 하는 권리가 있는 경우에는 관습에 의하는 외에 본장의 규정을 준용한다.	〈삭　제〉

1. 개정 배경

민법 제302조는 사실상 사문화된 규정이므로 현실과 규범 사이의 간극을 없애기 위해 이를 삭제하기로 하였다.

2. 관련 입법례

◆ **2004년 개정안**

개정논의가 있었으나 개정대상에서 제외되었다.

◆ **일본민법**[5)]

제263조(공유의 성질을 가지는 입회권) 공유의 성질을 가지는 입회권에 대해서는 각 지방의 관습에 따르는 외에 이 절[6)]의 규정을 적용한다.

제294조(공유의 성질을 가지지 아니하는 입회권) 공유의 성질을 가지지 아니하는 입회권에 관하여는 각 지방의 관습에 따르는 외에 이 장[7)]의 규정을 준용한다.

3. 개정시안의 내용

특수지역권에 관한 민법 제302조는 의용민법 제294조(현행 일본민법 제294조와 동일)에서 비롯된 것으로서 일종의 인역권人役權에 관한 규정이다. 그러나 과연 의용민법 제294조에서 규정하는 입회권이 우리나라에도 유사한 형태로 존재하는지는 분명하지 않다. 또한 특수지역권은 농업 기반 사회에서는 어느 정도 의미를 가지고 있었지만 도시화가 현저하게 진전된 오늘날에는 의미를 상실해 가고 있고, 이에 관한 학설이나 판례도 거의 없다. 논의과정에서는 이러한 점 때문에 이 조항을 삭제하자는 의견이 대체로 지배적이었다. 아울러 특수지역권을 허용하면 임야 등에 대한 공익적인 관리가 곤란하여 산림자원의 남벌을 초래하고 균형적인 산림 개발을 저해할 수 있으며, 특수지역권은 관습에 의하여 성립하는 물권이어서 기존 토지(임야)의 소유자, 용익물권자 등 권리자와 이해 충돌 가능성이 크고, 거래의 안전을 해칠 우려가 높다는 의견도 제시되었다. 결국 분과위원회부터 전체회의에 이르기까지 모든 단계에서 민법 제302조를 삭제하는 데에 공감대가 형성되어 개정시안에서 이를 삭제하였다.

---

5) 권철, 일본민법전, 97면.

6) 「제3절 공유」를 의미한다.

7) 「제6장 지역권」을 의미한다.

부동산등기법 제70조(지역권의 등기사항)

현행	개정시안
제70조(지역권의 등기사항) 등기관이 승역지의 등기기록에 지역권설정의 등기를 할 때에는 제48조 제1항 제1호부터 제4호까지에서 규정한 사항 외에 다음 각 호의 사항을 기록하여야 한다. 다만, 제4호는 등기원인에 그 약정이 있는 경우에만 기록한다. 1. 지역권설정의 목적 2. 범위 3. 요역지 4. 「민법」 제292조 제1항 단서, 제297조 제1항 단서 또는 제298조의 약정 5. 승역지의 일부에 지역권설정의 등기를 할 때에는 그 부분을 표시한 도면의 번호	제70조(지역권의 등기사항) 등기관이 승역지의 등기기록에 지역권설정의 등기를 할 때에는 제48조 제1항 제1호부터 제4호까지에서 규정한 사항 외에 다음 각 호의 사항을 기록하여야 한다. 다만, 제4호부터 제6호까지는 등기원인에 그 약정이 있는 경우에만 기록한다. 1. 지역권설정의 목적 2. 범위 3. 요역지 4. 존속기간 5. 지료와 지급시기 6. 「민법」 제292조 제1항 단서, 제297조 제1항 단서 또는 제298조의 약정 7. 승역지의 일부에 지역권설정의 등기를 할 때에는 그 부분을 표시한 도면의 번호

민법은 지역권의 존속기간에 관하여 규정하고 있지 않지만, 당사자가 존속기간에 관하여 약정하는 것은 당연히 허용된다. 학설은 이러한 약정을 등기할 수 있고, 이를 등기하면 제3자에게 대항할 수 있다고 새긴다. 이렇게 해석하지 않으면 승역지 소유자는 존속기간에 관한 약정을 하고도 지역권을 승계한 제3자에게 이를 대항할 길이 없게 되어 부당하기 때문이다.

또한 민법에는 지역권의 지료와 지급시기에 관한 규정이 없지만 이 역시 당사자가 약정으로 정할 수 있다. 이러한 약정을 등기할 수 있는지에 관하여는 견해가 일치하지 않지만 이 역시 등기할 수 있다고 새기는 것이 타당하다.

그런데 부동산등기법 제70조에서는 이러한 사항을 등기사항으로 삼고 있지 않다. 참고로 지상권에 관한 부동산등기법 제69조에서는 존속기간(제3호)과 지료와 지급시기(제4호)를 모두 등기사항으로 삼고 있다. 지역권에 관하여서도 이 점이 등기사항임을 명확히 함으로써 등기 가능 여부에 관한 해석상 혼란을 정리할 필요가 있다. 그러므로 개정시안에서는 지역권의 등기에 관한 부동산등기법 제70조에 위 두 가지 사항을 추가하였다.

제9장 전세권

I. 개관

전세권에 관한 개정시안의 주요 내용은 다음과 같다.

○ 농경지에 대한 전세권 설정금지조항 삭제

농경지는 전세권의 목적으로 하지 못한다는 민법 제303조 제2항을 삭제하고 이를 농지법의 규율에 맡기기로 하였다.

○ 존속기간 중 전세물 양수시 전세권설정자 지위 승계조항 신설

전세물의 사용 · 수익기간 중 전세물을 양수한 자는 전세권설정자의 지위를 승계한 것으로 본다는 조항을 신설하였다(제307조의2).

○ 부동산 일부 전세권자의 부동산 전부 경매청구 허용

부동산의 일부를 목적으로 전세권을 설정한 경우에도 전세권자가 부동산 전부에 대하여 경매를 청구할 수 있도록 하였다(제318조 제2항).

○ 전세금의 우선변제에 관한 담보물권 관련 조항 준용

전세권이 용익물권 이외에 담보물권의 성격도 가지는 점을 고려하여, 전세금의 우선변제에 관하여 유치권, 질권, 저당권 등 담보물권에 관한 개별 조항들을 준용하도록 하였다(제319조 제2항).

○ 전세권저당권자의 전세금반환 직접청구 허용

전세권저당권에 있어서 전세물에 대한 사용·수익권이 소멸한 경우에는 저당권자가 우선변제권의 범위 내에서 전세권설정자에게 전세금반환을 직접 청구할 수 있도록 하고, 이에 대해 채권질권의 실행방법에 관한 제353조를 준용하였다(제371조 제3항[1])

○ 용어 변경(「존속기간」⇒「사용·수익기간」, 「목적물」⇒「전세물」로 변경)

민법 제306조, 제312조, 제313조, 제316조의 「존속기간」은 「사용·수익기간」이라는 용어로, 제308조 내지 제311조, 제314조 내지 제318조의 「목적물」은 「전세물」이라는 용어로 각각 변경하였다.

1) 제371조는 저당권에 관한 조항이지만, 개정시안 제371조 제3항은 전세권과 관련되어 있으므로 여기에서 소개하였다. 제371조에 대한 상세한 설명은 저당권 부분에서 하기로 한다.

Ⅱ. 조문별 해설

第303条(전세권의 내용)

현행	개정시안
第303条(전세권의 내용) ① 전세권자는 전세금을 지급하고 타인의 부동산을 점유하여 그 부동산의 용도에 좇아 사용·수익하며, 그 부동산 전부에 대하여 후순위권리자 기타 채권자보다 전세금의 우선변제를 받을 권리가 있다. ② 농경지는 전세권의 목적으로 하지 못한다.	第303条(전세권의 내용) ① 전세권자는 전세금을 지급하고 타인의 부동산을 점유하여 그 부동산의 용도에 좇아 사용·수익하며, 그 부동산 전부에 대하여 후순위권리자 기타 채권자보다 전세금의 우선변제를 받을 권리가 있다. ② 삭제

1. 개정 배경

민법 제303조 제2항은 농경지는 전세권의 목적으로 하지 못한다고 규정한다. 하지만 농경지에 대한 전세권 설정을 일률적으로 금지하는 것이 타당한지 의문이다. 우리 민법의 일반법적 성격에 비추어 볼 때 농경지에 대한 조항을 민법에 두는 것도 어색하다. 따라서 농경지에 대한 전세권 설정 문제는 농지법에 맡기고 민법에서는 이 조항을 삭제하기로 하였다.

2. 관련 입법례

◆ 2004년 개정안

개정논의가 있었으나 개정대상에서 제외되었다.

◆ 농지법

제23조(농지의 임대차 또는 사용대차) 다음 각 호의 어느 하나에 해당하는 경우 외에는 농지를 임대하거나 사용대(使用貸)할 수 없다.

1. 제6조 제2항 제1호 · 제4호부터 제9호까지 · 제9호의2 및 제10호의 규정에 해당하는 농지를 임대하거나 사용대하는 경우
2. 제17조에 따른 농지이용증진사업 시행계획에 따라 농지를 임대하거나 사용대하는 경우
3. 질병, 징집, 취학, 선거에 따른 공직취임, 그 밖에 대통령령으로 정하는 부득이한 사유로 인하여 일시적으로 농업경영에 종사하지 아니하게 된 자가 소유하고 있는 농지를 임대하거나 사용대하는 경우
4. 60세 이상이 되어 더 이상 농업경영에 종사하지 아니하게 된 자로서 대통령령으로 정하는 자가 소유하고 있는 농지 중에서 자기의 농업경영에 이용한 기간이 5년이 넘은 농지를 임대하거나 사용대하는 경우
5. 제6조 제1항에 따라 소유하고 있는 농지를 주말 · 체험영농을 하려는 자에게 임대하거나 사용대하는 경우, 또는 주말 · 체험영농을 하려는 자에게 임대하는 것을 업(業)으로 하는 자에게 임대하거나 사용대하는 경우
6. 제6조 제1항에 따라 개인이 소유하고 있는 농지를 한국농어촌공사나 그 밖에 대통령령으로 정하는 자에게 위탁하여 임대하거나 사용대하는 경우
7. 다음 각 목의 어느 하나에 해당하는 농지를 한국농어촌공사나 그 밖에 대통령령으로 정하는 자에게 위탁하여 임대하거나 사용대하는 경우
   가. 상속으로 농지를 취득한 자로서 농업경영을 하지 아니하는 자가 제7조 제1항에서 규정한 소유 상한을 초과하여 소유하고 있는 농지
   나. 대통령령으로 정하는 기간 이상 농업경영을 한 후 이농한 자가 제7조 제2항에서 규정한 소유 상한을 초과하여 소유하고 있는 농지
8. 자경 농지를 농림축산식품부장관이 정하는 이모작을 위하여 8개월 이내로 임대하거나 사용대하는 경우

3. 개정시안의 내용

농지법 제6조 제1항은 농지는 자기의 농업경영에 이용하거나 이용할 자가 아니면 소유하지 못한다고 규정함으로써 경자유전의 원칙을 천명한다. 따라서 농지는 소유자가 이용하여야 하고, 타인으로 하여금 이를 이용하게 하는 것은 원칙적으로 허용되지 않는다. 이에 따라 농지법 제23조도 농지를 임대하거나 사용대使用貸하는 것을 원칙적으로 금지한다. 그러나 동시에 농지법 제23조는 각호에서 예외적으로 농지를 임대하거나 사용대할 수 있는 경우들을 열거하고 있다. 즉 농지의 임대차나 사용대차는 일률적으로 금지되는 것이 아니고, 일정한 경우에는 허용된다. 그렇다면 농지를 타인에게 이용하게 하는 또 다른 모습인 전세권 설정을 일률적으로 금지해야 할 뚜렷한 이유가 없다. 또한 민법에서 농경지의 전세권 허용 여부를 결정하는 것은 민법의 일반법적 성격에 비추어 바람직하지 않다. 오히려 이는 특별법인 농지법에 맡기는 것이 더욱 타당하다.

그러므로 개정시안에서는 농경지의 전세권을 금지한 제306조 제2항을 삭제하였다. 이는 농경지의 전세권을 전면적으로 허용해야 한다는 입법적 결단이 아님에 유의한다. 오히려 개정시안을 작성한 민법개정위원회의 취지는 이 문제를 농지법에서 규율하게 하고자 하는 것이다. 그러므로 이 개정시안이 법률로 시행될 경우에는 농지법의 개정이 조속하게 수반될 필요가 있다.

第306조(전세권의 양도, 임대 등)

현행	개정시안
第306조(전세권의 양도, 임대등) 전세권자는 전세권을 타인에게 양도 또는 담보로 제공할 수 있고 그 존속기간내에서 그 목적물을 타인에게 전전세 또는 임대할 수 있다. 그러나 설정행위로 이를 금지한 때에는 그러하지 아니하다.	第306조(전세권의 양도, 임대등) ① 전세권자는 전세권을 타인에게 양도 또는 담보로 제공할 수 있고 그 사용·수익기간 내에서 전세물을 타인에게 전전세 또는 임대할 수 있다. 그러나 설정행위로 이를 금지한 때에는 그러하지 아니하다.

개정시안에서는 "존속기간"을 "사용·수익기간"으로, "목적물"을 "전세물"로 각각 변경하였다. 이러한 변경은 개정시안 제306조 이외에도 위와 같은 용어가 등장하는 전세권 관련 조항들 모두에 적용된다. 이처럼 용어를 변경한 것은 실체적 법리의 변경 때문이라기보다는 그 용어에 대한 일반적인 법리적 이해를 좀 더 정확하게 담아내고자 하였기 때문이다.

우선 "존속기간"에 대해 살펴본다. "존속기간"은 문언상 전세권의 존속기간을 의미한다. 그런데 전세권은 용익물권과 담보물권의 성격을 모두 가진다고 이해되고 있다. 그러므로 사용·수익기간, 즉 용익기간이 경과하여 전세권의 용익물권적 권능이 소멸하더라도 전세권자가 전세금을 반환받을 때까지 전세권의 담보물권적 권능은 존속한다. 그런데 제306조의 "존속기간"은 그 내용에 비추어 보면 사용·수익기간을 의미한다. 제306조에서 정하는 전전세 또는 임대는 모두 전세물의 용익에 관한 것으로서 어디까지나 전세권의 용익물권적 권능이 존속함을 전제하기 때문이다. 그 외에 전세권에 관한 다른 민법 조항들에서 규정하는 "존속기간"도 용익물권으로서의 전세권이 존속하는 기간을 의미하는 것으로 이해된다. 대법원도 "전세권의 존속기간이 만료되면 전세권의 용익물권적 권능이 소멸"한다고 판시한다(대결 1995. 9. 18, 95마684).[2] 이처럼 "존속기간"이 전세권

2) 대판 1999. 9. 17, 98다31301은 "전세권이 기간만료로 종료된 경우 전세권은 전세권설정등기의 말소등기 없이도 당연히 소멸"한다고 판시하지만, 이 판결에서도 대결 1995. 9. 18, 95마684를 인용하고 있으므로 이 판결이 담보

의 용익물권적 권능의 존속기간을 의미한다면, 마치 그 존속기간이 경과하면 전세권이 완전히 소멸하는 것으로 잘못 이해될 우려가 있으므로, 이를 "사용 · 수익기간"으로 표현하는 것이 더욱 정확하다.

참고로 부동산등기법에서는 전세권에 관하여 여전히 "존속기간"이라는 표현을 사용한다(제72조 제1항 제3호, 제73조 제2항). 이는 현행 민법이 그러한 표현을 사용하기 때문이다. 그러므로 개정시안처럼 "존속기간"을 "사용 · 수익기간"으로 변경하면 부동산등기법도 이에 따라 개정할 필요가 있을 것이다.

한편 "목적물"은 전세권의 목적물을 의미하는 것이다. 전세권에 관한 조항 중에는 이를 단순히 "목적물"이라고 표현하는 조항들도 있고(제306조, 제309조, 제310조, 제311조, 제314조, 제316조, 제317조), "전세권의 목적물"이라고 표현하는 조항들도 있다(제308조, 제315조, 제318조). 개정시안은 이를 "전세물"로 통일하였다.

물권으로서의 전세권까지 모두 소멸한다는 취지라고 보기는 어렵다.

참고 전세금반환채권 분리처분 금지조항의 신설 여부

분과위원회에서는 "전세권자는 목적물을 사용 · 수익할 권리가 소멸하기 전에는 전세금반환채권만을 분리하여 확정적으로 양도하거나 담보로 제공할 수 없다."라는 내용으로 제2항을 신설하자고 제안하였다. 전세권도 담보물권의 성격을 가지는데, 담보물권에는 부종성이 인정되므로 피담보채권인 전세금반환채권만 전세권과 분리하여 처분하는 것은 허용되지 않기 때문이다.

판례도 원칙적으로 이러한 분리처분을 허용하지 않지만, 예외적으로 무담보부 처분이나 전세권소멸 조건부 처분은 허용한다. 예컨대 대법원 1997. 11. 25. 선고 97다29790 판결은 전세권이 존속기간 만료로 소멸한 경우이거나 전세계약의 합의해지 또는 당사자 간의 특약에 의하여 전세권반환채권의 처분에도 불구하고 전세권의 처분이 따르지 않는 경우 등 특별한 사정이 있는 때에는 채권양수인은 담보물권이 없는 무담보의 채권을 양수한 것이 된다고 보았다. 대법원 1999. 2. 5. 선고 97다33997 판결과 2004. 4. 28. 선고 2003다61542 판결도 같은 취지이다. 이러한 판례들은 전세권에 의하여 담보되지 않는 일반 채권으로서의 전세금반환채권을 처분하는 것은 허용한다는 취지로 이해할 수 있다. 또한 대법원 2002. 8. 23. 선고 2001다69122 판결은, 전세권을 존속시키기로 하면서 전세금반환채권만을 전세권과 분리하여 확정적으로 양도하는 것은 허용되지 않지만, 전세권 존속 중에는 장래에 그 전세권이 소멸하는 경우에 전세금 반환채권이 발생하는 것을 조건으로 그 장래의 조건부 채권을 양도할 수 있을 뿐이라고 판시하였다. 이러한 판례는 전세권이 존속하는 한 전세금반환채권을 전세권과 분리하여 양도할 수 없으나, 전세권의 존속기간이 만료된 후(즉 전세권의 사용 · 수익기간이 만료된 후)에 전세금반환채권을 양도하거나, 전세권의 소멸을 정지조건으로 하여 전세금반환채권을 양도하는 것은 허용된다는 취지로 보인다.

분과위원회의 제안에서 "확정적"인 양도나 담보 제공만 금지하였던 것은 이처럼 예외적으로 처분이 허용되는 경우가 있기 때문이었다. 그러나 실무위원회와 위원장단 회의에서는 이러한 분과위원회의 제안을 받아들이지 않았고, 전체회의에서도 표결을 거친 결과 이 조항은 신설하지 않기로 하였다.

분과위원회의 제안을 받아들이지 않은 이유는 두 가지로 요약할 수 있다. 첫 번째로 개정시안 제319조에서는 민법 제361조를 전세권에 준용한다고 규정하기 때문이다. 민법 제361조는 저당권은 그 담보한 채권과 분리하여 타인에게 양도하거나 다른 채권의 담보로 하지 못한다고 규정한다. 그러므로 민법 제361조를 전세권에 준용한다면 굳이 분과위원회가 제안한 조항을 신설하지 않더라도 동일한 결론에 이를 수 있다. 두 번째로 판례는 전세금반환채권만의 분리처분을 완전히 제한하는 것이 아닌데, 분과위원회의 제안은 마치 그러한 분리처분도 금지하는 것처럼 오해될 여지가 있기 때문이다. 물론 분과위원회는 "확정적"인 양도나 담보 제공을 금지한다고 함으로써 판례가 허용하는 처분은 금지대상에서 제외하고자 하였으나, 무담보부 처분이나 조건부 처분도 확정적인 처분이라고 볼 여지가 없지 않으므로 위와 같은 문언만으로는 무엇이 금지되고 무엇이 허용되는지가 명확하지 않다. 이러한 문언의 불명확성 때문에 판례상 허용되는 조건부 처분 등도 금지되는 것으로 해석될 위험도 있다.

第307条의2(전세물의 양수) : 신설

현행	개정시안
〈신 설〉	第307조의2(전세물의 양수) 전세물을 사용·수익할 권리가 존속하는 동안 전세물을 양수한 자는 전세권설정자의 지위를 승계한 것으로 본다.

1. 개정 배경

전세권의 용익기간 중 전세물이 양도된 경우 전세권설정자의 지위가 어떻게 되는가에 대해서 민법은 아무런 규정을 두지 않는다. 개정시안 第307조의2는 판례의 태도에 의거하여, 전세물 양도에 따라 전세권설정자의 지위도 이전한다는 점을 명문화하였다.

2. 관련 입법례

◆ **2004년 개정안**

개정논의가 없었다.

◆ **주택임대차보호법**

第3조 ④ 임차주택의 양수인(讓受人)(그 밖에 임대할 권리를 승계한 자를 포함한다)은 임대인(賃貸人)의 지위를 승계한 것으로 본다.

◆ **상가건물 임대차보호법**

第3조 ② 임차건물의 양수인(그 밖에 임대할 권리를 승계한 자를 포함한다)은 임대인의 지위를 승계한 것으로 본다.

3. 관련 판례

◆ **대법원 2000. 6. 9. 선고 99다15122 판결**

전세권이 성립한 후 목적물의 소유권이 이전되는 경우에 있어서 전세권 관계가 전세권자와 전세권설정자인 종전 소유자와 사이에 계속 존속되는 것인지 아니면 전세권자와 목적물의 소유권을 취득한 신 소유자와 사이에 동일한 내용으로 존속되는지에 관하여 민법에 명시적인 규정은 없으나, 전세목적물의 소유권이 이전된 경우 민법이 전세권 관계로부터 생기는 상환청구, 소멸청구, 갱신청구, 전세금증감청구, 원상회복, 매수청구 등의 법률관계의 당사자로 규정하고 있는 전세권설정자 또는 소유자는 모두 목적물의 소유권을 취득한 신 소유자로 새길 수밖에 없다고 할 것이므로, 전세권은 전세권자와 목적물의 소유권을 취득한 신 소유자 사이에서 계속 동일한 내용으로 존속하게 된다고 보아야 할 것이고, 따라서 목적물의 신 소유자는 구 소유자와 전세권자 사이에 성립한 전세권의 내용에 따른 권리의무의 직접적인 당사자가 되어 전세권이 소멸하는 때에 전세권자에 대하여 전세권설정자의 지위에서 전세금반환의무를 부담하게 되고, 구 소유자는 전세권설정자의 지위를 상실하여 전세금반환의무를 면하게 된다고 보아야 하고, 전세권이 전세금 채권을 담보하는 담보물권적 성질을 가지고 있다고 하여도 전세권은 전세금이 존재하지 않으면 독립하여 존재할 수 없는 용익물권으로서 전세금은 전세권과 분리될 수 없는 요소이므로 전세권 관계로 생기는 위와 같은 법률관계가 신 소유자에게 이전되었다고 보는 이상, 전세금 채권 관계만이 따로 분리되어 전 소유자와 사이에 남아 있다고 할 수는 없을 것이고, 당연히 신 소유자에게 이전되었다고 보는 것이 옳다.

4. 논의 경과

분과위안	실무위안	위원장단안	개정시안
없음	제307조의2(전세물의 양수) 전세물을 사용·수익할 권리가 존속하는 동안 전세물을 양수한 자는 전세권설정자의 지위를 승계한 것으로 본다.	제307조의2(전세물의 양수) 전세물을 사용·수익할 권리가 존속하는 동안 전세물을 양수한 자는 전세권설정자의 지위를 승계한 것으로 본다.	제307조의2(전세물의 양수) 전세물을 사용·수익할 권리가 존속하는 동안 전세물을 양수한 자는 전세권설정자의 지위를 승계한 것으로 본다.

5. 개정시안의 내용

개정시안은 전세물을 사용·수익할 권리가 존속하는 동안 전세물을 양수한 자는 전세권설정자의 지위를 승계한 것으로 본다. 이에 따르면 전세물양수인은 전세금반환채무도 승계한다. 주택임대차보호법이나 상가건물임대차 보호법에서는 임차건물의 양수인은 임대인의 지위를 승계한 것으로 간주하는 규정을 두고 있다(위 관련 입법례 참조). 그러나 이러한 특별법이 적용되지 않는 경우에 전세물의 승계가 전세권설정자 지위의 승계로 이어지는가에 대해서는 학설이 일치하지 않았다. 판례는 이를 인정하였다(위 관련 판례 참조). 개정시안은 이러한 판례의 태도를 받아들인 것이다.

제308조(전전세등의 경우의 책임)

현행	개정시안
제308조(전전세 등의 경우의 책임) 전세권의 목적물을 전전세 또는 임대한 경우에는 전세권자는 전전세 또는 임대하지 아니하였으면 면할 수 있는 불가항력으로 인한 손해에 대하여 그 책임을 부담한다.	제308조(전전세등의 경우의 책임) 전세물을 전전세(轉傳貰) 또는 임대한 경우에는 전세권자는 전전세 또는 임대하지 아니하였으면 면할 수 있는 불가항력으로 인한 손해에 대하여 그 책임을 부담한다.

"목적물"을 "전세물"로 변경하였다. 이에 대한 설명은 제306조 설명 부분을 참고하라.

제309조(전세권자의 유지, 수선의무)

현행	개정시안
제309조(전세권자의 유지, 수선의무) 전세권자는 목적물의 현상을 유지하고 그 통상의 관리에 속한 수선을 하여야 한다.	제309조(전세권자의 유지, 수선의무) 전세권자는 전세물의 현상을 유지하고 그 통상의 관리에 속한 수선을 하여야 한다.

"목적물"을 "전세물"로 변경하였다. 이에 대한 설명은 제306조 설명 부분을 참고하라.

第310條(전세권자의 상환청구권)

현행	개정시안
第310條(전세권자의 상환청구권) ① 전세권자가 목적물을 개량하기 위하여 지출한 금액 기타 유익비에 관하여는 그 가액의 증가가 현존한 경우에 한하여 소유자의 선택에 좇아 그 지출액이나 증가액의 상환을 청구할 수 있다. ② (생략)	第310條(전세권자의 상환청구권) ① 전세권자가 전세물을 개량하기 위하여 지출한 금액 기타 유익비에 관하여는 그 가액의 증가가 현존한 경우에 한하여 소유자의 선택에 좇아 그 지출액이나 증가액의 상환을 청구할 수 있다. ② (현행과 같음)

"목적물"을 "전세물"로 변경하였다. 이에 대한 설명은 第306條 설명 부분을 참고하라.

제311조(전세물의 사용 · 수익권의 소멸청구)

현행	개정시안
제311조(전세권의 소멸청구) ① 전세권자가 전세권설정계약 또는 그 목적물의 성질에 의하여 정하여진 용법으로 이를 사용, 수익하지 아니한 경우에는 전세권설정자는 전세권의 소멸을 청구할 수 있다. ② (생략)	제311조(전세물의 사용 · 수익권의 소멸청구) ① 전세권자가 전세권설정계약 또는 전세물의 성질에 의하여 정하여진 용법으로 이를 사용 · 수익하지 아니한 경우에는 전세권설정자는 전세물을 사용 · 수익할 권리의 소멸을 청구할 수 있다. ② (현행과 같음)

"목적물"을 "전세물"로, "전세권"을 "전세물을 사용 · 수익할 권리"로 변경하였다. 이에 대한 설명은 제306조 설명 부분을 참고하라.

第312條(전세물의 사용 · 수익기간)

현행	개정시안
第312條(전세권의 존속기간) ① 전세권의 존속기간은 10년을 넘지 못한다. 당사자의 약정기간이 10년을 넘는 때에는 이를 10년으로 단축한다. ② 건물에 대한 전세권의 존속기간을 1년 미만으로 정한 때에는 이를 1년으로 한다. ③ 전세권의 설정은 이를 갱신할 수 있다. 그 기간은 갱신한 날로부터 10년을 넘지 못한다. ④ 건물의 전세권설정자가 전세권의 존속기간 만료전 6월부터 1월까지 사이에 전세권자에 대하여 갱신거절의 통지 또는 조건을 변경하지 아니하면 갱신하지 아니한다는 뜻의 통지를 하지 아니한 경우에는 그 기간이 만료된 때에 전전세권과 동일한 조건으로 다시 전세권을 설정한 것으로 본다. 이 경우 전세권의 존속기간은 그 정함이 없는 것으로 본다.	第312條(전세물의 사용 · 수익기간) ① 전세물의 사용 · 수익기간은 10년을 넘지 못한다. 당사자의 약정기간이 10년을 넘는 때에는 이를 10년으로 단축한다. ② 건물에 대한 사용 · 수익기간을 1년미만으로 정한 때에는 이를 1년으로 한다. ③ (현행과 같음) ④ 건물의 전세권설정자가 사용 · 수익기간만료전 6개월부터 1개월까지 사이에 전세권자에 대하여 갱신거절의 통지 또는 조건을 변경하지 아니하면 갱신하지 아니한다는 뜻의 통지를 하지 아니한 경우에는 그 기간이 만료된 때에 전전세권(前傳貰權)과 동일한 조건으로 다시 전세권을 설정한 것으로 본다. 이 경우에 사용 · 수익기간은 정하지 않은 것으로 본다.

"목적물"을 "전세물"로, "존속기간"을 "사용 · 수익기간"으로 변경하고 그 이외의 표현을 수정하였다. 이에 대한 설명은 第306條 설명 부분을 참고하라.

※ 관련 입법례

◆ 2004년 개정안

第312조(전세권의 존속기간) ① (현행과 같음)

② (현행과 같음)

③ (현행과 같음)

④ 건물의 전세권설정자가 전세권의 존속기간만료전 6개월부터 1개월까지 사이에 전세권자에 대하여 갱신거절의 통지 또는 조건을 변경하지 아니하면 갱신하지 아니한다는 뜻의 통지를 하지 아니한 경우에는 그 기간이 만료된때에 등기 없이도 전전세권과 동일한 조건으로 다시 전세권을 설정한 것으로 본다. 이 경우 전세권의 존속기간은 그 정함이 없는 것으로 본다.

◆ 주택임대차보호법

第6조(계약의 갱신) ① 임대인이 임대차기간이 끝나기 6개월 전부터 1개월 전까지의 기간에 임차인에게 갱신거절(更新拒絶)의 통지를 하지 아니하거나 계약조건을 변경하지 아니하면 갱신하지 아니한다는 뜻의 통지를 하지 아니한 경우에는 그 기간이 끝난 때에 전 임대차와 동일한 조건으로 다시 임대차한 것으로 본다. 임차인이 임대차기간이 끝나기 1개월 전까지 통지하지 아니한 경우에도 또한 같다.

② 제1항의 경우 임대차의 존속기간은 2년으로 본다.

③ 2기(期)의 차임액(借賃額)에 달하도록 연체하거나 그 밖에 임차인으로서의 의무를 현저히 위반한 임차인에 대하여는 제1항을 적용하지 아니한다.

제313조(전세물 사용 · 수익권의 소멸통고)

현행	개정시안
제313조(전세권의 소멸통고) 전세권의 존속기간을 약정하지 아니한 때에는 각 당사자는 언제든지 상대방에 대하여 전세권의 소멸을 통고할 수 있고 상대방이 이 통고를 받은 날로부터 6월이 경과하면 전세권은 소멸한다.	제313조(전세물 사용 · 수익권의 소멸통고) 전세물의 사용 · 수익기간을 약정하지 아니한 때에는 각 당사자는 언제든지 상대방에 대하여 전세물 사용 · 수익권의 소멸을 통고할 수 있고, 상대방이 통고를 받은 날부터 6개월이 경과하면 전세권자가 전세물을 사용 · 수익할 권리는 소멸한다.

"목적물"을 "전세물"로, "전세권"을 "전세물을 사용 · 수익할 권리"로 변경하고 그 외의 표현을 수정하였다. 이에 대한 설명은 제306조 설명 부분을 참고하라.

참고로 민법 제313조의 소멸통고와 전세권말소등기의 상호관계에 대해서는 소멸통고만으로 전세권이 소멸한다는 입장과 말소등기까지 해야 전세권이 소멸한다는 입장이 대립하여 왔다. 개정시안이 이 점에 대하여 어떤 입장을 명시적으로 취한 것은 아니다. 다만 소멸통고로 인하여 소멸하는 대상이 전세물의 사용 · 수익권임을 명시함으로써 적어도 소멸통고가 전세권을 완전히 소멸시키는 것은 아님을 나타냈다.

第314條(불가항력으로 인한 멸실)

현행	개정시안
第314條(불가항력으로 인한 멸실) ① 전세권의 목적물의 전부 또는 일부가 불가항력으로 인하여 멸실된 때에는 그 멸실된 부분의 전세권은 소멸한다. ② 전항의 일부멸실의 경우에 전세권자가 그 잔존부분으로 전세권의 목적을 달성할 수 없는 때에는 전세권설정자에 대하여 전세권전부의 소멸을 통고하고 전세금의 반환을 청구할 수 있다.	第314條(불가항력으로 인한 멸실) ① 전세물의 전부 또는 일부가 불가항력으로 인하여 멸실될 때에는 그 멸실된 부분의 사용 · 수익권은 소멸한다. ② 제1항의 일부멸실의 경우에 전세권자가 그 잔존부분으로 전세권의 목적을 달성할 수 없는 때에는 전세권설정자에 대하여 사용 · 수익권 전부의 소멸을 통고하고 전세금의 반환을 청구할 수 있다.

"목적물"을 "전세물"로, "전세권"을 "전세물을 사용 · 수익할 권리"로 변경하고 그 외의 표현을 수정하였다. 이에 대한 설명은 第306條 설명 부분을 참고하라.

第315條(전세권자의 손해배상책임)

현행	개정시안
第315條(전세권자의 손해배상책임) ① 전세권의 목적물의 전부 또는 일부가 전세권자에 책임있는 사유로 인하여 멸실된 때에는 전세권자는 손해를 배상할 책임이 있다. ② 전항의 경우에 전세권설정자는 전세권이 소멸된 후 전세금으로써 손해의 배상에 충당하고 잉여가 있으면 반환하여야 하며 부족이 있으면 다시 청구할 수 있다.	第315條(전세권자의 손해배상책임) ① 전세물의 전부 또는 일부가 전세권자에게 책임있는 사유로 인하여 멸실된 때에는 전세권자는 손해를 배상할 책임이 있다. ② 제1항의 경우에 전세권설정자는 전세권자의 사용·수익권이 소멸한 후 전세금으로 손해의 배상에 충당하고 남은 금액은 반환하여야 하며 부족한 금액은 다시 청구할 수 있다.

"목적물"을 "전세물"로, "전세권"을 "전세물을 사용·수익할 권리"로 변경하고 그 외의 표현을 수정하였다. 이에 대한 설명은 第306條 설명 부분을 참고하라.

※ 관련 입법례

◆ 2004년 개정안

第315條(전세권자의 손해배상책임) ① (현행과 같음)

② 제1항의 경우에 전세권설정자는 전세권이 소멸된 후 전세금으로써 손해의 배상에 충당하고 남는 것이 있으면 반환하여야 하며 부족이 있으면 다시 청구할 수 있다.

제316조(원상회복의무, 부속물 매도 · 매수청구권)

현행	개정시안
제316조(원상회복의무, 매수청구권) ① 전세권이 그 존속기간의 만료로 인하여 소멸한 때에는 전세권자는 그 목적물을 원상에 회복하여야 하며 그 목적물에 부속시킨 물건은 수거할 수 있다. 그러나 전세권설정자가 그 부속물건의 매수를 청구한 때에는 전세권자는 정당한 이유없이 거절하지 못한다. ② 전항의 경우에 그 부속물건이 전세권설정자의 동의를 얻어 부속시킨 것인 때에는 전세권자는 전세권설정자에 대하여 그 부속물건의 매수를 청구할 수 있다. 그 부속물건이 전세권설정자로부터 매수한 것인 때에도 같다.	제316조(원상회복의무, 부속물 매도 · 매수청구권) ① 전세권자가 전세권설정자에게 전세물을 인도할 때에는 전세권자는 전세물을 원상에 회복하여야 하며 전세물에 부속시킨 물건은 수거할 수 있다. 그러나 전세권설정자가 그 부속물건의 매도를 청구한 때에는 전세권자는 정당한 이유없이 거절하지 못한다. ② 제1항의 경우에 그 부속물건이 전세권설정자의 동의를 얻어 부속시킨 것인 때에는 전세권자는 전세권설정자에 대하여 그 부속물건의 매수를 청구할 수 있다. 그 부속물건이 전세권설정자로부터 매수한 것인 때에도 같다.

"목적물"을 "전세물"로, "전세권이 그 존속기간의 만료로 인하여 소멸한 때"를 "전세권자가 전세권설정자에게 전세물을 인도할 때"로 변경하였다. "목적물"을 "전세물"로 바꾸는 것에 대한 설명은 제306조 설명 부분을 참고하라.

"전세권이 그 존속기간의 만료로 인하여 소멸한 때"를 "전세권자가 전세권설정자에게 전세물을 인도한 때"로 바꾼 이유는 ① 존속기간이 만료되더라도 전세권 자체가 소멸하는 것이 아니라 전세권의 용익물권적 권능만 소멸하는 것이고, ② 제316조 제1항에서 다루는 원상회복의 문제는 존속기간 만료 이외의 원인으로 전세권의 용익물권적 권능이 소멸하는 경우에도 발생할 수 있기 때문이다.

또한 제316조 제1항 단서는 전세권설정자가 매도인, 전세권자가 매수인이 되는 경우를 상정한다. 즉 제316조 제1항 단서는 전세권설정자의 매도청구권에 관한 규정이다. 그런데 전세권설정자가 매도가 아닌 매수의 주체인 것처럼 표현하고 있어 오해의 여지가 있다. 따라서 개정시안에서는 "매수"를 "매도"로 변경하여 이러한 오해의 소지를 없았다. 한편 제1항은 전세권설정자의 부속물 매도청구권, 제2항은 전세권자의 부속물 매수청구권에 관하여 규정하므로 표제 중 "매수청구권"도 이에 걸맞게 "부속물 매도 · 매수청구권"으로 바꾸었다.

제317조(전세금반환과 전세물인도 등의 동시이행)

현행	개정시안
제317조(전세권의 소멸과 동시이행) 전세권이 소멸한 때에는 전세권설정자는 전세권자로부터 그 목적물의 인도 및 전세권설정등기의 말소등기에 필요한 서류의 교부를 받는 동시에 전세금을 반환하여야 한다.	제317조(전세금반환과 전세물인도 등의 동시이행) 전세물을 사용·수익할 권리가 소멸한 때에는 전세권설정자는 전세권자로부터 전세물의 인도 및 전세권설정등기의 말소등기에 필요한 서류의 교부를 받는 동시에 전세금을 반환하여야 한다.

"목적물"을 "전세물"로, "전세권"을 "전세물을 사용·수익할 권리"로 변경하였다. 이에 대한 설명은 제306조 설명 부분을 참고하라.

제317조의 표제도 "전세권의 소멸과 동시이행"에서 "전세금반환과 전세물인도등의 동시이행"으로 변경하였다. 전세금반환의무와 전세물의 인도 및 전세권설정등기의 말소등기의무가 서로 동시이행관계에 있다는 점을 더욱 명확하게 드러내기 위한 것이다. 참고로 2004년 민법 개정안 작성 당시 대법원은 저당권설정등기의 말소와 저당채무의 변제가 동시이행관계게 있지 않듯이 전세금반환채무가 전세권설정등기의 말소보다 선이행되어야 할 의무라고 봄이 상당하므로 제317조를 삭제할 것을 제안하였으나 받아들여지지 않았다. 이번 개정시안 작성 과정에서는 전세금반환의무의 전세물 인도 등의 의무가 동시이행관계에 있는지에 대해서 별다른 논의가 이루어지지 않았다.

第318條(전세권자의 경매청구권)

현행	개정시안
第318條(전세권자의 경매청구권) 전세권설정자가 전세금의 반환을 지체한 때에는 전세권자는 민사집행법의 정한 바에 의하여 전세권의 목적물의 경매를 청구할 수 있다.	第318條(전세권자의 경매청구권) ① 전세권설정자가 전세금의 반환을 지체한 때에는 전세권자는 민사집행법에 따라 전세물의 경매를 청구할 수 있다. ② 부동산의 일부를 목적으로 전세권을 설정한 경우에는 전세권자는 부동산 전부에 대하여 경매를 청구할 수 있다.

1. 개정 배경

부동산 일부에 대한 전세권자에게도 부동산 전부에 대한 경매청구권을 인정할 것인가에 대해서는 입장이 일치되어 있지 않았다. 이번 개정시안에서는 부동산 일부에 대한 전세권자에게 부동산 전부에 대한 경매청구권을 인정하는 조항을 신설하였다. 이로써 전세권자의 권리가 더욱 강화되었다.

2. 관련 입법례

◆ **2014년 민법 개정안**

개정논의가 있었으나 개정대상에서 제외되었다.

◆ **부동산등기법**

제3조 ④ 임차주택의 양수인(讓受人)(그 밖에 임대할 권리를 승계한 자를 포함한다)은 임대인(賃貸人)의 지위를 승계한 것으로 본다.

3. 관련 판례

◆ **대법원 1992. 3. 10.자 91마256, 257 결정**

건물의 일부에 대하여 전세권이 설정되어 있는 경우 그 전세권자는 민법 제303조 제1항, 제318조의 규정에 의하여 그 건물 전부에 대하여 후순위 권리자 기타 채권자보다 전세금의 우선변제를 받을 권리가 있고, 전세권설정자가 전세금의 반환을 지체한 때에는 전세권의 목적물의 경매를 청구할 수 있다 할 것이나, 전세권의 목적물이 아닌 나머지 건물부분에 대하여는 우선변제권은 별론으로 하고 경매신청권은 없다.

◆ **대법원 2001. 7. 2.자 2001마212 결정**

건물의 일부에 대하여 전세권이 설정되어 있는 경우 그 전세권자는 민법 제303조 제1항의 규정에 의하여 그 건물 전부에 대하여 후순위권리자 기타 채권자보다 전세금의 우선변제를 받을 권리가 있고, 민법 제318조의 규정에 의하여 전세권설정자가 전세금의 반환을 지체한 때에는 전세권의 목적물의 경매를 청구할 수 있는 것이나, 전세권의 목적물이 아닌 나머지 건물부분에 대하여는 우선변제권은 별론으로 하고 경매신청권은 없으므로, 위와 같은 경우 전세권자는 전세권의 목적이 된 부분을 초과하여 건물 전부의 경매를 청구할 수 없다고 할 것이고, 그 전세권의 목적이 된 부분이 구조상 또는 이용상 독립성이 없어 독립한 소유권의 객체로 분할할 수 없고 따라서 그 부분만의 경매신청이 불가능하다고 하여 달리 볼 것은 아니다.

4. 논의 경과

분과위안	실무위안	위원장단안	개정시안
第318조(전세권자의 경매청구권) 전세권설정자가 전세금의 반환을 지체한 때에는 전세권자는 <u>민사집행법에 따라서 전</u>	第318조(전세권자의 경매청구권) ① 분과위 개정안과 같음. ② <u>부동산</u>의 일부를 목적으로 전세권을	第318조(전세권자의 경매청구권) ① 전세권설정자가 전세금의 반환을 지체한 때에는 전세권자는 <u>민사집행법에 따라 전세</u>	第318조(전세권자의 경매청구권) ① 전세권설정자가 전세금의 반환을 지체한 때에는 전세권자는 <u>민사집행법에 따라 전세</u>

분과위안	실무위안	위원장단안	개정시안
세물의 경매를 청구할 수 있다.	설정한 경우에는 전세권자는 부동산 전부에 대하여 경매를 청구할 수 있다.	물의 경매를 청구할 수 있다. ② 부동산의 일부를 목적으로 전세권을 설정한 경우에는 전세권자는 부동산 전부에 대하여 경매를 청구할 수 있다.	물의 경매를 청구할 수 있다. ② 부동산의 일부를 목적으로 전세권을 설정한 경우에는 전세권자는 부동산 전부에 대하여 경매를 청구할 수 있다.

논의과정에서는 ① 일부 전세에도 물권성과 우선변제효를 인정하면서도 경매를 위해서는 확정판결 등 집행권원을 받게 하는 것은 과도한 요구이고, 집행권원을 가진 건물 일부에 대한 채권적 전세권자도 건물 전부에 대한 경매청구권을 가지는 것과 형평이 맞지 않으므로, 부동산 전부에 대한 경매청구권을 인정하는 것이 타당하다는 찬성론과, ② 전세권자의 이익과 전세권설정자 내지는 관련 이해당사자의 이해관계를 교량해보면 일부 전세권자에게 건물 전부에 대해서 경매청구권을 인정하는 것은 지나치고, 일부 전세권자에게 이러한 권리를 인정하지 않더라도 일반채권자와 마찬가지로 집행권원을 받아서 경매절차로 나아가면 충분하다는 반대론이 개진되었다. 판례는 건물 일부에 대한 전세권자는 그 건물 전부에 대하여 전세금의 우선변제를 받을 수는 있지만, 건물 전부에 대한 경매청구권은 행사할 수 없다는 입장이다.[3] 분과위원회에서는 반대론을 채택하여 일부 전세권자에 대한 경매청구권을 인정하는 조항을 신설하지 않았다. 전세권설정자의 지위를 보호해 줄 필요성도 있고, 부동산 전부에 대한 우선변제권이 있다고 해서 부동산 전부에 대한 경매청구권을 인정할 이유는 없다는 점 때문이었다. 반면 실무위원회에서는 부동산 전부에 대한 경매청구권을 인정하는 것이 일부 전세권자의 전세금반환을 확보하는 데에 요긴하고, 어차피 집행권원을 받은 경우에는 일부 전세권자라

3) 대결 1992. 3. 10, 91마256,257.

도 부동산 전부에 대해 경매청구를 할 수 있다면 그 시기를 앞당겨 전세권에 기해 부동산 전부에 대한 경매청구권을 인정하더라도 특별히 부당한 결과가 생기지 않으므로 굳이 이를 부정할 이유가 없다고 보아 부동산 전부에 대한 경매청구권을 인정하는 제2항을 신설하자고 제안하였다. 이러한 실무위원회의 수정안이 위원장단 회의와 전체회의에서 받아들여져 제2항이 신설되었다. 참고로 2004년 민법 개정안 작성 당시 대법원도 부동산 전부에 대한 경매청구권을 인정해야 한다는 의견을 제시한 바 있다.

5. 개정시안의 내용

개정시안은 부동산 일부의 전세권자에게 부동산 전부에 대한 경매청구권을 인정하였다.

일부 전세권자가 부동산 전부에 대해 경매청구권을 행사하여 그 부동산이 매각되면 전세권자가 자신이 용익하지 않은 나머지 부분에 대해서도 우선변제권을 행사할 수 있는가의 문제는 해석론에 맡겨져 있다. 본래 분과위원회 논의 단계에서는 부동산 전부의 경매청구권을 인정하는 제2항을 신설할 경우 "그러나 전세권의 목적이 아닌 부분의 경매대가에 대하여는 우선변제를 받을 권리가 없다."라는 단서를 부가하는 제안이 이루어지기도 하였다. 그러나 이에 대해서는 배당관계가 복잡해지고 일물일권주의에도 반할 우려가 있다는 지적이 있어 분과위원회 단계에서도 이 단서는 채택되지 않았다. 민법 제303조 제1항에서는 "부동산 전부에 대하여…우선변제권을 받을 권리가 있다."라는 원칙을 선언하고 있어 이러한 원칙이 일부 전세에도 적용된다고 해석한다면, 우선변제권의 효력이 용익 부분에 제한되는 것은 아니라고 생각된다.

제319조(준용규정)

현행	개정시안
제319조(준용규정) 제213조, 제214조, 제216조 내지 제244조의 규정은 전세권자간 또는 전세권자와 인지소유자 및 지상권자간에 이를 준용한다.	제319조(준용규정) ① 전세권자 사이 또는 전세권자와 인지소유자 및 지상권자사이에는 제213조, 제214조, 제216조부터 제244조까지를 준용한다. ② 전세금의 우선변제에 관하여는 제321조, 제340조, 제342조, 제358조, 제359조, 제360조 본문, 제361조, 제362조, 제367조, 제368조, 제369조를 준용한다.

1. 개정 배경

민법 제319조는 물권적 청구권과 상린관계에 관한 조항들을 전세권에 준용한다. 이러한 조항들은 전세권이 가지는 용익물권적 성격을 염두에 둔 것이다. 그런데 사용·수익권이 소멸하여 전세권의 용익물권적 권능이 소멸한 후에도 전세금을 반환받을 때까지 전세권은 담보물권으로 존속한다. 그러므로 담보물권에 관한 규정들도 필요한 범위 내에서 전세권에 준용할 필요가 있다. 이러한 배경 아래 개정시안은 제319조에 제2항을 신설하여 전세금의 우선변제에 관하여 유치권, 질권, 저당권에 관한 규정들을 준용하도록 하였다.

2. 개정시안의 내용

제2항에서 준용하는 조항들은 담보물권에 관한 조항들이다.

제321조는 유치권자는 채권 전부의 변제를 받을 때까지 유치물 전부에 대하여 유치권을 행사할 수 있다고 규정한다. 이는 유치권의 불가분성에 관한 조항이다. 그런데 이

러한 불가분성은 담보물권에 공통적으로 존재하는 성질이므로(제343조에서는 동산질권에 관하여, 제370조에서는 저당권에 관하여 각각 제321조를 준용한다) 용익물권 이외에도 담보물권의 성격을 함께 지니는 전세권에 위 조항을 준용하도록 한 것이다.

제340조는 질물 이외의 재산으로부터의 변제에 관한 조항이다. 이 조항에 따르면 질권자는 우선 질물로부터 변제를 받아야 하고, 질물로부터 변제를 받지 못한 부분에 관해서만 채무자의 다른 재산으로부터 변제를 받게 된다(제1항). 또한 질물보다 먼저 다른 재산에 관한 배당을 실시하는 경우에는 다른 채권자는 질권자에게 그 배당금액의 공탁을 청구할 수 있다(제2항). 질권자가 질물로부터 우선변제를 받도록 함으로써 질물 이외의 재산에 관한 다른 채권자들의 이해관계를 보호하기 위한 조항들이다. 이 조항들이 전세권에 준용되면, 전세권자는 전세물로부터 먼저 변제를 받아야 하고, 전세물 이외의 다른 재산에 대한 배당을 받는 경우 다른 채권자는 전세권자에게 그 배당금액의 공탁을 청구할 수 있다. 전세권자는 전세금반환채권의 변제에 우선적으로 충당될 물적 담보를 확보하고 있으므로 그 이외의 재산으로부터 변제받는 것을 제한하는 것이다.

제342조는 물상대위에 관한 조항으로서 질물의 멸실, 훼손 또는 공용징수로 인하여 질권설정자가 받을 금전 기타 물건에 대하여도 그 지급 또는 인도 전에 압류하면 질권을 행사할 수 있다고 규정한다. 다만 개정시안 제342조에서는 압류요건을 폐지하고 질권자가 일반적인 채권질권의 실행방법에 따라 바로 질권을 행사할 수 있도록 허용하되 제3채무자 보호를 위해 질권자가 제3채무자에게 물상대위사실을 통지하도록 하였다. 제342조가 준용되면 전세권자는 전세물의 멸실, 훼손 또는 공용징수로 인하여 전세권설정자가 받을 금전 기타 물건에 대하여도 위와 같은 방법으로 우선변제권을 행사할 수 있다.

제358조는 저당권의 효력 범위에 관한 조항이다. 이 조항에 따르면 다른 법률의 규정이나 약정이 없는 한, 저당권의 효력은 저당부동산에 부합된 물건과 종물에 미친다. 이 조항이 전세권에 준용되면 전세물에 부합된 물건이나 종물로부터도 전세금의 우선변제를 받을 수 있다.

제359조는 저당권의 효력은 저당부동산에 대한 압류가 있은 후 그 부동산의 과실에도 미친다는 조항이다. 이 조항이 전세권에 준용되면, 전세권자가 전세금반환채권을 회수하기 위해 전세물을 경매하는 경우에 그 전세물의 과실로부터도 우선변제를 받을 수 있다.

제360조는 피담보채권의 범위에 관한 조항이다. 현행 민법을 보면 우선변제권이 인정되는 피담보채권은 전세금반환채권에 국한된다고 해석될 가능성이 크다. 하지만 저당권의 피담보채권 원본 이외에도 부수적인 채권이나 비용에도 우선변제권을 인정하는 제360조가 전세권에도 준용되면 우선변제권의 범위가 넓어진다. 다만 개정시안은 전세권에 제360조 본문만 준용하고 있다. 제360조 본문은 저당권이 원본, 이자, 위약금, 채무불이행으로 인한 손해배상 및 저당권의 실행비용을 담보한다고 규정한다. 반면 제360조 단서는 1년분의 지연배상에 한하여 우선변제권을 인정한다고 함으로써 채무불이행으로 인한 손해배상에 미치는 우선변제권의 효력을 제한한다. 개정시안에서는 전세권에 제360조 단서를 준용하지 않는다. 제360조 단서는 후순위저당권자를 보호하기 위한 것인데 전세권에서는 그러한 문제가 발생하지 않기 때문이다. 그러므로 전세금반환채무 불이행에 따른 지연배상도 기간 제한 없이 우선변제의 대상이 될 것이다.

제361조는 저당권을 피담보채권과 분리하여 처분하지 못한다는 조항이다. 전세권도 담보물권의 성격을 가지므로 부종성을 가진다. 따라서 전세권은 피담보채권과 분리하여 처분하지 못한다. 개정시안은 제362조를 전세권에 준용함으로써 이 점을 명확하게 하고 있다.

제362조는 저당물의 보충에 관한 조항이다. 이 조항에 따르면 저당권설정자의 귀책사유로 저당물의 가액이 현저히 감소된 때에는 저당권자는 저당권설정자에게 원상회복이나 상당한 담보제공을 청구할 수 있다. 이 조항이 전세권에 준용되면 전세권자는 위와 같은 원상회복 또는 담보제공을 청구할 수 있다.

제367조는 제3취득자의 비용상환청구권에 관한 조항이다. 이 조항에 따르면 저당물의 제3취득자는 저당물의 경매대가에서 자신이 지출한 필요비 또는 유익비를 우선상환받을 수 있다. 이 조항이 전세권에 준용되면 전세권자는 전세물 경매 시 자신이 전세물에 지출한 필요비 또는 유익비를 우선상환받는다.

제368조는 공동저당에 관한 조항이다. 그 중 제368조 제1항은 동시배당同時配當, 제2항은 이시배당異時配當에 관한 조항이다. 제368조를 전세권에 준용할지에 대해서는 이견이 있었다. 제368조를 준용해야 한다는 입장에서는 대지와 건물이 모두 전세권의 목적물이 되었는데 양자의 경매대가를 동시 또는 이시에 배당하는 경우에는 공동저당에 관한 제368조를 준용하여 이해관계를 조정할 필요가 있다고 주장하였다. 제368조를 준

용할 필요가 없다는 입장에서는 ① 주택임차인이 대지와 건물 모두로부터 동시에 배당받는 경우에 민법 제368조 제1항을 유추적용하듯이 전세권자가 대지와 건물 모두로부터 동시에 배당받는 경우에도 이 조항을 유추적용하면 충분하고, ② 이시배당의 경우에는 대지와 건물 중 어느 하나가 먼저 매각되면 건물을 위한 법정지상권이 성립하고 이로 인하여 대지의 매각대금이 낮아지게 되는데, 이러한 불이익을 무릅쓰고 대지와 건물 중 하나에 대해서만 먼저 경매를 청구하는 상황을 상정하여 규정을 둘 필요가 없다고 주장하였다. 참고로 2004년 민법 개정안을 작성할 때에는 제368조를 유추적용하면 충분하다는 이유로 별도로 이에 대한 개정안 조항은 마련하지 않았었다. 논의 결과 제368조를 유추적용하는 것보다는 준용하는 것이 더욱 법률관계를 명확하게 하고, 이러한 준용으로 인하여 특별한 부작용이 생기는 것도 아니라는 이유로 제368조를 전세권에 준용하기로 하였다.

제10장 유치권

I. 개관

유치권에 관한 개정시안의 주요 내용은 다음과 같다.

○ 등기된 부동산에 대한 유치권 폐지와 저당권설정청구권 부여

개정시안에서는 등기된 부동산에 대한 유치권을 폐지하였다. 따라서 개정시안에 따르면 유치권은 동산, 유가증권과 미등기 부동산에 대해서만 인정된다. 다만 등기된 부동산에 대해서는 유치권을 대체하는 장치로 저당권설정청구권을 부여하였다. 이는 채권자와 채무자의 저당권설정계약이 없더라도 채권자의 일방적 의사로 저당권을 설정할 수 있다는 점에서 일반적인 저당권과 구별된다. 하지만 일단 저당권등기가 이루어지면 그 저당권은 일반적인 저당권과 동일한 효력을 가진다.

○ 미등기 부동산이 등기되는 경우 저당권설정청구권 부여

미등기 부동산에 대해 유치권을 취득한 이후에 등기가 이루어지면 그 부동산은 더 이상 미등기 부동산이 아니라 등기된 부동산에 해당하게 된다. 개정시안은 등기된 부동산에 대해서 유치권을 폐지하였지만, 미등기 상태에서 유치권을 취득하였다가 그 부동산이 등기된 경우에는 유치권을 한시적으로 존속시키도록 하였다. 이를 위해 유치권자가 등기일부터 6개월 내에 저당권설정청구권을 행사하도록 허용하고, 그 권리행사에 따라 설정되는 저당권에는 피담보채권의 변제기로 소급하는 강한 효력을 부여하였다. 여기에서의 저당권은 등기시점부터 효력이 발생하는 일반적인 저당권과 구별된다. 저당권설정등기를 하거나 행사기간 경과로 저당권설정청구권이 소멸하면 유치권도 소멸한다.

○ 기타

유치권의 피담보채권 범위를 한정하면서 이를 구체화하였다. 그 이외에 유치권 제도의 개정에 따라 부동산등기법과 민사집행법도 일부 개정하기로 하였고, 유치권의 폐지에 따른 경과규정을 두었다. 그 중에서 특히 중요한 조치는 경매로 인한 부동산 매각시 유치권이 소멸하도록 한 것이다.

참고로 유치권에 관한 개정시안은 법무부 민법개정위원회에서 확정되어 2013. 1. 16. 입법예고된 뒤 국회에 제출된 상태이다.

유치권 개정시안의 내용을 간단히 도해화하면 다음과 같다.

<table>
<tr><th>유치권의 목적물</th><th colspan="3">유치권 성립여부와 요건</th></tr>
<tr><td rowspan="2">동산</td><td colspan="3">유치권 인정</td></tr>
<tr><td colspan="3">[요건]
o 점유
o 동산에 대한 비용지출로 인한 채권 또는 그 동산으로 인한 손해배상채권</td></tr>
<tr><td rowspan="3">미등기 부동산</td><td>유치권 인정</td><td colspan="2">미등기 부동산 → 등기부동산</td></tr>
<tr><td rowspan="2">[요건]
o 점유
o 부동산에 대한 비용지출로 인한 채권 또는 그 부동산으로 인한 손해배상채권</td><td>보존등기
6월 이내</td><td>보존등기
6월 이후</td></tr>
<tr><td>o 유치권 인정
o 제372조의2 소정의 저당권설정청구권 있음
o 저당권은 그 채권의 변제기에 설정된 것으로 간주</td><td>o 유치권 소멸
o 제372조의3 소정의 저당권설정청구권 있음
o 저당권설정청구권이 성립한 후 부동산소유권을 취득한 제3자에 대해 주장하지 못함</td></tr>
<tr><td rowspan="2">등기 부동산</td><td colspan="3">유치권 없음</td></tr>
<tr><td>[요건]
o 부동산에 대한 비용지출로 인한 채권 또는 그 부동산으로 인한 손해배상채권</td><td colspan="2">o 제372조의3에 규정한 저당권설정청구권 있음
o 저당권설정청구권이 성립한 후 부동산소유권을 취득한 제3자에 대해 주장하지 못함</td></tr>
</table>

第320조(유치권의 내용)

현행	개정시안
第320조(유치권의 내용) ① 타인의 물건 또는 유가증권을 점유한 자는 그 물건이나 유가증권에 관하여 생긴 채권이 변제기에 있는 경우에는 변제를 받을 때까지 그 물건 또는 유가증권을 유치할 권리가 있다. ② 전항의 규정은 그 점유가 불법행위로 인한 경우에 적용하지 아니한다.	第320조(유치권의 내용) ① 타인의 동산을 점유한 자는 그 동산에 대한 비용지출로 인한 채권 또는 그 동산으로 인한 손해배상채권이 변제기에 있는 경우에는 변제를 받을 때까지 그 동산을 유치할 권리가 있다. 유가증권의 경우에도 이와 같다. ② 타인의 미등기 부동산을 점유한 자에 대해서도 제1항을 준용한다. 이 경우 그 부동산에 제1항의 채권을 담보하기 위하여 제372조의2에 따른 저당권설정등기를 한 때 또는 저당권설정등기를 청구할 수 있는 권리가 소멸된 때에는 유치권이 소멸한다. ③ 제1항과 제2항의 규정은 그 점유가 불법행위로 인한 경우에는 적용하지 아니한다.

1. 개정 배경

현행 민법 제320조는 유치권에 관하여 규정한다. 유치권을 인정하는 이유는 타인의 물건을 점유하는 자가 그 물건에 관한 채권을 가지는 경우 그 채권의 변제를 받을 때까지 그 물건의 반환을 거절할 수 있게 함으로써 다른 채권자보다 사실상 우선변제를 받게 하는 것이 공평하다고 여겨지기 때문이다. 유치권은 채무자에게 간접적으로 채무의 이행을 강제하는 효과도 있다. 그런데 유치권, 특히 부동산 유치권에 관하여는 다음과 같은 문제가 지적되어 왔다.

첫째, 부동산 유치권은 피담보채무자뿐만 아니라 그 이외의 모든 자에게도 유치적 효력을 주장할 수 있는 강력한 물권인데도 등기부에 공시되지 않는다. 이는 등기를 부동산 물권변동요건으로 삼는 민법의 기본체계와 맞지 않을 뿐만 아니라 부동산거래의 예측가능성을 현저히 떨어뜨린다. 물론 부동산 유치권은 점유에 의하여 공시되기는 한다 그러나 점유는 등기에 비해 불완전한 공시수단으로서 외부에서 객관적으로 그 존부와 범위를 판단하기가 쉽지 않다. 또한 점유의 시기를 확정하기도 어려워 등기와는 달리 그 순위를 확정하기도 어렵다. 특히 경매절차에서 이러한 문제가 두드러진다. 부동산의 유치권은 공시되지 않으므로 경매절차에 참가하는 주체들에게 불의타가 될 가능성이 크다. 유치권이 있는 부동산이 매각된 경우, 그 매수인은 피담보채권을 변제하지 않는 한 유치권자로부터 부동산 인도를 받을 수 없게 된다(민사집행법 제91조 제5항 참조). 이는 유치권자에게 유치권의 성립시기와 무관하게 사실상 최우선의 우선변제권을 부여하는 것이다. 이러한 점을 지렛대로 삼아 유리한 지위를 차지하기 위해 허위 유치권을 내세우는 경우도 빈번하게 일어나고 있다. 유치권 존재에 대한 외관 의 창출이 쉽다는 점도 이러한 상황을 부추겼다. 이처럼 유치권의 존재로 인해 매수인의 부담이 커지므로 부동산경매가 쉽게 유찰되거나 가격이 떨어지는 결과가 발생한다.[1] 이는 결국 부동산의 교환가치를 떨어뜨려 유치권자를 제외한 나머지 이해관계인들의 재산적 이익을 해친다. 특히 유치권의 목적이 된 부동산에 먼저 저당권을 설정받아 신용을 제공한 사람으로서는 그 부동산의 담보가치가 자신이 애초 예상 · 계산하였던 것과는 달리 현저히 하락하는 불이익을 입게 된다.[2] 또한 경매절차를 둘러싼 법적 안정성이 저하된다.

둘째, 유치권은 유치권자의 계속적인 점유를 요건으로 하므로 유치권이 행사되는 기간 동안 타인은 유치물(주로 부동산)을 사용 · 수익할 수 없다. 유치권자는 채권을 담보하기 위한 목적에서 점유할 뿐이므로 부동산의 사용 · 수익 자체에 큰 관심을 가지지 않는다. 오히려 점유기간이 길어지면서 여기에 과다한 비용을 지출해야 하는 폐해가 발

1) 연구결과에 따르면 유치권이 있는 경매목적물의 평균 유찰회수는 2.22회인 반면, 유치권이 없는 경매목적물의 평균 유찰회수는 1.2회이고, 유치권이 있는 경매목적물의 매각대금이 그렇지 않은 경매목적물보다 약 21.8% 적다고 한다. 박혜웅 · 남기범, "부동산 법원경매에서 유치권이 감정가와 매각가 차이에 미친 영향 분석," 한국정책연구 제11권 3호, 2011, 134면 이하.

2) 대판 2011. 12, 22, 2011다84298의 판결이유 참조.

생한다. 피담보채무자는 부동산의 사용·수익에 큰 이해관계를 가지지만 유치권이 행사되는 동안 유치권자가 이를 계속 점유하고 있으므로 그 사용·수익의 길이 막히는 문제가 있다. 이는 사회경제적인 관점에서 볼 때 부동산의 효율적인 활용을 저해하는 요소이다. 부동산의 사용수익가치와 교환가치를 분리하여 부동산의 용익적 가치와 담보적 가치를 극대화하는 저당권 제도와 비교할 때 유치권 제도는 이 점에서 후진적인 제도이다.

이러한 문제점 때문에 아래의 관련 판례에서 보듯이 부동산 유치권의 적용범위를 합리적으로 제한하려는 해석상 시도들이 이어져 왔으나 일정한 한계가 있을 수밖에 없었다. 개정시안 제320조에서는 등기된 부동산에 대한 유치권을 폐지함으로써 이러한 문제의 근본적 해결을 도모하는 한편, 개정시안 제372조의3에서는 채권자보호를 위해 저당권설정청구권을 신설하기로 하였다. 그 이외에도 개정시안 제320조에서는 유치권의 피담보채권 범위를 명확히 하였다.

2. 관련 입법례

◆ 2004년 개정안

개정논의가 있었지만 개정대상에서 제외되었다.

◆ 일본민법[3]

제295조(유치권의 내용) ① 타인 물건의 점유자는 그 물건에 관하여 생긴 채권을 가진 경우에는 그 채권의 변제를 받을 때까지 그 물건을 유치할 수 있다. 다만, 그 채권이 변제기에 있지 아니한 때에는 그러하지 아니하다.

② 전항의 규정은 점유가 불법행위로 인하여 시작된 경우에는 적용하지 아니한다.

◆ 프랑스민법(2006. 5. 23. 오르도낭스 제2006-346호)

제2286조 ① 다음 각 호의 자는 그 물건에 대하여 유치할 권리를 갖는다.

1. 그 채권의 변제까지라는 약정에 의해 담보물을 교부받은 자

2. 물건의 인도의무를 발생시킨 계약상의 채권자
3. 물건의 보관시 발생한 채권의 채권자

② 유치권은 임의로 점유를 상실하면 소멸한다.

◆ **독일민법**[4)]

제273조(유치권) ① 채무자가 자신의 채무가 발생한 것과 동일한 법적 관계에 기하여 채권자에 대하여 이행기가 도래한 청구권을 가지는 경우에는, 채권관계로부터 달리 해석되지 아니하는 한, 그는 청구할 수 있는 급부가 실행될 때까지 의무를 부담하는 급부를 거절할 수 있다.

② 목적물을 인도할 의무를 부담하는 사람이 그 목적물에 대한 비용지출 또는 그에 의하여 발생한 손해로 인하여 이행기가 도래한 청구권을 가지는 경우에도 같은 권리를 가진다. 다만 그가 목적물을 고의의 불법행위에 의하여 취득한 때에는 그러하지 아니하다.

③ 채권자는 유치권의 행사를 담보제공에 의하여 회피할 수 있다. 담보제공은 보증인으로써는 할 수 없다.

제1000조(점유자의 유치권) 점유자는 상환받아야 할 비용이 결제될 때까지 물건의 반환을 거절할 수 있다. 점유자가 고의의 불법행위에 의하여 물건을 취득한 경우에는 그는 유치권을 가지지 못한다.

◆ **오스트리아민법**

제471조(유치권에 관하여) ① 물건을 반환할 의무를 지는 자는 그 물건에 대한 비용지출 또는 그 물건으로부터 야기된 손해로 인한 그의 채권이 변제기에 도달한 경우 그 채권의 담보를 위하여 유치를 할 수 있고, 그 경우 그는 그 물건을 반대급부와 상환으로 반환할 것을 명하는 판결을 받을 수 있다.

② 유치권의 행사는 담보제공에 의하여 이를 피할 수 있다. 보증에 의한 담보제공은 배제된다.

◆ **스위스민법**

제895조 ① 채무자의 의사에 좇아 채권자가 점유하고 있는 동산 및 유가증권은 그 채권의 변제기가 도달하고 또 그 성질상 유치의 목적물과 관련이 있는 경우에는 그 채권의 만족을 얻을 때까지 채권자가 이를 유치할 수 있다.

② 상인간에는 점유와 채권이 그 영업상의 거래로부터 발생한 경우에는 전항의 관련이 성립한다.
③ 채권자가 선의로 수령한 물건이 채무자에게 속하지 않는 경우에도 제3자가 전점유로부터 권리를 가지지 않는 한 채권자는 유치권을 가진다.

3. 관련 판례

◆ 대법원 2012. 1. 26. 선고 2011다96208 판결

민법 제320조 제1항은 "타인의 물건 또는 유가증권을 점유한 자는 그 물건이나 유가증권에 관하여 생긴 채권이 변제기에 있는 경우에는 변제를 받을 때까지 그 물건 또는 유가증권을 유치할 권리가 있다."고 규정하고 있으므로, 유치권의 피담보채권은 '그 물건에 관하여 생긴 채권'이어야 한다(甲이 건물 신축공사 수급인인 乙 주식회사와 체결한 약정에 따라 공사현장에 시멘트와 모래 등의 건축자재를 공급한 사안에서, 甲의 건축자재대금채권은 매매계약에 따른 매매대금채권에 불과할 뿐 건물 자체에 관하여 생긴 채권이라고 할 수는 없음에도 건물에 관한 유치권의 피담보채권이 된다고 본 원심판결에 유치권의 성립요건인 채권과 물건 간의 견련관계에 관한 법리오해의 위법이 있다고 한 사례).

◆ 대법원 2007. 9. 7. 선고 2005다16942 판결

민법 제320조 제1항에서 '그 물건에 관하여 생긴 채권'은 유치권 제도 본래의 취지인 공평의 원칙에 특별히 반하지 않는 한 채권이 목적물 자체로부터 발생한 경우는 물론이고 채권이 목적물의 반환청구권과 동일한 법률관계나 사실관계로부터 발생한 경우도 포함하고, 한편 민법 제321조는 "유치권자는 채권 전부의 변제를 받을 때까지 유치물 전부에 대하여 그 권리를 행사할 수 있다"고 규정하고 있으므로, 유치물은 그 각 부분으로써 피담보채권의 전부를 담보하며, 이와 같은 유치권의 불가분성은 그 목적물이 분할 가능하거나 수개의

3) 권철, 일본민법전, 111면.
4) 양창수, 독일민법전, 119, 611면.

물건인 경우에도 적용된다.

◆ **대법원 2005. 8. 19. 선고 2005다22688 판결**

채무자 소유의 건물 등 부동산에 강제경매개시결정의 기입등기가 경료되어 압류의 효력이 발생한 이후에 채무자가 위 부동산에 관한 공사대금 채권자에게 그 점유를 이전함으로써 그로 하여금 유치권을 취득하게 한 경우, 그와 같은 점유의 이전은 목적물의 교환가치를 감소시킬 우려가 있는 처분행위에 해당하여 민사집행법 제92조 제1항, 제83조 제4항에 따른 압류의 처분금지효에 저촉되므로 점유자로서는 위 유치권을 내세워 그 부동산에 관한 경매절차의 매수인에게 대항할 수 없다.

◆ **대법원 2011. 12. 22. 선고 2011다84298 판결**

채무자가 채무초과의 상태에 이미 빠졌거나 그러한 상태가 임박함으로써 채권자가 원래라면 자기 채권의 충분한 만족을 얻을 가능성이 현저히 낮아진 상태에서 이미 채무자 소유의 목적물에 저당권 기타 담보물권이 설정되어 있어서 유치권의 성립에 의하여 저당권자 등이 그 채권 만족상의 불이익을 입을 것을 잘 알면서 자기 채권의 우선적 만족을 위하여 위와 같이 취약한 재정적 지위에 있는 채무자와의 사이에 의도적으로 유치권의 성립요건을 충족하는 내용의 거래를 일으키고 그에 기하여 목적물을 점유하게 됨으로써 유치권이 성립하였다면, 유치권자가 그 유치권을 저당권자 등에 대하여 주장하는 것은 다른 특별한 사정이 없는 한 신의칙에 반하는 권리행사 또는 권리남용으로서 허용되지 아니한다. 그리고 저당권자 등은 경매절차 기타 채권실행절차에서 위와 같은 유치권을 배제하기 위하여 그 부존재의 확인 등을 소로써 청구할 수 있다고 할 것이다.

4. 논의 경과

분과위안	실무위안	위원장단안	개정시안
제320조(유치권의 내용) ① 타인의 동산을 점유한 자는 그 동산에 대한 비용지출로 인	제320조(유치권의 내용) ① 타인의 동산을 점유한 자는 그 동산의 가치를 증가시키거나	제320조(유치권의 내용) ① 타인의 동산을 점유한 자는 그 동산에 대한 비용지출로 인한	제320조(유치권의 내용) ① 타인의 동산을 점유한 자는 그 동산에 대한 비용지출로 인한

분과위안	실무위안	위원장단안	개정시안
한 채권 그밖에 이와 유사한 채권이 변제기에 있는 경우에는 변제를 받을 때까지 그 동산을 유치할 권리가 있다. 유가증권의 경우에도 또한 같다.	유지함으로써 가지게 된 채권 또는 그 동산으로 인하여 입게 된 손해를 배상받을 채권이 변제기에 있는 경우에는 변제를 받을 때까지 그 동산을 유치할 권리가 있다. 유가증권의 경우에도 또한 같다.	채권 또는 그 동산으로 인한 손해배상채권의 변제기에 있는 경우에는 변제를 받을 때까지 그 동산을 유치할 권리가 있다. 유가증권의 경우에도 이와 같다.	채권 또는 그 동산으로 인한 손해배상채권이 변제기에 있는 경우에는 변제를 받을 때까지 그 동산을 유치할 권리가 있다. 유가증권의 경우에도 이와 같다.
② 미등기 부동산을 점유한 경우에 제1항을 준용한다.	② 미등기 부동산을 점유한 자에 대하여도 제1항을 준용한다. 이 경우 그 부동산에 제1항의 채권을 담보하기 위하여 제372조의2에 따른 저당권설정등기를 한 때 또는 저당권설정등기를 청구할 수 있는 권리가 소멸된 때에는 유치권이 소멸한다.	② 타인의 미등기 부동산을 점유한 자에 대해서도 제1항을 준용한다. 이 경우 그 부동산에 제1항의 채권을 담보하기 위하여 제372조의2에 따른 저당권설정등기를 한 때 또는 저당권설정등기를 청구할 수 있는 권리가 소멸된 때에는 유치권이 소멸한다.	② 타인의 미등기 부동산을 점유한 자에 대해서도 제1항을 준용한다. 이 경우 그 부동산에 제1항의 채권을 담보하기 위하여 제372조의2에 따른 저당권설정등기를 한 때 또는 저당권설정등기를 청구할 수 있는 권리가 소멸된 때에는 유치권이 소멸한다.
③ 제1항과 제2항의 규정은 그 점유가 불법행위로 인한 경우에는 적용하지 아니한다.	③ 제1항과 제2항의 규정은 그 점유가 불법행위로 인한 경우에 적용하지 아니한다.	③ 제1항과 제2항의 규정은 그 점유가 불법행위로 인한 경우에는 적용하지 아니한다.	③ 제1항과 제2항의 규정은 그 점유가 불법행위로 인한 경우에는 적용하지 아니한다.

본조와 관련하여 주로 다음 세 가지의 문제가 논의되었다. 즉 ① 유치권을 물권이 아니라 채권적 권리로 성격을 재규정할 것인지 여부, ② 유치권의 객체를 동산에 한정함으로써 부동산 유치권을 폐지할 것인지 여부, 특히 미등기 부동산과 등기 부동산을 구별하여 다룰 것인지 여부, ③ 목적물과 피담보채권의 견련관계를 좁게 인정할 것인지 여부였다.

우선 ①과 관련하여 유치권자에게 물권을 인정하는 것은 지나치게 큰 권리를 인정하는 것이기 때문에 채권적인 이행거절권능만을 부여하자는 주장이 있었다. 독일민법 제273조가 그러한 태도를 취하고 있다. 그러나 이에 대해서는 반대 의견이 많았다. '유치권제도를 개정하는 방법으로 물권으로서의 유치권을 삭제하는 방안도 가능할 것이지만, 이에 관한 논의가 충분하지 않고 상대적으로 오랫동안 유치권을 물권으로 인정해 왔기 때문에 현실적으로 이 제도 자체를 폐지하는 것은 민법개정 절차상 어려울 것으로 보인다'거나 '현행 민법상 물권으로 인정되고 있는 유치권은 매우 잘못된 제도가 아니라고 한다면 존치시켜야 할 것이고, 다만 부동산의 경우에는 유치권으로 인하여 거래에 장애가 발생하기 때문에 이 문제를 해결할 방안을 모색해야 한다'는 등의 반대의견이 개진되었다. 이에 따라 유치권의 물권성은 현행대로 유지하기로 하였다.

다음으로 ②와 관련하여 동산과 유가증권을 유치권의 목적물로 인정하고, 부동산 유치권을 폐지하는 점에 대해서는 공감대가 형성되었다. 하지만 미등기 부동산에 대한 유치권을 인정할지 여부에 대하여는 견해가 대립되었다. 현실적으로 대부분의 유치권은 미등기 부동산에 대해 인정되는데 미등기 부동산에 대한 유치권을 폐지하지 않는다면 부동산 유치권 폐지의 실익이 현저히 감소되는 점, 미등기 부동산에 대한 유치권 폐지로 인한 혼란은 경과규정을 통해 해결할 수 있다는 점 등을 들어 미등기 부동산에 대해서도 유치권을 폐지하여야 한다는 의견도 강하였다. 그러나 등기 부동산에 대해서는 저당권설정청구권이 인정될 수 있으나, 등기되지 않은 부동산에 대해서는 저당권설정등기도 할 수 없으므로, 유치권마저 인정하지 않으면 등기 부동산이나 동산과 비교할 때 채권자 보호가 너무 미흡해지는 점, 미등기 부동산의 유치권을 폐지할 경우 건설업자 등의 반발로 입법의 어려움이 예상되고 그 시행과정에서도 혼란이 발생할 수 있다는 점 등을 고려하여 미등기 부동산에 대해서는 유치권을 인정하되 등기된 이후에는 한시적으로만 이를 존속시키기로 결정하였다.

마지막으로 ③과 관련하여 유치권의 목적물과 채권 사이의 견련관계를 구체적으로 한정하는 데는 대체로 의견이 일치하였다. 다만 구체적으로 이를 어떻게 표현할 것인가에 대해서는 많은 논의가 있었다. 이에 관하여 분과위원회-실무위원회-위원장단 회의를 거치면서 계속 변화가 있었는데, 분과위원회 안은 "…그 동산에 대한 비용지출로 인한 채권 그밖에 이와 유사한 채권…", 실무위원회 안은 "…그 동산의 가치를 증가시키거나 유지함으로써 가지게 된 채권[5] 또는 그 동산으로 인하여 입게 된 손해를 배상받을 채권…", 위원장단 안은 "…그 동산에 대한 비용지출로 인한 채권 또는 그 동산으로 인한 손해배상채권…"이라는 문언을 각각 사용하였고, 위원장단 안이 민법개정위원회의 개정시안으로 확정되었다.

5. 개정시안의 내용

가. 부동산유치권 폐지 및 유치권 요건 제한(제1항)

(1) 부동산유치권 폐지

민법 제320조 제1항에서 유치권의 대상을 타인의 물건 또는 유가증권으로 규정하던 것을 개정시안 제320조 제1항에서 타인의 동산과 유가증권으로 변경함으로써 부동산은 원칙적으로 유치권의 대상이 아님을 밝혔다. 동산이나 유가증권의 경우에는 어차피 점유가 공시방법이므로 점유를 요건으로 하는 유치권을 인정하여도 거래의 안전을 크게 해치지 않지만, 부동산의 경우에는 등기가 공시방법이므로 점유를 요건으로 하는 유치권을 인정하게 되면 등기를 중심으로 이루어지는 거래의 예측가능성을 크게 해치기 때문이다.

---

5) 이와 관련하여 가치를 감소시킨 경우에도 유치권을 인정할 필요가 있고, 가치의 증가, 유지 또는 감소를 일일이 따져서 유치권의 성립 여부를 판단하는 것이 복잡하다는 이유로 반대 의견이 개진되었고, 그러한 이유로 위원장단 개정시안에서는 이를 "비용지출로 인한 채권"으로 변경한 것이다.

(2) 피담보채권의 한정

민법 제320조 제1항에서 피담보채권을 "그 물건이나 유가증권에 관하여 생긴 채권"이라고 추상적으로 표현하던 것을 개정시안 제320조 제1항에서 "그 동산에 대한 비용지출로 인한 채권 또는 그 동산으로 인한 손해배상채권"이라고 구체적으로 변경하였다.

다수설과 판례는 ① 채권이 물건 자체로부터 발생한 경우(물건에 지출한 비용상환청구권 또는 물건으로 인하여 발생한 손해배상청구권)와 ② 채권이 물건의 반환청구권과 동일한 법률관계 또는 사실관계로부터 발생한 경우(매매가 무효 또는 취소된 경우 쌍방의 급부반환청구권, 서로 물건을 바꾸어 간 경우의 반환청구권)로 나누어 각각의 경우에 견련성이 인정된다고 파악하고 있다.[6] 그러나 ② 유형의 경우는 대부분 동시이행의 항변권으로 공평을 꾀할 수 있고, 실무상으로도 대부분 ① 유형, 그것도 지출비용과 관련된 유형(공사대금채권, 필요비나 유익비채권 등)이 문제되고 있을 뿐이다. 개정시안에서는 이를 고려하여 피담보채권의 범위를 ① 유형으로 한정하고 이를 비용지출채권과 손해배상채권으로 명시하였다. 이는 오스트리아민법 제471조의 입법태도와 유사한 것이다.

(3) 유가증권에 대한 유치권 성립

개정시안은 제1문에서 동산 유치권에 관하여 규정한 뒤 제2문에서 "유가증권의 경우에도 이와 같다"라고 하여 유가증권도 유치권의 객체임을 밝히는 한편, 물건과 유가증권을 하나로 묶어 규율하던 종전의 규정형식에도 변화를 가하였다. 현행 민법 제320조 제1항과 내용은 다르지 않다.

나. 미등기부동산에 대한 유치권(제2항)

제2항에서는 미등기부동산에 대해서 예외적으로 유치권을 인정하고 있다. 이는 미등기부동산의 경우 미등기 상태에서는 저당권설정이 불가능하다는 점, 미등기부동산에 대한 유치권까지 폐지하는 것은 너무 급격한 변화라는 점 등을 고려한 조치이다.

---

6) 대판 2007.9.7., 2005다16942.

다만 미등기부동산이 등기된 경우에는 개정취지에 비추어 유치권을 계속하여 인정할 수는 없다. 등기된 부동산에 대한 유치권을 폐지하였기 때문이다. 따라서 이러한 경우 유치권은 한시적으로만 존속한다. 제2항은 "제372조의2에 따른 저당권설정등기를 한 때 또는 저당권설정등기를 청구할 수 있는 권리가 소멸된 때"에는 유치권이 소멸한다고 하여 그 존속기간을 규정하고 있다. 이에 대한 상세한 내용은 제372조의2를 해설할 때 설명하기로 한다.

다. 기타(제3항)

개정시안 제320조 제3항은 민법 제320조 제2항을 옮긴 것이다. 다만 개정시안에서는 제2항이 신설되었으므로 제3항의 적용범위에 제2항도 포함시켰다. 그 내용은 현행 민법과 마찬가지로 점유가 불법행위로 인한 것이면 유치권이 성립하지 않는다는 것이다.

6. 참고사항

유치권에 관한 민법 조항을 개정함에 따라 유치권에 관한 상법 조항도 개정할 필요성이 생겼다. 상법 개정은 본래 민법개정위원회의 소관사항이 아니지만 향후 상법 개정시 참고할 수 있도록 민법 개정에 따라 이루어져야 할 상법 개정시안을 제시하기로 하였다.

이 개정시안에서는 상사유치권에 관한 상법 제58조와 제91조에서 유치권의 대상을 각각 "물건"에서 "동산"으로 바꿈으로써 부동산에 대해서는 상사유치권이 인정되지 않는다는 점을 명확하게 하였다.

현행	개정시안
제58조(상사유치권) 상인간의 상행위로 인한 채권이 변제기에 있는 때에는 채권자는 변제를 받을 때까지 그 채무자에 대한 상행위로 인하여 자기가 점유하고 있는 채무자 소유의 물건 또는 유가증권을 유치할 수 있다. 그러나 당사자간에 다른 약정이 있으면 그러하지 아니하다.	제58조(상사유치권) 상인간의 상행위로 인한 채권이 변제기에 있는 때에는 채권자는 변제를 받을 때까지 그 채무자에 대한 상행위로 인하여 자기가 점유하고 있는 채무자 소유의 동산 또는 유가증권을 유치할 수 있다. 그러나 당사자간에 다른 약정이 있으면 그러하지 아니하다.
제91조(대리상의 유치권) 대리상은 거래의 대리 또는 중개로 인한 채권이 변제기에 있는 때에는 그 변제를 받을 때까지 본인을 위하여 점유하는 물건 또는 유가증권을 유치할 수 있다. 그러나 당사자간에 다른 약정이 있으면 그러하지 아니하다.	제91조(대리상의 유치권) 대리상은 거래의 대리 또는 중개로 인한 채권이 변제기에 있는 때에는 그 변제를 받을 때까지 본인을 위하여 점유하는 동산 또는 유가증권을 유치할 수 있다. 그러나 당사자간에 다른 약정이 있으면 그러하지 아니하다.

제372조의2(부동산 유치권자의 저당권설정청구권) : 신설

현행	개정시안
〈신 설〉	제372조의2(부동산 유치권자의 저당권설정청구권) ① 제320조 제2항에 의한 부동산 유치권자는 그 부동산이 등기된 때에는 부동산 소유자에 대해서 그 피담보채권을 담보하기 위하여 그 부동산을 목적으로 한 저당권의 설정을 청구할 수 있다. 유치권이 성립한 후 부동산의 소유권을 취득한 자에 대해서도 또한 같다. ② 제1항의 권리는 채권자가 그 부동산이 등기된 날로부터 6개월 내에 소로써 행사하지 아니하면 소멸한다. ③ 제1항에 따른 저당권은 그 채권의 변제기에 설정된 것으로 본다.

1. 개정 배경

개정시안은 부동산 유치권을 폐지하되 미등기 부동산에 대해서는 유치권을 인정하기로 하였다. 그런데 미등기 부동산이 등기된 때에는 유치권의 운명이 어떻게 되는가가 문제된다. 이 경우 유치권을 그대로 인정하게 되면 유치권자의 보호에는 충실하지만 부동산 유치권의 폐해는 대부분 존속하게 되어 개정 취지가 무색해진다. 특히 상당수의 부동산 유치권은 공사대금청구권 등 등기 이전에 부동산에 지출된 비용과 관련하여 발생하기 때문에 이러한 유치권이 계속 존속한다고 하게 되면 부동산 유치권 폐지라는 조치의 실효성은 크게 떨어진다. 따라서 개정시안에서는 유치권을 한시적으로만 존속시키고 그 기간 동안 유치권의 연장선상에서 저당권설정청구권을 행사할 수 있도록 허용하고, 이에 따른 저당권의 효력은 채권의 변제기로 소급하는 것으로 보아 기존 유치권자의 보호를 강화하였다.

2. 논의 경과

분과위안	실무위안	위원장단안	개정시안
제372조의2(비용지출자 등의 저당권설정청구권) ① 부동산에 대한 비용지출로 인한 채권 그 밖에 이와 유사한 채권이 있는 경우에 채권자는 그 채권을 담보하기 위하여 부동산 소유자를 상대로 그 부동산을 목적으로 한 저당권의 설정을 청구할 수 있다. 다만, 제3자가 선의로 부동산의 소유권을 취득한 경우에는 그러하지 아니하다. ② 제1항의 경우에 채권자는 채권의 변제기로부터 6개월 내에 저당권에 관한 등기를 하거나 그 등기를 청구하는 소를 제기하여야 한다. 다만, 미등기부동산의 경우에는 채권의 변제기와 소유권보존등기를 한 날 중 늦게 도래한 날로부터 그 기간을	제372조의2(부동산 유치권자의 저당권설정청구권) ① 제320조 제2항에 의한 부동산 유치권자는 그 부동산이 등기된 때에는 부동산 소유자에 대해서 그 피담보채권을 담보하기 위하여 그 부동산을 목적으로 한 저당권의 설정을 청구할 수 있다. 유치권이 성립한 후 부동산의 소유권을 취득한 자에 대해서도 또한 같다. ② 제1항의 권리는 채권자가 그 부동산이 등기된 날로부터 6개월 내에 소로써 행사하지 아니하면 소멸한다. ③ 제1항에 따른 저당권은 그 채권의 변제기에 설정된 것으로 본다.	제372조의2(부동산 유치권자의 저당권설정청구권) ① 제320조 제2항에 의한 부동산 유치권자는 그 부동산이 등기된 때에는 부동산 소유자에 대해서 그 피담보채권을 담보하기 위하여 그 부동산을 목적으로 한 저당권의 설정을 청구할 수 있다. 유치권이 성립한 후 부동산의 소유권을 취득한 자에 대해서도 또한 같다. ② 제1항의 권리는 채권자가 그 부동산이 등기된 날로부터 6개월 내에 소로써 행사하지 아니하면 소멸한다. ③ 제1항에 따른 저당권은 그 채권의 변제기에 설정된 것으로 본다.	제372조의2(부동산 유치권자의 저당권설정청구권) ① 제320조 제2항에 의한 부동산 유치권자는 그 부동산이 등기된 때에는 부동산 소유자에 대해서 그 피담보채권을 담보하기 위하여 그 부동산을 목적으로 한 저당권의 설정을 청구할 수 있다. 유치권이 성립한 후 부동산의 소유권을 취득한 자에 대해서도 또한 같다. ② 제1항의 권리는 채권자가 그 부동산이 등기된 날로부터 6개월 내에 소로써 행사하지 아니하면 소멸한다. ③ 제1항에 따른 저당권은 그 채권의 변제기에 설정된 것으로 본다.

분과위안	실무위안	위원장단안	개정시안
기산한다. ③ 제1항에 따른 저당권설정등기 이전에 채권의 변제기가 도래한 때에는 변제기에 저당권이 설정된 것으로 본다.			

3. 개정시안의 내용

가. 저당권설정청구권의 부여(제1항)

제1항에서는 미등기 부동산에 대한 유치권자는 그 부동산이 등기된 때에 부동산 소유자(유치권 성립 후 소유권을 취득한 자 포함)에 대해 저당권설정을 청구할 수 있다고 규정한다.

첫째, 저당권설정등기청구권자는 미등기 부동산에 대한 유치권자이다. 유치권의 성립요건에 대해서는 제320조 제1항에서 규정하고 있다. 즉 부동산에 대해 비용지출채권을 가지는 자나 부동산으로 인한 손해배상채권을 가진 부동산 점유자는 그 부동산에 대해 유치권을 행사할 수 있다. 이처럼 저당권설정청구권의 행사주체는 유치권자이므로, 유치권자가 유치권을 상실하였다면 이 권리도 행사할 수 없게 된다. 예를 들어 부동산 점유를 상실하였다면 저당권설정청구권을 행사할 수 없다. 또한 유치권이 채무자의 소멸청구로 소멸한 경우(민법 제324조, 제327조)에도 마찬가지이다.

둘째, 저당권설정등기청구의 상대방은 부동산 소유자이다. 논의 과정에서는 이를 채무자인 부동산 소유자로 한정할 것인가, 아니면 이러한 제한 없이 부동산 소유자로 할 것인가에 대해 의견 대립이 있었다. 저당권설정청구권의 성격이 채권적 청구권이라는 점을 강조한다면 채무자인 부동산 소유자로 한정하자는 입장이 힘을 얻게 된다. 그러나 결론적으로는 저당권설정등기청구의 상대방을 이러한 제한 없이 부동산 소유자로 하기로 하였다. 개정시안 제372조의2의 저당권설정청구권은 유치권을 대신하여 인정되는 일종의 변형물인데, 현행 민법상 유치권 규정에 따르면 유치권의 대상이 된 부동산 소유자가 채무자일 것을 요하지 않고 있기 때문이다.

참고로 민법 제666조에서는 도급계약상 수급인의 보수채권을 담보하기 위해 도급인에게 저당권설정청구를 할 수 있다고 규정함으로써 계약상 채무자만 상대방으로 삼고 있으나, 이는 어디까지나 도급계약이라는 계약관계에 있어서 계약 당사자 일방의 채권을 담보하기 위한 것이므로 이러한 태도를 유치권의 경우에도 그대로 적용할 것은 아니다. 오히려 개정시안은 비용지출자의 비용상환청구권을 담보하기 위한 규정으로서 점유자와 회복자 일반에 대해 규율하는 민법 제203조와 비슷한 성격을 가진다.

이와 같이 부동산 소유자를 저당권설정등기청구의 상대방으로 본다면, 유치권 성립 당시에는 부동산 소유자가 아니었지만 그 이후에 부동산 소유권을 취득한 자, 즉 제3취득자를 상대로도 유치권을 행사할 수 있는가가 문제된다. 논의 결과, 제3취득자를 포함시키기로 하였다. 제3취득자가 유치권의 존재에 대해 선의인지 악의인지 여부는 불문한다. 선의의 제3취득자에게까지 저당권설정등기의무를 지우는 것이 과도하다고 느낄 수 있으나, 이 역시 저당권설정청구권이 대세적 효력을 가지는 유치권에 갈음하는 법적 수단임을 중시한 결정이다. 따라서 부동산 소유자가 소유권보존등기와 동시에 제3자에게 부동산을 처분하더라도 그 이전에 유치권이 성립되어 있다면 그 유치권자는 처분금지가처분을 하지 않고서도 여전히 제3자에게 저당권설정청구권을 행사할 수 있다.

셋째, 제1항은 "…저당권의 설정을 청구할 수 있다."고 되어 있어 저당권설정청구권의 행사방법을 제한하고 있지 않다. 따라서 이는 당사자 간에 합의에 의해 저당권이 설정되는 것을 봉쇄하는 조항은 아니다. 한편, 저당권은 등기가 이루어져야 성립하는 것이고 미등기 부동산 유치권자의 저당권설정청구만으로는 저당권이 성립하는 것은 아님은 당연하다. 물론 상대방은 실체법상 저당권설정의무를 부담하지만 실제로 저당권설정등기에 협조하지 않는다면 이를 소구訴求하는 수밖에 없다.

넷째, 피담보채권의 변제기가 도래하여야 한다. 유치권은 피담보채권의 변제기 도래를 요건으로 하는데(민법 제320조, 개정시안 제320조 제1항 참조) 개정시안 제372조의2의 저당권설정청구권은 유치권의 대용물로서의 성격을 가지기 때문이다. 또한 이러한 청구권을 행사함으로써 취득하게 되는 저당권은 그 피담보채권의 변제기에 설정된 것으로 본다는 개정시안 제372조의2제3항의 규정도 변제기 도래를 전제로 하는 것이다.

나. 저당권설정청구권의 행사기간(제2항)

제1항의 저당권설정청구권은 채권자, 즉 유치권자가 부동산이 등기된 날로부터 6개월 내에 소로써 행사하지 않으면 소멸한다.

미등기 부동산 당시 유치권이 성립하였더라도 일단 부동산이 등기되면 등기 부동산에 대한 유치권 폐지의 취지에 따라 그 유치권을 계속 존속시킬 수는 없다. 따라서 개정시안은 그 대용물로서 저당권설정등기청구권을 부여하되, 6개월 내에 이를 재판상 행사하지 않으면 그 권리가 소멸되는 것으로 규정하는 한편, 유치권의 행사기간을 6개월로 제한한 것이다.

물론 유치권자가 저당권설정청구권을 재판외에서 행사하는 것이 금지되지는 않는다. 이를 통하여 6개월 내에 저당권설정등기가 이루어진다면 이 역시 별다른 문제가 없다. 하지만 6개월 내에 저당권설정등기를 할 수 없다면 유치권자로서는 자신의 유치권과 저당권설정등기청구권을 상실하지 않기 위해서 그 기간 내에 재판상 저당권설정청구권을 행사하여야 한다. 이 기간은 제척기간이며, 6개월의 기산점은 부동산 등기시점이다.

다. 저당권의 효력(제3항)

저당권설정청구권의 행사에 따라 이루어진 저당권설정등기의 효력은 피담보채권의 변제기로 소급한다. 이 점에서 등기시점부터 효력을 발생하는 일반적인 저당권설정등기와 확연하게 구별된다. 그 결과 제1항에 따라 뒤늦게 설정된 저당권설정등기의 변제기가 선행저당권설정등기의 등기시점보다 앞서는 경우에는 전자가 우선하게 된다. 이는 부동산등기의 순위는 그 등기시점에 따른다는 일반적인 원칙에 대한 예외이다.

이에 대해서는 다음과 같은 비판이 있을 수 있다. 부동산유치권을 폐지하고 저당권설정청구권을 신설하는 가장 큰 이유는 물권의 공시기능을 강화함으로써 부동산을 둘러싼 법률관계의 투명성을 제고하고 이를 통해 부동산이용의 효율성을 높이는 데에 있다.

이러한 기본적인 정신에 충실하기 위해서는 가급적 물권의 공시에 관한 민법의 기본원칙이 그대로 구현되어야 한다. 한편 이 원칙에 따르면 물권은 등기한 때로부터 효력을 발생하고, 물권 사이의 우선순위는 등기의 순위에 따른다. 그것이 물권법 질서의 안정성 유지라는 요청에도 부합한다. 그런데 개정시안 제372조의2제4항에서는 채권의 변제기 도래 이후에 저당권설정등기가 이루어지면 그 변제기에 저당권이 설정된 것으로 본다고 규정함으로써 그 효력 및 우선순위를 채권의 변제기로 소급시킨다. 이러한 소급기간의 길이는 저당권설정등기청구소송의 기간에 비례하여 늘어날 수 있다.[7] 가령 개정시안이 요구하는 대로 6개월 내에 저당권설정등기청구소송을 제기하였더라도 그 사실이 바로 등기부에 공시되는 것은 아니다. 그리고 이러한 소송이 확정판결로 이어져 실제로 저당권등기가 이루어지기까지는 몇 년이 걸릴지 알 수 없다. 그런데 개정시안에 따르면 그 사이에 등기부상 이해관계를 가지게 되는 제3자들은 모두 이후에 등장할 저당권자에게 후순위가 될 위험에 처하게 된다. 또한 변제기가 언제인가를 둘러싸고 분쟁이 늘어나고 분쟁해결비용도 증가할 수 있다. 도급인과 수급인이 통모하여 변제기를 앞당기려는 시도도 할 수 있다. 부동산에 새로운 권리를 설정하려는 제3자의 입장에서는 자신의 정확한 법적 지위를 알기 위해 우선 자기와 무관하게 발생한 비용지출채권의 변제를 알아내려는 노력을 기울여야 한다. 이는 거래의 안전성을 해치고 거래비용을 증가시키는 것으로서 부동산 유치권 폐지라는 개정시안의 취지를 상당 부분 무색하게 만들 수 있다.

그러나 개정시안에서는 이러한 비판의 가능성에도 불구하고 피담보채권의 변제기로 저당권의 효력을 소급시키기로 하였다. 앞에서도 여러 차례 설명하였듯이 여기에서의 저당권설정등기청구권은 유치권의 대용물로서 가급적 유치권에 가까운 정도의 강한 효력을 부여해 주어야 하고, 이를 위해서는 개정시안처럼 저당권설정등기의 순위를 소급시켜 유치권자를 보호할 필요가 있기 때문이다. 현실적으로는 이를 통해 공사대금채권자의 지위가 급격하게 하락하는 것을 방지함으로써 입법과정에서의 반대를 최소화하고 현장에서의 혼란도 줄이는 효과를 기대할 수 있다. 또한 이론적으로는 다음과 같이 설

7) 현실적으로 도급인과 수급인이 원만하게 저당권설정에 합의할 가능성은 그리 높지 않다. 따라서 대다수는 저당권설정등기청구소송으로 이행하게 될 것이다.

명할 수도 있다. 대부분의 부동산 유치권자들은 공사대금채권자와 같은 비용지출채권자이다. 비용지출채권자는 대체로 부동산의 가치를 증가시키거나 최소한 감소된 부동산의 가치를 회복시킨 자이다. 그러므로 그 이후에 부동산에 이해관계를 가지게 된 제3자는 그 혜택을 받는 자이다. 따라서 그 추가적인 혜택 부분에 대해 비용지출채권자의 저당권을 우선시키더라도 그다지 불공평하지 않다. 그 비용상환채권의 액수는 이론적으로 그 가치증가분을 넘지 않을 것이기 때문이다.

이와 같이 유치권의 연장선상에서 저당권설정청구권이 인정되기 때문에 피담보채권의 변제기에 저당권이 설정된 것으로 보게 된 것이다. 요컨대 이 조항은 유치권자 보호를 위해 저당권의 효력발생시기를 등기 시가 아니라 변제기로 소급하게 하였다고 볼 수 있다.

제372조의3(유치권자 아닌 채권자의 저당권설정청구권) : 신설

현행	개정시안
〈신 설〉	제372조의3(유치권자 아닌 채권자의 저당권설정청구권) ① 등기된 부동산에 대한 비용지출로 인한 채권 또는 그 부동산으로 인한 손해배상채권을 가진 채권자는 그 채권을 담보하기 위하여 변제기가 도래하지 않은 경우에도 부동산 소유자에 대해서 그 부동산을 목적으로 한 저당권의 설정을 청구할 수 있다. 그러나 저당권설정청구권이 성립한 후 부동산소유권을 취득한 제3자에 대해서는 그러하지 아니하다. ② 부동산이 등기된 후 제320조 제2항 또는 제328조에 의하여 유치권을 상실한 채권자도 제1항의 권리를 행사할 수 있다.

1. 개정 배경

개정시안에서는 등기된 부동산에 대해 유치권을 폐지하기로 하였다. 그러나 갑자기 유치권자를 일반채권자의 지위로 전락시키는 것은 너무 급격한 변화인데다가, 부동산에 대한 비용지출채권이나 그 부동산으로 인한 손해배상채권을 가진 채권자에게는 그 부동산에 관한 한 일반 채권자보다 강화된 보호를 부여할 필요도 있다. 이에 따라 개정시안 제372조의3에서는 수급인의 도급인에 대한 저당권설정청구권에 관하여 규정하는 민법 제666조의 예에 따라 저당권설정청구권을 부여함으로써 채권자 보호와 공시기능의 확보를 동시에 꾀하고 있다.

2. 논의 경과

분과위안	실무위안	위원장단안	개정시안
없음	제372조의3(유치권자 아닌 채권자의 저당권설정청구권) ① 등기된 부동산에 관하여 제320조 제1항의 채권을 가진 채권자는 그 채권을 담보하기 위하여 변제기가 도래하지 않은 경우에도 부동산 소유자에 대해서 그 부동산을 목적으로 한 저당권의 설정을 청구할 수 있다. ② 부동산유치권자는 유치권이 소멸한 경우에는 제1항의 권리를 행사할 수 있다.	제372조의3(유치권자 아닌 채권자의 저당권 설정청구권) ① 등기된 부동산에 관하여 제320조 제1항의 채권을 가진 채권자는 그 채권을 담보하기 위하여 변제기가 도래하지 않은 경우에도 부동산 소유자에 대해서 그 부동산을 목적으로 한 저당권의 설정을 청구할 수 있다. ② 부동산유치권을 상실한 채권자는 제1항의 권리를 행사할 수 있다.	제372조의3(유치권자 아닌 채권자의 저당권설정청구권) ① 등기된 부동산에 대한 비용지출로 인한 채권 또는 그 부동산으로 인한 손해배상채권을 가진 채권자는 그 채권을 담보하기 위하여 변제기가 도래하지 않은 경우에도 부동산 소유자에 대해서 그 부동산을 목적으로 한 저당권의 설정을 청구할 수 있다. 그러나 저당권설정청구권이 성립한 후 부동산소유권을 취득한 제3자에 대해서는 그러하지 아니하다. ② 부동산이 등기된 후 제320조 제2항 또는 제328조에 의하여 유치권을 상실한 채권자도 제1항의 권리를 행사할 수 있다.

3. 개정시안의 내용

가. 등기된 부동산에 관한 저당권설정청구권(제1항)

제1항에서는 등기된 부동산에 관하여 제320조 제1항의 채권을 가지는 채권자에게 저당권설정청구권을 부여한다. 따라서 저당권자와 저당권설정자의 합의를 필요로 하는 일반 저당권과 달리 채권자가 저당권 설정을 관철시킬 수 있다. 다만 저당권설정청구를

한다고 하여 곧바로 저당권설정이라는 형성적 효력이 생기는 것이 아니고 상대방이 저당권설정의 실체법적 의무를 부담하는 것에 불과하다. 이 점에서 이 저당권설정청구권은 민법 제666조에서 규정하는 수급인의 도급인에 대한 저당권설정청구권과 구조나 내용이 매우 비슷하다. 다만 민법 제666조는 도급계약의 당사자 사이에서만 적용된다는 점에서 개정시안 제372조의3의 경우보다 범위가 한정적이다. 실제로는 많은 경우에 개정시안 제372조의3과 민법 제666조의 적용범위가 겹치게 될 것이다. 이러한 기본적인 사항을 염두에 두고 아래에서는 제1항에 관하여 좀 더 상세하게 설명한다.

첫째, 제1항은 등기된 부동산에만 적용된다. 미등기 부동산에 대해서는 개정시안 제320조 제2항, 제1항에 따라 유치권이 성립할 수 있기 때문이다. 한편 미등기 부동산이 등기된 경우에 대해서는 제372조의2에서 별도로 규율하고 있다.

둘째, 등기된 부동산에 관하여 부동산에 대한 비용지출채권이나 부동산으로 인한 손해배상채권을 가지는 채권자에게만 저당권설정청구권이 부여된다. 즉 객체가 동산이나 유가증권이었다면 유치권을 가졌을 채권자에게 적용되는 것이다. 주로 공사대금채권자나 유익비를 지출한 임차인 등 비용지출채권자가 문제된다.

셋째, 채권의 변제기가 도래하지 않았어도 저당권설정청구권을 행사할 수 있다. 이 점에서 채권의 변제기 도래를 요건으로 하는 유치권 또는 개정시안 제372조의2 소정의 저당권설정청구권의 경우와 구별된다.

넷째, 해당 부동산을 점유하고 있지 않아도 저당권설정청구권을 행사할 수 있다. 유치권에는 부동산 점유가 요구되지만 여기에서의 저당권설정청구권은 유치권과 유사한 권리가 아니기 때문이다. 논의 과정에서는 비용지출채권자 등을 일반 채권자보다 강하게 보호하기 위해서는 최소한 부동산 점유라도 요건으로 삼아야 한다는 의견도 있었다. 그러나 저당권설정청구권은 유치권과 성격을 달리하므로 부동산 점유를 요건으로 해야 할 논리필연적인 이유를 찾을 수 없고, 이를 요건으로 하는 경우에는 부동산 가치의 사장이라는 기존 유치권의 폐해를 극복할 수 없다는 점 등을 고려하여 부동산 점유를 요건으로 삼지 않았다.

다섯째, 저당권설정청구권의 상대방은 부동산 소유자이다. 채무자 아닌 부동산 소유자도 포함된다. 이 점에서 도급계약상 채무자인 도급인에 대해서만 저당권설정청구권을 행사할 수 있도록 하는 민법 제666조와 구별된다. 이러한 입법태도의 타당성에 대해서는 논의의 여지가 있으나, 제372조의2의 저당권설정청구권은 대부분 비용지출채권자에게 인정되는 것이고 그가 비용을 지출하여 생성한 이익은 현재의 부동산 소유자에게 귀속되고 있다는 점에서 이를 이해할 수 있다. 한편 저당권설정청구권의 성립 후 부동산을 취득한 제3자에 대해서는 저당권설정청구권을 행사할 수 없다. 이는 저당권설정청구권의 채권적 성격을 감안한 것이다.

여섯째, 저당권설정청구권에 의하여 설정된 저당권은 일반 저당권과 효력이 동일하다. 따라서 개정시안 제372조의2 소정의 저당권처럼 피담보채권의 변제기로 효력이 소급하지 않는다. 개정시안에서는 저당권의 효력에 대해서 별도로 규정하고 있지는 않지만 저당권의 일반적인 법리에 따르면 당연한 결과이다. 즉, 등기순위와 우선순위가 일치하게 되어 거래의 안전성을 해치지 않는다.

일곱째, 개정시안 제372조의2 소정의 저당권설정청구권과 달리 여기에서는 저당권설정청구권의 행사기간에 제한이 없다. 다만 저당권설정청구권은 채권이므로 채권의 일반 소멸시효 기간의 적용을 받게 된다.

나. 미등기부동산에 대한 유치권을 상실한 채권자의 경우(제2항)

제2항은 부동산이 등기된 후 제320조 제2항 또는 제328조에 의하여 유치권을 상실한 채권자도 저당권설정청구권을 행사할 수 있다고 규정한다.

개정시안 제320조 제2항은 미등기 부동산 유치권자의 유치권은 개정시안 제372조의2에 따른 저당권설정등기가 이루어지거나 저당권설정청구권이 소멸한 때에는 소멸한다는 내용이다. 이미 저당권설정등기가 이루어졌다면 그에 따른 보호를 받으면 충분하지만, 개정시안 제372조의2에 따른 저당권설정청구권이 기간경과 등의 이유로 소멸하였다면 그는 여전히 개정시안 제372조의3 소정의 저당권설정청구권을 행사할 수 있다는 취지이다. 한편 민법 제328조는 유치권은 점유의 상실로 인하여 소멸한다고 규정한다. 이러한 경우에도 개정시안 제372조의3의 저당권설정청구권은 행사할 수 있다.

위와 같은 경우 이외에도 유치권이 소멸하는 경우가 있다. 즉 유치권자가 유치물 점유에 관하여 선량한 관리자의 주의의무를 위반하거나, 채무자의 승낙 없이 유치물을 사용, 대여 또는 담보제공하는 등의 사유로 채무자가 유치권의 소멸을 청구한 때(제324조)

와 채무자가 상당한 담보를 제공하고 유치권의 소멸을 청구한 때(제327조)에도 유치권이 소멸하게 된다. 그렇다면 이 경우에 유치권을 가졌던 자가 개정시안 제327조의3의 저당권설정청구권을 행사할 수 있는지가 문제된다. 해석론으로서는 유치권 소멸의 이유나 경위를 불문하고 형식적으로 개정시안 제372조의3의 요건을 충족하기만 하면 이에 따른 저당권설정청구권을 행사할 수 있다는 견해도 가능하다. 그러나 개정시안 제2항에서는 의도적으로 이 사유를 적용사유에서 배제함으로써 이러한 경우에는 저당권설정청구권이 인정되지 않음을 간접적으로 밝히고 있다. 즉 유치권자의 잘못으로 유치권이 소멸되거나, 유치권자의 피담보채권 만족에 기여하는 상당한 담보가 확보되어 유치권이 소멸된 경우에는 굳이 저당권설정청구권을 인정하지 않겠다는 것이다.

4. 참고사항 - 민법 제666조의 존치 여부

개정시안 제372조의3이 마련되면서 민법 제666조의 존치 필요성에 대한 논의가 있었다. 민법 제666조는 부동산공사의 수급인이 그 보수에 관한 채권을 담보하기 위하여 그 부동산을 목적으로 한 저당권설정청구권을 행사할 수 있다고 규정한다. 분과위원회에서는 민법 제666조에서 정하는 "보수에 관한 채권"은 개정시안 제372조의3에서 규정하는 "비용지출에 관한 채권"에 반드시 포함된다고는 볼 수 없다거나, 설령 양자가 중복되더라도 부동산 수급인들을 보호하고 이들이 가지게 될 불안감을 해소하기 위하여 일단 민법 제666조를 존치하여야 한다고 본 반면, 실무위원회와 위원장단회의에서는 "보수에 관한 채권"이 "비용지출에 관한 채권"에 해당하므로 민법 제666조가 없더라도 개정시안 제372조의3에 따라 저당권설정청구권을 행사할 수 있으므로 민법 제666조는 삭제하는 것이 옳다고 보았다. 전체회의에서는 토론과 표결 끝에 존치안과 삭제안이 동수를 기록하여 결국 이를 그대로 존치하기로 결정하였다.

부 칙

개정시안
제1조(시행일) 이 법은 공포 후 1년이 경과한 날부터 시행한다.
제2조(효력의 불소급) 이 법은 종전의 규정에 따라 생긴 효력에 영향을 미치지 아니한다.
제3조(경과조치) ① 이 법 시행 당시 부동산에 대한 유치권자는 이 법 시행 후 2년 내에 제372조의2의 규정에 따라 저당권설정을 청구할 수 있다. 다만 미등기 부동산의 경우에는 소유권보존등기를 한 날로부터 그 기간을 기산한다. ② 제1항의 경우에는 제320조 제2항 제2문, 제372조의3제2항을 준용한다.

1. 개정시안의 내용

제1조는 개정법의 시행일에 관하여, 제2조는 이미 발생한 효력의 보호에 관하여 각각 규정하고 있는데, 이는 부동산 유치권에 국한된 것이 아니라 개정시안 전반에 관한 것이다. 부동산 유치권에 관한 부칙은 제3조로 이미 성립한 부동산 유치권의 처리에 대해 다루고 있다. 제2조에 규정된 바에 따르면 이미 성립한 부동산 유치권에는 개정시안의 효력이 미치지 않으므로 그 유치권은 그대로 존속하게 된다. 이처럼 이미 성립한 유치권을 그대로 보호해 주는 것도 입법정책상 가능한 선택지일 것이다. 그러나 개정시안에서는 부동산 유치권 폐지라는 개정시안의 취지를 살리기 위해 2년의 유예기간을 부여하고 그 이후에는 부동산 유치권이 소멸하는 것으로 정하였다.[8] 따라서 부동산 유치권자는 법 시행일(등기 부동산의 경우) 또는 소유권보존등기일(미등기 부동산의 경우)로부터 2년 내에 저당권을 설정하거나 최소한 제372조의2의 규정에 따라 저당권설정을 청구하여야 한다. 다만 그 유예기간 동안 이러한 조치를 취하지 못하여 유치권이 소멸하였더라도

8) 유예기간의 길이에 대해서는 6개월부터 3년까지 여러 의견이 제시되었으나 결국 2년으로 결정되었다.

민법 제373조의3에 따른 저당권설정청구권(그 저당권의 효력이 변제기로 소급하지 않는 일반 저당권의 설정을 청구하는 권리)은 여전히 행사할 수 있도록 하였다. 다만 이 경우 유치권자는 종전의 유치권에 버금가는 보호는 받지 못하는 셈이 된다.

이처럼 개정법 시행 전에 이미 존재하던 유치권을 소멸시키는 것이 위헌인지 여부가 문제될 수 있으나, 부동산실명법상 기존 명의신탁자의 실명전환 의무규정이나 제정민법 부칙 제10조에 대한 헌법재판소의 결정례에 비추어 위헌이라고 볼 수 없다고 판단하였다.[9]

2. 참고사항

부동산 유치권 폐지에 따라 상법 개정시안도 마련함으로써 이에 대응하여 상법 부칙에 대한 개정시안도 마련하였다. 그 내용은 민법 부칙 개정시안과 같다.

상법 부칙 개정시안
제1조(시행일) 이 법은 공포 후 1년이 경과한 날부터 시행한다. 제2조(효력의 불소급) 이 법은 종전의 규정에 따라 생긴 효력에 영향을 미치지 아니한다. 제3조(경과조치) ① 이 법 시행 당시 부동산에 대한 유치권자는 이 법 시행 후 2년 내에 민법 제372조의2의 규정에 따라 저당권설정을 청구할 수 있다. 다만 미등기 부동산의 경우에는 소유권보존등기를 한 날로부터 그 기간을 기산한다. ② 제1항의 경우에는 민법 제320조 제2항 제2문, 제372조의3제2항을 준용한다.

9) 부동산실명법에 관한 헌법재판소 2001. 5. 31. 선고 99헌가18,99헌바71 · 111,2000헌바51 · 64 · 65 · 85,2001헌바2 결정 및 제정민법 부칙 제10조에 관한 헌법재판소 1996. 12. 26. 선고 93헌바67 결정 참조.

※ 관련 특별법

1. 부동산등기법

현행	개정안
第75조(저당권의 등기사항) ① 등기관이 저당권 설정의 등기를 할 때에는 제48조에서 규정한 사항 외에 다음 각 호의 사항을 기록하여야 한다. 다만, 제3호부터 제8호까지는 등기원인에 그 약정이 있는 경우에만 기록한다. 1. 채권액 2. 채무자의 성명 또는 명칭과 주소 또는 사무소 소재지 3. 변제기(辨濟期) 4. 이자 및 그 발생기·지급시기 5. 원본(元本) 또는 이자의 지급장소 6. 채무불이행(債務不履行)으로 인한 손해배상에 관한 약정 7. 「민법」 제358조 단서의 약정 8. 채권의 조건 ② 등기관은 제1항의 저당권의 내용이 근저당권(根抵當權)인 경우에는 제48조에서 규정한 사항 외에 다음 각 호의 사항을 기록하여야 한다. 다만, 제3호 및 제4호는 등기원인에 그 약정이 있는 경우에만 기록한다. 1. 채권의 최고액 2. 채무자의 성명 또는 명칭과 주소 또는 사무소 소재지 3. 「민법」 제358조 단서의 약정 4. 존속기간	第75조 ① (현행과 같음) ② (현행과 같음) <u>③ 등기관은 민법 제372조의2에 따라 저당권의 등기를 할 때에는 그 규정에 따른 저당권임을 표시하고, 변제기를 기록하여야 한다.</u>

개정안 제372조의2에 따른 저당권 설정은 등기 시가 아니라 변제기인데, 이를 등기부상 공시할 필요가 있으므로, 등기관은 ① 제372조의2에 따른 저당권임을 표시하고 ② 그 변제기를 기록하도록 하였다.

2. 민사집행법

현행	개정시안
第88조(배당요구) ① 집행력 있는 정본을 가진 채권자, 경매개시결정이 등기된 뒤에 가압류를 한 채권자, 민법 · 상법, 그 밖의 법률에 의하여 우선 변제청구권이 있는 채권자는 배당요구를 할 수 있다	第88조(배당요구) ① 집행력 있는 정본을 가진 채권자, 경매개시결정이 등기된 뒤에 가압류를 한 채권자, 민법 제372조의2제1항에 의하여 저당권설정청구의 소를 제기한 유치권자, 민법 · 상법, 그 밖의 법률에 의하여 우선 변제청구권이 있는 채권자는 배당요구를 할 수 있다.
② (생　략)	② (현행과 같음)
第91조(인수주의와 잉여주의의 선택 등) ① (생략)	第91조(인수주의와 잉여주의의 선택 등) ① (현행과 같음)
② 매각부동산 위의 모든 저당권은 매각으로 소멸된다.	② 매각부동산 위의 모든 저당권과 유치권은 매각으로 소멸된다.
③ ~ ④ (생　략)	③ ~ ④ (현행과 같음)
⑤ 매수인은 유치권자(留置權者)에게 그 유치권(留置權)으로 담보하는 채권을 변제할 책임이 있다.	〈삭　제〉
第160조(배당금액의 공탁) ① 배당을 받아야 할 채권자의 채권에 대하여 다음 각호 가운데 어느 하나의 사유가 있으면 그에 대한 배당액을 공탁하여야 한다.	第160조(배당금액의 공탁) ① 배당을 받아야 할 채권자의 채권에 대하여 다음 각호 가운데 어느 하나의 사유가 있으면 그에 대한 배당액을 공탁하여야 한다.
1.~ 2. (생　략)	1.~ 2. (현행과 같음)

현행	개정시안
〈신 설〉	3. 민법 제372조의2제1항에 의하여 저당권설정청구의 소를 제기한 유치권자의 채권인 때
3. 제49조 제2호 및 제266조 제1항 제5호에 규정된 문서가 제출되어 있는 때	4. 제49조 제2호 및 제266조 제1항 제5호에 규정된 문서가 제출되어 있는 때
4. 저당권설정의 가등기가 마쳐져 있는 때	5. 저당권설정의 가등기가 마쳐져 있는 때
5. 제154조 제1항에 의한 배당이의의 소가 제기된 때	6. 제154조 제1항에 의한 배당이의의 소가 제기된 때
6. 민법 제340조 제2항 및 같은 법 제370조에 따른 배당금액의 공탁청구가 있는 때	7. 민법 제340조 제2항 및 같은 법 제370조에 따른 배당금액의 공탁청구가 있는 때
제161조(공탁금에 대한 배당의 실시) ① (생 략) ② 제1항에 따라 배당을 실시함에 있어서 다음 각호 가운데 어느 하나에 해당하는 때에는 법원은 배당에 대하여 이의하지 아니한 채권자를 위하여서도 배당표를 바꾸어야 한다. 1. 제160조 제1항 제1호 내지 제4호의 사유에 따른 공탁에 관련된 채권자에 대하여 배당을 실시할 수 없게 된 때 2. 제160조 제1항 제5호의 공탁에 관련된 채권자가 채무자로부터 제기당한 배당이의의 소에서 진 때 3. 제160조 제1항 제6호의 공탁에 관련된 채권자가 저당물의 매각대가로부터 배당을 받은 때	제161조(공탁금에 대한 배당의 실시) ① (현행과 같음) ② 제1항에 따라 배당을 실시함에 있어서 다음 각호 가운데 어느 하나에 해당하는 때에는 법원은 배당에 대하여 이의하지 아니한 채권자를 위하여서도 배당표를 바꾸어야 한다. 1. 제160조 제1항 제1호 내지 제5호의 사유에 따른 공탁에 관련된 채권자에 대하여 배당을 실시할 수 없게 된 때 2. 제160조 제1항 제6호의 공탁에 관련된 채권자가 채무자로부터 제기당한 배당이의의 소에서 진 때 3. 제160조 제1항 제7호의 공탁에 관련된 채권자가 저당물의 매각대가로부터 배당을 받은 때
	부 칙
〈신 설〉	제1조(시행일) 이 법은 공포 후 1년이 경과한 날부터 시행한다.
〈신 설〉	제2조(효력의 불소급) 이 법은 종전의 규정에 따라 생긴 효력에 영향을 미치지 아니한다.

현행	개정시안
〈신 설〉	제3조(경과조치) ① 이 법은 이 법 시행 전에 성립한 부동산 유치권에 대하여도 적용한다. ② 제1항에 불구하고 이 법 시행전에 경매가 신청된 부동산에 대하여는 종전의 규정을 적용한다. 이 경우 경매절차가 매각 없이 끝난 때에는 그때부터 민법 부칙 제3조 제1항의 기간이 진행한다.

(1) 제88조 제1항

제88조 제1항에서 규정하는 배당요구권자에 "저당권설정청구의 소를 제기한 유치권자"를 추가하였다. 민사집행법 제91조 개정시안에 의하면 유치권은 매각으로 소멸하므로 경매절차 내에서 피담보채권을 실현할 수 있도록 유치권자에게 배당요구권을 부여한 것이다.

여기에서는 배당요구권자를 "유치권자"로 하고 있으므로 제372조의2에 기하여 저당권설정청구의 소를 제기한 채권자만 포함되고 제372조의3의 채권자는 포함되지 않는다. 제372조의3에 기하여 저당권을 설정한 채권자는 일반 저당권자로 보호된다.

(2) 제91조 제5항

유치권도 저당권과 마찬가지로 매각으로 인하여 소멸하도록 하였다. 이는 유치권에 관하여 인수주의를 취함으로써 경매절차를 통해 부동산을 매수한 자에게 큰 부담을 지우고 이로 인해 부동산 경매가 원활하게 이루어지지 못하던 기존의 폐해를 수정하기 위한 것이다. 물론 개정시안에 따르면 부동산 유치권은 원칙적으로 폐지되고 미등기 부동산에 대한 유치권도 한시적으로만 존속한다. 그리고 그 유치권의 대용물로서 개정시안 제372조의2와 제372조의3에 의하여 행사된 저당권설정청구권에 따른 저당권등기가 존재하게 될 것이다. 저당권은 인수주의가 아니라 소멸주의의 적용을 받는다. 그러나 유치권이 한시적으로 존속하는 동안 경매절차가 진행되어 완료될 수도 있으므로 이러한 경우 유치권이 소멸한다고 규정하는 제91조 제5항은 여전히 규정의 실익이 있다.

(3) 제160조 제1항 제3호, 제161조

민사집행법 제160조 제1항에 제3호를 신설하여 "저당권설정청구의 소를 제기한 유치권자의 채권인 때"에 그 채권에 대해서 배당금액을 공탁하도록 하였다. 유치권자로서 저당권설정청구의 소를 제기하였으나 아직 확정판결이 나지 않아 저당권설정등기를 하지 못한 경우에는 저당권자로서 배당을 받을 수 없다. 또한 유치권자는 배당받을 수 있는 자가 아니므로 유치권자로서 배당받을 수도 없다(민사집행법 제148조 참조). 그렇다고 하여 일단 다른 채권자들에게 배당한 뒤 나중에 저당권설정등기가 이루어지면 부당이득반환청구를 하게 하는 것도 번잡하다. 따라서 배당금액을 공탁하게 하고 나중에 저당권설정등기가 이루어지면 유치권자에게 배당하고 그렇지 않으면 종전의 배당권자에게 배당하게 하는 것이다.

이와 같이 제160조 제1항에 제3호가 신설되면서 기존의 제160조 제3호부터 번호가 하나씩 뒤로 밀려나게 되었고, 제161조에서 인용하는 제160조의 번호도 모두 달라지게 되었다.

(4) 부칙 제3조

개정법 당시 존재하던 부동산 유치권에 대해서는 개정법을 적용하도록 하였다(제1항). 다만 시행일 이전에 경매신청이 이루어진 부동산에 대해서는 종전의 규정을 적용하도록 하였다(제2항). 따라서 이미 경매절차에 있는 부동산에 대해서는 개정법이 아니라 종전의 규정이 적용된다. 갑작스런 변화로 인한 혼란을 막기 위한 경과규정이다.

한편 경매절차가 매각 없이 끝난 때에는 그때부터 민법 부칙 제3조 제1항 및 상법 부칙 제3조 제1항의 기간이 진행한다. 민법 부칙 제3조 제1항은 "이 법 시행 당시 부동산에 대한 유치권자는 이 법 시행 후 2년 내에 제372조의2의 규정에 따라 저당권설정을 청구할 수 있다. 다만 미등기부동산의 경우에는 소유권보존등기를 한 날로부터 그 기간을 기산한다"라고 규정함으로써 기존 유치권자에게 2년의 유예기간을 부여하고 있고, 상법 부칙 제3조 제1항 역시 같은 취지로 규정하고 있다. 경매절차가 진행되는 기간 동안 위 기간이 경과하여 경매절차가 매각 없이 끝나자마자 유치권이 소멸하는 것은 유치권자에게 너무 가혹하므로 위 유예기간의 기산점을 경매절차가 매각 없이 끝난 때로 정하였다.

제11장 질권

I. 개관

질권에 관한 개정시안의 주요 내용은 다음과 같다.

○ 질권설정계약의 요물성 부정

"설정계약의 요물성"으로 되어 있는 민법 제330조의 표제를 "동산질권의 설정"으로 바꾸어 질권설정계약이 요물계약이 아니라는 점을 분명히 하였다(제330조).

○ 물상대위의 압류요건 폐지

민법 제342조는 물상대위권을 행사하기 위해 질권설정자가 금전을 지급받거나 물건을 인도받기 전에 먼저 그 지급청구권 또는 인도청구권을 압류할 것을 요구하고 있다. 그런데 질권에 기하여 물상대위권을 행사함에 있어서 압류는 논리필연적으로 요구되는 것이 아니고, 압류한다고 하여 제3자에게 공시되는 것도 아니므로(민법 제342조가 준용되는 저당권의 경우에는 어차피 저당권등기 자체가 공시방법이 될 수 있으므로), 개정시안에서는 이를 폐지함으로써 질권자가 일반적인 채권질권의 실행방법에 따라 바로 질권을 행사할 수 있도록 허용하였다(제342조 제1항). 다만 이 경우 제3채무자의 이중변제 위험이 있으므로 제3채무자 보호를 위해 질권자가 제3채무자에게 물상대위 사실을 통지하도록 하였다(제342조 제2항). 그 외에 제3채무자의 변제에도 불구하고 질권자의 우선적 지위에는 변함이 없다는 점을 주의적으로 규정하였다(제342조 제3항).

○ 채권질권의 경우 채권증서교부요건의 삭제

민법 제347조는 채권질권의 경우 채권증서가 있는 때에는 이를 교부함으로써 질권의 효력이 발생한다고 규정한다. 그러나 지명채권의 경우 채권증서는 채권의 존재와 범위를 증명하는 서면에 불과할 뿐 그 이상의 의미는 없고, 질권설정계약이 요물계약도 아니므로 개정시안에서는 이 조항을 삭제하였다.

○ 저당채권에 대한 질권 부기등기의 대항력 명문화

개정시안에서는 저당채권에 관하여 저당권등기에 질권의 부기등기를 한 경우 채무자 이외의 제3자에게도 대항력이 미친다는 기존의 법리를 명문화하였다(제348조 제2항).

Ⅱ. 조문별 해설

제330조(동산질권의 설정)

현행	개정시안
제330조(설정계약의 요물성) 질권의 설정은 질권자에게 목적물을 인도함으로써 그 효력이 생긴다.	제330조(동산질권의 설정) 질권의 설정은 채권자에게 동산을 인도함으로써 효력이 생긴다.

1. 개정 배경

현행 민법 제330조의 표제는 "설정계약의 요물성"으로 되어 있다. 그러나 본문에서는 목적물의 인도를 질권설정계약의 성립요건이 아니라 질권의 효력발생요건으로 규정할 뿐이다. 이처럼 표제와 본문이 서로 맞지 않으므로 개정이 필요하다. 2004년 민법 개정안에서도 이러한 이유로 위 조항의 표제를 "질권의 설정"으로 변경한 바 있다.

2. 관련 입법례

◆ **2004년 개정안**

제330조(질권의 설정) 질권의 설정은 질권자에게 목적물을 인도함으로써 그 효력이 생긴다. (표제만 변경)

◆ **독일민법**[1)]

제1205조(설정) ① 질권의 설정에는 채권자에게 물건을 인도하고 또한 쌍방이 채권자가 질

권을 가짐에 합의할 것을 요한다. 채권자가 물건을 점유하고 있는 경우에는 질권의 성립에 관한 합의로 족하다.
② 소유자가 간접점유하고 있는 물건의 인도는, 소유자가 간접점유를 질권자에게 양도하고 또한 점유자에게 질권 설정을 통지하는 것으로 갈음할 수 있다.

◆ 스위스민법

제884조(채권자의 점유) ① 법에서 달리 정하지 않는 이상 동산질권은 질권의 목적물인 동산의 점유를 질권자에게 이전함으로써 설정할 수 있다.

◆ 프랑스민법

제2071조 질권설정계약은 채무자가 채무의 담보로서 어떤 물건을 채권자에게 인도하는 계약이다.

◆ 일본민법[2)]

제344조(질권의 설정) 질권의 설정은 채권자에게 목적물을 인도함으로써 그 효력을 발생한다.

3. 개정시안의 내용

민법 제330조의 표제에 따르면 질권설정계약은 요물계약이다. 요물계약은 당사자의 합의 이외에 물건의 인도 등 급부가 있어야 성립하는 계약이다. 따라서 질권설정계약이 요물계약이라면 그 계약 성립을 위해 목적물의 인도가 반드시 요구된다.

그러나 민법 제330조의 본문에서는 "질권의 설정은 질권자에게 목적물을 인도함으로써 그 효력이 생긴다."라고 규정하고 있어 이를 질권설정계약의 성립요건이 아니라 효력발생요건으로 하고 있다. 이는 물권변동을 위해서는 인도 또는 등기 등 물권변동의 요건이 갖추어져야 한다는 민법의 대원칙(제186조, 제188조 참조)을 질권에 적용한 결과이

1) 양창수, 독일민법전, 703면.
2) 권철, 일본민법전, 131면.

다. 그러므로 질권설정계약을 요물계약이라고 할 수는 없다.

그런데 민법 제330조의 표제는 질권설정계약이 요물계약인 것처럼 표현하고 있어 불필요한 혼란을 초래할 뿐만 아니라 그 본문과도 내용이 맞지 않으므로 그 표제를 "동산질권의 설정"으로 변경하기로 하였다.

한편 본문에서는 "질권자"를 "채권자"로, "목적물"을 "동산"으로 바꾸었다. "질권자"를 "채권자"로 바꾼 이유는, 질권 대상인 동산을 인도받기 전에는 질권의 효력이 발생하지 않으므로 그 동산을 인도받기로 한 자를 질권자라고 할 수 없기 때문이다. "목적물"을 "동산"으로 바꾼 이유는, 제330조가 동산의 질권설정에 관한 조항임을 분명히 하기 위해서이다.

第332조(설정자에 의한 점유금지)

현행	개정시안
第332조(설정자에 의한 대리점유의 금지) 질권자는 설정자로 하여금 질물의 점유를 하게 하지 못한다.	第332조(설정자에 의한 점유 금지) 질권자는 설정자에게 질물의 점유를 하게 하지 못한다.

현행 민법 제332조는 질권 설정 후 설정자가 질물의 점유를 하지 못하도록 한다. 즉 점유개정에 의한 질권 설정을 금지하는 것이다. 이는 질권의 공시를 불분명하게 하여 법률관계의 안정성을 깨뜨리기 때문이다. 한편 민법 제332조는 표제에서 "대리점유의 금지"라고 표현한다. 그런데 대리는 법률행위에 대하여 성립하는 것이므로 대리점유라는 개념은 맞지 않다. 따라서 개정시안 제332조는 표제를 "설정자에 의한 점유 금지"로 고치고, 본문의 표현도 약간 수정하였다.

第342조(물상대위)

현행	개정시안
第342조(물상대위) 질권은 질물의 멸실, 훼손 또는 공용징수로 인하여 질권설정자가 받을 금전 기타 물건에 대하여도 이를 행사할 수 있다. 이 경우에는 그 지급 또는 인도전에 압류하여야 한다.	第342조(물상대위) ① 질권자는 목적물의 멸실, 훼손 또는 공용징수로 인하여 질권설정자가 받을 보험금 그 밖의 금전이나 물건에 대하여도 질권을 행사할 수 있다. ② 질권설정자에 대한 제1항의 의무자는 질권자가 그 권리있음을 통지하기까지는 질권설정자에게 보험금 그 밖의 금전을 지급하거나 물건을 인도할 수 있다. 그러나 의무자가 질권자에게 권리있음을 안 때에는 그러하지 아니하다. ③ 제2항에 의한 지급 또는 인도는 질권자의 질권설정자 및 다른 제3자에 대한 지위에 영향을 미치지 아니한다.

1. 개정 배경

현행 민법 제342조는 질권의 목적물이 멸실, 훼손되거나 공용징수의 대상이 되어 질권자가 더 이상 질권을 행사할 수 없는 경우 질권설정자에게 귀속될 금전 기타 물건에 대한 물상대위를 할 수 있도록 하고 있다. 다만 이를 위해서는 금전 기타 물건이 질권설정자에게 지급 또는 인도되기 전에 질권자가 그 지급청구권 또는 인도청구권을 압류하도록 하고 있다. 이 규정은 권리질권(제355조)과 저당권(제372조)에 대하여 각각 준용된다.

물상대위의 압류 요건에 대해서는 논란이 있다. 질권이나 저당권과 같은 담보물권의 효력은 그 목적물의 가치변형물에도 그대로 미친다는 전제 위에서는 압류가 반드시 필요한 것이 아니라는 의문이 제기된다. 또한 담보권자와 관련이 없는 사유로 인하여 담보물이 멸실, 훼손 또는 공용징수된 상황에서 담보권자가 별도로 압류를 위한 법원의 재판절차를 거치지 않았다고 하여 자신의 담보권을 상실당할 위험에 처하게 되는 것은 부당한 면이 있다. 다만 압류는 금전의 지급 또는 물건의 인도에 관한 채권을 담보설정자의 다른 재산과 구분하여 특정하고, 나아가 압류를 통하여 제3채무자에게 담보권의 존재사실을 알림으로써 제3채무자의 이중변제를 막는 순기능도 가지고 있다. 이러한 순기능은 계속하여 보전할 필요가 있다. 개정시안은 이에 관한 논의의 결과 압류 요건은 폐지하되 제3채무자에 대한 통지를 통하여 물상대위의 객체를 특정하고 제3채무자의 이중변제를 방지하도록 하고 있다.

한편 물상대위의 객체를 어떻게 파악할 것인가와 관련하여 보험금에 대해서도 물상대위권을 행사할 수 있는가에 대해서 논란의 여지가 있었는데, 이번 개정과정에서는 이에 관한 논의를 거쳐 보험금에 대한 물상대위가 허용된다는 점을 명시하였다.

2. 관련 입법례

◆ 2004년 개정안

개정논의가 없었다.

◆ 일본민법[3)]

제304조(물상대위) ① 선취특권은 목적물의 매각, 임대, 멸실 또는 손상으로 인하여 채무자가 받게 될 금전 그 밖의 물건에 대해서도 행사할 수 있다. 다만, 선취특권자는 그 지급 또는 인도 전에 압류하지 않으면 안 된다.

② 채무자가 선취특권의 목적물에 대하여 설정한 물권의 대가에 관해서도 전항과 같다.

제350조(유치권 및 선취특권 규정의 준용) 제296조부터 제300조까지 및 제304조의 규정은 질권에 대하여 준용한다.

◆ 독일민법[4]

제1127조(보험금채권에 대한 효력) ① 저당권의 목적물이 토지의 소유자 또는 자주점유자를 위한 보험의 목적이 된 경우에 저당권은 보험자에 대한 채권에도 미친다.

② 부보(附保)된 목적물이 원상회복되거나 그 대위물이 조달된 경우에는 보험자에 대한 채권의 책임은 소멸한다.

제1128조(건물보험) ① 건물이 보험의 목적이 된 경우에, 보험자는 그 또는 피보험자가 보험사고의 발생을 저당채권자에게 통지하고 또한 그 통지의 수령으로부터 1개월이 경과한 때에 비로소 저당채권자에 대하여 유효하게 피보험자에게 보험금액을 지급할 수 있다. 저당채권자는 그 기간 내에는 보험자에 대하여 지급에 이의할 수 있다. 통지를 할 수 없는 경우에는 이를 하지 아니하여도 된다. 이 경우 1개월의 기간은 보험금액의 이행기가 도래한 때로부터 기산한다.

② 저당채권자가 보험자에 대하여 저당권을 신고한 때에는 보험자는 저당채권자가 그 지급에 서면으로 동의한 경우에만 저당채권자에 대하여 유효하게 피보험자에게 지급할 수 있다.

③ 그 외에 질권이 설정된 채권에 관한 규정이 적용된다; 그러나 보험자는 부동산등기부로부터 바로 인지될 수 있는 저당권에 대하여 이를 알지 못하였음을 주장하지 못한다.

3. 관련 판례

▶ **대법원 2004. 12. 24. 선고 2004다52798 판결**

저당목적물이 소실되어 저당권설정자가 보험회사에 대하여 화재보험계약에 따른 보험금청구권을 취득한 경우 그 보험금청구권은 저당목적물이 가지는 가치의 변형물이라 할 것이

3) 권철, 일본민법전, 113, 115면.

4) 양창수, 독일민법전, 665, 667면.

므로 저당권자는 민법 제370조, 제342조에 의하여 저당권설정자의 보험회사에 대한 보험금 청구권에 대하여 물상대위권을 행사할 수 있다고 봄이 상당하다.

▶ 대법원 2009. 5. 14. 선고 2008다17656 판결

저당권자는 저당권의 목적이 된 물건의 멸실, 훼손 또는 공용징수로 인하여 저당목적물의 소유자가 받을 저당목적물에 갈음하는 금전 기타 물건에 대하여 물상대위권을 행사할 수 있으나, 다만 그 지급 또는 인도 전에 이를 압류하여야 하며, 저당권자가 위 금전 또는 물건의 인도청구권을 압류하기 전에 저당물의 소유자가 그 인도청구권에 기하여 금전 등을 수령한 경우 저당권자는 더 이상 물상대위권을 행사할 수 없게 된다. 이 경우 저당권자는 저당권의 채권최고액 범위 내에서 저당목적물의 교환가치를 지배하고 있다가 저당권을 상실하는 손해를 입게 되는 반면에, 저당목적물의 소유자는 저당권의 채권최고액 범위 내에서 저당권자에게 저당목적물의 교환가치를 양보하여야 할 지위에 있다가 마치 그러한 저당권의 부담이 없었던 것과 같은 상태에서의 대가를 취득하게 되는 것이므로, 그 수령한 금액 가운데 저당권의 채권최고액을 한도로 하는 피담보채권액의 범위 내에서는 이득을 얻게 된다. 저당목적물 소유자가 얻은 위와 같은 이익은 저당권자의 손실로 인한 것으로서 인과관계가 있을 뿐 아니라, 공평의 관념에 위배되는 재산적 가치의 이동이 있는 경우 수익자로부터 그 이득을 되돌려받아 손실자와 재산상태의 조정을 꾀하는 부당이득제도의 목적에 비추어 보면 위와 같은 이익을 소유권자에게 종국적으로 귀속시키는 것은 저당권자에 대한 관계에서 공평의 관념에 위배되어 법률상 원인이 없다고 봄이 상당하므로, 저당목적물 소유자는 저당권자에게 이를 부당이득으로 반환할 의무가 있다.

▶ 대법원 2002. 10. 11. 선고 2002다33137 판결

민법 제370조, 제342조 단서가 저당권자는 물상대위권을 행사하기 위하여 저당권설정자가 받을 금전 기타 물건의 지급 또는 인도 전에 압류하여야 한다고 규정한 것은 물상대위의 목적인 채권의 특정성을 유지하여 그 효력을 보전함과 동시에 제3자에게 불측의 손해를 입히지 않으려는 데 있는 것이므로, 저당목적물의 변형물인 금전 기타 물건에 대하여 이미 제3자가 압류하여 그 금전 또는 물건이 특정된 이상 저당권자가 스스로 이를 압류하지 않고서도 물상대위권을 행사하여 일반 채권자보다 우선변제를 받을 수 있으나, 그 행사방법으로는 민사집행법 제273조(구 민사소송법(2002. 1. 26. 법률 제6626호로 전문 개정되기 전의 것) 제733조)에 의하여 담보권의 존재를 증명하는 서류를 집행법원에 제출하여 채권압류 및 전부명령을 신청하는 것이거나 민사집행법 제247조 제1항(구 민사소송법(2002. 1. 26. 법률 제6626호로 전문 개정되기 전의 것) 제580조 제1항)에 의하여 배당요구를 하는 것이므로, 이러한 물상대위권의 행사에 나아가지 아니한 채 단지 수용대상토지에 대하여 담보물권의 등기가 된 것만으로는 그 보상금으로부터 우선변제를 받을 수 없고, 저당권자가 물상대위권의 행사에 나아가지 아니하여 우선변제권을 상실한 이상 다른 채권자가 그 보상금 또는 이에 관한 변제공탁금으로부터 이득을 얻었다고 하더라도 저당권자는 이를 부당이득으로서 반환청구할 수 없다.

4. 개정시안의 내용

가. 보험금 예시와 압류요건의 폐지(제1항)

(1) 물상대위의 목적물

(가) 보험금 예시

민법 제342조에 따르면 물상대위의 목적물은 "질물의 멸실, 훼손 또는 공용징수로 인하여 질권설정자가 받을 금전 기타 물건"이다. 개정시안에서는 "보험금"을 "질권설정자가 받을 금전"의 예로 들고 있다. 한편 물상대위의 객체가 되는 것은 목적물 그 자체가 아니라 그 목적물의 지급 또는 인도를 구할 수 있는 권리이므로, 결국 개정시안에 따르면 질권자는 멸실, 훼손 등의 이유로 목적물에 대해서 더 이상 본래의 질권을 행사할 수 없는 경우에는 그 목적물에 대한 보험금청구권을 행사할 수 있다.

보험금청구권에 대한 물상대위가 인정되는가에 대하여는 논란의 여지가 있다.[5] 이를 긍정하는 입장에서는 목적물의 멸실·훼손으로 인하여 채무자가 보험금을 받게 되는

5) 긍정설과 부정설의 논거에 대해서는 김승표, "저당목적물이 소실됨으로써 저당권설정자가 취득한 화재보험청구권에 대하여 저당권자가 물상대위를 할 수 있는지 여부", 대법원판례해설, 법원도서관(2005), 127면 이하.

경우 그 보험금은 목적물의 변형물에 해당하고, 실제로 저당권자는 목적물에 대해 손해보험계약이 체결되어 있을 것을 전제로 저당권을 설정하며, 비록 보험금청구권은 법률상 당연히 발생하는 것이 아니라 보험계약으로부터 발생하는 것이지만, 민법 제342조는 그 권리의 발생원인을 법률의 규정에 의한 경우로 제한하고 있지 않다는 점 등을 제시한다. 이를 부정하는 입장에서는 보험금청구권은 목적물의 멸실 · 훼손에 의하여 법률상 당연히 발생하는 것이 아니라 담보설정자가 별도로 체결한 보험계약에 기하여 지급한 보험료의 대가로 생기는 것으로서 실제로도 보험료의 다과에 따라 보험금의 액수도 달라지게 되고, 보험계약이 해제 또는 해지되거나 보험계약상 면책사유 또는 관련 법률상 보험금지급거절사유가 있어 보험금을 받지 못하게 되더라도 담보권은 이와 무관하게 존속하므로 담보권이 당연히 보험금청구권에도 효력을 미친다고 볼 수 없다는 점 등을 제시한다.

우리나라의 다수설은 질권자 또는 저당권자가 물상대위로서 질권설정자의 보험금청구권을 행사할 수 있다는 태도를 취한다.[6] 또한 대법원도 "저당목적물이 소실되어 저당권설정자가 보험회사에 대하여 화재보험계약에 따른 보험금청구권을 취득한 경우 그 보험금청구권은 저당목적물이 가지는 가치의 변형물이라 할 것이므로 저당권자는 민법 제370조, 제342조에 의하여 저당권설정자의 보험회사에 대한 보험금청구권에 대하여 물상대위권을 행사할 수 있다고 봄이 상당하다"고 하여 이를 인정한다.[7] 개정시안의 논의과정에서도 이 점에 대해서는 별다른 이견이 없었다.

이러한 학설과 판례의 해석론에 따라 개정시안에서는 보험금을 물상대위의 목적물로 예시함으로써 이를 입법적으로 정리한 것이다.

(나) 매매나 임대의 대가-부정

매매나 임대로 인하여 취득하게 된 금전 기타 물건에 관하여도 물상대위가 가능하도록 할 것인가에 대해서도 논의가 있었으나 이 문제에 대해서는 현행 민법의 태도를 그

6) 곽윤직, 물권법, 박영사(2004), 303면; 이영준, 물권법, 박영사(2009), 811면; 이은영, 물권법, 박영사(2003), 567면; 이기수 · 최병규 · 김인현, 보험 · 해상법, 박영사(2008), 202면; 이근윤, "보험금청구권상의 질권과 저당권에 기한 물상대위", 재판 자료 제53집, 해상 · 보험에 관한 제문제(하), 법원행정처(1991), 618면 등.

7) 대판 2004. 12. 24, 2004다52798.

대로 따르기로 하였다. 참고로 우리나라 동산·채권 등의 담보에 관한 법률 제14조는 담보목적물의 매각 또는 임대로 인하여 담보권설정자가 받을 금전이나 그 밖의 물건에 대하여 물상대위를 긍정한다. 또한 일본민법 제304조 제1항 역시 매매와 임대의 대가에 대해서도 물상대위가 가능하도록 규정하고 있다. 개정시안의 논의과정에서도 질권이나 저당권의 효력범위를 넓힌다는 의미에서 매매와 임대의 경우 물상대위를 인정하여야 한다는 견해가 있었다.

그러나 이에 대해서는 다음과 같은 이유로 반대 견해가 개진되었다. 질권이나 저당권에는 추급효가 인정되므로 담보설정자가 담보목적물을 매매하여 그 소유권이 제3자에게 이전되거나 담보목적물을 임대하여 그 점유가 제3자에게 이전되더라도 담보권자는 여전히 자신의 권리를 실행할 수 있다. 한편 우리나라 부동산 거래 실무상 저당권이 있는 때에는 저당권의 피담보채권액을 공제하고 매매대금을 산정하는 경우가 많으므로 매매대금에 물상대위를 할 수 있도록 하는 것은 현실에 맞지 않다. 또한 임대로 인한 차임에 대해 물상대위를 허용할 필요성은 어느 정도 있지만, 적어도 저당권의 경우에는 민법 제359조에 따라 저당부동산의 압류 후에는 그 과실에도 저당권의 효력이 미치므로, 임대로 인한 차임에 대해서도 이러한 방식으로 저당권을 실행할 수 있다. 이처럼 매매나 임대의 경우에는 물상대위를 인정할 실익이 그리 크지 않는데도 이를 허용한다면 담보권자를 과도하게 보호하는 것이다.

이러한 점들을 고려하여 매매와 임대에 대해서는 물상대위 규정을 적용하지 않는 현행 민법의 태도를 그대로 유지하기로 하였다.

(2) 압류요건 삭제

현행 민법 제342조에 따르면 물상대위권 행사를 위해서는 금전 또는 물건에 대한 청구권을 그 지급 또는 인도 전에 압류하여야 한다. 그런데 개정시안에서는 이러한 압류요건을 삭제하기로 하였다.

물상대위 요건으로 압류를 요구하는 근거에 대해서 이른바 특정성유지설, 우선권보전설, 제3채무자보호설 등 여러 입장이 존재하여 왔다. 특정성유지설의 입장에서는 담보물권이 담보물의 가치변형물 위에 효력이 미치는 것은 당연하다는 전제에서 출발하여, 담보물의 가치변형물이 담보물 소유자의 일반재산에 혼입하면 특정성을 잃게 되어 담보물권자의 우선변제권 실행이 사실상 곤란하게 되므로 그 특정성을 보전하기 위해 압류를 요구하는 것이라고 설명한다. 우선권보전설의 입장에서는 담보물권이 담보물의 가치변형물 위에 당연히 효력이 미친다고 할 수 없다는 전제에서 출발하여, 법률이 압류라는 절차를 통해 특별히 기존의 우선권을 보전하여 주는 것이라고 설명한다. 제3채무자보호설의 입장에서는 제3채무자로서는 압류 등 절차를 통해 담보물권자에 대한 지급의무가 있다는 점을 알지 못하면 이중변제를 할 위험이 있으므로 이러한 위험을 방지하기 위해 압류를 요구하는 것이라고 설명한다.

그러나 압류 요건이 논리필연적으로 요구되는 것인지에 대해서는 계속적으로 의문이 제기되어 왔다. 이번 개정시안을 만드는 과정에서도 이에 관한 논의가 이루어졌다. 압류 요건이 필요하다는 입장에서는 압류가 권리관계를 명확히 하는 공시수단이라는 점, 압류요건을 삭제할 경우 당사자들의 이해관계에 어떤 영향을 미칠지 충분한 검토가 필요하다는 점 등을 들어 현재의 태도를 그대로 유지하여야 한다고 주장하였다. 압류요건이 불필요하다는 입장에서는 질권의 경우 압류가 어차피 제3자에게 공시되는 것이 아니므로 공시수단으로서의 기능을 제대로 수행하지 못하고, 저당권의 경우 어차피 저당목적물에 대한 등기 자체가 공시방법으로 존재하므로 별도의 공시방법으로 압류가 필요하지 않다는 점을 들었다. 또한 제3채무자의 이익은 통지 등 다른 절차를 통하여 배려하면 충분하다는 점도 들었다.

논의 결과 압류 요건은 삭제하기로 하고 그 대신 제2항과 제3항에서 제3채무자와 질권자의 보호 규정을 두기로 하였다. 압류 요건이 삭제되었으므로 물상대위권을 행사하고자 하는 질권자는 담보설정자가 가지는 권리를 압류하지 않고도 바로 그 권리에 대해 일반적인 채권질권의 실행방법(민법 제353조 및 제354조)에 따라 질권을 행사할 수 있다. 따라서 질권자는 민법 제353조에 따라 질권의 목적이 된 채권을 직접 행사하거나, 제354조에 따라 민사집행법에서 정한 집행방법에 의하여 질권을 실행할 수도 있다.

개정시안 제342조는 현행 민법과 마찬가지로 제370조에 의해 저당권에도 준용되므로 저당권에 기한 물상대위에 있어서도 압류는 필요하지 않게 되었다.

나. 제3채무자에 대한 통지(제2항)

제1항에서 압류요건을 삭제하였으므로 종전에 압류가 수행하던 물상대위 객체 특정 기능과 제3채무자 보호 기능을 수행할 대체적인 방법이 필요하다. 제2항에서는 이러한 기능을 수행하기 위한 방법으로 제3채무자에 대한 통지에 관하여 규정하고 있다.

개정시안은 질권의 효력이 물상대위의 객체에 당연히 미친다는 점을 전제로 하고 있다. 그러므로 물상대위의 원인이 발생하였다고 하여 질권자에게 물상대위 사실을 통지할 의무가 발생하는 것은 아니다. 그러나 제3채무자(개정시안에서는 이를 '의무자'라고 표현하고 있다)는 질권자로부터 물상대위 사실을 통지받기 전까지는 질권설정자에게 유효한 변제를 할 수 있다. 이 경우 제3채무자는 자신의 채무로부터 해방되고, 질권자는 이를 변제받은 질권설정자를 상대로 부당이득반환청구를 할 수 있을 뿐이다. 만약 제3채무자가 질권자로부터 통지를 받았다면 그는 질권자에게만 유효한 변제를 할 수 있다. 이러한 통지가 없었음에도 질권자가 물상대위를 할 수 있다는 사실을 제3채무자가 알게 된 경우에도 마찬가지이다. 제3채무자의 악의는 그 변제의 무효를 주장하는 질권자가 증명해야 한다.

이 조항은 질권자가 물상대위 객체인 권리를 특정하여 제3채무자에게 통지함으로써 이를 질권설정자의 다른 재산과 구별하고, 아울러 이러한 통지를 받거나 물상대위할 수 있게 된 사실을 알기 전에 제3채무자가 선의로 담보설정자에게 행한 변제를 유효한 것으로 취급함으로써 제3채무자를 보호하기 위한 것이다.

다. 질권자의 지위(제3항)

제3항은 제2항에 의하여 제3채무자가 질권설정자에게 보험금 그 밖의 금전을 지급하거나 물건을 인도하였더라도 질권자의 질권설정자 또는 제3자에 대한 우선적 지위에는 변함이 없다는 점을 주의적으로 규정한 것이다. 따라서 질권자가 압류나 배당요구를 하지 않았더라도 그가 가지는 질권은 여전히 존재한다.

라. 기타

현행 민법에서는 "공용징수"를 물상대위의 한 원인으로 제시하고 있다. 이와 관련하여 "공용징수"라는 표현을 그대로 사용할 것인가에 대해 논의가 있었다. 논의 과정에서 "공용징수"라는 표현은 실제로 잘 사용되지 않고 있고, 『공익사업을 위한 토지 등의 취득 및 보상에 관한 법률』 제47조에서는 "공용징수"라는 표현 대신 "수용 또는 사용"이라는 표현을 사용하므로 민법에서도 이를 "수용 또는 사용"으로 변경하자는 견해가 제시되었다.[8] 하지만 민법에서 단순히 "사용"이라고만 하게 되면 사용대차에 있어서의 "사용"과 같은 의미로 오해될 우려가 있다는 점 등이 지적되어 논의 끝에 현재의 "공용징수"라는 표현을 존치시키기로 하였다.

---

8) 헌법 제23조 제3항을 참조하여 '수용 · 사용'으로 변경하자는 견해도 있었다.

第347條(설정계약의 요물성) : 삭제

현행	개정시안
第347條(설정계약의 요물성) 채권을 질권의 목적으로 하는 경우에 채권증서가 있는 때에는 질권의 설정은 그 증서를 질권자에게 교부함으로써 그 효력이 생긴다.	〈삭 제〉

1. 개정 배경

현행 민법 제347조는 채권질권의 경우에 채권증서가 있는 때에는 그 증서를 질권자에게 교부하여 질권의 효력이 생긴다고 규정한다. 이 조항은 지명채권에 관한 것이다. 지시채권이나 무기명채권에 대해서는 각각 민법 제350조와 제351조에서 규정하고 있기 때문이다. 그런데 지명채권의 경우 채권증서는 채권의 존재와 범위를 증명하는 서면에 불과할 뿐이고 그 이상의 실체법적 의미를 가지는 것이 아니다. 따라서 왜 채권증서의 교부가 질권의 효력발생요건이 되어야 하는지, 채권증서가 있는 경우와 없는 경우를 달리 취급할 이유가 있는지, 어떤 증서를 채권증서로 보아야 하는지 등에 대해 논란이 있었다. 이러한 배경 하에 현행 민법 제347조의 삭제 필요성이 논의되었다.

2. 관련 입법례

◆ **2004년 개정안**

第347條는 삭제하기로 함

◆ **일본민법**[9] [10]

第363조(채권질의 설정) 채권 중 이를 양도하려면 그 증서의 교부를 필요로 하는 것을 질권의 목적으로 하는 때에는 질권의 설정은 그 증서를 교부함으로써 그 효력이 발생한다.

3. 관련 판례

◆ **대법원 2013. 8. 22. 선고 2013다32574 판결**

민법 제347조는 채권을 질권의 목적으로 하는 경우에 채권증서가 있는 때에는 질권의 설정은 그 증서를 질권자에게 교부함으로써 효력이 생긴다고 규정하고 있다. 여기에서 말하는 '채권증서'는 채권의 존재를 증명하기 위하여 채권자에게 제공된 문서로서 어떤 이름이나 형식을 따라야 하는 것은 아니지만, 장차 변제 등으로 채권이 소멸하는 경우에는 민법 제475조에 따라 채무자가 채권자에게 그 반환을 청구할 수 있는 것이어야 한다. 이에 비추어 임대차계약서와 같이 계약 당사자 쌍방의 권리의무관계의 내용을 정한 서면은 그 계약에 의한 권리의 존속을 표상하기 위한 것이라고 할 수는 없으므로 위 채권증서에 해당하지 않는다고 할 것이다.

4. 개정시안의 내용

논의 결과 별다른 이견 없이 현행 민법 제347조를 삭제하기로 하였다. 그 이유는 다음과 같다.

① 지명채권에 있어서 무엇이 채권증서인지가 명확하지 않다.

② 채권증서가 있는 경우라도 이는 하나의 증거에 지나지 않고 권리의 행사나 처분에

---

9) 권철, 일본민법전, 137면.

10) 일본 개정민법에서는 제363조를 삭제하였다.

증서의 소지가 요구되지도 않는다.

③ 따라서 채권증서를 교부한다고 하여 여기에 유치적 효력을 기대하기도 어렵다.

④ 민법 제349조는 지명채권에 대한 질권의 대항요건을 정하고 있다. 이에 따르면 지명채권의 질권자는 제3채무자에 대한 대항요건을 갖추고 있다면 채권증서가 없어도 질권을 행사할 수 있다. 반면 지명채권의 질권자가 채권증서를 받았더라도 대항요건을 갖추지 않으면 제3채무자 기타 제3자에게 대항할 수 없다. 따라서 질권의 효력 발생에 채권증서의 교부를 요구할 필요성이 없다.

⑤ 민법 제346조는 권리질권의 설정은 법률에 다른 규정이 없는 한 그 권리양도방법에 의하도록 규정하고 있다. 한편 지명채권의 권리양도방법은 당사자 사이에 지명채권을 양도하고 이를 제3채무자에게 통지하거나 그의 승낙을 받는 것이다. 그런데 민법 제347조에서는 채권증서의 교부를 채권질권의 효력발생요건으로 규정하고 있어, 두 조항에는 모순되는 측면이 있다.

第348조(저당채권에 대한 질권)

현행	개정시안
第348조(저당채권에 대한 질권과 부기등기) 저당권으로 담보한 채권을 질권의 목적으로 한 때에는 그 저당권등기에 질권의 부기등기를 하여야 그 효력이 저당권에 미친다.	第348조(저당채권에 대한 질권) ① 저당권으로 담보한 채권을 질권의 목적으로 한 때에는 그 저당권등기에 질권의 부기등기를 하여야 그 효력이 저당권에 미친다. ② 저당권등기에 대한 질권의 부기등기가 있는 때에는 질권자는 질권을 채무자 이외의 제3자에게 대항할 수 있다.

1. 개정 배경

현행 민법 제348조는 저당권에 의하여 담보된 채권을 질권의 목적으로 하는 경우 저당권등기에 질권의 부기등기를 하여야 저당권에 질권의 효력이 미친다고 규정하고 있다. 저당권부 채권에 질권을 설정한 경우에는 담보물권의 부종성으로 인하여 원칙적으로 그 저당권에 질권의 효력이 미친다고 해야 하나, 본조는 채권의 입질과 저당권의 입질이 함께 이루어지는 저당권부 채권의 입질에 있어서 물권변동의 법리가 당연히 적용됨을 주의적으로 규정한 것이다.

특히 저당권등기에 대한 질권의 부기등기를 하게 됨으로써 저당권부 채권의 입질은 보다 명확한 공시수단인 등기부를 통해 공시되므로, 이와 같은 질권의 부기등기에 채무자 이외의 제3자에 대한 대항력을 인정할 필요가 있다.

2. 논의 경과

민법 제348조의 개정은 제361조의 개정과 연동되어 있어, 제348조의 개정논의는 제361조에 대한 논의를 중심으로 진행되었다.[11] 피담보채권의 양도와 저당권의 이전에 관한 논의는 아래와 같이 제1안(저당권의 수반성을 강조하여 피담보채권의 양도 시에 저당권도 당연히 이전됨을 전제로 구성하는 방안)과 제2안(공시의 원칙을 중시하여 저당권 이전의 부기등기를 경료하지 않은 상태에서는 저당권이전의 효력이 발생하지 아니함을 전제로 구성하는 방안)이 제시되었다. 저당권부 채권의 양도로부터 비롯되는 시기의 불일치는 현행법이 채권양도의 경우 대항요건주의를, 저당권 이전의 경우 성립요건주의를 각각 취하고 있어 불가피한 현상인데, 결국 공시의 원칙을 관철하고 관련 법률관계를 간명히 하는 제2안을 개정시안으로 결정하였다.

위와 같은 논의에 연계하여 저당권부 채권에 대한 입질의 경우 제1안(위 제1안의 제361조 제2항 내지 제4항의 규정을 준용하는 것인데, 그 내용은 저당채권에 대한 질권의 경우 질권의 부기등기 없이도 질권의 효력이 저당권에 미치고, 질권의 부기등기가 있는 때에는 채무자 외의 제3자에게 대항할 수 있으며, 채무자에게 질권의 부기등기가 된 사실이 통지된 때에는 채무자에 대한 대항요건을 갖춘 것으로 본다는 것이다)과 제2안(그 내용은 저당권등기에 질권의 부기등기를 하여야 그 효력이 저당권에 미치고, 질권자는 질권을 채무자 이외의 제3자에게 대항할 수 있도록 한다는 것이다) 중에서 제2안으로 결정되었다.

〈제1안〉

현행	개정시안
제361조(저당권의 처분제한) 저당권은 그 담보한 채권과 분리하여 타인에게 양도하거나 다른 채권의 담보로 하지 못한다.	제361조(저당권의 이전) ① 저당권은 그 담보한 채권과 분리하여 타인에게 양도하거나 다른 채권의 담보로 하지 못한다. ② 저당권에 의하여 담보된 채권을 양도하는 경우, 저당권은 저당권이전의 부기등기 없이도 양수인에게 이전된다. ③ 저당권이전의 부기등기가 있는 때에는 제450조 제2항의 대항요건을 갖춘 것으로 본다. ④ 채무자에게 저당권이전의 부기등기가 된

11) 자세한 논의는 제361조(저당권의 이전) 개정시안에 관한 설명 참조.

현행	개정시안
	사실이 통지된 때에는 제450조 제1항의 채무자에 대한 대항요건을 갖춘 것으로 본다.
제348조(저당채권에 대한 질권과 부기등기) 저당권으로 담보한 채권을 질권의 목적으로 한 때에는 그 저당권등기에 질권의 부기등기를 하여야 그 효력이 저당권에 미친다.	제348조(저당권에 의하여 담보된 채권에 대한 질권) 저당권에 의하여 담보된 채권을 질권의 목적으로 하는 때에는 제361조 제2항 내지 제4항의 규정을 준용한다.

〈제2안〉

현행	개정시안
제361조(저당권의 처분제한) 저당권은 그 담보한 채권과 분리하여 타인에게 양도하거나 다른 채권의 담보로 하지 못한다.	제361조(저당권의 이전) ① 저당권은 그 담보한 채권과 함께만 타인에게 양도하거나 다른 채권의 담보로 제공할 수 있다. ② 저당권과 그 피담보채권을 함께 양도하는 경우에는 저당권 이전의 부기등기를 하여야 저당권이전의 효력이 발생한다. ③ 제2항의 경우 저당권 이전의 부기등기를 하기 전에는 양수인이 저당권에 의하여 담보되지 않은 채권을 취득한다. ④ 저당권 이전의 부기등기가 있는 때에는 양수인은 담보한 채권의 양도를 채무자 이외의 제3자에게 대항할 수 있다.
제348조(저당채권에 대한 질권과 부기등기) 저당권으로 담보한 채권을 질권의 목적으로 한 때에는 그 저당권등기에 질권의 부기등기를 하여야 그 효력이 저당권에 미친다.	제348조(저당채권에 대한 질권) ① 저당권으로 담보한 채권을 질권의 목적으로 한 때에는 그 저당권등기에 질권의 부기등기를 하여야 그 효력이 저당권에 미친다. ② 저당권등기에 대한 질권의 부기등기가 있는 때에는 질권자는 질권을 채무자 이외의 제3자에게 대항할 수 있다.

4. 개정시안의 내용

가. 표제

현행 조문의 표제는 "저당채권에 대한 질권과 부기등기"라고 되어 있으나, 보다 간명한 표현인 "저당채권에 대한 질권"으로 표제를 변경하였다.

나. 질권 부기등기의 효력(제1항)

제1항은 종전 조문의 내용을 그대로 유지한 것이다. 즉 저당권에 의하여 담보된 채권을 질권의 목적으로 할 수 있고, 이 경우 저당권등기에 질권의 부기등기를 하여야 저당권에 질권의 효력이 미친다. 채권의 입질과 저당권의 입질이 합체되어 이루어는 저당권부 채권의 입질에 있어서는 담보물권의 부종성으로 인하여 원칙적으로 저당권에 질권의 효력이 미친다고 하여야 하지만, 저당권의 입질은 법률행위에 의한 물권변동이기 때문에 저당권의 입질은 등기하여야 그 효력이 발생한다는 물권변동의 법리가 적용됨을 주의적으로 밝히고 있는 것이다.

이와 같은 질권의 부기등기가 없는 경우 그 질권의 효력에 관하여는 견해가 대립되어 있다. 학설상 다수설[12]은 질권자는 저당권의 담보가 없는 채권에 관하여만 질권을 취득한다고 하고, 소수설[13]은 제361조가 저당권은 피담보채권과 분리하여 담보로 하지 못하다고 규정하고 있기 때문에 부기등기가 없으면 피담보채권 위의 질권도 효력이 생기지 않는다고 한다.

---

12) 곽윤직, 물권법, 318, 박영사(2004); 김상용, 물권법, 657면, 법문사(2003); 김용한, 물권법론, 529면, 박영사(1996); 이영준, 물권법, 844면, 박영사(2009); 장경학, 물권법, 746면, 법문사(1990); 이상태, 물권법, 430면, 법원사(2011).

13) 김증한 · 김학동, 물권법, 500면, 박영사(1997).

다. 질권 부기등기의 대항력(제2항)

저당권부 채권의 입질은 언제나 저당권의 입질과 채권의 입질이 결합되어 행해지는데, 이 중 채권의 입질은 지명채권의 입질을 의미한다. 이러한 지명채권의 입질은 지명채권의 양도방법에 따라야 하므로(제346조), 지명채권의 입질은 질권설정자와 질권자 사이의 계약만으로 이루어진다. 다만 지명채권에 대한 입질에 있어서는 지명채권 양도와 마찬가지로 대항요건을 갖추어야 제3채무자 및 제3자에 대하여 질권을 주장할 수 있도록 하였다(제349조).

그러나 제2항이 신설됨으로써 확정일자 있는 증서에 의한 통지 · 승낙을 하지 않더라도 질권의 부기등기가 있으면 제3채무자 이외의 제3자에게 대항할 수 있게 되었다. 명확한 공시수단인 등기부를 통해 질권이 공시되는 만큼 질권의 부기등기에 제3자에 대한 대항력을 인정한 것이다. 본 조항에 따르면, 저당권부 채권의 제1질권자가 확정일자 있는 증서에 의한 통지나 승낙이라는 대항요건을 갖추기 전에 저당권부 채권의 제2질권자가 질권의 부기등기를 먼저 경료하게 되면, 제2질권자가 저당권부 채권에 대한 우선권을 가지게 된다. 즉 저당권부 채권의 질권자가 수인인 경우, 제3자에 대한 관계에서는 '저당권 이전의 부기등기 경료'와 '확정일자 있는 증서에 의한 통지나 승낙' 중 어느 하나라도 먼저 갖춘 질권자가 우선하게 된다.

第353條(채권질권의 실행방법)

현행	개정시안
第353條(질권의 목적이 된 채권의 실행방법) ① 질권자는 질권의 목적이 된 채권을 직접 청구할 수 있다. ②채권의 목적물이 금전인 때에는 질권자는 자기채권의 한도에서 직접 청구할 수 있다. ③전항의 채권의 변제기가 질권자의 채권의 변제기보다 먼저 도래한 때에는 질권자는 제삼채무자에 대하여 그 변제금액의 공탁을 청구할 수 있다. 이 경우에 질권은 그 공탁금에 존재한다. ④채권의 목적물이 금전 이외의 물건인 때에는 질권자는 그 변제를 받은 물건에 대하여 질권을 행사할 수 있다.	第353條(채권질권의 실행방법) (현행과 같음)

1. 개정 배경

현행 민법 第353條의 표제를 조문의 내용에 일치하도록 변경할 필요가 있다.

2. 관련 입법례

◆ 2004년 민법 개정안

개정논의가 없었다.

◆ 일본민법[14)]

第366條(질권자에 의한 채권의 추심 등) ① 질권자는 질권의 목적인 채권을 직접 추심할 수 있다.

② 채권의 목적물이 금전인 때에는 질권자는 자기 채권액에 대응하는 부분에 한하여 이를 추심할 수 있다.
③ 전항의 채권의 변제기가 질권자의 채권의 변제기 전에 도래한 때에는 질권자는 제3채무자에 대하여 그 변제할 금액을 공탁하게 할 수 있다. 이 경우에 질권은 그 공탁금에 대하여 존재한다.
④ 채권의 목적물이 금전이 아닌 때에는 질권자는 변제로 받은 물건에 대하여 질권을 가진다.

3. 개정시안의 내용

현행 민법 제353조의 내용은 채권질권의 실행방법에 관한 것임에도 불구하고 표제는 "질권의 목적이 된 채권의 실행방법"이라고 표현하고 있어 표제와 내용이 서로 맞지 않았다. 이러한 이유로 표제를 "채권질권의 실행방법"으로 변경하였다.

14) 권철, 일본민법전, 139면.

※ 근질권

2004년 민법 개정과정에서는 근질권에 대한 조항 신설 여부에 대한 논의가 이루어졌다. 그러나 다음과 같은 이유에서 근질권에 관한 문제는 개정대상에서 제외되었다.[15] 첫째, 근질권은 거의 이용되지 않으므로 학설과 판례에 그 규율을 맡기면 충분하다. 둘째, 저당권의 피담보채권에 대해서는 질권이 설정된 경우 그 저당권에 질권설정의 부기등기를 할 수 있으나, 근질권이 설정되는 경우에는 그 부기등기를 신청할 수 있는 명문의 규정이 없다. 셋째, 근질권은 민법이 아니라 부동산등기법의 개정만으로도 해결할 수 있는 문제이다.

그런데 질권에 있어서도 장래의 불특정 채권을 담보하는 근질의 유효성을 인정하는 데에 학설이 일치하고 있다.[16] 또한 판례 역시 그 유효성을 인정하고 있다.[17] 더구나 이번 민법 개정과정에서는 근저당권에 대한 규정을 자세하게 정비하고 근보증에 대해서도 규정을 두게 되었다. 따라서 이에 상응하여 근질권에 대해서도 조항을 둘 필요성이 다시 제기되었다. 이에 따라 2009년 민법개정위원회 제5분과위원회 제20차 회의에서 다음과 같은 조항을 두자는 제안이 있었다.

【최초 개정시안】

제329조의2(근질권) 질권은 그 담보할 채무의 최고액만 정하고 채무의 확정을 장래에 유보하여 이를 설정할 수 있다. 이 경우에는 그 확정될 때까지의 채무의 소멸 또는 이전은 질권에 영향을 미치지 아니한다.

논의 과정에서 근질권에 관한 조항을 신설할 필요가 있다는 점에 대해서는 대체로 공감대가 형성되었다. 그러나 이번 민법 개정시안에서 근저당권에 관해서는 세부적인

---

15) 법무부, 민법(재산편) 개정 자료집, 2004, 386면.

16) 郭潤直, 物權法(박영사, 1992), 539면; 李英俊, 韓國民法論 物權法(박영사, 2004), 750면.

17) 대판 2009. 10. 15, 2009다43621.

내용을 담고 있는데 근질권에 관해서는 위와 같이 원칙규정만 두는 것은 적절하지 않다는 점이 지적되었다. 한편 근질권에 관해 세부적인 내용 규정을 시도하는 과정에서도 근질권의 경우 근저당권과 같이 채권최고액을 정하도록 할 것인지, 근질권의 공시는 어떻게 할 것인지, 근저당권에 관한 규정을 성질에 반하지 않는 범위에서 근질권에 준용할 것인지 등에 대해 논의가 이루어졌는데, 2010년 민법개정위원회 제5분과위원회 제17차 회의(2010. 11. 2.)에서는 위 최초 개정시안에서 채권최고액에 관한 부분을 삭제한 다음 개정시안을 일단 확정하였다.

> 제329조의2(근질권) 질권은 그 담보할 채무의 확정을 장래에 유보하여 이를 설정할 수 있다. 이 경우에는 그 확정될 때까지의 채무의 소멸 또는 이전은 질권에 영향을 미치지 아니한다.

다만 분과위원회에서는 근질권, 전질 등 질권에 관한 조문들은 채권양도편의 개정경과에 따라 추후 논의하기로 하여 개정가능성을 열어두었다. 그런데 그 후 실제로 이러한 후속 논의가 진행되지 않았고 위 개정시안이 전체회의에도 상정되지 않았다.

제12장 저당권

I. 개관

저당권에 관한 개정시안의 주요 내용은 다음과 같다.

○ 근저당권에 관한 규정 추가

민법은 근저당권에 관하여 제357조 하나의 조항을 두고 있지만 이는 근저당권이 실제 거래에서 차지하는 비중에 비추어 볼 때 매우 미흡한 것이다. 이에 개정시안에서는 제357조의2부터 제357조의12(제357조의3은 최종 논의과정에서 삭제)까지 모두 10개의 조항을 신설하여 근저당권에 관하여 상세하게 규율하고 있다. 이 조항들은 채권최고액, 피담보채권의 범위, 채무자의 변경(제357조의2), 근저당권의 공동귀속(제357조의4), 채권양도, 채무인수 등과 근저당권의 관계(제357조의5), 상속, 법인의 합병 · 분할과 근저당권의 관계(제357조의 6 내지 8), 원본채권의 확정청구 및 확정사유(제357조의9, 10), 채권최고액의 감액청구(제357조의11), 물상보증인의 근저당권소멸청구(제357조의12)에 관하여 다루고 있다.

○ 저당권과 피담보채권의 관계 명확화

민법은 저당권과 피담보채권이 함께 처분되는 경우의 법률관계에 대해서는 규정하고 있지 않다. 그런데 저당권과 피담보채권은 각각 별도의 권리변동요건을 요구하고 있으므로 그 효력 발생시점에 차이가 발생할 수 있고, 이로 인하여 복잡한 법률문제가 발생할 수 있다. 예컨대 저당권이전등기는 이루어졌지만 피담보채권양도의 대항요건은 갖추지 못하였거나 그 반대의 경우에 저당권과 피담보채권의 운명이 어떻게 되는가 하는 문제가 발생한다. 개정시안 제361조에서는 기존 민법 제361조와 마찬가지로 저당권은 피담보채권과 함께 이전되어야 한다는 점을 분명히 한 뒤(제1항), 저당권이전의 효력은 저당권이전의 부기등기가 있어야 발생한다는 점(제2항), 부기등기가 이루어지기 전에는 양수인은 무담보 상태의 채권만 취득한다는 점(제3항), 저당권이전의 부기등기가 이루어지면 채권양도에 대해서도 제3자에게 대항할 수 있다는 점(제4항)을 규정하여 법률관계를 명확하게 하였다.

○ 저당권방해 제거 및 예방청구에 관한 규정 신설

개정시안에서는 저당권방해 제거 및 예방청구를 인정하는 판례의 태도를 반영하여 저당물의 가액을 현저히 감소하게 하거나 저당권 실행을 어렵게 하는 등 저당권을 방해하는 자에 대해 위와 같은 청구권을 행사할 수 있도록 하고(제362조의2), 이를 목적물의 종물 훼손 시에도 준용하도록 하는 조항을 신설하였다(제362조의3).

○ 일괄경매청구권 요건의 완화

개정시안에서는 문언상 저당권설정자에게만 인정되는 일괄경매청구권의 요건을 완화하여 그 이외의 자가 건물을 축조한 경우에도 그가 저당권자에게 토지점유권으로 대항할 수 있는 때를 제외하고는 일괄경매청구권을 널리 인정하였다(제365조).

○ 전세권저당권자의 전세금 직접청구권 인정

개정시안에서는 전세권을 목적으로 하는 저당권에 있어서 전세권자의 용익권이 소멸하여 담보물권으로서의 전세권만 남아 있는 경우, 전세권저당권자가 채권질권자에 준하여 우선변제권의 범위 내에서 전세권설정자에게 전세금 반환을 직접 청구할 수 있도록 허용함으로써, 전세권저당권자의 저당권 실행을 용이하게 하였다(제371조 제3항).

Ⅱ. 조문별 해설

第357조(근저당권)

현행	개정시안
第357조(근저당) ① 저당권은 그 담보할 채무의 최고액만을 정하고 채무의 확정을 장래에 보류하여 이를 설정할 수 있다. 이 경우에는 그 확정될 때까지의 채무의 소멸 또는 이전은 저당권에 영향을 미치지 아니한다. ② 전항의 경우에는 채무의 이자는 최고액 중에 산입한 것으로 본다.	第357조(근저당권) (현행과 같음)

1. 개정 배경

민법 제357조 본문은 저당권의 한 형태인 근저당권의 개념을 담고 있으므로 표제를 "근저당"이 아닌 "근저당권"으로 변경할 필요가 있다.

2. 관련 입법례

◆ 2004년 개정안

第357조(근저당권) ① 〈현행과 같음〉

② 제1항의 경우에는 채무의 이자는 최고액 중에 산입한 것으로 본다.

◆ 일본민법[1) 2)]

第398조의2(근저당권) ① 저당권은 설정행위에서 정하는 바에 의하여 일정한 범위에 속하는 불특정한 채권을 최고액의 한도에서 담보하기 위해서도 설정할 수 있다.
② 전항의 규정에 의한 저당권(이하 '근저당권'이라 한다)이 담보하여야 할 불특정한 채권의 범위는 채무자와의 특정한 계속적 거래계약에 의하여 발생하는 것 그 밖의 채무자와의 일정한 종류의 거래에 의하여 발생하는 것에 한정하여 정하지 않으면 안 된다.
③ 특정한 원인에 기하여 채무자와의 사이에 계속하여 발생하는 채권 또는 어음상 혹은 수표상의 청구권은 전항의 규정에 관계없이 근저당권이 담보하여야 할 채권으로 할 수 있다.

◆ **독일민법**[3]

제1190조(최고액저당권) ① 저당권은, 토지가 책임을 지는 최고액을 정하고 그 외에 채권의 확정은 유보하는 내용으로 설정할 수 있다. 최고액은 부동산등기부에 등기되어야 한다.
② 채권이 이자부인 경우에는 이자는 최고액에 산입한다.
③ 그 저당권은 부동산등기부에 그러한 표시가 없더라도 보전저당권으로 본다.
④ 채권은 채권양도에 관한 일반규정에 따라 양도할 수 있다. 채권이 이들 규정에 의하여 양도된 경우에는 저당권의 이전은 일어나지 아니한다.

3. 개정시안의 내용

현행 민법 제357조의 표제를 "근저당"에서 "근저당권"으로 변경하였다. 본문의 내용에는 변함이 없다.

1) 권철, 일본민법전, 153면.
2) 일본 개정민법 제398조의2에서는 제3항에 규정한 근저당권의 피담보채권에 전자기록채권을 추가하였다.
3) 양창수, 독일민법전, 695, 697면.

第357조의2(채권채고액 등의 변경) : 신설

현행	개정시안
〈신 설〉	第357조의2 (채권최고액 등의 변경) ① 근저당권의 채권최고액은 이해관계인의 승낙을 얻어 변경할 수 있다. ② 원본이 확정되기 전에는 피담보채권의 범위 또는 채무자를 변경할 수 있다. 이 경우에는 이해관계인의 승낙을 요하지 아니한다.

1. 개정 배경

일단 근저당권이 설정된 이후에도 그 채권최고액을 변경하거나 원본 확정 전에 피담보채권의 범위 또는 채무자를 변경할 필요성이 생길 수 있다. 이 때 이러한 변경이 가능한지, 또한 변경이 가능하다면 변경 시 이해관계인의 승낙을 받아야 하는지가 문제된다. 입법을 통하여 이러한 점을 명확하게 할 필요가 있다.

2. 관련 입법례

◆ 2004년 개정안

第357조의3(피담보채권의 범위 등의 변경) ① 근저당권에 의하여 담보되는 채권의 범위는 원본의 확정 전에는 이를 변경할 수 있다. 채무자의 변경에 관하여도 같다.

② 제1항의 변경을 함에는 후순위권리자 그 밖의 제3자의 승낙을 요하지 아니한다.

第357조의4(채권최고액의 변경) 근저당권의 채권최고액은 이해관계인의 승낙을 얻어 변경할 수 있다.

◆ **일본민법**[4)]

第398조의4(근저당권의 피담보채권의 범위 및 채무자의 변경) ① 원본 확정 전에는 근저당권이 담보하여야 할 채권의 범위를 변경할 수 있다. 채무자의 변경에 대해서도 같다.

② 전항의 변경을 함에는 후순위 저당권자 그 밖의 제3자의 승낙을 얻음을 요하지 아니한다.

③ 제1항의 변경에 대하여 원본 확정 전에 등기하지 아니한 때에는 그 변경을 하지 아니한 것으로 본다.

第398조의5(근저당권 최고액의 변경) 근저당권 최고액의 변경은 이해관계가 있는 자의 승낙이 없으면 할 수 없다.

3. 관련 판례

◆ **대법원 1999. 5. 14. 선고 97다15777, 15784 판결**

근저당권은 당사자 사이의 계속적인 거래관계로부터 발생하는 불특정채권을 어느 시기에 계산하여 잔존하는 채무를 일정한 한도액 범위 내에서 담보하는 저당권으로서 보통의 저당권과 달리 발생 및 소멸에 있어 피담보채무에 대한 부종성이 완화되어 있는 관계로 피담보채무가 확정되기 이전이라면 채무의 범위나 또는 채무자를 변경할 수 있는 것이고, 채무의 범위나 채무자가 변경된 경우에는 당연히 변경 후의 범위에 속하는 채권이나 채무자에 대한 채권만이 당해 근저당권에 의하여 담보되고, 변경 전의 범위에 속하는 채권이나 채무자에 대한 채권은 그 근저당권에 의하여 담보되는 채무의 범위에서 제외된다.

---

4) 권철, 일본민법전, 155면.

4. 개정시안의 내용

가. 채권최고액의 변경(제1항)

제1항은 근저당권의 채권최고액은 이해관계인의 승낙을 얻어 변경할 수 있다고 규정한다.

(1) 채권최고액의 사후 변경가능성

근저당권의 채권최고액은 사후에 변경할 수 있다. 이러한 변경을 허용할 것인지에 대해서는 논의과정에서 견해가 일치하지 않았다. 채권최고액의 변경은 제3자에게 예측하지 못한 손해를 입힐 수 있고 사적 자치의 한계를 벗어나는 것이므로 이를 허용해서는 안 된다는 견해도 있었다. 그러나 채권최고액을 변경해야 할 거래상의 필요가 있는 경우도 있고, 근저당권자와 근저당권설정자가 합의한다면 사적 자치의 원칙상 채권최고액의 변경을 허용하는 것이 타당하다. 또한 채권최고액에 대한 이해관계인이 있다면 그의 승낙을 얻도록 함으로써 그의 이익을 보호할 수 있다. 이에 따라 개정시안에서는 채권최고액의 사후 변경이 가능하다는 점을 전제로 삼았다.

(2) 이해관계인의 승낙

근저당권의 채권최고액 변경을 위해서는 이해관계인의 승낙을 얻어야 한다. 여기에서 이해관계인이란 저당권자나 저당권설정자 이외의 자로서 채권최고액의 변경으로 인하여 법률상 불이익을 받게 되는 자를 말한다. 채권최고액이 확대되는 경우의 이해관계인은 동순위 또는 후순위저당권자, 선순위근저당권자,[5] 저당부동산의 압류채권자 등이다. 채권최고액이 감소되는 경우의 이해관계인은 당해 근저당권의 피담보채권의 압류채권자, 피담보채권의 질권자 등이다.

---

5) 선순위 근저당권자는 채권최고액의 범위 내에서 전부 배당받고 잔존 채권이 있는 경우에는 일반채권자로서 배당에 참가하게 되는데, 후순위 근저당권의 채권최고액이 늘어나면 결과적으로 일반채권자로서 배당받을 수 있는 채권의 범위가 줄어들게 된다.

채권최고액은 부동산등기법 제75조 제2항 제1호에 따른 등기사항이므로 채권최고액 변경 역시 등기하여야 한다. 또한 민법 제186조에 따라 변경등기를 하여야 변경의 효력이 발생한다. 따라서 채권최고액의 변경에 대하여 설사 이해관계인의 승낙이 있더라도 이를 아직 등기하지 않았다면 그 변경은 승낙한 이해관계인에 대한 채권적 효력만 있을 뿐 제3자에 대한 효력은 가지지 않는다.

논의 과정에서는 여기에서의 이해관계인을 등기상 이해관계인으로 제한하여야 한다는 입장(제1안)과 이러한 제한이 필요하지 않다는 입장(제2안)이 대립하였다.

제1안의 근거로는 ① 등기기록에 나타나 있지 않은 이해관계인은 파악하기 어렵다는 점, ② 등기공무원도 채권최고액 변경등기를 할 때 등기상 이해관계인을 여기에서의 이해관계인으로 파악할 수밖에 없다는 점, ③ 이해관계인의 범위가 넓어질 경우 채권최고액의 변경이 어려워져 근저당권의 담보가치를 해하게 되므로 '등기상 이해관계인'으로 한정하여야 제도의 취지를 살릴 수 있다는 점, ④ 등기에 나타나지 않는 이해관계인의 보호는 그의 승낙이 없으면 채권최고액 변경등기로써 그에게 대항하지 못한다고 새기면 족하다는 점 등이 제시되었다.

제2안의 근거로는 ① 여기에서의 이해관계인을 등기상 이해관계인으로만 한정하면 근저당권의 피담보채권의 압류채권자[6]나 질권자, 등기되지 않은 대항력 있는 임차인, 조세채권자 등 등기에 나타나지 않는 이해관계인의 승낙은 얻을 필요가 없게 되어 그 법적 이익 보호에 소홀하게 된다는 점, ② 「동산 · 채권 등의 담보에 관한 법률」에서도 '이해관계인'이라는 표현을 사용하고 있어 이와 균형을 맞출 필요가 있다는 점 등이 제시되었다.

이 두 가지 안은 전체회의에 함께 상정되었는데, 표결을 거쳐 제2안이 채택되었다. 그러므로 등기상 나타나지 않는 제3자도 개정시안에서 규정하는 이해관계인이 될 수 있다. 예컨대 등기되지 않은 대항력 있는 임차인의 경우에도 임차보증금반환채권을 행사함에 있어서 채권최고액의 변경으로 법률적 불이익을 입을 수 있으므로 여기에서의 이해관계인이 될 수 있다. 이 때 임차인의 승낙을 받지 않은 채 채권최고액 변경 등기가

6) 다만 민사집행법 제228조에서는 저당권부 채권을 압류하는 경우 채권자는 채권압류사실을 등기부에 기입하여 줄 것을 신청할 수 있으므로 이를 등기할 길이 열려 있다.

이루어졌다면 근저당권자는 이로써 임차인에게 대항할 수 없다. 이해관계인의 범위, 이와 관련된 등기실무의 운영방법, 이해관계인 중 일부의 승낙만 받은 경우의 법률관계 등 관련 쟁점들에 대해서는 향후 해석론을 통하여 구체화할 필요가 있다.

나. 원본 확정 전 피담보채권의 범위 또는 채무자 변경(제2항)

제2항은 피담보채권의 원본이 확정되기 전에는 이해관계인의 승낙이 없어도 피담보채권의 범위 또는 채무자를 변경할 수 있다고 규정한다.[7]

우리 판례[8]는 근저당권은 부종성이 완화되어 있으므로 피담보채무가 확정되기 이전이라면 그 채무의 범위나 또는 채무자를 변경할 수 있고, 채무의 범위나 채무자가 변경된 경우에는 변경 후의 범위에 속하는 채권이나 채무자에 대한 채권만이 당해 근저당권에 의하여 담보되고, 변경 전의 범위에 속하는 채권이나 채무자에 대한 채권은 그 근저당권에 의하여 담보되는 채무의 범위에서 제외된다는 태도를 취하고 있다.[9] 제2항은 피담보채권의 범위 또는 채무자의 변경을 인정한 판례의 태도를 반영한 것이다.

피담보채권의 범위나 채무자를 변경하는 경우에는 채권최고액 변경의 경우와 달리 이해관계인의 승낙이 필요하지 않다. 근저당권에는 어차피 채권최고액이 정하여져 있고 제3자 역시 이러한 채권최고액을 기준으로 의사결정을 하므로 그 한도에서 근저당권

---

7) 개정시안 논의 과정에서 원본의 확정과 관련하여 다음과 같은 견해의 대립이 있었다. 대법원 판례에서 '원본의 확정'이라는 용어보다는 '피담보채권의 확정'이라는 용어를 사용하고 있다는 점, 대여금채권이 아닌 경우에는 '원본의 확정'이라는 용어를 쓰기에 곤란한 경우가 있다는 점, 민법 제357조에서도 '채무의 확정'이라는 표현을 사용하고 있다는 점, 원본이 확정되었다고 하면 채권액이 확정되었다는 의미로 오해될 소지가 있다는 점, 원본은 일본민법에서는 적절하지만 우리 민법에서 사용하기에는 부적절한 용어라는 점 등 때문에 조문상 '원본'이라는 표현보다는 '피담보채권'을 사용하는 것이 옳다는 의견이 제시되었다. 그러나 민법 제360조에서 저당권의 실행비용까지 포함하여'피담보채권'의 의미를 이미 규정하고 있음에도 불구하고 별도의 의미를 지니는 '피담보채권'이라는 용어를 사용하면 개념상 혼란을 가져올 우려가 있다는 점, '원본'이라는 용어는 이자에 대응하는 개념으로 소비대차에 한정된 용어는 아닌 점, 일본민법도 피담보채권과 원본의 개념을 구별하고 있다는 점 등 때문에 현행 민법의 태도를 존중하여 '피담보채권'보다는 '원본'이라는 용어를 사용하는 것으로 최종 결정되었다. 이하 개정시안에 규정된 '원본의 확정'에 대하여도 동일한 설명이 적용된다.

8) 대판 1999. 5. 14, 97다15777,15784.

9) 채무자의 변경은 근저당권의 피담보채무 인수 또는 계약상 지위이전, 경개, 회사의 합병과 분할 등으로 인하여 발생한다. 또한 채무자가 교체되는 경우 이외에도 채무자가 추가되거나 일부 채무자가 제외되는 형태로도 발생할 수 있다.

설정계약 당사자들의 합의에 의해 피담보채권의 범위나 채무자를 변경하더라도 제3자를 해치지 않기 때문이다.

이처럼 피담보채권의 범위 또는 채무자의 변경이 가능하다는 점, 이 경우에는 이해관계인의 승낙이 필요하지 않다는 점에 대해서는 별다른 이견이 없었으나, 이러한 점을 민법에 명문화할 것인가에 대해서는 견해가 일치하지 않았다. 이에 대해서는 ① 피담보채권의 범위에 관하여는 민법에서 아무런 규정을 두지 아니한 채 피담보채권의 변경에 관해서만 규정을 두는 것은 타당하지 않고, 현행 실무도 피담보채권의 범위 또는 채무자 변경의 경우 이해관계인의 승낙을 요하지 않는 것으로 운용되고 있으므로, 굳이 이러한 규정을 둘 필요가 없다는 견해,[10] ② 민법에 규정이 없더라도 피담보채권의 범위와 채무자를 변경하는 것이 가능하므로 부동산등기법에만 이에 관한 조문을 두면 된다는 견해가 제시되었다. 그러나 제1항에서 채권최고액 변경가능성과 이해관계인의 승낙 필요성에 대해 규정하고 있는 이상 피담보채권의 범위 또는 채무자의 변경가능성과 이에 대한 이해관계인의 승낙 필요성에 대해서도 규율하는 것이 균형에 맞고, 이를 통해 앞으로 발생할 수 있는 논란의 여지를 없앨 필요가 있다고 인정되었다.

한편, 일본민법 제398조의4제3항은 이와 같은 변경의 경우에 원본의 확정 전에 등기를 하지 아니한 때에는 그 변경은 하지 아니한 것으로 간주한다고 규정하고 있으나, 이러한 규정을 둔 것은 일본민법이 의사주의를 취하고 있기 때문이다. 우리 민법은 성립요건주의를 취하고 있기 때문에 이러한 변경은 당연히 민법 제186조 소정의 근저당권인 물권의 내용 변경에 해당되어 등기하지 아니하면 효력이 없으므로(다시 말하여 부동산등기법상 등기사항에 변경이 있는 경우 반드시 변경등기를 하여야 효력이 발생하므로) 위와 같은 내용은 당연한 것이어서 별도의 규정을 둘 필요가 없다.

10) 참고로 2004년 민법 개정안 제357조의2에서는 '근저당권의 피담보채권'이라는 표제 하에 "근저당권에 의하여 담보되는 채권의 범위는 계속적 거래계약 그밖의 일정한 종류의 거래로부터 발생하는 채권 또는 특정한 원인에 기하여 계속적으로 발생하는 채권에 한정된다"라고 규정하여 피담보채권의 범위에 관하여 정하고 있었다. 그러나 이번 민법 개정시안에서는 피담보채권의 범위에 관한 조항을 두지 않고 있다.

第357조의4(근저당권의 공동귀속) : 신설

현행	개정시안
〈신 설〉	第357조의4(근저당권의 공동귀속) ① 근저당권이 수인에 속하는 경우에 근저당권자는 그 채권액의 비율에 따라 변제를 받는다. 그러나 원본의 확정 전에 변제를 받을 비율 · 순위 그 밖의 근저당권의 행사에 관하여 달리 약정한 때에는 그 약정에 따른다. ② 근저당권이 수인에 속하는 경우에 각 근저당권자는 다른 근저당권자의 동의를 얻어 제357조의3제1항[11]의 규정에 따라 그 권리를 양도할 수 있다.

1. 개정 배경

하나의 근저당권이 여러 채권자에게 공동으로 귀속되는 경우 각 채권자가 가지는 근

11] 근저당권 양도규정의 도입여부 및 방식과 관련하여 아래와 같이 피담보채권과 분리하여 근저당권의 양도만을 근저당권설정자의 동의하에 허용하여 근저당권의 부종성을 배제하는 안(제1안)과 2004년 개정시안의 내용을 토대로 피담보채권과 함께 근저당권의 양도를 허용하는 안(제2안)이 제시되었다. 이와 관련하여 피담보채권과 분리한 근저당권만의 양도를 허용할 것인가는 필연의 문제가 아닌 입법적 선택의 문제이나, 피담보채권과 분리하여 근저당권만의 양도를 허용할 실무상 요구가 절실한지 의문이며, 별도의 규정이 없더라도 피담보채권과 함께 근저당권을 양도할 수 있기 때문에 개정시안 제357조의3은 규정하지 않기로 결정하였다.
[제1안]
제357의3(근저당권의 양도)
① 근저당권자는 원본(피담보채권)의 확정 전에 근저당권설정자의 동의를 얻어 근저당권 또는 그 지분을 양도할 수 있다.
② 근저당권은 원본(피담보채권)의 확정 전에 근저당권설정자의 동의를 얻어 근저당권을 2개 (이상)의 근저당권으로 분할하여 양도할 수 있다.
[제2안] - 2004년 개정시안의 내용
제357의3(근저당권의 양도)
① 근저당권자는 원본의 확정 전에 그 담보할 채권과 함께 근저당권 또는 그 지분을 양도할 수 있다.
② 근저당권은 원본의 확정 전에 그 담보할 채권과 함께 근저당권을 2개 이상의 근저당권으로 분할하여 양도할 수 있다.

저당권은 어떤 성격의 것인지, 그 권리를 타인에게 양도할 수 있는지, 어느 범위에서 우선변제를 받을 수 있는지 등이 문제된다. 개정시안은 근저당권의 공동귀속을 허용하면서 원칙적으로 채권자의 채권액 비율에 따른 우선변제권을 인정하고, 다른 근저당권자의 동의를 얻은 경우 그 근저당권의 양도를 허용함으로써 그 법률관계에 대한 기준을 제시하고 있다. 이러한 기준은 2004년 민법개정안에서 제시한 내용과 대동소이하다.

2. 관련 입법례

◆ 2004년 개정안

제357조의6(근저당권의 공동귀속) ① 근저당권이 수인에 속하는 경우에 근저당권자는 그 채권액의 비율에 따라 변제를 받는다. 그러나 원본의 확정 전에 다른 비율을 약정하거나 근저당권자 중 일부가 먼저 변제를 받기로 약정한 때에는 그 약정에 따른다.

② 각 근저당권자는 다른 근저당권자의 동의를 얻어 제357조의5제1항의 규정에 따라 그 권리를 양도할 수 있다.

◆ 일본민법[12]

제398조의14(근저당권의 공유) ① 근저당권의 공유자는 각각 채권액의 비율에 따라 변제를 받는다. 다만, 원본 확정 전에 이와 다른 비율을 정하거나 어느 자가 다른 자에 우선하여 변제를 받기로 정한 때에는 그 정함에 따른다.

② 근저당권의 공유자는 다른 공유자의 동의를 얻어 제398조의12제1항[13] 규정에 의하여 그 권리를 양도할 수 있다.

12) 권철, 일본민법전, 161면.

13) 일본민법 제398조의12(근저당권의 양도) ① 원본 확정 전에는 근저당권자는 근저당권설정자의 승낙을 얻어 그 근저당권을 양도할 수 있다.

3. 관련 판례

▶ 대법원 2008. 3. 13. 선고 2006다31887 판결

여러 채권자가 같은 기회에 어느 부동산에 관하여 하나의 근저당권을 설정받아 이를 준공유하는 경우 그 근저당권은 준공유자들의 피담보채권액을 모두 합쳐서 채권최고액까지 담보하게 되고, 피담보채권이 확정되기 전에는 근저당권에 대한 준공유비율을 정할 수 없으나 피담보채권액이 확정되면 각자 그 확정된 채권액의 비율에 따라 근저당권을 준공유하는 것이 되므로, 준공유자는 각기 그 채권액의 비율에 따라 변제 받는 것이 원칙이다. 그러나 준공유자 전원의 합의로 피담보채권의 확정 전에 위와 다른 비율을 정하거나 준공유자 중 일부가 먼저 변제받기로 약정하는 것을 금할 이유가 없으므로 그와 같은 약정이 있으면 그 약정에 따라야 하며, 이와 같은 별도의 약정을 등기하게 되면 제3자에 대하여도 효력이 있다.

4. 개정시안의 내용

가. 근저당권 공동귀속의 법적 성격

수인이 거래 또는 상속 등의 이유로 공동으로 근저당권을 취득한 경우, 1인이 근저당권을 취득하였으나 그 중 일부만 양도한 경우, 제3자가 채무 일부를 대위변제한 뒤 근저당권 일부이전의 부기등기를 마친 경우 등에서 근저당권 공동귀속의 문제가 발생한다.

민법 제278조는 준공동소유라는 표제 아래 민법상 공동소유에 관한 규정들은 소유권 이외의 재산권에도 준용한다고 규정한다. 한편 근저당권도 재산권이므로 준공동소유(준공유 · 준합유 · 준총유)의 대상이 될 수 있다. 이번 개정시안은 2004년 민법개정안의 내용을 거의 그대로 가져온 것이다. 그런데 2004년 민법개정안을 논의할 당시에는 근저당권의 공동귀속이 어떤 준공동소유 형태인가, 구체적으로 말하자면 그것이 준공유인가 준합유인가에 대하여 의견이 분분하였다.

당시 제1차 가안에서는 "근저당권의 공유"라는 표현을 쓰고 있었고,[14] 그 이후에도 상당한 기간 동안 이를 전제로 논의가 진행되었다. 이는 아마도 같은 표현을 사용하는 일본민법 제398조의14의 영향을 받은 것이 아닌가 생각된다. 그런데 그 이후 개정위원회 논의과정에서 일본의 공유는 우리나라의 공유와는 다르게 합유와 총유까지 포괄하는 개념이므로 일본민법에서 "근저당권의 공유"라는 개념을 쓴다고 하여 이를 우리 민법에서도 그대로 사용할 수는 없다는 점이 지적되었다. 또한 근저당권이 수인의 채권자에게 귀속되는 형태는 변제라는 공동 목적을 지향하는 인적 결합형태이므로 오히려 합유와 유사하다는 점이 지적되었다. 이를 계기로 근저당권공유의 법적 성격을 일반적인 공유와 동일하다고 보기 어렵다는 점에 대해 공감대가 형성되었다. 따라서 "공유"를 대체할 수 있는 포괄적인 표현을 모색하게 되었고, 결론적으로 표제를 "근저당권의 공동귀속"으로 결정한 것이다.[15] 근저당권 준공동소유의 성격을 획일적으로 규정하는 것은 결코 쉽지 않은 문제이기 때문에, 위와 같은 표제를 채택할 수밖에 없었다.

이번 개정시안 역시 2004년 민법개정안의 태도를 이어받아 근저당권의 공동귀속이라는 표제를 그대로 사용하면서 그 법적 성격에 대해서는 의도적으로 침묵하고 있다. 논의과정에서도 그 법적 성격에 대한 본격적인 검토는 이루어지지 않았다.

참고로 우리 판례는 근저당권의 준공유라는 개념을 사용하고 있다.[16] 판례가 사용하는 "준공유"의 개념이 민법상 공동소유의 기본형태인 "공유"에 대응하는 것인지, 아니면 단순히 "준공동소유"를 줄여서 포괄적으로 사용하는 것인지는 명확하지 않으나 전자의 개념으로 사용하는 것이 아닌가 생각된다. 그러나 근저당권의 공동귀속이 구체적으로 어떤 법적 성격을 가지는지는 공동귀속의 경위와 내용, 당사자의 인적 결합관계, 당사자 사이의 약정내용에 따라 개별적으로 정할 문제이다. 위 판례 역시 근저당권의 준공동소유형태가 늘 준공유라야 한다는 점까지 선언하는 것은 아니다.

나. 근저당권의 행사(제1항)

(1) 채권액의 비율에 따른 변제

---

14) 법무부 민법개정자료발간팀 編, 2004년 법무부 민법개정안 (총칙 · 물권편) (2013), 479면.

15) 이상 법무부 민법개정자료발간팀 編, 2004년 법무부 민법개정안 (총칙 · 물권편) (2013), 481-485면 참조.

16) 대판 2008. 3. 13, 2006다31887.

근저당권이 수인에 속하는 경우에 근저당권자는 그 채권액의 비율에 따라 변제를 받는다. 여기에서의 채권액은 변제 또는 배당 당시 확정된 채권액을 말한다. 대법원도 "피담보채권액이 확정되면 각자 그 확정된 채권액의 비율에 따라 근저당권을 준공유하는 것이 되므로, 준공유자는 각기 그 채권액의 비율에 따라 변제받는 것이 원칙"이라는 태도를 취하고 있다.[17]

(2) 약정의 우선

원본의 확정 전에 변제를 받을 비율 · 순위 그 밖의 근저당권의 행사에 관하여 달리 약정한 때에는 그 약정에 따른다. 즉 당사자 간 약정이 우선하는 것이다. 이러한 약정은 근저당권자 전원의 합의로서 원본 확정 전에 하여야 하고, 피담보채권에 대한 질권자나 압류채권자 등 이해관계인이 있다면 이들의 승낙을 받아야 한다.

첫째, 당사자는 변제비율에 대해 약정할 수 있다. 예컨대 A와 B의 채권액 비율이 1:2라도 이와 무관하게 변제비율을 2:1로 정할 수 있다. 이러한 약정변제비율에 따른 변제가 이루어진 결과 A는 자신의 채권을 모두 우선변제받았지만 B는 그렇지 못하였고 변제 총액이 채권최고액에 미달한 경우에는 그 잔존액은 B의 우선변제에 충당되는 것이지 후순위근저당권자의 우선변제에 충당되는 것은 아니다.

둘째, 당사자는 변제순위에 대해 약정할 수 있다. 따라서 근저당권자가 수인인 경우에는 그 중 한 권리자가 채권의 전부 또는 일부에 대하여 다른 권리자보다 우선하여 변제받도록 정할 수 있다.

셋째, 당사자는 근저당권의 행사방법에 대해 약정할 수 있다. 따라서 당사자는 경매신청을 단독으로 할 수 있는지, 아니면 공동으로만 할 수 있는지 에 대해 정할 수 있다.

다. 근저당권의 양도(제3항)

근저당권이 수인에 속하는 경우 각 근저당권자는 다른 근저당권자의 동의를 얻어 그

17) 대판 2008. 3. 13, 2006다31887.

권리를 양도할 수 있다. 이는 근저당권의 공동귀속 형태가 준공유인지 준합유인지를 불문하고 적용된다. 본래 공유관계 또는 준공유관계에 있어서 공유자는 다른 공유자의 동의 없이 그 지분을 자유롭게 처분할 수 있는데, 근저당권을 준공유하는 경우에는 그 중 1인의 근저당권자는 다른 근저당권자의 동의를 얻어야 그 지분을 양도할 수 있다는 점에서 일반적인 준공유의 경우와 구별된다.

한편 개정시안에서는 "제357조의3제1항의 규정에 따라" 그 권리를 양도할 수 있다고 규정한다. 그러나 개정시안에서는 편집상의 오류로 제357조의3을 두고 있지 않으므로 엄밀히 말하면 제357조의3제1항의 규정에 따르도록 한 부분은 삭제하는 것이 옳다.[18] 다만 근저당권자는 원본의 확정 전에 그 담보할 채권과 함께 근저당권 또는 그 지분을 양도할 수 있다는 일반적인 원칙에 입각하여 보면, 근저당권이 수인에 속하는 경우에 각 근저당권자는 원본의 확정 전에 다른 근저당권자의 동의를 얻어 피담보채권과 함께 그 지분의 전부 또는 일부를 양도할 수 있을 것으로 보인다.[19]

---

18) 근저당권 양도규정의 도입여부 및 방식과 관련하여 아래와 같이 피담보채권과 분리하여 근저당권의 양도만을 근저당권설정자의 동의하에 허용하여 근저당권의 부종성을 배제하는 안(제1안)과 2004년 개정시안의 내용을 토대로 피담보채권과 함께 근저당권의 양도를 허용하는 안(제2안)이 제시되었다. 이와 관련하여 피담보채권과 분리한 근저당권만의 양도를 허용할 것인가는 필연의 문제가 아닌 입법적 선택의 문제이나, 피담보채권과 분리하여 근저당권만의 양도를 허용할 실무상 요구가 절실한지 의문이며, 별도의 규정이 없더라도 피담보채권과 함께 근저당권을 양도할 수 있기 때문에 개정시안 제357조의3은 규정하지 않기로 결정하였다.

[제1안]

제357의3(근저당권의 양도)

① 근저당권자는 원본(피담보채권)의 확정 전에 근저당권설정자의 동의를 얻어 근저당권 또는 그 지분을 양도할 수 있다.

② 근저당권은 원본(피담보채권)의 확정 전에 근저당권설정자의 동의를 얻어 근저당권을 2개 (이상)의 근저당권으로 분할하여 양도할 수 있다.

[제2안] - 2004년 개정시안의 내용

제357의3(근저당권의 양도)

① 근저당권자는 원본의 확정 전에 그 담보할 채권과 함께 근저당권 또는 그 지분을 양도할 수 있다.

② 근저당권은 원본의 확정 전에 그 담보할 채권과 함께 근저당권을 2개 이상의 근저당권으로 분할하여 양도할 수 있다.

19) 일본민법 제389조의14제2항에서 같은 법 제398조의12제1항의 규정에 따라 지분을 양도할 수 있도록 규정하고 있고, 일부양도의 경우 지분 전부의 양도만을 허용하고 있는데, 그 이유는 지분 일부의 양도를 허용하면 법률관계가 복잡해지기 때문이라고 한다. 우리나라의 경우 근저당권이 수인에 속하는 경우에 지분의 일부양도가 가능한지는 신중하게 논의할 필요가 있다는 의견이 논의 과정에서 제시된 바 있다.

제357조의5(채권양도, 채무인수 등과 근저당권) : 신설

현행	개정시안
〈신 설〉	제357조의5(채권양도, 채무인수 등과 근저당권) ① 원본의 확정 전에 근저당권자로부터 채권을 취득한 자는 그 채권에 관하여 근저당권을 행사할 수 없다. 원본의 확정 전에 채무를 변제하여 채권자를 대위하는 자도 또한 같다. ② 원본의 확정 전에 채무의 인수가 있는 때에는 근저당권자는 인수인의 채무에 관하여 근저당권을 행사할 수 없다.

1. 개정 배경

근저당권의 원본이 확정되기 전에 개개의 피담보채권이 제3자에게 양도되거나 대위변제로 타인에게 이전된 경우 이에 수반하여 근저당권도 이전되는지, 그리고 개개의 피담보채무를 제3자가 인수한 경우 그 인수된 채무도 근저당권에 의하여 담보될 수 있는지에 관하여 명시적인 규정을 두어 법률관계를 명확하게 할 필요가 있다.

2. 관련 입법례

◆ 2004년 개정안

제357조의7(채권양도, 채무인수 등과 근저당권) ① 원본의 확정 전에 근저당권자로부터 개별채권을 취득한 자는 그 개별채권에 관하여 근저당권을 행사할 수 없다. 원본의 확정 전에 채무를 변제하여 채권자를 대위하는 자도 같다.

② 원본의 확정 전에 개별채무의 인수가 있는 때에는 근저당권자는 인수인의 개별채무에

관하여 근저당권을 행사할 수 없다.

◆ **일본민법**[20] [21]

제398조의7(근저당권 피담보채권의 양도 등) ① 원본 확정 전에 근저당권자로부터 채권을 취득한 자는 그 채권에 관하여 근저당권을 행사하지 못한다. 원본 확정 전에 채무자를 위하여 또는 채무자에 갈음하여 변제한 자도 같다.

② 원본 확정 전에 채무인수가 있었던 때에는 근저당권자는 인수인의 채무에 관하여 그 근저당권을 행사하지 못한다.

③ 원본 확정 전에 채권자 또는 채무자의 교체에 의한 경개가 있었던 때에는 그 당사자는 제518조의 규정에 관계없이 근저당권을 경개 후의 채무로 이전할 수 없다.

3. 관련 판례

◆ **대법원 2002. 7. 26. 선고 2001다53929 판결**

변제할 정당한 이익이 있는 자가 채무자를 위하여 채권의 일부를 대위변제할 경우에 대위변제자는 변제한 가액의 범위 내에서 종래 채권자가 가지고 있던 채권 및 담보에 관한 권리를 법률상 당연히 취득하게 되는 것이므로, 채권자가 부동산에 대하여 근저당권을 가지고 있는 경우에는, 채권자는 대위변제자에게 일부 대위변제에 따른 저당권의 일부 이전의 부기등기를 경료해 주어야 할 의무가 있다 할 것이나, 이 경우에도 채권자는 일부 변제자에 대하여 우선변제권을 가지고 있다 할 것이고, 근저당권이라고 함은 계속적인 거래관계로부터 발생하고 소멸하는 불특정다수의 장래채권을 결산기에 계산하여 잔존하는 채무를

20) 권철, 일본민법전, 157면.

21) 일본 개정민법 제398조의7은 제3항과 제4항을 다음과 같이 수정 또는 신설하였다.
③ 원본 확정 전에 면책적 채무인수가 있었던 경우 채권자는 제472조의4제1항의 규정에도 불구하고 근저당권을 인수인이 부담하는 채무로 이전할 수 없다.
④ 원본 확정 전에 채권자의 교체에 의한 경개가 있었던 경우 경개 전의 채권자는 제518조 제1항의 규정에 관계없이 근저당권을 경개 후의 채무로 이전할 수 없다. 원본 확정 전에 채무자의 교체에 의한 경개가 있었던 경우의 채권자도 또한 같다.

일정한 한도액의 범위 내에서 담보하는 저당권이어서, 거래가 종료하기까지 채권은 계속적으로 증감변동하는 것이므로, 근저당 거래관계가 계속중인 경우 즉, 근저당권의 피담보채권이 확정되기 전에 그 채권의 일부를 양도하거나 대위변제한 경우 근저당권이 양수인이나 대위변제자에게 이전할 여지는 없다 한 것이나, 그 근저당권에 의하여 담보되는 피담보채권이 확정되게 되면, 그 피담보채권액이 그 근저당권의 채권최고액을 초과하지 않는 한 그 근저당권 내지 그 실행으로 인한 경락대금에 대한 권리 중 그 피담보채권액을 담보하고 남는 부분은 저당권의 일부이전의 부기등기의 경료 여부와 관계없이 대위변제자에게 법률상 당연히 이전된다.

◆ **대법원 2000. 12. 26. 선고 2000다54451 판결**

근저당권은 계속적인 거래관계로부터 발생·소멸하는 불특정다수의 채권 중 그 결산기에 잔존하는 채권을 일정한 한도액의 범위 내에서 담보하는 것으로서 그 거래가 종료하기까지 그 피담보채권은 계속적으로 증감·변동하는 것이므로, 근저당 거래관계가 계속되는 관계로 근저당권의 피담보채권이 확정되지 아니하는 동안에는 그 채권의 일부가 대위변제되었다 하더라도 그 근저당권이 대위변제자에게 이전될 수 없다.

4. 논의 경과

논의과정에서는 굳이 개정시안과 같은 규정이 없더라도 개별적인 피담보채권의 양도나 피담보채무의 인수는 당연히 허용되는 것이고, 이와 관련된 세부적인 문제들은 당사자들의 협의에 맡기면 충분하다는 이유로 위 규정을 둘 필요가 없다는 의문도 제기되었다. 그러나 법률관계의 명확성을 제고하기 위해 명문 규정을 두기로 하였다.

한편 2004년 민법개정안에서는 "개별채권"과 "개별채무"라는 용어를 사용하고 있었고, 이번 개정시안에서도 의미를 명확하게 하기 위해 이러한 용어를 사용하자는 의견이 있었다.[22] 이러한 용어를 사용하면 이를 근저당권에 의하여 담보되는 총체적인 피담보

22) 2004년 민법개정안 작성 당시 '개별채권'과 '개별채무'라는 용어를 사용한 것은 법원행정처의 의견에 따른 것이다. 본래 개정시안에서는 단순히 '채권'과 '채무'라는 용어만 사용하고 있었는데, 법원행정처에서는 관계기관의견으로

채권 또는 피담보채무, 또는 그러한 채권채무관계가 발생하는 기본계약상의 지위와 명확히 구별할 수 있다는 장점이 있다. 그러나 이번 개정시안의 논의과정에서 ① 굳이 "개별"이라는 용어를 사용하지 않아도 그 의미를 알 수 있고, ② 민법전에 "개별채권", "개별채무"라는 용어가 사용된 바가 없다는 점 등을 고려하여 단순히 "채권", "채무"라는 용어를 사용하기로 하였다.

5. 개정시안의 내용

가. 원본 확정 전 채권양도 또는 변제자대위의 경우(제1항)

제1항은 근저당권자로부터 채권을 양수하거나 채무를 변제하여 채권자를 대위하게 된 경우에도 원본 확정 전에는 근저당권을 행사할 수 없다고 규정한다.

채권양도 또는 변제자대위에 따른 채권이전의 경우 그 채권이 근저당권에 의하여 담보되는 것이라면 근저당권의 수반성 때문에 채권양도 또는 채권이전에 따라 근저당권도 함께 이전하는 것인가 하는 의문이 생긴다.

학설은 부정설[23](채권양도 자체는 허용되지만 양도된 채권은 무담보로 되고, 피담보채권이 확정되기 전에 양도된 개별적인 채권은 피담보채권에서 제외된다)과 긍정설[24](채권이 특정되어 양도되면 근저당권도 양도되고, 근저당권은 준공유관계로 된다)로 나뉘어 있다. 판례[25]는 "근저당권은 계속적인 거래관계로부터 발생·소멸하는 불특정다수의 채권 중 그 결산기에 잔존하는 채권을 일정한 한도액의 범위 내에서 담보하는 것으로서 그 거래가 종료하기까지 그 피담보채

서 "조문 자체의 문구만에 따르면 기본계약상의 채권자·채무자의 지위를 취득 또는 인수한 경우에도 근저당권을 행사할 수 없는 것처럼 읽혀 법률해석에 혼란을 초래"할 수 있다는 점을 들어 이러한 조항을 신설하더라도 "개별채권", "개별채무" 등으로 표현을 정리하여야 한다는 의견을 개진하였었다.

23) 곽윤직, 물권법, 493면, 박영사(2001); 김상용, 물권법, 757면,법문사(2001); 고상룡, 물권법, 711면, 법문사(2001); 김재형, 근저당권연구, 233면, 박영사(2000); 편집대표 김용담, 주석민법 물권(4), 119-120면(김재형 집필부분), 한국사법행정학회(2011).

24) 이영준, 물권법, 949면, 박영사(2009); 편집대표 곽윤직, 민법주해(Ⅶ) 물권(4), 30-31면(박해성 집필부분), 박영사(1992).

25) 대판 2000. 12. 26, 2000다54451; 대판 2002. 7. 26, 2001다53929.

권은 계속적으로 증감 · 변동하는 것이므로, 근저당 거래관계가 계속되는 관계로 근저당권의 피담보채권이 확정되지 아니하는 동안에는 그 채권의 일부가 대위변제되었다 하더라도 그 근저당권이 대위변제자에게 이전될 수 없다."고 하여 부정설과 같은 입장을 취하고 있다.

제1항은 원본 확정 전에 채권이전에 수반하여 근저당권도 이전하는가에 대해서는 명시적인 언급을 하지 않은 채, 채권양수인 또는 대위변제자가 근저당권을 행사할 수 없다는 점만 밝히고 있다. 따라서 개별적인 피담보채권의 이전에 따른 근저당권의 이전 여부는 여전히 학설과 판례에 맡겨져 있다. 다만 개정시안은 부정설 및 판례에 따른 것으로 보이고, 부정설 및 판례에 따르면 개별적인 피담보채권이 이전하더라도 근저당권이 당연히 여기에 수반하여 이전되는 것은 아니므로, 개정시안에 따라 채권양수인 또는 대위변제자가 근저당권을 행사할 수 없는 이유는 그에게 아직 근저당권이 이전되지 않았기 때문이라고 생각된다.

제1항에서 전제하는 채권양도 또는 채권이전은 피담보채권의 특정승계이므로 상속 또는 합병과 같은 포괄승계의 경우에는 제1항이 적용되지 않는다.

나. 원본 확정 전 채무인수의 경우(제2항)

제2항은 원본 확정 전에 채무의 인수가 있는 때에는 근저당권자는 인수인의 채무에 관하여 근저당권을 행사할 수 없다고 규정한다.

피담보채무가 계속하여 증감 · 변동하는 상태, 즉 원본 확정 전의 상태에서는 본래 근저당권을 행사할 수 없다. 한편 개별 피담보채무에 대하여 채무인수가 있었다고 하여 그 개별 채무에 대해서만 아직 확정되지 않은 근저당권을 행사하는 것도 허용되지 않는다. 여기에서의 채무인수가 중첩적 채무인수와 면책적 채무인수 중 어느 것인지를 묻지 않는다.

제357조의6(상속과 근저당권) : 신설

현행	개정시안
〈신 설〉	제357조의6 (상속과 근저당권) ① 원본의 확정 전에 근저당권자에 대하여 상속이 개시된 때에는 근저당권은 이미 존재하는 채권을 담보한다. 상속인과 근저당권설정자는 상속인이 상속개시 후에 취득하는 채권도 담보하는 것으로 약정할 수 있다. ② 원본의 확정 전에 채무자에 대하여 상속이 개시된 때에는 근저당권은 이미 존재하는 채무를 담보한다. 근저당권자와 근저당권설정자는 상속인이 상속개시 후에 부담하는 채무도 담보하는 것으로 약정할 수 있다. ③ 제1항 및 제2항의 약정에는 이해관계인의 승낙을 요하지 아니한다. ④ 제1항 및 제2항의 약정에 관하여 상속개시 후 6개월 이내에 이를 등기하지 아니한 때에는 담보할 원본은 상속이 개시된 때에 확정된 것으로 본다.

1. 개정 배경

근저당권자 또는 채무자가 사망하여 상속이 개시된 경우 근저당권의 운명이 어떻게 되는가에 대해 민법은 침묵하고 있어 다툼의 여지가 있었다. 이 개정시안 규정은 상속과 근저당권의 상호관계에 대하여 지침을 제공하기 위하여 작성되었다. 이에 따르면 상속은 다른 약정이 없는 한 근저당권의 원본 확정사유이다.

2. 관련 입법례

◆ 2004년 개정안

第357조의8(상속과 근저당권) ① 원본의 확정 전에 근저당권자에 대하여 상속이 개시된 때에는 근저당권은 이미 존재하는 채권을 담보한다. 상속인과 근저당권설정자는 상속인이 상속개시 후에 취득하는 채권도 담보하는 것으로 약정할 수 있다.

② 원본의 확정 전에 채무자에 대하여 상속이 개시된 때에는 근저당권은 이미 존재하는 채무를 담보한다. 근저당권자와 근저당권설정자는 상속인이 상속개시 후에 부담하는 채무도 담보하는 것으로 약정할 수 있다.

③ 제357조의3제2항의 규정은 제1항 및 제2항의 약정에 준용한다.

④ 제1항 및 제2항의 약정에 관하여 상속개시 후 6개월 내에 이를 등기를 하지 아니한 때에는 담보할 원본은 상속개시시에 확정된 것으로 본다.

◆ 일본민법[26]

제398조의8(근저당권자 또는 채무자의 상속) ① 원본 확정 전에 근저당권자에 대하여 상속이 개시된 때에는 근저당권은 상속개시 시에 존재하는 채권 외에 상속인과 근저당권설정자와의 합의에 의하여 정한 상속인이 상속개시 후에 취득하는 채권을 담보한다.

② 원본 확정 전에 채무자에 대하여 상속이 개시된 때에는 근저당권은 상속개시 시에 존재하는 채권 외에 근저당권자와 근저당권설정자의 합의에 의하여 정한 상속인이 상속개시 후에 부담하는 채무를 담보한다.

③ 제398조의4제2항의 규정은 전 2항의 합의를 하는 경우에 준용한다.

④ 제1항 및 제2항의 합의에 관하여 상속개시 후 6개월 이내에 등기를 하지 아니한 때에는 담보하여야 할 원본은 상속개시 시에 확정된 것으로 본다.

26) 권철, 일본민법전, 157면.

3. 개정시안의 내용

가. 근저당권자에 대한 상속개시

원본의 확정 전에 근저당권자가 사망하여 상속이 개시된 때에는 근저당권은 그 때까지 발생한 채권만을 담보한다(제1항 제1문). 근저당권자가 사망하면 권리능력이 소멸하므로 더 이상 새로운 채권을 취득할 수 없다. 그러므로 근저당권이 근저당권자의 사망 시까지 발생한 채권만을 담보한다는 것은 당연한 결론이다. 한편 근저당권과 채권을 상속한 상속인이 채무자에 대해서 새로운 채권을 취득하였더라도 그 채권이 당연히 기존의 근저당권에 의하여 담보된다고는 할 수 없다. 일반적으로 근저당권설정약정은 그 약정에 따라 근저당권자가 취득하는 채권을 담보하기 위하여 체결하는 것이고, 근저당권자가 사망한 후 상속인이 별도로 취득하는 채권까지 당연히 담보한다고 해석되지는 않기 때문이다. 또한 근저당권의 기본계약은 당사자 사이의 계속적인 거래관계에 관한 것으로서 당사자 상호간의 신뢰를 기초로 존재하는 것이므로 그러한 신뢰가 존재하지 않는 근저당권자의 상속인과 근저당권설정자 사이에 생기는 채권까지 기존 근저당권의 피담보채권으로 당연히 편입하는 것은 부당하기도 하다. 그러한 의미에서 근저당권자에 대하여 상속이 개시된 경우 근저당권의 원본은 확정된다고 보는 것이 타당하다.[27]

하지만 사적 자치의 원칙상 상속인이 근저당권설정자와 다른 약정을 하여 기존의 근저당권 거래관계를 계속 유지하는 한편, 상속 개시 후 상속인이 새롭게 취득하는 채권도 기존 근저당권의 피담보채권으로 삼을 수도 있다(제1항 제2문). 개정시안은 이러한 약정의 가능성을 명문으로 허용하고 있다.

한편 이러한 약정을 할 때에는 후순위저당권자 등 이해관계인의 승낙을 받을 필요가 없다(제3항). 이해관계인은 기존의 채권최고액이나 존속기간에 대해 신뢰를 투여하는 것이고, 위와 같은 약정은 기존의 근저당권 거래관계를 그대로 유지하는 것에 불과하므로

27) 상속인이 상속개시 전에 동일한 채무자에 대하여 취득하고 있던 별도의 채권은 피담보채권이 되지 아니하며, 이를 담보하기 위하여서는 피담보채권의 범위 변경을 하여 이를 피담보채권에 포함시켜야 한다.

신뢰보호 문제는 발생하지 않는다. 이는 개정시안 제357조의2제2항에서 원본이 확정되기 전에는 이해관계인의 승낙 없이도 피담보채권의 범위 또는 채무자를 변경할 수 있다고 규정하는 것과 맥락을 같이 한다.

근저당권 상속인이 수인인 경우에 위와 같은 약정은 그 상속인 전원이 하여야 하는 것인지, 아니면 그 중 일부만 할 수 있는 것인지에 대해서는 2004년 민법개정안 작성 당시 견해가 대립하였다. 이에 대해서는 상속인 중 일부만 근저당권을 계속 유지하는 것으로 약정할 수 있다는 견해(김상용 위원)와 상속인 중 일부가 기본계약 전체를 인수하고 근저당권을 계속 유지하는 것은 문제가 없지만, 그렇지 않은 상태에서 일부에 대해서는 근저당권이 확정되고, 나머지 일부에 대해서는 근저당권이 확정되지 않는 채로 근저당권이 존속하게 되면 법률관계가 복잡해진다는 이유로 상속인 전원이 동의해야 한다는 견해(윤진수, 양창수, 남효순 위원)가 있었다.[28] 이번 개정시안 작성 과정에서는 이 문제에 대해서 별다른 논의가 없었다. 따라서 이 문제는 해석론의 몫으로 남겨져 있다.

나. 채무자에 대한 상속개시

채무자에 대한 상속개시도 근저당권자의 상속개시와 마찬가지로 규율된다. 즉 원본의 확정 전에 채무자가 사망하여 상속이 개시된 때에는 근저당권은 그때까지 발생하는 채권만을 담보한다(제2항 제1문).[29] 따라서 채무자의 사망 역시 원본 확정사유이다. 하지만 근저당권자와 근저당권설정자가 다른 약정을 하여 기존의 근저당권 거래관계를 계속 유지하는 한편, 상속인이 상속 개시 후 새롭게 부담하는 채무도 담보하는 것으로 할 수 있다(제2항 제2문). 여기에서 근저당권설정자는 물상보증인을 의미한다. 채무자 겸 근저당권설정자인 경우에는 채무자의 사망으로 근저당권설정자가 더 이상 존재하지 않기 때문이다.

---

28) 법무부 민법개정자료발간팀 編, 2004년 법무부 민법개정안 (총칙 · 물권편) (2013), 496-498면.

29) 상속인이 상속개시 전에 동일한 근저당권자 겸 채권자에 대하여 부담하고 있던 별도의 채무는 피담보채무가 되지 아니하며, 이를 담보하기 위하여서는 피담보채무의 범위 변경을 하여 이를 피담보채무에 포함시켜야 한다.

한편 위와 같은 다른 약정을 할 때에는 근저당권 상속의 경우와 마찬가지로 후순위 저당권자 등 이해관계인의 승낙을 받을 필요가 없다(제3항). 약정의 내용은 기존의 근저당권 거래관계를 계속 유지하는 것이므로 이해관계인의 신뢰를 해치지 않기 때문이다.

다. 약정의 등기

앞서 보았듯이 근저당권자 또는 채무자에 대한 상속개시는 원칙적으로 근저당권의 원본 확정사유이고, 이와 달리 기존의 근저당권 거래관계를 계속 존속시키려면 별도의 약정이 필요하다. 한편 이러한 약정은 상속개시 후 6개월 이내에 등기하여야 한다. 만약 이를 등기하지 않으면 상속개시 시에 원본이 확정된 것으로 본다(제4항). 이는 상속에 따른 법률관계를 조속히 안정시키기 위한 것이다.

근저당권자 상속의 경우에는 근저당권 이전의 부기등기, 채무자 상속의 경우에는 채무자 변경의 등기를 함으로써 이러한 근저당권 유지 약정을 공시할 수 있다.[30]

30) 법무부 민법개정자료발간팀 編, 2004년 법무부 민법개정안 (총칙 · 물권편) (2013), 494면.

제357조의7(합병과 근저당권) : 신설

현행	개정시안
〈신 설〉	제357조의7 (합병과 근저당권) ① 원본의 확정 전에 근저당권자인 법인에 합병이 있는 때에는 근저당권은 이미 존재하는 채권 외에 합병 후 존속하는 법인 또는 합병에 의하여 설립되는 법인이 취득하는 채권을 담보한다. ② 원본의 확정 전에 채무자인 법인에 합병이 있는 때에는 근저당권은 이미 존재하는 채무 외에 합병 후 존속하는 법인 또는 합병에 의하여 설립되는 법인이 부담하는 채무를 담보한다. ③ 제1항, 제2항의 경우에 근저당권설정자는 부담할 원본의 확정을 청구할 수 있다. 그러나 채무자인 근저당권설정자의 합병이 있는 때에는 그러하지 아니하다. ④ 제3항의 청구가 있는 때에는 부담할 원본은 합병시에 확정된 것으로 본다. ⑤ 제3항의 청구는 근저당권설정자가 합병이 있음을 안 날부터 2주일이 경과한 때에는 이를 할 수 없다. 합병이 있는 날로부터 1개월이 경과한 때에도 같다.

1. 개정 배경

원본의 확정 전에 근저당권자인 법인 또는 채무자인 법인에 합병이 있는 때에 근저당 거래관계가 존속하는가, 아니면 합병과 더불어 근저당권 거래관계는 종료하고 근저당권의 원본이 확정되는가에 대해 민법은 침묵하고 있다. 이 개정시안 규정은 앞서 본 근저당권과 상속의 상호관계와 마찬가지로 근저당권과 합병의 상호관계에 대한 지침을 제공하기 위하여 작성되었다. 이에 따르면 합병이 있다고 하여 자동적으로 근저당권의 원본이 확정되지는 않는다. 다만 채무자 아닌 근저당권설정자는 일정한 기간 내에 원본의 확정을 청구할 수 있고, 이 경우 원본은 합병 시에 확정된 것으로 본다.

2. 관련 입법례

◆ 2004년 개정안

제357조의9(합병과 근저당권) ① 원본의 확정 전에 근저당권자 또는 채무자인 법인의 합병이 있는 때에는 근저당권은 이미 존재하는 채권 또는 채무 외에 합병 후 존속하는 법인 또는 합병에 의하여 설립되는 법인이 취득하는 채권 또는 부담하는 채무를 담보한다.
② 제1항의 경우에 근저당권설정자는 담보할 원본의 확정을 청구할 수 있다. 그러나 채무자인 근저당권설정자의 합병이 있는 때에는 그러하지 아니하다.
③ 제2항의 청구가 있는 때에는 담보할 원본은 합병시에 확정된 것으로 본다.
④ 제2항의 청구는 근저당권설정자가 합병이 있었음을 안 날로부터 2주간이 경과한 때에는 이를 할 수 없다. 합병이 있는 날로부터 1개월이 경과한 때에도 같다.

◆ 일본민법[31)]

제398조의9 (근저당권자 또는 채무자의 합병) ① 원본 확정 전에 근저당권자에 대하여 합병이 있은 때에는 근저당권은 합병 시에 존재하는 채권 외에 합병 후 존속하는 법인 또는 합병에 의하여 설립된 법인이 합병 후에 취득하는 채권을 담보한다.
② 원본 확정 전에 그 채무자에 대하여 합병이 있은 때에는 근저당권은 합병 시에 존재하는 채권 외에 합병 후 존속하는 법인 또는 합병에 의하여 설립된 법인이 합병 후에 부담하는 채무를 담보한다.
③ 전 2항의 경우에는 근저당권설정자는 담보하여야 할 원본의 확정을 청구할 수 있다. 다만, 전항의 경우 그 채무자가 근저당권설정자인 때에는 그러하지 아니하다.
④ 전항의 규정에 의한 청구가 있는 때에는 담보하여야 할 원본은 합병 시에 확정된 것으로 본다.
⑤ 제3항의 규정에 의한 청구는 근저당권설정자가 합병이 있은 것을 안 날부터 2주간을 경과한 때에는 할 수 없다. 합병일로부터 1개월을 경과한 때에도 같다.

3. 관련 판례

▶ 대법원 2010. 1. 28. 선고 2008다12057 판결

물상보증인이 설정한 근저당권의 채무자가 합병으로 소멸하는 경우 합병 후의 존속회사 또는 신설회사는 합병의 효과로서 채무자의 기본계약상 지위를 승계하지만 물상보증인이 존속회사 또는 신설회사를 위하여 근저당권설정계약을 존속시키는 데 동의한 경우에 한하여 합병 후에도 기본계약에 기한 근저당거래를 계속할 수 있고, 합병 후 상당한 기간이 지나도록 그러한 동의가 없는 때에는 합병 당시를 기준으로 근저당권의 피담보채무가 확정된다. 따라서 위와 같이 근저당권의 피담보채무가 확정되면, 근저당권은 그 확정된 피담보채무로서 존속회사 또는 신설회사에 승계된 채무만을 담보하게 되므로, 합병 후 기본계약에 의하여 발생한 존속회사 또는 신설회사의 채무는 근저당권에 의하여 더 이상 담보되지 아니한다. 그리고 이러한 법리는 채무자의 합병 전에 물상보증인으로부터 저당목적물의 소유권을 취득한 제3자가 있는 경우에도 마찬가지로 적용된다.

4. 개정시안의 내용

가. 근저당권자인 법인의 합병(제1항)

원본의 확정 전에 근저당권자인 법인에 합병이 있는 때에는 근저당권은 그 때까지 발생한 채권 외에 합병 후 존속하는 법인 또는 합병에 의하여 설립되는 법인이 취득하는 채권까지 담보한다(제1항). 즉 근저당권 거래관계는 합병 전후에 걸쳐 계속 유지되고, 근저당권의 원본이 합병을 이유로 당연히 확정되지는 않는다. 이 점에서 상속과 근저당권에 관한 개정시안 제357조의6과는 다르다. 제357조의6에서는 상속이 개시되면 다른 약정이 없는 한 근저당권의 원본이 확정되는 것으로 규정하기 때문이다.

이처럼 상속과 합병을 다르게 취급하는 이유는 근저당권설정의 기본계약 또는 그와

31) 권철, 일본민법전, 159면.

관련된 계속적 거래관계에 관하여 자연인과 법인이 다른 의미를 가지기 때문이다. 근저당권설정의 기본계약은 계속적 거래관계를 담아내는 계약이다. 이러한 계속적 거래관계에서는 당사자 간의 신뢰관계가 중요하다. 자연인과의 신뢰관계는 그 자연인의 사망과 더불어 소멸한다. 그 상속인과 거래 상대방 사이에 이와 유사한 신뢰관계가 존재하리라고 보장할 수 없다. 따라서 별도의 약정이 없는 한 계속적 거래관계는 종료되고 그 결과 그 계속적 거래관계로부터 발생하는 채권을 담보하기 위해 설정된 근저당권의 원본도 확정될 필요성이 있다. 그러나 법인이 합병되는 경우는 자연인이 사망하는 경우와는 의미가 같지 않다. 법인과의 신뢰관계는 자연인과의 신뢰관계와 같이 인간적인 속성이 중요한 비중을 차지하지 않는다. 따라서 법인과 계속적 거래관계에 있다가 그 법인이 합병되었다고 하여 그 신뢰관계에 기초한 계속적 거래관계가 종료되어야 할 이유가 크지 않다. 오히려 원칙적으로 그 거래관계를 존속시키는 것이 거래 상대방, 즉 채무자의 합리적 기대에도 부합한다. 이처럼 법인의 경우에는 계속적 거래관계나 기본계약의 일신전속적 성격이 상속의 경우보다 약하다는 점에 주목한다면 법인의 합병은 자연인의 상속과 다르게 취급하여 법인의 합병 시 당연히 원본이 확정되지는 않는 것으로 규정할 수 있다. 이러한 배경 하에 개정시안 제1항은 근저당권자인 법인의 합병 이후에도 원본이 확정되지 않는다는 점을 규정한다.

나. 채무자인 법인의 합병(제2항)

원본의 확정 전에 채무자인 법인에 합병이 있는 때에는 근저당권은 그 때까지 발생한 채무 이외에 합병 후 존속하는 법인 또는 합병에 의하여 설립되는 법인이 부담하는 채무까지 담보한다(제2항). 즉 근저당권 거래관계는 존속되므로, 근저당권의 원본은 확정되지 아니한다. 이와 같이 상속과 근저당권에 관한 개정시안 제357의6과 달리 채무자인 법인의 합병이 원본확정사유가 되지 않는 이유는 제1항에서 설명한 바와 같다.

이러한 내용은 대법원 2010. 1. 28. 선고 2008다12057 판결의 태도와는 약간의 차이가 있다. 이 판결에서는 물상보증인이 설정한 근저당권의 채무자가 합병으로 소멸하는 경우 합병 후의 존속회사 또는 신설회사는 합병의 효과로서 채무자의 기본계약상 지위를 승계하지만 물상보증인이 존속회사 또는 신설회사를 위하여 근저당권설정계약을 존속시키는 데 동의한 경우에 한하여 합병 후에도 기본계약에 기한 근저당거래를 계속할 수 있고, 합병 후 상당한 기간이 지나도록 그러한 동의가 없는 때에는 합병 당시를 기준으로 근저당권의 피담보채무가 확정된다고 한다. 또한 이러한 법리는 채무자의 합병 전에 물상보증인으로부터 저당목적물의 소유권을 취득한 제3자가 있는 경우에도 마찬가지로 적용된다고 한다. 이 판결은 물상보증인이 있는 경우에는 그가 근저당권설정계약의 존속에 동의하지 않는 한 채무자인 법인의 합병은 원본확정사유라고 보고 있다. 반면 개정시안 제2항은 물상보증인의 유무나 그의 동의 여부와 무관하게 채무자인 법인의 합병은 원본확정사유가 아니라고 보고 있다. 다만 뒤에서 설명하듯이 개정시안 제3항 내지 제5항은 채무자 아닌 근저당권설정자, 즉 물상보증인의 이익 보호를 위해 물상보증인이 일정한 기간 내에 원본확정청구를 할 수 있도록 허용하고 있다.

다. 원본확정청구권(제3항 내지 제5항)

근저당권자인 법인(제1항) 또는 채무자인 법인(제2항)에 합병이 있을 때에는 합병사실만으로 바로 원본이 확정되지는 않지만, 근저당권설정자는 부담할 원본의 확정을 청구할 수 있다(제3항 본문). 그러나 채무자인 근저당권설정자의 합병이 있는 때에는 그러하지 아니하다(제3항 단서). 따라서 원본확정을 청구할 수 있는 주체는 물상보증인이다.

근저당권자 또는 채무자인 법인의 합병은 물상보증인과는 무관한 외부의 사정이다. 그런데 채무자인 법인의 합병은 채무자의 자산상태나 신용상태 등 경제적 사정에 변경을 가져오므로 이에 대해 물상보증인이 근저당권의 배후에 있는 기본계약상의 거래관계 존속을 허용할 것인지, 아니면 합병시를 기준으로 피담보채무 원본을 확정할 것인지에 대한 선택권을 부여할 필요가 있다.

그러나 채무자인 근저당권설정자에게는 이러한 원본확정청구권이 인정되지 않는다. 채무자인 근저당권설정자가 자신의 필요에 의해 근저당권자의 의사와는 관계없이 합병을 하였는데, 이를 이유로 원본확정청구를 통하여 일방적으로 거래관계를 종료시킬 수 있는 권리까지 부여한다면 이는 근저당권자와 무관한 사정을 이유로 근저당권자가 거래관계를 계속할 수 있는 이익을 해하는 한편, 채무자인 근저당권설정자에게는 지나친 특권을 부여하는 것이기 때문이다.

한편 원본확정청구가 있으면 원본은 합병시에 소급하여 확정된 것으로 본다(제4항). 여기에서 합병시는 합병의 효력발생시, 즉 합병등기시로 보아야 할 것이다.

한편 원본확정청구권 행사 여부가 불투명한 상황이 오랫동안 지속되면 근저당권자는 합병 후 발생하는 채권이 근저당권에 의하여 담보되는지 여부를 알 수 없어 불안정한 상태에 빠지게 된다. 따라서 확정청구권의 행사기간에 제한을 둘 필요가 있다. 그리고 원본확정청구는 근저당권설정자가 합병이 있음을 안 날부터 2주일, 합병이 있은 날로부터 1개월 내에 하여야 한다(제5항). 이는 제척기간에 해당한다. 만약 근저당권설정자가 이 기간동안 원본확정청구를 하지 않으면 원칙조항인 제1항으로 돌아가 원본은 확정되지 않게 된다.

第357條의8(법인의 분할과 근저당권) : 신설

현행	개정시안
〈신 설〉	第357條의8(법인의 분할과 근저당권) ① 원본의 확정 전에 근저당권자인 법인을 분할하는 때에는 근저당권은 분할시에 존재하는 채권 외에 분할되는 법인, 설립되는 법인 또는 권리의무를 승계하는 법인이 분할 후에 취득하는 채권을 담보한다. ② 원본의 확정 전에 채무자인 법인을 분할하는 때에는 근저당권은 분할시에 존재하는 채무 외에 분할되는 법인, 설립되는 법인 또는 권리의무를 승계하는 법인이 분할 후에 부담하는 채무를 담보한다. ③ 第357條의7第3項 내지 第5項의 규정은 제1항, 제2항의 경우에 이를 준용한다.

1. 개정 배경

원본의 확정 전에 근저당권자인 법인 또는 채무자인 법인이 분할되는 때에도 합병의 경우와 마찬가지로 근저당권 거래관계의 존속 여부 및 그 담보범위에 관하여 불명확성이 존재한다. 개정시안에 따르면 법인의 분할이 있다고 하여 자동적으로 근저당권의 원본이 확정되지는 않고, 그 근저당권은 분할 이후의 채권이나 채무를 담보한다. 다만 채무자 아닌 근저당권설정자는 일정한 기간 내에 원본의 확정을 청구할 수 있고, 이 경우 원본은 합병 시에 확정된 것으로 본다.

2. 관련 입법례

◆ 2004년 개정안

개정논의가 있었으나 개정대상에서 제외되었다.

◆ 일본민법[32)]

第398조의10(근저당권자 또는 채무자의 회사분할) ① 원본 확정 전에 근저당권자를 분할하는 회사로 하는 분할이 있은 때에는 근저당권은 분할 시에 존재하는 채권 외에 분할을 한 회사 및 분할에 의하여 설립된 회사 또는 당해 분할을 한 회사가 그 사업에 관하여 가지는 권리 의무의 전부 또는 일부를 당해 회사로부터 승계한 회사가 분할 후에 취득하는 채권을 담보한다.

② 원본 확정 전에 그 채무자를 분할하는 회사로 하는 분할이 있는 때에는 근저당권은 분할 시에 존재하는 채무 외에 분할을 한 회사 및 분할에 의하여 설립된 회사 또는 당해 분할을 한 회사가 그 사업에 관하여 가지는 권리 의무의 전부 또는 일부를 당해 회사로부터 승계한 회사가 분할 후에 부담하는 채무를 담보한다.

③ 전조 제3항에서 제5항까지의 규정은 제2항의 경우에 준용한다.

3. 개정시안의 내용

가. 근저당권자인 법인의 분할(제1항)

원본의 확정 전에 근저당권자인 법인을 분할하는 때에는 근저당권은 그 때까지 발생한 채권 외에 분할되는 법인, 설립되는 법인 또는 권리의무를 승계하는 법인이 분할 후에 취득하는 채권까지 담보한다(제1항). 즉 법인의 분할이 있더라도 근저당권 거래관계는 존속되므로 근저당권의 원본은 확정되지 아니한다. 법인의 합병과 분할이 상속과 달리 원본확정사유가 되지 않는 이유에 대해서는 개정시안 제357조의7에서 설명하였

32) 권철, 일본민법전, 159면.

다. 다만 분할계획서 또는 분할합병계약서에서 달리 정하는 경우에는 그에 따른다.

여기에서의 법인은 민사법인과 상사법인을 모두 포함하는 개념이다. 본래 특별법에서 인정하는 경우를 제외하면 민사법인의 분할은 인정되지 않지만 법인에 관한 개정시안에서는 법인의 분할을 인정하기로 하였으므로 근저당권에 관한 개정시안 역시 이 점을 전제로 해석되어야 한다.

한편 법인의 분할은 단순분할과 분할합병으로 나누어 볼 수 있다. 단순분할과 분할합병은 분할된 부분이 법인으로서 독립성을 유지하는지, 아니면 다른 법인의 일부가 되는지 여부에 따른 분류방법이다. 또한 법인의 분할은 소멸분할과 존속분할로 나누어 볼 수 있다. 소멸분할과 존속분할은 분할시킨 회사의 존속 여부에 따른 분류방법이다. 우선 단순분할의 경우에는 ① 기존의 법인이 소멸하면서 그 법인으로부터 분할된 부분이 새로운 2개 이상의 법인으로 설립되거나(예컨대 A가 B, C로 분할되어 소멸. 소멸분할에 해당), ② 기존의 법인이 존속하면서 그 법인으로부터 분할된 부분이 새로운 법인으로 설립되고(예컨대 A로부터 B가 분할되고 A는 존속. 존속분할에 해당), 분할합병의 경우에는 ③ 위와 같이 분할된 부분이 제3의 법인과 합병하면서 제3의 법인이 그와 관련된 권리의무를 승계하기도 한다(예컨대 A가 B, C로 분할되어 소멸 또는 존속하되 B, C가 각각 제3의 법인인 D와 E의 일부로 편입). 이 경우 분할되는 법인(②의 A, ③의 A), 설립되는 법인(①의 B, C, ②의 B), 권리의무를 승계하는 법인(③의 D, E)이 취득하는 채권은 근저당권의 담보범위 내에 포함되는데, 이 경우에는 근저당권의 공동귀속(개정시안 제357조의4 참조)이 일어나게 된다.

다만 법인의 분할은 합병보다 훨씬 복잡한 문제가 많다. 예를 들어 권리의무를 승계하는 법인(③의 D, E)이 취득하는 모든 채권이 근저당권에 의하여 담보되는가, 아니면 그 중 기존 A 법인의 업무와 관련된 채권만 근저당권에 의하여 담보되는가? 후자라면 그 채권을 가려내는 방법은 무엇인가? 분할 과정에서 근저당권과 관련된 계약상 지위 또는 채권을 일부 법인에만 귀속시키도록 한 경우에도 나머지 법인들은 근저당권을 가지는 것인가? 이는 향후 해석론으로 정리해 나갈 사항들이다. 일단은 개정시안의 취지가 본래 근저당권이 담보하고자 하였던 채권 이외의 채권까지도 추가로 담보범위에 포함시키고자 했던 것은 아니라고 생각된다. 또한 근저당권과 관련된 계약상 지위 또는 피담보채권을 전혀 이전받지 않은 법인 또는 근저당권을 포기한 법인은 분할 후 근저당권을 가지지 못한다고 보아야 할 것이다.

나. 채무자인 법인의 분할(제2항)

원본의 확정 전에 채무자인 법인이 분할되는 때에는 근저당권은 분할 시 존재하는 채무 외에 분할되는 법인, 설립되는 법인 또는 권리의무를 승계하는 법인이 분할 후에 부담하는 채무를 담보한다(제2항). 즉 근저당권 거래관계는 존속되므로, 근저당권의 원본은 확정되지 아니한다. 그 외의 설명은 제1항과 마찬가지이다.

다. 원본확정청구권(제3항 내지 제5항)

법인의 합병과 근저당권에 관한 개정시안 제357조의7제3항 내지 제5항은 법인의 분할에 대해서도 준용된다(제3항). 따라서 물상보증인인 근저당권설정자는 근저당권자인 법인 또는 채무자인 법인의 분할을 이유로 분할을 안 날부터 2주일, 분할이 있은 날부터 1개월 이내에 원본확정을 청구할 수 있고, 이 경우 원본은 분할시에 확정된 것으로 본다.

제357조의9(원본의 확정청구) : 신설

현행	개정시안
〈신 설〉	제357조의9(원본의 확정청구) ① 근저당권설정자는 근저당권설정시부터 3년이 경과한 때에는 원본의 확정을 청구할 수 있다. 이 경우에 원본은 그 청구시부터 2주일이 경과한 때에 확정된다. ② 근저당권자는 언제든지 원본의 확정을 청구할 수 있다. 이 경우 원본은 그 청구시에 확정된다. ③ 제1항의 확정청구권은 미리 포기하지 못한다. ④ 제1항, 제2항은 원본의 확정시기를 약정한 경우에는 적용하지 아니한다.

1. 개정 배경

원본의 확정시기에 관한 정함이 없는 경우에 근저당권 설정자로서는 장기간에 걸쳐 근저당권에 의한 구속을 받게 되는 불이익이 생기므로 일정한 기간이 경과한 후에는 원본을 확정하여 이와 같은 구속으로부터 벗어날 길을 마련해 줄 필요가 있다. 또한 근저당권자의 입장에서도 원본이 확정되기 전에는 근저당권을 이전할 수 없는 문제가 있으므로 원본확정청구를 통하여 근저당권의 이전을 용이하게 해 줄 필요가 있다. 이러한 필요성 아래 개정시안에서는 원본의 확정청구에 관한 규정을 신설하였다.

2. 관련 입법례

◆ **2004년 개정안**

제357조의10 (원본의 확정청구) ① 근저당권설정자는 근저당권설정시부터 3년이 경과한 때에는 담보할 원본의 확정을 청구할 수 있다. 그러나 담보할 원본의 확정시기를 약정한 경우에는 그러하지 아니하다.

② 제1항의 청구가 있는 때에는 담보할 원본은 그 청구시부터 2주일이 경과함으로써 확정된다.

③ 제1항 본문의 확정청구권은 미리 포기하지 못한다.

◆ **일본민법**[33]

제398조의19 (근저당권의 원본의 확정청구) ① 근저당권설정자는 근저당권의 설정 시로부터 3년을 경과한 때에는 담보하여야 할 원본의 확정을 청구할 수 있다. 이 경우에 담보하여야 할 원본은 그 청구 시로부터 2주간을 경과함으로써 확정한다.

② 근저당권자는 언제라도 담보하여야 할 원본의 확정을 청구할 수 있다. 이 경우 담보하여야 할 원본은 그 청구 시에 확정한다.

③ 제2항의 규정은 담보하여야 할 원본이 확정되어야 할 기일의 정함이 있는 때에는 적용하지 아니한다.

3. 관련 판례

▶ **대법원 1996. 6. 14. 선고 95다53812 판결**

근저당권이라고 함은 계속적인 거래관계로부터 발생하고 소멸하는 불특정다수의 장래채권을 결산기에 계속하여 잔존하는 채무를 일정한 한도액의 범위 내에서 담보하는 저당권이어서, 거래가 종료하기까지 채권은 계속적으로 증감변동되는 것이므로 근저당거래관계가

33) 권철, 일본민법전, 163, 165면.

계속 중인 경우, 즉 근저당권의 피담보채권이 확정되기 전에 그 채권의 일부를 양도하거나 대위변제한 경우 근저당권이 양수인이나 대위변제자에게 이전할 여지가 없다 할 것이다.

▶ 대법원 2002. 2. 26. 선고 2000다48265 판결

근저당권이라 함은 그 담보할 채권의 최고액만을 정하고 채무의 확정을 장래에 유보하여 설정하는 저당권을 말하고, 이 경우 그 피담보채무가 확정될 때까지의 채무의 소멸 또는 이전은 근저당권에 영향을 미치지 아니하므로, 근저당권설정자는 피담보채무가 확정된 이후에 그 확정된 피담보채무를 채권최고액의 범위 내에서 변제하고 근저당권의 소멸을 청구할 수 있다고 할 것이고, 피담보채무의 확정은 근저당권 설정계약에서 근저당권의 존속기간을 정하거나 근저당권으로 담보되는 기본적인 거래계약에서 결산기를 정한 경우에는 원칙적으로 존속기간이나 결산기가 도래한 때에 피담보채무가 확정된다고 할 것이지만, 이 경우에도 근저당권에 의하여 담보되는 채권이 전부 소멸하고 채무자가 채권자로부터 새로이 금원을 차용하는 등 거래를 계속할 의사가 없는 경우에는, 그 존속기간 또는 결산기가 경과하기 전이라 하더라도, 근저당권설정자는 계약을 해제하고 근저당권 설정등기의 말소를 구할 수 있다고 할 것이고, 존속기간이나 결산기의 정함이 없는 때에는 근저당권설정자가 근저당권자를 상대로 언제든지 해지의 의사표시를 함으로써 피담보채무를 확정시킬 수 있다.

▶ 대법원 2001. 11. 9. 선고 2001다47528 판결

근저당권에 의하여 담보되는 채권이 전부 소멸하고 채무자가 채권자로부터 새로이 금원을 차용하는 등 거래를 계속할 의사가 없는 경우에는, 그 존속기간 또는 결산기가 경과하기 전이라 하더라도 근저당권설정자는 계약을 해제하고 근저당권설정등기의 말소를 구할 수 있고, 존속기간이나 결산기의 정함이 없는 때에는 근저당권설정자가 근저당권자를 상대로 언제든지 해지의 의사표시를 함으로써 피담보채무를 확정시킬 수 있으며, 이러한 계약의 해제 또는 해지에 관한 권한은 근저당부동산의 소유권을 취득한 제3자도 원용할 수 있다고 할 것이다.

▶ 대법원 2002. 5. 24. 선고 2002다7176 판결

[1] 근저당권이라 함은 그 담보할 채권의 최고액만을 정하고 채무의 확정을 장래에 유보하여 설정하는 저당권을 말하고, 이 경우 그 피담보채무가 확정될 때까지의 채무의 소멸 또는 이전은 근저당권에 영향을 미치지 아니하므로, 근저당부동산에 대하여 소유권을 취득한 제3자는 피담보채무가 확정된 이후에 그 확정된 피담보채무를 채권최고액의 범위 내에서 변제하고 근저당권의 소멸을 청구할 수 있다고 할 것이며, 피담보채무는 근저당권설정계약에서

근저당권의 존속기간을 정하거나 근저당권으로 담보되는 기본적인 거래계약에서 결산기를 정한 경우에는 원칙적으로 존속기간이나 결산기가 도래한 때에 확정되지만, 이 경우에도 근저당권에 의하여 담보되는 채권이 전부 소멸하고 채무자가 채권자로부터 새로이 금원을 차용하는 등 거래를 계속할 의사가 없는 경우에는, 그 존속기간 또는 결산기가 경과하기 전이라 하더라도 근저당권설정자는 계약을 해지하고 근저당권설정등기의 말소를 구할 수 있고, 한편 존속기간이나 결산기의 정함이 없는 때에는 근저당권의 피담보채무의 확정방법에 관한 다른 약정이 있으면 그에 따르되 이러한 약정이 없는 경우라면 근저당권설정자가 근저당권자를 상대로 언제든지 해지의 의사표시를 함으로써 피담보채무를 확정시킬 수 있다. [2] 피담보채무를 확정시키는 근저당권설정자의 근저당권설정계약의 해제 또는 해지에 관한 권한은 근저당부동산의 소유권을 취득한 제3취득자도 원용할 수 있다고 할 것인데, 제3취득자가 명시적인 해지의 의사표시를 하지는 아니하였지만 근저당권자에게 저당목적 부동산을 취득하였음을 내세우면서 앞으로 대위변제를 통하여 채권최고액 범위 내에서 피담보채무를 소멸시키고 근저당권의 소멸을 요구할 것이라는 전제에서 채무자의 피담보채무에 대하여 채무를 일부 변제하기 시작하는 등 제3취득자가 기존 근저당권설정계약의 존속을 통한 피담보채무의 증감변동을 더 이상 용인하지 아니하겠다는 의사를 파악할 수 있는 어떤 외부적, 객관적 행위를 하고, 채권자도 그러한 사정 때문에 그 계약이 종료됨으로써 피담보채무가 확정된다고 하는 점을 객관적으로 인식할 수 있었던 경우라면, 제3취득자는 근저당권설정계약을 해지하는 묵시적인 의사표시를 한 것으로 볼 수 있으므로, 근저당권의 피담보채무는 그 설정계약에서 정한 바에 따라 확정된다.

4. 개정시안의 내용

가. 근저당권설정자의 원본확정청구(제1항, 제3항, 제4항)

제1항은 근저당권설정자는 근저당권설정 시부터 3년이 경과한 때에는 원본의 확정을 청구할 수 있다는 점을 명문으로 규정한다. 제3항은 이러한 확정청구권을 미리 포기할 수 없다는 점을, 제4항은 원본의 확정시기에 대한 약정이 있는 경우에는 제1항이 적용되지 않는다는 점을 규정한다.

근저당권설정자의 확정청구권은 근저당권설정자의 일방적 의사표시에 의하여 근저당권 거래관계를 종료시키고 원본을 확정시키는 형성권이다. 이것은 "존속기간이나 결산기의 정함이 없는 때에는 근저당권설정자가 근저당권자를 상대로 언제든지 해지의 의사표시를 함으로써 피담보채무를 확정시킬 수 있다."는 대법원 판례[34]의 태도를 참고한 것이다. 하지만 대법원 판례는 근저당권설정계약의 해지를 통해 원본을 확정한다는 입장인 반면, 개정시안은 이러한 계약의 해지 없이도 확정청구권의 행사를 통해 원본을 확정할 수 있도록 하고 있다는 점에서 차이가 있다.

근저당권설정자의 확정청구권과 관련하여 추가로 살펴볼 점은 다음과 같다.

① 3년이 경과한 후의 확정청구에 관한 제1항의 규정은 원본의 확정시기를 약정하지 않은 경우에만 적용된다(제4항). 만약 그러한 약정이 있다면 그 약정의 구속력을 받는 당사자는 약정한 확정시기가 도래하기 전에는 원본의 확정청구를 할 수 없다. 그러나 제3취득자와 같이 그 약정의 당사자가 아닌 자는 위와 같은 확정시기가 등기되지 않는 한 그 약정의 구속력을 받지 않으므로 확정청구를 할 수 있다고 생각된다.

② 확정청구권에 관한 규정은 주로 근저당권설정자를 보호하기 위해 마련된 강행규정이므로 근저당권자와 근저당권설정자 사이에 확정청구권을 미리 포기하는 특약을 하였더라도 그 특약은 무효이다(제3항 참조).

③ 근저당권이 수인에게 공동으로 귀속되어 있는 경우 확정청구는 근저당권자 전원에 대하여 하여야 한다. 또한 근저당권설정자가 수인인 경우에도 확정청구는 근저당권설정자 전원이 공동으로 하여야 한다. 확정청구는 근저당권의 처분행위로서의 성격을 가지기 때문이다.

④ 확정청구의 의사표시는 근저당권자에게 도달한 때로부터 2주일이 경과하여야 효력이 발생한다(제1항 제2문). 공동근저당권자 전원에 대하여 또는 근저당권설정자 전원이 확정청구를 하여야 하는 경우에는 그 중 최종적인 청구의 의사표시가 도달한 날부터 2주일이 경과하여야 확정의 효력이 발생한다.

⑤ 근저당권설정자가 채무자인 경우는 물론이고 물상보증인인 경우에도 당연히 확정청구권이 인정된다. 한편 제3취득자에게 확정청구권이 인정될 것인가는 명확하지 않다.

---

34) 대판 2002. 2. 26, 2000다48265; 대판 2001. 11. 9, 2001다47528; 대판 2002. 5. 24, 2002다7176 등.

판례는 근저당권설정자 이외에도 제3취득자는 해지의 의사표시를 하는 방법으로 피담보채무를 확정할 수 있다고 한다.[35] 개정시안이 이러한 판례의 취지를 배제하는 것으로는 생각되지 않는다.

나. 근저당권자의 원본확정청구(제2항과 제4항)

제2항은 근저당권자의 확정청구권에 대하여 규정한다. 근저당권자는 근저당권설정시부터 3년이 경과하여야 확정청구권을 행사할 수 있는 근저당권설정자와는 달리, 근저당권자는 언제든지 확정청구권을 행사할 수 있다. 제4항은 원본의 확정시기를 약정한 경우에는 제2항이 적용되지 않는다는 점을 규정한다.[36] 참고로 2004년 민법개정안 제357조의10에서는 근저당권설정자의 확정청구권에 대해서만 규정할 뿐 근저당권자의 확정청구권에 대해서는 규정하지 않았다.

근저당권자에게 확정청구권을 부여하면 근저당권자가 더 이상 채무자와 거래를 계속할 생각이 없을 때 확정청구권을 행사하여 피담보채무를 확정한 뒤 근저당권을 양도할 수 있는 장점이 있다. 일단 확정청구권을 행사하면 그 이후 발생하는 채권은 무담보채권이 되지만 이는 근저당권자가 확정청구권을 행사하면서 스스로 감수한 것이므로 문제가 된다고 할 수 없다. 다만 근저당권설정자의 입장에서는 자신의 의사와 무관하게 피담보채무가 확정되고 그 후에 근저당권자와의 거래관계에서 발생하는 채무는 무담보채무가 되는데, 이것이 오히려 채권최고액의 범위 내에서 일정한 기간 동안 안정적으로 금융을 제공받을 수 있는 기회를 막을 수는 있다. 하지만 미리 원본의 확정시기를 약정함으로써 이러한 사태를 막을 수 있을 것이다.

그 외의 내용은 근저당권설정자의 확정청구권에 관한 설명이 대체로 적용된다. 다만 근저당권자는 원본의 확정청구권을 미리 포기할 수 있다는 점에서 근저당권설정자의 경우와 구별된다.

---

35) 대판 2001. 11. 9, 2001다47528.

36) 참고로 자산유동화에 관한 법률 제7조의2, 주택저당채권유동화회사법 제6조의2, 한국주택금융공사법 제27조 제1항에서는 근저당권을 유동화하고자 할 때에는 원본의 확정시기에 관한 약정 유무를 불문하고 근저당권자가 확정을 청구할 수 있도록 하고 있다.

제357조의10(원본의 확정사유) : 신설

현행	개정시안
〈신 설〉	제357조의10(원본의 확정사유) ① 근저당권이 담보할 원본은 다음 각호의 경우에 확정된다. 1. 근저당권자가 저당부동산에 대하여 경매 또는 제370조에 의하여 준용되는 제342조에 의한 압류를 신청한 때. 다만 경매절차의 개시 또는 압류가 있는 때에 한한다. 2. 근저당권자가 저당부동산에 대하여 체납처분으로 인한 압류를 한 때 3. 근저당권자가 저당부동산에 대한 경매절차의 개시 또는 체납처분으로 인한 압류가 있음을 안 날부터 2주일이 경과한 때 4. 채무자 또는 근저당권자가 파산선고 또는 회생절차의 개시결정을 받은 때 ② 제1항 제3호의 경매절차의 개시 또는 압류나 제4호의 파산선고 또는 회생절차의 개시결정이 그 효력을 잃은 때에는 원본은 확정되지 않은 것으로 본다. 그러나 원본이 확정된 것으로 하여 그 근저당권을 취득한 자가 있는 때에는 그러하지 아니하다.

1. 개정 배경

근저당권의 피담보채무는 일반적인 저당권의 피담보채무와는 다르게 그 확정이 장래에 보류된다. 그러므로 근저당권의 피담보채무의 확정사유와 시기는 중요한 의미를 가진다. 하지만 현행 민법은 그 확정사유와 시기에 대해 아무런 규정을 두지 않고 있다. 따라서 이 문제는 학설과 판례에 맡겨져 왔고, 그 확정사유와 시기에 대해서는 다양한 의견이 존재하여 왔다. 개정시안은 입법을 통하여 원본의 확정사유와 시기를 명확하게 하였다.

2. 관련 입법례

◆ 2004년 개정안

제357조의11(원본의 확정사유) ① 근저당권이 담보할 원본은 다음 각 호의 경우에 확정된다.

1. 담보할 원본이 더 이상 발생하지 아니하게 된 때
2. 근저당권자가 저당부동산에 대하여 경매 또는 제370조에 의하여 준용되는 제342조에 의한 압류를 신청한 때. 다만 경매절차의 개시 또는 압류가 있는 때에 한한다.
3. 저당권자가 저당부동산에 대하여 체납처분으로 인한 압류를 한 때
4. 근저당권자가 저당부동산에 대한 경매절차의 개시 또는 체납처분으로 인한 압류가 있었음을 안 날로부터 2주간이 경과한 때
5. 채무자 또는 근저당권자가 파산선고 또는 회사정리절차의 개시결정을 받은 때

② 제1항 제4호의 경매절차의 개시 또는 압류나 제5호의 파산선고 또는 회사정리절차의 개시결정이 그 효력을 잃은 때에는 담보할 원본은 확정되지 아니한 것으로 본다. 그러나 원본이 확정된 것으로 하여 그 근저당권을 취득한 자가 있는 때에는 그러하지 아니하다.

◆ 일본민법[37]

제398조의20(근저당권의 원본의 확정사유) ① 다음 각 호의 경우에는 근저당권이 담보하여야 할 원본은 확정된다.

1. 근저당권자가 저당부동산에 대하여 경매나 담보부동산수익집행 또는 제372조에서 준용하는 제304조의 규정에 의한 압류를 신청한 때. 다만, 경매절차나 담보부동산수익집행절차의 개시 또는 압류가 있는 때에 한한다.
2. 근저당권자가 저당부동산에 대하여 체납처분에 의한 압류를 한 때.
3. 근저당권자가 저당부동산에 대한 경매절차의 개시 또는 체납처분에 의한 압류가 있는 것을 안 때부터 2주간을 경과한 때.
4. 채무자 또는 근저당권설정자가 파산절차개시의 결정을 받은 때.

② 전항 제3호의 경매절차 개시나 압류 또는 동항 제4호의 파산절차개시 결정의 효력이 소멸된 때에는 담보하여야 할 원본은 확정되지 않은 것으로 본다. 다만, 원본이 확정된 것으로서 그 근저당권 또는 이를 목적으로 하는 권리를 취득한 자가 있는 때에는 그러하지 아니하다.

---

37) 권철, 일본민법전, 165면.

3. 관련 판례

▶ **대법원 1998. 10. 27. 선고 97다26104, 26111 판결**

근저당권자가 피담보채무의 불이행을 이유로 경매신청을 한 경우에는 경매신청시에 근저당권의 피담보채권액이 확정되고, 그 이후부터 근저당권은 부종성을 가지게 되어 보통의 저당권과 같은 취급을 받게 된다.

▶ **대법원 1993. 3. 12. 선고 92다48567 판결**

근저당권자가 피담보채무의 불이행을 이유로 경매신청을 한 경우에는 경매신청시에 근저당권이 확정되고 근저당권이 확정되면 그 후에 발생한 원금채권은 그 근저당권에 의하여 담보되지 않는다 할 것이나, 근저당권자가 경매신청을 실제로 한 것이 아니고 다만 경매신청을 하려는 태도를 보인 데 그친 것이라면 이로써 근저당권이 확정되었다고 볼 수 없다.

▶ **대법원 2002. 11. 26. 선고 2001다73022 판결**

근저당권자가 피담보채무의 불이행을 이유로 경매신청을 한 경우에는 경매신청시에 근저당 채무액이 확정되고, 그 이후부터 근저당권은 부종성을 가지게 되어 보통의 저당권과 같은 취급을 받게 되는바, 위와 같이 경매신청을 하여 경매개시결정이 있은 후에 경매신청이 취하되었다고 하더라도 채무확정의 효과가 번복되는 것은 아니다.

▶ **대법원 1999. 9. 21. 선고 99다26085 판결**

당해 근저당권자는 저당부동산에 대하여 경매신청을 하지 아니하였는데 다른 채권자가 저당부동산에 대하여 경매신청을 한 경우 민사소송법 제608조 제2항, 제728조의 규정에 따라 경매신청을 하지 아니한 근저당권자의 근저당권도 경락으로 인하여 소멸하므로, 다른 채권자가 경매를 신청하여 경매절차가 개시된 때로부터 경락으로 인하여 당해 근저당권이 소멸하게 되기까지의 어느 시점에서인가는 당해 근저당권의 피담보채권도 확정된다고 하지 아니할 수 없는데, 그 중 어느 시기에 당해 근저당권의 피담보채권이 확정되는가 하는 점에 관하여 우리 민법은 아무런 규정을 두고 있지 아니한바, 부동산 경매절차에서 경매신청 기입등기 이전에 등기되어 있는 근저당권은 경락으로 인하여 소멸되는 대신에 그 근저당권자는 민사소송법 제605조가 정하는 배당요구를 하지 아니하더라도 당연히 그 순위에 따라 배당을 받을 수 있고, 이러한 까닭으로 선순위 근저당권이 설정되어 있는 부동산에 대하여 근저당권을 취득하는 거래를 하려는 사람들은 선순위 근저당권의 채권최고액 만큼의 담보가치는 이미 선순위 근저당권자에 의하여 파악되어 있는 것으로 인정하고 거래를 하는 것이 보통이므로, 담보권 실행을 위한 경매절차가 개시되었음을 선순위 근저당권자가 안 때 이후의 어떤 시점에 선순위 근저당권의 피담보채무액이 증가하더라도 그와 같이 증가한 피담보채무액이 선순위 근저당권의 채권최고액 한도 안에 있다면 경매를 신청한 후순위 근저당권자가 예측하지 못한 손해를 입게 된다고 볼 수 없는 반면, 선순위 근저당권자는 자신이 경매신청을 하지 아니하였으면서도 경락으로 인하여 근저당권을 상실하게 되는 처지에 있으므로 거래의 안전을 해치지 아니하는 한도 안에서 선순위 근저당권자가 파악한 담보가치를 최대한 활용할 수 있도록 함이 타당하다는 관점에서 보면, 후순위 근저당권자가 경매를 신청한 경우 선순위 근저당권의 피담보채권은 그 근저당권이 소멸하는 시기, 즉 경락인이 경락대금을 완납한 때에 확정된다고 보아야 한다.

▶ 대법원 2001. 6. 1. 선고 99다66649 판결

근저당권이 설정된 뒤 채무자 또는 근저당권설정자에 대하여 회사정리절차개시결정이 내려진 경우, 그 근저당권의 피담보채무는 회사정리절차개시결정시점을 기준으로 확정되는 것으로 보아야 하므로, 그 이후 근저당권자가 정리회사 또는 정리회사의 관리인에게 그 사업의 경영을 위하여 추가로 금원을 융통하여 줌으로써 별도의 채권을 취득하였다 하더라도, 그 채권이 위 근저당권에 의하여 담보될 여지는 없다.

4. 개정시안의 내용

가. 근저당권이 담보할 원본의 확정사유(제1항)

제1항은 근저당권이 담보할 원본의 확정사유를 규정한다. "근저당권의 확정"이라는 표현이 빈번하게 사용되지만, 정확하게 말하자면 근저당권의 피담보채무(또는 피담보채권), 그 중에서도 원본의 확정이 문제된다. 일단 피담보채무의 원본이 확정된 후에도 이자나 지연손해금 등 이에 부수되는 채무는 확정 후에 발생된 것이라도 채권최고액의 범위 내에 있는 이상 근저당권의 담보대상이 된다. 그러므로 피담보채무의 원본과 달리 이자나 지연손해금은 확정대상이 아니다.

제1항은 열거적 규정이 아니라 예시적 규정으로 보아야 한다. 그러므로 제1항에서 예시한 확정사유 이외에도 당사자 간의 약정에 따른 확정, 개정시안 제357조의6에 따른 상속에 의한 확정, 개정시안 제357조의7에 따른 합병에 의한 확정, 개정시안 제357조의9에 따른 확정청구에 의한 확정 등 다른 방법에 따른 피담보채무 원본확정의 길이 열려 있다.

제1항에서 예시하는 사유는 크게 근저당권자에 의한 확정사유(제1호, 제2호)와 근저당권자 이외의 자에 의한 확정사유(제3호, 제4호)로 구분할 수 있다.

(1) 제1호

근저당권자가 저당부동산에 대하여 경매 또는 물상대위에 의한 압류를 신청하여 경매절차가 개시되거나 압류가 이루어진 때에는 근저당권이 담보할 원본이 확정된다.

(가) 경매신청에 따른 경매개시

판례에 따르면 근저당권자가 경매신청을 하면 그 경매신청시에 근저당권의 피담보채권액이 확정된다.[38] 여기에서의 경매신청은 당해 근저당권에 기한 것이 보통이겠지만, 일반 채권에 기한 강제경매신청도 포함한다. 이와 같이 근저당권자의 경매신청을 확정사유로 보는 이유는 그러한 신청을 통해 근저당권자는 채무자와 더 이상 거래관계를 유지하지 않겠다는 의사를 표시하였다고 볼 수 있기 때문이다.[39] 제1호는 일단 이러한 판례에 기초한 것이다.

다만 기존 판례에 따르면 경매신청을 하였는데 경매절차가 개시되지 않은 상태에서도 피담보채권액이 확정되는 것인지는 분명하지 않다. 판례의 문언(경매신청시에 피담보채권액 확정)이나 취지(경매신청은 더 이상 채무자와 거래관계를 유지하지 않겠다는 의사표시)에 비추어

---

38) 대판 1998. 10. 27, 97다26104, 26111; 대판 2002. 11. 26, 2001다73022.

39) 학설로서는 근저당권자가 스스로 경매신청을 하였다고 하여 이를 채무자와 더 이상 거래관계를 유지하지 아니하겠다는 의사표시로 볼 근거가 없기 때문에 근저당권자의 경매신청이 있다고 하여 원본이 확정되지 않는다는 부정설[하경일, 신물권법, 943면, 도서출판 가인(1993)]이 있으나, 근저당권자가 스스로 경매신청을 한 것은 채무자와 더 이상의 거래관계를 유지하지 아니하겠다는 의사를 표시한 것으로 볼 수 있는 것이기 때문에 원본이 확정된다는 긍정설[곽윤직, 물권법, 493면, 박영사(2000); 편집대표 곽윤직, 민법주해(VII) 물권(4), 23면(박해성 집필부분), 박영사(1992); 김재형, 근저당권연구, 246면, 박영사(2000); 권용우, 물권법, 580면, 법문사(1995) 등]이 통설이다.

보면 일단 경매신청이 이루어지면 그 사유만으로 피담보채권액이 확정되고 경매절차 개시 여부는 그 확정 여부에 영향을 미치지 않는 것으로 보인다. 그러나 제1호 단서에서는 경매절차가 개시되어야 원본이 확정되는 것으로 규정한다. 이 개정시안과 관련된 입법자료에는 그 이유에 대한 별다른 언급이 없으나, 이는 경매개시결정 전에 신청을 취하하면 피담보채권이 확정되지 않는다는 기존의 학설,[40] 2004년 민법개정안 제357조의11제1항제2호, 그리고 일본민법 제398조의20제1항제1호의 태도를 참조한 것으로 보인다.

그러므로 개정시안에 따르면 근저당권자의 경매신청이 있더라도 그 신청이 각하 또는 취하되어 경매절차가 개시되지 아니한 때에는 원본이 확정되지 않는다. 다만 경매신청에 따라 경매절차가 실제로 개시되었다면 원본은 경매신청시를 기준으로 확정된다. 또한 일단 경매절차가 개시되어 확정의 효력이 발생하였다면 그 후 경매개시결정이 취소되더라도 일단 발생한 확정의 효력은 소멸하지 않는다.[41]

(나) 물상대위에 의한 압류

제1호에서는 민법 제370조에 의하여 준용되는 제342조에 따라 물상대위에 의한 압류를 신청하여 압류가 실행된 경우에도 피담보채무 원본이 확정된다고 규정한다.

이는 현행 민법 제342조를 염두에 둔 조항이다. 현행 민법 제342조는 "질권은 질물의 멸실, 훼손 또는 공용징수로 인하여 질권설정자가 받을 금전 기타 물건에 대하여도 이를 행사할 수 있다. 이 경우에는 그 지급 또는 인도전에 압류하여야 한다."라고 규정한다. 그리고 이 조항은 제370조에 의해 저당권에도 준용된다. 이에 따르면 물상대위권 행사를 위해서는 압류가 반드시 필요하다. 그러나 개정시안 제342조 제1항에서는 현행 민법 제342조의 단서에 규정한 압류 요건을 삭제하였다. 제1호는 이러한 개정시안의 태도를 반영하지 않은 것이어서 재검토를 요한다.

물론 물상대위에 의하여 압류신청을 하여 압류가 이루어졌다면 경매신청에 따른 경매개시와 마찬가지로 근저당권의 피담보채무 원본이 확정된다. 그 점에서 제1호의 내용

---

40) 곽윤직 편, 민법주해 제7권 (1992), 23면.

41) 대판 2002. 11. 26, 2001다73022.

자체에는 문제가 없다. 그런데 개정시안 제342조 제2항에서는 압류 요건을 질권자의 제3채무자에 대한 통지로 바꾸었는데, 이러한 통지를 하였을 때에도 근저당권의 피담보채무 원본이 확정되는지 여부가 문제된다. 개정시안 제357조의10이 예시적 규정이라는 점을 고려한다면 근저당권자가 제370조, 제342조에 따라 제3채무자에게 근저당권 실행의 통지를 하였다면 이에 대한 별도의 규정이 없더라도 근저당권 경매신청에 준하여 근저당권의 피담보채무가 확정되는 것으로 볼 수 있을 것이다.

(2) 제2호

근저당권자가 체납처분으로 인한 압류를 한 때에도 근저당권이 담보할 원본이 확정된다.

체납처분은 국민이 국가 또는 지방자치단체에 대해 부담하는 조세 또는 공과금 등 공법상 금전급부의무를 이행하지 않을 때 행하는 강제처분 및 그 집행이다. 그러므로 여기에서의 근저당권자는 국가 또는 지방자치단체를 의미한다. 한편 당해 근저당권에 기한 압류의 경우뿐만 아니라 당해 근저당권에 의해 담보되지 않는 다른 조세·공과금 채권에 기한 압류의 경우도 확정사유에 해당한다. 압류를 한 이상 그 후 압류의 효력이 소멸하더라도 일단 발생한 확정의 효력은 소멸하지 아니한다.

(3) 제3호

근저당권자가 저당부동산에 대한 경매절차의 개시 또는 체납처분으로 인한 압류가 있음을 안 날부터 2주일이 경과한 때에도 근저당권이 담보할 원본이 확정된다. 여기에서의 경매절차 개시 또는 체납처분으로 인한 압류는 근저당권자가 아닌 제3자에 의하여 이루어진 것을 의미한다. 예를 들어 선순위 또는 후순위 담보권자가 담보권실행을 위한 경매신청을 하거나 집행력 있는 정본을 소지한 일반채권자가 강제경매를 신청하는 경우, 근저당권자가 아닌 국가나 지방자치단체가 체납처분으로 인한 압류를 하는 경우 등을 말한다.

제3자에 의한 경매절차의 개시 또는 체납처분으로 인한 압류가 원본확정사유라는 점은 현행법의 해석론으로도 인정되어 왔으나, 그 원본확정시기에 대해서는 논란이 있었다. 다수설[42]은 경매개시결정이 있은 때라고 설명하나, 소수설로는 근저당권자가 경매개시결정이 있은 것을 안 때라는 입장,[43] 또는 매수인이 매각대금을 납부하여 경매 부동산의 소유권을 취득한 때[44]라는 입장도 있었다. 한편 판례는 "후순위 근저당권자가 경매를 신청한 경우 선순위 근저당권의 피담보채권은 그 근저당권이 소멸하는 시기, 즉 경락인이 경락대금을 완납한 때에 확정된다고 보아야 한다."는 입장을 취하였다.[45] 이에 따라 실무에서도 경락대금 완납 시에 원본이 확정되는 것으로 취급하여 왔다.

개정시안은 근저당권자가 경매절차의 개시 또는 체납처분으로 인한 압류가 있음을 안 날부터 2주일이 지난 때에 확정되는 것으로 규정하였다. 관련 회의자료에 따르면 경매가 개시된 때는 너무 빠르고 경락대금이 완납된 때는 너무 느리므로 이를 절충하여 이와 같이 규정한 것이라고 한다. 그 외의 논의는 발견되지 않는다.

개정시안은 2004년 민법개정안 제357조의11제1항제4호와 같은 내용을 담고 있다. 따라서 당시의 논의를 살펴보는 것은 개정시안의 태도를 이해하는 데에 요긴하다.

당시 공청회에서는 2004년 민법개정안 제357조의11제1항제4호에 대하여 2주일이라는 기간은 너무 짧아 근저당권자에게 불이익하다는 견해, 반대로 근저당권자가 그 2주일 동안 피담보채권액을 늘리는 등 이를 악용할 소지가 있으므로 경매절차의 개시를 안 날의 다음날에 원본이 확정되는 것으로 하여야 한다는 견해가 제시되었다.[46]

한편 대법원은 제3자의 경매신청 시에는 경락대금 완납 시 원본이 확정된다는 기존의 판례를 바꿀 합리적인 근거가 없다고 하면서 반대의견을 제시하였다. 즉 근저당권은 채권최고액 범위 내에서만 우선변제권을 가지므로 경락대금 완납시 원본이 확정된다고 하여 후순위근저당권자 등 제3자의 거래 안전을 해치지 않는 반면, 근저당권자는 자신의 의사와 무관하게 근저당권의 효용을 상실하게 되는 문제가 있어 거래의 안전을 해치지 않는 한도 안에서 선순위 근저당권자가 파악한 담보가치를 최대한 활용하도록 해

42) 곽윤직, 물권법, 493면, 박영사(2001); 고상룡, 물권법, 710면, 법문사(2001); 장경학, 물권법, 848면, 법문사(1987); 권용우, 물권법, 522면, 법문사(2000); 김증한 · 김학동, 물권법, 566면, 박영사(1997); 이영준, 물권법, 945면, 박영사(2009).

43) 김재형, 근저당권연구, 263면, 박영사(2000); 편집대표 김용담, 주석민법 물권(4), 131면(김재형 집필부분), 한국사법행정학회(2011).

44) 편집대표 곽윤직, 민법주해(VII) 물권(4), 24면(박해성 집필부분), 박영사(1992).

45) 대판 1999. 9. 21, 99다26085.

46) 법무부 민법개정자료발간팀 編, 2004년 법무부 민법개정안 (총칙 · 물권편) (2013), 534면.

줄 필요성이 있다는 것이다.[47] 또한 대법원은 개정안에 따르면 여러 근저당권자가 있을 경우 그들이 각각 경매절차 개시를 언제 알았는지를 일일이 확인하여야 하고, 매각대금 완납시까지도 알지 못한 경우에는 어떻게 처리해야 하는지도 불분명하여 혼란을 초래할 우려도 있다는 의견을 제시하였다.[48]

이러한 대법원의 의견에 대하여 당시 민법개정위원회에서도 논란이 있었으나, 매각대금의 완납일까지 장기간 피담보채권의 확정을 미루게 되면 그 사이에 선순위근저당권자가 의도적으로 피담보채권을 늘리는 등 이를 악용할 가능성이 있다는 점, 매각대금 납입 전에 채권이 확정될 필요가 있다는 점 등을 들어 개정안 원안을 유지하기로 하였었다.[49]

(4) 제4호

채무자 또는 근저당권자가 파산선고 또는 회생절차의 개시결정을 받은 때에도 근저당권이 담보할 원본이 확정된다.

파산절차는 모든 파산채권자를 위한 총괄적인 집행절차이므로 파산선고가 있으면 개별적인 집행은 허용되지 않는다. 따라서 파산선고를 기준으로 근저당권의 피담보채권이 확정된다고 보아야 한다. 또한 회생절차에 대해서는 그 절차의 청산적 성격과 갱생적 성격 중 어디에 중점을 둘 것인가에 따라 결론이 달라질 수 있지만, 대법원은 회생절차적 성격을 가지는 구 회사정리절차와 관련하여 "근저당권이 설정된 뒤 채무자 또는 근저당권설정자에 대하여 회사정리절차개시결정이 내려진 경우, 그 근저당권의 피담보채무는 회사정리절차개시결정시점을 기준으로 확정되는 것으로 보아야 하므로, 그 이후 근저당권자가 정리회사 또는 정리회사의 관리인에게 그 사업의 경영을 위하여 추가로 금원을 융통하여 줌으로써 별도의 채권을 취득하였다 하더라도, 그 채권이 위 근저당권에 의하여 담보될 여지는 없다."고 판시하여 파산절차와 마찬가지로 취급한 바 있다.[50] 제4호는 이러한 판례의 태도를 반영한 것이다.

---

47) 법무부 민법개정자료발간팀 編, 2004년 법무부 민법개정안 (총칙 · 물권편) (2013), 534-535면. 이러한 대법원의 의견은 대판 1999. 9. 21, 99다26085에 기초한 것이다.

48) 법무부 민법개정자료발간팀 編, 2004년 법무부 민법개정안 (총칙 · 물권편) (2013), 535면.

49) 법무부 민법개정자료발간팀 編, 2004년 법무부 민법개정안 (총칙 · 물권편) (2013), 536면.

나. 경매개시결정 등의 효력소멸과 원본 확정(제2항)

제1항 제3호의 경매절차의 개시 또는 압류나 제4호의 파산선고 또는 회생절차의 개시결정이 그 효력을 잃은 때에는 원본은 확정되지 않은 것으로 본다. 제1항 제3호와 제4호는 모두 제3자의 이해관계를 위해 근저당권자의 의사와 무관하게 원본이 확정되는 경우이다. 그런데 그러한 원본확정사유의 효력이 소멸하였다면 굳이 근저당권자의 의사와 무관하게 원본을 확정시킬 필요가 없다.

그러나 이미 원본이 확정된 것으로 하여 그 근저당권 또는 그것을 목적으로 하는 권리를 취득한 자(근저당권의 양수인 등)가 있는 경우에는 설사 근저당권자의 의사에 반하더라도 그 원본의 확정을 기초로 새로운 거래관계를 맺은 자를 보호할 필요가 있으므로, 원본 확정의 효력은 유지된다.

50) 대판 2001. 6. 1, 99다66649.

第357조의11(채권최고액의 감액청구) : 신설

현행	개정시안
〈신 설〉	제357조의11(채권최고액의 감액청구) 원본의 확정 후에 근저당권설정자는 채권최고액을 현존하는 채무액과 이후 2년간 발생할 이자, 위약금 및 채무불이행으로 인한 손해배상액의 범위로 감액할 것을 청구할 수 있다.

1. 개정 배경

근저당권자는 원본의 확정 후에도 피담보채권이 채권최고액에 미달하는 경우에는 지연이자에 대하여 채권최고액까지 우선변제를 받을 수가 있다. 그렇기 때문에 근저당권자의 태만으로 지연이자가 늘어나 이를 방치하게 되면, 근저당권설정자가 후순위저당권을 설정한다든가 당해 부동산을 처분하는데 지장을 초래하게 된다. 이와 같은 폐단을 방지하기 위하여 채권최고액의 감액을 청구할 수 있는 권리를 근저당권설정자에게 부여할 필요가 있다.

2. 관련 입법례

◆ 2004년 개정안

제357조의12(채권최고액의 감액청구) 원본의 확정 후에 근저당권설정자는 채권최고액을 현존하는 채무액과 이후 1년간 발생할 이자, 위약금 및 채무불이행으로 인한 손해배상액의 범위로 감액할 것을 청구할 수 있다.

◆ 일본민법[51]

제398조의21(근저당권 최고액의 감액청구) ① 원본 확정 후에는 근저당권설정자는 근저당권의 최고액을 현존하는 채무액과 이후 2년간 발생할 이자 그 밖의 정기금 및 채무불이행에 의한 손해배상액을 더한 액으로 감액할 것을 청구할 수 있다.

② 제398조의16의 등기가 되어 있는 근저당권 최고액의 감액에 대해서는 전항의 규정에 의한 청구는 그 중 1개의 부동산에 대하여 하는 것으로 족하다.

3. 논의 경과

논의 과정에서는 근저당권설정자에게 감액청구권을 인정하게 되면 채권자가 파악한 담보가치를 부당하게 침해할 우려가 있고, 채권최고액의 감액이 필요한 경우 당사자들이 협의에 의하여 감액을 하면 되며, 이 권리를 형성권으로 보게 되는 경우 채권자의 권리를 부당하게 침해할 가능성이 있으므로 위 규정을 도입할 필요성이 없다는 견해가 제시되었다. 그러나 피담보채권이 채권최고액보다 낮은 경우 근저당권설정자가 위 규정을 근거로 하여 채권최고액을 낮추어 담보목적물의 담보가치를 최대한 활용할 수 있고, 근저당권자에게는 피담보채권의 확정청구권을 부여하였으므로 형평의 측면에서 근저당권설정자에게도 이러한 권리를 부여할 필요가 있으며, 근저당권설정자 보호의 측면에서도 의미가 있기 때문에 근저당권설정자의 채권최고액 감액청구권 제도를 도입하기로 결정하였다.

51) 권철, 일본민법전, 165면.

4. 개정시안의 내용

원본의 확정 후 근저당권설정자가 할 수 있는 감액청구의 범위는 감액청구 시에 현존하는 채무액과 이후 2년간 발생할 이자, 위약금 및 채무불이행으로 인한 손해배상액이다. 여기서 "현존하는 채무액"은 원본만이 아니라 이자, 지연이자까지 포함하는 것이다. 그리고 "이후 2년간 발생할 이자"는 2004년 개정안 제357조의12("이후 1년간 발생할 이자")와 달리 규정되었는데, 그 이유는 1년의 기간은 경매절차가 시작된 후 종료되기까지 통상적으로 걸리는 시간보다 짧아 근저당권자에게 지나치게 불리하다고 판단되었기 때문이다.

한편, 근저당권의 경우 경매배당 실무에 있어서 채권최고액의 범위 내에서는 약정이자, 지연이자, 위약금 등은 모두 계산되고, 현행 민법 제360조 단서가 적용되는 경우는 없으나, 본 규정의 신설로 이에 해당하는 이자를 일일이 계산하여야 하므로 이자의 계산이 복잡해질 가능성이 있다. 또한 채권최고액 감액청구소송이 제기될 경우 실무상 그 재판이 종결될 때까지 경매법원의 배당절차가 사실상 중단되어 배당절차가 현저히 지연되는 사례가 발생할 수 있다.

이와 같이 채권최고액 감액청구권이 형성권인지 여부, 형성권이라고 하더라도 감액청구로 인한 효과의 발생을 위하여 등기를 요하는지 여부, '이후 2년간 발생할 이자'부분의 '이자'는 지연이자만을 의미하는지 아니면 지연이자와 약정이자를 모두 포함하는지 여부 등에 대하여는 향후 학설과 판례에 의하여 정립되어야 할 부분이다.

제357조의12(물상보증인의 근저당권소멸청구권) : 신설

현행	개정시안
〈신 설〉	제357조의12(물상보증인의 근저당권소멸청구권) ① 타인의 채무를 담보하기 위한 근저당권설정자는 그 채무가 확정된 후에 근저당권자에게 최고액의 한도에서 그 채무를 변제하고 근저당권의 소멸을 청구할 수 있다. ② 제1항은 근저당부동산에 대하여 소유권, 지상권 또는 전세권을 취득한 제3자가 있는 경우에 이를 준용한다.

1. 개정 배경

물상보증인은 피담보채무가 채권최고액보다 많더라도 채권최고액만 변제하면 근저당권의 소멸을 청구할 수 있다는 것이 판례의 태도이다.[52] 한편 제3취득자의 경우, 민법은 제364조에서 피담보채무를 변제하고 저당권의 소멸을 청구할 수 있다고 규정하지만, 채권최고액이 있는 근저당권의 경우에 어떠한가에 대해서는 아무런 규정을 두지 않고 있다. 그런데 판례는 제3취득자도 물상보증인과 마찬가지로 채권최고액의 변제로서 근저당권의 소멸을 청구할 수 있다고 한다.[53] 본 개정시안은 이러한 판례의 태도를 입법화하여 물상보증인, 제3취득자의 근저당권에 관한 법률관계를 명확하게 하기 위하여 작성되었다.

52) 대판 1974. 12. 10, 74다998 등.

53) 대판 1971. 4. 6, 71다26; 대판 2006. 1. 26, 2005다17341.

2. 관련 입법례

◆ 2004년 개정안

개정논의가 없었다.

◆ 일본민법[54]

第398条의22 (근저당권의 소멸청구) ① 원본 확정 후에 현존하는 채무액이 근저당권의 최고액을 초과하는 때에는 타인의 채무를 담보하기 위하여 근저당권을 설정한 자 또는 저당부동산에 대하여 소유권, 지상권, 영소작권 또는 제3자에 대항할 수 있는 임차권을 취득한 제3자는 그 최고액에 상당하는 금액을 지급하거나 공탁하여 그 근저당권의 소멸청구를 할 수 있다. 이 경우 그 지급 또는 공탁은 변제의 효력이 있다.

② 第398条의16의 등기가 되어 있는 근저당권은 1개의 부동산에 대하여 전항의 소멸청구가 있는 때에는 소멸한다.

③ 第380条 및 第381条의 규정은 제1항의 소멸청구에 대하여 준용한다.

3. 관련 판례

▶ 대법원 1974. 12. 10. 선고 74다998 판결

근저당권의 물상보증인은 민법 357조에서 말하는 채권의 최고액만을 변제하면 근저당권설정등기의 말소청구를 할 수 있고 채권최고액을 초과하는 부분의 채권액까지 변제할 의무가 있는 것이 아니다.

▶ 대법원 2006. 1. 26. 선고 2005다17341 판결

민법 제364조는 "저당부동산에 대하여 소유권, 지상권 또는 전세권을 취득한 제3자는 저당권자에게 그 부동산으로 담보된 채권을 변제하고 저당권의 소멸을 청구할 수 있다."고

54) 권철, 일본민법전, 165, 167면.

규정하고 있다. 그러므로 근저당부동산에 대하여 민법 제364조의 규정에 의한 권리를 취득한 제3자는 피담보채무가 확정된 이후에 채권최고액의 범위 내에서 그 확정된 피담보채무를 변제하고 근저당권의 소멸을 청구할 수 있으나, 근저당부동산에 대하여 후순위근저당권을 취득한 자는 민법 제364조에서 정한 권리를 행사할 수 있는 제3취득자에 해당하지 아니하므로 이러한 후순위근저당권자가 선순위근저당권의 피담보채무가 확정된 이후에 그 확정된 피담보채무를 변제한 것은 민법 제469조의 규정에 의한 이해관계 있는 제3자의 변제로서 유효한 것인지 따져볼 수는 있을지언정 민법 제364조의 규정에 따라 선순위근저당권의 소멸을 청구할 수 있는 사유로는 삼을 수 없다.

▶ 대법원 2002. 5. 24. 선고 2002다7176 판결

근저당권이라 함은 그 담보할 채권의 최고액만을 정하고 채무의 확정을 장래에 유보하여 설정하는 저당권을 말하고, 이 경우 그 피담보채무가 확정될 때까지의 채무의 소멸 또는 이전은 근저당권에 영향을 미치지 아니하므로, 근저당부동산에 대하여 소유권을 취득한 제3자는 피담보채무가 확정된 이후에 그 확정된 피담보채무를 채권최고액의 범위 내에서 변제하고 근저당권의 소멸을 청구할 수 있다.

▶ 대법원 2006. 1. 26. 선고 2005다17341 판결

민법 제364조는 "저당부동산에 대하여 소유권, 지상권 또는 전세권을 취득한 제3자는 저당권자에게 그 부동산으로 담보된 채권을 변제하고 저당권의 소멸을 청구할 수 있다."고 규정하고 있다. 그러므로 근저당부동산에 대하여 민법 제364조의 규정에 의한 권리를 취득한 제3자는 피담보채무가 확정된 이후에 채권최고액의 범위 내에서 그 확정된 피담보채무를 변제하고 근저당권의 소멸을 청구할 수 있으나, 근저당부동산에 대하여 후순위근저당권을 취득한 자는 민법 제364조에서 정한 권리를 행사할 수 있는 제3취득자에 해당하지 아니하므로 이러한 후순위근저당권자가 선순위근저당권의 피담보채무가 확정된 이후에 그 확정된 피담보채무를 변제한 것은 민법 제469조의 규정에 의한 이해관계 있는 제3자의 변제로서 유효한 것인지 따져볼 수는 있을지언정 민법 제364조의 규정에 따라 선순위근저당권의 소멸을 청구할 수 있는 사유로는 삼을 수 없다.

4. 개정시안의 내용

가. 물상보증인의 소멸청구(제1항)

제1항은 타인의 채무를 담보하기 위한 근저당권설정자는 그 채무 확정 후 근저당권자에게 채권최고액 한도에서 채무를 변제하고 근저당권의 소멸을 청구할 수 있다고 규정한다.

(1) 타인의 채무를 담보하기 위한 근저당권설정자

타인의 채무를 담보하기 위한 근저당권설정자는 물상보증인을 의미한다. 즉 채권자에 대해 채무를 부담하지 않은 채 근저당권을 설정하여 물적 유한책임만 부담하는 자이다. 이를 물상보증인이라고 하지 않은 이유는 여기에서의 물상보증인은 모든 물상보증인을 의미하는 것이 아니라 근저당권을 설정하는 방법으로 물상보증인이 된 자만을 의미하는 것이기 때문이다. 따라서 저당권을 설정하는 방법으로 물상보증인이 된 자는 제1항의 적용대상이 아니다.

다만 개정시안의 표제에서는 이를 물상보증인이라고만 표현하고 있다. 표제에서도 "타인의 채무를 담보하기 위한 근저당권설정자"라고 풀어쓸 경우 표제가 너무 장황해지는 문제를 의식한 것으로 보인다.[55]

(2) 채무 확정

근저당권의 소멸을 청구하기 위해서는 먼저 피담보채무가 확정되어야 한다. 근저당권은 일반적인 저당권과는 성격이 다르므로, 피담보채무가 확정되기 전에는 피담보채무가 소멸하더라도 근저당권이 소멸하지 않는다. 따라서 피담보채무가 확정되지 않은 상태에서는 현존하는 피담보채무의 변제가 있어 결과적으로 피담보채무가 0이 되더라도 근저당권이 소멸하거나 마땅히 소멸해야 한다고 할 수 없다. 판례도 근저당부동산에

55) 물상보증인은 일본식 표현이라고 하여 그 사용을 주저하는 입장도 있었으나 개정시안은 표제에서 이러한 표현을 그대로 사용하고 있다. 현행 민법 제341조도 물상보증인이라는 표현을 쓰고 있다.

대하여 소유권을 취득한 제3자는 피담보채무가 확정된 이후에 그 확정된 피담보채무를 채권최고액의 범위 내에서 변제하고 근저당권의 소멸을 청구할 수 있다고 한다.[56] 따라서 개정시안에서는 근저당권 소멸청구를 위한 피담보채무 변제의 전제조건으로 피담보채무의 확정을 요구하는 것이다.

다만 근저당권에 관한 개정시안 조항들은 채무의 확정이라는 표현 대신 원본의 확정이라는 표현을 고수하고 있는데 이 조항에서만 채무의 확정이라고 표현하고 있어 일관되지 않은 측면이 있다.

(3) 채권최고액 한도 내에서 피담보채무 변제

물상보증인은 채권최고액 한도 내에서 피담보채무를 변제하면 근저당권의 소멸을 청구할 수 있다는 판례의 태도를 요건화한 것이다. 따라서 채권최고액이 피담보채무액보다 높으면 물상보증인은 근저당권자에게 그 피담보채무만 변제하면 되고, 피담보채무액이 채권최고액보다 높으면 물상보증인은 근저당권자에게 채권최고액만 변제하면 된다.

이 점에서 물상보증인은 채무자 겸 근저당권설정자와 구별되는 지위를 가진다. 판례는 채무자 겸 근저당권설정자는 채권최고액, 지연손해금 및 집행비용을 변제한 경우에도 이는 채무의 일부 변제에 불과하므로 그 근저당권의 말소를 청구할 수 없다고 하면서, 그 이유로 근저당권은 원본, 이자, 위약금, 채무불이행으로 인한 손해배상 및 근저당권실행비용 전부를 담보하는 것인데, 채권최고액이 변제될 때까지 잔존채무에 대하여 여전히 그 근저당권의 효력이 미친다는 점을 든다.[57] 이러한 점에서 물상보증인은 채무자 겸 근저당권설정자보다 더 강하게 보호된다.

(4) 근저당권소멸청구

물상보증인이 위의 요건을 모두 갖추면 근저당권자에게 근저당권의 소멸청구를 할 수 있다. 이러한 소멸청구는 민법 제364조에서 규정하는 제3취득자의 저당권소멸청구

---

56) 대판 2002. 5. 24, 2002다7176.

57) 대판 1981. 11. 10, 80다2712.

와 본질적으로 같은 것이다. 한편 저당권소멸청구의 법적 성질에 대해서는 i) 제3취득자가 피담보채무를 변제하면 저당권은 당연히 소멸하므로 저당권소멸청구는 별 의미가 없다는 입장과 ii) 제3취득자가 변제를 하였다고 하여 저당권이 본래 담보하는 모든 채무가 소멸된 것은 아니므로 저당권소멸청구의 의사표시를 해야 비로소 저당권이 소멸한다는 입장이 있는데, 개정시안에서는 그 법적 성격에 대해서는 침묵한 채 이를 해석론에 맡겨놓고 있다.

나. 제3취득자의 소멸청구(제2항)

제2항은 제1항이 제3취득자에게도 적용된다는 취지를 규정한다. 판례는 근저당부동산을 매수한 제3취득자가 채무자를 대위하여 근저당권자에 대한 채무 중 위 부동산에 의하여 담보되어 있는 채권최고액과 그 경매비용 전부를 변제공탁하였으면, 민법 제364조에 따라 근저당권의 소멸을 청구할 수 있다고 하여 이미 이러한 태도를 취하고 있었다.[58] 따라서 제3취득자도 물상보증인과 마찬가지로 채권최고액의 한도에서 피담보채무를 변제하면 근저당권의 소멸을 청구할 수 있다. "근저당부동산에 대하여 소유권, 지상권 또는 전세권을 취득한 제3자"라는 표현은 민법 제364조를 참조한 것이다.

58) 대판 1971. 4. 6, 선고 71다26; 대판 2006. 1. 26, 2005다17341.

제361조(저당권의 이전)

현행	개정시안
제361조(저당권의 처분제한) 저당권은 그 담보한 채권과 분리하여 타인에게 양도하거나 다른 채권의 담보로 하지 못한다.	제361조(저당권의 이전) ① 저당권은 그 담보한 채권과 함께만 타인에게 양도하거나 다른 채권의 담보로 제공할 수 있다. ② 저당권과 그 피담보채권을 함께 양도하는 경우에는 저당권 이전의 부기등기를 하여야 저당권이전의 효력이 발생한다. ③ 제2항의 경우 저당권 이전의 부기등기를 하기 전에는 양수인이 저당권에 의하여 담보되지 않은 채권을 취득한다. ④ 저당권 이전의 부기등기가 있는 때에는 양수인은 담보한 채권의 양도를 채무자 이외의 제3자에게 대항할 수 있다.

1. 개정 배경

현행 민법 제361조는 저당권의 처분제한에 관하여 규정하고 있다. 이에 따르면 저당권은 반드시 그 담보한 채권과 결합하여 일체로 처분하도록 하고 있다. 이는 저당권의 수반성을 반영한 조항이다. 그런데 이처럼 저당권과 그 피담보채권을 함께 처분하는 경우 저당권의 양도는 민법 제186조, 채권양도는 민법 제449조 내지 제452조에 의하여 각각 규율된다. 전자는 물권적 합의 이외에도 등기를 해야 물권변동이 발생하는 성립요건주의, 후자는 양도합의만으로 채권변동이 발생하지만 대항요건을 갖추어야 제3자에게 대항할 수 있는 대항요건주의를 취하고 있다. 따라서 저당권과 피담보채권이 일체로 처분되는 경우에도 양자가 취하는 공시방법의 차이 때문에 그 효력 발생시점에 차이가 생길 수 있다. 이는 해석상 어려운 문제를 야기해 왔다. 예컨대 피담보채권에 대한 양도의 효력은 발생하였으나 저당권 이전의 부기등기는 이루어지지 않아 물권변동의 효력은 발생하지 않은 경우, 또는 그 반대의 경우에 피담보채권과 저당권의 운명은 각각 어떻게 되는 것인가가 명확하지 않았다. 또한 채권양도의 경우에는 양도의 효력발생시점과 채무자 또는 제3자에 대한 대항력을 취득하는 시점이 달라 이 문제까지 더하면 불명확성은 더욱 커지게 되었다. 개정시안은 이를 둘러싼 법률관계를 명확히 하기 위해 마련되었다.

2. 관련 입법례

◆ 2004년 개정안

개정논의가 없었다.

◆ 독일민법[59]

제1153조(저당권과 채권의 양도) ① 채권의 양도와 함께 저당권은 새로운 채권자에게 이전한다.

② 채권은 저당권과 분리하여, 또한 저당권은 채권과 분리하여 양도할 수 없다.

제401조(부수적 권리 또는 우선권의 이전) ① 양도채권과 함께, 그 채권을 위한 저당권, 선박저당권이나 질권 및 그 채권을 위하여 설정된 보증에 기한 권리도 양수인에게 이전된다.

② 양수인도 강제집행 또는 도산절차에 관하여 채권과 결합된 우선권을 행사할 수 있다.

3. 관련 판례

▶ 대법원 2005. 6. 10. 선고 2002다15412,15429 판결

저당권은 피담보채권과 분리하여 양도하지 못하는 것이어서 저당권부 채권의 양도는 언제나 저당권의 양도와 채권양도가 결합되어 행해지므로 저당권부 채권의 양도는 민법 제186

59) 양창수, 독일민법전, 675, 213면.

조의 부동산물권변동에 관한 규정과 민법 제449조 내지 제452조의 채권양도에 관한 규정에 의해 규율되므로 저당권의 양도에 있어서도 물권변동의 일반원칙에 따라 저당권을 이전할 것을 목적으로 하는 물권적 합의와 등기가 있어야 저당권이 이전된다고 할 것이나, 이 때의 물권적 합의는 저당권의 양도·양수받는 당사자 사이에 있으면 족하고 그 외에 그 채무자나 물상보증인 사이에까지 있어야 하는 것은 아니라 할 것이고, 단지 채무자에게 채권양도의 통지나 이에 대한 채무자의 승낙이 있으면 채권양도를 가지고 채무자에게 대항할 수 있게 되는 것이다.

▶ **대법원 2003. 10. 10. 선고 2001다77888 판결**

피담보채권과 근저당권을 함께 양도하는 경우에 채권양도는 당사자 사이의 의사표시만으로 양도의 효력이 발생하지만 근저당권이전은 이전등기를 하여야 하므로 채권양도와 근저당권이전등기 사이에 어느 정도 시차가 불가피한 이상 피담보채권이 먼저 양도되어 일시적으로 피담보채권과 근저당권의 귀속이 달라진다고 하여 근저당권이 무효로 된다고 볼 수는 없으나, 위 근저당권은 그 피담보채권의 양수인에게 이전되어야 할 것에 불과하고, 근저당권의 명의인은 피담보채권을 양도하여 결국 피담보채권을 상실한 셈이므로 집행채무자로부터 변제를 받기 위하여 배당표에 자신에게 배당하는 것으로 배당표의 경정을 구할 수 있는 지위에 있다고 볼 수 없다.

▶ **대법원 2004. 4. 28. 선고 2003다61542 판결**

담보권의 수반성이란 피담보채권의 처분이 있으면 언제나 담보권도 함께 처분된다는 것이 아니라 채권담보라고 하는 담보권 제도의 존재 목적에 비추어 볼 때 특별한 사정이 없는 한 피담보채권의 처분에는 담보권의 처분도 당연히 포함된다고 보는 것이 합리적이라는 것일 뿐이므로, 피담보채권의 처분이 있음에도 불구하고, 담보권의 처분이 따르지 않는 특별한 사정이 있는 경우에는 채권양수인은 담보권이 없는 무담보의 채권을 양수한 것이 되고 채권의 처분에 따르지 않은 담보권은 소멸한다.

▶ **대법원 2005. 6. 23. 선고 2004다29279 판결**

피담보채권을 저당권과 함께 양수한 자는 저당권이전의 부기등기를 마치고 저당권실행의 요건을 갖추고 있는 한 채권양도의 대항요건을 갖추고 있지 아니하더라도 경매신청을 할 수 있으며, 채무자는 경매절차의 이해관계인으로서 채권양도의 대항요건을 갖추지 못하였다는 사유를 들어 경매개시결정에 대한 이의나 즉시항고절차에서 다툴 수 있고, 이 경우는 신청채권자가 대항요건을 갖추었다는 사실을 증명하여야 할 것이나, 이러한 절차를 통하여 채권 및 근저당권의 양수인의 신청에 의하여 개시된 경매절차가 실효되지 아니한 이상 그 경매절차는 적법한 것이고, 또한 그 경매신청인은 양수채권의 변제를 받을 수도 있다.

4. 논의 경과

저당권부 채권에 있어서 저당권의 이전시점에 관하여 아래와 같이 저당권 이전시점을 부기등기와 관계없이 채권양도시점으로 통일하여야 한다는 제1안과 저당권이전시기를 채권양도시기와 관계없이 부기등기 시점으로 하여야 한다는 제2안이 제시되었다.

〈제1안〉

현행	개정시안
第361조(저당권의 처분제한) 저당권은 그 담보한 채권과 분리하여 타인에게 양도하거나 다른 채권의 담보로 하지 못한다.	第361조(저당권의 이전) ① 저당권은 그 담보한 채권과 분리하여 타인에게 양도하거나 다른 채권의 담보로 하지 못한다. ② 저당권에 의하여 담보된 채권을 양도하는 경우, 저당권은 저당권이전의 부기등기 없이도 양수인에게 이전된다. ③ 저당권이전의 부기등기가 있는 때에는 제450조 제2항의 대항요건을 갖춘 것으로 본다. ④ 채무자에게 저당권이전의 부기등기가 된 사실이 통지된 때에는 제450조 제1항의 채무자에 대한 대항요건을 갖춘 것으로 본다.

〈제2안〉

개정시안과 동일

제1안은 저당권의 피담보채권에 대한 수반성을 강조한 안으로서 저당권이전시점과 피담보채권의 양도시점을 통일시키고 채권양수인의 지위를 강화하는 효과가 있다. 저당권이전시점과 피담보채권 양도시점을 통일시키는 방법으로는 다시 ① 저당권이전시점(부기등기 시)에 채권양도시점을 맞추는 방법과 ② 채권양도시점에 저당권이전시점을 맞추는 방법이 있는데, 제1안은 그 중 ②의 방법을 택하였다. 이는 독일민법이 취하는 태도이기도 하다. 제1안에서는 부기등기와 무관하게 저당권이 이전됨으로써 저당권이전시점에 대한 공시가 미흡하다는 우려에 대해서, 부기등기가 없더라도 저당권에 관한 주등기는 있으므로 제3자가 저당권의 존재를 인식할 수 있어 별다른 불이익을 받지 않는다고 한다. 또한 전부명령이나 변제자대위, 보험자대위의 경우에도 부기등기 없이 저당권이전의 효력이 발생하므로 이러한 안이 우리 민법에 생소한 것이 아니라고 한다.

제2안은 물권변동의 공시방법인 등기의 역할을 강조한 안으로서, 부기등기를 해야 저당권이전이 이루어지므로 법률관계를 명확하게 하는 효과가 있다. 이는 현재의 통설과 판례의 해석론을 입법화한 것으로서 큰 변화 없이 안정적으로 법리를 구성할 수 있는 장점을 가지기도 한다. 저당권과 피담보채권의 이전시점이 달라서 발생하는 혼란스러움이 있을 수 있지만, 이에 대해 법률관계를 명확히 하는 입법을 하면 된다고 한다. 한편 제1안에 대해서는 법률행위에 의한 물권변동의 일반원리에 부합하지 않고 공시기능을 약화시킨다는 점 이외에도 저당권이전의 부기등기가 이루어지지 않은 상태에서 채권양수인에게 채무변제가 이루어진 경우에 누구를 상대로 저당권설정등기의 말소를 구해야 하는지 명확하지 않다는 점이 지적되었다.

제1안과 제2안은 모두 전체회의에 상정되었고 표결을 통하여 제2안이 채택되었다.

5. 개정시안의 내용

가. 저당권의 수반성(제1항)

제1항은 현행 민법 제361조의 표현을 변경한 것이다. 현행 민법 제361조가 저당권의 처분제한이라는 소극적 측면에 초점을 맞추어 규정하고 있다면, 개정시안 제1항은 저당

권의 이전이라는 적극적 측면에 초점을 맞추어 규정하고 있다. 이러한 취지에 따라 표제도 "저당권의 처분제한"에서 "저당권의 이전"으로 바꾸었다.

그 내용에는 변경이 없다. 제1항은 여전히 저당권의 피담보채권에 대한 수반성에 대해 규정하고 있다. 이에 따르면 저당권은 피담보채권과 함께 양도하거나 저당권을 소멸시키고 피담보채권만 무담보의 상태로 양도할 수 있을 뿐이고,[60] 피담보채권을 남겨둔 채 저당권만을 양도하거나 저당권은 존속시키면서도 피담보채권만 양도하는 것은 저당권의 수반성에 반하는 것으로 허용되지 않는다.[61]

나. 저당권이전의 효력발생시점(제2항)

제2항은 저당권 이전의 효력이 부기등기시점에 발생한다는 점을 규정하였다.

저당권부 채권의 양도는 위에서 본 것처럼 원칙적으로 저당권의 양도와 채권양도가 결합된 것이므로, 부동산물권변동에 관한 규정과 채권양도에 관한 규정이 공히 적용된다. 그렇기 때문에 채권양도의 효력은 채권양도의 합의 시에, 저당권 양도의 효력은 저당권이전등기 시에 각각 발생하게 된다. 이와 같은 측면에서 보면 저당권이전의 효력발생시점에 관하여 굳이 별도의 조항을 신설할 필요가 없다고 볼 수 있다. 판례도 "저당권부 채권의 양도는 언제나 저당권의 양도와 채권양도가 결합되어 행해지므로 저당권부 채권의 양도는 민법 제186조의 부동산물권변동에 관한 규정과 민법 제449조 내지 제452조의 채권양도에 관한 규정에 의해 규율되므로 저당권의 양도에 있어서도 물권변동의 일반원칙에 따라 저당권을 이전할 것을 목적으로 하는 물권적 합의와 등기가 있어야 저당권이 이전된다고 할 것"이라는 태도를 취하고 있었다.[62]

그러나 다른 한편으로는 저당권의 수반성에 의하여 등기가 없더라도 피담보채권의 양도 시에 저당권도 당연히 이전되는 것이 아닌지 의문이 있을 수 있다. 이에 제2항은 "저당권과 그 피담보채권을 함께 양도하는 경우에는 저당권 이전의 부기등기를 하여야

---

60) 대판 2004. 4. 28, 2003다61542.

61) 최수정, 피담보채권의 양도와 저당권이전, 한국사법행정학회, 민사법학 48호(2010. 3.), 131-132면. 이러한 점은 저당권부 채권을 다른 채권의 담보로 제공하는 경우, 즉 저당권부 채권의 입질도 마찬가지다.

62) 대판 2005. 6. 10, 2002다15412,15429.

저당권이전의 효력이 발생한다."고 규정하여 이러한 의문을 입법적으로 해결한 것이다. 이를 통하여 저당권과 피담보채권을 함께 양도하는 경우에도 저당권은 물권변동의 일반원칙에 따라 등기시에 변동의 효과가 발생한다는 점이 명확하게 되었다.

다. 부기등기되지 않은 저당권부 채권양도의 효력(제3항)

저당권부 채권을 양도하는 경우 저당권이전의 부기등기를 마치는 시점과 채권양도의 효력이 발생하는 시점이 달라지는 것은 불가피하다. 제3항은 그 중 저당권부 채권의 양도가 있었으나 저당권이전의 부기등기는 행하여지지 않은 상태의 법률관계에 대해서 규정한다. 제3항에 따르면 이 경우 양수인은 저당권에 의하여 담보되지 않은 채권을 취득한다.

다만 제3항은 아직 부기등기가 이루어지지 않은 저당권의 효력이 어떻게 되는지에 대해서는 명확하게 규정하지 않는다.[63] 이에 대해서는 현행 민법의 해석론이 그대로 적용된다고 할 것이다. 당사자 사이에 채권양도가 있은 후 저당권이전의 부기등기가 경료되기 전까지 어느 정도 시차가 발생하는 것은 불가피한 이상, 일시적으로 피담보채권과 저당권의 귀속이 달라진다고 하여 저당권이 무효로 된다고 볼 수는 없다.[64] 결국 저당권은 양도인으로부터 양수인에게 이전되어야 할 것에 불과하고, 양도인은 피담보채권을 양도하여 결국 피담보채권을 상실한 셈이므로, 집행채무자로부터 변제를 받기 위하여 배당표에 자신에게 배당하는 것으로 배당표의 경정을 구할 수 있는 지위에 있다고 볼 수 없다.[65]

라. 부기등기의 채권양도에 관한 대항력(제4항)

현행 민법에 따르면 저당권부 채권의 양도도 채권양도에 관한 규정에 의하여 규율되

63) 개정시안 논의과정에서 제3항은 양수인이 저당권에 의하여 담보되지 않은 채권을 '취득'하는 것으로 규정하고 있어 양도인에 남아 있는 저당권이 소멸되는 것으로 볼 수 있는 가능성이 있다는 지적이 있었다.

64) 대판 2003. 10. 10, 2001다77888.

65) 대판 2003. 10. 10, 2001다77888.

므로, 채무자 기타 제3자에게 대항하려면 채무자에게 채권양도의 사실을 통지하거나 채무자의 승낙이 있어야 하고(제450조 제1항), 채무자 이외의 제3자에게 대항하려면 통지 또는 승낙은 확정일자 있는 승낙에 의하여야 한다(동조 제2항). 또한 저당권 이전의 부기등기를 갖추더라도 이는 물권변동에 관련된 것에 불과하므로 이로써 곧 채권양도의 대항요건을 구비한 것으로 취급되지는 않는다.

그런데 채권양도의 대항요건도 결국은 채권양도를 공시하기 위한 수단인 것이고, 등기라고 하는 보다 확실한 공시방법을 채용하였다면 채권양도의 대항요건도 충족된 것으로 보아야 하지 않는가 하는 의문이 제기된다. 한편 이와 관련하여 판례는 피담보채권을 저당권과 함께 양수한 자는 저당권이전의 부기등기를 마치고 저당권실행의 요건을 갖추고 있는 한 채권양도의 대항요건을 갖추고 있지 아니하더라도 경매신청을 할 수 있다는 태도를 취하기도 하였다.[66]

위와 같은 의문에 기초하여 논의를 거친 결과 제4항에서 "저당권 이전의 부기등기가 있는 때에는 양수인은 담보한 채권의 양도를 채무자 이외의 제3자에게 대항할 수 있다."고 규정하기로 하였다. 즉 저당권부 채권의 양수인은 채권양도에 있어서 확정일자 있는 통지나 승낙이 없더라도 저당권이전의 부기등기를 경료한 때에는 채무자 아닌 제3자에 대하여 대항요건을 갖춘 것으로 보는 것이다.

이에 따르면 저당권부 채권의 제1양수인이 확정일자 있는 통지나 승낙이라는 대항요건을 갖추기 전에 제2양수인이 저당권이전의 부기등기를 먼저 마치게 되면 제2양수인이 저당권부 채권의 적법한 양수인이 되는 것이다. 즉 저당권부 채권의 양수인이 수인인 경우, 제3자에 대한 관계에서는 '저당권 이전의 부기등기 경료'와 '확정일자 있는 통지나 승낙' 중 어느 하나라도 먼저 갖춘 질권자가 우선하게 된다.

---

66) 이 때 채무자는 경매절차의 이해관계인으로서 채권양도의 대항요건을 갖추지 못하였다는 사유를 들어 경매개시결정에 대한 이의나 즉시항고절차에서 다툴 수 있다(대판 2005. 6. 23, 2004다29279).

第362조의2(저당권에 기한 방해제거 및 예방청구권) : 신설

현행	개정시안
〈신 설〉	第362조의2(저당권에 기한 방해제거 및 예방청구권) 저당권자는 저당물의 가액을 현저히 감소하게 하거나 저당권의 실행을 어렵게 하는 등 저당권을 방해하는 자에 대하여 방해의 제거를 청구할 수 있고, 그와 같은 염려가 있는 행위를 하는 자에 대하여 그 중지 그밖에 필요한 조치를 청구할 수 있다.

1. 개정 배경

민법 제214조는 소유권에 기한 방해제거 및 예방청구권에 관하여 규정하고 있고, 민법 제370조는 이 규정을 저당권에 준용하고 있다. 그러므로 저당권에 대해서도 방해제거 및 예방청구권이 인정된다.

그런데 저당권은 소유권과 달리 저당물의 교환가치만 지배하는 담보물권이므로 저당물은 여전히 저당권설정자가 점유하고 이를 사용·수익할 수도 있다. 그러므로 저당권에 대한 방해는 저당권이 지배하는 교환가치에 대한 방해를 구성하는가 하는 특수한 관점에서 파악할 필요가 있다. 이는 특히 토지저당권의 경우 그 토지소유자가 토지 사용·수익의 일환으로 건물을 신축하는 경우에 저당권 방해에 해당하는가 하는 문제에서 명백하게 드러난다. 이 문제에 대해서는 대법원 2005. 4. 29. 선고 2005다3243 판결에서 일반론을 제시하고, 대법원 2006. 1. 27. 선고 2003다58454 판결에서 이러한 사안에 관한 방해배제청구권을 인정하였는데, 이후 실무계와 학계에서 관련 논의가 이어지고 있다. 이러한 저당권 방해의 특수성을 고려하면 민법 제214조를 저당권에 준용하는 것만으로는 부족하고 저당권에 특유한 방해제거 및 예방청구권의 요건을 명확하게 할 필요가 있다.

2. 관련 입법례

◆ **2004년 개정안**

개정논의가 없었다.

◆ **독일민법**[67]

第1134조(부작위의 소) ① 소유자 또는 제3자가 토지에 간섭하여 저당권의 담보력을 위태롭게 하는 토지 훼손의 우려가 있는 경우에는 채권자는 부작위를 소구할 수 있다.

② 간섭이 소유자로부터 나오는 경우에 법원은 채권자의 신청에 의하여 그 위험의 방지를 위하여 필요한 조치를 명하여야 한다. 소유자가 제3자의 간섭 또는 그 밖의 가해에 대하여 필요한 예방조치를 행하지 아니함으로써 훼손의 우려가 발생한 경우에도 또한 같다.

3. 관련 판례

▶ **대법원 2006. 1. 27. 선고 2003다58454 판결**

[1] 저당권자는 저당권 설정 이후 환가에 이르기까지 저당물의 교환가치에 대한 지배권능을 보유하고 있으므로 저당목적물의 소유자 또는 제3자가 저당목적물을 물리적으로 멸실·훼손하는 경우는 물론 그 밖의 행위로 저당부동산의 교환가치가 하락할 우려가 있는 등 저당권자의 우선변제청구권의 행사가 방해되는 결과가 발생한다면 저당권자는 저당권에 기한 방해배제청구권을 행사하여 방해행위의 제거를 청구할 수 있다.

[2] 대지의 소유자가 나대지 상태에서 저당권을 설정한 다음 대지상에 건물을 신축하기 시작하였으나 피담보채무를 변제하지 못함으로써 저당권이 실행에 이르렀거나 실행이 예상되는 상황인데도 소유자 또는 제3자가 신축공사를 계속한다면 신축건물을 위한 법정지상권이 성립하지 않는다고 할지라도 경매절차에 의한 매수인으로서는 신축건물의 소유자로 하여금 이를 철거하게 하고 대지를 인도받기까지 별도의 비용과 시간을 들여야 하므로,

---

67) 양창수, 독일민법전, 669면.

저당목적 대지상에 건물신축공사가 진행되고 있다면, 이는 경매절차에서 매수희망자를 감소시키거나 매각가격을 저감시켜 결국 저당권자가 지배하는 교환가치의 실현을 방해하거나 방해할 염려가 있는 사정에 해당한다.

▶ 대법원 2005. 4. 29. 선고 2005다3243 판결

[1] 저당권은 경매절차에 있어서 실현되는 저당부동산의 교환가치로부터 다른 채권자에 우선하여 피담보채권의 변제를 받는 것을 내용으로 하는 물권으로, 부동산의 점유를 저당권자에게 이전하지 않고 설정되고, 저당권자는 원칙적으로, 저당부동산의 소유자가 행하는 저당부동산의 사용 또는 수익에 관하여 간섭할 수 없고, 다만 저당부동산에 대한 점유가 저당부동산의 본래의 용법에 따른 사용·수익의 범위를 초과하여 그 교환가치를 감소시키거나, 점유자에게 저당권의 실현을 방해하기 위하여 점유를 개시하였다는 점이 인정되는 등, 그 점유로 인하여 정상적인 점유가 있는 경우의 경락가격과 비교하여 그 가격이 하락하거나 경매절차가 진행되지 않는 등 저당권의 실현이 곤란하게 될 사정이 있는 경우에는 저당권의 침해가 인정될 수 있다.

[2] 점유자가 소유권을 주장하며 점유하고 있는 주택에 대하여 경매법원의 낙찰불허가결정이 내려진 경우, 이는 주택의 소유관계와 그에 기초한 저당권의 효력에 관한 법률관계를 명확하게 한 후에 경매를 진행하겠다는 경매법원의 판단에 의한 것이므로 저당권자는 저당권에 기한 방해배제 또는 소유자의 방해배제청구권을 대위하여 위 점유자에 대하여 주택에서의 퇴거를 구할 수 없다고 한 사례

▶ 대법원 1996. 3. 22. 선고 95다55184 판결

저당권자는 물권에 기하여 그 침해가 있는 때에는 그 제거나 예방을 청구할 수 있다고 할 것인바, 공장저당권의 목적 동산이 저당권자의 동의를 얻지 아니하고 설치된 공장으로부터 반출된 경우에는 저당권자는 점유권이 없기 때문에 설정자로부터 일탈한 저당목적물을 저당권자 자신에게 반환할 것을 청구할 수는 없지만, 저당목적물이 제3자에게 선의취득되지 아니하는 한 원래의 설치 장소에 원상회복할 것을 청구함은 저당권의 성질에 반하지 아니함은 물론 저당권자가 가지는 방해배제권의 당연한 행사에 해당한다.

▶ 대법원 2004. 3. 29. 자 2003마1753 결정

[1] 토지에 관하여 저당권을 취득함과 아울러 그 저당권의 담보가치를 확보하기 위하여 지상권을 취득하는 경우, 특별한 사정이 없는 한 당해 지상권은 저당권이 실행될 때까지

제3자가 용익권을 취득하거나 목적 토지의 담보가치를 하락시키는 침해행위를 하는 것을 배제함으로써 저당 부동산의 담보가치를 확보하는 데에 그 목적이 있다고 할 것이므로, 그와 같은 경우 제3자가 비록 토지소유자로부터 신축중인 지상 건물에 관한 건축주 명의를 변경받았다 하더라도, 그 지상권자에게 대항할 수 있는 권원이 없는 한 지상권자로서는 제3자에 대하여 목적 토지 위에 건물을 축조하는 것을 중지하도록 요구할 수 있다.
[2] 토지 위에 건물을 신축중인 토지소유자가 토지에 관한 근저당권 및 지상권설정등기를 경료한 후 제3자에게 위 건물에 대한 건축주 명의를 변경하여 준 경우, 제3자가 지상권자에게 대항할 수 있는 권원이 없는 한 지상권자는 제3자에 대하여 목적 토지 위에 건물을 축조하는 것을 중지하도록 요구할 수 있다고 한 사례.

4. 개정시안의 내용

개정시안은 "저당권에 기한 방해제거 및 예방청구권"이라는 표제 아래 저당권자는 저당물의 가액을 현저히 감소하게 하거나 저당권의 실행을 어렵게 하는 등 저당권을 방해하는 자에 대하여 방해의 제거를 청구할 수 있고, 그와 같은 염려가 있는 행위를 하는 자에 대하여 그 중지 그밖에 필요한 조치를 청구할 수 있다고 규정한다. 소유권에 기한 방해제거 및 예방청구권에 관한 민법 제214조와 비교하여 보면 "저당물의 가액을 현저히 감소하게 하거나 저당권의 실행을 어렵게 하는 등"이라는 방해요건이 추가되었고, 예방청구와 관련하여 "그 중지 그밖에 필요한 조치를 청구할 수 있다."라고 하여 민법 제214조의 "그 예방이나 손해배상의 담보를 청구할 수 있다." 보다 좀 더 포괄적이고 직접적으로 규정되었다는 차이가 있다.

저당권에 기한 방해제거 및 예방청구권은 본질상 물권적 청구권이다. 따라서 저당권을 방해하거나 그러한 염려가 있는 행위를 하는 자라면 누구나 이러한 청구권의 상대방이 된다. 그러므로 저당권설정자뿐만 아니라 제3자에 대하여도 행사할 수 있다. 또한 일반적인 물권적 청구권과 마찬가지로 상대방의 고의 · 과실 등 주관적 요소를 요건으로 하지 않으며, 피담보채권의 변제기 전에도 행사할 수 있다. 논의과정에서는 "저당권의 실현을 방해할 목적"을 요구해야 한다는 견해도 있었으나, 이는 권리의 성립요건을 불명확하게 만들고 실제 증명하기도 어렵다는 우려가 있어 명문화되지 않았다.

개정시안의 가장 큰 특징은 저당권에 기한 방해제거 및 예방청구권의 행사에 ① 저당물 가액의 현저한 감소, ② 저당권의 실행 곤란이라는 요건이 추가되었다는 점이다. 저당물 가액의 현저한 감소가 구체적으로 어떤 의미인지는 향후 해석론을 통해 정리되어야 할 부분이다. 다만 저당물보충청구권에 관한 민법 제362조에서도 저당물 가액의 현저한 감소라는 요건을 정하고 있으므로, 이에 관한 해석론을 참조할 수 있을 것이다.[68] 저당권의 실행 곤란은 저당권의 실행이 법적으로 가능하지만 그 실행의 목적을 달성하기 어려운 현실적인 사정이 발생하는 경우를 의미한다. 예컨대 저당부동산에 대한 점유가 저당부동산의 본래의 용법에 따른 사용·수익의 범위를 초과하여 그 교환가치를 감소시키거나, 점유자가 저당권의 실현을 방해하기 위하여 점유를 개시하였다는 점이 인정되는 등, 그 점유로 인하여 정상적인 점유가 있는 경우의 경락가격과 비교하여 그 가격이 하락하거나 경매절차가 진행되지 않는 경우에 저당권의 실현이 곤란하게 될 사정이 인정될 수 있다.[69] 한편 개정시안에서는 '등'이라는 표현을 의도적으로 사용함으로써 저당권에 기한 방해제거 및 예방청구권을 행사하기 위한 요건이 ① 저당물 가액의 현저한 감소, ② 저당권의 실행 곤란에만 국한되지 않는다는 점을 나타내고 있다. '등'이라는 표현을 민법에서 사용하는 것이 바람직한지, 또한 이러한 표현이 저당권방해제거청구 등의 요건을 불명확하게 만드는 것이 아닌지 등에 대한 우려가 제기되었으나, 위 두 가지 이외에도 저당권 방해행위의 모습이 다양하게 존재할 수 있으므로 이를 고려하여 '등'이라는 표현을 사용한 것이다.

저당권에 기한 방해제거청구권 등이 가장 첨예하게 문제되는 사안 유형은 나대지에 저당권을 설정한 후 그 대지 위에 건물을 신축하는 경우이다. 저당권자는 원칙적으로 소유자가 행하는 저당목적물의 사용·수익에 관하여 간섭할 수 없기 때문에 통상적인

---

68) 민법 제362조의 '저당물 가액이 현저히 감소된 때'에 관하여 학설은 교환가치의 감소로 인하여 피담보채권을 완전히 변제할 수 없는 상태를 의미한다는 견해[김상용, 물권법, 736면, 법문사(2001); 김용한, 물권법론, 583면, 박영사(1996); 김증한·김학동, 물권법, 549면, 박영사(1997)]와 저당물의 가치감소가 크다면 나머지를 가지고 피담보채권을 전액 변제할 수 있더라도 이를 인정하여야 한다는 견해[강태성, 물권법, 1153면, 대명출판사(2009); 송덕수, 신민법강의, 854면, 박영사(2012); 이영준, 물권법, 916면, 박영사(2009); 이상태, 물권법, 503면, 법원사(2011); 지원림, 민법강의, 803면, 홍문사(2010)]가 대립하고 있다.

69) 대판 2005. 4. 29, 2005다3243.

용법에 따른 정상적인 사용 · 수익은 저당권의 방해라 볼 수 없다. 또한 이는 저당권자도 용인한 것으로 볼 수도 있다. 그러나 저당물의 통상적인 용법에 따른 사용 · 수익의 범위를 초과하여 저당물의 가액을 현저히 감소시키거나 저당권의 실행을 곤란하게 만들었다는 점이 인정된다면 저당권의 방해라고 볼 수 있을 것이다. 다만 저당권에 기한 방해배제청구를 인용하여 저당권자의 담보가치를 확보하는 이면에는 법에 의하여 보호받고 있는 소액임차인의 지위를 약화시킬 우려가 있는 점, 저당목적물의 사회적 효용을 해할 우려가 있는 점, 소유자의 이용가치가 제한될 수밖에 없는 점 등 많은 고려요소를 형량하여야 할 것이므로, 재판실무상 저당권에 기한 방해배제청구를 인용하기 위해서는 신중을 기할 필요성이 있다.[70]

70) 김미경, 저당권에 기한 방해배제청구, 재판과 판례 15집(2007. 1.), 372면.

제362조의3(종물의 훼손) : 신설

현행	개정시안
〈신 설〉	제362조의3(종물의 훼손) 저당권의 효력이 미치는 종물에 대하여도 제362조, 제362조의2를 준용한다.

1. 개정 배경

저당권의 효력이 미치는 종물에 대한 침해가 있는 경우 어떻게 해결하여야 하는지 해석상 논란이 있으므로, 이를 명확히 할 필요가 있다.

2. 관련 입법례

◆ **2004년 개정안**

개정논의가 없었다.

◆ **독일민법**[71]

제1135조(종물의 훼손) 저당권이 미치는 종물이 훼손되거나 정상적인 경영의 규칙에 반하여 토지로부터 반출되는 경우는 제1133조, 제1134조의 의미에서의 토지훼손에 동시(同視)된다.

3. 개정시안의 내용

개정시안은 종물에 대하여도 저당물의 보충에 관한 제362조와 저당권에 기한 방해제

71) 양창수, 독일민법전, 669면.

거 및 예방청구권에 관한 제362조의2를 준용한다.

현행 민법 제358조에 따르면 다른 법률의 규정 또는 약정이 없다면 저당권의 효력은 저당부동산에 부합된 물건과 종물에 미친다. 이를 통해 저당물이 가지는 경제적 단일성을 법적으로 유지하는 한편, 매각과정에서도 그 경제적 단일성에 걸맞은 정당한 대가를 받을 수 있도록 한 것이다. 따라서 저당물을 매수한 자는 종물도 함께 취득한다. 이러한 법리는 저당물에 종된 권리에 대해서도 미친다.

한편 저당권의 효력 중 저당권의 침해에 관한 것으로서 저당물의 보충을 청구할 수 있는 권리와 저당권의 방해제거 및 예방을 청구할 수 있는 권리가 인정된다. 전자에 관하여 규정한 현행 민법 제362조에 따르면 저당권설정자의 책임 있는 사유로 인하여 저당물의 가액이 현저히 감손된 때에는 저당권자는 저당권설정자에 대하여 그 원상회복 또는 상당한 담보제공을 청구할 수 있다. 후자에 관하여 규정한 개정시안 제362조의2에 따르면 저당권자는 저당물의 가액을 현저히 감소하게 하거나 저당권의 실행을 어렵게 하는 등 저당권을 방해하는 자에 대하여 방해의 제거를 청구할 수 있고, 그와 같은 염려가 있는 행위를 하는 자에 대하여 그 중지 그밖에 필요한 조치를 청구할 수 있다. 결국 민법 제358조와 제362조, 개정시안 제362조의2를 종합하면 저당권의 효력이 미치는 종물에 대해서도 저당권의 효력의 일환으로 인정되는 저당물보충청구권과 저당권방해제거청구권 등이 인정될 수 있다. 이러한 점 때문에 논의과정에서는 별도로 개정시안 제362조의3을 둘 필요가 없는 것이 아닌가 하는 의문도 제기되었다.

그러나 혹시 있을지 모르는 해석상 논란을 회피하기 위해 개정시안 제362조의3을 두어 종물에 대해서도 저당물과 마찬가지로 위와 같은 권리가 인정된다는 점을 준용규정 형식으로 명시하기로 하였다.

다만 개정시안에서는 "종물에 대하여도"라는 포괄적인 표현을 쓰고 있을 뿐 종물이 훼손된 경우만을 규율하는 것이 아님에도 표제는 "종물의 훼손"이라고 되어 있어 내용과 표제가 맞지 않는 측면이 있다. 이는 아마도 분과위원회의 최초 개정시안 본문에서 "종물을 훼손한 경우에도"라고 하고 표제도 "종물의 훼손"으로 정하였는데 그 이후 종물의 훼손뿐만 아니라 반출 등 다른 행위태양에 대해서도 규율할 필요성이 있다는 점이 지적되어 본문이 수정되었는데도 표제를 미처 수정하지 못한 결과라고 생각된다.

第365条(일괄경매청구권)

현행	개정시안
제365조(저당지상의 건물에 대한 경매청구권) 토지를 목적으로 저당권을 설정한 후 그 설정자가 그 토지에 건물을 축조한 때에는 저당권자는 토지와 함께 그 건물에 대하여도 경매를 청구할 수 있다. 그러나 그 건물의 경매대가에 대하여는 우선변제를 받을 권리가 없다.	제365조(일괄경매청구권) ① 토지를 목적으로 저당권을 설정한 후 그 토지에 건물이 축조된 때에는 저당권자는 토지와 함께 그 건물에 대하여도 경매를 청구할 수 있다. 그러나 그 건물의 경매대가에 대하여는 우선변제를 받을 권리가 없다. ② 제1항의 규정은 그 건물의 소유자가 저당권자에 대하여 토지를 점유할 권리를 주장할 수 있는 때에는 적용하지 아니한다.

1. 개정 배경

현행 민법 제365조는 저당권 설정 후 저당토지에 건물이 축조된 때 저당권자의 일괄경매청구에 관하여 규정하고 있다. 이에 따르면 저당권설정자가 저당토지에 건물을 축조한 때에는 저당권자는 토지와 함께 건물에 대하여도 경매를 청구할 수 있다. 그러나 그 건물의 경매대가로부터 우선변제를 받을 수는 없다.

토지에 저당권을 설정하였다는 이유만으로 저당권설정자가 그 토지 위에 건물을 신축하지 못하게 되는 것은 아니다. 그런데 저당권 설정 이후에 건물을 신축한 경우에는 민법 제366조의 법정지상권이 성립하지 않으므로 그 후 저당권이 실행되어 토지가 제3자에게 매각될 경우 그 건물은 철거될 운명에 놓이게 된다. 하지만 이러한 건물철거는 사회경제적으로 현저한 불이익을 초래할 뿐만 아니라, 토지저당권자의 입장에서도 일단 그 지상에 건물이 존재하는 이상 그 권원 여부를 불문하고 경매에 현실적인 어려움이 생겨 피담보채권을 회수하는 것이 곤란해진다. 건물을 축조한 자의 입장에서도 건물을 철거할 운명에 처하기보다는 일괄경매를 통해 환가받는 것이 더욱 유리하다. 따라서 현행 민법 제365조는 이러한 경우 저당권자에게 토지와 건물을 함께 경매할 수 있도록 하는 일괄경매청구권을 인정하는 것이다. 하지만 토지저당권의 효력이 건물에 미치는 것은 아니므로 저당권자는 토지의 경매대가로부터 우선변제를 받을 뿐 그 건물의 경매대가로부터 우선변제를 받을 수 없다.

그런데 현행 조항의 문언에 따르면 저당권설정자가 스스로 건물을 축조한 경우에 한하여 일괄경매청구권을 인정하고 있어 그 이외의 자가 건물을 축조한 경우에는 이러한 권리가 발생하지 않는 것처럼 되어 있다. 물론 이러한 상황을 사전에 막기 위해 담보지상권을 설정하는 경우도 있을 수 있다. 그러나 이처럼 저당권의 가치를 보전하기 위해 변형적인 지상권 설정의 방법을 통하는 것도 어색하다. 따라서 일괄경매청구권의 범위를 넓히는 것이 저당권 제도 내에서 문제를 해결하는 하나의 방법이 될 수 있다.

이러한 배경 아래 현행 민법처럼 저당권에 관한 일괄경매청구권의 요건을 엄격하게 규정하는 것이 타당한가에 대하여는 의문이 제기되어 왔다. 실제로 판례는 "저당지상의 건물에 대한 일괄경매청구권은 저당권설정자가 건물을 축조한 경우뿐만 아니라 저당권설정자로부터 저당토지에 대한 용익권을 설정받은 자가 그 토지에 건물을 축조한 경우라도 그 후 저당권설정자가 그 건물의 소유권을 취득한 경우에는 저당권자는 토지와 함께 그 건물에 대하여 경매를 청구할 수 있다."라고 하여 저당권설정자 이외의 자가 건물을 축조한 경우에도 제한적으로 일괄경매청구권을 인정한다.[72] 저당권이 설정된 토지의 제3취득자가 건물을 신축하거나 저당권설정자와 건물신축자 사이에 특수한 관계가 있어 양자를 동일하게 볼 수 있는 경우에는 제3자가 축조한 건물에 대해서도 일괄경매를 인정할 수 있어야 한다는 견해도 제기되고 있다.[73] 또한 일본민법 제389조에서도 저당권설정 후 건물이 축조되었음을 요구할 뿐 그 건물축조의 주체가 저당권설정자일 것을 요구하지 않고 있다. 이러한 점들을 염두에 둔다면 저당권설정자 이외의 자가 축조한 경우에도 그가 저당권자에게 토지점유권으로 대항할 수 있는 때를 제외하고는 일괄경매청구권을 널리 인정하는 방안을 검토할 필요가 있다.

---

72) 대판 2003. 4. 11, 2003다3850.

73) 이에 대하여는 우선 이균용, "공동저당권의 목적인 건물을 재건축한 경우에 법정지상권의 성부와 민법 제 365조의 일괄경매의 가부 : 일괄경매의 요건과 절차상의 문제에 대한 검토를 포함하여", 『사법논집』 32집(2001. 12), 41~42면 참조.

2. 관련 입법례

◆ 2004년 개정안

개정논의가 있었으나, 개정대상에서 제외되었다.

◆ 일본민법[74)]

第389조(저당지상건물의 경매) ① 저당권의 설정 후 저당지에 건물이 축조된 때에는 저당권자는 토지와 함께 그 건물을 경매할 수 있다. 다만, 그 우선권은 토지의 대가에 대해서만 행사할 수 있다.

② 전항의 규정은 그 건물의 소유자가 저당지를 점유하는 데 관하여 저당권자에게 대항할 수 있는 권리가 있는 경우에는 적용하지 아니한다.

3. 관련 판례

▶ 대법원 2003. 4. 11. 선고 2003다3850 판결

민법 제365조가 토지를 목적으로 한 저당권을 설정한 후 그 저당권설정자가 그 토지에 건물을 축조한 때에는 저당권자가 토지와 건물을 일괄하여 경매를 청구할 수 있도록 규정한 취지는, 저당권은 담보물의 교환가치의 취득을 목적으로 할 뿐 담보물의 이용을 제한하지 아니하여 저당권설정자로서는 저당권설정 후에도 그 지상에 건물을 신축할 수 있는데, 후에 그 저당권의 실행으로 토지가 제3자에게 경락될 경우에 건물을 철거하여야 한다면 사회경제적으로 현저한 불이익이 생기게 되어 이를 방지할 필요가 있으므로 이러한 이해관계를 조절하고, 저당권자에게도 저당토지상의 건물의 존재로 인하여 생기게 되는 경매의 어려움을 해소하여 저당권의 실행을 쉽게 할 수 있도록 한 데에 있다는 점에 비추어 볼 때, 저당지상의 건물에 대한 일괄경매청구권은 저당권설정자가 건물을 축조한 경우뿐만 아니

74) 권철, 일본민법전, 149면.

라 저당권설정자로부터 저당토지에 대한 용익권을 설정받은 자가 그 토지에 건물을 축조한 경우라도 그 후 저당권설정자가 그 건물의 소유권을 취득한 경우에는 저당권자는 토지와 함께 그 건물에 대하여 경매를 청구할 수 있다.

4. 개정시안의 내용

가. 표제

현행 민법 제365조의 표제인 "저당지상의 건물에 대한 경매청구권"을 "일괄경매청구권"으로 바꾸었다. 표제를 간명하게 하기 위한 것이다. 한편 "저당지상"이라는 표현이 삭제된 것은 지하에 축조되는 건물에 대해서도 일괄경매청구권을 인정하는 해석론의 단초가 될 수 있다.

나. 일괄경매청구권 요건의 완화(제1항)

개정시안 제1항 본문은 토지에 저당권을 설정한 후 저당권설정자뿐만 아니라 제3자가 건물을 축조한 경우에도 저당권자의 일괄경매청구권을 인정한다.

현행 민법의 문언에 따르면 저당권설정자가 저당토지에 건물을 축조한 경우에 한하여 일괄경매청구권을 인정하므로 제3자가 건물을 축조한 경우에는 이 권리를 인정하는 데에 해석상 어려움이 있었다. 개정시안 제1항에서는 제3자가 건물을 축조한 경우에도 원칙적으로 일괄경매청구권을 행사할 수 있도록 하였다. 이처럼 일괄경매청구권의 범위를 넓힌 이유는 그렇게 하는 것이 건물존속이라는 사회경제적 요청에 부합하고 토지저당권자의 입장에서도 건물의 존재로 인하여 토지에 대한 정당한 경매대가를 받을 수 없는 상황을 피할 수 있어 더욱 유리하기 때문이다. 또한 이를 통하여 제3자가 집행방해의 수단으로 건물을 축조할 인센티브를 낮추는 효과도 기대할 수 있다.

그 이외의 부분에는 변경이 없으므로 현행 민법의 해석론이 그대로 적용된다. 민법 제365조의 일괄경매청구권은 건물이 저당권 설정 후에 축조된 경우를 규율하므로 건물이 저당권 설정 전에 축조된 경우에는 민법 제366조의 법정지상권이 인정될 여지는 있어도 이 조항에 따른 일괄경매청구권은 인정되지 않는다.[75] 한편 저당권 설정 당시 건물이 신축 중이라고 하더라도 저당권 설정 당시 건물의 존재가 예측되고, 또한 당시 사회경제적 관점에서 그 가치의 유지를 도모할 정도로 건물의 축조가 진행되어 있는 경우에는 민법 제366조의 법정지상권이 인정될 수 있으므로 민법 제365조에 따른 일괄경매청구권을 행사할 수 없다.[76] 이러한 일괄경매청구권은 저당권자가 선택적으로 행사할 수 있는 권리이지 의무가 아니다. 따라서 저당권자가 단지 건물소유자를 괴롭힐 것만을 목적으로 일부러 토지에 대해서만 경매신청을 하여 건물철거를 구하는 등 특별한 사정이 없는 한 토지만에 대해 경매를 신청하고 건물철거를 구한다고 하여 위법한 것은 아니다.[77]

한편 개정시안 제1항 단서는 현행 민법 제365조 단서를 그대로 유지하고 있다. 따라서 토지저당권자가 일괄경매청구권을 행사하더라도 건물의 경매대가로부터는 우선변제를 받을 수 없다. 만약 저당권자가 건물의 매각대금에서 배당을 받으려면 민사집행법 제268조, 제88조의 규정에 의한 적법한 배당요구를 하였거나 그 밖에 달리 배당을 받을 수 있는 채권으로서 필요한 요건을 갖추고 있어야 한다.[78]

다. 일괄경매청구권의 제한(제2항)

건물소유자가 저당권자에 대하여 토지를 점유할 권리를 주장할 수 있는 때에는 저당권자는 일괄경매청구권을 행사할 수 없다. 즉 저당권 설정 전에 대항력 있는 용익권을 취득한 경우와 같이 건물소유자가 저당권자에게 대항할 수 있는 권원을 보유하고 있는

75) 편집대표 곽윤직, 민법주해(VII) 물권(4), 131면(남효순 집필부분), 박영사(1992); 편집대표 김용담, 민법주해 물권(4), 197면(김재형 집필부분), 한국사법행정학회(2011).

76) 대판 1987. 4. 28, 86다카2856.

77) 대판 1977. 4. 26, 77다77.

78) 대판 2012. 3. 15, 2011다54587.

때에는 일괄경매청구의 대상에서 제외된다. 건물소유자가 그 건물을 스스로 소유하면서 대지를 점유할 정당한 권리가 있고 그 권리가 저당권자에게도 대항할 수 있는 성격의 것인데도 저당권에 굴복하여 일괄경매의 대상이 됨으로써 그 권리를 통하여 누리고자 하였던 본래의 이익을 포기하게 하는 것은 일괄경매청구권이 가지는 공익적 가치를 생각하더라도 지나친 것이다. 따라서 이러한 경우에 저당권자는 일괄경매청구권을 행사할 수 없도록 함으로써 건물소유자인 저당권설정자나 제3자의 정당한 이익을 보호하고자 하는 것이다.

第366條(법정지상권)

현행	개정시안
第366條(법정지상권) 저당물의 경매로 인하여 토지와 그 지상건물이 다른 소유자에 속한 경우에는 토지소유자는 건물소유자에 대하여 지상권을 설정한 것으로 본다. 그러나 지료는 당사자의 청구에 의하여 법원이 이를 정한다.	〈삭 제〉

현행 민법은 제305조에서 건물의 전세권과 법정지상권에 관하여, 제366조에서 저당물의 경매와 법정지상권에 관하여 규정함으로써 두 가지 유형의 법정지상권을 인정한다. 한편 이러한 성문법상 법정지상권과는 별도로 판례는 관습법상 법정지상권을 인정하여 왔는데, 관습법상 법정지상권은 다시 ① 법률행위 이외의 사유로 인한 경우(예컨대 저당물의 경매 이외의 경매나 공매에 따른 경우)와 ② 법률행위로 인한 경우(예컨대 매매에 따른 경우)로 나누어진다.

그런데 개정시안에서는 관습법상 법정지상권 중 법률행위 이외의 사유로 인한 경우는 관습법의 영역에서 민법전으로 편입함으로써 성문법상 법정지상권의 지위를 부여하고(제289조의3), 법률행위로 인한 경우도 민법전으로 편입하되 이를 법정지상권이 아니라 법정임대차의 형태로 변경하였다(제622조의2). 한편 개정시안 제289조의3에서는 관습법상 법정지상권 중 법률행위 이외의 사유로 인한 경우를 포함하여 법정지상권 전체를 포괄적으로 규율하기로 하였다. 각 제도에 대한 상세한 내용은 해당 개정시안 조항의 설명을 참조하기 바란다.

이러한 변화에 따라 법정지상권에 관한 기존의 민법 조항, 즉 건물의 전세권과 법정지상권에 관한 제305조와 저당물의 경매와 법정지상권에 관한 제366조는 더 이상 유지할 필요가 없게 되었다. 따라서 개정시안에서는 민법 제305조와 제366조를 삭제하기로 하였다.

참고로 법정지상권에 대한 개정 작업을 하기 전에 저당권에 관한 조항들을 검토하는 과정에서 일단 민법 제366조에 대한 개정시안을 마련하긴 하였지만, 그 이후에 위와 같은 내용으로 법정지상권에 대한 개정시안을 마련하면서 민법 제366조에 대한 당초의 개정시안은 삭제하기로 하였음에 유의한다.

第371조(지상권, 전세권을 목적으로 하는 저당권)

현행	개정시안
第371조(지상권, 전세권을 목적으로 하는 저당권) ① 본장의 규정은 지상권 또는 전세권을 저당권의 목적으로 한 경우에 준용한다. ② 지상권 또는 전세권을 목적으로 저당권을 설정한 자는 저당권자의 동의없이 지상권 또는 전세권을 소멸하게 하는 행위를 하지 못한다.	第371조(지상권, 전세권을 목적으로 하는 저당권) ① (현행과 같음) ② (현행과 같음) <u>③ 전세권을 목적으로 하는 저당권에 있어서 전세권자가 그 전세물을 사용·수익할 권리가 소멸한 때에는 저당권자는 우선변제권의 범위 내에서 전세권설정자에 대하여 전세금의 반환을 직접 청구할 수 있다. 이 경우에는 제353조[79]를 준용한다.</u>

1. 개정 배경

현행 민법에는 전세권을 목적으로 하는 저당권에 있어서 전세권의 용익물권적 권능이 소멸한 경우 저당권자가 전세금반환채권을 실행하는 방법에 대하여 명문의 규정이 없었다. 개정시안에서는 이 경우 전세권저당권의 실행방법을 명문화하였다.

79) 第353조(질권의 목적이 된 채권의 실행방법) ① 질권자는 질권의 목적이 된 채권을 직접 청구할 수 있다.
② 채권의 목적물이 금전인 때에는 질권자는 자기채권의 한도에서 직접 청구할 수 있다.
③ 전항의 채권의 변제기가 질권자의 채권의 변제기보다 먼저 도래한 때에는 질권자는 제삼채무자에 대하여 그 변제금액의 공탁을 청구할 수 있다. 이 경우에 질권은 그 공탁금에 존재한다.
④ 채권의 목적물이 금전 이외의 물건인 때에는 질권자는 그 변제를 받은 물건에 대하여 질권을 행사할 수 있다.

2. 관련 입법례

◆ 2004년 개정안

제371조(지상권, 전세권을 목적으로 하는 저당권) ① (현행과 같음)

② (현행과 같음)

③ 전세권을 목적으로 하는 저당권에 있어서 저당권자는 우선변제권의 범위 내에서 전세금반환채권을 직접 청구할 수 있다. 이 경우에는 제353조 제3항의 규정을 준용한다.

3. 관련 판례

◆ 대법원 1995. 9. 18.자 95마684 결정

전세권에 대하여 설정된 저당권은 민사소송법 제724조 소정의 부동산경매절차에 의하여 실행하는 것이나, 전세권의 존속기간이 만료되면 전세권의 용익물권적 권능이 소멸하기 때문에 더 이상 전세권 자체에 대하여 저당권을 실행할 수 없게 되고, 이러한 경우는 민법 제370조, 제342조 및 민사소송법 제733조에 의하여 저당권의 목적물인 전세권에 갈음하여 존속하는 것으로 볼 수 있는 전세금반환채권에 대하여 추심명령 또는 전부명령을 받거나(이 경우 저당권의 존재를 증명하는 등기부등본을 집행법원에 제출하면 되고 별도의 채무명의가 필요한 것이 아니다), 제3자가 전세금반환채권에 대하여 실시한 강제집행절차에서 배당요구를 하는 등의 방법으로 자신의 권리를 행사할 수 있을 뿐이다.

4. 논의 경과

분과위안	실무위안	위원장단안	개정시안
제371조 (지상권, 전세권을 목적으로 하는 저당권) ① (현행과 같음)	제3항 신설 반대	제371조 (지상권, 전세권을 목적으로 하는 저당권) ① (현행과 같음)	제371조(지상권, 전세권을 목적으로 하는 저당권) ① (현행과 같음)

분과위안	실무위안	위원장단안	개정시안
② (현행과 같음) ③ 전세권을 목적으로 하는 저당권에 있어서 전세권자가 그 목적물을 사용·수익할 권리가 소멸한 때에는 저당권자는 자기 채권의 한도에서 전세권설정자에 대하여 전세금의 반환을 직접 청구할 수 있다. 이 경우에는 제353조를 준용한다.		② (현행과 같음) ③ 전세권을 목적으로 하는 저당권에 있어서 전세권자가 그 전세물을 사용·수익할 권리가 소멸한 때에는 저당권자는 우선변제권의 범위 내에서 전세권설정자에 대하여 전세금의 반환을 직접 청구할 수 있다. 이 경우에는 제353조를 준용한다.	② (현행과 같음) ③ 전세권을 목적으로 하는 저당권에 있어서 전세권자가 그 전세물을 사용·수익할 권리가 소멸한 때에는 저당권자는 우선변제권의 범위 내에서 전세권설정자에 대하여 전세금의 반환을 직접 청구할 수 있다. 이 경우에는 제353조를 준용한다.

5. 개정시안의 내용

전세권에 저당권을 설정한 경우 전세권의 사용·수익기간이 끝난 후에 발생하는 전세금반환채권에도 저당권의 효력이 당연히 미치는 것인지, 아니면 전세금반환채권에는 저당권의 효력이 미치지 않는다는 전제 위에서 이 채권에 대해서는 추심명령이나 전부명령 등 별도의 집행절차를 거쳐야 하는 것인지 문제된다. 이는 전세금반환채권도 전세권저당권의 목적물로 볼 수 있는가, 또한 전세기간이 만료되면 전세권저당권도 당연히 소멸하는가 하는 점과 연결된다. 이 점에 대해서는 다양한 입장들이 존재하여 왔다.

판례는 저당권의 효력이 전세금반환채권에 당연히 미치는 것은 아니라는 입장을 취한다. 이러한 판례의 태도는 전세권저당권은 용익물권으로서의 전세권에 설정된 것이므로 전세기간이 만료되어 용익물권으로서의 전세권이 소멸되면 전세권저당권도 그 객체의 부존재로 인하여 소멸한다는 전제에 서 있는 것으로 보인다.[80] 따라서 저당권자는 전세금반환채권에 대해 당연히 저당권의 효력을 주장할 수는 없다. 결국 저당권자는 물상대위의 방법에 의하여 전세금반환채권에 대하여 추심명령 또는 전부명령을 받거나, 제3자가 전세금반환채권에 대하여 실시한 강제집행절차에서 배당요구를 하는 등 별도의 집행절차를 거쳐야 비로소 자신의 채권을 회수할 수 있다. 그것이 현재 실무의 태도이기도 하다.

개정시안은 이러한 판례의 태도와는 반대 입장에 기초하고 있다. 이 입장에 따르면 전세금반환채권은 전세권의 본질적 내용을 이루는 권리이고, 전세권의 사용 · 수익기간이 만료되더라도 전세금반환채권을 담보하기 위하여 전세권이 존속하는 이상 전세금반환채권에도 저당권의 효력이 미치도록 하는 것이 전세권자나 전세권저당권자의 일반적인 의사에 부합한다. 특히 전세권저당권자의 입장에서 보면 전세권 그 자체보다는 전세금반환채권의 담보가치를 더욱 높게 평가하고 이에 기초하여 저당권을 설정하였을 가능성이 높다. 즉 전세권저당권자는 장차 전세기간이 만료되면 전세권자의 전세금으로 자기 채권을 변제받을 것이라고 믿는 것이 통상적이다. 그런데 전세기간이 만료된 경우 압류와 추심 내지 전부명령을 받거나 별도의 배당요구절차를 밟아야 비로소 그 담보가치를 회수할 수 있다고 보는 것은 전세권저당권자의 일반적인 의사에도 부합하지 않을 뿐 아니라 그에게 마땅히 부여되어야 할 법적 지위를 지키는 데에 복잡한 절차를 요구하게 만드는 부당함이 있다. 그래서 개정시안에서는 전세금반환채권에도 전세권저당권의 효력이 미친다는 전제 위에서 전세권저당권자가 전세권설정자에게 우선변제권의 범위 내에서 직접 전세금반환을 구할 수 있다고 규정하였다. 논의과정에서 실무위원회는 물상대위에 관한 민법 개정시안 제342조에서 압류 요건을 폐지하기로 하였고, 제342조는 저당권의 경우에도 준용되므로 굳이 제3항을 신설할 필요가 없다는 입장을 취하였으나, 위원장단회의에서는 전세권이 소멸한 뒤 전세금반환청구권에 대해 저당권을 행사하는 것이 물상대위에 해당한다고 단정하기 어렵다는 반대 견해가 제시되어 분과위원회안대로 제3항을 유지하되 그 표현만 다소 바꾸기로 하였다.

다만 이 경우 전세권설정자에게는 이중변제의 위험이 있다. 전세권자와 전세권저당권자가 각각 자기에게 전세금을 반환하라고 청구할 수 있기 때문이다. 그러므로 2004년 개정안 논의과정에서는 전세권저당권자가 전세권설정자를 상대로 전세금반환채권을

---

80) 대판 1995. 2. 10, 94다18508에서는 전세권의 존속기간이 만료되면 전세권의 용익물권적 권능은 전세권설정등기의 말소등기 없이도 당연히 소멸한다고 한다.

행사하기 위한 요건으로 전세권설정자에 대한 저당권설정통지나 전세권설정자의 승낙을 요구하여야 한다는 가안假案을 만들기도 했다. 그러나 전세권과 저당권에 대해서는 각각 등기가 이루어지므로 별도의 통지나 승낙은 필요하지 않다.

참고로 여기에서 "우선변제권"은 다른 담보물권자 또는 채권자와의 관계에서 그 범위가 결정되므로 전세권저당권자가 전세권자에게 가지는 피담보채권의 범위와 늘 일치하는 것은 아니다.

한편 개정시안은 전세권저당권에 민법 제353조를 준용한다. 민법 제353조는 채권질권의 실행방법에 관한 조항이다. 이 조항에서는 채권질권자의 직접청구권(제1항), 목적 채권이 금전채권인 경우 직접청구의 범위(자기 채권의 한도)(제2항), 목적 채권의 변제기가 피담보채권의 변제기보다 먼저 도래한 경우 질권자의 공탁청구권(제3항), 금전 이외의 물건이 목적물인 경우 그 변제를 받은 물건에 대한 질권 행사(제4항)에 대해 규정한다. 이러한 내용이 전세권저당권에 준용되는 결과, 전세권저당권자는 직접청구권과 공탁청구권을 가진다.

다만 개정시안처럼 제353조 전체를 준용하기보다는 2004년 민법 개정안처럼 제353조 제3항만 준용하면 충분하였을 것이다. 제353조 제1항은 직접청구권에 관한 조항인데 이미 개정시안 제3항 제1문에서 "직접 청구할 수 있다."라고 규정하고 있으므로 이 조항을 준용할 필요가 없다. 제353조 제2항은 직접청구의 범위에 관한 조항인데 이미 개정시안 제3항 제1문에서 "우선변제권의 범위 내에서"라고 규정하고 있으므로 이 조항도 준용할 필요가 없다. 제353조 제4항은 채권의 목적물이 금전 이외의 물건인 때에 관한 조항인데, 전세금반환채권에서는 채권의 목적물이 전세금의 개념상 금전일 수밖에 없으므로 이 조항을 준용할 필요도 없다. 그러한 점에서 제353조 전체를 준용하도록 한 것은 준용의 낭비이다.

전체회의 확정안 조문 대비표 (민총/물권편)

인격권

현행	개정시안
〈신 설〉	제3조의2(인격권) 사람은 생명, 자유, 신체, 건강, 명예, 사생활의 비밀과 자유, 성명, 초상, 개인정보, 그 밖의 인격적 이익에 대한 권리를 가진다.

현행	개정시안
제3장 법인	제3장 법인
제1절 총칙	제1절 총칙
제32조(비영리법인의 설립과 허가) 학술, 종교, 자선, 기예, 사교 기타 영리아닌 사업을 목적으로 하는 사단 또는 재단은 주무관청의 허가를 얻어 이를 법인으로 할 수 있다.	제32조(비영리법인의 설립과 인가) ① 영리를 목적으로 하지 않는 사단법인을 설립하려는 자는 다음 각 호의 요건을 갖추어 주무관청에 인가를 신청하여야 한다. 1. 5인 이상의 사원이 있을 것 2. 제40조에 따라 작성된 정관이 있을 것 3. 다른 법인과 동일한 명칭이 아닐 것 4. 그 밖에 법인 설립에 관련된 규정을 준수하였을 것
〈신 설〉	② 재단법인을 설립하려는 자는 다음 각 호의 요건을 갖추어 주무관청에 인가를 신청하여야 한다. 1. 제43조에 따라 작성된 정관이 있을 것 2. 재단법인의 목적 달성에 필요한 최소한의 재산을 출연할 것 3. 제1항 제3호 및 제4호의 요건을 갖출 것
〈신 설〉	③ 주무관청은 법인을 설립하고자 하는 자가 제1항 또는 제2항의 요건을 갖추어 인가를 신청하는 때에는 법인의 정관에서 정한 사항이 선량한 풍속 그 밖의 사회질서에 반하지 않으면 인가하여야 한다.
제33조(법인설립의 등기) 법인은 그 주된 사무	제33조(법인의 성립시기) 법인은 그 주된 사무소

현행	개정시안
소의 소재지에서 설립등기를 함으로써 성립한다.	의 소재지에서 설립등기를 함으로써 성립한다.
제38조(법인의 설립허가의 취소) 법인이 목적 이외의 사업을 하거나 설립허가의 조건에 위반하거나 기타 공익을 해하는 행위를 한 때에는 주무관청은 그 허가를 취소할 수 있다.	제38조(법인 설립인가의 취소) 주무관청은 법인이 목적 외의 사업을 하거나 법령을 위반하여 공익을 해치는 행위를 한 때에는 법인설립의 인가를 취소할 수 있다.
〈신 설〉	제39조의2(법인 아닌 사단과 재단) 법인 아닌 사단과 재단에 대하여는 주무관청의 인가 또는 등기를 전제로 한 규정 및 제97조에 따른 벌칙을 제외하고는 이 장(章)의 규정을 준용한다.
〈신 설〉	제39조의3(영리를 목적으로 하는 법인 아닌 사단의 사원의 책임) ① 영리를 목적으로 하는 법인 아닌 사단의 재산으로 사단의 채무를 완제(完濟)할 수 없는 때에는 각 사원은 연대하여 변제할 책임이 있다. ② 영리를 목적으로 하는 법인 아닌 사단의 재산에 대한 강제집행이 주효(奏效)하지 못한 때에도 각 사원은 연대하여 변제할 책임이 있다. ③ 제2항은 사원이 법인 아닌 사단에 변제의 자력(資力)이 있으며 집행이 용이한 것을 증명한 때에는 적용하지 아니한다.
제2절 설립	제2절 설립
제40조(사단법인의 정관) 사단법인의 설립자는 다음 각호의 사항을 기재한 정관을 작성하여 기명날인하여야 한다. 1. 목적 2. 명칭	제40조(사단법인의 정관) 사단법인의 설립자는 다음 각 호의 사항을 기재한 정관을 작성하여 서명 또는 기명날인하여야 한다. 1. 목적 2. 명칭

현행	개정시안
3. 사무소의 소재지 4. 자산에 관한 규정 5. 이사의 임면에 관한 규정 6. 사원자격의 득실에 관한 규정 7. 존립시기나 해산사유를 정하는 때에는 그 시기 또는 사유	3. 사무소의 소재지 4. 자산에 관한 규정 5. 이사의 임면(任免)에 관한 규정 6. 사원자격의 득실(得失)에 관한 규정 7. 존립시기나 해산사유를 정한 경우에는 그 시기 또는 사유
제42조(사단법인의 정관의 변경) ① 사단법인의 정관은 총사원 3분의 2 이상의 동의가 있는 때에 한하여 이를 변경할 수 있다. 그러나 정수에 관하여 정관에 다른 규정이 있는 때에는 그 규정에 의한다. ② 정관의 변경은 주무관청의 허가를 얻지 아니하면 그 효력이 없다.	제42조(사단법인의 정관의 변경) ① 사단법인의 정관은 총사원 3분의 2 이상의 동의가 있어야 변경할 수 있다. 다만, 정수(定數)에 관하여 정관에 다른 규정이 있는 때에는 그 규정에 따른다. ② 정관의 변경은 주무관청의 인가를 받아야 효력이 생긴다.
제43조(재단법인의 정관) 재단법인의 설립자는 일정한 재산을 출연하고 제40조 제1호 내지 제5호의 사항을 기재한 정관을 작성하여 기명날인하여야 한다.	제43조(재단법인의 정관) 재단법인의 설립자는 제40조 제1호부터 제5호까지의 사항을 기재한 정관을 작성하여 서명 또는 기명날인하여야 한다.
제46조(재단법인의 목적 기타의 변경) 재단법인의 목적을 달성할 수 없는 때에는 설립자나 이사는 주무관청의 허가를 얻어 설립의 취지를 참작하여 그 목적 기타 정관의 규정을 변경할 수 있다.	제46조(재단법인의 목적 등의 변경) 재단법인의 설립자나 이사는 재단법인의 목적을 달성할 수 없는 때에는 주무관청의 인가를 받아 설립의 취지를 참작하여 그 목적이나 정관의 다른 규정을 변경할 수 있다.
제48조(출연재산의 귀속시기) ① 생전처분으로 재단법인을 설립하는 때에는 출연재산은 법인이 성립된 때로부터 법인의 재산이 된다.	제48조(출연재산의 귀속시기) ① 재단법인을 설립하기 위하여 출연한 재산의 권리변동에 등기, 인도 그 밖의 요건이 필요한 경우에는 그 요건을 갖춘 때에 법인의 재산이 된다.
② 유언으로 재단법인을 설립하는 때에는 출연재산은 유언의 효력이 발생한 때로부터 법	② 설립자의 사망 후에 재단법인이 성립하는 경우에는 출연에 관하여는 그의 사망 전에 재

현행	개정시안
인에 귀속한 것으로 본다.	단법인이 성립한 것으로 본다. ③ 제2항의 경우에 출연재산은 제1항의 요건을 갖추면 설립자가 사망한 때부터 법인에 귀속한 것으로 본다. 재단법인이 성립한 후 설립자가 사망한 경우에도 또한 같다.
제49조(법인의 등기사항) ① 법인설립의 허가가 있는 때에는 3주간내에 주된 사무소소재지에서 설립등기를 하여야 한다.	제49조(법인의 등기사항) ① 법인설립이 인가된 때에는 3주일 안에 주된 사무소 소재지에서 설립등기를 하여야 한다.
② 전항의 등기사항은 다음과 같다.	② 제1항에 따른 등기사항은 다음 각 호와 같다.
1. 목적 2. 명칭 3. 사무소 4. 설립허가의 연월일 5. 존립시기나 해산이유를 정한 때에는 그 시기 또는 사유 6. 자산의 총액 7. 출자의 방법을 정한 때에는 그 방법 8. 이사의 성명, 주소	1. 목적 2. 명칭 3. 사무소의 소재지 4. 설립인가의 연월일 5. 존립시기나 해산사유를 정한 경우에는 그 시기 또는 사유 6. 자산의 총액 7. 출자의 방법을 정한 경우에는 그 방법 8. 이사의 성명, 주소 및 주민등록번호. 다만, 법인을 대표할 이사를 정한 경우에는 그 밖의 이사의 주소는 제외한다.
9. 이사의 대표권을 제한한 때에는 그 제한	9. 이사의 대표권을 제한한 경우에는 그 제한
〈신 설〉	10. 감사를 둔 경우에는 그 성명 및 주민등록번호
제51조(사무소이전의 등기) ① 법인이 그 사무소를 이전하는 때에는 구소재지에서는 3주간내에 이전등기를 하고 신소재지에서는 동기간내	제51조(사무소이전의 등기) 법인이 그 사무소를 이전하는 경우에는 구소재지에서는 3주일 안에 이전등기를 하고, 신소재지에서는 같은 기

현행	개정시안
에 제49조 제2항에 게기한 사항을 등기하여야 한다. ② 동일한 등기소의 관할구역내에서 사무소를 이전한 때에는 그 이전한 것을 등기하면 된다.	간 안에 제49조 제2항 각 호의 사항을 등기하여야 한다. 〈삭 제〉
제52조(변경등기) 제49조 제2항의 사항 중에 변경이 있는 때에는 3주간내에 변경등기를 하여야 한다.	제52조(변경등기) 제49조 제2항 각 호의 사항 중에 변경이 있는 때에는 3주일 안에 변경등기를 하여야 한다.
제53조(등기기간의 기산) 전3조의 규정에 의하여 등기할 사항으로 관청의 허가를 요하는 것은 그 허가서가 도착한 날로부터 등기의 기간을 기산한다.	제53조(등기기간의 기산) 제50조부터 제52조까지의 규정에 따라 등기할 사항이 관청의 인가를 받아야 하는 사항인 경우에는 그 인가서가 도달한 날부터 등기의 기간을 기산(起算)한다.
제54조(설립등기 이외의 등기의 효력과 등기사항의 공고) ① 설립등기 이외의 본절의 등기사항은 그 등기후가 아니면 제삼자에게 대항하지 못한다.	제54조(설립등기 외의 등기의 효력) 설립등기 외의 이 장(章)의 등기사항은 등기하지 않으면 제3자에게 대항하지 못한다.
②등기한 사항은 법원이 지체없이 공고하여야 한다.	〈삭 제〉
제56조(사원권의 양도, 상속금지) 사단법인의 사원의 지위는 양도 또는 상속할 수 없다.	제56조(사원권의 양도, 상속 금지) 사단법인의 사원의 지위는 양도하거나 상속할 수 없다. 다만, 정관에 달리 정한 경우에는 그러하지 아니하다.
제3절 기관	제3절 기관
제63조(임시이사의 선임) 이사가 없거나 결원이 있는 경우에 이로 인하여 손해가 생길 염려 있는 때에는 법원은 이해관계인이나 검사의 청구에 의하여 임시이사를 선임하여야 한다.	제63조(임시이사의 선임) ① 이사가 없거나 결원이 있는 경우에 이로 인하여 손해가 생길 염려가 있는 때에는 법원은 이해관계인이나 검사의 청구에 따라 임시이사를 선임하여야

현행	개정시안
〈신 설〉	한다. ② 제1항에 따라 임시이사가 선임된 경우에는 주된 사무소와 분사무소의 소재지에서 등기하여야 한다.
第70조(임시총회) ① (생 략) ② (생 략) ③ 전항의 청구있는 후 2주간내에 이사가 총회소집의 절차를 밟지 아니한 때에는 청구한 사원은 법원의 허가를 얻어 이를 소집할 수 있다.	第70조(임시총회) ① (현행과 같음) ② (현행과 같음) ③ 제2항의 청구가 있은 후 2주일 안에 이사가 총회소집의 절차를 밟지 아니한 경우에는 청구한 사원은 법원의 허가를 받아 총회를 소집할 수 있다.
第71조(총회의 소집) 총회의 소집은 1주간전에 그 회의의 목적사항을 기재한 통지를 발하고 기타 정관에 정한 방법에 의하여야 한다.	第71조(총회의 소집) 총회의 소집은 1주일 전에 그 회의의 목적사항을 기재한 통지를 발송하고, 그 밖에 정관에서 정한 방법에 따라야 한다.
第76조(총회의 의사록) ① (생 략) ② 의사록에는 의사의 경과, 요령 및 결과를 기재하고 의장 및 출석한 이사가 기명날인하여야 한다. ③ (생 략)	第76조(총회의 의사록) ① (현행과 같음) ② 의사록에는 의사의 경과, 요령 및 결과를 기재하고, 의장 및 출석한 이사가 서명 또는 기명날인하여야 한다. ③ (현행과 같음)
제4절 해산	제4절 해산과 청산
第77조(해산사유) ① 법인은 존립기간의 만료, 법인의 목적의 달성 또는 달성의 불능 기타 정관에 정한 해산사유의 발생, 파산 또는 설립허가의 취소로 해산한다.	第77조(해산사유) ① 재단법인은 다음 각 호의 어느 하나에 해당하는 사유가 있으면 해산한다. 1. 존립기간의 만료, 그 밖에 정관에서 정한 해산사유의 발생 2. 목적의 달성 또는 달성의 불능 3. 파산

현행	개정시안
	4. 설립인가의 취소 5. 합병 또는 분할에 의한 소멸
② 사단법인은 사원이 없게 되거나 총회의 결의로도 해산한다.	② 사단법인은 다음 각 호의 어느 하나에 해당하는 사유가 있으면 해산한다. 1. 사원의 부존재 2. 정관에 달리 정하지 아니한 경우에는 총사원 4분의 3 이상의 동의에 의한 해산결의 3. 제1항 각 호의 사유
第78조(사단법인의 해산결의) 사단법인은 총사원 4분의 3이상의 동의가 없으면 해산을 결의하지 못한다. 그러나 정관에 다른 규정이 있는 때에는 그 규정에 의한다.	〈삭 제〉
第79조(파산신청) 법인이 채무를 완제하지 못하게 된 때에는 이사는 지체없이 파산신청을 하여야 한다.	第79조(회생절차개시 및 파산신청) 법인이 채무를 완제하지 못하게 된 때에는 이사는 지체없이 회생절차개시신청 또는 파산신청을 하여야 한다.
第80조(잔여재산의 귀속) ① (생 략)	第80조(잔여재산의 귀속) ① (현행과 같음)
② 정관으로 귀속권리자를 지정하지 아니하거나 이를 지정하는 방법을 정하지 아니한 때에는 이사 또는 청산인은 주무관청의 허가를 얻어 그 법인의 목적에 유사한 목적을 위하여 그 재산을 처분할 수 있다. 그러나 사단법인에 있어서는 총회의 결의가 있어야 한다.	② 정관으로 귀속권리자를 지정하지 아니하거나 이를 지정하는 방법을 정하지 아니한 경우에는 이사 또는 청산인은 주무관청의 인가를 받아 그 법인의 목적에 유사한 목적을 위하여 그 재산을 처분할 수 있다. 다만, 사단법인의 경우에는 총회의 결의가 있어야 한다.
③ (생 략)	③ (현행과 같음)
第83조(법원에 의한 청산인의 선임) 전조의 규정	第83조(법원에 의한 청산인의 선임) ① 第82조에

현행	개정시안
에 의하여 청산인이 될 자가 없거나 청산인의 결원으로 인하여 손해가 생길 염려가 있는 때에는 법원은 직권 또는 이해관계인이나 검사의 청구에 의하여 청산인을 선임할 수 있다.	따른 청산인이 될 자가 없는 경우에는 법원은 직권 또는 이해관계인이나 검사의 청구에 따라 청산인을 선임하여야 한다. ② 청산인의 결원으로 인하여 손해가 생길 염려가 있는 경우에도 제1항과 같다.
第85조(해산등기) ① 청산인은 파산의 경우를 제하고는 그 취임후 3주간내에 해산의 사유 및 연월일, 청산인의 성명 및 주소와 청산인의 대표권을 제한한 때에는 그 제한을 주된 사무소 및 분사무소소재지에서 등기하여야 한다.	第85조(해산등기) ① 청산인은 파산의 경우를 제외하고는 그 취임 후 3주일 안에 다음 각 호의 사항을 주된 사무소 및 분사무소 소재지에서 등기하여야 한다. 1. 해산의 사유 및 연월일 2. 청산인의 성명, 주소 및 주민등록번호. 다만, 법인을 대표할 청산인을 정한 경우에는 그 밖의 청산인의 주소는 제외한다. 3. 청산인의 대표권을 제한한 때에는 그 제한
② 제52조의 규정은 전항의 등기에 준용한다.	② 제1항의 등기에 관하여는 제52조를 준용한다.
第86조(해산신고) ① 청산인은 파산의 경우를 제하고는 그 취임후 3주간내에 전조 제1항의 사항을 주무관청에 신고하여야 한다. ② 청산중에 취임한 청산인은 그 성명 및 주소를 신고하면 된다.	第86조(해산신고) ① 청산인은 파산의 경우를 제외하고는 그 취임 후 3주일 안에 제85조 제1항 각 호의 사항을 주무관청에 신고하여야 한다. ② 청산 중에 취임한 청산인은 제85조 제1항 제2호의 사항을 신고하면 된다.
第87조(청산인의 직무) ① 청산인의 직무는 다음과 같다. 1. 현존사무의 종결 2. 채권의 추심 및 채무의 변제 3. 잔여재산의 인도	第87조(청산인의 직무) ① 청산인의 직무는 다음 각 호와 같다. 1. 현존사무의 종결 2. 채권의 추심 및 채무의 변제 3. 잔여재산의 양도

현행	개정시안
② 청산인은 전항의 직무를 행하기 위하여 필요한 모든 행위를 할 수 있다.	② 청산인은 제1항 각 호의 직무를 행하기 위하여 필요한 모든 행위를 할 수 있다.
제88조(채권신고의 공고) ① 청산인은 취임한 날로부터 2월내에 3회 이상의 공고로 채권자에 대하여 일정한 기간내에 그 채권을 신고할 것을 최고하여야 한다. 그 기간은 2월 이상이어야 한다.	제88조(채권신고의 공고) ① 청산인은 취임한 날부터 2개월 안에 1주일 이상의 간격을 두어 3회 이상의 공고로 채권자에 대하여 일정한 기간 안에 그 채권을 신고할 것을 최고하여야 한다. 이 경우 채권신고기간은 2개월 이상이어야 한다.
② 전항의 공고에는 채권자가 기간내에 신고하지 아니하면 청산으로부터 제외될 것을 표시하여야 한다.	② 제1항의 공고에는 채권자가 기간 안에 신고하지 아니하면 청산으로부터 제외될 것을 표시하여야 한다.
③ 제1항의 공고는 법원의 등기사항의 공고와 동일한 방법으로 하여야 한다.	〈삭 제〉
제91조(채권변제의 특례) ① (생 략)	제91조(채권변제의 특례) ① (현행과 같음)
② 전항의 경우에는 조건있는 채권, 존속기간의 불확정한 채권 기타 가액의 불확정한 채권에 관하여는 법원이 선임한 감정인의 평가에 의하여 변제하여야 한다.	② 제1항의 경우에는 조건 있는 채권, 존속기간이 불확정한 채권 그 밖에 가액이 불확정한 채권에 관하여는 법원이 선임한 감정인의 평가에 따라 변제하여야 한다.
제92조(청산으로부터 제외된 채권) 청산으로부터 제외된 채권자는 법인의 채무를 완제한 후 귀속권리자에게 인도하지 아니한 재산에 대하여서만 변제를 청구할 수 있다.	제92조(청산으로부터 제외된 채권) 청산으로부터 제외된 채권자는 법인의 채무를 완제한 후 양도되지 않은 재산에 대하여만 변제를 청구할 수 있다.
제93조(청산중의 파산) ① 청산중 법인의 재산이 그 채무를 완제하기에 부족한 것이 분명하게 된 때에는 청산인은 지체없이 파산선고를 신청하고 이를 공고하여야 한다.	제93조(청산 중의 파산) ① 청산 중 법인의 재산이 그 채무를 완제하기에 부족한 것이 분명하게 된 때에는 청산인은 지체 없이 파산신청을 하고 그 사실을 공고하여야 한다.

현행	개정시안
② (생 략) ③ 제88조 제3항의 규정은 제1항의 공고에 준용한다.	② (현행과 같음) ③ 제1항의 공고에 관하여는 제88조 제1항을 준용한다.
제94조(청산종결의 등기와 신고) 청산이 종결한 때에는 청산인은 3주간내에 이를 등기하고 주무관청에 신고하여야 한다.	제94조(청산종결의 등기와 신고) 청산이 종결된 때에는 청산인은 3주일 안에 등기하고 주무관청에 신고하여야 한다.
〈신 설〉	제4절의2 합병과 분할
〈신 설〉	제96조의2(합병 · 분할) ① 사단법인은 다른 사단법인과 합병하거나 복수의 사단법인으로 분할할 수 있다. ② 재단법인은 다른 재단법인과 합병하거나 복수의 재단법인으로 분할할 수 있다. 다만, 재단법인의 합병 또는 분할은 제45조 제1항 또는 제46조에서 정한 정관변경의 요건이 갖추어진 경우에만 할 수 있다.
〈신 설〉	제96조의3(합병 · 분할의 절차) ① 법인이 합병하는 경우에는 합병계약서를 작성하여야 하고, 분할하는 경우에는 분할계획서를 작성하여야 한다. ② 사단법인은 사원총회에서 총사원 4분의 3 이상, 재단법인은 총이사의 4분의 3 이상의 동의로 합병계약서 또는 분할계획서의 승인을 받아야 한다. 다만, 정수(定數)에 관하여 정관에 다른 규정이 있는 경우에는 그 규정에 따른다. ③ 법인은 제2항의 승인을 받은 합병계약서 또는 분할계획서를 주무관청에 제출하여 인

현행	개정시안
	가를 받아야 한다.
〈신 설〉	제96조의4(합병계약서의 기재사항) ① 합병할 법인의 한쪽이 합병 후 존속하는 경우에는 합병계약서에 다음 각 호의 사항을 기재하여야 한다. 1. 제96조의3제2항의 합병승인을 위한 각 법인의 회의예정일 2. 합병을 할 날 3. 존속하는 법인이 합병으로 인하여 정관을 변경하기로 정한 경우에는 그 규정 4. 존속하는 법인에 취임할 이사의 성명과 주민등록번호 5. 존속하는 법인에 감사를 두기로 한 경우로서 취임할 감사를 정한 경우에는 그 성명과 주민등록번호 ② 합병으로 법인을 설립하는 경우에는 합병계약서에 다음 각 호의 사항을 기재하여야 한다. 1. 설립되는 법인의 정관에 기재할 사항 2. 제96조의3제2항의 합병승인을 위한 각 법인의 회의예정일 3. 합병을 할 날 4. 설립되는 법인의 이사의 성명 및 주민등록번호 5. 감사를 두기로 한 경우로서 취임할 감사를 정한 경우에는 그 성명과 주민등록번호
〈신 설〉	제96조의5(분할계획서의 기재사항) ① 분할에 의하여 법인을 설립하는 경우에는 분할계획서에 다음 각 호의 사항을 기재하여야 한다.

현행	개정시안
	1. 설립되는 법인의 정관에 기재할 사항 2. 설립되는 법인에 이전될 재산과 그 가액 3. 설립되는 법인의 이사의 성명과 주민등록번호 4. 설립되는 법인에 감사를 두기로 한 경우로서 취임할 감사를 정한 경우에는 그 성명과 주민등록번호 ② 분할 후 법인이 존속하는 경우에는 존속하는 법인에 관하여 분할계획서에 다음 각 호의 사항을 기재하여야 한다. 1. 분할로 설립되는 법인에 이전할 재산과 그 가액 2. 정관을 변경하여야 하는 그 밖의 사항
〈신 설〉	제96조의6(합병계약서 등의 공시) ① 법인은 제96조의3제2항의 승인을 위한 회의예정일의 2주일 전부터 합병·분할의 효력이 발생한 날 이후 6개월이 경과하는 날까지 다음 각 호의 서류를 주된 사무소에 갖추어두어야 한다. 1. 합병계약서 또는 분할계획서 2. 각 법인의 최종의 재산목록과 대차대조표 ② 사원 또는 법인의 채권자는 업무시간 안에는 언제든지 제1항 각 호의 서류의 열람을 청구하거나, 법인이 정한 비용을 지급하고 그 등본 또는 초본의 교부를 청구할 수 있다.
〈신 설〉	제96조의7(채권자보호) ① 법인은 주무관청으로부터 합병의 인가를 받은 날부터 2주일 안에 채권자에 대하여 합병에 이의가 있으면 일정한 기간 안에 이의를 제출할 것을 공고하고, 알고 있는 채권자에 대하여는 이를 개별적으

현행	개정시안
	로 최고하여야 한다. 이 경우 공고와 최고의 기간은 2개월 이상이어야 한다. ② 채권자가 제1항의 기간 안에 이의를 제출하지 아니한 때에는 합병을 승인한 것으로 본다. ③ 이의를 제출한 채권자가 있는 때에는 법인은 그 채권자에 대하여 채무를 변제하거나 상당한 담보를 제공하여야 한다.
〈신 설〉	제96조의8(합병 · 분할의 등기) ① 합병의 경우에는 제96조의7에 따른 절차가 종료된 날부터 3주일 안에 주된 사무소 및 분사무소 소재지에서 합병의 등기를 하여야 한다. 이 경우 합병으로 존속하는 법인은 변경등기를, 소멸하는 법인은 해산등기를, 신설되는 법인은 설립등기를 하여야 한다. ② 분할의 경우에는 분할인가를 받은 날부터 3주일 안에 주된 사무소 및 분사무소 소재지에서 분할의 등기를 하여야 한다. 이 경우 분할로 인하여 소멸하는 법인은 해산등기를, 분할 후에도 계속 존속하는 법인은 변경등기를, 분할 후에 신설된 법인은 설립등기를 하여야 한다.
〈신 설〉	제96조의9(합병 · 분할의 효력발생) 법인의 합병은 합병 후 존속하는 법인 또는 합병으로 신설되는 법인이, 법인의 분할은 분할 후에 존속하는 법인 또는 분할로 신설된 법인이 그 주된 사무소 소재지에서 제96조의8에 따른 등기를 함으로써 그 효력이 생긴다.
〈신 설〉	제96조의10(합병 · 분할의 효과) ① 합병 후 존속

현행	개정시안
	하는 법인 또는 합병으로 인하여 신설된 법인은 합병으로 인하여 소멸된 법인의 권리와 의무를 승계한다. ② 분할로 인하여 신설된 법인 또는 존속하는 법인은 분할되는 법인의 권리와 의무를 분할계획서가 정하는 바에 따라 승계한다. ③ 분할로 신설되는 법인 또는 존속하는 법인은 분할 전의 법인채무를 연대하여 변제할 책임이 있다.
〈신 설〉	제96조의11(합병 · 분할무효의 소) ① 합병 또는 분할의 무효는 각 법인의 사원 · 이사 · 감사 · 청산인 · 관리인 · 파산관재인 또는 합병을 승인하지 아니한 채권자에 한정하여 소(訴)로써만 주장할 수 있다. ② 제1항의 소는 제96조의8에 따라 등기한 날부터 6개월 안에 제기하여야 한다. ③ 제1항의 소는 법인의 주된 사무소 소재지의 지방법원의 관할에 전속한다.
〈신 설〉	제96조의12(합병 · 분할무효의 등기) 합병 또는 분할을 무효로 한 판결이 확정된 때에는 주된 사무소 소재지 및 분사무소 소재지에서 합병이나 분할 후 존속한 법인의 변경등기, 합병이나 분할로 소멸된 법인의 회복등기, 합병이나 분할로 신설된 법인의 해산등기를 하여야 한다.
〈신 설〉	제96조의13(합병무효판결확정의 효과) ① 법인의 합병을 무효로 한 판결이 확정된 경우에는 합병 후 존속법인이나 신설법인이 부담한 채무에 대하여는 합병 전의 상태로 복귀한 법인이

현행	개정시안
	연대하여 변제할 책임이 있다. ② 합병 후 존속법인이나 신설법인이 취득한 재산은 합병 전의 상태로 복귀한 법인의 공유로 한다. ③ 제1항 및 제2항의 경우에 각 법인의 협의로 그 부담부분 또는 지분을 정하지 못한 경우에는 법원은 그 청구에 따라 합병한 때의 각 법인의 재산상태 그 밖의 사정을 참작하여 이를 정한다.
〈신 설〉	제96조의14(분할무효판결확정의 효과) ① 법인의 분할을 무효로 한 판결이 확정된 경우에는 분할 후 존속법인이나 신설법인이 부담한 채무에 대하여는 분할 전의 상태로 복귀한 법인이 변제할 책임이 있다. ② 분할 후 존속법인이나 신설법인이 취득한 재산은 분할 전의 상태로 복귀한 법인에게 귀속한다.
〈신 설〉	제96조의15(판결의 효력) ① 합병 또는 분할무효의 판결은 제3자에 대하여도 그 효력이 있다. ② 제1항의 판결은 그 확정 전에 생긴 법인과 사원 및 제3자 사이의 권리·의무에 영향을 미치지 아니한다.
제5절 벌칙	제5절 벌칙
제97조(벌칙) 법인의 이사, 감사 또는 청산인은 다음 각호의 경우에는 500만원 이하의 과태료에 처한다.	제97조(벌칙) 법인의 이사, 감사 또는 청산인이 다음 각 호의 어느 하나에 해당하는 경우에는 500만원 이하의 과태료를 부과한다.
1. 본장에 규정한 등기를 해태한 때	1. 이 장(章)에 규정한 등기를 해태(懈怠)한

현행	개정시안
	경우
2. 제55조의 규정에 위반하거나 재산목록 또는 사원명부에 부정기재를 한 때	2. 제55조를 위반하거나 재산목록 또는 사원명부에 부정기재를 한 경우
3. 제37조, 제95조에 규정한 검사, 감독을 방해한 때	3. 제37조 또는 제95조에 규정한 검사, 감독을 방해한 경우
4. 주무관청 또는 총회에 대하여 사실아닌 신고를 하거나 사실을 은폐한 때	4. 주무관청 또는 총회에 대하여 사실 아닌 신고를 하거나 사실을 은폐한 경우
5. 제76조와 제90조의 규정에 위반한 때	5. 제76조 또는 제90조를 위반한 경우
6. 제79조, 제93조의 규정에 위반하여 파산선고의 신청을 해태한 때	6. 제79조를 위반하여 회생절차개시신청 또는 파산신청을 해태한 경우 7. 제93조를 위반하여 파산신청을 해태한 경우
7. 제88조, 제93조에 정한 공고를 해태하거나 부정한 공고를 한 때	8. 제88조, 제93조 또는 제96조의7에 정한 공고를 해태하거나 부정한 공고를 한 경우
제1032조(채권자에 대한 공고, 최고) ① 한정승인자는 한정승인을 한 날로부터 5일내에 일반상속채권자와 유증받은 자에 대하여 한정승인의 사실과 일정한 기간 내에 그 채권 또는 수증을 신고할 것을 공고하여야 한다. 그 기간은 2월 이상이어야 한다. ② 제88조 제2항, 제3항과 제89조의 규정은 전항의 경우에 준용한다.	제1032조(채권자에 대한 공고, 최고) ① 한정승인자는 한정승인을 한 날부터 5일 안에 일반상속채권자와 유증 받은 자에 대하여 한정승인의 사실과 일정한 기간 안에 그 채권 또는 수증을 신고할 것을 공고하여야 한다. 이 경우 그 신고기간은 2개월 이상이어야 한다. ② 제1항의 공고에 관하여는 제88조 제2항 및 제89조를 준용한다.
제1046조(분리명령과 채권자 등에 대한 공고, 최고) ① 법원이 전조의 청구에 의하여 재산의 분리를 명한 때에는 그 청구자는 5일내에 일반상속채권자와 유증받은 자에 대하여 재산분리의 명령있은 사실과 일정한 기간내에 그 채권	제1046조(분리명령과 채권자등에 대한 공고, 최고) ① 법원이 제1045조의 청구에 따라 재산의 분리를 명한 때에는 그 청구자는 5일 안에 일반상속채권자와 유증 받은 자에 대하여 재산분리의 명령이 있었던 사실과 일정한 기간 안

현행	개정시안
또는 수증을 신고할 것을 공고하여야 한다. 그 기간은 2월 이상이어야 한다.	에 그 채권 또는 수증을 신고할 것을 공고하여야 한다. 이 경우 그 신고기간은 2개월 이상이어야 한다.
② 제88조 제2항, 제3항과 제89조의 규정은 전항의 경우에 준용한다.	② 제1항의 공고에 관하여는 제88조 제2항 및 제89조를 준용한다.
제1056조(상속인없는 재산의 청산) ① 제1053조 제1항의 공고있은 날로부터 3월내에 상속인의 존부를 알 수 없는 때에는 관리인은 지체없이 일반상속채권자와 유증받은 자에 대하여 일정한 기간 내에 그 채권 또는 수증을 신고할 것을 공고하여야 한다. 그 기간은 2월 이상이어야 한다. ② 제88조 제2항, 제3항, 제89조, 제1033조 내지 제1039조의 규정은 전항의 경우에 준용한다.	제1056조(상속인이 없는 재산의 청산) ① 제1053조 제1항의 공고가 있은 날부터 3개월 안에 상속인의 존부(存否)를 알 수 없는 때에는 관리인은 지체 없이 일반상속채권자와 유증 받은 자에 대하여 일정한 기간 안에 그 채권 또는 수증을 신고할 것을 공고하여야 한다. 이 경우 그 신고기간은 2개월 이상이어야 한다. ② 제1항의 공고에 관하여는 제88조 제2항, 제89조 및 제1033조부터 제1039조까지의 규정을 준용한다.

법률행위

현행	개정시안
제137조(법률행위의 일부무효) 법률행위의 일부분이 무효인 때에는 그 전부를 무효로 한다. 그러나 그 무효부분이 없더라도 법률행위를 하였을 것이라고 인정될 때에는 나머지 부분은 무효가 되지 아니한다.	제137조(법률행위의 일부무효) 법률행위의 일부분이 무효인 때에도 나머지 부분은 효력이 있다. 그러나 그 나머지 부분만으로는 법률행위를 하지 아니하였을 것이라고 인정될 때에는 전부를 무효로 한다.
제138조(무효행위의 전환) 무효인 법률행위가 다른 법률행위의 요건을 구비하고 당사자가 그 무효를 알았더라면 다른 법률행위를 하는 것을 의욕하였으리라고 인정될 때에는 다른 법률행위로서 효력을 가진다.	제138조(무효행위의 전환) 무효인 법률행위가 다른 법률행위의 요건을 갖추고 당사자가 그 무효를 알았더라면 다른 법률행위를 하였을 것으로 인정될 때에는 그 다른 법률행위로서 효력을 가진다.
제139조(무효행위의 추인) 무효인 법률행위는 추인하여도 그 효력이 생기지 아니한다. 그러나 당사자가 그 무효임을 알고 추인한 때에는 새로운 법률행위로 본다.	제139조(무효행위의 추인) 무효인 법률행위는 추인하여도 그 효력이 생기지 않는다. 그러나 당사자가 그 무효임을 알고 추인한 때에는 새로운 법률행위를 한 것으로 본다.
〈신 설〉	제139조의2(무권리자의 처분) ① 무권리자가 권리자의 동의를 얻어 한 처분은 효력이 있다. ② 권리자가 무권리자의 처분을 추인하면 그 처분은 소급하여 효력이 있다. 그러나 제3자의 권리를 해치지 못한다.
※ 2011. 3. 7. 법률 제10429호로 개정되기 전의 민법 제140조(법률행위의 취소권자) 취소할 수 있는 법률행위는 무능력자, 하자 있는 의사표시를	제140조(법률행위의 취소권자) 취소할 수 있는 법률행위는 제한능력자, 착오로 인한 의사표시를 한 자, 사기나 강박에 의한 의사표시를 한 자, 그 대리인 또는 승계인에 한하여 취소할 수

현행	개정시안
한 자, 그 대리인 또는 승계인에 한하여 취소할 수 있다. **〈현 행〉** 제140조(법률행위의 취소권자) 취소할 수 있는 법률행위는 제한능력자, 착오로 인하거나 사기·강박에 의하여 의사표시를 한 자, 그의 대리인 또는 승계인만이 취소할 수 있다.	있다.
※ 2011. 3. 7. 법률 제10429호로 개정되기 전의 민법 제141조(취소의 효과) 취소한 법률행위는 처음부터 무효인 것으로 본다. 그러나 무능력자는 그 행위로 인하여 받은 이익이 현존하는 한도에서 상환할 책임이 있다. 〈현 행〉 제141조(취소의 효과) 취소된 법률행위는 처음부터 무효인 것으로 본다. 다만, 제한능력자는 그 행위로 인하여 받은 이익이 현존하는 한도에서 상환(償還)할 책임이 있다.	제141조(취소의 효과) ① 취소한 법률행위는 처음부터 무효인 것으로 본다. 그러나 제한능력자는 그 행위로 인하여 받은 이익이 현존하는 한도에서 상환할 책임이 있다. ② 법률행위의 일부분에만 취소의 원인이 있는 때에는 취소권이 행사되어도 나머지 부분은 효력이 있다. 그러나 그 나머지 부분만으로는 법률행위를 하지 아니하였을 것이라고 인정될 때에는 그 전부를 무효로 한다.
제142조(취소의 상대방) 취소할 수 있는 법률행위의 상대방이 확정한 경우에는 그 취소는 그 상대방에 대한 의사표시로 하여야 한다.	제142조(취소의 상대방) 취소할 수 있는 법률행위의 상대방이 확정되어 있는 경우에는 취소는 그 상대방에 대한 의사표시로 하여야 한다.
제143조(추인의 방법, 효과) ① 취소할 수 있는 법률행위는 제140조에 규정한 자가 추인할 수 있고 추인후에는 취소하지 못한다. ② 전조의 규정은 전항의 경우에 준용한다.	제143조(추인의 방법, 효과) ① 취소할 수 있는 법률행위는 취소권자가 추인할 수 있고, 추인한 후에는 취소하지 못한다. ② 제142조는 제1항의 경우에 준용한다.
※ 2011. 3. 7. 법률 제10429호로 개정되기	제144조(추인의 요건) ① 추인은 취소의 원인이

현행	개정시안
전의 민법 제144조(추인의 요건) ① 추인은 취소의 원인이 종료한 후에 하지 아니하면 효력이 없다. ② 전항의 규정은 법정대리인이 추인하는 경우에는 적용하지 아니한다. 〈현 행〉 제144조(추인의 요건) ① 추인은 취소의 원인이 소멸된 후에 하여야만 효력이 있다. ② 제1항은 법정대리인 또는 후견인이 추인하는 경우에는 적용하지 아니한다.	소멸한 후 추인권자가 취소권을 행사할 수 있음을 알고 하지 아니하면 효력이 없다. ② 법정대리인은 취소의 원인이 소멸하기 전에도 추인할 수 있다.

시효

현행	개정시안
제7장 소멸시효	제7장 소멸시효
제162조(채권, 재산권의 소멸시효) ① 채권은 10년간 행사하지 아니하면 소멸시효가 완성한다. ② 채권 및 소유권 이외의 재산권은 20년간 행사하지 아니하면 소멸시효가 완성한다.	제162조(채권의 소멸시효기간) ① 채권은 채권자가 권리를 행사할 수 있다는 사실과 채무자를 안 때부터 5년 동안 행사하지 아니하면 소멸시효가 완성된다. ② 부작위를 목적으로 하는 채권의 소멸시효는 채권자가 위반행위와 채무자를 안 때부터 진행된다. ③ 권리를 행사할 수 있는 때 또는 위반행위를 한 때부터 10년이 지나면 제1항 및 제2항에도 불구하고 소멸시효가 완성된다.
〈신 설〉	제162조의2(그 밖의 재산권의 소멸시효기간) 채권과 소유권을 제외한 다른 재산권은 권리를 행사할 수 있는 때부터 20년 동안 행사하지 아니하면 소멸시효가 완성된다.
제163조(3년의 단기소멸시효) 다음 각호의 채권은 3년간 행사하지 아니하면 소멸시효가 완성한다. 1. 이자, 부양료, 급료, 사용료 기타 1년 이내의 기간으로 정한 금전 또는 물건의 지급을 목적으로 한 채권 2. 의사, 조산사, 간호사 및 약사의 치료, 근로 및 조제에 관한 채권 3. 도급받은 자, 기사 기타 공사의 설계 또는 감독에 종사하는 자의 공사에 관한 채권	〈삭 제〉

현행	개정시안
4. 변호사, 변리사, 공증인, 공인회계사 및 법무사에 대한 직무상 보관한 서류의 반환을 청구하는 채권 5. 변호사, 변리사, 공증인, 공인회계사 및 법무사의 직무에 관한 채권 6. 생산자 및 상인이 판매한 생산물 및 상품의 대가 7. 수공업자 및 제조자의 업무에 관한 채권	
제164조(1년의 단기소멸시효) 다음 각호의 채권은 1년간 행사하지 아니하면 소멸시효가 완성한다. 1. 여관, 음식점, 대석, 오락장의 숙박료, 음식료, 대석료, 입장료, 소비물의 대가 및 체당금의 채권 2. 의복, 침구, 장구 기타 동산의 사용료의 채권 3. 노역인, 연예인의 임금 및 그에 공급한 물건의 대금채권 4. 학생 및 수업자의 교육, 의식 및 유숙에 관한 교주, 숙주, 교사의 채권	〈삭 제〉
제165조(판결 등에 의하여 확정된 채권의 소멸시효) ① 판결에 의하여 확정된 채권은 단기의 소멸시효에 해당한 것이라도 그 소멸시효는 10년으로 한다. ② 파산절차에 의하여 확정된 채권 및 재판상의 화해, 조정 기타 판결과 동일한 효력이 있는 것에 의하여 확정된 채권도 전항과 같다.	제165조(판결 등으로 확정된 채권의 소멸시효기간) ① 판결에 의하여 확정된 채권은 그 판결이 확정된 때부터 10년 동안 행사하지 아니하면 소멸시효가 완성된다. ② 회생절차, 파산절차, 개인회생절차에 의하여 확정된 채권과 재판상의 화해절차, 조정(調停)절차, 그 밖에 판결과 동일한 효력이 생기는 절차에 의하여 확정된 채권도 제1항과 같다.

현행	개정시안
③ 전2항의 규정은 판결확정당시에 변제기가 도래하지 아니한 채권에 적용하지 아니한다.	③ 판결 등의 확정 당시에 변제기(辨濟期)가 되지 아니한 채권에 대하여는 제1항과 제2항을 적용하지 아니한다.
第166조(소멸시효의 기산점) ① 소멸시효는 권리를 행사할 수 있는 때로부터 진행한다. ② 부작위를 목적으로 하는 채권의 소멸시효는 위반행위를 한 때로부터 진행한다.	〈삭 제〉
第167조(소멸시효의 소급효) 소멸시효는 그 기산일에 소급하여 효력이 생긴다.	第167조(소멸시효의 소급효) 소멸시효는 그 기산일로 소급하여 효력이 생긴다.
第168조(소멸시효의 중단사유) 소멸시효는 다음 각호의 사유로 인하여 중단된다. 1. 청구 2. 압류 또는 가압류, 가처분 3. 승인	第168조(재판상 권리행사 등과 소멸시효의 정지) 소멸시효는 다음 각 호의 어느 하나의 사유가 있으면 그 진행이 정지된다. 1. 재판상의 권리행사 2. 지급명령의 신청 3. 제소 전 화해절차, 조정절차, 중재절차, 그 밖에 판결과 동일한 효력이 생기는 절차에서의 권리행사 4. 회생절차, 파산절차 또는 개인회생절차 참가
第169조(시효중단의 효력) 시효의 중단은 당사자 및 그 승계인간에만 효력이 있다.	第169조(소멸시효 정지의 효력) 소멸시효가 정지되는 경우에는 그 절차가 진행되는 동안은 시효기간의 계산에 넣지 아니한다.
第170조(재판상의 청구와 시효중단) ① 재판상의 청구는 소송의 각하, 기각 또는 취하의 경우에는 시효중단의 효력이 없다. ② 전항의 경우에 6월내에 재판상의 청구, 파산절차참가, 압류 또는 가압류, 가처분을 한 때에는 시효는 최초의 재판상 청구로 인하여 중	第170조(보전처분과 소멸시효의 정지 및 완성유예) ① 가압류나 가처분이 신청된 경우에는 소멸시효가 정지되며, 가압류 또는 가처분 결정이 있는 때부터 1년 안에는 시효가 완성되지 아니한다. ② 가압류나 가처분은 소멸시효의 이익을 받

현행	개정시안
단된 것으로 본다.	을 자에 대하여 하지 아니한 경우에는 그 사실을 그에게 통지하지 아니하면 시효정지 및 완성유예의 효력이 없다.
제171조 (파산절차참가와 시효중단) 파산절차참가는 채권자가 이를 취소하거나 그 청구가 각하된 때에는 시효중단의 효력이 없다.	제171조(혼인관계 등으로 인한 소멸시효의 정지 및 완성유예) ① 부부 중 한쪽이 다른 쪽에 대하여 가지는 권리는 혼인 중에는 소멸시효가 정지되며, 혼인이 종료된 때부터 1년 안에는 시효가 완성되지 아니한다. ② 미성년인 자녀가 아버지나 어머니에 대하여 가지는 권리는 자녀가 미성년인 동안에는 소멸시효가 정지되며, 성년자로 된 때부터 1년 안에는 시효가 완성되지 아니한다. ③ 재산을 관리하는 후견인에 대하여 가지는 제한능력자의 권리는 그가 능력자가 될 때 또는 후임 후견인이 취임할 때까지 소멸시효가 정지되며, 능력자가 된 때 또는 후임 후견인이 취임한 때부터 1년 안에는 시효가 완성되지 아니한다. ④ 미성년자의 법정대리인과 제779조 제1항에 따른 가족관계 또는 그에 준하는 관계에 있는 자에 대하여 미성년자가 가지는 권리는 그가 성년자로 될 때 또는 그 관계가 해소될 때까지 소멸시효가 정지되며, 성년자로 된 때 또는 그 관계가 해소된 때부터 1년 안에는 시효가 완성되지 아니한다.
제172조(지급명령과 시효중단) 지급명령은 채권자가 법정기간내에 가집행신청을 하지 아니함으로 인하여 그 효력을 잃은 때에는 시효중단의 효력이 없다.	제172조(협의로 인한 소멸시효의 정지 및 완성유예) ① 권리자와 의무자 사이에 권리에 대하여 또는 권리를 발생시키는 사정에 대하여 협의(協議)가 진행 중인 동안에는 소멸시효가 정지된다.

현행	개정시안
	② 당사자 한쪽이 협의를 거절하거나 3개월이 지나도록 합의가 이루어지지 아니한 때에는 협의는 종료된 것으로 본다. ③ 협의가 종료된 후 6개월 안에는 소멸시효가 완성되지 아니한다.
제173조(화해를 위한 소환, 임의출석과 시효중단) 화해를 위한 소환은 상대방이 출석하지 아니하거나 화해가 성립되지 아니한 때에는 1월내에 소를 제기하지 아니하면 시효중단의 효력이 없다. 임의출석의 경우에 화해가 성립되지 아니한 때에도 그러하다.	제173조(최고에 따른 소멸시효의 완성유예) ① 소멸시효기간이 만료되기 전 6개월 안에 최고(催告)가 있는 경우에는 그 때부터 6개월 안에는 시효가 완성되지 아니한다. ② 제1항의 최고가 여러 차례 있는 경우에는 완성유예의 효력은 최후의 최고에 의하여 생긴다.
제174조(최고와 시효중단) 최고는 6월내에 재판상의 청구, 파산절차참가, 화해를 위한 소환, 임의출석, 압류 또는 가압류, 가처분을 하지 아니하면 시효중단의 효력이 없다.	제174조(불가항력으로 인한 소멸시효의 완성유예) 권리자가 불가항력으로 인하여 권리행사를 방해받는 경우에는 그 사유가 종료된 때부터 6개월 안에는 소멸시효가 완성되지 아니한다.
제175조(압류, 가압류, 가처분과 시효중단) 압류, 가압류 및 가처분은 권리자의 청구에 의하여 또는 법률의 규정에 따르지 아니함으로 인하여 취소된 때에는 시효중단의 효력이 없다.	제175조(제한능력자와 소멸시효의 완성유예) 소멸시효기간이 만료되기 전 6개월 안에 제한능력자에게 법정대리인이 없는 경우에는 제한능력자의 권리 또는 제한능력자에 대한 권리는 그가 능력자가 되거나 법정대리인이 취임한 때부터 6개월 안에는 시효가 완성되지 아니한다.
제176조(압류, 가압류, 가처분과 시효중단) 압류, 가압류 및 가처분은 시효의 이익을 받은 자에 대하여 하지 아니한 때에는 이를 그에게 통지한 후가 아니면 시효중단의 효력이 없다.	제176조(상속재산에 관한 권리와 소멸시효의 완성유예) 상속재산에 속한 권리나 상속재산에 대한 권리는 상속인의 확정, 상속재산관리인의 선임 또는 상속재산에 대한 파산선고가 있

현행	개정시안
	는 때부터 6개월 안에는 소멸시효가 완성되지 아니한다.
	第177조(승인과 소멸시효의 재개시) ① 일부이행, 이자지급, 그 밖의 방법으로 권리자에게 권리를 승인한 때에는 소멸시효는 새로 진행된다.
第177조(승인과 시효중단) 시효중단의 효력있는 승인에는 상대방의 권리에 관한 처분의 능력이나 권한있음을 요하지 아니한다.	② 제1항의 승인에는 상대방의 권리에 관한 처분의 능력이나 권한이 필요하지 아니하다.
第178조(중단후에 시효진행) ① 시효가 중단된 때에는 중단까지에 경과한 시효기간은 이를 산입하지 아니하고 중단사유가 종료한 때로부터 새로이 진행한다. ② 재판상의 청구로 인하여 중단한 시효는 전항의 규정에 의하여 재판이 확정된 때로부터 새로이 진행한다.	第178조(민사집행과 소멸시효의 정지 및 재개시) ① 민사집행(재산명시 또는 채무불이행자 명부 등재를 포함한다)이 신청된 경우에는 소멸시효가 정지되며, 집행이 완료된 때에 시효가 새로 진행된다. ② 재산명시 또는 채무불이행자 명부 등재의 신청에 따른 소멸시효의 정지 및 재개시는 모두 합하여 1회에 한정된다. ③ 민사집행은 소멸시효의 이익을 받을 자에 대하여 하지 아니한 경우에는 그 사실을 그에게 통지하지 아니하면 시효의 정지 및 재개시의 효력이 없다.
〈신 설〉	第178조의2(소멸시효의 정지, 완성유예 및 재개시의 상대적 효력) 소멸시효의 정지, 완성유예 및 재개시는 당사자와 그의 승계인 사이에서만 효력이 있다.
第179조(제한능력자의 시효정지) 소멸시효의 기간만료 전 6개월 내에 제한능력자에게 법정대리인이 없는 경우에는 그가 능력자가 되거나	〈삭 제〉

현행	개정시안
법정대리인이 취임한 때부터 6개월 내에는 시효가 완성되지 아니한다.	
第180조(재산관리자에 대한 제한능력자의 권리, 부부 사이의 권리와 시효정지) ① 재산을 관리하는 아버지, 어머니 또는 후견인에 대한 제한능력자의 권리는 그가 능력자가 되거나 후임 법정대리인이 취임한 때부터 6개월 내에는 소멸시효가 완성되지 아니한다. ② 부부 중 한쪽이 다른 쪽에 대하여 가지는 권리는 혼인관계가 종료된 때부터 6개월 내에는 소멸시효가 완성되지 아니한다.	〈삭 제〉
第181조(상속재산에 관한 권리와 시효정지) 상속재산에 속한 권리나 상속재산에 대한 권리는 상속인의 확정, 관리인의 선임 또는 파산선고가 있는 때로부터 6월내에는 소멸시효가 완성하지 아니한다.	〈삭 제〉
第182조(천재 기타 사변과 시효정지) 천재 기타 사변으로 인하여 소멸시효를 중단할 수 없을 때에는 그 사유가 종료한 때로부터 1월내에는 시효가 완성하지 아니한다.	〈삭 제〉
第183조(종속된 권리에 대한 소멸시효의 효력) 주된 권리의 소멸시효가 완성한 때에는 종속된 권리에 그 효력이 미친다.	第183조(소멸시효 완성의 효력) ① 소멸시효가 완성된 때에는 그 권리의 소멸로 인하여 이익을 받을 자는 그 권리의 소멸을 주장할 수 있다. ② 주된 권리의 소멸시효가 완성된 경우에는 종속된 권리에 그 효력이 미친다.
第184조(시효의 이익의 포기 기타) ① (생 략) ② 소멸시효는 법률행위에 의하여 이를 배제,	第184조(소멸시효 이익의 포기 등) ① (현행과 같음)

현행	개정시안
연장 또는 가중할 수 없으나 이를 단축 또는 경감할 수 있다.	② 소멸시효는 법률행위로써 배제하거나 연장하거나 가중할 수 없으나, 단축하거나 경감할 수는 있다.
제197조(점유의 태양) ① 점유자는 소유의 의사로 선의, 평온 및 공연하게 점유한 것으로 추정한다. ② 선의의 점유자라도 본권에 관한 소에 패소한 때에는 그 소가 제기된 때로부터 악의의 점유자로 본다.	제197조(점유의 모습) ① 점유자는 선의로 평온하고 공연하게 점유한 것으로 추정한다. ② 선의의 점유자라도 본권에 관한 소에 패소한 때에는 그 소가 제기된 때부터 악의의 점유자로 본다.
제2절 소유권의 취득	**제2절 소유권의 취득**
제245조(점유로 인한 부동산소유권의 취득기간) ① 20년간 소유의 의사로 평온, 공연하게 부동산을 점유하는 자는 등기함으로써 그 소유권을 취득한다. ② 부동산의 소유자로 등기한 자가 10년간 소유의 의사로 평온, 공연하게 선의이며 과실없이 그 부동산을 점유한 때에는 소유권을 취득한다.	제245조(부동산소유권의 취득시효) ① 20년 동안 소유의 의사로 평온하고 공연하게 선의로 과실(過失) 없이 그 부동산을 점유하여 온 자는 등기함으로써 그 소유권을 취득한다. ② 부동산의 소유자로 등기된 자가 10년 동안 소유의 의사로 평온하고 공연하게 선의로 과실 없이 그 부동산을 점유하여 온 경우에는 그 소유권을 취득한다.
제246조(점유로 인한 동산소유권의 취득기간) ① 10년간 소유의 의사로 평온, 공연하게 동산을 점유한 자는 그 소유권을 취득한다. ② 전항의 점유가 선의이며 과실없이 개시된 경우에는 5년을 경과함으로써 그 소유권을 취득한다.	제246조(동산소유권의 취득시효) ① 10년 동안 소유의 의사로 평온하고 공연하게 동산을 점유한 자는 그 소유권을 취득한다. ② 제1항의 점유가 선의로 과실 없이 개시된 경우에는 5년을 경과함으로써 그 소유권을 취득한다.
제247조(소유권취득의 소급효, 중단사유) ① 전2조의 규정에 의한 소유권취득의 효력은 점유를 개시한 때에 소급한다.	제247조(소유권 취득의 소급효) 제245조 및 제246조에 따른 소유권 취득의 효력은 점유를 개시한 때로 소급한다.

현행	개정시안
② 소멸시효의 중단에 관한 규정은 전2조의 소유권취득기간에 준용한다.	〈삭 제〉
〈신 설〉	제247조의2(취득시효의 정지 및 완성유예) 취득시효의 정지 및 완성유예에 관하여는 소멸시효의 정지 및 완성유예에 관한 규정을 준용한다.
〈신 설〉	제247조의3(점유상실로 인한 취득시효의 중단) 취득시효는 점유를 상실한 경우에는 중단된다. 다만, 점유자가 그의 의사에 의하지 아니하고 점유를 상실한 후 1년 안에 점유를 회수하거나 제192조 제2항 단서에 해당하는 때에는 그러하지 아니하다.
〈신 설〉	제247조의4(민사집행으로 인한 취득시효의 중단) ① 법원에 민사집행이 신청된 경우에는 취득시효는 중단된다. ② 제1항에 따른 취득시효 중단의 효력에 관하여는 제178조 제3항 및 제178조의2를 준용한다.
제294조(지역권취득기간) 지역권은 계속되고 표현된 것에 한하여 제245조의 규정을 준용한다.	제294조(지역권취득시효) 지역권은 계속되고 표현된 것에 한정하여 제245조를 준용한다.
제295조(취득과 불가분성) ① (생 략)	제295조(취득과 불가분성) ① (현행과 같음)
② 점유로 인한 지역권취득기간의 중단은 지역권을 행사하는 모든 공유자에 대한 사유가 아니면 그 효력이 없다.	② 지역권취득시효의 정지, 완성유예, 중단은 지역권을 행사하는 모든 공유자에 대한 사유가 아니면 그 효력이 없다.
제296조(소멸시효의 중단, 정지와 불가분성) 요역지가 수인의 공유인 경우에 그 1인에 의한 지역권소멸시효의 중단 또는 정지는 다른 공유	제296조(소멸시효의 정지, 완성유예, 재개시와 불가분성) 요역지가 수인의 공유인 경우에 그 1인에 의한 지역권소멸시효의 정지, 완성유예

현행	개정시안
자를 위하여 효력이 있다.	또는 재개시는 다른 공유자를 위하여 효력이 있다.
제440조(시효중단의 보증인에 대한 효력) 주채무자에 대한 시효의 중단은 보증인에 대하여 그 효력이 있다.	제440조(시효의 정지, 완성유예, 재개시의 보증인에 대한 효력) 주채무자에 대한 시효의 정지, 완성유예 또는 재개시는 보증인에 대하여 그 효력이 있다. 다만, 제171조, 제174조, 제175조, 제176조에 따른 시효의 정지 또는 완성유예에는 그러하지 아니하다.
제766조(손해배상청구권의 소멸시효) ① 불법행위로 인한 손해배상의 청구권은 피해자나 그 법정대리인이 그 손해 및 가해자를 안 날로부터 3년간 이를 행사하지 아니하면 시효로 인하여 소멸한다. ② 불법행위를 한 날로부터 10년을 경과한 때에도 전항과 같다.	제766조(손해배상청구권의 소멸시효) ① 불법행위로 인한 손해배상청구권은 피해자나 그의 법정대리인이 그 손해와 가해자를 안 날부터 5년 동안 행사하지 아니하면 소멸시효가 완성된다. ② 불법행위로 인한 손해가 발생한 날부터 20년이 경과한 때에도 제1항과 같다.
〈신 설〉	③ 성적(性的) 침해를 이유로 한 손해배상청구권의 소멸시효는 피해자가 미성년인 동안에는 진행되지 않는다.

점유제도

현행	개정시안
제196조(점유권의 양도) ① 점유권의 양도는 점유물의 인도로 그 효력이 생긴다. ② 전항의 점유권의 양도에는 제188조 제2항, 제189조, 제190조의 규정을 준용한다.	제196조(점유권의 양도) ① 점유권의 양도는 점유물의 인도로 효력이 생긴다. ② 간접점유권의 양도는 목적물반환청구권의 양도로 효력이 생긴다.
제204조(점유의 회수) ① 점유자가 점유의 침탈을 당한 때에는 그 물건의 반환 및 손해의 배상을 청구할 수 있다.	제204조(점유의 회수) ① 점유자가 점유를 침탈당한 때에는 그 물건의 반환 및 손해의 배상을 청구할 수 있다. 그러나 점유를 침탈당한 자가 점유를 침탈당한 날부터 과거 1년 이내에 침탈자의 점유를 침탈하였고, 침탈자에게 점유할 권리가 있는 경우에는 그렇지 않다.
② 전항의 청구권은 침탈자의 특별승계인에 대하여는 행사하지 못한다. 그러나 승계인이 악의인 때에는 그러하지 아니하다.	② 제1항의 청구권은 침탈자의 특별승계인에 대해서는 행사할 수 없다. 그러나 승계인이 악의인 경우에는 그렇지 않다.
③ 제1항의 청구권은 침탈을 당한 날로부터 1년내에 행사하여야 한다.	③ 제1항의 청구권은 침탈당한 날부터 1년 내에 소로써 행사해야 한다.
〈신 설〉	제204조의2(점유물수거의 인용) ① 물건이 점유자의 지배를 벗어나 타인이 점유하는 부동산에 있게 된 경우에는 부동산 점유자는 정당한 이유가 없는 한 물건을 점유하던 자가 물건을 수거하는 것을 인용하여야 한다. 다만, 부동산 점유자가 물건을 점유한 때에는 그렇지 않다. ② 제1항의 경우에 부동산의 점유자는 수거로 인하여 입은 손해의 보상을 청구할 수 있다. ③ 제1항의 경우에 부동산의 점유자는 손해가

현행	개정시안
	발생할 우려가 있으면 담보가 제공될 때까지 수거를 거절할 수 있다. 다만, 급박한 경우에는 그렇지 않다.
제205조(점유의 보유) ① (생　략)	제205조(점유의 보유) ① (현행과 같음)
② 전항의 청구권은 방해가 종료한 날로부터 1년내에 행사하여야 한다.	② 제1항의 청구권은 방해가 종료한 날부터 1년내에 소로써 행사하여야 한다.
③ (생　략)	③ (현행과 같음)
제209조(자력구제) ① 점유자는 그 점유를 부정히 침탈 또는 방해하는 행위에 대하여 자력으로써 이를 방위할 수 있다.	제209조(자력구제) ① 점유자는 그 점유를 부정히 침탈 또는 방해하는 행위에 대하여 자력으로 이를 방위할 수 있다.
② 점유물이 침탈되었을 경우에 부동산일 때에는 점유자는 침탈후 직시 가해자를 배제하여 이를 탈환할 수 있고 동산일 때에는 점유자는 현장에서 또는 추적하여 가해자로부터 이를 탈환할 수 있다.	② 점유물이 침탈되었을 경우에 부동산일 때에는 점유자는 침탈 후 즉시 가해자를 배제하여 이를 탈환할 수 있고, 동산일 때에는 점유자는 현장에서 또는 추적하여 가해자로부터 이를 탈환할 수 있다.
	③ 점유보조자는 제1항과 제2항에 따른 점유자의 권리를 행사할 수 있다.

점유자와 회복자의 관계

현행	개정시안
제201조(점유자와 과실) ① 선의의 점유자는 점유물의 과실을 취득한다.	제201조(점유자와 과실果實 또는 이익) ① 과실을 수취할 권리가 있다고 믿은 점유자는 그와 같이 믿은 데 과실(過失)이 없는 때에는 수취한 과실을 반환할 의무가 없다. 받은 이익이 있는 경우에도 이와 같다. ② 과실을 수취하거나 이익을 받을 권리가 있다고 믿은 점유자가 그와 같이 믿은 데 과실(過失)이 있는 때에는 과실 또는 이익이 현존하는 한도 내에서 반환하여야 한다.
② 악의의 점유자는 수취한 과실을 반환하여야 하며 소비하였거나 과실로 인하여 훼손 또는 수취하지 못한 경우에는 그 과실의 대가를 보상하여야 한다.	③ 과실을 수취하거나 이익을 받을 권리가 없음을 안 점유자는 수취한 과실을 반환하여야 하며, 과실(過失)로 인하여 과실을 훼손하였거나 수취하지 못한 때에는 그 가액을 반환하여야 한다.
③ 전항의 규정은 폭력 또는 은비에 의한 점유자에 준용한다.	④ 제3항은 폭력 또는 은비에 의한 점유자에게 준용한다.
제202조(점유자의 회복자에 대한 책임) 점유물이 점유자의 책임있는 사유로 인하여 멸실 또는 훼손한 때에는 악의의 점유자는 그 손해의 전부를 배상하여야 하며 선의의 점유자는 이익이 현존하는 한도에서 배상하여야 한다. 소유의 의사가 없는 점유자는 선의인 경우에도 손해의 전부를 배상하여야 한다.	제202조(점유자의 회복자에 대한 책임) 점유물이 점유자에게 책임 있는 사유로 인하여 멸실되거나 훼손된 경우에 선의인 점유자는 선의인 데에 과실이 없는 때에는 이익이 현존하는 한도에서 배상하여야 한다. 소유의 의사가 없는 점유자는 선의인 경우에도 손해의 전부를 배상하여야 한다.
제203조(점유자의 상환청구권) ① 점유자가 점유물을 반환할 때에는 회복자에 대하여 점유물을 보존하기 위하여 지출한 금액 기타 필요비의	제203조(점유자의 상환청구권) ① 점유자가 점유물을 반환할 때에는 회복자에 대하여 점유물을 보존하기 위하여 지출한 금액 기타 필요

현행	개정시안
상환을 청구할 수 있다. 그러나 점유자가 과실을 취득한 경우에는 통상의 필요비는 청구하지 못한다.	비의 상환을 청구할 수 있다. 그러나 점유자가 과실이나 이익을 취득한 경우에는 통상의 필요비는 청구하지 못한다.
② (생 략)	② (현행과 같음)
③ 전항의 경우에 법원은 회복자의 청구에 의하여 상당한 상환기간을 허여할 수 있다.	③ 제2항의 경우에 법원은 회복자의 청구에 의하여 상당한 상환기간을 허용해 줄 수 있다.

상린관계

현행	개정시안
제217조(매연 등에 의한 인지에 대한 방해금지) ① 토지소유자는 매연, 열기체, 액체, 음향, 진동 기타 이에 유사한 것으로 이웃 토지의 사용을 방해하거나 이웃 거주자의 생활에 고통을 주지 아니하도록 적당한 조처를 할 의무가 있다.	제217조(매연 등에 의한 이웃 토지에 대한 방해금지) ① 토지소유자는 매연, 증기, 액체, 먼지, 냄새, 소음, 진동, 빛 그 밖에 이와 유사한 것으로 이웃 토지의 사용을 방해하거나 이웃 거주자의 생활에 고통을 주지 아니하도록 적당한 조치를 할 의무가 있다.
② 이웃 거주자는 전항의 사태가 이웃 토지의 통상의 용도에 적당한 것인 때에는 이를 인용할 의무가 있다.	② 제1항의 방해 또는 고통이 토지의 통상 용도에 따른 사용에 의하여 발생하고, 그 방지에 과다한 비용을 요하는 경우에는 이웃 토지소유자나 거주자는 이를 인용하여야 한다.
	③ 제2항의 경우에 손해를 입은 이웃 토지소유자나 거주자는 상당한 보상을 청구할 수 있다.
제219조(주위토지통행권) ① 어느 토지와 공로사이에 그 토지의 용도에 필요한 통로가 없는 경우에 그 토지소유자는 주위의 토지를 통행 또는 통로로 하지 아니하면 공로에 출입할 수 없거나 과다한 비용을 요하는 때에는 그 주위의 토지를 통행할 수 있고 필요한 경우에는 통로를 개설할 수 있다. 그러나 이로 인한 손해가 가장 적은 장소와 방법을 선택하여야 한다.	제219조(주위토지통행권) ① 어느 토지와 공로와의 사이에 그 토지의 용도에 필요한 통로가 없는 그 토지소유자는 주위의 토지를 통행 또는 통로로 하지 아니하면 공로에 출입할 수 없거나 과다한 비용을 요하는 때에는 그 주위의 토지를 통행할 수 있고 필요한 경우에는 통로를 개설할 수 있다. 그러나 이로 인한 손해가 가장 적은 장소와 방법을 선택하여야 한다.
② 전항의 통행권자는 통행지소유자의 손해를 보상하여야 한다.	② 제1항의 토지소유자는 주위토지 소유자의 손해를 보상하여야 한다.

현행	개정시안
제220조(분할, 일부양도와 주위통행권) ① 분할로 인하여 공로에 통하지 못하는 토지가 있는 때에는 그 토지소유자는 공로에 출입하기 위하여 다른 분할자의 토지를 통행할 수 있다. 이 경우에는 보상의 의무가 없다. ② 전항의 규정은 토지소유자가 그 토지의 일부를 양도한 경우에 준용한다.	제220조(분할, 일부양도와 주위통행권) ① 분할로 인하여 공로에 통하지 못하는 토지가 있는 때에는 그 토지소유자는 공로에 출입하기 위하여 다른 분할자의 토지를 통할 수 있다. 이 경우에는 보상의 의무가 없다. ② 제1항의 규정은 토지소유자가 그 토지의 일부를 양도한 경우에 준용한다. ③ 제1항과 제2항은 각 토지의 소유권을 취득한 제3자에 대하여도 적용한다. 그러나 제3자가 주위토지의 소유권을 취득한 때에 토지소유자가 주위토지를 통행하고 있지 않은 때에는 그러하지 아니하다.
〈신 설〉	제242조의2(경계를 침범한 건축) ① 건축주가 고의 또는 과실 없이 이웃 토지의 경계를 침범하여 건물을 건축하는 경우에 이웃 토지소유자가 이를 알고 3년 내에 이의를 제기하지 아니하거나 건물이 완성된 후 10년이 경과한 때에는 이를 인용하여야 한다. ② 제1항의 경우에 이웃 토지소유자는 건물소유자에게 침범된 토지부분에 대하여 지료상당의 보상 또는 그 매수를 청구할 수 있다.

선의취득 및 물권변동

현행	개정시안
第249조(선의취득) 평온, 공연하게 동산을 양수한 자가 선의이며 과실없이 그 동산을 점유한 경우에는 양도인이 정당한 소유자가 아닌 때에도 즉시 그 동산의 소유권을 취득한다.	第249조(선의취득) 동산을 양수한 자가 평온, 공연하게 선의이며 과실 없이 그 동산을 점유한 경우에는 양도인이 정당한 소유자가 아닌 때에도 즉시 그 동산의 소유권을 취득한다. 다만 제189조에 따라 동산을 양수한 자는 평온, 공연하게 선의이며 과실 없이 양도인으로부터 현실인도를 받은 때에 그 동산의 소유권을 취득한다.
第250조(도품, 유실물에 대한 특례) 전조의 경우에 그 동산이 도품이나 유실물인 때에는 피해자 또는 유실자는 도난 또는 유실한 날로부터 2년내에 그 물건의 반환을 청구할 수 있다. 그러나 도품이나 유실물이 금전인 때에는 그러하지 아니하다.	第250조(도품, 유실물에 대한 특례) 제249조의 경우에 그 동산이 도품이나 유실물인 때에는 피해자 또는 유실자는 도난 당하거나 유실한 날부터 2년 내에 그 물건의 반환을 청구할 수 있다.
第251조(도품, 유실물에 대한 특례) 양수인이 도품 또는 유실물을 경매나 공개시장에서 또는 동종류의 물건을 판매하는 상인에게서 선의로 매수한 때에는 피해자 또는 유실자는 양수인이 지급한 대가를 변상하고 그 물건의 반환을 청구할 수 있다.	第251조(도품, 유실물에 대한 특례) 도품 또는 유실물을 경매나 공개시장에서 또는 같은 종류의 물건을 판매하는 상인으로부터 선의로 유상으로 양수한 경우에는 피해자 또는 유실자는 양수인이 지급한 대가를 제공하고 그 물건의 반환을 청구할 수 있다.

공유

현행	개정시안
제264조(공유물의 처분, 변경) 공유자는 다른 공유자의 동의없이 공유물을 처분하거나 변경하지 못한다.	제264조(공유물의 처분, 변경) ① 공유자는 다른 공유자의 동의 없이 공유물을 처분하거나 변경하지 못한다. ② 일부 공유자는 공유물 전부에 대해서 소유권 이외의 물권을 취득할 수 있다.
제265조(공유물의 관리, 보존) 공유물의 관리에 관한 사항은 공유자의 지분의 과반수로써 결정한다. 그러나 보존행위는 각자가 할 수 있다.	제265조(공유물의 관리, 보존) ① 공유물의 관리에 관한 사항은 공유자의 지분의 과반수로써 결정한다. 그러나 보존행위는 각자가 할 수 있다. ② 제1항에 따른 결정은 공유지분을 취득한 자에게도 효력이 있다. 그러나 그 결정이 그 공유지분권의 본질적 내용을 침해하는 경우에는 그러하지 아니하다.
제269조(분할의 방법) ① 분할의 방법에 관하여 협의가 성립되지 아니한 때에는 공유자는 법원에 그 분할을 청구할 수 있다.	제269조(분할의 방법) ① (현행과 같음)
② 현물로 분할할 수 없거나 분할로 인하여 현저히 그 가액이 감손될 염려가 있는 때에는 법원은 물건의 경매를 명할 수 있다.	② 법원은 공유물을 현물로 분할하거나 경매, 가액보상, 그 밖의 적절한 방법으로 분할할 수 있다.

합유 · 총유

현행	개정시안
제274조(합유의 종료) ① 합유는 조합체의 해산 또는 합유물의 양도로 인하여 종료한다.	제274조(합유의 종료) ① (현행과 같음)
② 전항의 경우에 합유물의 분할에 관하여는 공유물의 분할에 관한 규정을 준용한다.	② 조합체의 해산으로 합유가 종료하는 경우에는 공유물의 분할에 관한 규정을 준용한다.
제704조(조합재산의 합유) 조합원의 출자 기타 조합재산은 조합원의 합유로 한다.	제704조(조합재산의 합유) 다른 약정이 없으면 조합원의 출자 그 밖의 조합재산은 조합원의 합유로 한다.
제706조(사무집행의 방법) ① 조합계약으로 업무집행자를 정하지 아니한 경우에는 조합원의 3분의 2 이상의 찬성으로써 이를 선임한다.	제706조(사무집행의 방법) ① (현행과 같음)
② 조합의 업무집행은 조합원의 과반수로써 결정한다. 업무집행자 수인인 때에는 그 과반수로써 결정한다.	② 조합의 업무집행은 조합원이 공동으로 결정하여야 한다. 그러나 조합계약으로 조합원의 과반수로써 결정하도록 정할 수 있다. 업무집행자가 여러 명인 때에도 이와 같다.
③ 조합의 통상사무는 전항의 규정에 불구하고 각 조합원 또는 각 업무집행자가 전행할 수 있다. 그러나 그 사무의 완료전에 다른 조합원 또는 다른 업무집행자의 이의가 있는 때에는 즉시 중지하여야 한다.	③ 조합의 통상사무는 제2항에 불구하고 각 조합원 또는 각 업무집행자가 단독으로 처리할 수 있다. 그러나 그 사무의 완료전에 다른 조합원 또는 다른 업무집행자의 이의가 있는 때에는 즉시 중지하여야 한다.

지상권

1 민법

현행	개정시안
제284조(갱신과 존속기간) 당사자가 계약을 갱신하는 경우에는 지상권의 존속기간은 갱신한 날로부터 제280조의 최단존속기간보다 단축하지 못한다. 그러나 당사자는 이보다 장기의 기간을 정할 수 있다.	제284조(갱신과 존속기간) 당사자가 계약을 갱신하는 경우에는 제280조를 적용하지 아니한다.
제366조(법정지상권) 저당물의 경매로 인하여 토지와 그 지상건물이 다른 소유자에 속한 경우에는 토지소유자는 건물소유자에 대하여 지상권을 설정한 것으로 본다. 그러나 지료는 당사자의 청구에 의하여 법원이 이를 정한다.	제289조의3(법정지상권) ① 동일인이 소유하던 토지와 그 지상건물이 경매, 공매, 그 밖의 법률행위 이외의 사유로 서로 다른 소유자에게 속하게 된 경우에는 토지소유자는 건물소유자에 대하여 지상권을 설정한 것으로 본다. ② 저당물을 경매한 경우에는 저당권을 설정할 당시 토지와 그 지상건물이 동일인의 소유에 속한 때에 한하여 제1항을 적용한다. 다만, 동일인이 소유하는 토지와 그 지상건물에 동일한 채권의 담보로 저당권이 설정되고 그 지상건물을 갈음하여 새 건물이 건축된 경우에는 그러하지 아니하다. ③ 제1항의 경우에 지상권의 존속기간은 15년으로 하고, 지료는 당사자의 청구에 의하여 법원이 정한다. 이 때 제283조는 적용하지 아니한다. ④ 제3항의 존속기간 내에 건물이 철거되거나 멸실된 때에는 지상권은 소멸한다.

현행	개정시안
〈신 설〉	제622조의2 (건물 소유를 위한 법정임대차) ① 동일인이 소유하던 토지와 그 지상건물이 법률행위로 인하여 서로 다른 소유자에 속하게 된 경우에는 다른 약정이 없으면 토지소유자와 건물소유자가 그 건물의 소유를 위한 토지 임대차계약을 체결한 것으로 본다. ② 제1항의 경우 임대차기간은 토지와 건물의 소유자가 달라진 때부터 10년으로 정한 것으로 본다. 이 때 제643조는 적용하지 아니한다. 그러나 건물이 철거 또는 멸실된 때에는 임대차가 종료한다. ③ 차임은 당사자의 청구에 의하여 법원이 정한다. 이 경우에는 제628조를 준용한다. ④ 제1항의 임차인은 임대인의 동의 없이 그 권리를 양도하거나 임차물을 전대할 수 있다.
제305조(건물의 전세권과 법정지상권) ① 대지와 건물이 동일한 소유자에 속한 경우에 건물에 전세권을 설정한 때에는 그 대지소유권의 특별승계인은 전세권설정자에 대하여 지상권을 설정한 것으로 본다. 그러나 지료는 당사자의 청구에 의하여 법원이 이를 정한다. ② 전항의 경우에 대지소유자는 타인에게 그 대지를 임대하거나 이를 목적으로 한 지상권 또는 전세권을 설정하지 못한다.	〈삭 제〉

2 가등기담보에 관한 법률

현행	개정시안
제10조(법정지상권) 토지와 그 위의 건물이 동일한 소유자에게 속하는 경우 그 토지나 건물에 대하여 제4조 제2항에 따른 소유권을 취득하거나 담보가등기에 따른 본등기가 행하여진 경우에는 그 건물의 소유를 목적으로 그 토지 위에 지상권(地上權)이 설정된 것으로 본다. 이 경우 그 존속기간과 지료(地料)는 당사자의 청구에 의하여 법원이 정한다.	제10조(법정지상권) 동일인이 소유하던 토지와 그 지상건물에 대하여 제4조 제2항에 따른 소유권을 취득하거나 담보가등기에 따른 본등기가 행하여진 경우에는 민법 제289조의3을 준용한다.

3 입목에 관한 법률

현행	개정시안
제6조(법정지상권) ① 입목의 경매나 그 밖의 사유로 토지와 그 입목이 각각 다른 소유자에게 속하게 되는 경우에는 토지소유자는 입목소유자에 대하여 지상권을 설정한 것으로 본다. ② 제1항의 경우에 지료(地料)에 관하여는 당사자의 약정에 따른다.	제6조(법정지상권 등) ① 동일인이 소유하던 토지와 그 입목이 경매, 공매, 그 밖의 법률행위 이외의 사유로 서로 다른 소유자에게 속하게 된 경우에는 민법 제289조의3을 준용한다. ② 동일인이 소유하던 토지와 그 입목이 법률행위로 인하여 서로 다른 소유자에게 속하게 된 경우에는 민법 제622조의2를 준용한다.

지역권

1 민법

현행	개정시안
제291조(지역권의 내용) 지역권자는 일정한 목적을 위하여 타인의 토지를 자기토지의 편익에 이용하는 권리가 있다.	제291조(지역권의 내용) 지역권자는 일정한 목적을 위하여 타인의 토지(승역지: 承役地)를 자기 토지(요역지: 要役地)의 편익에 이용하는 권리가 있다.
제292조(부종성) ① 지역권은 요역지소유권에 부종하여 이전하며 또는 요역지에 대한 소유권이외의 권리의 목적이 된다. 그러나 다른 약정이 있는 때에는 그 약정에 의한다.	제292조(부종성) ① 지역권은 요역지소유권에 부종하여 이전하며, 요역지에 대한 소유권이외의 권리의 목적이 된다. 그러나 다른 약정이 있는 때에는 그 약정에 의한다.
제298조(승역지소유자의 의무와 승계) 계약에 의하여 승역지소유자가 자기의 비용으로 지역권의 행사를 위하여 공작물의 설치 또는 수선의 의무를 부담한 때에는 승역지소유자의 특별승계인도 그 의무를 부담한다.	제298조(공작물 설치의무의 승계 및 소멸) ① 계약에 의하여 승역지 소유자가 지역권자를 위하여 자기의 비용으로 공작물의 설치 또는 수선의 의무를 부담한 때에는 승역지 소유자의 특별승계인도 그 의무를 부담한다. ② 승역지 소유자는 지역권에 필요한 부분의 토지소유권을 지역권자에게 이전하는 의사를 표시하고 그 이행을 제공함으로써 제1항의 의무를 면할 수 있다.
제299조(위기에 의한 부담면제) 승역지의 소유자는 지역권에 필요한 부분의 토지소유권을 지역권자에게 위기하여 전조의 부담을 면할 수 있다.	〈삭 제〉
제302조(특수지역권) 어느 지역의 주민이 집합체의 관계로 각자가 타인의 토지에서 초목, 야생물 및 토사의 채취, 방목 기타의 수익을 하는	〈삭 제〉

현행	개정시안
권리가 있는 경우에는 관습에 의하는 외에 본장의 규정을 준용한다.	

2 부동산등기법

현행	개정시안
제70조(지역권의 등기사항) 등기관이 승역지의 등기기록에 지역권설정의 등기를 할 때에는 제48조 제1항 제1호부터 제4호까지에서 규정한 사항 외에 다음 각 호의 사항을 기록하여야 한다. 다만, 제4호는 등기원인에 그 약정이 있는 경우에만 기록한다. 1. 지역권설정의 목적 2. 범위 3. 요역지 4. 「민법」 제292조 제1항 단서, 제297조 제1항 단서 또는 제298조의 약정 5. 승역지의 일부에 지역권설정의 등기를 할 때에는 그 부분을 표시한 도면의 번호	제70조(지역권의 등기사항) 등기관이 승역지의 등기기록에 지역권설정의 등기를 할 때에는 제48조 제1항 제1호부터 제4호까지에서 규정한 사항 외에 다음 각 호의 사항을 기록하여야 한다. 다만, 제4호부터 제6호까지는 등기원인에 그 약정이 있는 경우에만 기록한다. 1. 지역권설정의 목적 2. 범위 3. 요역지 4. 존속기간 5. 지료와 지급시기 6. 「민법」 제292조 제1항 단서, 제297조 제1항 단서 또는 제298조의 약정 7. 승역지의 일부에 지역권설정의 등기를 할 때에는 그 부분을 표시한 도면의 번호

전세권

현행	개정시안
제303조(전세권의 내용) ① 전세권자는 전세금을 지급하고 타인의 부동산을 점유하여 그 부동산의 용도에 좇아 사용·수익하며, 그 부동산 전부에 대하여 후순위권리자 기타 채권자보다 전세금의 우선변제를 받을 권리가 있다.	제303조(전세권의 내용) 전세권자는 전세금을 지급하고 타인의 부동산을 점유하여 그 부동산의 용도에 좇아 사용·수익하며, 그 부동산 전부에 대하여 후순위권리자 기타 채권자보다 전세금의 우선변제를 받을 권리가 있다.
② 농경지는 전세권의 목적으로 하지 못한다.	〈삭 제〉
제306조(전세권의 양도, 임대 등) 전세권자는 전세권을 타인에게 양도 또는 담보로 제공할 수 있고 그 존속기간내에서 그 목적물을 타인에게 전전세 또는 임대할 수 있다. 그러나 설정행위로 이를 금지한 때에는 그러하지 아니하다.	제306조(전세권의 양도, 임대등) 전세권자는 전세권을 타인에게 양도 또는 담보로 제공할 수 있고 그 사용·수익기간 내에서 전세물을 타인에게 전전세 또는 임대할 수 있다. 그러나 설정행위로 이를 금지한 때에는 그러하지 아니하다.
〈신 설〉	제307조의2(전세물의 양수) 전세물을 사용·수익할 권리가 존속하는 동안 전세물을 양수한 자는 전세권설정자의 지위를 승계한 것으로 본다.
제308조(전전세 등의 경우의 책임) 전세권의 목적물을 전전세 또는 임대한 경우에는 전세권자는 전전세 또는 임대하지 아니하였으면 면할 수 있는 불가항력으로 인한 손해에 대하여 그 책임을 부담한다.	제308조(전전세등의 경우의 책임) 전세물을 전전세(轉傳貰) 또는 임대한 경우에는 전세권자는 전전세 또는 임대하지 아니하였으면 면할 수 있는 불가항력으로 인한 손해에 대하여 그 책임을 부담한다.
제309조(전세권자의 유지, 수선의무) 전세권자는 목적물의 현상을 유지하고 그 통상의 관리에 속한 수선을 하여야 한다.	제309조(전세권자의 유지, 수선의무) 전세권자는 전세물의 현상을 유지하고 그 통상의 관리에 속한 수선을 하여야 한다.
제310조(전세권자의 상환청구권) ① 전세권자가 목적물을 개량하기 위하여 지출한 금액 기타	제310조(전세권자의 상환청구권) ① 전세권자가 전세물을 개량하기 위하여 지출한 금액 기타

현행	개정시안
유익비에 관하여는 그 가액의 증가가 현존한 경우에 한하여 소유자의 선택에 좇아 그 지출액이나 증가액의 상환을 청구할 수 있다. ② 전항의 경우에 법원은 소유자의 청구에 의하여 상당한 상환기간을 허여할 수 있다.	유익비에 관하여는 그 가액의 증가가 현존한 경우에 한하여 소유자의 선택에 좇아 그 지출액이나 증가액의 상환을 청구할 수 있다. ② (현행과 같음)
제311조(전세권의 소멸청구) ① 전세권자가 전세권설정계약 또는 그 목적물의 성질에 의하여 정하여진 용법으로 이를 사용, 수익하지 아니한 경우에는 전세권설정자는 전세권의 소멸을 청구할 수 있다.	제311조(전세물의 사용·수익권의 소멸청구) ① 전세권자가 전세권설정계약 또는 전세물의 성질에 의하여 정하여진 용법으로 이를 사용·수익하지 아니한 경우에는 전세권설정자는 전세물을 사용·수익할 권리의 소멸을 청구할 수 있다.
② 전항의 경우에는 전세권설정자는 전세권자에 대하여 원상회복 또는 손해배상을 청구할 수 있다.	② (현행과 같음)
제312조(전세권의 존속기간) ① 전세권의 존속기간은 10년을 넘지 못한다. 당사자의 약정기간이 10년을 넘는 때에는 이를 10년으로 단축한다.	제312조(전세물의 사용·수익기간) ① 전세물의 사용·수익기간은 10년을 넘지 못한다. 당사자의 약정기간이 10년을 넘는 때에는 이를 10년으로 단축한다.
② 건물에 대한 전세권의 존속기간을 1년 미만으로 정한 때에는 이를 1년으로 한다.	② 건물에 대한 사용·수익기간을 1년미만으로 정한 때에는 이를 1년으로 한다.
③ 전세권의 설정은 이를 갱신할 수 있다. 그 기간은 갱신한 날로부터 10년을 넘지 못한다.	③ (현행과 같음)
④ 건물의 전세권설정자가 전세권의 존속기간 만료전 6월부터 1월까지 사이에 전세권자에 대하여 갱신거절의 통지 또는 조건을 변경하지 아니하면 갱신하지 아니한다는 뜻의 통지를 하지 아니한 경우에는 그 기간이 만료된 때에 전전세권과 동일한 조건으로 다시 전세권을 설정한 것으로 본다. 이 경우 전세권의 존속기간은	④ 건물의 전세권설정자가 사용·수익기간만료전 6개월부터 1개월까지 사이에 전세권자에 대하여 갱신거절의 통지 또는 조건을 변경하지 아니하면 갱신하지 아니한다는 뜻의 통지를 하지 아니한 경우에는 그 기간이 만료된 때에 전전세권(前傳貰權)과 동일한 조건으로 다시 전세권을 설정한 것으로 본다. 이 경우에 사

현행	개정시안
그 정함이 없는 것으로 본다.	용 · 수익기간은 정하지 않은 것으로 본다.
제313조(전세권의 소멸통고) 전세권의 존속기간을 약정하지 아니한 때에는 각 당사자는 언제든지 상대방에 대하여 전세권의 소멸을 통고할 수 있고 상대방이 이 통고를 받은 날로부터 6월이 경과하면 전세권은 소멸한다.	제313조(전세물 사용 · 수익권의 소멸통고) 전세물의 사용 · 수익기간을 약정하지 아니한 때에는 각 당사자는 언제든지 상대방에 대하여 전세물 사용 · 수익권의 소멸을 통고할 수 있고, 상대방이 통고를 받은 날부터 6개월이 경과하면 전세권자가 전세물을 사용 · 수익할 권리는 소멸한다.
제314조(불가항력으로 인한 멸실) ① 전세권의 목적물의 전부 또는 일부가 불가항력으로 인하여 멸실된 때에는 그 멸실된 부분의 전세권은 소멸한다. ② 전항의 일부멸실의 경우에 전세권자가 그 잔존부분으로 전세권의 목적을 달성할 수 없는 때에는 전세권설정자에 대하여 전세권전부의 소멸을 통고하고 전세금의 반환을 청구할 수 있다.	제314조(불가항력으로 인한 멸실) ① 전세물의 전부 또는 일부가 불가항력으로 인하여 멸실될 때에는 그 멸실된 부분의 사용 · 수익권은 소멸한다. ② 제1항의 일부멸실의 경우에 전세권자가 그 잔존부분으로 전세권의 목적을 달성할 수 없는 때에는 전세권설정자에 대하여 사용 · 수익권 전부의 소멸을 통고하고 전세금의 반환을 청구할 수 있다.
제315조(전세권자의 손해배상책임) ① 전세권의 목적물의 전부 또는 일부가 전세권자에 책임있는 사유로 인하여 멸실된 때에는 전세권자는 손해를 배상할 책임이 있다. ② 전항의 경우에 전세권설정자는 전세권이 소멸된 후 전세금으로써 손해의 배상에 충당하고 잉여가 있으면 반환하여야 하며 부족이 있으면 다시 청구할 수 있다.	제315조(전세권자의 손해배상책임) ① 전세물의 전부 또는 일부가 전세권자에게 책임있는 사유로 인하여 멸실된 때에는 전세권자는 손해를 배상할 책임이 있다. ② 제1항의 경우에 전세권설정자는 전세권자의 사용 · 수익권이 소멸한 후 전세금으로 손해의 배상에 충당하고 남은 금액은 반환하여야 하며 부족한 금액은 다시 청구할 수 있다.
제316조(원상회복의무, 매수청구권) ① 전세권이 그 존속기간의 만료로 인하여 소멸한 때에는 전세권자는 그 목적물을 원상에 회복하여야 하며 그 목적물에 부속시킨 물건은 수거할 수 있	제316조(원상회복의무, 부속물 매도 · 매수청구권) ① 전세권자가 전세권설정자에게 전세물을 인도할 때에는 전세권자는 전세물을 원상에 회복하여야 하며 전세물에 부속시킨 물건은 수

현행	개정시안
다. 그러나 전세권설정자가 그 부속물건의 매수를 청구한 때에는 전세권자는 정당한 이유없이 거절하지 못한다. ② 전항의 경우에 그 부속물건이 전세권설정자의 동의를 얻어 부속시킨 것인 때에는 전세권자는 전세권설정자에 대하여 그 부속물건의 매수를 청구할 수 있다. 그 부속물건이 전세권설정자로부터 매수한 것인 때에도 같다.	거할 수 있다. 그러나 전세권설정자가 그 부속물건의 매도를 청구한 때에는 전세권자는 정당한 이유없이 거절하지 못한다. ② 제1항의 경우에 그 부속물건이 전세권설정자의 동의를 얻어 부속시킨 것인 때에는 전세권자는 전세권설정자에 대하여 그 부속물건의 매수를 청구할 수 있다. 그 부속물건이 전세권설정자로부터 매수한 것인 때에도 같다.
제317조(전세권의 소멸과 동시이행) 전세권이 소멸한 때에는 전세권설정자는 전세권자로부터 그 목적물의 인도 및 전세권설정등기의 말소등기에 필요한 서류의 교부를 받는 동시에 전세금을 반환하여야 한다.	제317조(전세금반환과 전세물인도 등의 동시이행) 전세물을 사용·수익할 권리가 소멸한 때에는 전세권설정자는 전세권자로부터 전세물의 인도 및 전세권설정등기의 말소등기에 필요한 서류의 교부를 받는 동시에 전세금을 반환하여야 한다.
제318조(전세권자의 경매청구권) 전세권설정자가 전세금의 반환을 지체한 때에는 전세권자는 민사집행법의 정한 바에 의하여 전세권의 목적물의 경매를 청구할 수 있다.	제318조(전세권자의 경매청구권) ① 전세권설정자가 전세금의 반환을 지체한 때에는 전세권자는 민사집행법에 따라 전세물의 경매를 청구할 수 있다. ② 부동산의 일부를 목적으로 전세권을 설정한 경우에는 전세권자는 부동산 전부에 대하여 경매를 청구할 수 있다.
제319조(준용규정) 제213조, 제214조, 제216조 내지 제244조의 규정은 전세권자간 또는 전세권자와 인지소유자 및 지상권자간에 이를 준용한다.	제319조(준용규정) ① 전세권자 사이 또는 전세권자와 인지소유자 및 지상권자사이에는 제213조, 제214조, 제216조부터 제244조까지를 준용한다. ② 전세금의 우선변제에 관하여는 제321조, 제340조, 제342조, 제358조, 제359조, 제360조 본문, 제361조, 제362조, 제367조, 제368조, 제369조를 준용한다.

유치권

1 민법

현행	개정시안
제320조(유치권의 내용) ① 타인의 물건 또는 유가증권을 점유한 자는 그 물건이나 유가증권에 관하여 생긴 채권이 변제기에 있는 경우에는 변제를 받을 때까지 그 물건 또는 유가증권을 유치할 권리가 있다.	제320조(유치권의 내용) ① 타인의 동산을 점유한 자는 그 동산에 대한 비용지출로 인한 채권 또는 그 동산으로 인한 손해배상채권이 변제기에 있는 경우에는 변제를 받을 때까지 그 동산을 유치할 권리가 있다. 유가증권의 경우에도 이와 같다.
〈신 설〉	② 타인의 미등기 부동산을 점유한 자에 대해서도 제1항을 준용한다. 이 경우 그 부동산에 제1항의 채권을 담보하기 위하여 제372조의2에 따른 저당권설정등기를 한 때 또는 저당권설정등기를 청구할 수 있는 권리가 소멸된 때에는 유치권이 소멸한다.
② 전항의 규정은 그 점유가 불법행위로 인한 경우에 적용하지 아니한다.	③ 제1항과 제2항의 규정은 그 점유가 불법행위로 인한 경우에는 적용하지 아니한다.
〈신 설〉	제372조의2(부동산 유치권자의 저당권설정청구권) ① 제320조 제2항에 의한 부동산 유치권자는 그 부동산이 등기된 때에는 부동산 소유자에 대해서 그 피담보채권을 담보하기 위하여 그 부동산을 목적으로 한 저당권의 설정을 청구할 수 있다. 유치권이 성립한 후 부동산의 소유권을 취득한 자에 대해서도 또한 같다. ② 제1항의 권리는 채권자가 그 부동산이 등기된 날로부터 6개월 내에 소로써 행사하지 아니하면 소멸한다.

현행	개정시안
	③ 제1항에 따른 저당권은 그 채권의 변제기에 설정된 것으로 본다.
〈신 설〉	제372조의3(유치권자 아닌 채권자의 저당권설정청구권) ① 등기된 부동산에 대한 비용지출로 인한 채권 또는 그 부동산으로 인한 손해배상채권을 가진 채권자는 그 채권을 담보하기 위하여 변제기가 도래하지 않은 경우에도 부동산 소유자에 대해서 그 부동산을 목적으로 한 저당권의 설정을 청구할 수 있다. 그러나 저당권설정청구권이 성립한 후 부동산소유권을 취득한 제3자에 대해서는 그러하지 아니하다. ② 부동산이 등기된 후 제320조 제2항 또는 제328조에 의하여 유치권을 상실한 채권자도 제1항의 권리를 행사할 수 있다.
	부 칙
〈신 설〉	제1조(시행일) 이 법은 공포 후 1년이 경과한 날부터 시행한다.
〈신 설〉	제2조(효력의 불소급) 이 법은 종전의 규정에 따라 생긴 효력에 영향을 미치지 아니한다.
〈신 설〉	제3조(경과조치) ① 이 법 시행 당시 부동산에 대한 유치권자는 이 법 시행 후 2년 내에 제372조의2의 규정에 따라 저당권설정을 청구할 수 있다. 다만 미등기부동산의 경우에는 소유권보존등기를 한 날로부터 그 기간을 기산한다. ② 제1항의 경우에는 제320조 제2항 제2문, 제372조의3제2항을 준용한다.

2 부동산등기법

현행	개정시안
제75조(저당권의 등기사항) ① 등기관이 저당권 설정의 등기를 할 때에는 제48조에서 규정한 사항 외에 다음 각 호의 사항을 기록하여야 한다. 다만, 제3호부터 제8호까지는 등기원인에 그 약정이 있는 경우에만 기록한다. 1. 채권액 2. 채무자의 성명 또는 명칭과 주소 또는 사무소 소재지 3. 변제기(辨濟期) 4. 이자 및 그 발생기 · 지급시기 5. 원본(元本) 또는 이자의 지급장소 6. 채무불이행(債務不履行)으로 인한 손해배상에 관한 약정 7. 「민법」 제358조 단서의 약정 8. 채권의 조건	제75조 ① (현행과 같음)
② 등기관은 제1항의 저당권의 내용이 근저당권(根抵當權)인 경우에는 제48조에서 규정한 사항 외에 다음 각 호의 사항을 기록하여야 한다. 다만, 제3호 및 제4호는 등기원인에 그 약정이 있는 경우에만 기록한다. 1. 채권의 최고액 2. 채무자의 성명 또는 명칭과 주소 또는 사무소 소재지 3. 「민법」 제358조 단서의 약정 4. 존속기간	② (현행과 같음)
〈신 설〉	③ 등기관은 민법 제372조의2에 따라 저당권의 등기를 할 때에는 그 규정에 따른 저당권임을 표시하고, 변제기를 기록하여야 한다.

3 민사집행법

현행	개정시안
제88조(배당요구) ① 집행력 있는 정본을 가진 채권자, 경매개시결정이 등기된 뒤에 가압류를 한 채권자, 민법·상법, 그 밖의 법률에 의하여 우선 변제청구권이 있는 채권자는 배당요구를 할 수 있다	제88조(배당요구) ① 집행력 있는 정본을 가진 채권자, 경매개시결정이 등기된 뒤에 가압류를 한 채권자, 민법 제372조의2제1항에 의하여 저당권설정청구의 소를 제기한 유치권자, 민법·상법, 그 밖의 법률에 의하여 우선 변제청구권이 있는 채권자는 배당요구를 할 수 있다.
② (생 략)	② (현행과 같음)
제91조(인수주의와 잉여주의의 선택 등) ① (생 략) ② 매각부동산 위의 모든 저당권은 매각으로 소멸된다. ③ ~ ④ (생 략)	제91조(인수주의와 잉여주의의 선택 등) ① (현행과 같음) ② 매각부동산 위의 모든 저당권과 유치권은 매각으로 소멸된다. ③ ~ ④ (현행과 같음)
⑤ 매수인은 유치권자(留置權者)에게 그 유치권(留置權)으로 담보하는 채권을 변제할 책임이 있다.	〈삭 제〉
제160조(배당금액의 공탁) ① 배당을 받아야 할 채권자의 채권에 대하여 다음 각호 가운데 어느 하나의 사유가 있으면 그에 대한 배당액을 공탁하여야 한다.	제160조(배당금액의 공탁) ① 배당을 받아야 할 채권자의 채권에 대하여 다음 각호 가운데 어느 하나의 사유가 있으면 그에 대한 배당액을 공탁하여야 한다.
1.~ 2. (생 략)	1.~ 2. (현행과 같음)
〈신 설〉	3. 민법 제372조의2제1항에 의하여 저당권설정청구의 소를 제기한 유치권자의 채권인 때
3. 제49조 제2호 및 제266조 제1항 제5호에 규정된 문서가 제출되어 있는 때	4. 제49조 제2호 및 제266조 제1항 제5호에 규정된 문서가 제출되어 있는 때

현행	개정시안
4. 저당권설정의 가등기가 마쳐져 있는 때	5. 저당권설정의 가등기가 마쳐져 있는 때
5. 제154조 제1항에 의한 배당이의의 소가 제기된 때	6. 제154조 제1항에 의한 배당이의의 소가 제기된 때
6. 민법 제340조 제2항 및 같은 법 제370조에 따른 배당금액의 공탁청구가 있는 때	7. 민법 제340조 제2항 및 같은 법 제370조에 따른 배당금액의 공탁청구가 있는 때
제161조(공탁금에 대한 배당의 실시) ① (생 략) ② 제1항에 따라 배당을 실시함에 있어서 다음 각호 가운데 어느 하나에 해당하는 때에는 법원은 배당에 대하여 이의하지 아니한 채권자를 위하여서도 배당표를 바꾸어야 한다. 1. 제160조 제1항 제1호 내지 제4호의 사유에 따른 공탁에 관련된 채권자에 대하여 배당을 실시할 수 없게 된 때 2. 제160조 제1항 제5호의 공탁에 관련된 채권자가 채무자로부터 제기당한 배당이의의 소에서 진 때 3. 제160조 제1항 제6호의 공탁에 관련된 채권자가 저당물의 매각대가로부터 배당을 받은 때	제161조(공탁금에 대한 배당의 실시) ① (현행과 같음) ② 제1항에 따라 배당을 실시함에 있어서 다음 각호 가운데 어느 하나에 해당하는 때에는 법원은 배당에 대하여 이의하지 아니한 채권자를 위하여서도 배당표를 바꾸어야 한다. 1. 제160조 제1항 제1호 내지 제5호의 사유에 따른 공탁에 관련된 채권자에 대하여 배당을 실시할 수 없게 된 때 2. 제160조 제1항 제6호의 공탁에 관련된 채권자가 채무자로부터 제기당한 배당이의의 소에서 진 때 3. 제160조 제1항 제7호의 공탁에 관련된 채권자가 저당물의 매각대가로부터 배당을 받은 때
	부 칙
〈신 설〉	제1조(시행일) 이 법은 공포 후 1년이 경과한 날부터 시행한다.
〈신 설〉	제2조(효력의 불소급) 이 법은 종전의 규정에 따라 생긴 효력에 영향을 미치지 아니한다.
〈신 설〉	제3조(경과조치) ① 이 법은 이 법 시행 전에 성립한 부동산 유치권에 대하여도 적용한다.

현행	개정시안
	② 제1항에 불구하고 이 법 시행전에 경매가 신청된 부동산에 대하여는 종전의 규정을 적용한다. 이 경우 경매절차가 매각 없이 끝난 때에는 그때부터 민법 부칙 제3조 제1항의 기간이 진행한다.

질권

현행	개정시안
第330条(설정계약의 요물성) 질권의 설정은 질권자에게 목적물을 인도함으로써 그 효력이 생긴다.	第330条(질권의 설정) (현행과 같음)
第342条(물상대위) 질권은 질물의 멸실, 훼손 또는 공용징수로 인하여 질권설정자가 받을 금전 기타 물건에 대하여도 이를 행사할 수 있다. 이 경우에는 그 지급 또는 인도전에 압류하여야 한다.	第342条(물상대위) ① 질권자는 목적물의 멸실, 훼손 또는 공용징수로 인하여 질권설정자가 받을 보험금 그 밖의 금전이나 물건에 대하여도 질권을 행사할 수 있다. ② 질권설정자에 대한 제1항의 의무자는 질권자가 그 권리있음을 통지하기까지는 질권설정자에게 보험금 그 밖의 금전을 지급하거나 물건을 인도할 수 있다. 그러나 의무자가 질권자에게 권리있음을 안 때에는 그러하지 아니하다. ③ 제2항에 의한 지급 또는 인도는 질권자의 질권설정자 및 다른 제3자에 대한 지위에 영향을 미치지 아니한다.
第347条(설정계약의 요물성) 채권을 질권의 목적으로 하는 경우에 채권증서가 있는 때에는 질권의 설정은 그 증서를 질권자에게 교부함으로써 그 효력이 생긴다.	〈삭 제〉
第348条(저당채권에 대한 질권과 부기등기) 저당권으로 담보한 채권을 질권의 목적으로 한 때에는 그 저당권등기에 질권의 부기등기를 하여야 그 효력이 저당권에 미친다.	第348条(저당채권에 대한 질권) ① 저당권으로 담보한 채권을 질권의 목적으로 한 때에는 그 저당권등기에 질권의 부기등기를 하여야 그 효력이 저당권에 미친다.

현행	개정시안
〈신 설〉	② 저당권등기에 대한 질권의 부기등기가 있는 때에는 질권자는 질권을 채무자 이외의 제3자에게 대항할 수 있다.
第353조(질권의 목적이 된 채권의 실행방법) ① 질권자는 질권의 목적이 된 채권을 직접 청구할 수 있다. ②채권의 목적물이 금전인 때에는 질권자는 자기채권의 한도에서 직접 청구할 수 있다. ③전항의 채권의 변제기가 질권자의 채권의 변제기보다 먼저 도래한 때에는 질권자는 제삼채무자에 대하여 그 변제금액의 공탁을 청구할 수 있다. 이 경우에 질권은 그 공탁금에 존재한다. ④채권의 목적물이 금전 이외의 물건인 때에는 질권자는 그 변제를 받은 물건에 대하여 질권을 행사할 수 있다.	第353조(채권질권의 실행방법) (현행과 같음)

저당권

현행	개정시안
제357조(근저당) ① 저당권은 그 담보할 채무의 최고액만을 정하고 채무의 확정을 장래에 보류하여 이를 설정할 수 있다. 이 경우에는 그 확정될 때까지의 채무의 소멸 또는 이전은 저당권에 영향을 미치지 아니한다. ② 전항의 경우에는 채무의 이자는 최고액 중에 산입한 것으로 본다.	제357조(근저당권) (현행과 같음)
〈신 설〉	제357조의2 (채권최고액 등의 변경) ① 근저당권의 채권최고액은 이해관계인의 승낙을 얻어 변경할 수 있다. ② 원본이 확정되기 전에는 피담보채권의 범위 또는 채무자를 변경할 수 있다. 이 경우에는 이해관계인의 승낙을 요하지 아니한다
	제357조의3(근저당권의 양도) ※ 개정논의가 있었으나 개정대상에서 제외되었음
〈신 설〉	제357조의4 (근저당권의 공동귀속) ① 근저당권이 수인에 속하는 경우에 근저당권자는 그 채권액의 비율에 따라 변제를 받는다. 그러나 원본의 확정 전에 변제를 받을 비율 · 순위 그 밖의 근저당권의 행사에 관하여 달리 약정한 때에는 그 약정에 따른다. ② 근저당권이 수인에 속하는 경우에 각 근저당권자는 다른 근저당권자의 동의를 얻어 제357조의3제1항의 규정에 따라 그 권리를 양도할 수 있다.
〈신 설〉	제357조의5 (채권양도, 채무인수 등과 근저당권)

현행	개정시안
	① 원본의 확정 전에 근저당권자로부터 채권을 취득한 자는 그 채권에 관하여 근저당권을 행사할 수 없다. 원본의 확정 전에 채무를 변제하여 채권자를 대위하는 자도 또한 같다. ② 원본의 확정 전에 채무의 인수가 있는 때에는 근저당권자는 인수인의 채무에 관하여 근저당권을 행사할 수 없다.
〈신 설〉	제357조의6 (상속과 근저당권) ① 원본의 확정 전에 근저당권자에 대하여 상속이 개시된 때에는 근저당권은 이미 존재하는 채권을 담보한다. 상속인과 근저당권설정자는 상속인이 상속개시 후에 취득하는 채권도 담보하는 것으로 약정할 수 있다. ② 원본의 확정 전에 채무자에 대하여 상속이 개시된 때에는 근저당권은 이미 존재하는 채무를 담보한다. 근저당권자와 근저당권설정자는 상속인이 상속개시 후에 부담하는 채무도 담보하는 것으로 약정할 수 있다. ③ 제1항 및 제2항의 약정에는 이해관계인의 승낙을 요하지 아니한다. ④ 제1항 및 제2항의 약정에 관하여 상속개시 후 6개월 이내에 이를 등기하지 아니한 때에는 담보할 원본은 상속이 개시된 때에 확정된 것으로 본다.
〈신 설〉	제357조의7 (합병과 근저당권) ① 원본의 확정 전에 근저당권자인 법인에 합병이 있는 때에는 근저당권은 이미 존재하는 채권 외에 합병 후 존속하는 법인 또는 합병에 의하여 설립되는 법인이 취득하는 채권을 담보한다. ② 원본의 확정 전에 채무자인 법인에 합병이 있는 때에는 근저당권은 이미 존재하는 채무 외에 합병 후 존속하는 법인 또는 합병에 의하여

현행	개정시안
	설립되는 법인이 부담하는 채무를 담보한다. ③ 제1항, 제2항의 경우에 근저당권설정자는 부담할 원본의 확정을 청구할 수 있다. 그러나 채무자인 근저당권설정자의 합병이 있는 때에는 그러하지 아니하다. ④ 제3항의 청구가 있는 때에는 부담할 원본은 합병시에 확정된 것으로 본다. ⑤ 제3항의 청구는 근저당권설정자가 합병이 있음을 안 날부터 2주일이 경과한 때에는 이를 할 수 없다. 합병이 있는 날로부터 1개월이 경과한 때에도 같다.
〈신 설〉	제357조의8 (법인의 분할과 근저당권) ① 원본의 확정 전에 근저당권자인 법인을 분할하는 때에는 근저당권은 분할시에 존재하는 채권 외에 분할되는 법인, 설립되는 법인 또는 권리의무를 승계하는 법인이 분할 후에 취득하는 채권을 담보한다. ② 원본의 확정 전에 채무자인 법인을 분할하는 때에는 근저당권은 분할시에 존재하는 채무 외에 분할되는 법인, 설립되는 법인 또는 권리의무를 승계하는 법인이 분할 후에 부담하는 채무를 담보한다. ③ 제357조의7제3항 내지 제5항의 규정은 제1항, 제2항의 경우에 이를 준용한다.
〈신 설〉	제357조의9 (원본의 확정청구) ① 근저당권설정자는 근저당권설정시부터 3년이 경과한 때에는 원본의 확정을 청구할 수 있다. 이 경우에 원본은 그 청구시부터 2주일이 경과한 때에 확정된다. ② 근저당권자는 언제든지 원본의 확정을 청구할 수 있다. 이 경우 원본은 그 청구시에 확정된다.

현행	개정시안
	③ 제1항의 확정청구권은 미리 포기하지 못한다. ④ 제1항, 제2항은 원본의 확정시기를 약정한 경우에는 적용하지 아니한다.
〈신 설〉	제357조의10 (원본의 확정사유) ① 근저당권이 담보할 원본은 다음 각호의 경우에 확정된다. 1. 근저당권자가 저당부동산에 대하여 경매 또는 제370조에 의하여 준용되는 제342조에 의한 압류를 신청한 때. 다만 경매절차의 개시 또는 압류가 있는 때에 한한다. 2. 근저당권자가 저당부동산에 대하여 체납처분으로 인한 압류를 한 때 3. 근저당권자가 저당부동산에 대한 경매절차의 개시 또는 체납처분으로 인한 압류가 있음을 안 날부터 2주일이 경과한 때 4. 채무자 또는 근저당권자가 파산선고 또는 회생절차의 개시결정을 받은 때 ② 제1항 제3호의 경매절차의 개시 또는 압류나 제4호의 파산선고 또는 회생절차의 개시결정이 그 효력을 잃은 때에는 원본은 확정되지 않은 것으로 본다. 그러나 원본이 확정된 것으로 하여 그 근저당권을 취득한 자가 있는 때에는 그러하지 아니하다.
〈신 설〉	제357조의11 (채권최고액의 감액청구) 원본의 확정후에 근저당권설정자는 채권최고액을 현존하는 채무액과 이후 2년간 발생할 이자, 위약금 및 채무불이행으로 인한 손해배상액의 범위로 감액할 것을 청구할 수 있다.
〈신 설〉	제357조의12 (물상보증인의 근저당권소멸청구권) ① 타인의 채무를 담보하기 위한 근저당권설정자는 그 채무가 확정된 후에 근저당권자에게 최고액의 한도에서 그 채무를 변제하고

현행	개정시안
	근저당권의 소멸을 청구할 수 있다. ② 제1항은 근저당부동산에 대하여 소유권, 지상권 또는 전세권을 취득한 제3자가 있는 경우에 이를 준용한다.
第361조(저당권의 처분제한) 저당권은 그 담보한 채권과 분리하여 타인에게 양도하거나 다른 채권의 담보로 하지 못한다.	第361조(저당권의 이전) ① 저당권은 그 담보한 채권과 함께만 타인에게 양도하거나 다른 채권의 담보로 제공할 수 있다.
〈신 설〉	② 저당권과 그 피담보채권을 함께 양도하는 경우에는 저당권 이전의 부기등기를 하여야 저당권이전의 효력이 발생한다.
〈신 설〉	③ 제2항의 경우 저당권 이전의 부기등기를 하기 전에는 양수인이 저당권에 의하여 담보되지 않은 채권을 취득한다.
〈신 설〉	④ 저당권 이전의 부기등기가 있는 때에는 양수인은 담보한 채권의 양도를 채무자 이외의 제3자에게 대항할 수 있다.
〈신 설〉	제362조의2(저당권에 기한 방해제거 및 예방청구권) 저당권자는 저당물의 가액을 현저히 감소하게 하거나 저당권의 실행을 어렵게 하는 등 저당권을 방해하는 자에 대하여 방해의 제거를 청구할 수 있고, 그와 같은 염려가 있는 행위를 하는 자에 대하여 그 중지 그밖에 필요한 조치를 청구할 수 있다.
〈신 설〉	제362조의3(종물의 훼손) 저당권의 효력이 미치는 종물에 대하여도 제362조, 제362조의2를 준용한다.
第365조(저당지상의 건물에 대한 경매청구권) 토지를 목적으로 저당권을 설정한 후 그 설정자가 그 토지에 건물을 축조한 때에는 저당권자는 토지와 함께 그 건물에 대하여도 경매를 청	第365조(일괄경매청구권) ① 토지를 목적으로 저당권을 설정한 후 그 토지에 건물이 축조된 때에는 저당권자는 토지와 함께 그 건물에 대하여도 경매를 청구할 수 있다. 그러나 그 건물

현행	개정시안
구할 수 있다. 그러나 그 건물의 경매대가에 대하여는 우선변제를 받을 권리가 없다.	의 경매대가에 대하여는 우선변제를 받을 권리가 없다. ② 제1항의 규정은 그 건물의 소유자가 저당권자에 대하여 토지를 점유할 권리를 주장할 수 있는 때에는 적용하지 아니한다.
第366조(법정지상권) 저당물의 경매로 인하여 토지와 그 지상건물이 다른 소유자에 속한 경우에는 토지소유자는 건물소유자에 대하여 지상권을 설정한 것으로 본다. 그러나 지료는 당사자의 청구에 의하여 법원이 이를 정한다.	〈삭 제〉
〈신 설〉	② 제1항의 규정은 동일인이 소유하는 토지와 그 지상건물에 동일한 채권의 담보로 저당권이 설정되고 그 지상건물이 개축 또는 재축된 경우에는 적용하지 아니한다.
第371조(지상권, 전세권을 목적으로 하는 저당권) ① 본장의 규정은 지상권 또는 전세권을 저당권의 목적으로 한 경우에 준용한다. ② 지상권 또는 전세권을 목적으로 저당권을 설정한 자는 저당권자의 동의없이 지상권 또는 전세권을 소멸하게 하는 행위를 하지 못한다.	第371조(지상권, 전세권을 목적으로 하는 저당권) ① (현행과 같음) ② (현행과 같음)
〈신 설〉	③ 전세권을 목적으로 하는 저당권에 있어서 전세권자가 그 전세물을 사용·수익할 권리가 소멸한 때에는 저당권자는 우선변제권의 범위내에서 전세권설정자에 대하여 전세금의 반환을 직접 청구할 수 있다. 이 경우에는 제353조를 준용한다.

저자

권영준 서울대학교 법과대학 졸업
하버드 로스쿨 졸업(LL.M.)
서울대학교 대학원 졸업(법학석사 · 법학박사)
서울지방법원 등 판사 역임
서울대학교 법학전문대학원 교수

2014년 법무부 민법 개정시안 해설
–민법총칙 · 물권편–

2017년 12월 11일 **초판 1쇄 발행**

발행 법무부
주소 : 경기도 과천시 관문로 47 정부과천청사 1동
전화 : 02-2110-3164
팩스 : 02-2110-0325
홈페이지 : http://www.moj.go.kr

기획 법무부 법무심의관실

출판 · 판매 민속원
출판등록 : 제1990-000045호
주소 : 서울 마포구 토정로 25길 41(대흥동 337-25)
전화 : 02) 804-3320, 805-3320, 806-3320(代)
팩스 : 02) 802-3346
홈페이지 : www.minsokwon.com

ISBN 978-89-285-1201-0 94360
978-89-285-0384-1(세트)